PARIS,
ANNÉE 44

Du même auteur

Sur les murs de Paris 1940-1944 (En collaboration avec Charles Lacretelle). Hachette, 1959.

Témoignages inédits sur le maréchal Pétain. Fayard, 1960.

Fantassins de quatorze. Les Presses de la Cité, 1964.

Un certain Philippe Pétain. Casterman, 1966.

« Naissance et unification de la Résistance » *in Les Grandes Énigmes de la Résistance.* Les amis de l'histoire, 1968.

Histoires secrètes de l'occupation de Paris. Le joug. Hachette, 1970.

Présentation et commentaires de *Pétain, mon prisonnier,* par Joseph Simon. Plon, 1978.

Paris 1940-1944. Plon, 1979.

Sur les murs de Paris et de France 1939-1945 (en collaboration avec Charles Lacretelle). Hachette, 1980.

***

Les Accidents thérapeutiques. Hachette, 1967.

Les Greffes, second souffle de la vie (en collaboration avec le Dr C.-B. Blouin). Robert Laffont, 1977.

Histoire de la médecine depuis 1940. Plus de progrès en 40 ans qu'en 40 siècles. (en collaboration avec le Dr C.-B. Blouin). Les Presses de la Cité, 1983.

***

Participation à des ouvrages collectifs

Dictionnaire de la Seconde Guerre mondiale. Larousse, 1979.

***

Guide Santé Médecine. Bordas, 1978.

Focus Médecine Santé. Bordas, 1979.

L'Homme transparent. Magnard-CNRI-Le François, 1982.

PIERRE BOURGET

PARIS, ANNÉE 44

Occupation-Libération-Épuration

PLON
8, rue Garancière
PARIS

ISBN 2-259-01210-8

CHAPITRE PREMIER

L'ATTENTE

Paris, 1er janvier 1944, tradition oblige, c'est le jour des vœux. Les amis de René Toury reçoivent ceux du trésorier de l'une des plus anciennes associations historiques de la capitale, le « Vieux Papier » :

En ce 1 286e jour de l'occupation
aux difficultés des heures à venir
avec l'espoir
que l'année 1944 verra le jour de la libération
c'est le vœu
que forme le Trésorier du « Vieux Papier »
en vous adressant ses souhaits de bonheur
René Toury 44, rue du Louvre

Au même moment, ceux qui se sont groupés au sein d'une Association des « Anciens de la LVF », cette cohorte de mercenaires qui, depuis l'automne 1941, combattent aux côtés des Allemands contre l'armée soviétique, lisent la carte suivante marquée en haut du signe tricolore de la Légion des volontaires français contre le bolchevisme :

LVF
Le secrétaire général de l'Association des anciens combattants de la LVF lieutenant Guy Servant et le secrétariat général vous présentent leurs vœux de victoire pour l'année 1944.
5, rue de Tilsitt, Paris 8e

Que ces deux bristols [1] sont symboliques en peu de mots ! Et qu'ils affirment d'une façon irrémédiable la cassure, la rupture entre deux courants d'opinion irréductibles ! Pour les premiers, 1944 apporte l'espoir d'une libération, de *leur* libération qui mettra fin à leurs épreuves ; pour les seconds, 1944 devrait être l'année du succès définitif des armées allemandes et de leurs alliés.

Il a certes fallu du courage à René Toury pour envoyer, dans Paris occupé, des vœux qui expriment nettement un souhait opposé à celui des Allemands ; à l'inverse, la « victoire » des anciens de la LVF s'éloigne, mois après mois, du camp qu'ils ont choisi et le vœu que forme pour elle le lieutenant Servant reste bien hasardeux. En janvier 1944, l'espérance est du côté des « résistants », le pessimisme chez les « collabos ».

Et ceux qui ne sont ni dans un camp ni dans l'autre, c'est-à-dire l'immense majorité des Parisiens, que pensent-ils, ou plutôt, à quoi pensent-ils ? Quelle est l'attitude de la masse des citadins devant les péripéties successives de la guerre ? Sont-ils amorphes, résignés, attentistes, inactifs ? Nous le découvrirons chemin faisant à mille signes, à mille réactions, nés des vicissitudes de leur condition d'occupés où se mêlent la hantise du ravitaillement (*Primum vivere*), l'inquiétude pour les prisonniers captifs en Allemagne depuis trois ans et demi, le risque de la déportation outre-Rhin pour le Service du travail obligatoire (STO), les incessantes alertes aériennes (la région parisienne a subi le 31 décembre 1943 un violent bombardement de la part des forteresses volantes anglo-américaines, provoquant la mort de 262 personnes et la destruction partielle de 271 immeubles), qui rappellent inexorablement l'échéance de combats attendus un jour prochain, quelque part en France.

Et dans ce paysage parisien, un paysage que, quarante ans après, on a quelque peine à imaginer, sans automobiles, hormis celles des Allemands et de quelques privilégiés, mais avec des nuées de vélos, sans éclairages nocturnes — le black-out est complet sur la ville —, sans autre bruit que celui des sirènes d'alerte aérienne, avec ses magasins aux vitrines vides, une présence lancinante, obsédante, celle des Allemands, à peine tempérée par celle des représentants du gouvernement de Vichy : aux premiers s'attachent, dans la conscience collective, la force et l'oppression, aux seconds le visage d'un pouvoir étrange, fait de contraintes policières, de cruautés partisanes et d'une vaine gloriole.

Au fond, dans ce Paris occupé, tout le monde attend.

Du côté des Allemands, l'expectative tactique

Les Allemands, les premiers. Installés dans la ville depuis le 14 juin 1940, ils y ont logé la plupart de leurs administrations qui couvrent la France d'une toile d'araignée contraignante dont chaque fil coiffe une activité essentielle à la vie des occupés. A côté de cet « appareil d'occupation » que commande le général Carl-Heinrich von Stülpnagel, *Militärbefehlshaber in Frankreich* (commandant militaire en France), sont réparties, des Pays-Bas au littoral méditerranéen, les unités actives destinées à repousser l'invasion alliée, commandées par von Rundstedt, en gros près d'un million et demi de combattants de toutes armes[2]. Ils s'abritent derrière le « mur de l'Atlantique », *l'Atlantikwall*, système fortifié constitué de 12000 ouvrages bétonnés totalisant 4000 bouches à feu, implantées sur 14000 kilomètres de front de mer s'étendant des îles frisonnes à la frontière espagnole.

Construit de l'automne 1942 au printemps 1944, *l'Atlantikwall* constitue « une force impressionnante mais de valeur inégale, précise Rémy Desquesnes, très imposante autour des ports, des îles, des bases sous-marines, solide et embarrassante en cas de débarquement en quelques autres portions du littoral, médiocre partout ailleurs[3] ».

Si, pour les Allemands, c'est l'expectative tactique, Hitler, lui, assure qu'il n'a aucun doute sur l'issue d'un débarquement allié : « Après avoir piétiné en Italie du Sud, déclare Hitler dans son message de Nouvel An, nos ennemis veulent débarquer à l'ouest avec tous les moyens pour réussir... Là où les Anglo-Américains débarqueront, ils trouveront la réception qui leur convient. La guerre va approcher de sa crise : nous avons la ferme confiance que nous la surmonterons victorieusement. »

Ce n'est pas le sentiment de Carl-Heinrich von Stülpnagel, *Militärbefehlshaber in Frankreich*. Chargé du maintien de l'ordre et de l'administration de la France occupée, il a succédé à son cousin Otto von Stülpnagel dans ce même poste le 17 février 1942. Pourquoi ce changement ? Otto von Stülpnagel * a toujours été en désaccord avec le haut commandement sur la pratique courante d'exécution d'otages innocents — 474 otages ont été fusillés de septembre 1941 à mai 1942 et 259 de juin 1942 à décembre 1943[4] — en guise de représailles aux attentats individuels dont sont victimes, depuis 1941, les soldats allemands : il leur aurait préféré « le transfert vers l'est de grandes masses de communistes et de juifs qui, à sa connaissance, produit un effet d'intimidation beaucoup plus marqué sur la population française que des exécutions en masse qu'elle ne comprend pas... ». Dans ce même message à Keitel, chef de l'OKW

---

* Les deux cousins Stülpnagel ont un surnom dans l'armée allemande : Otto est « le noir », Carl-Heinrich « le rouge », seule la couleur de leurs cheveux explique le sobriquet.

(commandement suprême de la Wehrmacht), Otto von Stülpnagel a indiqué que comme le haut commandement « ne lui fait plus confiance, sa conscience est déchirée de conflits et que finalement sa puissance de travail, la joie et l'entrain avec lesquels il assumait ses responsabilités ne peuvent qu'en souffrir[5] » : en conséquence, il a demandé à être relevé de son commandement pour raison de santé ; Hitler acquiesce à cette demande et, le 17, nomme Carl-Heinrich à sa place.

Deux généraux : Stülpnagel et Boineburg

En 1944, Carl-Heinrich von Stülpnagel a cinquante-huit ans. Officier de tradition, capitaine du grand état-major en 1918, il a vite gravi les échelons de la hiérarchie et s'est retrouvé en 1938 « quartier-maître adjoint » (*Oberquartier meister II*) au grand état-major. Dès 1939, il fait partie du groupe « de ces généraux qui marquaient une forte opposition au projet d'une attaque contre les pays de l'Ouest et, partisans d'une solution modérée de la question polonaise, jugeaient nécessaire de s'entendre sur ce point avec la France et l'Angleterre[6] ». De 1940 à 1941, Carl-Heinrich est chef de la délégation allemande auprès de la commission d'armistice siégeant à Wiesbaden et, à ce titre, il fera, en janvier 1941, au général Doyen, président de la délégation française auprès du même organisme, une curieuse « confidence », que rapporte ce dernier à Vichy, confidence où le futur commandant militaire en France exprime son sentiment « personnel » à l'égard de notre pays[7] :

« Je persiste à penser, lui a-t-il dit, que la collaboration entre la France et l'Allemagne n'est à envisager que sur le plan du futur et qu'il ne s'agit pas de la mettre déjà en pratique en ce moment. J'estime que nous pouvons battre l'Angleterre sans aucun secours de la France ; si jamais la France nous donne une aide dans cette lutte, nous l'accepterons, mais elle n'est pas indispensable... Je vous signale que je suis convaincu de la nécessité d'une entente entre nos deux pays et je crois avoir d'autant plus le droit d'exprimer cette opinion que, dans ma famille, sept générations ont combattu dans la lutte franco-allemande et que cinq de mes ancêtres ont porté l'ordre de Saint-Louis. »

Carl-Heinrich abandonne Wiesbaden pour prendre le commandement d'une armée opérant en Russie, la VIe : il la mène au combat jusqu'en janvier 1942. Après avoir passé ses pouvoirs à son successeur, le général Paulus, Stülpnagel gagne son poste à Paris.

En ce début de l'année 1944, sous les lambris dorés de l'hôtel Majestic, avenue Kléber, où il a ses services et son bureau, le commandant militaire en France analyse la situation : Paulus a capitulé à Stalingrad le 31 janvier 1943, les Germano-Italiens se sont rendus sans conditions en Tunisie le 12 mai 1943 ; depuis le 18 août 1943, les Alliés sont maîtres de la Sicile ; ils ont débarqué en Italie du Sud le 3 septembre, la Corse a été libérée par les Français le 5 octobre ; sur le front de l'Est, l'offensive soviétique commencée le 18 décembre 1943 inflige revers sur revers aux Allemands qui perdent du terrain : le 20 janvier 1944, Nevel est reprise par le général Bagramyan, le 20 Oranienbourg, Krasnoïe-Selo, Peterhof et Novgorod tombent aux mains des troupes soviétiques ; dans les Balkans, les partisans infligent de lourdes pertes aux Allemands.

Dans la suite logique de ses conceptions de 1939, Stülpnagel pense dès cet instant à agir pour que l'Allemagne puisse arrêter un combat perdu d'avance. Cela implique, certes, l'élimination d'Hitler, non pas dans le sens physique du terme, mais dans celui de l'abandon du pouvoir. Par certains de ses officiers d'état-major, il noue des fils avec des hommes qui, en Allemagne, pensent comme lui et jettent, à Berlin et ailleurs, les bases de ce qu'on appellera la conspiration contre Hitler. Des plans secrets ont été élaborés qui, à cette époque, prévoient la prise du pouvoir en Allemagne par les partisans de la paix, le jugement d'Hitler, l'arrêt des combats à l'ouest. Stülpnagel est du complot et, avec d'autres officiers, réussira à y faire entrer le plus prestigieux des chefs allemands à l'ouest, Rommel, commandant le groupe d'armées B.

Jeu dangereux que celui de Carl-Heinrich « le rouge », mené prudemment et connu seulement de quelques initiés, avant d'être brutalement abattu le 20 juillet. Personne ne doit se douter des pensées du commandant militaire en France qui, comme son prédécesseur, assure sa tâche, tout en se débarrassant de ce qui lui répugne, c'est-à-dire de certaines besognes policières qui doivent être confiées à d'autres qu'à lui. « Je souhaite, a-t-il écrit au haut commandement de l'armée de terre dès sa prise de fonctions, une séparation nette entre mes attributions militaires et toutes les questions politiques [8] », dans lesquelles entre la lutte contre la Résistance * : on verra à qui elles sont confiées.

Sur le plan parisien, les responsabilités militaires d'administration reposent sur le général-baron von Boineburg-Lengsfeld, *Kommandant von Gross Paris*, établi à l'hôtel Meurice, rue de Rivoli : il a,

---

* Le colonel Reile, l'un des chefs de l'Abwehr (service du contre-espionnage militaire) en France, marquera nettement la répugnance de Stûlpnagel pour les tâches de police en assurant que « le *Militärbefehlshaber* n'avait pas *voulu* conserver une responsabilité quelconque dans la situation politique générale en France et dans la répression des actes de la Résistance » (*in* acte d'accusation contre Oberg et Knochen.)

si l'on ose dire, la responsabilité des quelque 50 000 Allemands — ils ont été recensés en 1943 ! — qui, à titre provisoire ou définitif, résident dans la capitale, militaires, policiers, administratifs, etc.

Le 1er janvier 1944, le *Generalleutnant* Freiherr von Boineburg-Lengsfeld donne une petite réception réservée à quelques-uns de ses proches collaborateurs parmi lesquels figurent Bernhard von Breitenbusch et Maurice, prince de Ratibor et Corvey, dans le grand salon de l'hôtel particulier de Mme François Coty, veuve du célèbre parfumeur, 24, avenue Raphaël, réquisitionné depuis le début de l'occupation pour servir de résidence au *Kommandant von Gross Paris.* Le baron von Boineburg, tout en fumant un Graf Bernstorf, le cigare de sa marque préférée qu'il accompagne de quelques gorgées d'une liqueur sucrée à base d'orange, sa boisson favorite, se laisse aller à des confidences qui, comme dans toutes les soirées de ce genre, sont un rappel du passé. Ah ! qu'il est loin le temps où *Fahnenjunker* de vingt et un ans (c'était en 1910), il caracolait sur sa monture avec ses camarades du 6e régiment royal prussien de chasseurs à cheval cantonné à Erfurt... Comme son père, Hans est officier de cavalerie. Pendant la guerre de 1914-1918, il se bat en France, puis en Russie, puis de nouveau en France. 1939, le lieutenant-colonel von Boineburg-Lengsfeld mène au combat en Pologne le 1er bataillon du 1er régiment de *Panzergrenadiere ;* il se distingue à la tête de la 4e *PanzergrenadiereBrigade* en mai 1940 devant Maestricht (Hollande), puis devant les ponts d'Ebenemaele (Belgique), enfin devant Armentières, avant de rompre en France « la ligne Weygand » et d'arriver avec ses chars jusqu'à Vienne... Quels bons souvenirs il en a gardé ! A la Pyramide, il a été servi par Mme Point en personne, comme premier général allemand à s'asseoir à l'illustre table ; quels charmes ! Quel raffinement !

Le 22 juin 1941, le baron Hans, avec la 7e brigade de grenadiers blindés, fonce en Russie ; il va jusqu'à Smolensk, puis revient à Paris en août ; il établit un QG de division dans l'hôtel particulier de Mme Mantes-Proust, rue Alfred-Dehodencq, près des jardins du Ranelagh. Boineburg a reçu mission de constituer, avec des effectifs établis en zone occupée, une division blindée — la 23e *Panzerdivision.* C'est avec elle qu'il repart sur le front de l'Est en mars 1942 : la 23e Panzer combat à Kharkov, dans le Caucase et devant Stalingrad ; nommé *Generalleutnant* (général de division) en novembre, Boineburg reçoit de son chef, le général Hoth, l'ordre de lancer sa division dans une contre-attaque désespérée pour soulager les troupes de Stalingrad : la 23e Panzer est anéantie — le 1er janvier 1943, Boineburg n'a plus de chars et, partant, plus de commandement ! Mis en congé de maladie à la suite d'un accident subi pendant la campagne, le baron von Boineburg passe sa convalescence sur les terres familiales d'Eisenach, en Thuringe, auprès de ses deux filles. Pour lui, pense-t-il, la guerre est finie.

En avril 1943, il est avisé qu'il doit se rendre à Paris, afin d'y occuper le poste de *Kommandant von Gross Paris,* le général Ernst Schaumburg, l'actuel titulaire, devant être relevé le 30 avril et renvoyé dans ses foyers sans commandement ; on attend Boineburg à Paris le 1er mai.

Pourquoi ce renvoi de Schaumburg à l'intérieur de l'Allemagne alors qu'il assure sa fonction depuis le 8 août 1940 ? Pour Boineburg lui-même[9], « le chef du personnel militaire de l'armée allemande était convaincu que le général Schaumburg n'était pas " le personnage habile " à affronter les difficultés accrues du secteur civil et militaire de Paris. C'est la raison pour laquelle il me demanda de le remplacer : j'acceptai, puisque ma santé ne me permettait plus de reprendre le commandement d'une division de chars d'assaut ». Peut-être aussi s'ajoute à cette raison l'animosité du *Reichstatthalter* Friedrich Sauckel, chargé de la déportation des ouvriers français en Allemagne :

« La chute du général Schaumburg, assure Breitenbusch, a été précipitée par Sauckel dont Schaumburg ne partageait pas les idées en matière de travail obligatoire (STO)[10]. »

A Paris, Boineburg, à l'instar de son prédécesseur, visite les Halles, les haras, la Halle aux vins, la manufacture des Gobelins, quelques écoles, il se montre, inspecte, vérifie avec les fonctionnaires parisiens et ceux de l'Etat français. Pratiquement, il n'a pas de rapport avec la population.

En 1944, l'atmosphère est à la glace entre occupants et occupés, à l'exception des ultras de la collaboration qui se retrouvent dans les agapes qu'offrent les vainqueurs. Boineburg n'y participe pas : il se cantonne dans son rôle exclusivement militaire où le maintien de l'ordre à Paris, la protection de ses soldats harcelés par des groupes armés, principalement les FTP, dans les rues de la capitale, dans leurs cantonnements et leurs hôtels réquisitionnés, la mise au point de la protection, voire de la défense du *Gross Paris* en cas de débarquement allié ou de soulèvement populaire, constituent des tâches suffisantes pour occuper un homme.

Or cet homme, sans le savoir en cet hiver 1944, est en totale communion d'esprit avec Carl-Heinrich, son supérieur hiérarchique : comme son chef, Boineburg pense que « la guerre est désormais perdue pour les Allemands[11] », pensée qui le hante depuis Stalingrad. Cela explique que les deux hommes se retrouveront pour le 20 juillet 1944 à Paris, dans cette folle nuit où le baron Hans et le baron Kurt von Kraewel, son subordonné, conduiront dans la capitale occupée une non moins folle aventure.

S'il y a quelque 50 000 Allemands dans la capitale, leur protection propre incombe « à certaines unités mises à la disposition du *Militärbefehlshaber in Frankreich* par les troupes du front » qui, entre autres tâches, « doivent entrer en action en cas d'insurrection[12] ». Il existe, en permanence, à Paris un « régiment de sécurité » de la Wehrmacht affecté à cet emploi, le *SicherungsRegiment* n° 1 : en 1944, il compte 2 500 hommes (deux bataillons motorisés, un bataillon disposant de bicyclettes).

Un « vieux Parisien », le Sonderführer Wallraf

Mais il serait bien insuffisant en cas de soulèvement général de la population survenant après un débarquement allié et en liaison avec les forces débarquées. Alors qu'ont prévu les Allemands de Paris ? On le sait avec précision, grâce aux souvenirs inédits de Robert Wallraf, *Sonderführer** et interprète établi à la Chambre des députés où siège le *Militärverwaltungsabteilungchef* (chef de section de l'administration militaire), le Dr Eckelmann.

Wallraf, qui a quarante-quatre ans, connaît fort bien la capitale où, en 1932, il avait son bureau rue Scribe au centre des voyages de la Hamburg Amerika Linie. Cet homme aux tempes argentées se rappelle qu'avec des dizaines de milliers de Parisiens, il défila le 9 mars 1932 devant le cercueil d'Aristide Briand exposé au ministère des Affaires étrangères, Quai d'Orsay : douze ans après, les seigneurs de la guerre occupent les bureaux du « pèlerin de la paix » dans ce même ministère au bord de la Seine.

Wallraf siège à la Chambre des députés voisine, réquisitionnée elle aussi, où il assure la fonction de fourrier : à ce titre, il a droit de regard sur les mesures secrètes arrêtées pour la défense de Paris en cas de débarquement. Elles prévoient que le chef de Wallraf, Eckelmann, doit, en cas de danger, être directement détaché auprès du *Kommandant von Gross Paris ;* son successeur Fischer, lieutenant-colonel de réserve et ancien membre d'une chambre économique bavaroise, qui est chargé des questions économiques concernant le département de la Seine, sera le « Chef de la Défense » de la Chambre des députés. Quelle défense ? En fait, le Palais-Bourbon ne compte que des fonctionnaires mobilisés, la plupart d'âge mûr, militairement inexpérimentés et peu aptes à combattre. Mais Fis-

---

* Littéralement « cadres spéciaux », les *Sonderführer* sont des réservistes possédant une qualification professionnelle utile aux forces armées ; ils sont considérés comme des officiers ou des sous-officiers selon les cas et portent des pattes d'épaule d'une forme particulière.

cher affirme une pugnacité sans faille et, au cours d'un briefing tenu à la fin de 1943, il a déclaré à ses subordonnés réunis salle Colbert :

« J'ai dit au général von Boineburg-Lengsfeld que nous savons, non seulement manier la plume, mais aussi le fusil. Personne ne s'approchera impunément de la Chambre des députés avec des intentions hostiles ! Si le danger devenait sérieux, si nous nous trouvions encerclés par le feu et par la mort, nous, les fonctionnaires, nous vendrions chèrement notre vie. Le général peut compter sur nous ! »

Ces propos, soigneusement notés par Robert Wallraf dans ses souvenirs inédits [13], sont suivis par l'évocation du plan général de défense de la capitale, prévu par Boineburg, au début de 1944. En tant que fourrier, le *Sonderführer* dispose des quatre volumes des « Documents secrets » constituant le plan qu'il doit garder dans des coffres blindés :

« Que se trouvait-il donc dans ces papiers secrets ? poursuit-il... Très précisément des prévisions. Toutes les situations qui pouvaient se présenter à nous dans Paris étaient analysées, disséquées et les problèmes qu'elles posaient théoriquement résolus. L'ensemble de ces documents s'appelait le " Mobplan " (le plan Mob), abréviation de *Mobilisationsplan* (plan de mobilisation). Ce serait faire trop d'honneur à sa mémoire que d'entrer dans les détails de ce plan, d'autant plus que la brutale réalité se montra, le moment venu, différente des multiples éventualités envisagées. On y avait, certes, travaillé avec ardeur, même la nuit, quand après un verre de bière, de champagne ou de cognac, surgissait dans l'esprit du lieutenant-colonel Fischer et de ses subordonnés, l'idée d'un danger nouveau ; mais, lorsqu'en août 1944, nous fûmes obligés de quitter la Chambre des députés, le " Mobplan " fut jeté dans les flammes d'une cheminée. Avec lui disparurent les illusions des théoriciens qui l'avaient conçu... »

Mais n'anticipons pas sur les événements. Au début de 1944, le « Mobplan » est fin prêt, Wallraf analyse alors ses principales dispositions :

« En gros, le " Mobplan " prévoyait qu'en cas de danger les éléments de la Wehrmacht stationnés à Paris devaient se regrouper dans diverses bases : la Chambre des députés, l'Ecole militaire, le palais du Luxembourg, le château de Vincennes, l'hôtel Majestic, etc. considérés comme " points d'appui " (*Stützpunkte*).

« Dans le cas A2 (danger extrême) prévu, je devais, pour ma part, avertir la troupe de se mettre immédiatement en route vers certaines des bases désignées par le plan. Il fallait noter, à la seconde près, le moment du déclenchement du cas A2. Je devais ensuite me mettre immédiatement au téléphone pour avertir la troupe de ce mouvement à la minute près. Le plan fixait, théoriquement, l'heure à laquelle les différents corps de troupe atteindraient la Chambre des députés. Ainsi, à l'heure fixée du cas A2 plus quatorze minutes, l'unité logée à l'hôtel de Bourgogne devait faire son entrée au Palais-Bourbon (Chambre des députés), tandis qu'à l'heure fixée plus vingt-neuf minutes, celle logée à l'hôtel Littré arrivait à son tour ; et ainsi de suite pour les autres éléments de la Wehrmacht devant se réunir à la Chambre des députés. »

Sur le papier, c'est parfait : on verra comment sera exécuté le « Mobplan » huit mois plus tard, en août.

Du côté de l'ambassade d'Allemagne

Tandis que les militaires s'affairent à leurs plans de défense, les diplomates allemands présents dans la capitale continuent leur action politique auprès du gouvernement de Vichy, des partis collaborationnistes et de la population, une action d'ensemble visant à renforcer la sujétion politique du premier, à stimuler l'ardeur des seconds, à tenter de convaincre la troisième. Le chef de file des diplomates, Otto Abetz est, depuis novembre 1940, « ambassadeur d'Allemagne à Paris », titre sans précédent dans l'histoire : Abetz n'est pas ambassadeur d'Allemagne en France, il ne peut pas l'être en raison de l'armistice de juin 1940... Alors, Ribbentrop lui a donné ce titre ambigu, recouvrant une fonction aussi peu diplomatique que possible : faire constamment pression sur le gouvernement de Vichy afin de lui faire admettre, puis imposer, les décisions de tous ordres que l'Allemagne exige de lui. Pendant deux ans et demi, ce Badois de quarante et un ans en 1944 a rempli son office, vaille que vaille, tantôt avec des succès, tantôt avec ce que Berlin considère comme des échecs : d'où une longue disgrâce. Abetz a quitté Paris en novembre 1942 pour n'y revenir qu'en novembre 1943. A partir de ce moment, il fait pression sur le maréchal Pétain pour faire entrer des ultras de la collaboration dans les conseils du gouvernement de Pierre Laval : Joseph Darnand, secrétaire général de la Milice française, devient secrétaire général au maintien de l'ordre (31 décembre 1943), puis ultérieurement secrétaire d'Etat à l'Intérieur (13 juin 1944), Philippe Henriot occupe le poste de secrétaire d'Etat à l'Information et à la Propagande (6 janvier 1944), Marcel Déat celui de ministre du Travail (16 mars 1944) *.

* Pétain a regimbé contre les « suggestions » d'Abetz en faveur d'un remaniement ministériel à Vichy. Le 27 décembre 1943, il a écrit en substance à Laval que Déat et Henriot sont peu souhaitables et pas souhaités à Vichy ; pour le secrétariat d'Etat à

Cette diplomatie de menaces et de contraintes, Abetz la mène-t-il d'un cœur tranquille ? Difficile à dire. Pour certains de ses interlocuteurs français, Abetz est « le type du nazi, mais du nazi de deuxième plan, une sorte de brute gonflée d'orgueil, de formation intellectuelle primaire qui développe avec une faconde de saltimbanque tous les thèmes chers aux propagandistes hitlériens, dont les arguments ne sont d'ailleurs jamais que de péremptoires affirmations... »

Ainsi l'a vu, en 1940, le général de La Laurencie, second* « délégué général du gouvernement français dans les territoires occupés » qui ajoute[14] :

« A son contact, on est saisi par la vulgarité de son esprit, de ses sentiments et de ses manières... »

Pierre Taittinger, président du conseil municipal de Paris, est plus nuancé :

« Abetz avait le parler doux et si sa physionomie se figeait souvent dans une froideur sans expression, il était très amène de caractère et, chez lui, tout le prédisposait à un rôle diplomatique... Mes rapports avec lui ont été réduits à la plus extrême simplicité. J'avais la sensation chaque fois que j'ai franchi le seuil de l'ambassade d'Allemagne, rue de Lille, que je perdais mon temps[15]. »

Abetz, et c'est dans son rôle, demeure un bon informateur : c'est par lui que Ribbentrop a appris le 7 janvier 1944 que « dans la seule année 1943, 35 000 personnes ont été arrêtées par la police allemande et 9 000 par la police française pour activités gaullistes, marxistes et toute activité hostile au Reich[16] ». C'est dire, à la fois, l'importance de la Résistance en France à ce moment et l'ampleur de la répression policière qu'elle subit.

Pour sa part, Abetz en rajoute parfois. Et, notamment, dans une circonstance particulièrement dramatique. Des Français ayant combattu dans les rangs de la « phalange africaine », créée par le gouvernement de Vichy, aux côtés des Allemands contre les Alliés pendant la campagne de Tunisie (1943), ont été fusillés à Alger, après jugement du Tribunal militaire : parmi eux, le lieutenant-colonel Christofini, condamné à mort le 29 mars, a été exécuté le 3 mai 1944. Il faut le venger ! Joseph Darnand, secrétaire général au maintien de l'ordre, a ordonné de choisir des victimes expiatoires parmi des

---

l'Intérieur, il préférerait que le poste fût confié au général Bridoux, alors secrétaire d'Etat à la Défense, assisté d'un préfet, André Lemoine, tandis que Darnand dont Pétain « reconnaît le courage et l'énergie doit être subordonné, en raison des oppositions qu'il va soulever, à un secrétaire d'Etat capable de le contrôler et de le diriger... ». Velléités d'une résistance passagère : Pétain cédera sur toute la ligne. (Archives nationales, W III, 141.)

* Le premier a été Léon Noël, ancien ambassadeur de France en Pologne, qui n'est resté que quelques semaines en poste à Paris.

maquisards capturés au plateau des Glières qui ont dû rompre le combat après l'assaut allemand du 22 mars. Cinq d'entre eux ont été fusillés le 4 mai...

Le 13 mai, Abetz envoie à Berlin cet étonnant message où il préconise des mesures dont il estime qu'elles seront plus efficaces encore :

« Les cinq exécutions du 4 mai correspondent à celle de Christofini et sont considérées comme une mesure qui ne peut influencer suffisamment le Comité d'Alger. Il s'agissait là de chefs de dissidents qui n'ont pas été trouvés armes en main et par conséquent n'auraient pas été fusillés tout simplement, mais qui, par leur présence sur le plateau des Glières, ont assez prouvé qu'ils étaient en liaison avec les insurgés. Les cinq fusillés étaient des officiers du 27e bataillon des chasseurs alpins et Darnand, en sa qualité d'ancien camarade de régiment des fusillés, souligne combien la mesure qu'il a prise lui a été dure personnellement...

« On ne peut considérer comme représaille efficace que l'exécution de chefs de dissidents de marque et de personnalités françaises qui intéressent les juifs, les gaullistes et les communistes en Afrique du Nord. Ces personnalités ne se trouvent pas actuellement sous la garde du gouvernement français.

« Je me permets donc de revenir à ma proposition faite dans le rapport télégraphié n° 1897 du 27/4 de fusiller à titre de représailles pour l'exécution de combattants de Tunis, des personnalités françaises dissidentes et responsables de la guerre et qui sont prisonnières en Allemagne, en commençant par Léon Blum, Paul Reynaud et Georges Mandel [17]. »

L'un des trois sera abattu par la Milice quelques semaines après...

Enfin, le 18 mai 1944, Abetz fait savoir à Fernand de Brinon, troisième et dernier délégué général du gouvernement français qui protestait contre l'arrestation et la déportation en Allemagne d'officiers supérieurs et généraux français, que celle-ci « constitue une mesure générale sur laquelle il regrette qu'il soit impossible de revenir [18] ».

Tel est l'ambassadeur Abetz en ce début de l'année 1944.

Trois policiers nazis : Oberg, Knochen, Neifeind

Après l'armée et la diplomatie, la police allemande à Paris : redoutée autant que redoutable, elle est chargée de toutes les « affaires politiques », essentiellement la surveillance des fonctionnaires français, la lutte contre les membres de la Résistance et, pour certains de ses membres, la chasse aux juifs et la mainmise sur leurs biens. Elle est toute-puissante, en même temps qu'indépendante des militaires et des diplomates. Carl-Heinrich von Stülpnagel, on l'a vu, avait souhaité dès sa nomination être débarrassé des tâches de police. Hitler, qui accorde davantage sa confiance aux nazis bon teint qu'aux militaires traditionnels, a précédé ce souhait : le 9 mars 1942, il a pris un décret créant le poste de *Höhere SS und Polizeiführer im Bereich des Militärbefehlshabers in Frankreich* (littéralement chef supérieur des SS et de la police dans la zone de commandement du Commandant militaire en France), le *Höhere SS* étant finalement responsable de « l'activité de police et du traitement des questions ethniques » devant Himmler, chef suprême des SS et chargé des « mesures d'expiation contre des criminels, des juifs et des communistes à l'occasion d'attentats contre le Reich allemand ou des ressortissants du Reich allemand[19] ». Investi de cette charge, Carl Oberg est arrivé à Paris le 4 mai 1942. A cette date, il a quarante-cinq ans : au physique, un homme trapu, d'assez grande taille, le crâne entièrement rasé, la tête ronde, un minuscule nez de grisette, une bouche mince, une silhouette assez caricaturalement prussienne, comme les dessine Hansi. Fils d'un médecin de Hambourg où il est né en 1897, Carl Oberg s'est engagé à dix-sept ans dans l'armée, a fait bravement la Grande Guerre qu'il a terminée avec le grade de lieutenant. Dégagé des cadres par application des dispositions du traité de Versailles, il milite dans des organisations d'extrême droite et participe au putsch de Wolfgang Kapp en mars 1920. Importateur de bananes à Hambourg puis débitant de tabac, il s'est inscrit, en 1931, au NSDAP, puis à la SS et au SD * d'Hambourg en 1932. En 1935, il est chef d'état-major de la 4e section du SD, en 1939, président de la police de Zwikau. En septembre 1941, il reçoit le titre de *Höhere SS und Polizeiführer* dans le district de Radom, en Pologne. C'est là que l'a atteint en avril sa nomination à Paris.

Du personnage, le préfet de police de Paris, Amédée Bussière, qui a dû le rencontrer à plusieurs reprises à Paris dès 1942, trace ce portrait dans ses souvenirs inédits[20] :

« Ce général est redoutable. Une tête ronde, rasée, volumineuse, posée sur un corps trapu. Le regard pénétrant et méchant derrière des verres cerclés de fer. Il est nazi cent pour cent, il nous déteste. Il est sans indulgence, sans pitié. Ses officiers tremblent, il leur impose une discipline despotique. Il s'emporte dans de coléreuses imprécations, il a toujours la menace à la bouche. Ne parlant pas notre langue **, il utilise un interprète qui jouit de toutes ses faveurs. C'est

---

* NSDAP ou *National-sozialistische deutscher Arbeiter Partei* (Parti national-socialiste des travailleurs allemands, celui d'Hitler). SS ou *schutzstaffel* (sections de protection du Parti nazi, créées par Himmler). SD ou *sicherheitsdienst* (Service de Sécurité), la police politique allemande aux ordres d'Himmler.

** Exact. Mais il la comprend fort bien et l'écrit correctement.

le lieutenant Hagen, un jeune excité fanatique, hitlérien, qui traduit avec une volubilité étourdissante et un ton venimeux qui accentuent l'âpreté et la rudesse des propos de son patron. Une conversation ainsi poursuivie est une épreuve qui met les nerfs en pelote et qui torture. Il faut vraiment être gonflé pour affronter le commandant supérieur des SS et pour oser une réclamation. »

Arrivé dans la capitale après Carl-Heinrich von Stülpnagel, le *SS Brigadeführer und Generalmajor* Oberg y retrouve le lieutenant-colonel Helmuth Knochen, docteur en philosophie, qui, dès le 14 juin 1940, a, d'ordre du *Reichsführer SS* Heinrich Himmler, installé dans la capitale un commando de vingt hommes, appartenant tous au *Sicherheitsdienst* (SD). Sa passion ? Le contre-espionnage, la recherche des ennemis du Reich en France. L'équipe Oberg-Knochen restera à Paris jusqu'à la dernière minute, jusqu'en août 1944.

Redonnons la parole à Amédée Bussière :

« Le colonel Knochen est bâti en hercule. Il est avenant ; il n'a pas trente-cinq ans. D'une intelligence supérieure, il s'exprime en français avec beaucoup de facilité et comme il a fait une partie des études avec les Français, il se plaît à apparaître comme plus apte que ses compatriotes à nous comprendre et à saisir notre psychologie, dans toutes les nuances de sa sensibilité. Si notre destinée avait été en ses seules mains, elle eût été moins douloureuse. Je l'ai pour ma part accablé d'interventions. Il ne s'en montrait pas étonné, estimant, disait-il, que c'était mon devoir de plaider pour mes administrés. Quand il se trouvait dans l'obligation de rejeter mes demandes, il n'osait pas me fixer tout de suite ; il différait sa réponse ; il pensait qu'ainsi l'espoir qu'il me laissait s'amenuiserait insensiblement et que ma déception serait moins cuisante. Etait-ce la marque de son tempérament apparemment bienveillant ? Etait-ce au contraire un manque d'honnêteté morale et de franchise ? Je ne sais ; mais j'ai sévèrement jugé et je juge encore sévèrement le colonel Knochen qui, plusieurs fois, a usé de ce procédé dilatoire pour me tromper[21]. »

Les deux hommes sont à la tête d'une petite armée de policiers du SD, répartie dans toute la France. Oberg a installé ses services 57, boulevard Lannes, Knochen qui porte le titre de chef de la Police de sûreté et du service de sécurité en France *(Befehlshaber der Sicherheitspolizei und des SD im Bereich des Militärbefehlshabers in Frankreich)* a réparti dans différents immeubles parisiens, avenue Foch, square du Bois-de-Boulogne, boulevard Flandrin le personnel policier des sept sections (*Abteilungen*) actives de ses services : c'est, si l'on ose dire, sa centrale de commandement. Dans chaque grande ville de France existe une antenne opérationnelle composée de quelques policiers de la SIPO (abréviation de *Sicherheitspolizei*) et du SD sous l'autorité d'un *Kommandeur,* chargés de traquer les ennemis du Reich, c'est-à-dire les résistants, les communistes, les saboteurs, les propagandistes, les juifs...

A Paris, quelque 200 membres du SD sont établis dans des locaux réquisitionnés du ministère de l'Intérieur, rue des Saussaies ; en janvier 1944, leur *Kommandeur* est le colonel Neifeind, qu'évoque en ces termes Amédée Bussière :

« Sec, nerveux, dur, pointilleux, sévère, buté, amer, le colonel Neifeind avait reçu la consigne de nous traiter sans ménagement, de ne rien nous passer, de ne rien nous accorder. Ses devanciers s'étaient trop souvent laissé fléchir. Il convenait de réagir, ses réceptions furent désagréables. Je m'abstins le plus possible de répondre à ses convocations. Je lui envoyais dès lors un de mes représentants, ce qui le vexait beaucoup. Cette attitude amena une légère modification de la sienne mais, son naturel étant mauvais, je demeurais constamment sur mes gardes[22]. »

Les policiers du SD opérant contre la Résistance ne sont certes pas nombreux. Et pourtant ils obtiennent d'étonnants et substantiels succès dans la lutte qu'ils mènent contre les patriotes, qualifiés pour les besoins de la cause de « communo-terroristes ». Bien après la guerre, Knochen a donné l'explication de ces réussites policières : « Toute la police allemande en France occupée, confiera-t-il à Lucien Steinberg[23], n'a pas compté plus de 2 000-2 400 hommes (et femmes), y compris les chauffeurs et les téléphonistes : si la police française ne nous avait pas aidés, jamais nous autres, à 2 000 ou 2 500, nous n'aurions pu faire quoi que ce soit... Et nous avons eu aussi de nombreux auxiliaires qui travaillaient pour nous, parce que, avec nous, il y avait de l'argent à gagner. Bien sûr, souvent ce n'étaient pas des gens très recommandables, mais on ne choisit pas... »

Terrible confidence, et qui va loin. Car les policiers du SD ne se contentent pas de payer les services de leurs auxiliaires français, ils savent aussi rallier à eux les ultras de la collaboration, dans une sorte de communion idéologique où des Français, dévoyés du patriotisme instinctif, se ruent dans une servitude sans limites. Les hommes de la Milice française et des partis « collabos » seront leurs alliés « objectifs » : n'imposent-ils pas, forts de l'appui allemand, leurs vues au gouvernement de Pierre Laval, un Laval complice ou résigné parce que désarmé, qui préfère avoir les hommes de Darnand sous sa dépendance théorique que de les savoir totalement liés à l'occupant hors de son éventuel contrôle ? Tout cela sur un fond d'idéologie milicienne (les « bons Français » sont ceux qui collaborent) dont on ne peut, parfois, suspecter la bonne foi mais dont l'aveuglement étonne.

Un « collabo » de Vichy, le garde des Sceaux Maurice Gabolde, que ses adversaires de la Résistance ont surnommé « von » Gabolde, remarque dans ses Mémoires inédits ce glissement des pouvoirs de l'autorité proprement militaire des Allemands vers le SD, c'est-à-dire Oberg et Knochen :

« L'autorité croissante, dans les rapports administratifs franco-allemands d'hommes comme le général Oberg et le colonel Knochen allait de pair avec la croissante autorité de la Milice et de son action sur le gouvernement de Vichy; les partisans extrémistes français étaient soutenus par les nouveaux maîtres de l'occupation... et dans les rares entrevues que j'eus avec le colonel Knochen à l'occasion d'affaires relevant de l'Administration pénitentiaire, passée du contrôle de l'hôtel Majestic à celui de l'avenue Foch*, il me fit entendre qu'il n'accordait sa confiance qu'à la Milice française ou aux organisations créées par MM. Déat et Doriot en zone nord[24]. »

Il est difficile d'être plus net dans cette appréciation d'une situation où le gouvernement de Vichy a transmis la quasi-totalité de ses pouvoirs de police à cette cohorte politique engagée qu'est la Milice française et confié à Joseph Darnand, son chef, la direction suprême de l'ensemble des forces de l'ordre (policiers, gendarmes, GMR ou groupes mobiles de réserve), puis, un peu plus tard, la direction de l'Administration pénitentiaire, c'est-à-dire la haute main sur les prisons où sont gardés les prisonniers de la Résistance, à ce Joseph Darnand qui, en décembre 1943, s'est engagé dans la Waffen SS allemande et a, de ce fait, prêté serment de fidélité à Hitler.

Et puis Laval espère que, dans certains cas, Darnand sera peut-être moins impitoyable vis-à-vis de ses compatriotes « dans l'erreur » que les Allemands eux-mêmes... Ce ne fut que rarement exact.

Le roitelet Pétain et ses pronostics

A Vichy, le maréchal Pétain règne, mais ne gouverne pas : le 24 avril 1944, il entre dans la quatre-vingt-neuvième année de son âge et voit ses pouvoirs se diluer, son autorité ramenée à presque rien, sa marge d'action réduite à zéro entre l'occupant qui impose son inflexible carcan à la France réduite à l'état de protectorat, les collabos qui souhaiteraient qu'elle s'engageât à fond aux côtés de l'Allemagne, les résistants qui combattent sur deux fronts, contre les occupants et contre les forces de la répression vichyste, les miliciens

* A l'hôtel Majestic sont établis les bureaux du *Militärbefehlshaber in Frankreich*, avenue Foch ceux de Knochen.

en particulier, et la grande masse de la population qui souffre, espère et attend. Un jour, au cours d'une promenade dans le parc qui borde les rives de l'Allier, le vieux Maréchal confie mi-figue, mi-raisin à Gabolde[25] :

— Je suis un petit roi, un roitelet, comme le roi de Bourges... et ajoute...

— ... mais je ne m'en tire pas mal.

Naïve satisfaction d'un grand vieillard qui croit ménager les êtres et composer, en limitant les dégâts, avec d'effroyables événements qu'il appréhende mal. Du moins se cramponne-t-il à la dernière idée de la dernière année de son règne : que la France n'entre pas dans la guerre aux côtés de l'Allemagne. Oh ! Hitler ne le souhaite pas, mais certains ultras de la collaboration n'y seraient pas opposés, tout en exigeant que la répression de la Résistance soit encore renforcée.

A l'intérieur, selon le mot de Gabolde, « la situation est comparable à celle de la Vendée pendant la Révolution et à celle de la première guerre carliste en Espagne... ».

A l'extérieur, le régime de Vichy du soliveau Pétain a vu ses représentations diplomatiques s'effilocher au fil des années : en janvier 1944, dans le monde, il ne reste plus que 15 ambassadeurs fidèles à Vichy, alors qu'en avril on compte 42 délégués du CFLN du général de Gaulle à l'étranger. La diplomatie vichyste est une peau de chagrin qui se rétrécit de mois en mois, tandis que l'influence des Français libres et leur représentation s'étend dans le monde[26].

Grâce aux notes inédites du garde des Sceaux Maurice Gabolde, on a un éclairage très précis sur certaines opinions du chef de l'Etat, quant à l'issue probable de la guerre :

« Au cours d'un Conseil des ministres à Vichy, le Maréchal nous dit que l'armée allemande de Russie était battue, que la prise d'Odessa allait consommer sa déroute * et qu'il fallait s'attendre, d'un jour à l'autre, à une demande d'armistice ou à une capitulation du Reich ; il compara la situation à celle de 1918 où la demande d'armistice jaillit subitement alors cependant que la carte de la guerre était encore favorable à l'Allemagne. Ils vont s'écrouler tout d'un coup, ajouta-t-il[27]. »

Cette prévision pétainéenne laisse Gabolde pantois et, malgré tout le respect qu'il porte au Maréchal, le garde des Sceaux ne peut s'empêcher de noter à la suite de la réflexion qu'il vient d'entendre :

« Pétain se trompait sans doute, car il prêtait au Führer sa propre mentalité ; Pétain n'était pas un " jusqu'au-boutiste ", n'avait rien d'un visionnaire et ne comprenait pas que l'on poursuivît les combats quand le résultat militaire était acquis. C'était une concep-

* Le maréchal soviétique Malinowski a repris la ville le 10 avril.

tion qui avait été historiquement vraie, au XVIIIe siècle notamment, quand les guerres n'étaient pas des entreprises idéologiques, mais des opérations pratiquement avantageuses pour la nation victorieuse... Jugeant la guerre plus en militaire qu'en politique, il ne comprenait évidemment pas le fanatisme des maîtres du IIIe Reich... »

C'est encore en militaire que Pétain réagit aux actions des maquisards et résistants englobés, par les services de l'Etat français, sous l'appellation commune de « terroristes » ; Gabolde cite ce trait dans ses souvenirs :

« Le Maréchal, de tendance plus répressive que Laval, était favorable à la création des cours martiales réclamées par la Milice... Il me souvient qu'à un Conseil des ministres, il (Pétain) avait déclaré qu'il serait de bon exemple de pendre quelques maquisards, auteurs de crimes de sang, aux arbres de l'entrée des villes. Or, à ce moment, Laval avait élevé une protestation contre une exhibition de ce genre faite par les Allemands sur une promenade de Nîmes*, qui avait produit une profonde émotion dans le Midi ; nous nous regardâmes assez émus. Laval m'avait fait un signe de protestation. La proposition du Maréchal n'eut pas de suite[28]. »

Mais l'état d'esprit qu'elle implique s'était manifesté par la création, le 20 janvier, de cours martiales, sous l'autorité et la responsabilité de Darnand, chargées de juger les personnes ayant commis isolément ou en groupe des assassinats ou des meurtres pour favoriser une action « terroriste », c'est-à-dire résistante. En principe, ces cours martiales ne sont compétentes que « pour juger les crimes d'assassinat et de meurtres lorsque leur auteur aurait été pris les armes à la main ». Le 14 mai 1944, le champ d'application de la loi du 20 janvier est étendu aux personnes qui, hors le cas du flagrant délit, sont prévenues d'avoir, comme auteurs, coauteurs ou *complices,* commis au moyen d'armes ou d'explosifs, pour faciliter une activité terroriste, un meurtre, un assassinat ou la *tentative* d'un de ces crimes.

C'est net ; et Darnand dont les francs-gardes miliciens combattent, avec l'aide ou la complicité des Allemands, les maquisards et les résistants s'entend complimenter par Pétain :

— Darnand, vous faites comme moi en 1917**. Vous avez raison[29].

* A la suite d'actions militaires des maquisards du maquis « Bir Hakeim » contre les Allemands dans la région de Nîmes, les Allemands pendent 15 otages à Nîmes le 2 mars : leurs corps resteront exposés jusqu'à une heure avancée de la nuit.

** Alors commandant en chef des armées françaises, le général Pétain avait réprimé les mutineries qui s'étaient produites dans la plupart des unités combattantes, écœurées par la façon dont avait été conduite l'offensive du 16 avril de la même année par le prédécesseur de Pétain, le général Nivelle.

Pour le reste, Pétain croit que sa présence, aussi symbolique soit-elle, demeure préférable pour les Français à la mise en place par Hitler d'un gauleiter dans notre pays : c'est sa seconde idée fixe, pourrait-on dire, qu'il est difficile de lui reprocher, si critiquable soit-elle par ailleurs.

Le 30 avril 1944, le général Lafont, ancien chef du scoutisme français, s'entretient avec le Maréchal à Vichy; Lafont est au courant de la teneur du message qu'à la demande de von Renthe-Finck, le correspondant permanent de Ribbentrop à Vichy, Pétain s'est engagé à diffuser à la radio dès que le débarquement allié en Europe aura eu lieu (le message a été préalablement enregistré) :

« Le message, raconte Lafont[30], contient cette phrase : *L'Allemagne défend l'Europe contre le bolchevisme* où le mot *Europe* avait remplacé celui de *France*, qui avait été demandé par Renthe-Finck. Je fis remarquer au Maréchal que, si modifié qu'eût été ce texte, il n'en serait pas moins interprété et dans un mauvais sens. Et j'ajoutai :

— Cette politique nous humilie.

— Et moi ! vous ne croyez pas que je sois humilié ?

— Sans doute, et nous souffrons de votre humiliation.

— Si je ne cède pas, vous aurez un gauleiter.

— Qu'y aurait-il de changé ? Et au moins vous n'auriez plus la responsabilité des mesures qui nous humilient.

— Vous ne savez pas ce dont vous parlez. »

Et pour conclure l'entretien, Pétain dit à Lafont :

« Je crois que le pays arrive au bout de ses peines... oui, au bout de ses peines... Et j'espère que nous n'aurons pas à regretter l'occupation allemande sous une occupation russe !

— Mais voyons, Monsieur le Maréchal, il n'en est pas question.

— Vous n'en savez rien ; moi non plus, mais c'est une hypothèse que l'on peut envisager... »

A Vichy, comme partout en France, on pense au débarquement allié, annoncé par Londres et Washington. Le 22 février, Pétain a reçu du commandant en chef à l'ouest, le *Generalfeldmarschall* von Rundstedt, des assurances militaires « réconfortantes » :

« J'ai la conviction, écrit Rundstedt à Pétain, que les dispositions renforcées que nous avons prises et le renforcement des troupes allemandes s'ajoutant à ces nouvelles dispositions, épargneront à la France de nouveaux combats sur son sol[31]. »

Chi lo sa ? En tout cas, Vichy ou, plus exactement, Pierre Laval qui gouverne avec une délégation de pouvoirs de Pétain, a donné ses instructions aux préfets pour le cas où « une partie du territoire français serait occupé par l'envahisseur », c'est-à-dire les Alliés. La circulaire est datée du 10 mars. En voici les extraits les plus révélateurs :

« Les administrations et services publics doivent s'efforcer de continuer à fonctionner, même dans la zone de feu, pour assurer autant qu'il est possible l'existence de la population qui y est demeurée. Sauf si leur repli *total* est fortement demandé par le commandement militaire, les éléments statiques de la police (corps urbains, gendarmerie territoriale), les services sanitaires, les services de Défense passive, les corps de pompiers, les services de ravitaillement, etc., devront maintenir sur place des éléments suffisants pour veiller à la sécurité de la population et satisfaire à ses besoins essentiels. »

Et si « l'envahisseur » prend la place de « l'occupant », que faire ?

« Les nécessités militaires ou les conditions de la bataille peuvent entraîner l'occupation d'une partie du territoire français par les envahisseurs. Dans ce cas et sauf ordre contraire, l'administration française doit rester sur place afin d'assurer, dans toute la mesure de ses moyens — fût-ce même par sa seule présence — la défense et la protection de la population civile française confiée à sa garde...

« L'Autorité française doit, non seulement s'opposer à toute participation française au combat, mais encore s'abstenir de toute coopération avec le commandement des forces d'invasion et n'entretenir avec lui que les relations indispensables pour assurer la protection des intérêts français locaux [32]. »

C'est une déclaration de neutralité totale (les Allemands connaissent ce texte) et il est bien certain que si Laval ne pouvait pas faire moins, il ne pouvait pas, non plus, faire davantage.

L'ambassadeur de Brinon et ses requêtes

A Paris, un autre personnage du gouvernement de Vichy, Fernand de Brinon, qui porte le titre de « délégué général du gouvernement dans les territoires occupés », c'est-à-dire toute la France depuis novembre 1942, a examiné le problème de « l'après-débarquement » avec une optique différente. Curieux homme ce Brinon. Journaliste blanchi sous le harnois, non sans talent ni relations, il a été, depuis 1919, dans différents journaux, le spécialiste des questions de politique internationale et particulièrement des rapports franco-allemands. En novembre 1934, Brinon a céé à Paris le « Comité France-Allemagne » pour la réconciliation franco-allemande, tandis qu'outre-Rhin, Otto Abetz, alors petit hiérarque du parti national-socialiste, créait le comité symétrique « Allemagne-France ». Réunions, congrès, banquets, Brinon apparaît comme le commis voyageur au service d'une seule idée : l'entente, après la réconciliation, entre l'Allemagne de M. Hitler et la France de M. Albert Lebrun... La guerre a fait voler le fragile château de cartes de ces belles espérances.

Après l'armistice, Laval songe à utiliser les relations de Fernand de Brinon, afin d'ouvrir un dialogue « diplomatique » avec les occupants. Depuis le 17 décembre 1940, il est « délégué général du gouvernement de Vichy » en zone occupée et, après l'occupation totale de la France par les Allemands, il conserve le titre, tout en décrochant un maroquin de secrétaire d'Etat auprès du chef du gouvernement. Du fond du cœur et de l'esprit, Brinon a opté pour la collaboration entière avec les Allemands : il s'est lié à eux par un engagement moral qu'il ne reniera jamais. Aveuglement ? Naïveté ? On ne sait... D'un côté, Brinon est un parangon de la collaboration ; de l'autre, le délégué général assaille les Allemands de demandes en faveur de la libération de Français arrêtés par eux. Mais, après tout, cela n'entre-t-il pas dans son rôle, bien que ses démarches soient rarement couronnées de succès.

Ainsi, le 17 août 1943, il a adressé à Rudolf Schleier, bras droit d'Abetz à l'ambassade d'Allemagne, une demande de libération du fils de Mary Marquet, sociétaire de la Comédie-Française. Schleier fait attendre sa réponse jusqu'au 21 janvier 1944. La voici [33] :

Note B 4953143

« Je vous fais savoir que François Marquet Francen * a été arrêté alors qu'il essayait de franchir illégalement la frontière. Au cours de son interrogatoire, il a avoué qu'il tentait de se soustraire aux obligations du Service du travail en Allemagne. Son plan était de se rendre en Espagne et de là en Afrique, sans doute pour y travailler.

« Conformément aux mesures en vigueur, il fut envoyé par la police en qualité de détenu au camp de concentration de Compiègne. Dans ces conditions, une libération pas plus qu'un appui pour permettre alors au détenu d'être envoyé comme travailleur libre en Allemagne ne sauraient être envisagés. »

François Marquet Francen mourra dans les geôles allemandes...

Relevons, au hasard, dans le courrier de Brinon, cette note à Carl-Heinrich von Stülpnagel qui dépeint l'époque et ses drames [34] :

---

* Victor Francen, artiste de cinéma qui eut son heure de célébrité, est le père de François.

8 mars 1944

Note verbale

« L'Ambassadeur de France, secrétaire d'Etat auprès du chef du gouvernement, délégué général du gouvernement français dans les territoires occupés a l'honneur d'attirer la bienveillante attention de Monsieur le général, commandant en chef les forces militaires allemandes en France, sur le cas de Mlle Francine Sébastien qui a été condamnée à mort le 29 février 1944 par le tribunal militaire de l'armée de l'air allemande, 62, faubourg Saint-Honoré.

« La condamnée est accusée d'avoir hébergé des aviateurs anglais. Elle a, en raison de son jeune âge (dix-sept ans), agi surtout pour des motifs sentimentaux. Dès son enfance, elle a été en relations suivies avec l'Angleterre. Pendant la guerre, un officier anglais cantonna chez ses parents.

« Lorsqu'il lui fut proposé d'aider des aviateurs anglais blessés, cachés depuis huit jours dans une cabane où ils étaient demeurés sans soins et sans nourriture, elle ne réfléchit pas à la portée de son acte et agit uniquement par charité humaine et amour du prochain. Encore une enfant, elle céda à son caractère impulsif sans songer un instant qu'elle contrevenait aux ordonnances de l'armée allemande et qu'elle allait encourir les peines les plus graves.

L'Ambassadeur de France (etc.) formule l'espoir que Monsieur le Général (etc.) voudra bien faire montre de clémence et commuer la lourde peine qui frappe cette jeune enfant de dix-sept ans[35]. »

Un service des interventions fonctionne à la délégation générale : la lecture de ses archives laisse une impression de désolation. Responsable de ce service, Jacques Fournier revient sans cesse à la charge auprès du commandant SS Altenloh, du SD *, afin de tenter d'arracher à la police allemande quelques compatriotes accusés d'espionnage ou de terrorisme ou, simplement, d'esprit anti-allemand. Compte rendu du 1er février 1944[36] où Fournier a plaidé l'état de santé des prisonniers...

« Réponse d'Altenloh. — D'après les requêtes qui me sont adressées, 99 pour cent des prisonniers civils semblent être presque mourants...

« Fournier. — Acceptez nos interventions lorsqu'un certificat médical sérieux est joint à la requête de M. de Brinon. Pourrait-on, en outre, avoir des renseignements sur les prisonniers civils ** détenus en Allemagne ?

« Altenloh. — C'est difficile... Nous étudierons la question. »

* Le Dr Altenloh est le chef de la Section I (organisation-personnel) de la SIPO-SD de Paris, commandée par Neifeind, sous les ordres d'Oberg et Knochen.

** Il s'agit essentiellement de résistants.

Compte rendu du 3 mars 1944 : le SS Hauptsturmführer Fahrembacher a remplacé Altenloh[37] :

« Fournier. — Les civils déportés peuvent-ils correspondre avec leur famille ?

« Fahrembacher. — Ceux détenus dans les camps d'Oranienburg ou de Buchenwald * ne peuvent écrire que sur permission spéciale... Leur sort est sévère, soit, mais il ne peut être comparé à celui des soldats de la Wehrmacht qui combattent sur le front de Russie...

« Fournier. — Certes, mais il n'en est pas moins pénible pour les familles de rester sans nouvelles des leurs... »

Le 17 mars, Fahrembacher fait savoir à Fournier qu'aucune libération n'est envisagée pour le moment, le 28 avril, que les familles des déportés morts dans les camps ne peuvent pas avoir confirmation du décès de leurs proches.

« Adressez-vous directement, dit-il à Fournier, aux Kommandeurs des camps d'internés qui, peut-être, pourraient fournir les précisions nécessaires... »

Mais le 5 mai, le même Fahrembacher répond à Fournier qui lui demandait s'il « pouvait connaître le lieu de déportation (Buchenwald ou Mauthausen) d'un jeune homme, Guy Dehollain » :

« Ce renseignement ne peut être fourni, les services de la police allemande ayant des consignes strictes pour ne pas faire connaître les lieux de déportation. »

Et quand, le 12 mai, Fournier porteste (une fois encore !) auprès de Fahrembacher contre l'arrestation, le 3 mai précédent, d'officiers généraux et supérieurs de l'ancienne armée d'armistice, l'officier SS lui réplique :

« Ce sont des " prisonniers d'honneur ", ils ont été arrêtés à titre préventif et leur sort ne sera nullement rigoureux : ils pourront écrire et recevoir des colis. »

Fournier revient constamment à la charge auprès des policiers de l'avenue Foch ; parfois, il obtient gain de cause. Au total, de février à juin 1944, il arrache aux Allemands la libération de vingt-sept Français arrêtés : en regard des milliers d'arrestations opérées pendant la même période, le bilan paraît dérisoire, mais Fournier a lutté pied à pied pour qu'il ne soit pas totalement nul.

Quant à Brinon, il songe, lui aussi, au débarquement prochain. A ce sujet, il adresse à Laval un message « personnel et urgent » (n° 270) le 19 janvier 1944 :

* Il est très rare qu'à cette époque les Allemands évoquent devant des interlocuteurs français les noms des camps de déportation.

« Au cours de l'entretien que j'ai eu avec lui hier, M. Abetz m'a principalement parlé de l'urgence des mesures à prendre dans l'hypothèse d'un débarquement en France et de son désir de connaître le plus tôt possible l'essentiel de ces dispositions. Je lui ai dit que, lors du dernier conseil des ministres, vous aviez décidé de constituer, dans un très bref délai, un comité de ministres qui, après étude, recherchera les moyens de résoudre les différents problèmes posés. L'ambassadeur d'Allemagne m'a prié de vous dire à ce sujet qu'il recommandait que ce comité se réunisse à Paris sous ma direction, afin qu'il lui fasse aussi rapidement que possible part de ses travaux que M. Abetz soumettra et fera accepter lui-même, après sa propre approbation, aux différents services allemands intéressés, c'est-à-dire les autorités militaires et les autorités de police. Si cette solution vous convient, je vous propose donc de constituer maintenant, et cela sans publicité, car l'ambassadeur d'Allemagne estime que les travaux DOIVENT (en capitales dans le texte) être absolument secrets, un comité ainsi composé... »

Bien entendu, Brinon se met en tête et, après lui, un représentant du ministère de l'Intérieur, un représentant des ministères du Ravitaillement, des Communications et du Travail — Brinon précise que les ministres « pourraient » faire partie du comité — et le secrétaire général au Maintien de l'ordre, Darnand. Ultérieurement pourraient être adjoints à ce comité ministériel restreint, le secrétaire général du Secours national, un représentant de la Croix-Rouge, le préfet chargé de la protection contre les événements de guerre*, « bien que les autorités militaires allemandes, précise Brinon, aient quelque suspicion contre cet organisme et désirent qu'il ne s'écarte absolument pas de son rôle de protection de la population et d'assistance à cette population[38]... ».

Le chant du cygne des collabos

Pour le moment, cette population ne s'intéresse guère à ces jeux « politiques » et moins encore à ceux que lui offrent les collabos de la capitale. Au fur et à mesure que semble s'approcher l'échéance du débarquement, en même temps que se multiplient les échecs militaires des Allemands, les partisans de l'Allemagne, pris par on ne sait quelle frénésie oratoire, se déchaînent en faveur des Allemands,

* Vichy a créé un service interministériel de protection contre les événements de guerre (SIPEG) qui dispose, à la gare de Pont-Cardinet d'un train de secours pouvant être dirigé aussitôt sur une localité bombardée. Le SIPEG est dirigé par le préfet Lacombe.

dans une outrance démesurée : à Paris, est-ce le chant du cygne des collabos ?

Rapportons quelques étonnants échantillons de leur prose.

Le 27 avril, Marcel Bucard, chef du Francisme — son parti a-t-il atteint seulement le nombre de 10 000 membres ? — s'écrie à la Mutualité :

« Pour moi, il faut qu'on le sache, j'aimerais mieux mourir en combattant aux côtés des Allemands, même vaincus, que de vivre sous le joug de nos maîtres d'hier réinstallés par les Anglais et les Américains sur le territoire national[39]. »

Son collègue et rival en collaboration, Marcel Déat, père du RNP (Rassemblement national populaire) et crédité d'un peu plus d'adhérents, a fait écrire à Roland de Silly, dont il fera en mars un attaché à son cabinet de ministre du Travail, d'étranges vœux pour 1944 :

« M. Joseph Staline, Maître et Seigneur de toutes les Russies, exige un débarquement prochain sur les côtes de France. C'est une éventualité qui ne nous émeut pas. Car il y a toutes chances qu'elle déclenche l'effondrement définitif des Anglo-Américains. » (*Essor*, organe bimensuel des jeunesses nationales populaires, 1er janvier 1944.)

Et on ne saurait résister au plaisir de citer ce couplet du « Chant des cadets Marcel Déat » publié dans le même numéro d'*Essor :*

Nos ennemis écopent*
Bâtissons pour demain
Une nouvelle Europe
Construite de nos mains

De toute façon, assure un tract de janvier 1944 émanant du parti de Déat[40], « nous ne nous battrons pas pour les Américains », avec cet argument inattendu :

« Mobilisation générale en France ? Oui. Si les Anglo-Américains parvenaient à vaincre l'Allemagne, car il resterait le Japon. Et l'Amérique exigerait alors que la France se joignît à elle pour combattre en Extrême-Orient... Les Anglo-Saxons ont la ferme intention d'envoyer la jeunesse française mourir au bout du monde... »

Mais ceci n'est qu'une hypothèse pour la propagande du RNP. Car Marcel Déat, son chef, dispose, lui, d'informations précises auprès de ses amis allemands : dès le début de l'année, il sait qu'ils vont jeter dans la bataille des armes terribles qui mettront les Alliés à genoux.

« L'arme secrète des représailles (allemandes), écrit-il dans son

* Il s'agit des Alliés, bien entendu.

Journal de guerre le 12 janvier 1944, consiste en des avions dirigés par ondes et qui, filant à travers la stratosphère, déversent des tonnes d'explosifs sur l'objectif choisi[41]. »

Entre deux meetings, les collabos tentent parfois de susciter des manifestations de rues qui, généralement, tournent court. L'une des plus curieuses nous est racontée par Coustard de Nerbonne, commissaire de police de la 3e division de Paris, sur le territoire de laquelle se trouve la statue de la République qui orne la place du même nom. Un jour du début de 1944 — il ne se rappelle pas exactement la date — ses supérieurs l'avertissent que des « chemises bleues » de Costantini, chef d'un groupuscule collabo, la Ligue française, marchent vers la place avec des panneaux portant des inscriptions antirépublicaines. Coustard arrive avant eux devant la statue où il place une trentaine de gardiens de la paix. Donnons-lui la parole[42] :

« Les manifestants arrivèrent comme prévu. Ils étaient une cinquantaine, marchant au pas cadencé en colonne par quatre. Les derniers rangs portaient des cordages, des outils, et de grands panneaux sur lesquels étaient collées des affiches imprimées et manuscrites en gros caractères.

« Arrivée à hauteur de la statue, la colonne fit halte. Mes hommes étaient groupés sur le trottoir entourant le socle de la statue. Je me portai au-devant des manifestants et les avertis que je ne tolérerais aucune atteinte à la statue. A ce moment un homme sortit de la colonne et s'avançant sur moi me braqua un revolver sur la poitrine en disant : " Allez-vous-en avec vos flics, on va foutre la statue par terre. " Je répondis que j'avais des ordres et que je ne permettrais à personne de toucher à la statue. A ce moment un autre des manifestants intervint et dit : " Je ne veux pas de conflit avec la police. " Il fit rengainer son revolver au premier individu venu devant moi, puis il me demanda de lui laisser déposer sur le socle de la statue les panneaux qu'ils avaient apportés me promettant de ne pas toucher à la statue et de ne rien détériorer. Je refusai encore.

« Entre-temps j'avais vu que derrière moi les agents s'étaient massés, et sans que j'aie donné aucun ordre, ils avaient tous pris leur bâton en main. Leur attitude résolue en imposa sans doute aux manifestants, car sur un ordre de leur chef, et toujours au pas cadencé ils repartirent, remportant leur matériel en poussant des cris hostiles à la République et en jetant des tracts. Ils firent ainsi le tour complet de la place de la République et repartirent par la rue Turbigo par laquelle ils étaient arrivés.

« Je dois ajouter que pendant toute la manifestation, la place était demeurée déserte, les fenêtres fermées, on devinait bien quelques figures derrière les carreaux mais les cris des manifestants ne trouvèrent aucun écho. »

De tous les chefs des partis collaborationnistes, Doriot serait, sans doute, le seul qui, par l'importance de ses effectifs dans certaines grandes villes (Paris, Marseille) pourrait jouer un rôle important — on verra à quelle besogne se livreront des membres de son PPF —, mais il combat dans les rangs de la LVF sur le front de l'Est et ne vient que rarement à Paris : le 5 mars, il assiste au palais de Chaillot à une réunion animée par le chef du mouvement rexiste belge, Léon Degrelle, de retour du front de l'Est, en tournée de propagande à l'ouest. Le 6 mars, Doriot rencontre Laval qui lui confie :

« Je vais donner le ministère du Travail à Déat... Je ne peux rien vous offrir à cause de l'opposition du " vieux » (Pétain)[43]... »

Déçu dans ses espérances ministérielles, Doriot reviendra à Paris le 16 avril pour un meeting en faveur de la LVF au Vél' d'hiv' et le 2 juin pour une messe à la mémoire des morts du PPF, célébrée à l'église de la Madeleine.

Une autre messe est, elle, passée totalement inaperçue : celle dite, fort discrètement, à la mémoire d'un des plus importants leaders de la collaboration, Eugène Deloncle, assassiné le 7 janvier 1944. Ancien cagoulard, emprisonné avant la guerre, cet ingénieur du génie maritime, fanatique du complot et de la diplomatie secrète, a eu son heure de célébrité de 1940 à 1942 : il a fondé un parti, le Mouvement social révolutionnaire (MSR se traduisant par « aime et sers »), à l'avant-garde de la collaboration *, s'est associé un moment avec le RNP de Déat et a participé à la création de la LVF, lors de la réunion tenue en cette occasion au Vél' d'hiv' le 18 juillet 1941. Pour des raisons qu'on ignore, Deloncle s'est retiré de la vie politique le 23 mai 1942; prétexte avancé : « c'est sur l'avis des médecins inquiets de son état de santé ».

Au vrai, les mois passant, Deloncle est de moins en moins certain de la victoire allemande. Alors, il fait ce qu'il a toujours fait dans sa vie d'aventurier politique, il complote ; Deloncle tente de s'aboucher avec les services secrets alliés en Espagne dans l'espoir de négocier une paix germano-alliée à l'Ouest, et ceci peut-être avec la bénédiction du mystérieux amiral Canaris, chef du contre-espionnage allemand. Mais le SD nazi est informé de ses activités; Deloncle est arrêté en août 1943 par les Allemands, emprisonné, puis relâché. Que leur a-t-il dit ? Mystère. Toujours est-il qu'après son arrestation, il part pour l'Espagne en novembre 1943, muni d'un faux passeport et séjourne à Saint-Sébastien : y a-t-il établi un

* Un tract du MSR le présente ainsi : « Hier chef de l'OSARN, organisation révolutionnaire plus connue sous le nom de Cagoule, aujourd'hui chef du MSR, Eugène Deloncle est toujours au service de la France pour la révolution socialiste, nationale et européenne derrière Pétain... » OSARN signifie « Organisation secrète d'action révolutionnaire nationale ».

contact entre les Alliés et Canaris ? Seconde question, sans réponse. C'est au retour de ce voyage qu'il est abattu, dans son appartement de la rue Lesueur, dans le XVIe arrondissement.

Son secrétaire, Jacques Corrèze, qui habite chez Deloncle, a ainsi raconté la scène :

« C'était le 7 janvier 1944 vers 8 heures du matin. Je prenais mon bain quand j'ai entendu tirer des coups de feu et crier au secours : c'était le fils de Deloncle, Louis, qui criait en se réfugiant dans la chambre de son père. Celui-ci a essayé de s'appuyer contre la porte pour que les membres de la Gestapo ne puissent entrer. Une balle a traversé la tête de Louis Deloncle, qui s'est écroulé. En sortant de ma chambre, ne voyant personne, je suis entré dans la cuisine, puis dans l'office, séparé de la chambre par une cloison en verre dépoli. En approchant, j'ai vu dans le jour qui se levait des hommes qui brandissaient une arme dans ma direction et deux rafales de mitraillettes sont parties. J'ai plongé en avant. En plongeant, j'ai perdu mon peignoir de bain et me suis trouvé nu. Deloncle était derrière moi et avait un petit revolver 6,35 : attiré dans la direction des agresseurs, il en a blessé un. A partir de ce moment, un déchaînement de rafales de mitraillettes a haché l'appartement. Deloncle avait une douzaine de balles dans le corps. On m'a descendu avec deux balles et conduit à Fresnes où je suis resté au secret soixante-dix jours[44]. »

Si Corrèze parle de « Gestapo » à propos des hommes qui ont abattu son chef et ami Deloncle, c'est parce que le mot est commode pour désigner la police allemande : en réalité, il s'agirait plus vraisemblablement de policiers du SD ou d'auxiliaires de celui-ci. Mais pourquoi cette exécution ? Les tractations espagnoles de Deloncle permettent d'envisager l'hypothèse que le SD a considéré l'ancien chef du MSR comme un traître à supprimer sans autre forme de procès. Un chef du PPF, Victor Barthélémy, pense même que « le groupe du SD était conduit par Spirito » (un chef du PPF de Marseille, truand notoire) mais il « n'a pas pu en avoir confirmation[45] ».

Deloncle mort, le MSR a continué sous la forme du MRF (Mouvement révolutionnaire français, 40, rue de Paradis) dont le bulletin d'information bimensuel du 24 janvier 1944 a annoncé la naissance le 7 janvier au cours d'une réunion de 25 hommes parmi lesquels André Mahé et Georges Soulès : détail révélateur, pas un mot sur le décès de Deloncle dans ce bulletin. Mort, l'ancien chef du MSR est plus encombrant que vivant !

Darnand et sa milice

Si les partis collabos ne disposent finalement que d'une faible audience à Paris (le journal de Bucard, *le Franciste* compte 5 000 abonnés dans toute la France), la milice française de Darnand pèse d'un poids très lourd dans la lutte contre la Résistance. Les 15 000 hommes qui la composent à ce moment combattent au coude à coude avec les Allemands, dans certaines des opérations dirigées contre les maquis : collaborateurs de fait plus que d'idées, ils s'attirent la haine de leurs adversaires résistants et, peu à peu, celle des Français de la plupart. Les miliciens de Darnand s'en rendent compte, si l'on en croit la note d'argumentation nº 4 diffusée le 20 avril par la Milice[46] :

« Les opérations de Haute-Savoie viennent de prendre fin. Des expéditions analogues vont être entreprises bientôt dans d'autres régions ravagées par les bandits grimés en patriotes. L'opinion publique, désorientée depuis 1940, réagit de diverses façons devant notre action.

« Les uns voient avec soulagement nos camarades rétablir l'ordre et purger du banditisme les régions que celui-ci infestait.

« Les autres s'effraient d'une guerre civile qui oppose des Français à d'autres Français.

« Enfin, nos ennemis nous accusent d'être des traîtres au service de l'Allemagne contre les patriotes français...

« En cas de débarquement, les Alliés feraient la loi ; la France deviendrait un avant-poste anglo-saxon en Europe jusqu'au moment où, les lois de l'élection et de la démagogie jouant, elle deviendrait colonie soviétique.

« La victoire alliée ne nous libérerait pas ; elle perpétuerait la servitude française. »

Tout est dit dans ce texte, suite logique de la circulaire de Darnand du 24 janvier aux forces de police :

« Signalez aux autorités allemandes toutes les activités de la Résistance, même celles émanant de groupes de résistance nationale non communistes. »

Elle s'inscrit dans la ligne fixée le 21 janvier aux intendants de police par le secrétaire général au Maintien de l'ordre :

« Je ne veux pas tourner autour du pot. Lorsque les Allemands veulent des gens qui sont en prison, j'ouvre les portes et je les laisse faire. Ce n'est pas la peine de discuter... Ce que je vous demande de faire, avec la discrétion qui s'impose, c'est de *faciliter* les livraisons qui vont être de plus en plus nombreuses... »

Encore faut-il que sur le plan administratif ces livraisons soient

« régulières ». Darnand qui a, on le sait, reçu la haute main sur la direction de l'administration pénitentiaire où il a remplacé, le 5 février, l'ancien préfet de l'Ardèche, M. Esquirol *, par un protégé de Laval, André Baillet, a donné des instructions aux préfets de l'Etat français pour que tout se passe bien. C'est l'aboutissement d'une idée de Knochen qui, dès 1943, avait demandé à Gabolde que *tous* les détenus politiques français soient regroupés dans un lieu *unique* dans l'est de la France. Gabolde avait fait une enquête et arrêté son choix sur un fort désaffecté : à l'examen, il s'était révélé trop vétuste : il aurait fallu envisager des travaux considérables pour le mettre en état.

Eh bien, puisque cela n'est pas possible, les Français remettront directement leurs prisonniers politiques aux Allemands, a tranché Knochen. Docilement, André Baillet donne satisfaction aux demandes allemandes. Fils d'un commissaire de police d'Aubervilliers ami de Laval, André Baillet a fait toute sa carrière dans le service des Renseignements généraux de la Sûreté nationale dont il est devenu le directeur en 1943. C'est un « dur » qui n'hésite pas à écrire, le 27 mai 1943, au secrétaire général à la police, René Bousquet[47] :

« Il est absolument certain qu'actuellement la direction des RG est totalement incapable de renseigner le chef du gouvernement. En cas de troubles graves, elle serait obligée d'avouer qu'elle ne peut fournir les renseignements politiques permettant de juguler le mouvement quel qu'il soit. »

Baillet, qui a participé personnellement à l'interrogatoire de résistants arrêtés, se dépasse dans ses fonctions de directeur général de l'administration pénitentiaire; répondant à une demande du général von Stülpnagel, il décide, le 4 mai 1944, de mettre des détenus à la disposition des autorités allemandes, afin qu'ils aident au désamorçage des bombes lancées par les bombardiers alliés, mais qui n'ont pas explosé en touchant le sol :

« J'ai préféré, écrit Baillet, que ce travail fût effectué par des forçats de préférence à des pères de famille libres... Deux cents forçats ont été transférés de Poissy à la prison de la Santé[48]. »

Le garde des Sceaux, s'il n'est pas mécontent d'être débarrassé de la charge des prisons françaises, porte cependant sur Baillet un jugement sans nuances :

« Les fonctions qui lui étaient confiées dans des circonstances aussi difficiles étaient au-dessus de sa capacité; Baillet était un bon sous-ordre, un exécutant scrupuleux, mais il manquait du caractère, de l'autorité et de la culture des grands chefs... La Milice, du reste, le

* Esquirol a succédé, en 1943, à M. Contencin « découragé et désillusionné », selon Gabolde.

mit en tutelle et lui adjoignit dans la personne de Maret un sous-directeur fanatique et partisan[49]. »

Jocelyn Maret, ancien représentant en pharmacie, est nommé à ce poste par Darnand le 11 février 1944 : si Baillet est « un sous-primaire peu intelligent * », Maret est un impitoyable exécuteur des hautes œuvres de la Milice. Il préside, le 22 février, la Cour martiale qui condamne à mort 12 détenus qui ont participé à la révolte de la prison d'Eysses (Lot-et-Garonne) où sont parqués 1 200 prisonniers politiques de la zone sud ; l'exécution est immédiate. Maret fait encore fusiller le 19 mai à Besançon 8 détenus politiques.

In extremis, Darnand demandera le renforcement de la loi du 14 mai 1944 sur les Cours martiales, loi qu'il estime encore trop timorée ; mais, pour le coup, Laval et Gabolde à qui Darnand a fait part de son désir, lanternent, et Gabolde confie à ses souvenirs : « Notre résistance était d'autant plus justifiée que j'étais informé que les personnes choisies par Darnand (pour présider ces Cours martiales) dont je ne connus jamais les noms à l'exception de celui de Maret, donnaient à la loi un champ d'application qu'elle n'avait pas envisagé[50]. »

La geste des résistants

La forme de répression instaurée par ces Cours martiales, l'inexorable rigueur qu'elles montrent, l'absence d'une défense possible devant elles, provoquent une vague d'indignation au sein de la Résistance :

« Il ne s'agit pas, lit-on dans l'éditorial du journal clandestin *le Palais libre*[51], de l'exécution d'une loi d'exception. Nous sommes en dehors de toute légalité, en présence de véritables assassinats.

« Jamais le sang français n'a été répandu avec autant de férocité jointe à autant d'hypocrisie. Dans la presse et à la radio, on appelle bandits, terroristes, les soldats de la France en guerre ; défenseurs de l'ordre, sauveurs de la patrie, les nervis au service de l'étranger ; et le ramassis de traîtres et d'aventuriers qui ordonnent ces crimes et en assument la responsabilité se dit le gouvernement français... »

Cette analyse met le doigt sur un aspect du drame français de 1944, celui de la manipulation de l'opinion par les médias, presse écrite et radio : les hommes de Vichy, afin de justifier leurs

* Selon l'opinion d'un de ses collaborateurs aux Renseignements généraux, le commissaire Berger.

représailles, accusent en bloc les résistants d'être des bandits et des pillards. En réalité, ceux qui se sont réfugiés dans des maquis, composés soit de réfractaires au STO, soit de combattants volontaires et, souvent, des deux ensemble, souffrent de deux maux : le manque d'armes, le manque d'argent. Le second leur impose d'exiger « des avances forcées à la Résistance », impliquant, par exemple, l'attaque de banques ou de perceptions :

« J'ai connu, raconte Raymond Massiet[52], l'abbé R. de la Creuse, qui a dirigé lui-même l'attaque d'une perception qui avait rapporté à son mouvement 7 millions, dont 6 600 000 francs servirent à acheter des armes à de louches trafiquants et les 400 000 francs qui restaient à nourrir un maquis de 300 hommes durant deux mois. »

En janvier 1944, Louis Mangin, l'un des chefs de la Résistance en zone nord, a câblé à Londres que les envois de fonds ayant cessé depuis presque deux mois, « nous sommes forcés de prescrire des mesures radicales pour nous emparer du numéraire indispensable à la Résistance paramilitaire[53] ».

Et ce qui est vrai pour l'argent l'est aussi pour la nourriture. Quant à l'approvisionnement en armes, les parachutages des Alliés se montrent insuffisants et, souvent, les containers tombent aux mains des Allemands. Pour la région parisienne en particulier, le BCRA de Londres « ne prévoit qu'un armement très limité pour éviter la destruction de la capitale, non sans une arrière-pensée politique[54] ».

Dans cette région parisienne même qui, peu avant le débarquement, compte environ 15 000 hommes considérés comme de futurs combattants... quand ils seront armés, le commandant « Dufresne » (Raymond Massiet), chef d'état-major du colonel « Lizé » (colonel de Marguerittes) commandant les FFI (Forces françaises de l'intérieur) du département de la Seine, ne peut distribuer en juin que 200 000 francs pour ses hommes, « et encore ces 200 000 francs avaient-ils été empruntés par le colonel Lizé qui avait dû s'endetter de cette somme[55] ».

Cette Résistance parisienne, moins perceptible par les habitants de la capitale que celle des campagnes où se sont livrées et se livreront de véritables batailles entre résistants et Allemands, entre résistants et miliciens, hachées de coups de main, de sabotages, est plus difficile : un attentat dirigé contre les Allemands, qu'il s'agisse des hommes, du matériel, des munitions, des installations ou des cantonnements, ou contre des collabos, demande une préparation délicate et, surtout, le tracé d'un itinéraire de fuite aussitôt le coup fait, fuite que favorise une embuscade en montagne par exemple, mais que rend problématique la configuration urbaine. La guérilla parisienne, commencée par les FTP (Francs-tireurs partisans) d'obédience communiste, qui a compté ses héros et ses martyrs * n'a pas desserré son emprise au fil des années, malgré les difficultés multiples que posent les différentes formes du combat.

Paradoxalement, ce sont les Allemands qui vont cristalliser l'attention des Parisiens sur cette Résistance urbaine en donnant une publicité « colossale » au procès ouvert le mardi 17 février dans une salle de l'hôtel Continental, rue de Castiglione ; ce jour-là comparaissent devant le tribunal militaire allemand 24 « terroristes étrangers » dont une « juive roumaine », Golda Bancic, prévenus d'assassinats, sabotages (déraillement de trains, attaques contre des installations militaires allemandes, etc.). Au moment du procès d'immenses affiches rouge et noir offrent aux passants les portraits de 10 des accusés et des photographies très réalistes des « attentats » et « crimes » commis, avec cette seule légende :

« Des libérateurs ? La libération par l'armée du crime. »

Au Continental, un cadre austère a été improvisé pour le procès : dans une salle, une grande table en fer à cheval recouverte d'une nappe blanche à laquelle s'assoient le colonel-président, deux assesseurs, un officier chargé de soutenir l'accusation et six sous-officiers qui, commis d'office, assurent la « défense ». En retrait, des chaises pour « une trentaine de journalistes de Paris, de province et de l'étranger », l'étranger étant représenté uniquement par des membres de « la presse des puissances amies de l'axe », précise *l'Œuvre,* le journal de Marcel Déat. Devant le fer à cheval, quatre rangées de chaises destinées aux accusés. De chaque côté de la salle, des soldats *feldgrau* armés de mitraillettes.

Attachés deux par deux par des menottes, les accusés font leur entrée, prennent place devant le tribunal militaire. Leurs noms, tels que les révèle l'affiche rouge et noire ?

Missaak Manouchian, trente-huit ans, Arménien, ouvrier spécialisé, puis commerçant en gâteaux, il est présenté comme « chef de bande », 56 attentats, 150 morts, 600 blessés ; Boczov, « juif hongrois, chef dérailleur, 20 attentats » ; Rayman « juif polonais, 13 attentats » ; Wajsbrot « juif polonais, un attentat, trois déraillements » ; Alfonso « Espagnol rouge, sept attentats » ; Fontanot « communiste italien, douze attentats » ; Witchitz « juif hongrois, quinze attentats » ; Grzywacz « juif polonais, deux attentats » ; Elek

* Le mois de mars est à marquer d'une pierre noire pour trois chefs de la Résistance. Capturé par les brigades spéciales de la Préfecture de Police, Médéric (Gilbert Vedy) se suicide le 21 ; le même jour, dans les bureaux de la SIPO-SD rue des Saussaies, Faraday (François Delimal) absorbe à son tour la capsule de cyanure dont sont pourvus les responsables clandestins ; le lendemain 22, Pierre Brossolette, qui a été arrêté par les Allemands sous sa véritable identité, se jette du 5e étage d'une pièce de l'avenue Foch ; transporté par les Allemands à la Pitié, il y meurt vers minuit. Les Allemands envoient son corps au Père-Lachaise où il est incinéré anonymement.

« juif hongrois, huit déraillements » ; Fingerweig, « juif polonais, trois attentats, cinq déraillements »...

L'affiche ne mentionne ni l'Italien Della Negra ni les Français Roger Rouxel, tourneur à Ivry-sur-Seine, et Cloarec, ancien marin, ouvrier à Vitry-sur-Seine, ni d'autres accusés.

Le compte rendu des audiences de ce procès à travers la presse du temps apprend que le 12 novembre 1943, Witchitz et Della Negra ont abattu au pistolet deux soldats allemands à Paris ; le 13 mars 1943, un garage réquisitionné par la Wehrmacht, avenue de Saxe, a sauté ; le 10 juillet à Choisy-le-Roi, le 31 à Nanterre des « terroristes » du groupe ont attaqué à la grenade des soldats allemands ; le 20 août, avenue du Roule à Neuilly, un trésorier de l'armée a été abattu ; le 4 septembre, Witchitz a tué un soldat allemand...

Rayman et Alfonso avouent l'exécution du Dr Julius Ritter, le 23 septembre, ce Ritter qui, comme représentant en France du gauleiter Sauckel, organise la déportation des ouvriers français en Allemagne. René Benedetti décrit l'interrogatoire des deux hommes dans *le National populaire* du 26 février 1944 :

« On évoque au tribunal l'assassinat du vice-président Dr Ritter *. Le juif polonais Rayman et l'ancien commissaire de l'armée rouge en Espagne, Alfonso, les deux assassins, se disputent la vedette pour conter les circonstances de l'agression. Alfonso l'emporte et, souriant, mime avec force gestes l'embuscade et l'agression, l'autre prenant sa revanche, en expliquant comment, blessée par Alfonso, la victime a couru vers lui qui l'abattit de trois coups de pistolet... »

Mais pour la première fois dans la presse inféodée aux Allemands et contrôlée par eux filtrent des informations précises sur la structure des groupes de la Résistance intérieure. Deux phrases très importantes sont rapportées dans le même compte rendu du *National populaire.*

L'une de Manouchian :

« Nous étions une formation de combat. Nous étions tous sous les ordres du Comité national de la libération des FTP. »

L'autre de Boczov :

« Je ne connais pas le MOI **. J'ai travaillé aux FTP dès 1942. J'appartiens à une organisation française et non étrangère. Il n'y a plus de différence entre la population civile et les soldats en uniforme ; même habillés en civil, nous sommes de l'armée régu-

* En représailles, les Allemands ont aussitôt fusillé 50 otages au fort du Mont-Valérien, 36 hommes fichés comme « communistes » et 14 résistants membres du réseau « Alliance ».

** Le MOI (Mouvement ouvrier immigré) ou la MOI (Main-d'œuvre immigrée) a été créé en France en 1923, afin « de défendre les revendications particulières et les intérêts des ouvriers étrangers ». L'organisation est proche du parti communiste

lière française : la preuve en est que cette armée nous a donné un numéro matricule. »

Le vendredi 18 février, dans l'après-midi, la sentence a été rendue : 23 des 24 accusés sont condamnés à mort ; l'un d'eux, un Polonais, Gustave Migatulski, arrêté le 17 novembre 1943, sera renvoyé devant un tribunal français, la seule femme du groupe, l'étudiante roumaine Golda Bancic, sera déportée en Allemagne où elle sera décapitée à la hache. Le 21 février, 22 hommes du groupe Manouchian tombent sous les balles du peloton d'exécution au Mont-Valérien.

En fait si une publicité « colossale » a été donnée à un procès intenté à des opposants au Reich opérant à Paris, les buts que poursuivent les Allemands sont clairs : d'une part, le châtiment impitoyable des « terroristes » refroidira l'ardeur de ceux qui envisageraient de suivre leurs traces ; d'autre part, le fait d'évoquer un « terrorisme étranger » a quelque chance de développer chez les occupés une xénophobie dirigée dans le « bon » sens, qui dérivera sur « les agents étrangers du bolchevisme » la germanophobie spontanée des Parisiens, dont les Allemands se rendent bien compte depuis longtemps. Un calcul qui se révélera illusoire.

Dans l'arsenal des moyens de répression de la Résistance intérieure apparaît, en mars, une nouvelle arme ; le 24 mars, Carl-Heinrich von Stülpnagel diffuse dans les journaux un « avis » visant les médecins qui, clandestinement, donnent leurs soins aux résistants blessés, lors de leurs affrontements avec les Allemands :

« Tous les habitants, en particulier les médecins, lit-on dans cet avis, et toute autre personne donnant des soins, qui traitent de quelque manière que ce soit des blessures causées par des armes à feu ou des explosifs, sont tenus de déclarer ce fait sans aucun délai à la *Feldkommandantur* ou à la *Kreiskommandantur* la plus proche, ou au service le plus proche de la police allemande, en indiquant le nom et le lieu de séjour actuel du blessé.

« Quiconque ne se soumettra pas à cette obligation de déclarer les blessés soignés par lui s'exposera aux peines les plus sévères, le cas échéant à la peine de mort, conformément au paragraphe 22 de l'ordonnance du 28 décembre 1942, concernant la sauvegarde de l'armée allemande.

Der Militärbefehlshaber in Frankreich. »

En droit international public, Carl-Heinrich a la faculté de prendre cette disposition, reconnaît aussitôt le Conseil de l'Ordre des médecins dans une « note » diffusée par ses soins où on peut lire :

« En droit, l'Etat occupant peut et doit assurer le salut de ses troupes et est le seul juge des nécessités de la situation. Mais s'il atteint profondément la conscience juridique du peuple qu'il occupe, il s'expose à une résistance accrue, il accentue l'hostilité des populations et compromet l'ordre qu'il a en vue d'assurer.

« Or, à tort ou à raison, c'est un fait que la rigueur du secret médical est une tradition française solidement établie. Celle-ci s'oppose à ce que l'on transforme le médecin en un auxiliaire de la police. Chacun connaît la réplique de Dupuytren faite au cours d'une de nos guerres civiles au début du XIXe siècle : " Je ne connais pas d'insurgés dans mes salles, je ne vois que des blessés*. " »

Conclusion de la « note » du Conseil de l'Ordre aux médecins :

« Dans ces conditions, il est certain que l'ordonnance allemande est contraire non seulement aux traditions du corps médical français mais encore au sentiment public de notre pays, car c'est en s'appuyant sur ces traditions et ce sentiment que notre jurisprudence a pu, malgré les protestations d'un certain nombre de juristes, donner un caractère aussi strict au secret médical[56]. »

L'auteur de ce texte courageux, le Dr Bernard Lafay, doit aussitôt gagner le maquis, après la diffusion de celui-ci.

Résistance armée pour les guérilleros de la MOI, résistance active pour le Dr Lafay, il reste encore plusieurs formes d'action contre les Allemands et leurs « complices », les collabos. L'une des plus efficaces est constituée par la diffusion des journaux clandestins, où une contre-information annihile l'information et la propagande des Allemands ou du gouvernement de Vichy.

Marcel Déat est-il nommé ministre du Travail ? Le MLN (Mouvement de libération nationale) diffuse un tract où, sous le titre « Marcel Déat observateur et prophète » sont malicieusement reproduites quelques phrases extraites des articles du chef du RNP parus dans *l'Œuvre;* voici la perle :

« Il est à peine paradoxal de prétendre que, pour l'Allemagne aussi, les buts sont atteints et la guerre gagnée, voire terminée. » (*L'ŒUVRE*, 30 octobre 1942.)

L'une des formes les plus visibles de l'action résistante, dans la mesure où elle est, parfois, annoncée par les journaux, s'exerce contre les collabos français :

---

* Fait généralement peu connu, le préfet de police de Paris, Gisquet, prit le 9 juin 1832, sur l'ordre d'Argout, ministre du Commerce et des Travaux publics, une ordonnance imposant aux médecins et chirurgiens de la capitale de dénoncer les blessés « à qui ils ont administré des secours, en indiquant les causes de ces blessures... ». En fait, cette ordonnance « ne reçut pas même un commencement d'exécution », si l'on en croit les *Mémoires* de Gisquet, cités dans la *Médecine praticienne* (n° 375, novembre 1969).

« Environ 2 500 personnes, écrit Marcel Baudot, soit à la solde de la police allemande, soit coupables de dénonciations de patriotes, des militants actifs des organisations pro-allemandes ou encore des gens accusés de pratiquer le marché noir à grande échelle, ont été abattues sans jugement (par la Résistance) de l'automne 1943 au 6 juin 1944[57] ».

Parfois les journaux autorisés par les Allemands font allusion à ces actes particuliers de la Résistance et *l'Œuvre* du 4 janvier rapporte l'un d'entre eux :

« M. Foulard, ex-caporal à la LVF et attaché au secrétariat général de l'Association des anciens légionnaires a été grièvement blessé par un terroriste alors qu'il regagnait son domicile parisien. Il y a quelque temps, M. Foulard, attaqué une première fois, avait réussi à abattre son agresseur. »

Et les Parisiens ?

Et la population de Paris, ces quelque 2 millions et demi d'hommes, de femmes et d'enfants, comment vivent-ils, que pensent-ils, spectateurs des événements que leur rapportent les émissions de radios alliées — diffusées de Londres, d'Alger et de Moscou — qu'ils captent malgré le brouillage des ondes ? Apparemment, cette population reste « calme » : si, de cœur, elle est pour la victoire des Alliés, par raison elle n'affiche pas sa préférence par des manifestations intempestives. Elle attend et voit venir, hantée par trois préoccupations majeures : le ravitaillement, la déportation des travailleurs en Allemagne, les bombardements. Le reste ? Peu lui chaut, en apparence du moins.

L'état d'esprit des Parisiens est analysé ainsi dans le rapport du préfet de la Seine, René Bouffet, pour la période du 1er au 31 janvier 1944, où l'on relève les passages suivants[58] :

« Sur le plan intérieur, les changements apportés récemment à la composition du gouvernement soulèvent, en général, peu de commentaires de la population...

« L'annonce du recensement des jeunes gens de la classe 1944 a soulevé une vive émotion dans les familles des intéressés. D'autre part, le bruit s'est répandu qu'un nouveau et important contingent de travailleurs avait été demandé par les autorités d'occupation. Cette dernière nouvelle qui n'a fait l'objet d'aucune communication officielle a causé une impression défavorable. »

Devant les bombardements alliés qu'a subis la région parisienne, qui semblent préluder à des opérations militaires sur notre sol, René Bouffet décrit ainsi les réactions de la population :

« Si certains croient y discerner une chance de salut, beaucoup craignent les bouleversements que ces opérations ne peuvent manquer d'amener... Dans sa grande lassitude, la population accorde indistinctement crédit à tous les bruits, même les moins justifiés, quand ils lui donnent l'espoir de la fin prochaine de ses souffrances actuelles. »

Au début de 1944, la situation alimentaire de la capitale est aggravée : on dispose certes de choux, de carottes et de navets en quantités suffisantes, mais aucune distribution de pommes de terre n'a pu être faite. Pendant la seconde quinzaine de janvier, la ration de viande n'a été que de 60 grammes par semaine et de 50 grammes celle de matières grasses. Cent grammes d'huile de colza ont été distribués aux consommateurs, mais « cette huile est peu appréciée et beaucoup de ménagères la jugent impropre à la consommation ». Le lait est devenu rare, le sel « est vendu à des prix prohibitifs au marché clandestin », et il y a pénurie de charbon.

En bref, conclut René Bouffet, « l'ensemble de cette situation entretient un malaise croissant. Les restrictions de toutes sortes, jointes à l'insuffisance des salaires, soulèvent un mécontentement très marqué de la population, qui demeure néanmoins calme dans son ensemble[59] ».

Février ne voit certes pas d'amélioration à la situation : elle est « alarmante » pour les pommes de terre, il n'y a pas eu de distribution de légumes secs ; le lait écrémé fournit à 50 pour cent des besoins, le lait entier 95 pour 100, ce qui est satisfaisant.

Evidemment personne ne se fait d'illusion sur les vraies causes de cette angoissante pénurie de substances alimentaires, le préfet Bouffet moins que personne qui constate dans son rapport couvrant la période du 1er au 29 février :

« Seuls les besoins de certaines priorités telles que les troupes d'occupation et les établissements hospitaliers continuent à pouvoir être honorés intégralement. »

Si l'on ajoute à cela les détournements vers le marché noir, on comprend que le consommateur « ordinaire » soit le plus mal loti.

Pour le marché noir, partiellement organisé par les Allemands et à leur profit, Maurice Gabolde note que « les services allemands du ravitaillement travaillent en cheville (*sic*) avec les gros trafiquants de la spéculation clandestine[60]... »

Un exemple, celui de la viande étudié par Alfred Sauvy permet de comprendre le mécanisme de la « dispersion » d'une denrée alimentaire :

« La production d'avant-guerre était de 1 680 000 tonnes par an. En moyenne, elle baissa de 530 000 tonnes pendant l'occupation. Comment le reste fut-il réparti ?

Prélèvements allemands	Abattage clandestin	Abattage familial	Freintes *	Priorités
242 000 t	300 000 t	250 000 t	70 000 t	97 000 t

Consommateur ordinaire
191 000 t

On voit la cascade de prélèvements et de pertes qui s'abat sur le consommateur ordinaire. Certains bénéficient, il est vrai, de l'abattage clandestin[61]. »

Chacun, selon ses moyens, tente d'acquérir au marché noir des suppléments alimentaires; les plus pauvres en sont écartés, les nantis festoient; entre les uns et les autres, le consommateur ordinaire essaie de se procurer une ou deux denrées indispensables (beurre, viande), souvent grâce à des « colis familiaux ». **

A Vichy, le vieux Monsieur dit un jour à Mme Gabolde qu'il a conviée à déjeuner :

« Vous faites sans doute du marché noir, comme toutes les

Tableau des rations de mars 1944

PAIN ***		*MATIÈRES GRASSES*	*SUCRE*	
E	125 g	150 g	E	1 250 g
J1	225 g	des suppléments seront	Autres catégo-	
J2	300 g	délivrés dans le cours	ries	500 g
T et C	350 g	du mois	*Riz :*	
J3	375 g	*Viande :*	300 g pour les E	
+ 7 tickets-lettres de		120 g par semaine	*Vin :*	
350 g chacun		*Fromage :*	1 l par semaine****	
		50 g par semaine	*Café :*	
		avec possibilité	150 g	
		de suppléments	de mélange national	

* Les freintes désignent dans le commerce un certain nombre de pertes en cours de transport ou autrement.

** A condition qu'il puisse apporter la preuve qu'un de ses parents est cultivateur, un habitant de Paris peut se faire expédier d'une zone rurale, en « colis familial », viande, beurre, lard, œufs, volaille et fruits. Ces colis sont souvent éventrés en chemin et vidés de leur contenu...

*** Les consommateurs étaient répartis en huit catégories répondant aux besoins physiologiques normaux. E : enfants de moins de trois ans. J1 : de trois à six ans. J2 : de six à treize ans. J3 : de treize à vingt et un ans. Les femmes enceintes étaient placées pendant toute leur grossesse et pendant la période d'allaitement en catégorie J3. A : consommateur de vingt et un à soixante-dix ans ne se livrant pas à des travaux pénibles entraînant une grande dépense de force musculaire. C : consommateur de plus de vingt et un ans se livrant personnellement et professionnellement aux travaux agricoles. V : consommateur de plus de soixante-dix ans non classé en catégorie C. Les mères de famille de quatre enfants et plus avaient la carte T.

**** Certaines catégories ne disposent pas de la ration de vin, les E et certains J par exemple.

maîtresses de maison. Mais de quel côté êtes-vous ? Du côté de ceux qui en vivent ou du côté de ceux qu'il ruine[62] ? »

Le tableau de la page 45 nous donne une idée précise des rations *prévues* à Paris pour mars 1944, auxquelles il faut ajouter ces précisions : « chocolat et confiserie : réservés à certaines catégories. Les légumes secs, les confitures, les conserves, les pommes de terre et les pâtes alimentaires feront l'objet de distributions ultérieures *. »

Mais ces prévisions se révéleront illusoires. En mars, il n'y a pas d'œufs sur les marchés, les 2 975 667 œufs arrivés à Paris du 20 février au 18 mars « ayant été absorbés en totalité par les besoins prioritaires ». Il n'y a pas eu de distribution de pommes de terre depuis trois mois ; en outre le charbon fait défaut pour chauffer les hôpitaux de la capitale.

Le STO et les agents recruteurs du gauleiter Sauckel

Après le ravitaillement et ses difficultés, le départ des travailleurs requis par le STO ** en Allemagne constitue le souci numéro deux des Parisiens. Le gauleiter Sauckel réclame sans cesse à Pierre Laval des hommes afin qu'ils aillent travailler dans les usines d'outre-Rhin ; Laval, « cet acteur forcé d'une tragédie, sans avoir le tempérament tragique », selon le mot d'Abel Bonnard ***, s'oppose aux demandes allemandes, louvoie, tergiverse, tandis que le ministre de la Production industrielle, Bichelonne, passe des accords avec Albert Speer, ministre allemand de l'Armement et de la Production de guerre, pour surseoir, à partir du printemps 1944, à tout nouveau départ d'ouvriers français pour l'Allemagne : ils resteront en France où ils travailleront dans les usines dont la production sera expédiée en Allemagne. Mais tout cela reste discret et le public qui n'est pas tenu au courant de ces tractations s'inquiète ; René Bouffet confie à son rapport pour la période du 1er au 29 février :

« Persistance du profond malaise provoqué par les mesures d'orientation et d'utilisation de la main-d'œuvre... »

Il note également que 1 046 hommes sont partis pour l'Allemagne depuis le 1er janvier soit, au total, 3 538 depuis le 1er novembre 1943 :

« La fréquence et l'ampleur des rafles, le nombre des alertes, la

---

* En fait, les distributions seront très irrégulières et peu importantes.

** Le Service du travail obligatoire qui impose la réquisition et le départ forcé des travailleurs français en Allemagne a été institué par la loi du 3 septembre 1942. Les travailleurs sont requis par tranche d'âges, à l'imitation de l'appel sous les drapeaux du contingent annuel sous la IIIe République : les STO sont déportés par « classe ».

*** Ministre de l'Education nationale de Vichy.

fermeture des spectacles, des cafés et des restaurants plusieurs jours par semaine, modifient profondément la physionomie de Paris et créent une atmosphère de guerre que la population ressent vivement. » (Rapport pour la période du 1er au 31 mars 1944.)

Pendant la même période, 1 150 hommes et 303 femmes de la région parisienne l'ont quittée pour l'Allemagne, soit un total de 4 991 personnes depuis le 1er novembre 1943. En avril, les Allemands ont demandé 11 455 travailleurs : 1 940 sont partis !

Devant cette carence, à la demande des Allemands, le milicien Max Knipping, délégué de Darnand en zone nord, organise une chasse aux oisifs, menée par la police française. La circulaire qu'il a signée (PN Cab. 2023/A 31) à l'intention des préfets stipule que des rafles seront effectuées dans des lieux publics, établissements de plaisir, bars, boîtes de nuit, salles de départs des gares, aux jours et heures de travail, afin de détecter « tous les hommes nés entre 1899 et 1926, qui seront présumés suspects et dirigés sur un centre de triage[63] ». Les « non-reconnus en règle » partiront pour l'Allemagne.

Cette chasse ne donne que peu de résultats, beaucoup des « oisifs » disposant, grâce à la Résistance, de certificats de travail bien imités, qui leur donnent l'apparence d'être en règle avec le STO.

Jusqu'à la dernière minute pourtant, Sauckel a tenté, par tous les moyens, de capturer le maximum de bétail humain afin de le transférer outre-Rhin.

Au début de 1944, il a remis en usage le système des... sergents recruteurs de l'ancien régime, ainsi que le prouve le procès-verbal d'une réunion du Comité central du plan de quatre ans à Berlin le 1er mars 1944, au cours de laquelle Sauckel a déclaré[64] :

« J'ai été amené à dresser un état-major d'agents français, hommes et femmes, destinés à la capture de l'homme qui, par l'alcool et la persuasion, séduisent les gens pour les emmener en Allemagne. »

Evidemment, quand il sera appelé à s'expliquer sur ce « dressage » des recruteurs modernes, Sauckel, « un gars pas commode », disait de lui Pierre Laval, tiendra un autre langage à ses juges de Nuremberg, soutenant que l'initiative ne venait pas de lui, mais des « collabos » français :

« Les chefs des organisations collaborationnistes*, expliquera-t-il[65], m'ont déclaré qu'à leur avis on était hostile en France au recrutement officiel (des travailleurs) et qu'eux-mêmes désiraient s'en charger. Parmi leurs membres, ils désiraient trouver des

---

* A cette époque, principalement le PPF de Doriot, le RNP de Déat et le Parti franciste de Bucard.

recruteurs et également des gens qui seraient prêts à partir comme volontaires pour l'Allemagne. Ce recrutement ne devait plus se faire par des agences officielles, mais dans les cafés. Dans ces cafés, naturellement, le recruteur aurait certaines dépenses qui devaient lui être remboursées. Une prime devait lui être donnée en argent ou en nature sous forme de vin ou d'alcool. Cette façon de procéder était assez antipathique, mais comme je me trouvais dans de graves difficultés devant les exigences qu'on m'avait formulées, je donnai mon accord... »

Les agents touchent donc une prime « par tête » d'ouvrier ainsi recruté, comme le prouve l'étonnant dialogue qui fait suite :

« Le juge Biddle *. — Vos recruteurs étaient payés sur la base d'une commission, n'est-ce pas ? En d'autres termes, tant par ouvrier, c'est-à-dire que pour chaque travailleur qu'ils recrutaient, ils recevaient une certaine commission.

« Accusé Sauckel. — Oui. Aujourd'hui, je n'ai plus les détails présents à la mémoire, mais cela doit être à peu près exact. »

La commission touchée par les recruteurs est de 20 marks « par tête » pour les dix premières recrues, puis 25, puis 30, puis 50 « par tête » pour chaque tranche des dix recrues suivantes ! **

Mais ce recrutement par l'alcool avait été précédé de la création, par un ordre de Sauckel du 25 janvier 1944, d'un corps de protection de 5000 hommes dit « Comité pour la paix sociale », formé de « Français noyautés et encadrés par des membres de la police allemande, en civil et munis d'une arme à feu ». Quel devra être le rôle des membres du « Comité pour la paix sociale » ?

« Ces éléments, précise l'ordre de Sauckel [66], devront être informés immédiatement si des Français ne donnent pas suite à des convocations émanant des services allemands. Ils seront chargés de découvrir le domicile de ces personnes et, conformément aux instructions du chef de la police allemande, de les faire comparaître avec l'aide des polices française et allemande. Ils devront, en outre, procéder sans délai à la recherche des réfractaires et autres personnes en rupture de contrat. Afin d'assurer une plus grande efficacité, il serait bon de leur communiquer les listes des personnes convoquées ou soumises au travail obligatoire afin qu'ils puissent agir immédiatement, au cas où les instructions allemandes ne seraient pas suivies. On peut penser que ces méthodes rapides, alliées à des sanctions appropriées et à la publication immédiate de ces sanctions, auront

* Juge américain au tribunal de Nuremberg.

** 20 marks = 400 francs, 25 = 500 francs, 30 = 600 francs, 50 = 1000 francs de l'époque. En 1944, le paquet de Gauloises coûte 9,50 francs, le carnet de métro 15 francs, un apéritif de 4,50 francs à 14,50 francs.

un effet d'intimidation plus efficace que celui des recherches faites jusqu'à présent. Enfin les membres des corps de protection seront tenus de faire connaître aux services allemands les difficultés qu'ils rencontrent dans le recrutement de la main-d'œuvre. »

En fait, ce corps de protection n'aura eu qu'une action « minime », prétendra Sauckel : il aura sans doute été créé trop tard.

Comme seront sans doute venues trop tard, pour mieux convaincre les ouvriers français, ces surprenantes paroles prononcées par Philippe Henriot, secrétaire d'Etat à la Propagande du gouvernement de Vichy, le 1er février 1944 :

« Les innombrables ouvriers français qui travaillent et qui travailleront en Allemagne, bien loin d'être des traîtres, rachètent en réalité nos fautes d'hier et paient par leur travail la rançon de la patrie. »

Dans un langage aussi net, Sauckel avait précisé, le 13 janvier 1943, les conditions de ce marché humain :

« Lors du règlement général, chaque nation sera traitée en fonction de ce qu'elle aura apporté : les travailleurs français qui partent pour l'Allemagne servent donc la France ! »

Pour en finir avec cette opération du STO, quelques chiffres : au total, au 30 septembre 1944, selon l'office de statistiques du Reich, 646 416 Français, dont 42 654 femmes, auront été transférés en Allemagne, afin de participer à l'effort de guerre allemand.

Bien entendu, ces chiffres sont contestés... comme toutes les statistiques. Ainsi Sauckel lui-même déclarera le 31 mai 1946, devant ses juges de Nuremberg, que « si 800 000 ouvriers français ont été en Allemagne, en 1944 il n'y en avait plus que 400 000 car, au terme des contrats temporaires, des contrats expiraient tous les jours et, tous les jours, des milliers de travailleurs retournaient dans leur pays ».

Gabolde a noté dans ses Mémoires des chiffres qui lui ont été communiqués par Jean Bichelonne[67] :

Demandes allemandes du 5 juin 1942 au 1er mars 1944	Ouvriers effectivement partis pendant la même période
1 470 000 travailleurs	670 000

Contrepartie pendant la même période
Prisonniers rapatriés : 110 000
« transformés » : 250 000

Le mot de la fin revient, sans doute, à Alfred Sauvy[68] :

« Le nombre des départs enregistrés des travailleurs déportés s'est élevé à 835 000 jusqu'à mars 1944, mais le nombre de départs réels n'a pas dû dépasser 600 000, dont le sort ultérieur sera :

Revenus en 1945	555 000
Décédés	35 000 *
Restés en Allemagne	10 000

Deux hantises : le sort des prisonniers, les bombardements

Avec les déportés du travail, ceux à qui l'on pense en 1944 à Paris, ce sont les prisonniers de la guerre perdue de juin 1940 : à la signature de l'armistice, on en comptait 1 870 000, y compris les originaires des colonies et les étrangers volontaires. Au début de 1944, il reste 1 010 000 prisonniers en Allemagne, 36 pour cent d'entre eux étant agriculteurs ou forestiers : entre les évadés, les rapatriés et les transformés sur place en travailleurs, le contingent a diminué de 860 000 hommes, 15 000 sont morts ou mourront outre-Rhin, de maladie ou sous les bombardements.

Les bombardements... Avec le ravitaillement, la déportation, l'inquiétude à propos des captifs, ils constituent le quatrième souci des habitants de la capitale et de sa banlieue, mais le souci inévitable que Parie paie à cette guerre mondiale commencée le 2 septembre 1939, la rançon qu'une ville occupée doit à ceux desquels elle attend la libération.

Dans son rapport pour la période du 1er au 29 février, le préfet de la Seine note cette acceptation des Parisiens qu'il nomme « résignation » en ces termes :

« Le public est, depuis longtemps déjà, résigné à supporter des attaques aériennes qu'il considère généralement comme le prélude de vastes opérations militaires à l'ouest. Cette indifférence tient pour une large part à une confiance irraisonnée dans la sécurité relative dont on jouirait à Paris. »

Après le bombardement de la nuit du 31 décembre au 1er janvier précédent, la région parisienne subit entre le 3 mars et le 21 avril 1944 quatre bombardements importants : les 3 mars, 10 avril, 18 avril et 21 avril : au total 1 113 morts et 902 blessés. Le 21 avril, Saint-Denis et Paris ont vécu des heures d'épouvante : au cours de la nuit, les bombardiers alliés se sont acharnés sur la gare de La Chapelle, illuminée par leurs fusées éclairantes, tandis que la Flack artillerie, la défense allemande contre avions, ripostait par un

* Le nombre élevé des décès est, pour sa plus grande partie, dû aux bombardements alliés sur les villes allemandes.

barrage de feu. Pendant deux heures, des centaines d'avions se succèdent afin de rendre inutilisable cette gare. Le bombardement du 27 mai provoque encore la mort de 240 personnes (422 blessés). Et ce qui se passe à Paris se passe au Mans, à Chartres, à Tours, à Rouen, inspirant au vieux Monsieur de Vichy des paroles plus mystiques que politiques :

« Je m'attacherai, dit-il, à préserver le seul bien que nos épreuves n'entameront jamais : c'est l'âme de la France qui, dans le plus atroce déchirement, continue, en pleurant tant de ruines et tant de morts, à croire en la Providence et à espérer dans l'Avenir. »

Pétain entreprend alors une tournée des villes qui ont été touchées par les bombardements stratégiques alliés. Le 26 avril, il passe la journée à Paris : une cérémonie funèbre à Notre-Dame célébrant la mémoire des victimes des bombardements, une visite à l'Hôtel de Ville, un petit speech devant le parvis où l'acclament les enfants des écoles ravis de ce moment de congé impromptu, une visite à l'hôpital Bichat aux blessés des récents bombardements, et il regagne Vichy.

Pétain attendra-t-il les Alliés à Paris ?

Ici se place au printemps de 1944 un épisode très curieux de l'histoire de l'occupation de la capitale. Rappelons d'abord sa chronologie.

Le 3 avril, Renthe-Finck, représentant diplomatique personnel d'Hitler auprès de Pétain, lui a fait savoir que pour des raisons de « sécurité » (on craint un enlèvement par le maquis !) et pour « rapprocher » Pétain des services centraux allemands en cas de débarquement, le Führer a décidé son transfert dans la région parisienne. Pétain s'incline devant « l'exigence qui lui est présentée ».

Le 28 avril, le préfet de Seine-et-Oise réquisitionne le château de Voisins, commune de Gazeran, appartenant au comte de Fels, « cette mesure étant prise pour les besoins de la nation ». Le 1er mai, quatre circuits téléphoniques sont demandés pour Voisins par Brinon au responsable allemand des télécommunications, le 3 on prévoit de « construire un abri antiaérien pouvant abriter 80 à 100 personnes » et Brinon demande aux Allemands l'autorisation d'utiliser une « valise diplomatique » pour le courrier gouvernemental « sous sacs plombés entre Paris et Vichy[69] ».

Le 7 mai, Pétain et une suite réduite se sont installés à Voisins. Le président du Conseil municipal de Paris, Taittinger, au courant du voyage, lui a adressé le 5 mai une longue lettre[70] :

« Pour des raisons qui vous seront expliquées de vive voix, je crois qu'il serait bon que le pavillon tricolore flottât à nouveau sur l'Elysée, mais que " de Votre Personne " pour employer l'expression militaire, vous vous teniez à Rambouillet, à l'endroit dont vous m'aviez primitivement entretenu lors de l'entrevue que j'avais eu l'honneur d'avoir avec vous...

« J'ai la conviction — et mon instinct ne me trompera pas davantage en l'espèce que lors de votre récente visite dans la capitale — que votre retour définitif sera considéré, tant à Paris que dans le reste du pays, comme un événement providentiel venant à son heure.

« On pouvait concevoir que le chef de l'Etat gouvernât la France hors de Paris lorsque celui-ci vivait dans des conditions de semi-sécurité et que Vichy se trouvait en zone non occupée. Cette fiction ne saurait se maintenir au moment où notre Ville peut devenir d'une heure à l'autre zone d'opérations... »

En d'autres termes, le premier édile de la capitale souhaite que le chef de l'Etat s'établisse à Paris. Pour protéger la ville ? Pour y accueillir les Américains ? Il ne me semble pas que Pétain y ait songé à ce moment-là : il a subi le diktat allemand, un point c'est tout.

Le séjour dans le château du comte de Fels ne dure que peu de temps : le 29 mai, sur un second ordre allemand, Pétain quitte Voisins ; l'occupant lui a signifié qu'il pourra résider de nouveau à Vichy, à la condition qu'il séjourne *aussi* au château du Lonzat, dans l'Allier, plus facile à protéger.

Ces déplacements successifs de Pétain, comment sont-ils vus par la population parisienne ?

« L'installation du chef de l'Etat dans la région parisienne avait provoqué une certaine surprise, note le préfet de la Seine dans son rapport du mois de mai. Le retour du Maréchal à Vichy a été interprété comme un symptôme intéressant en faveur de sa liberté d'action. En fait, l'immense majorité du public est trop prise par les nécessités matérielles immédiates pour se préoccuper des questions de politique intérieure[71]. »

Un peu plus tard, le général Brécard, grand chancelier de la Légion d'honneur *, adjure Pétain de regagner la capitale :

« En ce moment, lui écrit-il, vous avez derrière vous un grand nombre de Parisiens. Ils vous suivront si vous êtes là, mais si vous restez à Vichy, les événements se passeront sans vous, vous ne compterez plus. Il y a un moment à saisir qu'il ne faut pas laisser passer. Si vous attendez trop, vous ne pourrez plus faire le voyage de Vichy à Paris, car la route sera coupée. Votre arrivée aurait pour

* Il occupe ses bureaux de l'hôtel de Salm sur les bords de la Seine.

conséquence de déjouer certains complots *. Votre présence sera nécessaire pour accueillir les Américains, parce que vous êtes le chef légal de l'Etat [72]... »

Décidément, à Paris, certains s'agitent beaucoup et le général Brécard se fait quelque illusion sur « le grand nombre de Parisiens qui sont derrière Pétain ».

Ils le cachent bien, en tout cas, car bon nombre d'entre eux qui, depuis quelque temps, s'abstenaient de porter en public l'ordre de la Francisque créé par le Maréchal, ont reçu au début de l'année un rappel assez sec du général Campet membre du Conseil de l'Ordre, leur rappelant que le port de la francisque est « obligatoire » par ses titulaires !

Les deux faces de l'étoile jaune

Mais une réalité, l'une des plus atroces de l'occupation, continue d'exister, la déportation massive des juifs arrêtés en France. Du 20 janvier au 30 mai 1944, dix convois (du numéro 66 au numéro 75 inclus) ont quitté Drancy pour Auschwitz, emmenant, au total, vers le camp de la mort 11 552 hommes, femmes et enfants dont il ne reviendra que 660 survivants parmi lesquels 370 Français. Parmi les déportés, une jeune fille de dix-huit ans — elle en avait un peu plus de seize quand elle monta dans le wagon à bestiaux pour Auschwitz — Simone Jacob, née le 13 juillet 1927 à Nice, qui sous son nom de femme, Simone Veil, fera carrière sous la Vᵉ République.

Des Français courageux, s'élevant contre cette déportation, ont souvent demandé *directement* aux Allemands la libération de juifs arrêtés : ainsi, une pétition signée par plusieurs dizaines de Français a été adressée le 5 décembre 1943 à « Monsieur le Chef de la Gestapo, 72, avenue Foch à Paris » en faveur du Dʳ Timsit, de Saint-Germain-en-Laye, interné à Drancy. Le SD l'a renvoyée à Brinon, sans commentaires [73].

Il n'est pas jusqu'au collabo le plus fanatique qui n'intercède en faveur de « son » juif. Le 29 octobre 1943, Marcel Déat écrit à Brinon, sur papier à en-tête de *l'Œuvre*, pour lui demander que le professeur Lévy-Valensi, professeur à la faculté de médecine d'Aix-Marseille après l'avoir été à Paris où il était titulaire de la chaire d'histoire de la médecine, ne soit pas déporté :

« Il y aurait erreur politique à ne pas consentir une exception », assure Déat à Brinon [74].

* Dans le paragraphe précédent Brécard a évoqué les collabos Déat et Doriot prêts à s'emparer du pouvoir et les communistes disposés à le prendre ! Brécard ne fait pas allusion à la Résistance...

Car, si étonnant que cela puisse paraître, les Allemands consentent des exceptions au port de l'étoile jaune portant la mention « juif », instaurée par eux en 1942 et « solidement cousue sur le vêtement », qui marque aussi sûrement ceux et celles qui la portent que les bêtes de boucherie promises à l'abattoir.

Ces exceptions ont été prévues par une instruction « secrète » de la police allemande du 1er juin 1942, postérieure à l'ordonnance du 24 mai 1942 faisant obligation du port de l'étoile jaune.

« Lors de circonstances spéciales, dans l'intérêt du Reich, des dérogations à l'ordonnance peuvent être prévues dans des cas isolés, lit-on dans l'instruction secrète, mais cela ne doit pas ressortir du texte de l'ordonnance. »

On peut difficilement envisager qu'en prévoyant ces dispenses, les policiers allemands se soient inspirés de certaines exemptions du port de la rouelle accordées à quelques juifs du Royaume de France, exemptions créées par Louis IX en 1270, Charles V en 1370, Charles VI en 1387 et en 1388[75].

Pour sa part, le SD accorde des dispenses de différentes natures.

Ainsi, la femme de Fernand de Brinon est juive : née Jeanne-Louise Franck, elle est, si l'on ose dire, un peu « encombrante » pour les policiers allemands. Ils ont eu, à son propos, une réunion à l'ambassade le 18 juin 1942, au cours de laquelle Abetz a déclaré aux policiers un peu étonnés qu'il a conseillé au Délégué général français de divorcer d'avec Jeanne-Louise de Brinon, puisque son mariage n'avait jamais été consommé (*sic*) — « *da er praktisch nie mit seiner judischen Frau verheiratet gewesen sei* » (traduction littérale : « puisqu'il n'avait jamais été pratiquement marié avec sa femme juive »). On n'est pas plus galant !

Quoi qu'il en soit, Mme de Brinon obtient l'exemption du port de l'étoile jaune en même temps que deux amies personnelles du maréchal Pétain qui a demandé cette faveur pour les deux sœurs Stern *. L'une d'elles a épousé le marquis de Chasseloup-Laubat, qui possède un grand équipage de chasse à courre et a pris part à la grande exposition de la vénerie à Berlin en 1938, où il a été félicité par Goering, grand veneur du Reich. La fille du couple Chasseloup-Laubat a épousé le prince Achille Murat. Quant au marquis, qui fut diplomate, « il est bien connu pour ses sentiments favorables au rapprochement franco-allemand[76] ».

L'autre sœur Stern a épousé le comte Bertrand d'Aramon, député de Paris en 1910, 1928 et 1932 qui « était membre de la droite de l'Assemblée et a toujours eu une activité nationale et antibelliciste[77] ».

---

* Il l'a demandée pour une troisième femme à propos de laquelle les archives font défaut.

Mmes de Chasseloup et d'Aramon recevront leur certificat d'exemption du port de l'étoile.

Ces certificats délivrés par la police allemande de sécurité sont tous rédigés selon la même formule : la bénéficiaire est dispensée *provisoirement* du port de l'étoile, jusqu'à ce qu'elle puisse apporter la preuve qu'elle n'est pas juive ! Mais comme elle l'est précisément, alors le certificat provisoire pourra être renouvelé de trois mois en trois mois. Voici comment est rédigé celui de Mme d'Aramon[78] :

1er juin 1943

Der Höhere SS und Polizeiführer
im Bereich des Militärbefehlshabers
in Frankreich

« Certificat

« Le présent certificat exempte la comtesse Bertrand d'Aramon, née Stern, domiciliée à Paris, 18, rue Barbet-de-Jouy, des mesures réglementant le port de l'étoile juive telles qu'elles ont été fixées le 29 mai 1942 par la 8e ordonnance réglant le statut des juifs. La présente exemption a effet immédiat et reste valable jusqu'au 31 août 1943 et permettra à la comtesse d'Aramon d'établir avec certitude son ascendance. »

« Hagen
SS Sturmbannführer. »

Enfin, un petit groupe de juifs est dispensé du port de l'étoile jaune : celui des indicateurs qui apportent leur concours à la police des questions juives, la PQJ, 8, rue Greffühle à Paris. Le 7 juin 1942, son chef, le commissaire Schweblin, a écrit personnellement aux Allemands pour leur soumettre une liste de juifs utiles à ses services. Les exemptions sont délivrées très rapidement à ces auxiliaires de la PQJ à qui obligation est faite de faire viser leur exemption le premier jour de chaque mois par le chef de la police des questions juives « sous peine d'annulation immédiate[79] » ; par ce moyen, le commissaire Schweblin est assuré que ses « protégés » (six hommes et une femme) ne profiteront pas de l'autorisation allemande pour échapper au contrôle de leurs utilisateurs français !

L'aide apportée par des juifs à la recherche de leurs coreligionnaires ne constitue pas un phénomène isolé à cette époque : il participe d'un plan froidement élaboré par les services allemands qui vise à compromettre le maximum de juifs dans les persécutions raciales.

Pour leur part, les Allemands ne dédaignent pas de délivrer des dispenses du port de l'étoile à certains individus : les WWJ, abréviation de *wirtschaftlichwertvoller Jude* (juif économiquement utile), des auxiliaires juifs de la police allemande, quelques agents d'un service du contre-espionnage de l'armée, au total 22 hommes à la date du 15 août 1942 ont obtenu un certificat d'exemption[80].

Dans la première catégorie, du « gros gibier », tels l'apatride Mendel Szkolnikoff, acheteur officiel d'un des bureaux d'achat SS où se réalisent de fantastiques transactions ou le trafiquant Joseph Joanovici qui prétendra, plus tard, avoir payé son exemption aux Allemands 10 millions de francs 1942[81] !

Quant aux quelques très rares « aryens d'honneur », arrachés un par un aux Allemands, ils bénéficieront jusqu'au dernier jour de l'occupation de leur certificat d'exemption, renouvelé tous les trois mois : pendant plus de deux ans, ils auront été considérés par les Allemands comme des aryens « en sursis », puisque aucun d'eux n'aura pu, et pour cause, apporter la preuve de sa non-appartenance à la race juive.

Pourtant, à la longue, il semble que la « mansuétude » du SD à leur égard se soit nuancée de quelque irritation, et quand Röthke, l'un des chefs de la répression antijuive en France, expédiera le 27 juillet 1944 une nouvelle prorogation de son exemption[82] à Mme de Chasseloup-Laubat, il terminera son billet d'envoi par cette phrase :

« Je vous prie de faire en sorte qu'une nouvelle prolongation ne soit pas nécessaire au-delà du 31 octobre 1944. »

Ironie ou prémonition ? A la date fixée par Röthke, la Wehrmacht aura capitulé dans Paris libéré depuis deux mois et six jours.

Mais cet envers de l'étoile de la mort ne doit pas faire oublier les chiffres du génocide juif en France : au total 77 466 juifs auront été déportés parmi lesquels 14 469 Français, 7 724 naturalisés français et 1 562 Français protégés. En 1945, on comptera 2 500 survivants[83].

« Un calme d'apparence »

En contrepoint de ces multiples tragédies, une certaine vie intellectuelle, mondaine, artistique se poursuit et se poursuivra à Paris, presque jusqu'au départ des Allemands.

Le 29 février, un procès bien parisien devant la première Chambre du Tribunal civil : peu satisfaite de la liquidation de son union dissoute en 1934, Yvonne Printemps réclame à son ancien mari, Sacha Guitry, le paiement d'importants dommages. Pendant une journée, Paris, ou plutôt un certain Paris, n'a d'oreilles que pour les cachets théâtraux d'Yvonne, les bijoux de Sacha et les charges du ménage : La comédienne sera déboutée de ses prétentions le 22 mars.

Encore du théâtre, du vrai celui-là, la reprise par Alibert de *Un de la Canebière* aux Variétés ; les Folies-Bergère lancent leur « Revue des quatre millions », c'est le prix qu'elle leur a coûté — 6 millions de moins qu'à Joanovici pour l'achat aux Allemands de sa carte d'exemption d'étoile juive ; la Renaissance affiche *Madame sans Gêne*, l'Etoile *la Symphonie burlesque 44*. A Edouard VII, André Luguet, René Devillers et Gabriello triomphent dans *l'Affranchi*, de Charles Méré.

Le 11 mars, sensation : l'affaire du Dr Petiot commence. « Un nouveau Landru » titrent les journaux à propos de la découverte de débris humains calcinés dans l'hôtel particulier loué par ce médecin dans la rue Lesueur, une petite transversale bourgeoise de l'avenue de la Grande-Armée. Il paraît que le Dr Petiot « promettait l'accouchement sans douleur » (*in l'Œuvre* du 15 mars) et qu'on « a découvert dans ses placards, soigneusement naturalisés, trois sexes d'hommes et un de femme ».

Mais le préfet, René Bouffet, observe, avec bon sens, que dans une telle ambiance d'anxiété et d'incertitude, « la découverte de l'affaire criminelle de la rue Lesueur, largement commentée par la presse, n'a pas suffi à détourner l'attention du public des problèmes actuels [84] ».

Et il note dans son rapport d'avril :

« La population de plus en plus obsédée par des préoccupations d'ordre matériel se désintéresse des questions de politique intérieure et n'attache une certaine importance aux opérations militaires que dans la mesure où elle espère y trouver le prélude d'événements décisifs [85]. »

Quant à la conclusion de son rapport de mai, elle est à la fois résignée et inquiète :

« Incontestablement, le calme règne en apparence dans la région parisienne, mais la nervosité grandit et cette situation est particulièrement favorable aux propagandes étrangères qui exploitent toutes les occasions [86]. »

Mais plus que les « propagandes étrangères », ce sont les succès remportés par les Alliés qui frappent la population : le 5 juin, Rome tombe dans leurs mains — Rome, première capitale des puissances de « l'Axe » Berlin-Rome-Tokyo à être occupée par les Anglo-Saxons.

5 juin 1944... Qui se douterait, dans la capitale ce jour-là, que Paris sera libéré, dans des conditions différentes de celles de Rome, quatre-vingt-deux jours après ?

NOTES

1. Collection Gérard Silvain. Dans sa carte de vœux René Toury s'est trompé dans son calcul : du 14 juin 1940, date de l'entrée des Allemands dans Paris, au 1er janvier 1944, il s'est écoulé 1 295 jours et non pas 1 286 jours.

2. Hans Umbreit « La stratégie défensive de l'Allemagne » *in la Libération de la France* (Editions du CNRS, Paris 1976) p. 243 et suiv.

3. Rémy Desquesnes, « Le mur de l'Atlantique en 1944 », *ibid.*, p. 261 et suiv.

4. Il s'agit de chiffres provenant de source allemande, extraits du livre de Hans Luther *Der Französische Widerstand gegen die Deutsche Besatzungsmacht, und Seine Bekämpfung* (Institut für Besatzungsfragen, édit. Tubingen 1957) p. 183, 215, 269, en français « La Résistance française contre la puissance occupante allemande et sa répression ». Le Dr Luther fut conseiller d'administration militaire en France occupée, à Saint-Cloud et à Bordeaux, puis chef de la police de sécurité à Bordeaux, ce qui lui valut d'être condamné à cinq ans de réclusion par le Tribunal permanent des forces armées à Bordeaux le 5 mai 1954. Libéré peu après le verdict, il se retira à Limbourg-Lahn où il mourut le 11 mars 1970.

Les chiffres avancés par Luther ont été contestés depuis. Une note du 21 décembre 1945 établie par les services français du ministère de la Justice et présentée au tribunal de Nuremberg avait fait état de 29 660 otages fusillés par les Allemands en France dont 11 000 pour la seule région parisienne. Jacques Delarue a, très justement, critiqué ce nombre dans son article « les Otages » (*in la Gestapo en France,* Historia, hors-série, n° 26, Tallandier, Paris 1972) :

« On estime généralement aujourd'hui, écrit-il, que ce chiffre est très supérieur à la réalité, si l'on entend par otages fusillés les personnes exécutées en représailles d'attentats ou d'infractions diverses auxquelles elles étaient étrangères. »

Un troisième chiffre, avancé par Céré et Rousseau (*in Chronologie du conflit mondial,* SEFI édit., Paris), se montant à 1 845 otages fusillés appelle cette critique de Jacques Delarue :

« 29 660 ? 1 845 ? L'écart est tel qu'on ne peut même pas parler de fourchette. Où se situe la vérité ? Certainement plus près de 1 845 que de

29 660, si l'on prend « otages » dans son sens strict. Entre les deux, si l'on assimile aux « otages fusillés » *tous* les résistants exécutés ou morts à la suite de mauvais traitements et les « disparus pour causes diverses ». (*Ibid.*)

5. Messages 11 et 1/42, du 15 février 1942, DZ/75.455. DZ est l'abréviation du sigle allemand désignant le centre de documentation pour l'histoire militaire de Fribourg-en-Brisgau.

6. *Cf.* Wilhem von Schramm *les Généraux contre Hitler,* Hachette, Paris 1956, p. 25.

7. Compte rendu de l'entretien du 6 janvier 1941 du général Doyen avec le général von Stülpnagel *in la Délégation française auprès de la commission allemande d'armistice. Recueil de documents publiés par le gouvernement français.* Tome V, Alfred Costes, Paris 1959, p. 465-466.

8. Tel est le sens de la note du 18 mars 1942 à la suite d'une conversation entre Stülpnagel et le général Wagner, quartier-maître général de l'armée de terre. (OKH, *Oberkommando des Heeres.*)

9. Lettre inédite du général von Boineburg-Lengsfeld à l'auteur.

10. Témoignage inédit de Bernhard von Breitenbusch.

11. Extrait des conversations de l'auteur avec le général von Boineburg-Lengsfeld, corrigées de la main de l'ancien *Kommandant von Gross Paris,* p. 2.

12. *In* Procès-Verbaux (inédits) des interrogatoires d'instruction du général Otto von Stülpnagel (février-décembre 1947). Interrogatoire du 16 avril 1947.

13. Robert Wallraf, *Paris en danger de mort. Souvenirs,* inédit, manuscrit dactylographié, 300 p., collection de l'auteur.

14. « Une mission de quatre mois à Paris en qualité de délégué du gouvernement français auprès du chef de l'administration militaire en France (10 août-19 décembre 1940) ». Rapport du général de corps d'armée du cadre de réserve La Laurencie. Vichy, le 18 avril 1941. 54 feuillets dactylographiés, p. 39.

15. Pierre Taittinger. *Et Paris ne fut pas détruit,* édition définitive. Nouvelles éditions latines, Paris 1956, p. 91.

16. Archives nationales 334 AP 51. Compte rendu sténographique du procès Oberg-Knochen. Acte d'accusation.

17. Archives nationales W III, 140. Copie de l'original.

18. Archives nationales 411 AP 3.

19. Décret du Führer OKW/WF St/Qu (Verw) n° 383/42. Document DZ 75.580.

20. Amédée Bussière. Mémoires (inédit), p. 305-306 du manuscrit autographe.

21. Amédée Bussière, *ibid.*, p. 302-303.

22. Amédée Bussière, *ibid.*, p. 299-301.

23. *In la Gestapo en France*, p. 46, *op. cit.*

24. Maurice Gabolde, *Contribution à l'histoire de l'Etat français*, inédit, dactylographie, s.d. Archives nationales, 351 AP 8.

25. Maurice Gabolde, *op. cit.*

26. J.-B. Duroselle, *l'Abîme 1939-1945*, Paris, Imprimerie nationale 1982, p. 450 et suiv.

27. Maurice Gabolde, *op. cit.*

28. Maurice Gabolde, *op. cit.* Cette attitude répressive de Pétain a été soulignée lors de son procès de 1945 quand le procureur général Mornet lut une lettre du chef de l'Etat à Laval dans laquelle il lui écrivait qu' « il ne répugnait pas à la création de Cours martiales pour juger les hommes ayant tué, mieux valant, en effet, quelques exécutions spectaculaires que le trouble et l'émeute » (*cf.* Haute Cour de Justice, procès du maréchal Pétain, Paris 1945, Imprimerie des journaux officiels, p. 218).

29. *In les Procès de collaboration. Procès de Joseph Darnand*, Albin Michel, Paris 1948, p. 333.

30. Texte dactylographié (inédit) du général Lafont p. III et suiv.

31. Lettre de Rundstedt à Pétain du 22 février 1944. Coll. part.

32. Cité par Robert Aron *in Histoire de la libération de la France*, Fayard, Paris, 1959, p. 106 et suiv.

33. Archives nationales 411 AP 2.

34. *Ibid.*

35. Nous n'avons trouvé aucune pièce dans le dossier précité permettant de connaître le sort réservé par les Allemands à la supplique de Brinon concernant Francine Sébastien.

36. Archives nationales 411 AP 2.

37. *Ibid.*

38. Archives nationales 411 AP 3.

39. Archives nationales 334 AP 18. A son procès (18-20 février 1946), Bucard déclarera que ce sont là des « formules oratoires qu'on lance dans le feu du discours ». Alain Deniel, qui date cette phrase du 6 mai 1944, la

commente en ces termes : « Il faut se souvenir que Bucard était alors au plus fort de sa lutte avec Darnand et la Milice. Il s'agissait donc pour lui de se concilier les bonnes grâces de l'occupant, quel que fût le prix à payer au niveau des déclarations. » *In Bucard et le francisme*, Jean Picollec, Paris 1979, note 53 p. 273.

40. Collection Gérard Silvain.

41. Cité par Raymond Tournoux *in le Royaume d'Otto*, Flammarion, 1982, p. 287.

42. Témoignage inédit du commissaire Coustard de Nerbonne recueilli par l'auteur.

43. Victor Barthélémy, *Du communisme au fascisme*, Albin Michel 1978, p. 390.

44. Archives nationales 334 AP 29. Procès de Jacques Corrèze et autres devant la Cour de Justice de la Seine (octobre 1948).

45. Victor Barthélémy, *op. cit.*, p. 379.

46. Collection Gérard Silvain.

47. Archives nationales CJ 1258.

48. Archives nationales, *ibid.*

49. Maurice Gabolde, *op. cit.*

50. Maurice Gabolde, *op. cit.*

51. *Le Palais libre.* Organe du Front national des juristes. N° 8. Mai 1944. Coll. de l'auteur.

52. Raymond Massiet, *la Préparation de l'insurrection et la Bataille de Paris*, Payot, Paris 1945, p. 48.

53. Cité par le colonel Jean Delmas « Conceptions et préparation de l'insurrection nationale », *in la Libération de la France, op. cit.* p. 454.

54. *Ibid.*, p. 453.

55. Raymond Massiet, *op. cit.*, p. 49.

56. Note relative à l'ordonnance allemande obligeant, sous peine de sanctions graves, les médecins et chirurgiens à dénoncer les blessés qu'ils avaient eu l'occasion de soigner. Dactylographie sans date, 3 feuillets. Collection de l'auteur.

57. Marcel Baudot, « La répression de la collaboration et l'épuration politique, administrative et économique », *in la Libération de la France, op. cit.*, p. 760.

58. Rapports mensuels de René Bouffet, préfet de la Seine. Archives nationales, FI CIII 1187.

59. *Ibid.*

60. Maurice Gabolde, *op. cit.*

61. Alfred Sauvy, « Démographie et économie de la France au printemps 1944 », *in la Libération de la France, op. cit.*, p. 242-243.

62. Maurice Gabolde, *op. cit.*

63. Archives nationales CJ 4110.

64. *Procès des grands criminels de guerre devant le Tribunal militaire international*, Nuremberg 1949, tome XV, p. 9 et 202.

65. *Ibid.*, p. 10 et suiv.

66. *Ibid.*, p. 119.

67. Maurice Gabolde, *op. cit.*

68. Alfred Sauvy, *op. cit.*, p. 283.

69. Archives nationales 411 AP 3.

70. Collection Jean Tracou.

71. René Bouffet, *op. cit.*

72. Jean Tracou, *le Maréchal aux liens*, André Bonne, Paris 1948, p. 341.

73. Archives nationales 411 AP 2.

74. *Ibid.*

75. Jean Forien de Rochesnard, *les Signes distinctifs des juifs*, chez l'auteur, Colombes, décembre 1983.

76. Archives nationales 411 AP 2.

77. *Ibid.*

78. Centre de documentation juive contemporaine (C.D.J.C.) Pièce XXV a 206 a.

79. *Ibid.*, XXV a 184.

80. *Ibid.*, XXV a 162.

81. Déclaration faite par Joanovici lors de son procès en juillet 1949. Szkolnikoff a été vraisemblablement assassiné en Espagne le 16 juin, *cf.*

Jacques Delarue, *Trafics et crimes sous l'occupation*, Paris 1968, Fayard, p. 112.

82. C.D.J.C. XXV a 207.

83. *Cf.* Serge Klarsfeld, *le Mémorial de la déportation des juifs de France*, Paris, 1978, chez l'auteur.

84. René Bouffet, *op. cit.*

85. René Bouffet, *op. cit.*

86. René Bouffet, *op. cit.*

CHAPITRE II

« ILS » ONT DÉBARQUÉ

En ce matin du 6 juin, l'étudiant en médecine Bernard Pierquin appuie fort sur les pédales de son vélo, rue Buffon : externe en neurologie chez Jojo*, ce grand gaillard de vingt-trois ans craint d'être en retard...

« Soudain, raconte-t-il, au coin du jardin des Plantes, une jeune femme a traversé la place en courant vers son mari et en hurlant : " Ça y est, ils ont débarqué. " Dans le silence de ce petit matin, c'était assez bouleversant... A l'hôpital, la nouvelle se confirme : c'est vraiment " le débarquement-tant-attendu ". Pour l'instant, il ne s'agit que d'une tête de pont en Normandie. La partie va se jouer dans les prochains jours : si les Anglo-Américains mettent la main sur des ports importants, les Allemands sont foutus[1]. »

En peu de mots, Bernard a résumé ce que pensent la plupart des Parisiens : pour eux, ce débarquement est la seule chance de voir les Allemands enfin décamper et l'occupation s'achever.

Pour la minorité résistante de la capitale, c'est le jour le plus important et qui concrétise tous ses espoirs : à elle de jouer maintenant contre les Fritz, le temps de l'action ou, plus exactement de son intensification, est proche.

Yves Cazaux, qui travaille au secrétariat général de la Préfecture de la Seine, a rapidement gagné son bureau, au premier étage de l'aile nord de l'Hôtel de Ville :

« La place conserve son aspect de routine, note-t-il dans son journal, piétons et bicyclettes se croisent, parfois dans l'envol gracieux d'une jupe au vent... Pour l'instant, les " autorités occupantes " demeurent apparemment sans réaction : l'événement ne semble avoir aucun retentissement dans le vaste secteur du *Gross Paris*... 13 heures, ça y est ! On peut y croire. Le débarquement est confirmé.

* Surnom du Dr Théodore Alajouanine, professeur de neurologie.

Mon Dieu, quel drame et quelle joie ! Aux dernières nouvelles qui me parviennent, des parachutistes en grand nombre sont signalés dans la presqu'île du Cotentin et en direction de Caen... Le gros poste de radio, où l'une de nos secrétaires prend méthodiquement en sténo les bulletins de Londres, ou ce qui du moins échappe au brouillage, est camouflé dans un passage obscur qui réunit mon bureau à celui du secrétaire général... La radio de Londres vient d'affirmer que Caen aurait été prise *, que de sévères combats sont en cours dans le Cotentin, et que l'objectif des Alliés serait de tenter un débarquement sur Cherbourg et dans la Basse-Seine[2]. »

Du côté des collabos, c'est la minute de vérité : on comptera « les purs ». En ce matin du 6 juin, Marcel Déat note dans son journal de guerre qu' « une fois de plus, nous allons vivre des minutes historiques » et, après le déjeuner, que « le débarquement est stoppé dans son ensemble, les nouvelles sont toujours bonnes, le débarquement est raté en Normandie[3] ».

Second de Doriot au PPF, Victor Barthélémy y va aussi rondement :

« L'opinion était profondément ancrée dans tous les esprits les plus avisés, assure-t-il, que le rejet à la mer des forces d'invasion ne serait qu'une simple formalité[4]. »

Le grand économiste Charles Rist — il a soixante-dix ans — honnête homme aussi éloigné du sectarisme aveugle de Déat que de l'impatience juvénile de Bernard Pierquin **, jette quelques impressions sur le papier, celles d'un sage :

« Ce qui domine, c'est l'anxiété. Que va-t-il se passer ? Combien de temps la lutte durera-t-elle ? Jusqu'où va-t-elle s'étendre ? Viendra-t-elle jusqu'ici ? Que feront ceux qui nous sont chers ? Nous avons eu tant de déceptions ! Et il y a tant d'aléas dans toute opération militaire[5] ! »

Quant aux Allemands, ils prévoyaient cette nouvelle péripétie de la guerre depuis si longtemps qu'elle ne les surprend pas : c'est une autre phase des combats qui commence, peut-être la phase décisive.

Leur premier communiqué du front d'invasion publié dans les journaux du 7 juin est, à cet égard, révélateur :

« Les troupes anglo-américaines ont débarqué hier par mer et par la voie des airs entre Cherbourg et Le Havre, ainsi qu'au nord de Rouen. Des combats d'une extrême violence sont en cours. De nombreuses formations ennemies ont été anéanties[6]. »

Enfin, trois messages de Vichy sont diffusés par la presse et par affiches.

---

* En fait, Caen ne sera prise que le 9 juillet par les Anglais du général Dempsey.

** L'étudiant est agent de liaison d' « Olivier », alias le Dr Paul Milliez, l'un des chefs de la Résistance médicale à Paris.

Pétain :

« Français, n'aggravez pas vos malheurs par des actes qui risqueraient d'appeler sur vous de tragiques représailles... Les circonstances de la bataille pourront conduire l'armée allemande à prendre des dispositions spéciales dans les zones de combat. Acceptez cette nécessité, c'est une recommandation que je vous fais dans l'intérêt de votre sauvegarde *... »

Laval :

« Nous ne sommes pas dans la guerre, vous ne devez prendre aucune part au combat ; si vous n'observiez pas cette règle, si vous faisiez preuve d'indiscipline, vous provoqueriez des représailles dont le gouvernement serait alors impuissant à atténuer les rigueurs, vous souffririez dans vos personnes et dans vos biens et vous ajouteriez aux malheurs de notre pays. Vous refuserez d'entendre les appels insidieux qui vous seront adressés. Ceux qui vous demandent de cesser le travail et vous incitent à la révolte sont les ennemis de notre patrie... »

Darnand s'adresse par la radio aux forces du maintien de l'ordre ; il annonce qu'il a « mobilisé » la Milice — environ 25 000 hommes dont 15 000 véritablement actifs.

« Les ordres sont clairs, dit-il. Considérez comme des ennemis de la France les francs-tireurs et partisans, les membres de la prétendue armée secrète et ceux des groupements de Résistance. Attaquez-vous aux saboteurs qu'ils soient ou non parachutés. Traquez les traîtres qui essaient de saper le moral de nos formations. Faites-leur face comme les GMR ** en Haute-Savoie, comme la garde *** dans le maquis limousin. »

Quant à la mobilisation de la Milice et de ses groupements militarisés pour les opérations, les Francs gardes, elle réunira une force de frappe d'environ 8 000 hommes pour faire la chasse aux « ennemis de la France », c'est-à-dire aux résistants : ces 8 000 hommes « témoigneront aux Allemands la fidélité un peu forcée des harkis et ils les suivront jusqu'au bout, jusqu'à la fin[7]... ». Mais, d'entrée de jeu, les miliciens armés sont en état d'infériorité numérique devant les résistants : cette disproportion expliquera, en partie, leur comportement.

---

* Le roitelet de Vichy a discuté tous les mots de ce message (enregistré en mai) avec Renthe-Finck, diplomate envoyé par Ribbentrop à Vichy où il surveille en permanence les faits, gestes, paroles et silences du chef de l'Etat.

** Les GMR ou groupes mobiles de réserve se sont substitués à la GRM (garde républicaine mobile) de la IIIe République. A la Libération, ils deviendront les CRS (compagnies républicaines de sécurité).

*** Ancienne garde républicaine de la IIIe République.

Des menaces allemandes qui restent lettre morte

Dès le jour du débarquement, les rumeurs les plus folles courent parmi la population parisienne à propos de possibles réactions allemandes, rumeurs dont, dans ses éphémérides inédites, Charles Lacretelle se fait l'écho :

« Des bruits incontrôlables circulent, écrit-il le 7 juin. Il se dit notamment : tous les officiers de réserve vont être arrêtés par les Allemands, les hommes de dix-huit à soixante ans devront se présenter à leur mairie où ils seront gardés ou... parqués dans les jardins publics *, le couvre-feu sera ramené à 21 heures [8]... »

A vrai dire, un certain nombre de mesures coercitives avaient été prévues par le général von Boineburg-Lengsfeld : avant le débarquement, le *Kommandant von Gross Paris* avait fait imprimer des milliers d'affiches à fond jaune faisant part à la population de dispositions draconiennes. En voici le texte *in extenso* :

« Parisiens,

« L'ennemi veut tenter à nouveau de porter la guerre sur le sol français.

« Or, pour que le ravitaillement de la capitale puisse être assuré, il est indispensable que l'ordre et le calme soient maintenus. A cet effet, les administrations de l'Etat, du département et de la ville, la police et les services publics devront continuer leurs fonctions et les entreprises industrielles et commerciales, banques, magasins, etc. devront rester ouverts.

« Le devoir de chacun est de continuer à vaquer à ses occupations.

« Sont interdits :

« Les évacuations non ordonnées par les autorités militaires, la vente et le débit de spiritueux.

« Le couvre-feu est fixé à 21 heures.

« Les rassemblements sur la voie publique, la distribution de tracts, l'abandon du travail, les grèves et lock-outs, ainsi que toutes manifestations germanophobes, seront passibles de punitions sévères.

« Les violences et les sabotages de toutes sortes seront réprimés durement.

* A l'origine de cette rumeur, peut-être un document allemand connu de la Résistance et diffusé par elle, l'ordre du 14 janvier 1944 du SS Sturmführer Leicht, chef de la GFP (*Geheimefeldpolizei*, police secrète de campagne) à ses subordonnés prévoyant, en cas de débarquement, « l'affectation de tous les civils de seize à vingt ans à une formation de travail à l'intérieur ou dans une zone éloignée de la zone d'opérations ».

« La transmission de renseignements à l'ennemi sera considérée comme de l'espionnage. Toutes les ordonnances de l'autorité militaire devront être exécutées sans aucune exception. Tous les actes hostiles seront punis de mort.

Le commandant du grand Paris. »

L'affiche jaune est doublée d'une affiche rouge, une *Bekanntmachung*, c'est-à-dire un avis, où Boineburg-Lengsfeld a prévu des interdictions encore plus sévères, parmi lesquelles :

« 1) Interdiction de circuler sur la voie publique du lever au coucher du soleil.

« 4) Fermeture des théâtres et des cinémas. Les restaurants resteront ouverts.

« 5) Les portes et portes cochères de *tous* les immeubles ne doivent être fermées ni à clef ni au verrou, les fenêtres doivent être fermées du coucher du soleil jusqu'à son lever, personne ne doit se tenir près des fenêtres et portes. »

La fin de l'affiche rouge est semblable à celle de la jaune. A comparer les deux, on observe que les dispositions de l'affiche rouge sont infiniment plus sévères (pas de circulation sur la voie publique, théâtres et cinémas fermés) que celles de l'affiche jaune, ce qui semble indiquer que, selon le degré de gravité de la situation observé à Paris après le débarquement, Boineburg-Lengsfeld se réservait de faire afficher d'abord le texte jaune et ensuite le texte rouge ou le texte rouge seul.

Or, aucune de ces deux affiches n'est collée sur les murs de Paris : à la réflexion, von Boineburg-Lengsfeld ne rend pas publiques ses menaces préparées depuis longtemps.

Si le fait est sans précédent dans l'histoire de l'occupation de la capitale, l'attitude de Boineburg-Lengsfeld s'explique assez facilement : le jour du débarquement et les jours suivants, rien ne se passe à Paris, personne ne bouge, le calme plat, du moins en surface. Alors, Boineburg ne diffuse ni sa proclamation, ni son « Avis » : ne risqueraient-ils pas d'aboutir au résultat inverse de celui cherché ?

Et à la place de ceux-ci est publié dans les journaux le court texte suivant :

« Pour démentir certaines rumeurs, on communique officiellement : les autorités allemandes n'ont pas l'intention d'apporter des restrictions à la vie publique à Paris, tant que la population gardera le calme, comme elle l'a fait jusqu'à présent. Les restrictions provoquées par la pénurie de charbon * seront maintenues jusqu'à nouvel avis [9]. »

Bien mieux, le 8 au matin, les Parisiens lisent dans les journaux, à la une, ce second texte :

« Le *Militärbefehlshaber* en France a prolongé pour le département de la Seine de 0 heure à 1 heure du matin le couvre-feu afin de permettre à la population de se rendre aux spectacles cinématographiques prévus pour les heures tardives de la soirée. Cette décision prise depuis quelques jours déjà entre en vigueur, par suite de l'attitude calme dont a fait preuve jusqu'ici la population parisienne en dépit de l'invasion [10]. »

Cette volonté délibérée des Allemands de faire patte de velours à Paris ne dispense pas, pour autant, l'occupant d'oublier les combats qui se déroulent sur le sol français. Et la presse du 12 juin publie l'un de ses appels les plus significatifs du début de la campagne à l'ouest :

« Les récompenses suivantes sont offertes à la population pour la remise aux autorités allemandes de pigeons voyageurs lancés d'avion.

— Avec accessoires complets (parachutes, cage à pigeons, gaines à message, imprimés) .... 2 000 F
— Avec accessoires incomplets ou messages .... 1 200 F
— Pigeons sans message ou matériel à message sans pigeon .... 700 F

« Toute trouvaille de cette sorte devra être remise au poste allemand le plus proche [11]. »

Sur le plan proprement militaire, cela a mal commencé pour les Allemands : Rommel, chef du groupe d'armées B englobant le front d'invasion, qui est revenu rapidement d'Allemagne où il était en permission, constate que les Alliés n'ont pas été cloués au sol sur les plages de débarquement, ce qui était, selon lui, le seul moyen tactique de faire échouer leur opération offensive, mais, au contraire, ont progressé à l'intérieur du pays. En quelques semaines, Bagneux, Isigny, Carentan, Valognes, Cherbourg **, La Haye-du-Puits, Caen tombent entre les mains des Alliés ; à la date du 4 juillet, vingt-huit jours après le débarquement, un million d'Alliés combattent sur le sol français, appuyés par des forces aériennes considérables

* Notamment les coupures de courant électrique, parcimonieusement délivré à certaines heures de la journée et du soir.

** Les défenseurs allemands de Cherbourg se rendent le 26 juin : c'est la première reddition de la campagne de l'Ouest.

qui partout, imposent sans peine leur loi à l'aviation allemande*.

Rommel a personnellement demandé à Hitler de tirer les conséquences de cette situation militaire : « Occupez-vous de vous battre, lui a répondu en substance le Führer, la politique, c'est mon domaine. »

Rommel est d'autant plus amer qu'il sait que l'Abwehr, le service de renseignements de l'armée allemande, avait indiqué *avec exactitude* au haut commandement de la Wehrmacht la date du débarquement : cette précision n'avait pas été prise en considération par Hitler, qui considérait précisément une « date précise » comme une « preuve de l'intention de donner le change [12] ».

Ne nous étonnons pas de la méfiance du haut commandement allemand et de son chef suprême : pour notre part, nous en avions connu un exemple tout aussi démonstratif lorsque, avant le 10 mai 1940, le service de renseignements français (le fameux SR) avait fait connaître au GQG français que l'attaque allemande commencerait le 10 mai à l'aube, mais cette indication, pourtant formelle, fut parfaitement négligée par les deux grands chefs français, les généraux Gamelin et Georges !

Dès les premiers jours de l'offensive alliée à l'ouest, certains cadres allemands ne se font guère d'illusions sur l'issue des combats et le journaliste Robert Strobel rappelle ce mot d'un spécialiste militaire allemand de ses amis à la fin de juin :

« C'est le début de la fin... La percée ne pourra être arrêtée que si les troupes de débarquement sont repoussées pendant qu'elles sont encore faibles. Rappelez-vous le mot du Führer : " Je leur donnerais bien neuf heures pour débarquer. " Les temps ont bien changé [13]. »

Les neuf heures ont été largement dépassées...

Plus précises encore sont les notations du *Sonderführer*, Robert Wallraf qui, le 6 juin comme les autres jours, s'est installé dans son bureau de fourrier à la Chambre des députés :

« Au bureau, j'appris que les Américains avaient débarqué quelque part, près de Cherbourg, exactement là où nous étions censés les avoir attendus. De tous les bords, mes camarades affectaient une expression satisfaite. Ceux qui prévoyaient une débâcle militaire avaient la même démarche intellectuelle, quoique en sens opposé, que ceux qui croyaient à une victoire militaire : tous, dès ce moment, pensaient que, d'une façon ou d'une autre, l'issue de la guerre *devait* se décider. Le pesant fardeau de l'attente avait fait place à l'espoir d'un changement.

---

* Citons deux chiffres : le 6 juin, sur le front du débarquement, les Alliés ont mis en ligne 3 467 bombardiers et 5 409 chasseurs, alors que les Allemands disposent de 198 bombardiers et 125 chasseurs.

« Mon Dieu ! Les pauvres Américains ! Pas un n'en échappera vivant ! disaient les uns...

— Préparons nos valises, répliquaient les autres. Dans quinze jours les Américains seront ici.

— Attendez-vous à quelque chose de peu ordinaire à Paris. L'émeute, la révolution. Pas un Allemand ne pourra plus circuler dans la rue ! Vous verrez ce que c'est qu'une ville qui se soulève, affirmaient d'autres... Les Français ? Ils nous jetteront des pierres du haut des toits, s'ils n'ont pas d'autres armes !

Ce n'est pas en vain que le Führer a envoyé le maréchal Rommel en Normandie ! Il les fera décamper et s'enfuir sur la mer, assuraient d'autres encore[14]. »

Si le chaud et le froid soufflent alternativement dans les bureaux du *Kommandant von Gross Paris*, la nouvelle diffusée le 17 juin de l'utilisation par les Allemands d'armes nouvelles, les V1, puis les V2 * ne suscite que peu d'émotion parmi les Parisiens : le bombardement de Londres et de quelques villes anglaises par de nouveaux engins ne fera pas davantage fléchir les Anglais en juin 1944 que l'offensive aérienne allemande à l'automne de 1940 ! Et si, selon la pimpante formule de *l'Œuvre* du 26 juin, « le tir de harcèlement des météores à la dynamite continue sur Londres », les lecteurs perspicaces ont découvert, dans le même journal du 19, que les Alliés ont bombardé Hamburg avec des « bombes au phosphore » qui ont provoqué d'importants dégâts.

Cela n'empêche pas les prévisions optimistes d'Hitler qui, propagande oblige, déclare le 4 juillet, lors d'une réunion des chefs de la production de guerre :

« L'adversaire a pu étudier nos découvertes, nous égaler et même, temporairement, nous dépasser dans le domaine de la technique ; mais le génie allemand est en train de créer les conditions nécessaires à la reprise définitive de l'initiative militaire. La victoire nous dédommagera un jour de tous nos sacrifices. »

Deux jours après, les habitants de la capitale apprennent que le *Generalfeldmarschall* von Kluge remplace comme commandant en chef à l'ouest son collègue von Rundstedt, « empêché de poursuivre l'exercice de ses fonctions pour raison de santé ». Au vrai, Rundstedt a été jugé militairement trop pessimiste par Hitler, qui laisse leur commandement à Blaskowitz, chef du groupe d'armées G (qui « couvre » le littoral atlantique de l'embouchure de la Loire à la frontière espagnole et le littoral méditerranéen), au *Generalfeldmarschall* Sperrle, commandant de la *Luftflotte III*, dont

* V est la première lettre du mot allemand *Vergeltung* signifiant « représailles ».

les appareils peu nombreux sont souvent en mauvais état, et à l'amiral Krancke, commandant la marine de guerre allemande à l'ouest.

Autre détail révélateur, ce même 6 juillet, les journaux rapportent un propos du général SS Joseph Dietrich, dit « Sepp », dont les divisions blindées opèrent autour de Caen :

« Nous avons rendu la route de Paris très difficile aux troupes d'invasion. »

Ainsi, un mois après le jour J du débarquement, Paris est cité par un chef allemand comme l'un des possibles enjeux de la bataille.

En bref, en ce début d'été, l'optimisme ne règne pas parmi les généraux allemands dont les soldats luttent pied à pied contre les Alliés dont l'écrasante supériorité aérienne constitue l'un des atouts maîtres ; un jour de juillet, Victor Barthélémy et Jacques Doriot, qui est revenu de Russie pour faire un tour sur le front de l'Ouest, dînent en compagnie d'un général allemand, qui leur confie :

« Voyez-vous, monsieur Doriot, nous sommes en train de perdre la guerre. A vrai dire, nous l'avons déjà perdue. Que voulez-vous, nous avons devant nous la jeunesse des deux plus grands empires du monde et notre jeunesse, elle, est ensevelie dans les steppes de Russie[15]. »

La veillée d'armes de la Résistance

A la jeunesse des deux plus grands empires du monde s'ajoutent, on le sait, en France comme dans les autres pays occupés par les Allemands, les combattants de la Résistance, une Résistance qui, pour certains, a commencé dès juillet 1940.

Au matin du 6 juin, les Français ont pris connaissance, soit pour l'avoir entendue à la radio anglaise, soit pour l'avoir lue sur un tract lancé par les avions alliés, de la « proclamation » du général Dwight D. Eisenhower, commandant suprême des forces expéditionnaires alliées :

« Citoyens français,

« Le jour de la délivrance se lève. Vos frères d'armes sont maintenant sur le sol français.

« Je suis fier d'avoir sous mon commandement les vaillants soldats de France qui se sont préparés si longtemps dans l'attente de ce jour où ils participent à la libération de la patrie...

« Sauf instructions contraires, il faut que chacun continue à remplir sa tâche...

« Je compte sur votre aide pour l'écrasement définitif de l'Allemagne hitlérienne et pour la restauration des libertés françaises traditionnelles[16]... »

Le texte du commandant en chef allié sur le théâtre d'opérations français est prudent, on le voit, en même temps qu'il encourage les Français à l'action : continuez à travailler... mais je fais appel à votre « aide ».

A vrai dire, dès longtemps, la Résistance extérieure (Londres, Alger) et la Résistance intérieure ont prévu l'action à mener en France, une fois le débarquement effectué. Rappelons que la Résistance est polymorphe : d'une part, et très schématiquement, les Anglais disposent d'agents de renseignement groupés dans des réseaux et envoient des officiers en France, en même temps que les réseaux gaullistes de renseignement et d'action reliés au BCRA (colonel Passy) mènent la vie dure aux Allemands ; d'autre part, et non moins schématiquement, opèrent sur tout le territoire national des « mouvements de Résistance », les grands * (« Ceux de la Résistance », « Ceux de la Libération », « l'Organisation civile et militaire », « Libération Nord » et le « Front national », *gros pion dans la stratégie communiste,* selon l'expression d'Henri Michel [17]), tandis que certains partis d'avant-guerre, les socialistes, les communistes (avec les FTP, la MOI, la CGT reconstituée) concourent, pour les seconds *en masse* et très énergiquement, à harceler les Allemands ** ; enfin, ont opéré et opèrent, aussi bien pour le renseignement que dans l'action, les hommes de l'AS (Armée secrète) et de l'ORA (Organisation de Résistance dans l'armée).

Cette Résistance polymorphe opère dans trois directions : le renseignement militaire et politique, la presse clandestine (journaux et tracts), la guérilla anti-allemande doublée d'une guérilla contre les collabos et, surtout, contre la Milice de Darnand ; le 31 décembre 1943, le centième milicien a été abattu.

Enfin, sous l'impulsion du général de Gaulle, un organisme de rassemblement de toutes les forces de la Résistance sur le sol national, le CNR (Conseil national de la Résistance), a été créé, que préside Georges Bidault en 1944 ; un commandement des FFI (Forces françaises de l'Intérieur) qui a théoriquement autorité sur tous les combattants de la Résistance armée, a été constitué, sous les ordres du général Koenig à Londres. Dès le débarquement, des plans de sabotage des transports allemands et des actions contre les mouvements des troupes nazies doivent être exécutés.

Tel est le schéma.

---

* N'oublions pas les mouvements plus modestes : « Défense de la France », les « Volontaires de la Liberté », « Résistance », « Franc-Tireur ».

** Les radicaux, les modérés et les éléments des partis et formations conservateurs participent aussi à la Résistance, mais leur appoint est plus mince : par inclination politique, beaucoup de leurs membres ont soutenu la cause de Vichy.

Pourtant, à Paris, et, moindrement dans la région parisienne, la Résistance ne se manifeste qu'avec discrétion après le 6 juin : c'est plutôt la veillée d'armes que l'offensive à outrance, une offensive dont de Gaulle n'a d'ailleurs pas donné l'ordre explicite.

Plusieurs raisons expliquent cette situation particulière, en regard de celle, toute différente, dont on pourra observer le déroulement en province.

André Tollet a mis en lumière l'une d'entre elles :

« Dans la région parisienne, dit-il, l'action des partisans était très différente de la province. En province, il y a les espaces verts, les bois et à partir de 1941, de 1942 * surtout, les maquis s'y sont organisés, en petits groupes, mais concentrés. Dans la région parisienne, on ne pouvait pas se cacher au bois de Vincennes ! Les FTP travaillaient dans la journée et faisaient les coups le soir ou dans la nuit, ou même dans la journée quand ils oubliaient d'aller travailler. L'organisation comprenait aussi un certain nombre de permanents, recherchés et planqués. Ils vivaient comme tout le monde apparemment ** et préparaient, avec leurs services de renseignement, l'action, car, pour faire un coup, il ne suffisait pas de se balader dans la rue avec un revolver dans la poche. Les objectifs étaient fixés par l'état-major central. L'état-major disait : " Voilà, il serait bon de faire une opération sur tel état-major allemand. " L'agent de renseignement faisait son enquête, observait soigneusement, reconnaissait les lieux. Une équipe de couverture était prévue et elle intervenait en cas de besoin [18]. »

La seconde raison, c'est que, pratiquement, les résistants de Paris ont été privés d'armes, les câbles envoyés ou reçus par les responsables des opérations ne faisant pas état de parachutages et de stocks pour les FFI parisiens, à l'exception, semble-t-il, d'un parachutage britannique à l'est de la capitale destiné à un réseau en rapport direct avec les Britanniques.

Plusieurs faits éclairent cette situation peu brillante réservée aux résistants de la capitale, encore plus mal équipés en armement que les résistants opérant dans des régions dont le relief se prête davantage à des coups de main contre les Allemands.

Sur le plan stratégique, les Alliés ne prévoient pas d'engager le combat pour Paris : ils contourneront la ville à la poursuite des Allemands, elle tombera d'elle-même entre leurs mains.

Mais c'est la politique qui joue un rôle déterminant dans le non-ravitaillement en armes des futurs combattants FFI, car technique-

---

* Année de l'instauration du STO.

** En fait, ils avaient des faux papiers, dont la confection constituait l'une des activités de la Résistance, et des tickets d'alimentation volés dans les mairies.

ment, des parachutages auraient été peu difficiles à réaliser dans des sites choisis autour de la ville :

« Sur le plan politique, écrit Henri Michel, une double méfiance existait : celle que manifestaient les gouvernements alliés à l'égard du général de Gaulle à qui ils ne désiraient pas fournir les moyens susceptibles de s'emparer du pouvoir avant que le peuple français en eût librement décidé ; et celle du gouvernement du général de Gaulle, probablement partagée par les Alliés, de ne pas armer une Résistance intérieure, dont l'action intempestive pourrait être anarchique et gênante, surtout à partir du moment où on constata que les communistes en avaient pris la direction et qu'on les soupçonna d'arrière-pensées politiques[19]. »

Sur le terrain, l'armement est plus que pauvre :

« Les armes, raconte André Tollet, il fallait les prendre aux Allemands ou aux policiers et aux gardiens, qui ne nous faisaient pas de cadeau, car ce que l'on peut dire sur la Résistance de la police, c'est qu'elle y est entrée très tard... Alors, à l'occasion, on prenait leurs armes aux policiers[20]. »

La troisième raison de l'inactivité apparente de la Résistance à Paris en ces moments est la conséquence directe de la seconde : la faiblesse des effectifs prêts à combattre les Allemands. Comment recruter des hommes, comment les appeler au combat, si on ne peut pas les armer ? Le 19 août, jour du début de l'insurrection, les FFI parisiens ne pourront aligner que 1 500 volontaires, munis d'un armement dérisoire[21]...

Quant au manque d'argent, quatrième cause de la situation médiocre de la Résistance parisienne, nous l'avons évoqué dans le précédent chapitre ; à Paris même, au printemps de 1944, un commando de résistants s'est emparé des fonds de la recette municipale, rue de Rivoli, fonds dont une comptabilité rigoureuse est établie, avant leur répartition à différents mouvements clandestins.

Le commandant suprême de la Résistance en France est à pied d'œuvre dans la capitale le jour du débarquement : un inspecteur des finances de vingt-neuf ans, Jacques Chaban-Delmas *, occupe le poste le plus élevé, celui de DMN (délégué militaire national), qui lui vaut de porter les deux étoiles de général de brigade sur les manches de la tenue kaki qu'il s'est fait confectionner et qu'il portera lors des grandes occasions de la Libération. Chaban-Delmas représente à la fois de Gaulle et le commandement militaire allié auprès de la Résistance métropolitaine. Donnons-lui la parole :

« Délégué militaire national du commandement interallié auprès

* Il dispose dans la capitale de *quinze* caches clandestines.

de la Résistance française, j'avais comme collaborateurs le polytechnicien Rondenay *, alias " Jarry ", pour la zone nord et Bourgès-Maunoury, pour la zone sud. Nous avions pour tâche essentielle l'application du plan vert, actionné de Londres par le BCRA (Bureau central de recherches et d'actions) et établi en étroite collaboration avec les cheminots de " Résistance fer " (Louis Armand) et l'armée.

« Le plan vert prévoyait essentiellement mille coupures ferroviaires, routières ou fluviales, dans les vingt-quatre heures. Nos équipes mixtes de sabotage (10 % formées à Londres et 90 % de cheminots français) firent là un travail extraordinaire[22]. »

Militairement, la Résistance en France est divisée en régions : Paris, la Seine, la Seine-et-Marne, la Seine-et-Oise et l'Oise constituent la région P 1 ou région Ile-de-France.

Le chef régional de la région Ile-de-France est désigné le 5 juin, veille du débarquement, par le COMAC ou Comité militaire d'action, organe de commandement suprême des FFI, c'est-à-dire de l'ensemble des forces militaires de la Résistance. Le débat qui entoure cette nomination est des plus révélateurs, car il met en lumière l'opposition entre les chefs de la Résistance intérieure et l'état-major FFI (Koenig) à Londres. Les trois personnages les plus importants du COMAC sont « les trois V », comme on les nomme familièrement, Vaillant (Jean de Voguë) qui représente les mouvements de Résistance de la zone nord, Valrimont (Maurice Kriegel) qui parle pour ceux de la zone sud et Villon (Pierre Ginsburger) représentant le Front national et membre du bureau du Conseil national de la Résistance.

Voguë, qui est politiquement un modéré, propose le capitaine de frégate Sonneville **, alias « Montrose », comme chef militaire de la région P 1. Villon, communiste intransigeant, s'insurge :

« Je proteste et demande que, pour la région Ile-de-France, soit nommé à la tête de P 1, Henri Rol (Tanguy) : il est issu des FTP et, compte tenu de la place qu'occupent les francs-tireurs et partisans dans la lutte armée contre les Allemands et leurs complices, j'insiste pour que Rol occupe le poste. »

Valrimont appuie l'argumentation de Villon : Rol est désigné[23] ; il sera d'ailleurs le *seul* chef FTP à être à la tête d'une région.

Incident révélateur, avons-nous dit ; si le poids des communistes est lourd dans la balance des décisions finales, il ne faut pas s'en

* André Rondenay sera arrêté par la police allemande et déporté en Allemagne.

** Officier des Forces navales françaises libres (FNFL), Pierre Sonneville a commandé un sous-marin lors d'opérations contre les Allemands. Il a, en outre, effectué des missions en France pour le compte du BCRA gaulliste de Londres, notamment au profit du réseau « Marco Polo », spécialisé dans le renseignement militaire, plus particulièrement axé sur la préparation d'armes secrètes par les Allemands.

étonner : par leur nombre, par leur expérience plus ancienne de la vie clandestine *, par leur pugnacité dans la guérilla anticollabo et anti-allemande **, les communistes parviennent souvent à imposer leur loi à leurs partenaires et leurs hommes aux postes de commande. D'où cette impression ressentie par les résistants non communistes et les gaullistes de Londres et d'Alger qu'ils cachent des « arrière-pensées » de prise de pouvoir à la libération.

Quoi qu'il en soit, la nomination de Rol-Tanguy, ancien combattant des brigades internationales en Espagne, arrachée par les deux communistes Villon et Valrimont, ne passera pas sans quelques grincements de dents chez les membres de la Résistance parisienne non communistes.

Le 19 juillet, Montrose (Sonneville) fait connaître au COMAC qu' « il abandonne avec joie le poste de DMR (délégué militaire régional) de la région parisienne[24] » : à ses yeux, ses cinq galons panachés de frégaton le dispensent de travailler avec les cinq galons fictifs du colonel Rol, ce dernier étant, comme tous les chefs régionaux des FFI, promu à ce grade. Rebondissement de l'incident à la séance du COMAC du 31 juillet où Algèbre (le général Ely) représentant du général Koenig, commandant en chef des FFI depuis Londres, maintiendra, malgré les protestations de Villon, le capitaine de frégate Sonneville à la tête d'une « mission technique » dans la région P 1 et alentour[25].

Ces querelles entre commandement FFI « local » et représentants du commandement londonien « central » ne sont pas propres à la capitale ; elles existent ou surgiront dans d'autres régions que la P1.

L'action quand même...

Sur le terrain, le passage à l'action militaire est aussitôt demandé par certains groupements, et non des moindres : historiquement, c'est le Front national de la gendarmerie qui, le 7 juin, lance le premier ordre d'opérations précises. En voici, *in extenso*, le texte :

---

* Le parti communiste (SFIC, section française de l'Internationale communiste) a été dissous par Daladier dès septembre 1939.

** La directive n° 1 du COMIDAC qui réunit les dirigeants des principales formations de la Résistance armée prescrit, dès le 19 mars 1944, comme « objectif n° 1 » la lutte contre « les traîtres, les agents doubles, les mouchards, la Gestapo et ses auxiliaires » (Milice, LVF, etc.), comme « objectif n° 2 » l'action générale de guérilla contre l'ennemi et comme « objectif n° 3 » la protection des grèves et des actions de masse et celle des maquis. Le COMIDAC se transformera ensuite en COMAC.

« N° 1 *Secret*

Le 7 juin 1944 à 17 h 30

Comité directeur du FN gendarmerie
à Présidents Comités Seine, Seine-et-Oise,
Seine-et-Marne *

Donner des ordres pour :

1) Destruction de tous les poteaux indicateurs allemands.

2) L'attaque des garages si possible.

3) L'exécution immédiate des traîtres à quelque milieu qu'ils appartiennent **.

D'autres ordres suivront au fur et à mesure des opérations.

Du calme, du sang-froid.

Le Comité directeur ***. »

A Paris même, dès le 15 juin, le Comité parisien de libération (CPL) qui, selon le mot d'André Tollet son président, est « l'émanation de la Résistance » (il comprend les représentants de certains mouvements de la Résistance et de la CGT) prend le risque de diffuser, par tracts et par affiches ****, des consignes aux Parisiens.

Charles Lacretelle commente ainsi cet appel dans ses notes au jour le jour :

« 15 juin... Un comité parisien de libération s'adresse aujourd'hui à la population par des affiches composées clandestinement signées de toutes les organisations qu'il représente. Il lui dicte son rôle dès à présent et lui donne des directives pour l'avenir. Il la prépare ainsi pour l'insurrection dont il donnera le signal lorsqu'il le jugera opportun, c'est-à-dire lorsque les Allemands auront subi une grave défaite qui les obligera à battre en retraite. Ces affiches du CPL tirées en nombre limité, parce que la crise du papier sévit de plus en plus, ne peuvent être partout placardées. Beaucoup de Parisiens ne les voient pas, mais ceux d'entre eux dont les enfants sont étudiants, apprennent par eux qu'un tract de la Résistance se passe clandestinement de main en main dans les facultés, qui est un appel à la jeunesse des écoles afin de la préparer au combat [26]. »

Les résistants chevronnés continuent le leur dans les rues de la ville : après le débarquement, les actions individuelles ou en petits

---

* L'Oise ne figure pas dans cette énumération, bien que ce département fasse partie de la région P1.

** L'ordre des opérations projetées est exactement inverse de celui du COMIDAC du 19 mars précédent.

*** Ce n'est pas sans raison que la gendarmerie est considérée comme peu sûre par les Allemands qui estiment qu'elle est trop influencée par la Résistance.

**** Coller ou diffuser des tracts est relativement facile, mais afficher des placards sur les murs est une opération très dangereuse que la Résistance parisienne n'effectua qu'en quelques rares occasions.

groupes redoublent contre les Allemands et les collabos. Une résistante de la première heure, Madeleine Riffaud, raconte l'une d'entre elles :

« Le 23 juillet, vers 3 heures de l'après-midi, j'ai abattu un officier allemand sur le pont de Solferino. Outre que j'étais membre de la Résistance, j'avais des motivations personnelles : deux jours auparavant, un homme de mon groupe avait été exécuté par les boches dans une rue de Paris. Je voulais le venger. Et surtout, je voulais venger Oradour * : je suis limousine et c'est à Oradour que je venais passer mes vacances [27]... »

Parmi les exploits de la Résistance, les évasions de résistants arrêtés par la police de Vichy constituent de véritables opérations de commando, minutées, organisées jusque dans leurs moindres détails et exécutées avec une rapidité et un sang-froid extraordinaires.

Le 12 juin vers 18 h 50, une voiture cellulaire roule tranquillement avenue du Maréchal-Pétain à Villejuif : elle transporte à la prison de Fresnes deux prisonniers « politiques », comme disent les rapports de police de l'époque, entendez des résistants, Jean-Pierre Lévy, créateur et chef du mouvement « Franc-Tireur » et Maurice Simonin. Le premier, dont l'activité réelle n'a pas été percée à jour par les policiers, a été arrêté pour « infraction aux lois sur le ravitaillement et la carte d'identité » (toujours cette nécessité impérieuse pour les résistants de posséder des faux papiers de toutes sortes !) et est inculpé du chef d'une « tentative d'évasion du Palais de Justice le 19 janvier précédent vers 16 heures ». Le second est inculpé de « propagande étrangère ».

Dans le poste de conduite de la voiture, le chauffeur Meurdefaim, une surveillante des prisons, Mme Leroyer et un gendarme, M. Strub. A l'intérieur du véhicule, le surveillant Guillaume, le gendarme Perrin, les gardiens de la paix Le Fèvre et Nail. Détail important, seuls les deux gendarmes et les deux gardiens de la paix possèdent une arme, un pistolet 7,65 avec quelques cartouches.

Face au numéro 82 de l'avenue, le fourgon cellulaire est littéralement « encagé » par quatre voitures qui, en stoppant devant lui, sur les côtés et derrière l'obligent à s'arrêter : les hommes qui en descendent menacent de leurs mitraillettes le chauffeur, la gardienne et le gendarme Strub et, pour un second groupe d'entre eux, font ouvrir la porte arrière du véhicule et « braquent » les quatre autres représentants de l'ordre ; les agresseurs sont 18 ou 20.

---

* A Oradour-sur-Glane le 10 juin 1944, des soldats de la 2e division SS *Das Reich* ont massacré, dans des conditions atroces, 207 enfants, 245 femmes et 190 hommes. Quelques jours après, un tract du Front national pouvait faire état du « récit d'un ecclésiastique », le drame n'ayant pas été porté à la connaissance du public par les journaux collabos.

Ils appellent *par son prénom* Jean-Pierre Lévy (ils sont parfaitement renseignés sur l'identité de celui qu'ils veulent libérer), qui sort aussitôt du véhicule ; Maurice Simonin, profitant de l'occasion, le suit. Les deux hommes montent dans deux des voitures, qui démarrent l'une après l'autre : l'opération a duré moins d'une minute * !

Elle provoque, bien entendu, une enquête approfondie du commissaire Laffont, inspecteur des services (la très sévère IGS) de la Préfecture de Police qui, le 14 juin, adresse son rapport ** à Bussière, Préfet de Police :

« Les faits, conclut Laffont, se sont passés avec une extrême rapidité... Les agresseurs disposaient d'une supériorité numérique et d'une supériorité d'armement telles que toute résistance était très difficile, sinon impossible. Les convoyeurs auraient été vraisemblablement abattus avant d'avoir pu faire usage de leurs armes individuelles et en raison du lieu et de la présence de nombreuses personnes, on peut penser qu'un échange de coups de feu n'eût pas été sans faire de victimes parmi les passants. »

Ce désir de couvrir ses subordonnés se retrouve aussi dans la lettre *** que, le 21 juin, Bussière est obligé d'adresser à Max Knipping, délégué de Darnand pour le secrétariat général au maintien de l'ordre en zone nord :

« Etant donné les circonstances de l'agression, je ne prends aucune sanction contre les policiers d'escorte qui se sont trouvés dans l'impossibilité d'opposer une résistance contre 15 à 20 assaillants armés de mitraillettes. »

En marge de ce paragraphe, le milicien Georges Radici, chef du cabinet de Max Knipping, a écrit rageusement cette appréciation **** :

« Pas d'accord : il faut des sanctions immédiates. G. Radici *****. »

Une seconde évasion encore plus spectaculaire et ayant requis un nombre important de résistants, se déroule au cœur de Paris à quelques mètres de l'une des entrées de la Préfecture de Police, le 3 juillet : ce jour-là Arthur Airaud dit Montigny, dit encore Poirier et Aubry, l'un des chefs du Front national de la police, arrêté en février 1944, est enlevé de la salle Cusco, sous les combles de l'Hôtel-Dieu ; il y était en traitement, après avoir subi des interrogatoires

* Pour cette évasion, les résistants ont été parfaitement renseignés par l'un des leurs, un médecin en rapport avec l'administration pénitentiaire.

** Inédit.

*** Inédite.

**** Inédite.

***** Georges Radici sera fusillé au fort de Montrouge le 24 juillet 1947.

« renforcés » de la part des policiers des brigades spéciales des Renseignements généraux de la Préfecture de Police*, qui ont provoqué des fractures de côtes et de sérieux traumatismes crâniens. L'opération a été soigneusement montée et elle est couronnée de succès :

« Le 3 juillet, raconte Stéphane Monniot, un commando d'une soixantaine de personnes stationne sur le parvis de Notre-Dame devant le porche de l'Hôtel-Dieu, à moins de 100 mètres de la porte principale de la Préfecture et des brigades spéciales, suffisamment dispersé pour ne pas attirer l'attention.

« En un court moment, l'entrée de l'hôpital est franchie, les bureaux, à droite de l'entrée où se trouve le standard, neutralisés et les escaliers menant à la salle Cusco escaladés. Les inspecteurs des brigades spéciales de garde sont appréhendés, ligotés et réduits au silence. Airaud est emmené tant bien que mal, car ses blessures l'ont " endommagé ". Un véhicule à gazogène vient le quérir à la sortie de la maternité de l'hôpital, rue d'Arcole, et, quelques instants après, Airaud se retrouve dans une chambre près de la porte de Saint-Cloud.

« La sortie d'Airaud avait été soigneusement étudiée quant à l'itinéraire. Une minute après la sortie de l'hôpital, le pont d'Arcole était franchi et on avait changé d'arrondissement aussitôt après la place du Châtelet, l'important étant que le bouclage du IVe arrondissement par les nazis n'eût pas d'effet[28]. »

Dès juillet, dans un tract spécial, le Front national de la police commente en ces termes l'évasion d'Airaud, sans le nommer :

« Communiqué spécial des FTPF de la gendarmerie et de la police.

« Le 3 juillet 1944, le groupe " 14 juillet " des FTPF de la gendarmerie et de la police parisienne a délivré par une audacieuse opération le responsable général du Front national de la police.

« Arrêté il y a quatre mois, celui-ci avait été martyrisé par les BS et transféré dans un état des plus graves à l'Hôtel-Dieu.

« Cette opération au cours de laquelle il a fallu neutraliser plus de 60 personnes** a été exécutée avec un sang-froid remarquable et sans aucun incident[29]. »

Une autre forme de la lutte résistante se traduit par des manifestations de rues dont la plus spectaculaire, et par le nombre des participants et par la multiplication des lieux où elle se déroule, est celle du 14 juillet. De nombreuses organisations de Résistance

---

* Nous reviendrons sur le rôle qu'ils ont joué dans la répression de la Résistance dans le Chapitre VI.

** Remarquons que le nombre des adversaires neutralisés correspond à celui des hommes du commando précédemment indiqué par Stéphane Monniot.

appellent les Parisiens à descendre dans la rue ce jour-là et à défiler en cortège ; le tract du Front national de la police parisienne précédemment cité fait chorus en ces termes :

« Camarades policiers
« Le Front national de la police parisienne est informé que nos amis de la Résistance civile lancent le mot d'ordre de grève générale et de sabotage pour le 14 juillet. Les policiers parisiens ne sauraient rester indifférents à ce mot d'ordre... Ils se mêleront à la foule des patriotes, ils arboreront des cocardes tricolores, sortiront les drapeaux, chanteront *la Marseillaise* et se rendront en cortège devant les mairies aux cris de " Vive la France, Vivent les Alliés ! ". »

Le récit de ces manifestations du 14 juillet, organisées en fait par les résistants communistes (Union départementale des syndicats CGT, Front national, FTP) et qui rassemblèrent de 100 à 150 000 personnes, montre, sans conteste, qu'elles furent un succès* et que, dans quelques endroits, la police municipale en uniforme montra quelque nonchalance à empêcher leur déroulement.

« Boulevard et rue de Belleville, raconte Albert Ouzoulias, il y a des milliers de participants... Tout à coup, des cars de police apparaissent. Des cris s'élèvent de la foule : " La police avec nous. " La police intervient très mollement. Poussés dans des cars, les manifestants entrent par une porte et sortent par une autre. Les premiers changements commencent parmi la police parisienne qui, pendant quatre ans, à part une petite minorité, a servi les occupants nazis[30]. »

Place Maubert, les manifestants doivent délivrer par la force deux des leurs embarqués dans un car de la police municipale ; rue de Vanves, une cinquantaine de manifestants sont interpellés par les gardiens de la paix : enfermés au commissariat du XIVe, ils sont libérés dans la soirée par un commando de FTP[31].

Telles sont quelques séquences de la manifestation vues par ceux qui l'ont organisée.

On ne s'étonnera pas que leur récit soit différent du rapport « secret » établi le soir même par le commissaire Rottée, directeur général des Renseignements généraux et des jeux, qui a fait intervenir les policiers en civil de ses brigades spéciales dans quelques-uns des lieux les plus chauds de la manifestation. Suivons le texte** de Rottée :

---

* En quelques endroits, des plus modestes : à la sortie de la station de métro « Havre-Caumartin », vers 15 h 30, 200 personnes entourent un aveugle qui joue *la Marseillaise* sur son accordéon, reprennent en chœur le refrain et poussent des cris hostiles aux Allemands. Une demi-heure passe : à 14 h 05, un car de la police municipale « embarque » l'aveugle (Archives nationales, CJ 4110).

** Inédit.

« Les FTP avaient reçu des directives leur prescrivant d'une part d'intensifier les attentats et actes de sabotage, d'autre part d'assurer une très forte protection armée des participants aux manifestations envisagées.

« Ces divers mots d'ordre ont été partiellement appliqués.

« Toutes les démonstrations qui se sont produites, au cours de la matinée, ont été organisées et animées par les communistes. Elles ont eu lieu notamment au monument aux morts dans le XVe arrondissement, à Ivry, Montreuil, Puteaux, Gentilly et Stains. Les participants ont déposé des couronnes ou gerbes tricolores, certains ont chanté *la Marseillaise*.

« A Ivry et à Gentilly, ils étaient encadrés par des individus armés de mitraillettes.

« Le PC avait également prévu à Paris une manifestation centrale qui devait se dérouler l'après-midi rue du Faubourg du Temple, entre l'avenue Parmentier et la rue Saint-Maur et le boulevard de Belleville : deux cortèges devaient être ainsi constitués et opérer leur jonction à l'angle du faubourg du Temple et du boulevard de Belleville, pour se rendre ensuite, par le boulevard de Belleville et la rue de Ménilmontant, vers la mairie du XXe arrondissement, où devait s'opérer la concentration.

« Vers 18 h 30, les manifestants groupés sur les points prévus ont tenté de former des cortèges avec drapeaux tricolores et au chant de *la Marseillaise*. Ils ont été dispersés.

« Les filatures exercées à l'égard des principaux meneurs ont amené l'arrestation de deux des organisateurs de la manifestation, communistes notoires dont l'un, ayant pris la fuite, a été mortellement blessé par les inspecteurs.

« Ce dernier, Toudic Yves, quarante-trois ans, ex-secrétaire général du bâtiment parisien et membre actif du PC, occupait un poste important au sein du mouvement communiste clandestin ; il était notamment membre du " triangle directeur " de l'Union des syndicats de la Seine, illégalement reconstituée.

« Le second, Busquets Fernand, trente-deux ans, évadé d'un centre d'internement, était également un militant important de l'organisation clandestine[32]. »

En ce début de l'été, il n'existe certes pas de commune mesure entre l'activité résistante à Paris et en province, surtout dans les zones qui se prêtent aux coups de main et aux embuscades.

Chaque jour, Edmond Hennequin, directeur général de la police municipale, reçoit, comme certains de ses collègues de la Préfecture de Police, un « bulletin de renseignements sur la situation générale » hors de Paris. Voici quelques extraits de celui du 29 juin consacré à la zone sud :

« Haute-Loire. A Issingeaux, 120 rebelles se présentent à la gendarmerie en poussant devant eux le sous-préfet, enlevé la veille, et capturent un officier et 40 gendarmes. Nombreux vols à main armée sur tout le territoire du département.

« Puy-de-Dôme. A Ambert, le maquis est maître de la ville. Il occupe la gendarmerie et la gare. Toutes les communications sont coupées.

« Cantal. Une bande armée de plusieurs centaines d'individus attaque le dépôt d'armes de l'escadron 6/3 à Vic-sur-Cère et s'empare des armes et des munitions.

« Région de Toulouse. A Villeneuve-sur-Lot, les rebelles occupent la ville, pillent divers magasins d'alimentation et dérobent de l'argent aux PTT et à la perception. Ils repartent ensuite sans incidents. Sur la voie Montauban-Cahors, deux tunnels ont été minés, trafic interrompu. Sur la voie ferrée Bordeaux-Sète, un pont métallique a été saboté.

« Région de Lyon. Les deux voies ferrées Lyon-Vichy sont toujours coupées. Dans l'Ain, les régions les plus agitées se situent dans le nord et le nord-est du département, ainsi que la région de Bellay. On est toujours sans nouvelles de Nantua depuis le 6 juin.

« Région de Limoges. On signale une opération effectuée par la Milice à Saint-Julien (30 km ouest de Limoges). Neuf terroristes ont été tués et un milicien blessé.

« Câble Paris coupé entre Briare et la Charité, câble Lyon-les Adrets coupé[33]. »

Le rapport du 30 juin se termine ainsi :

« Les lignes téléphoniques sont interrompues entre La Palisse et Lyon, Toulouse, Montpellier et Limoges : les câbles ont été coupés.

« Quant au réseau aérien, il a été sectionné sur le tronçon Clermont-La Palisse-Roanne : de ce fait, on ne peut utiliser les voies normales.

« En conclusion, la situation n'a jamais été aussi mauvaise ; les rétablissements deviennent de plus en plus problématiques en raison des difficultés et des dangers que rencontrent les équipes de réparation.

« L'ensemble des sabotages effectués donne l'impression d'être le résultat d'un plan parfaitement concerté[34]. »

Pour leur part, les préfets informent directement Laval de ce qui se passe dans leurs départements. Ainsi, celui de l'Eure écrit le 11 juin (note n° 8866/cab.) au chef du gouvernement :

« 8 juin, 19 heures, M. Bousquet, grossiste à Conches-sur-Ouche, est tué par des SS pour n'avoir pas stoppé assez tôt à la sommation de la troupe.

« 10 juin : un engagement est survenu le 6 à Saint-Georges-de

Vièvre entre des éléments de la Résistance et des éléments de l'armée allemande. Combat de 16 h 30 à 21 h 30. Selon un rapport de gendarmerie, il y aurait eu 11 tués allemands et 2 parmi les éléments de la Résistance.

« 11 juin, 11 heures, deux officiers de la *Sicherheitspolizei* ont arrêté, en l'absence de M. Gaudin, proviseur, recherché par eux, le personnel masculin du lycée d'Evreux, à l'exception de l'économe[35]. »

La lecture de ces textes indique nettement la désintégration progressive et l'immobilisation des rouages du gouvernement de Vichy, et singulièrement ceux des « Forces du maintien de l'ordre », dirigées par Darnand.

Celui-ci leur avait pourtant donné des consignes très strictes dans des instructions particulières secrètes diffusées le 25 avril qui prévoyaient, en cas de débarquement, de largage de forces aéroportées ou de parachutages anglo-américains, d' « assurer en toute circonstance et sur tout le territoire l'ordre public et la sécurité intérieure de l'Etat * ». L'analyse de ces instructions est des plus édifiantes et, parfois, étonnante : qu'elles soient « statiques » ou « mobiles », ces forces du maintien de l'ordre doivent « rester en place » et ne se replier que sur un ordre émanant des autorités françaises ou des « échelons du commandement allemand » ou enfin « des armées opérant contre l'armée allemande sur le territoire français » (*sic*). En tout état de cause, les forces du maintien de l'ordre « ne peuvent pas et ne doivent pas participer aux opérations militaires ».

Une étrange consigne a été donnée par Darnand aux forces de l'ordre :

« Dans la zone de feu, les forces statiques déposeront auprès des services militaires allemands l'armement qu'elles détiennent, à l'exception d'un revolver par homme avec les munitions nécessaires. »

Les forces mobiles qui ne peuvent être qu' « exceptionnellement stationnées dans la zone de feu » doivent agir de même :

« Celles qui pourraient s'y trouver englobées doivent remettre immédiatement au commandement militaire allemand leurs armes, leurs munitions, leur matériel de guerre, à l'exception d'un revolver par homme avec les munitions nécessaires. A partir de ce moment, leur mission devient la même que celle des forces statiques. »

L'intention du milicien Darnand est claire : craignant que les forces de l'ordre ne passent aux Alliés, autant les délester de leur

* Instructions secrètes du secrétaire général au Maintien de l'ordre n° 171/SG/SGMO du 25 avril 1944.

matériel lourd, afin qu'elles ne leur apportent qu'un appoint modeste dans leur lutte contre les Allemands.

Enfin, si des membres des forces de l'ordre se trouvent en présence de soldats alliés parachutés ou aéroportés, ils doivent les considérer comme des « perturbateurs de l'ordre public ». « En conséquence, ils devront prévenir les postes allemands les plus proches de cette présence alliée, éventuellement " essayer de neutraliser ces éléments " et s'il y a déséquilibre des forces se replier " afin d'éviter de tomber entre les mains des envahisseurs ". »

Plus surprenante encore est la circulaire * que le 30 mars 1944 Darnand a adressée de Vichy au directeur général de la gendarmerie, aux préfets régionaux et aux intendants de police, aux préfets départementaux et au préfet de police de Paris. Elle envisage « en cas de troubles insurrectionnels très graves compromettant la sûreté de l'Etat, le regroupement provisoire en des points choisis à l'avance des effectifs de certaines brigades de gendarmerie organiquement dispersées ». Au fond, c'est la constitution de « points d'appui » ou de « môles de résistance », étrangement semblables à ceux du « Mobplan » étudié à Paris par Boineburg !

« Cette mesure, continue Darnand, doit être considérée comme extrêmement grave puisque bien qu'en pareille éventualité, les brigades territoriales seraient dans l'impossibilité de maintenir l'ordre, elle pourrait être considérée comme un aveu d'impuissance du gouvernement dans la zone où elle est appliquée et qu'elle pourrait donner l'impression de livrer, en outre, à l'arbitraire des forces insurrectionnelles les personnes et les biens inclus dans cette zone. »

Pour le coup, avec quelques mois d'avance, Darnand a, en quelque sorte, décrit la situation après le débarquement du 6 juin : sans qu'il soit question de « regroupement », les forces de la gendarmerie adoptent spontanément une attitude de stricte neutralité, plutôt défavorable aux Allemands, quand elles ne ferment pas les yeux, purement et simplement, sur les actions des « insurgés » résistants qu'il leur arrive de rallier avec armes et bagages !

Et le nombre des formations de résistants renforcés par les gendarmes ira en augmentant de semaine en semaine après le débarquement, malgré les risques courus par les gendarmes et autres représentants des forces de l'ordre.

Si tous ces documents d'époque restituent fidèlement les péripéties tragiques de ces instants, il ne faudrait certes pas croire qu'il ne

---

* Instructions particulières, concernant l'emploi de la gendarmerie territoriale en cas d'insurrection, aux préfets et au directeur général de la gendarmerie n° 123/SG/SGMO.

se mêlât pas quelques rares moments comiques à la dangereuse vie des résistants ; ainsi, l'étudiant en médecine, Bernard Pierquin, qui passe le plus clair de son temps à effectuer des liaisons à Paris et en province pour la Résistance médicale, note non sans humour dans ses souvenirs :

« 22 juin. J'ai accompagné PVR * au sortir de l'église Saint-Augustin où je lui avais apporté un message. Le grand patron de la Résistance médicale portait un vieux béret basque assez marrant ; prenant un air très méfiant, il rasait les murs en me demandant à chaque tournant de jeter un œil pour voir si des boches ne risquaient pas de surgir. A jouer cette comédie, nous avions finalement une allure très suspecte... PVR a le courage romanesque ; il a du pot de ne pas se faire arrêter avec un comportement aussi affiché [36]. »

Et puis, pourquoi ne pas le dire, certains résistants trouvent occasionnellement refuge dans quelques lupanars de la région parisienne, ainsi que le Dr Raymond Leibovici, responsable médical des FTP de la capitale, l'a confié à Alain Guérin :

« Le patron du Sphinx, boulevard Edgar-Quinet, M. Georges Lemestre, était généreux. Il a donné pas mal d'argent, sans doute de 30 à 50 000 francs de l'époque, chaque mois à la Résistance. Il a, en outre, "planqué" de nombreux résistants ** et mis souvent sa voiture, ce qui en ce temps-là était précieux, à leur disposition [37]. »

Pour les Allemands, les résistants ne sont pas des soldats comme les autres

La plus grave menace qui pèse sur les résistants pris les armes à la main est leur exécution *immédiate* par les Allemands. Le 7 juin, dans un avis diffusé par les journaux qui sera ensuite affiché dans toute la France, le *Generalfeldmarschall* von Rundstedt, commandant en chef à l'ouest, a stipulé que « la puissance occupante, maintenant comme auparavant, considérera, de par la loi, les membres des groupes de résistance comme des francs-tireurs » et qu'en conséquence « les rebelles tombant entre leurs mains (des Allemands) ne

---

* C'est ainsi qu'est désigné le professeur Pasteur Vallery-Radot, petit-fils de Louis Pasteur, grand patron de la médecine parisienne et responsable national de la Résistance médicale.

** Malgré sa réputation de lupanar « élégant », le Sphinx n'était pas réservé exclusivement aux officiers allemands, comme d'autres « maisons » de la capitale. Les civils pouvaient le fréquenter librement, ce qui renforçait la sécurité des résistants qui y trouvaient asile. Leurs « tauliers », Martine et Georges Lemestre, ont caché des Juifs dans leur villa de Sainte-Maxime et, quand ils ne sont pas à Paris, leur associé, « Monsieur » Marcel, assure le fonctionnement de leur commerce.

seront pas traités comme prisonniers de guerre et seront passibles de la peine capitale conformément aux lois de la guerre[38] ».

Eisenhower a bien senti le danger que fait courir aux FFI et aux FTP l'intransigeante décision de Rundstedt. Aussi diffuse-t-il très rapidement — il fut vraisemblablement lancé par avion sur les lignes allemandes à la mi-juin — le tract 2-G 32 où, en langue allemande, l'*Alliertes Oberkommando* et son chef Eisenhower, *Oberfehlshaber der Allierten Armeen* font une déclaration (*Erklärung*) qui répond point par point aux menaces de Rundstedt ; résumons-la :

1) Les forces combattantes françaises du front de l'intérieur commandées par le général Koenig constituent une partie appartenant organiquement à l'armée alliée.

2) Les forces françaises de l'intérieur et du maquis, en combat ouvert contre l'ennemi, ont l'ordre de mener leur combat selon les lois de la guerre. Ils portent de ce fait des insignes apparents et sont considérés comme une force dépendant de l'armée du général Eisenhower et placée sous son commandement.

3) Dans ces conditions, toute action allemande contre ces groupes de résistants qui ne serait pas une action de guerre ouverte irait à l'encontre des lois de la guerre auxquelles l'Allemagne a adhéré. Dans ce cas, les Nations unies se sentiraient renforcées dans leur volonté de finir rapidement et victorieusement cette guerre menée pour la justice.

4) Le haut commandement des troupes alliées est décidé à tout faire pour mettre la main sur les auteurs d'actes criminels et d'actes de cruauté répréhensibles qui auraient été effectués sur des hommes dépendant de son commandement. Cette décision va être mise en vigueur : les coupables seront mis devant leurs responsabilités et leurs actes rapidement punis[39].

Cette solennelle mise en garde * ne fait pas fléchir la détermination allemande : le 30 juillet, dans un ordre particulier, Hitler ordonne que tout acte de violence commis contre un Allemand en territoire français occupé soit puni de mort, s'il y a flagrant délit, et le coupable exécuté « sur place ». Souvent, d'ailleurs, il sera présumé avoir été tué « au cours d'une tentative de fuite ».

Parallèlement à cette décision du Führer et, sans doute, en application d'autres ordres, les commandants de troupes allemandes opérant dans des zones où les FFI sont actifs, lâchent, par avion, des « laissez-passer » promettant la vie sauve à « quiconque se rend volontairement aux troupes allemandes et livre ses armes » ; « il sera libéré avec assurance d'amnistie complète ». En revanche, le

* Elle constitue le fondement de toutes les poursuites pour crimes de guerre intentées contre les Allemands ayant combattu en France en 1944.

même « laissez-passer » précise que « quiconque poursuit la lutte et ne dépose pas immédiatement les armes sera considéré comme franc-tireur et fusillé comme tel sans rémission[40] ».

Devant la dureté des représailles allemandes contre les FFI — les exécutions sommaires se multiplient après le débarquement — le général Bérard, président de la délégation française auprès de la commission allemande d'armistice à Wiesbaden, envoie, d'ordre du gouvernement de Vichy, au général Vogl, président allemand de ladite commission, une nouvelle protestation datée du 21 juin :

« Les exécutions d'otages et les exécutions sans jugement de citoyens français, écrit-il, ont pris, depuis le mois d'octobre 1943, une ampleur croissante. D'autre part, la liste des personnes qui, au moindre geste de fuite, ont été abattues avec une rigueur impitoyable, par les patrouilles et la police allemande, s'allonge tous les jours.

« Au total, du 1er octobre 1943 au 1er mai 1944, plus de 1 200 personnes ont été ainsi victimes de ces mesures de répression, ce nombre ne comprenant pas, bien entendu, les réfractaires *tués en combat,* ni les personnes exécutées après jugement[41]... »

Le 6 juillet, Vogl répond à Bérard que « l'attitude de la population française elle-même est contraire au droit des gens et à la Convention d'armistice », ce qui justifie les mesures de rétorsion prises par les Allemands ; et le président de la Commission allemande d'armistice ajoute que « si des Français ont été abattus sans ménagement alors qu'ils s'enfuyaient devant les Allemands, cela prouve qu'ils avaient un motif pour agir de la sorte et que leur mise à mort était justifiée ».

Dans la capitale, les résistants sont, certes, rarement pris les armes à la main et, pour la plupart, passent devant un tribunal militaire allemand qui prononce, le plus souvent, une peine de déportation dans un camp de la mort. Or, au fil des mois, 60 pour cent des résistants arrêtés sont déportés *sans jugement,* puis, en 1944, cette proportion monte à 90 pour cent, car, selon l'aveu du conseiller Roskothen, président du Tribunal militaire du Grand Paris, « les tribunaux militaires sont débordés ». C'est, sans doute, la dernière preuve de l'accroissement de l'activité de la Résistance dans la capitale.

Les collabos ne sont pas des « dégonflés »

Nous empruntons volontairement ce titre à celui du thème (« Nous ne sommes pas des dégonflés ») d'un meeting que tiendront à Paris, au début de l'été, les journalistes de l'hebdomadaire-pilote de la collaboration *Je suis partout,* que son éditorialiste politique, Robert Brasillach, a abandonné en juillet 1943 : mais, en 1944, l'équipe de *Je suis partout* clame à qui veut l'entendre, et aux auditeurs de son meeting, qu'elle reste, plus que jamais, dans le clan des collabos, une collaboration qu'il faut pousser aussi loin que possible.

Le phénomène s'observe chez tous les collabos : plus les Alliés avancent en France, plus ils s'affirment persuadés de la victoire allemande, plus ils l'appellent de leurs vœux, dans une sorte de logorrhée incantatoire qui est, sans qu'ils le sachent, leur chant du départ. Là encore, Marcel Déat donne le ton, un Marcel Déat qui appartient à la variété de ces politiciens à tête chaude, voire surchauffée, chez qui les pulsions idéologiques entraînent le dévoiement de l'intelligence et l'obscurcissement de la raison, à la poursuite d'un rêve chaque jour répété, celui du triomphe des Allemands ainsi salué dans *l'Œuvre* du 25 juillet 1944 par cette pédante péroraison :

« L'entrée en action des nouvelles armes (*(V1 puis V2)*, dont on commence à comprendre qu'elles sont bien plus qu'un surcroît de force, un supplément de feu, mais une révolution technique, qui, probablement, va entraîner plus d'une révision tactique et stratégique, et dont on peut escompter des effets psychologiques et politiques autant que militaires... »

La phrase la plus révélatrice de son état d'esprit, il l'a écrite dans *l'Œuvre* du 14 juin, huit jours après le débarquement :

« Il faut que la Wehrmacht rejette à la mer les divisions anglo-américaines, il faut que l'Etat français écrase les dissidences. Deux batailles contre le même ennemi, ce sera une seule et même victoire. »

Elle s'inscrit dans la suite de cette illusion lyrique dans laquelle se complaît le chef du RNP depuis la défaite de juin 1940 dont le tract du MLN déjà cité, rappelle au printemps 1944 quelques sommets :

« Aucun ennemi jamais ne mettra le pied en Europe, sinon pour être rejeté à la mer ou trouver sur la terre ferme l'emplacement de son tombeau. » (*L'Œuvre,* 11 novembre 1942.)

« Si les Anglo-Américains devaient prendre pied sur quelques points du continent européen, ils y seraient contenus et défaits jusqu'à ce que l'épuisement des réserves russes permette aux forces européennes de régler définitivement son compte à M. Eisenhower. » (*L'Œuvre,* 3 août 1943.)

Mais, avec Déat, il faut toujours se souvenir de sa pensée ou plutôt de son arrière-pensée de politique *intérieure :* dans ce panier de crabes de la collaboration où chacun veut dévorer l'autre pour prendre la première place dans le gouvernement de Vichy, Déat aspire à remplacer... Laval, après avoir circonvenu le vieux Maréchal. Pour cela, d'abord un appel démagogique « aux travailleurs » (Déat fut socialiste dans sa jeunesse), habilement tourné par Guy Lemonnier dans le *National populaire*, organe officiel du RNP (numéro du 24 juin) :

« Maintenant que le canon tonne sur les rivages de la Manche, il faut que les travailleurs sentent que l'espérance socialiste ne fait qu'un avec l'espérance européenne et que si le socialisme vit toujours dans leur cœur, c'est avec nous qu'ils doivent venir combattre. »

Et puis, sans nuances, la candidature « officielle » sous la plume du même Lemonnier dans le *Bulletin des cadres du RNP* (n° 10) de juillet 1944, précédé d'un titre sans ambiguïté, « il faut gouverner » :

« Des appels à une action de salubrité publique et de bon sens ne resteraient pas sans écho. Le malheur est que personne ne lance ces appels et que nulle volonté ne se dessine. Le Maréchal et M. Laval ont parlé au pays, mais pour l'inviter à être neutre...

« La France, somme toute, est demeurée calme. Les armées maquisardes n'ont pas connu les succès foudroyants que l'on pouvait craindre. Les défections ont été moins nombreuses que d'aucuns l'espéraient dans la police et l'Administration.

« Un pays ne s'administre pas seulement, il faut aussi qu'on le gouverne ; et cela suppose qu'on définisse une politique et qu'il existe un gouvernement et un chef. »

Suivez mon regard à la découverte du chef, un certain Marcel Déat !

Les autres chefs des partis collabos sont plus modestes et plus orthodoxes dans leur attachement doctrinal à Hitler. Le 24 juin, on peut lire dans *le Franciste* de Marcel Bucard un nouvel appel à l'engagement des Français dans les formations allemandes :

« Les francistes doivent participer immédiatement au combat, soit dans la Waffen SS française, soit dans la Kriegsmarine française, soit dans les transports NSKK *. »

Le 17 juin, lors d'un meeting à la Mutualité où il a réuni les cadres francistes de la région parisienne, Bucard a déclaré :

« Que les francistes revêtent l'uniforme européen et aillent au combat, régulièrement, la tête haute, fiers de l'œuvre qu'ils veulent accomplir[42] ! »

Mais, une fois de plus, la palme revient à Fernand de Brinon ; s'adressant le 28 juin aux membres des « partis nationaux », à des

* Initiales de *National Sozialistische Kraftfahrerkorps* ou corps national-socialiste des chauffeurs automobiles.

soldats de la LVF, de la Waffen SS, en permission ou en instance de départ sur le front de l'Est, à des miliciens de Darnand réunis au palais de Chaillot pour le troisième anniversaire de la guerre germano-soviétique, il s'écrie :

« Nous avons choisi notre camp. Nous le proclamons avec une entière clarté. Partout, par tous les moyens, nous aiderons l'Allemagne. Elle préserve l'Occident, sa lumière, sa culture, ses traditions : nous sommes à ses côtés. Nous n'avons jamais été des opportunistes... La certitude de vaincre est aussi puissante que notre foi et, dans ce jour anniversaire, nos vœux ardents et fervents montent vers le Führer Adolf Hitler qui conduit l'immense combat[43]. »

Voilà pour l'idée. Et dans les faits ? Sept jours après le débarquement, l'ambassadeur Abetz réunit rue de Lille, siège de l'ambassade, Déat, de Brinon, qui est *aussi* président de la LVF, Paul Marion, président des Waffen SS français, des chefs des partis collabos et des chefs miliciens pour leur faire plusieurs « propositions », dont Paul Marion informe, le jour même, Pierre Laval par un bref message qu'il adresse à Vichy :

« L'Ambassadeur a déclaré que vu les circonstances, il estimait que la politique la plus opportune pour la France était celle de la neutralité définie par le Maréchal et vous-même.

« Il a prié les directeurs des journaux et chefs de partis de ne pas engager de polémique à ce sujet.

« Par ailleurs, le retour de la LVF, de la Waffen SS française et des Français engagés dans la NSKK en France a été envisagé.

« Il a également été question de la création d'un corps de volontaires aviateurs français pour la défense de nos villages contre les bombardements aériens des Anglo-Saxons. »

Sur cette réunion du 13 juin, nous avons davantage de précisions, grâce au télégramme * envoyé par Max Knipping à Darnand, alors resté à Vichy, en fin d'après-midi. Knipping précise l'identité des « chefs de partis » : Déat, Doriot et Bucard.

Selon Knipping, Abetz a tout d'abord exprimé « le regret qu'il avait eu de ne jamais réussir jusqu'à présent à faire conclure une alliance militaire entre la France et l'Allemagne. Il estime qu'on a laissé passer des occasions excellentes et que le moment présent serait mal choisi pour reprendre la question ».

Mais, a poursuivi en substance l'ambassadeur d'Allemagne, devant le déclenchement de l'invasion, les groupements nationaux pourraient « s'engager dans la lutte », « point de départ d'une future

---

* Message nº 226, 13 juin 18 heures, de Knipping à Darnand. (Archives nationales, W III, 139.)

alliance militaire franco-allemande ». Abetz va intervenir auprès d'Hitler dans ce sens...

Knipping relate alors les propositions d'Abetz (retour de la LVF et des Waffen SS français en France, dans un délai plus ou moins long, de deux à trois mois pour la LVF) et précise que « le corps aérien autonome français pourrait être composé de chasseurs et de bombardiers ».

Et, toujours selon Knipping, la réunion s'est ainsi terminée :

Abetz : « La Milice peut-elle avoir sa place parmi les combattants militaires ? »

Knipping : « A mon avis, elle est une force d'ordre intérieur et le mouvement insurrectionnel est assez étendu pour nécessiter le maintien de la Milice dans ce rôle.

« Beaucoup de nos camarades accepteraient de se battre avec enthousiasme à côté des troupes allemandes, mais, dans ce cas, il conviendrait de les diriger vers la Waffen SS qui est une émanation de la Milice.

« D'après des indices qui se confirment tous les jours, la ville de Paris qui semble calme cache cependant une certaine agitation qui sera prête à éclater d'un jour à l'autre.

« Il est en principe conclu que des " arrestations préventives " allaient être envisagées, de manière à supprimer de la circulation tous les éléments gaullistes et communistes influents qui peuvent présenter un danger. »

Leur choix sera fait par une commission composée de membres de la Milice, du PPF, du RNP, du francisme qui désignera, dans « les listes des suspects connus des partis nationaux », ceux et celles qui doivent être arrêtés par les forces du maintien de l'ordre et, selon le cas, envoyés en Allemagne au STO ou « internés dans un camp jusqu'à ce que la situation soit redevenue calme en France ».

Quelle va être la réaction de Laval aux « propositions » d'Abetz ? On la connaît grâce aux Mémoires de Gabolde :

« Quand se produisit le débarquement de Normandie, écrit le garde des Sceaux du gouvernement de Vichy, Abetz fit connaître l'intention de son gouvernement d'utiliser la LVF et les Waffen SS français sur le front occidental. Le président Laval protesta et demanda que cette décision * fût rapportée, en évoquant les accords précédemment conclus avec M. Schleier en 1943 selon lesquels " les Waffen SS français n'auraient jamais et sous aucun prétexte à combattre sur le front occidental et contre d'autres Français ". Laval eut gain de cause[44]. »

* Il ne s'agit pas d'une « décision », à proprement parler, mais d'une éventualité. Gabolde a, sans doute, été inexactement informé.

Pendant ce temps, avec une inlassable opiniâtreté, M. Fournier, au nom de Brinon, demande sans relâche la libération de Français arrêtés par les Allemands au SS Fahrembacher qu'il rencontre régulièrement à la direction de la SIPO-SD, avenue Foch.

Le 7 juin 1944, le Français est reçu par le policier allemand; d'entrée de jeu, Fahrembacher lui fait une déclaration qui n'augure rien de bon :

« Les hautes autorités de police allemande, commente le SS, ont discuté hier de savoir si les services des interventions que je dirige devaient être ou non maintenus en raison de la situation nouvelle créée par la tentative de l'invasion par les armées anglo-saxonnes. J'ai souligné au Dr Illers * l'intérêt tout particulier que les autorités françaises et notamment M. de Brinon attachaient à leur maintien. Il a été décidé que ces services continueraient à fonctionner, mais qu'il serait rappelé aux hautes autorités françaises que les demandes qui sont soumises doivent être de nombre très restreint et suffisamment motivées[45]. »

Fournier tente alors d'intervenir en faveur de 450 Grenoblois arrêtés lors d'une manifestation patriotique le 11 novembre précédent devant le monument élevé aux « Diables bleus », les chasseurs alpins de la Première Guerre mondiale. Fahrembacher ne laisse guère d'espoir au Français :

« Je crains que le changement apporté par les événements militaires actuels n'influence fâcheusement l'issue de cette affaire. »

Les 450 seront déportés, 330 d'entre eux ne reviendront pas des camps nazis.

Fournier revient à la charge, évoque le cas de 42 personnes arrêtées, parmi lesquelles la fille d'un célèbre journaliste de *l'Œuvre*, Georges de La Fouchardière, mêlée à « une grave affaire d'espionnage »; Fahrembacher se borne à répondre :

— L'affaire est à l'étude.

Bilan de la journée du 7 juin : Fournier a obtenu quatre libérations.

Lors de la réunion suivante, le policier allemand ne laisse pas la parole à Fournier :

« Je vous indique que d'après les ordres que j'ai reçus du chef de la police de sûreté SD en France **, déclare Fahrembacher, les interventions en faveur des ressortissants français arrêtés par les autorités de police allemande ne sont désormais plus acceptées : aucune libération ne pourra être prononcée pendant la durée de l'invasion.

---

* Le Dr Illers est chef de l'une des sections de la SIPO-SD et membre de l'état-major de Knochen.

** Knochen.

Toutefois, je continuerai à étudier les requêtes antérieures et vous ferai connaître les réponses dès que celles-ci me seront parvenues[46]. »

Et pourtant, ce jour-là encore, Fournier obtient la promesse qu'un Français condamné à mort sera « sans doute » gracié ; en outre, deux autres Français seront libérés. Mais Fahrembacher refuse la libération de sept hommes arrêtés par la police allemande.

Le 27 juin, lors d'une ultime réunion avenue Foch, Fahrembacher signifie à Fournier la fin de leurs réunions :

« Le service des interventions que je dirigeais jusque-là est dissous : il faudra attendre des jours meilleurs pour rétablir la liaison avec la Délégation générale en ce qui concerne le sort des ressortissants français arrêtés par la police allemande. »

Fournier : « Et les affaires en cours, seront-elles achevées ? »

Fahrembacher : « Non, je regrette de ne pouvoir les étudier : les dossiers ont été classés en attendant la reprise des interventions[47]. »

C'en est désormais fini des très rares et très fragiles espoirs que pouvaient avoir des Français arrêtés d'être arrachés des prisons allemandes grâce à Fernand de Brinon.

Les hiérarques de Vichy esquissent des projets pour l'avenir

Pendant ce temps, les hiérarques de Vichy, Pétain et Laval les premiers, se prennent à réfléchir à l'avenir et commencent à envisager le repli sur des positions politiques différentes de celles qu'ils ont prises depuis quatre ans.

Il est bien certain que l'évolution des opérations en France pèse lourd dans ce changement de cap : au 1er juillet, les Alliés qui ont débarqué 13 divisions américaines, 11 britanniques et 1 canadienne, avec 171 532 véhicules et 566 648 tonnes de matériel, s'apprêtent à de puissantes offensives ; ils ont perdu 60 000 hommes dont 8 975 morts et fait 41 000 prisonniers[48].

Mais les considérations de politique intérieure l'emportent dans l'esprit de Laval et de Pétain : par des moyens différents, ils poursuivent un double but ensemble, d'abord transmettre le gouvernement légitime qu'ils incarnent à des successeurs valablement reconnus, ensuite maintenir Paris hors de la guerre.

On verra ultérieurement comment Pétain et Laval tenteront de manœuvrer, avant d'échouer dans leurs entreprises ; mais il importe de signaler dès à présent que l'idée de celles-ci germa très tôt dans leur esprit.

C'est Gabolde qui, dès le début de juillet, décèle le projet de Laval :

« Quand se produisit le débarquement de Normandie et que le mythe de l'invulnérabilité du rempart de l'Atlantique eut cédé devant les avions et les tanks américains, le président Laval fut conduit à envisager le retour aux institutions républicaines et pensa jouer un rôle analogue à celui qu'il avait rempli en 1940 à Vichy, en servant d'agent de substitution du régime parlementaire à celui du Maréchal...

« Il vint à Paris dans ce but : il pensait y trouver plus de liberté de mouvement et échapper aux intrigues qui se nouaient à Vichy, pour préparer une opération du même genre dont le bénéficiaire aurait été le général de Gaulle et non les parlementaires[49]. »

Les intrigues ? Le mot est peut-être un peu fort à cette date. Avant de tisser quelques-uns des fils de plusieurs « combinaisons » destinées à assurer harmonieusement un passage des pouvoirs, peut-être même à de Gaulle, Pétain pense surtout à Paris. Le 13 juin, il a reçu une nouvelle lettre fort pressante de Pierre Taittinger, président du Conseil municipal, d'où se détachent ces phrases :

« J'ai l'impérieux devoir, écrit-il, de vous demander d'élire d'urgence la capitale réelle de la France pour siège permanent de vos activités.

« Depuis huit jours, la guerre s'est rapprochée dangereusement de notre cité. Par le blocus aérien qui la prive pratiquement de toute arrivée de ravitaillement par voie ferrée et de presque toutes les ressources du trafic routier, Paris déjà fait figure de ville assiégée — sans les immenses réserves et les stocks de sécurité que possédaient autrefois les villes qui craignaient d'être investies...

« Pourtant jusqu'ici Paris est demeuré calme. Nous avons lieu de craindre que ce calme peut cesser d'un moment à l'autre et que notre Hôtel de Ville, notre Préfecture de Police et d'autres centres nerveux de la capitale deviennent l'objectif de coups de main hardis d'équipes ou de partis ayant pour eux la cohésion et le choix du moment.

« On verrait ainsi des gouvernements factices ne représentant ni de près ni de loin les sentiments de la population parisienne s'instaurer dans nos murs en tablant sur l'éloignement du gouvernement légal.

« C'est pourquoi, nous vous affirmons, Monsieur le Maréchal, avec une énergie respectueuse : la place du Chef de l'Etat comme celle du Chef du Gouvernement est plus que jamais à Paris. Il faut à tout prix nous épargner la menace et la réalité d'un nouveau Gouvernement de Bordeaux[50]. »

Si Pétain a réfléchi à cette lettre, il sait bien qu'à Paris comme à Vichy, « la volonté allemande le tient prisonnier », selon le mot du directeur de son cabinet, Jean Tracou.

Parant au plus urgent, il écrit le 16 juin à Hitler pour lui demander de déclarer Paris « ville ouverte », comme le commandement français, en des circonstances opposées, l'avait fait le 13 juin 1940 :

« Tenant compte de considérations analogues *, vous avez donné les ordres nécessaires pour que des cités comme Rome ** et Florence soient épargnées, constate Pétain dans sa missive à Hitler. J'ai la ferme confiance que Votre Excellence consentira à prendre des mesures permettant d'assurer la sauvegarde de la capitale de la France. »

Si Hitler ne répond pas à cette lettre, du moins Pétain apprend-il, le 29 juin par un intermédiaire sûr, qu'il n'entre pas *à ce moment-là,* dans les intentions du haut commandement, et de von Rundstedt en particulier, de prévoir une défense de la capitale [51].

Reste alors le retour de Pétain à Paris : le 6 juillet, Laval l'informe qu'Abetz lui a confié qu'Hitler ne veut pas en entendre parler et que le Maréchal doit rester dans la région de Vichy [52]. Et pourtant, Pétain souhaite accueillir dans la capitale les Américains, ses « amis » américains avec qui il a combattu en 1918 contre les Allemands.

L'ennuyeux de tous ces souhaits exprimés par Pétain — on n'ose pas parler de projets — c'est qu'ils sont un secret de polichinelle. Le 18 juillet, Déat, qui vient de discuter avec Abetz, écrit dans son journal de guerre :

« Le Maréchal voudrait venir à Paris pour y attendre les Américains. Il est très anxieux du moment à choisir, car il a peur d'être kidnappé par les Allemands. En somme, il faudrait qu'il saisisse le moment où les Allemands seront partis, et les Anglo-Américains pas arrivés. C'est calé. Et toutes dispositions sont prises pour qu'il quitte Vichy, mais ne vienne pas à Paris [53]. »

Pour le coup Déat a les pieds sur terre : dès qu'il ne se laisse pas entraîner à ses vaticinations pronazies, il redevient le politicien roublard de la IIIe République (il fut député et ministre) toujours bien informé des potins de couloir, en l'occurrence ceux de l'ambassade d'Allemagne; Abetz a dû lui dire que, le moment venu, les Allemands régleront le cas Pétain à leur façon, qui n'est pas celle souhaitée par le vieux Monsieur de Vichy.

De l'autre côté de la Méditerranée, d'autres pensent à son sort : les gaullistes d'Alger ont prévu, dès le début de mai, un texte établissant une sorte d'échelle des peines pour les hiérarques de Vichy, Pétain en tête. Le jeune Edgar Faure qui est le chef du Service législatif du

---

* Pétain a énuméré « les trésors d'art et les monuments historiques qui évoquent un long passé de labeur et de civilisation », en plaidant la cause de Paris, cette Rome des bords de la Seine...

** C'est le 2 juin que Kesselring, commandant en chef allemand en Italie, a décidé d'évacuer Rome sans combat, un ordre d'Hitler lui ayant prescrit *in extremis* de ne rien détruire dans la ville « à cause de son statut de place de culture ».

« Comité français de Libération nationale * » a étudié le document prévoyant la dégradation militaire pour le Maréchal :

« Il s'agissait de le dégrader place de l'Etoile, sur le front des troupes, précise Edgar Faure; après quoi, son bâton de Maréchal serait solennellement cassé... " On pourrait le lui casser sur la tête ", proposai-je. Cette réflexion suffit à régler l'affaire[54]. »

Les ultras de la collaboration auraient souhaité, eux, régler le cas Pétain-Laval d'une autre façon, en se substituant purement et simplement aux deux hommes à la tête de l'Etat français ; on a vu les ambitions de Déat, exprimées dans des articles sans détour; au début de juillet, quatre ministres, Déat, Bichelonne, Brinon, Bonnard et une trentaine d'ultras, parmi lesquels l'amiral Platon, Doriot, Jean Luchaire diffusent une sorte de manifeste **, dirigé, en fait, contre le « neutralisme » de Laval, réclamant à la fois une « prise de position formelle et continue du gouvernement » et l'entrée dans celui-ci « d'éléments indiscutables »; le 12 juillet, Laval, en conseil de cabinet, réplique violemment aux ultras, les met au pied du mur, les oblige à se dédire. En bref, une alerte pour rien, une nouvelle tempête dans le verre d'eau de... Vichy gouvernemental.

Et pourtant, on peut se demander pourquoi, en cet instant, les ultras n'ont pas joué à fond leur dernière carte pour la prise du pouvoir à Vichy et à Paris, sûrs de l'appui, voire de l'aide, d'Hitler ? Jean-Baptiste Duroselle donne une réponse à la question :

« Seule l'extrême faiblesse des organisations germanophiles empêche Hitler d'opérer en France ce qu'il fera en Hongrie le 16 octobre 1944 : déposer et interner un vieil homme prestigieux (l'amiral Horthy) et confier le pouvoir au parti pronazi (les croix fléchées de Szalasi)[55]. »

Quel « pouvoir » au demeurant eussent ramassé les ultras ? La France de juillet a conservé une administration qui fonctionne grâce aux habitudes acquises, mais l'Etat paralysé ne peut plus donner d'ordres, les administrés agissent souvent par eux-mêmes, les miliciens sont impuissants à rétablir « l'ordre », les hommes des Forces françaises de l'Intérieur harcèlent les Allemands, les communications sont interrompues, les transports à demi paralysés, tandis

* Il prendra le nom de « Gouvernement provisoire de la République française » le 15 mai sur une demande de l'Assemblée consultative d'Alger.

** Ledit « manifeste » analyse assez bien la situation : « L'épreuve de force entre le Gouvernement et la « Résistance » (entre guillemets dans le texte) s'engage dans les pires conditions. D'un côté, une volonté très nette, une constante affirmation qu'on a la force avec soi et des résultats qui, pour beaucoup, font preuve. D'un autre côté, une action gouvernementale purement défensive, minée intérieurement par le doute et l'hésitation. L'impuissance des pouvoirs publics n'est plus ignorée de personne... La désagrégation de l'Etat français ne peut que se précipiter. Nous allons au chaos... »

qu'en Normandie les Alliés vont assener des coups décisifs à l'armée allemande... Seul, un vieil homme rêve, aux bords de l'Allier ou sous les lambris d'hôtels désuets d'une station hydrominérale bourbonnaise, d'accueillir les Américains vainqueurs dans la capitale de la France, sans même savoir s'il disposera d'un wagon et d'une locomotive pour le transporter de Vichy à Paris !

La menace du STO s'estompe

Dans la capitale, seuls quelques initiés connaissent, par fragments, ce qui se trame à Vichy ; la grande masse de la population est occupée par le soin de sa subsistance quotidienne, subit les bombardements, s'inquiète de nouvelles réquisitions de main-d'œuvre pour le STO et, pour le reste, fait montre d'une apathie collective, à part les manifestations résistantes* que nous avons contées, qui masque ou refoule un fond d'angoisse réelle dans l'attente d'événements décisifs.

« Angoisse », c'est le mot qu'emploie le préfet de la Seine à propos du ravitaillement dans son rapport pour la période du 1er au 30 juin** qui fait état, pour la première fois depuis longtemps, de bagarres devant les magasins d'alimentation et sur les marchés : « Le mécontentement couve, écrit-il, et n'attend que l'occasion de se manifester... Le marché noir s'établit avec une insolence accrue[56]. »

Bien plus, on a observé une augmentation sérieuse des vols de denrées alimentaires, en particulier des choux et des pommes de terre, dans les cultures de la région parisienne. En juin, les fruits et les légumes ne couvrent que 30 pour cent des besoins. Blé et farine : un stock pour dix jours au 1er juillet. Lait : Les E et les femmes enceintes seront servis, les J 1 et J 2 n'auront qu' « irrégulièrement » les rations théoriques. Matières grasses : 180 grammes en juin. Viande : 180 grammes depuis le 1er juin. Les services de ravitaillement prévoient 90 grammes de viande en juillet. Sucre : les rations de juillet, août et septembre ont été délivrées « par anticipation », afin de permettre la constitution d'un stock familial.

Quant à l'influence des événements récents sur le moral des Parisiens, le prudent René Bouffet se limite à quelques généralités : « Le débarquement des armées alliées sur les côtes normandes a fortement ému la population qui sent de nouveau la guerre se

* Les résistants actifs, rappelons-le, ne constituent qu'une petite fraction des habitants de la capitale ; peut-être sont-ils 20 000 ?

** Le dernier existant aux Archives nationales. Il est daté du 5 juillet.

rapprocher de Paris ; les opérations militaires sont suivies sur les cartes avec la plus vive attention, mais les deuils et les ruines qui frappent tant de familles retentissent douloureusement dans les cœurs[57]. »

Cela ne sort guère du ronron officiel ; voici plus intéressant :

« L'arrêt de la circulation des trains sur presque toutes les grandes lignes a maintenant décidé la plupart des gens à rester sur place. La population a conservé le plus grand calme et aucun mouvement de panique n'a été noté[58]. »

Pas de panique, non plus, mais une résignation silencieuse sous les bombes alliées que, dans sa proclamation de juin, Eisenhower appelait « la rançon inévitable que nous devons tous consentir pour atteindre notre but : la liberté ». Son prix est élevé ; le 24 juin, plusieurs communes de la Seine, Saint-Denis en particulier, sont bombardées : quatre-vingt-quinze morts, cent trente-six blessés, trente-huit immeubles détruits.

Une autre hantise, toujours la même, celle du STO : les déportations de travailleurs vont-elles être suspendues ou définitivement arrêtées en raison des événements ? Telle est, en effet, la question que tous se posent, à commencer par le préfet Bouffet qui écrit dans son rapport du 5 juillet :

« Le problème des travailleurs requis est toujours en suspens... Il semble qu'il y ait suspension des départs en Allemagne. Dans le département de la Seine, 747 d'entre eux sont partis en Allemagne en juin[59]. »

En réalité, il y a eu, depuis le début de l'année, une diminution des départs tellement importante (le robinet à main-d'œuvre ne laisse couler qu'un mince filet de corvéables) qu'on peut parler d'arrêt.

Nous en avons la preuve dans une très curieuse lettre de Brinon à Abetz du 20 juin. Dans son début, Brinon rappelle qu'il avait demandé à l'ambassadeur que soit publié un communiqué « faisant connaître que les réquisitions de travailleurs pour l'Allemagne étaient suspendues, ainsi que les services français de la main-d'œuvre en avaient été informés ».

Ce qui a été fait puisque, le 17 juin, Abetz avait envoyé à Brinon le texte suivant :

« En raison des immenses dommages causés tant au territoire français qu'à la population française par les bombardements de l'aviation anglo-américaine et par les conséquences de l'entreprise d'invasion, les réquisitions de travailleurs pour l'Allemagne sont suspendues.

« Le chef du gouvernement a été informé de cette décision par les autorités allemandes qui veulent dans les circonstances présentes laisser à la disposition du gouvernement français le maximum de main-d'œuvre[60]. »

Mais il semble que les courroies de transmission n'ont pas fonctionné entre Abetz et les services allemands chargés de la réquisition et dirigés par le Dr Glatzel, qui a remplacé Ritter : car, le dimanche 18 juin, poursuit Brinon dans sa lettre à l'ambassadeur d'Allemagne, M. Boyez, directeur des services de la main-d'œuvre au ministère du Travail, s'est entendu dire par les représentants de Sauckel qu'il n'est pas question de suspendre le recrutement des travailleurs pour l'Allemagne !

Brinon, sur ordre de Laval (il le précise dans sa longue lettre), demande donc à Abetz d'intervenir auprès de Glatzel pour que le recrutement cesse une bonne fois pour toutes. Et il se sert d'un argument dont il pense qu'il convaincra Abetz :

« Depuis quelques semaines, écrit-il, les hommes de vingt à quarante ans sont soumis, notamment dans le centre de la France, à une propagande intense qui tend à les convaincre qu'ils vont être contraints de partir vers l'Allemagne et que le seul moyen d'échapper consiste pour eux à rejoindre les formations du maquis, encadrées par des réfractaires, des communistes ou par des étrangers à la solde des ennemis de l'Allemagne[61]. »

Et Brinon profite de l'occasion pour glisser à Abetz un développement du général Bridoux, secrétaire d'Etat à la Défense, extrait d'une lettre que Bridoux a adressée, le 8 avril, au journaliste Dominique Sordet, de l'agence collabo « Inter France » :

« Vous prenez à votre compte la légende des officiers dans le maquis conduisant les sabotages, les destructions, les assassinats. Cette légende a été lancée, il y a un an, par certaines personnalités de la police, pour justifier d'avance leur incapacité, par un tableau impressionnant de la qualité de leurs adversaires éventuels. Je connais bien la question et je peux vous assurer que les cadres des divers maquis n'ont jamais comporté plus d'une dizaine d'officiers d'active*... »

Se servant indirectement de l'argument Bridoux, Brinon poursuit alors sa lettre :

« C'est un fait que les opérations de police entreprises ont déjà donné d'importants résultats qui contribueront finalement au retour de l'ordre dans les régions contaminées. Mais c'est un fait également que l'approche des troupes allemandes a fait redoubler la propagande du maquis...

---

* Ou Bridoux est mal informé ou il ment en toute connaissance de cause : rappelons-nous les cinq officiers de chasseurs alpins, fusillés après le combat des Glières. Mais Bridoux a intérêt à minimiser le nombre des officiers dans le maquis. Il y aurait un livre à écrire sur Bridoux dont le rôle à Vichy paraît des plus ambigus.

« M. le gauleiter Sauckel n'a aucun intérêt à aggraver la situation qui existe malheureusement actuellement en France et dont il faut voir les conséquences. C'est tout au contraire l'intérêt évident de l'Allemagne que l'apaisement se fasse, que les propagandes néfastes soient combattues et que le recrutement des travailleurs puisse s'établir sur des bases saines. Il ne s'agit pas de remettre en cause le principe de la mobilisation pour le travail obligatoire de la classe 1944, ni de procéder à un nouvel examen des possibilités de recrutement qui existent encore en France, il s'agit seulement de ne pas, en laissant des arguments aux propagandes ennemies, développer les effets du mal. Une fois encore ce qu'il faut donner à M. Sauckel, ce sont des travailleurs et non point des forçats[62]. »

Au fond, ce que demande Brinon à Abetz, c'est une trêve dans l'envoi forcé des travailleurs français en Allemagne et, à la fin de sa lettre, il sollicite, pour la seconde fois, que le texte d'Abetz, écrit le 17 juin et resté sous le coude, soit enfin publié : c'est possible si Abetz obtient l'accord de Sauckel.

Quelles sont les réactions de Sauckel ? On les connaît fort bien grâce aux confidences qu'il a faites à Oberg au cours de deux voyages d'inspection en France, après le débarquement :

« Cela ne va plus du tout, m'a dit Sauckel... Avant l'invasion, on* me disait de ne pas réquisitionner les travailleurs français pour les envoyer en Allemagne. Et maintenant que l'ennemi a débarqué, on me dit encore la même chose[63] ! »

Finalement, Sauckel se sent tout quinaud parce que « roulé » : il avait réclamé 1 020 000 travailleurs pour les usines allemandes en 1944, à peine 50 000 sont partis outre-Rhin à la date du 1er juillet[64] !

Des jeux à défaut de pain

Malgré cette grisaille, les habitants de la capitale goûtent des moments de détente dans les théâtres, les cinémas, sur les champs de courses ou lors de manifestations sportives.

Retenons quelques titres : à l'Ambigu, Blanchette Brunoy joue *Pauvre chéri*, au concert Mayol, Raymond Souplex et Roméo Carlès *le Rêve de M. Belette*, Johnny Hess chante à l'ABC, Georges Guétary à Bobino, Suzy Delair lance l'un des « tubes » de l'année, *Avec son tralala*. A Mogador, c'est la classique *Mascotte :* en raison des heures où l'électricité est délivrée, le rideau se lève à 19 h 15, « l'entracte est accéléré, afin d'assurer aux spectateurs leur retour en métro ».

* Ce « on » vise principalement Speer dont les accords avec Bichelonne ont eu pour effet de stopper presque totalement les départs des Français en Allemagne.

Pour les mêmes raisons, la représentation de *Huis clos* de Sartre commence à 19 h 30 : on retrouve... dans le métro du retour les créateurs des rôles, Tania Balachova, Gaby Sylvia, Michel Vitold. Au Casino de Paris, Raymond Souplex et Jane Sourza rodent leur *Sur le banc,* qui survivra de longues années à la radio française devenue libre. Certains théâtres qui disposent d'une verrière ou d'un plafond ouvrant jouent à la lumière du jour ; des miroirs plans judicieusement disposés captent les rayons du soleil et remplacent les feux de la rampe.

Et les concours de comédie du conservatoire de Paris couronnent Jacques-Henri Duval et Sophie Desmarets.

Au cinéma, *Premier de cordée, le Mariage de chiffon, les Petites du quai aux Fleurs, la Vie de plaisir,* titres légers pour une période austère.

Du côté des sports, les parties de ballon ont lieu presque normalement, seules les courses de vélocipède subissent certaines entraves : s'aventurer sur les routes hors de Paris expose à quelques mécomptes, sinon quelques dangers ; aussi les compétitions cyclistes se déroulent-elles sur les boulevards extérieurs, tandis que les stades d'athlétisme sont toujours ouverts : le 2 juillet à Jean-Bouin, le 1 500 mètres est remporté par Raphaël Pujazon en 3 mn 56 s.

Seul point noir, les courses de chevaux : le 1er juillet, toutes les réunions hippiques ont été annulées sans explication. Cette suppression d'une des distractions favorites des habitants de la capitale résulte d'un imbroglio administratif, qui nous est révélé par une longue missive de Brinon à Abetz du 15 juillet 1944 dont certains passages valent d'être cités.

De quoi s'agit-il ?

Pierre Cathala, ministre des Finances, se propose de ne tolérer les courses que deux jours par semaine : une réunion le samedi à Vincennes, une le dimanche à Auteuil. Or, Stülpnagel insiste pour que soit maintenue l'habitude des quatre réunions hebdomadaires, puis, semble-t-il, n'insiste plus.

Brinon tient alors Abetz au courant des raisons qui ont justifié cette diminution du nombre des courses hippiques :

« Il a paru nécessaire au gouvernement français, dans les circonstances présentes, de ne pas donner à la population parisienne qui souffre des insuffisances du ravitaillement le spectacle de transports réservés aux courses de chevaux et le ministre de l'Agriculture, dans les attributions duquel se trouvent les encouragements à l'élevage du cheval, n'avait pas cru devoir accepter la suggestion qui lui était faite de maintenir quatre journées de courses par semaine.

« Il y a quelques jours, M. le major Humm, officier de liaison, avait bien voulu me donner téléphoniquement l'approbation du général von Stülpnagel aux dispositions de l'arrêté de M. Cathala et me faire connaître que cet arrêté pouvait être publié. Cependant, cette publication a été différée par le ministre de l'Agriculture à la suite de certaines objections faites, paraît-il, par des services allemands tant de l'hôtel Majestic que de l'administration du Grand Paris. C'est de cette situation que j'ai entretenu ce matin M. le ministre von Bargen *, qui a bien voulu me confirmer l'accord du *Militärbefehlshaber* et de l'ambassade aux dispositions prises par le gouvernement français[65]. »

Tout semblait donc réglé, quand, ô surprise, le 15 juillet à 18 h 30, Cathala a fait savoir téléphoniquement à Brinon, qu'un autre service allemand, celui du général Reinhardt, qui s'occupe des questions agricoles, s'oppose au projet français : il est pour le maintien des quatre jours de réunions hippiques.

« Il me semble étonnant que les services allemands, continue Brinon, semblent vouloir absolument maintenir une situation qui est pleine d'inconvénients au point de vue moral. Le gouvernement français dans tous les cas ne peut pas prendre la responsabilité de donner aux courses de chevaux une protection spéciale alors que tant de restrictions sont apportées à la population parisienne et au peuple français. Si les autorités allemandes considèrent que quatre journées de courses de chevaux sont nécessaires dans la région parisienne, elles doivent en prendre la responsabilité et il est nécessaire de faire connaître que c'est en raison de leur intervention que dans les circonstances où nous sommes, on maintient le spectacle d'un sport, qui est certes utile à la sélection de la race chevaline, mais à l'intérêt duquel deux journées par semaine peuvent amplement suffire.

« Je vous prie, Monsieur l'Ambassadeur, de bien vouloir tenir compte de ces considérations. Je suis convaincu que vous en apprécierez l'opportunité politique et je vous prie d'agréer, etc.[66] »

L'impérieux besoin d'être informé

Après les jeux du cirque, les nourritures intellectuelles et, au premier rang de celles-ci, la satisfaction du besoin de savoir ; pendant toute la guerre, le besoin d'être informé fut, sans aucun doute, le plus intense... et le plus mal satisfait.

Les journaux autorisés par les Allemands restent dans la ligne de collaboration la plus orthodoxe, diffusent toutes les nouvelles d'origine allemande sans aucune critique, propagent tous les thèmes

* L'un des membres de l'entourage d'Abetz à l'ambassade d'Allemagne à Paris.

émanant de Vichy sans aucune discrimination, sauf les journaux ultras, comme *l'Œuvre,* qui traînent parfois Vichy dans la boue et mettent une surenchère oratoire à la propagande nazie. Rappelons quelques titres : *le Matin, Paris-Soir** dit « *Pourri Soir* », *l'Œuvre, le Petit Parisien,* pour n'évoquer que quelques quotidiens.

Au début de l'occupation, ils ont été achetés par habitude, par routine. Au fil des ans, leurs articles tendancieux ont découragé les lecteurs**.

La meilleure preuve de la diminution de leur audience est offerte par la dégringolade de leur tirage quotidien. Ainsi, *le Matin* passe de 532000 exemplaires en novembre 1940 à 225400 en mai 1944; même chute enregistrée à *Paris-Soir :* 833190 exemplaires le 28 août 1940 contre 286000 en mai 1944; *l'Œuvre* a un tirage moyen de 230000 exemplaires en 1940, il tombera à 135000 en mai 1944; *le Petit Parisien* tire à 680000 en novembre 1940, descend à 500000 en juillet 1942, à 450000 en mai 1944. C'est dire le crédit que leur font les habitants de la capitale[67].

En regard des feuilles collabos, qui sont bien souvent achetées dans l'unique souci de connaître le nombre de tickets (ravitaillement, habits, chaussures, etc.) « honorés » à partir de tel jour ou dans le courant de telle semaine, un contrepoison efficace : les journaux clandestins de la Résistance.

Ils sont « distribués » gratuitement, bien évidemment, mais d'une façon ultra-discrète : l'étudiant en trouve sous son banc dans son amphithéâtre, le propriétaire d'un pavillon de banlieue dans sa boîte aux lettres, le locataire d'un immeuble parmi son courrier, sous enveloppe correctement affranchie***; ces journaux clandestins passent souvent de main en main, sans qu'on sache qui fut la première main donneuse — « faites circuler » — ou sont dispersés dans les vents coulis du métro, sur les banquettes des bus, plus rarement jetés sur la voie publique par des hommes à vélo ou en voiture.

Leur périodicité, compte tenu des risques immenses qu'il y a à les composer, les imprimer et les distribuer par ces moyens d'infortune, est variable : *Défense de la France* a pu diffuser dix-sept numéros en 1943, cinq jusqu'en août 1944; *Combat,* douze numéros en 1943, cinq jusqu'en juillet 1944; *Franc-Tireur,* douze numéros en 1943, six

* Celui de Paris, fruit d'une mainmise allemande sur le titre grâce à la complicité d'un garçon d'ascenseur, ne doit pas être confondu avec celui de zone libre qui, jusqu'en 1942, se comporta comme les autres journaux de la zone libre avant de se saborder.

** Leur prix est passé de 0,75 franc en 1940 à 2 francs en 1944.

*** L'auteur se rappelle avoir reçu en 1943, par cette voie, deux numéros de *Combat,* en d'autres occasions des tracts (*le Palais libre,* en particulier).

jusqu'en juin 1944 ; *Résistance,* quatre numéros en 1944 ; *l'Aurore,* cinq numéros en 1944 ; *le Populaire,* sept numéros en 1944 ; *l'Humanité,* vingt-six numéros jusqu'au 15 août 1944, le premier numéro étant daté du 26 octobre 1939 : il est vrai que le Parti communiste est entré dans la clandestinité dès septembre 1939, ses militants ont davantage d'expérience que les résistants dont les premiers ont tiré des textes ronéotés en juillet 1940.

Saluons, au passage, le lourd tribut qu'ont payé les hommes et les femmes de la presse clandestine : traqués sans cesse par les polices allemande et française, voyant souvent leurs stocks et leur matériel d'imprimerie découverts, beaucoup ont été arrêtés et déportés, mais toujours remplacés par des volontaires nouveaux.

Le tirage des journaux de la Résistance est très inégal et parfois élevé : au début de 1944, *Défense de la France* a été tiré à 450 000 exemplaires, *Combat* à 300 000, *Franc-Tireur* à 150 000, *le Populaire* et *Résistance* à 100 000 environ[68]. Imprimés ou ronéotés, ces journaux, par leur nombre et la qualité des informations qu'ils diffusent, sont considérés par les habitants de la capitale comme « crédibles », malgré certaines exagérations destinées à réchauffer le moral de tous les occupés et le patriotisme timoré de la plupart d'entre eux.

Afin de parfaire leur information, les habitants de Paris disposent des nouvelles dispensées par les radios, celles des Alliés, celles des collabos. A l'heure des informations, les 5 248 000 récepteurs de radio existant dans l'hexagone (chiffre de 1943) sont presque tous branchés sur la même longueur d'ondes : l'écoute de celles-ci fait désormais partie des rites quotidiens, comme les maigres repas ou le lavage des mains avec des savons qui ne moussent pas !

L'occupé tend une oreille attentive à l'écoute de la BBC londonienne ; malgré le brouillage allemand, il peut régulièrement capter l'émission « Les Français parlent aux Français », où le ton de conviction entraînante et le débit très caractéristique d'un Maurice Schumann font un utile contrepoids à la propagande allemande ; par sa clarté et sa juste appréciation de la situation, le Suisse René Payot apporte sur Radio-Suisse romande des éléments d'information qu'on ne trouve nulle part ailleurs. Parfois, il est possible d' « accrocher » Radio-Moscou qui diffuse aussi des bulletins en langue française, mais l'écoute en est plus aléatoire.

Et si l'on veut, en toute honnêteté, dresser le tableau d'une soirée d'informations radiophoniques de l'occupé moyen, indiquons qu'il écoute également sur Radio-Paris *, contrôlé par les Allemands, les

* « Radio-Paris ment (bis), radio-Paris est allemand » est l'une des ritournelles quotidiennes des émissions françaises de la BBC.

« chroniques militaires » de Jean-Hérold Paquis pour sa gouaille faubourienne et son slogan « l'Angleterre comme Carthage sera détruite », répété obstinément jusqu'au 16 août, date de son départ de la capitale dans les fourgons allemands devant l'arrivée des Alliés.

Et qu'il se laisse bercer par l'éditorial quotidien, sur les ondes de Vichy placées sous le sigle de la « Radiodiffusion nationale », de l'un des meilleurs tribuns radiophoniques de cette époque, Philippe Henriot, dont l'éloquence très IIIe République servie par une voix aux inflexions variées (il trémolise aussi bien qu'Edouard Herriot) défend avec fougue tous les thèmes de l'Etat français.

Milicien et collabo, Henriot sera la *seule* personnalité importante de l'appareil de Vichy à être abattue par un commando de la Résistance, au siège même du ministère de l'Information et de la Propagande dont il est le titulaire, 10, rue de Solferino, à l'aube du 28 juin.

NOTES

1. Bernard Pierquin, *Journal d'un étudiant parisien sous l'occupation.* Chez l'auteur, Paris, 1983, p. 125.

2. Yves Cazaux, *Journal secret de la Libération.* Albin Michel, Paris, 1975, p. 14.

3. R. Tournoux, *op. cit.*, p. 301.

4. Victor Barthélémy, *op. cit.*, p. 397.

5. Charles Rist, *Une saison gâtée.* Fayard, 1983, p. 407.

6. *In l'Œuvre* du 7 juin 1944.

7. J. Delperrie de Bayac, *Histoire de la Milice,* Fayard, Paris, 1969, p. 379.

8. Charles Lacretelle. *Ephémérides 44,* inédit, dactyl. p. 18.

9. *In l'Œuvre* du 7 juin 1944.

10. *In l'Œuvre* du 8 juin 1944.

11. *In l'Œuvre* du 12 juin 1944.

12. Cette péripétie de la guerre a été étudiée en détail par Joachim Fest *in Hitler,* Gallimard, Paris, 1973, tome II, p. 398, avec des références bibliographiques p. 530-531.

13. Robert Strobel, « Nous savions la partie perdue », *in le Monde* du 7 juin 1969.

14. Robert Wallraf, *op. cit.*, p. 114-115 de la dactylographie.

15. Victor Barthélémy, *op. cit.*, p. 408.

16. Tract original. Coll. privée.

17. *In* Henri Michel, *Paris résistant,* Albin Michel, 1982, p. 73.

18. « Cinq moins de vingt ans à la découverte de la Libération de Paris », *in France nouvelle* n° 721, jeudi 20 août 1959.

19. Henri Michel, *op. cit.,* p. 185.

20. André Tollet, *in France nouvelle, op. cit.*

21. Raymond Massiet, *op. cit.,* p. 85.

22. Déclaration de Jacques Chaban-Delmas *in Sud-Ouest Dimanche* du 7 juin 1946.

23. Maurice Kriegel-Valrimont, *la Libération. Les Archives du Comac.* Editions de Minuit, Paris, 1964, p. 35.

24. *Ibid.,* p. 113.

25. *Ibid.,* p. 144. Pierre Sonneville expose en détail le débat devant le Comac à son propos dans son livre *les Combattants de la liberté,* la Table ronde, 1968.

26. Charles Lacretelle, *op. cit.,* p. 24 et 25 du texte dactylographié.

27. Déclaration de Madeleine Riffaut lors de l'émission « Paris, levé, debout ! ». Télévision 1re chaîne, 20 août 1974, 20 h 30.

28. Stéphane Monniot, « la Préfecture de Police dans la Résistance et la Libération de Paris », *in Pages d'Histoire 1939-1945. Les policiers français dans la Résistance.* Confédération nationale des policiers anciens combattants et résistants, Paris s.d., p. 55-58.

29. Tract original. Coll. de l'auteur.

30. Albert Ouzoulias, *les Bataillons de la jeunesse.* Editions sociales, Paris, 1967, p. 398.

31. *Ibid.,* p. 399.

32. Coll. part.

33. Coll. Edmond Hennequin.

34. *Ibid.*

35. Archives nationales 411 AP 3.

36. Bernard Pierquin, *op. cit.,* p. 127.

37. Alain Guérin, *la Résistance.* Le livre club Diderot, Paris, 1976, tome V, p. 212-213.

38. L'avis de Rundstedt a été affiché sur les murs de Paris au matin du 12 juin.

39. Coll. part.

40. Ce tract porte pour titre « Toi aussi, tu peux rentrer chez toi » et commence par cette phrase : « De nombreux groupes du maquis ont fait demander au Haut Commandement allemand s'ils pourraient regagner leur domicile sans que des sanctions soient prises, après avoir remis leurs armes. » Dans le coin gauche du tract, une inscription : SW 22. (Coll. part.).

41. Lettre n° 47 989 A/E.

42. *In* Alain Deniel, *op. cit.*, p. 247.

43. Archives nationales 411 AP III.

44. Maurice Gabolde, *op. cit.*

45. Archives nationales 411 AP 2.

46. *Ibid.*

47. *Ibid.*

48. Dwight D. Eisenhower, *Croisade en Europe*. Robert Laffont, 1949, p. 319.

49. Maurice Gabolde, *op. cit.*

50. L'original de la lettre figure dans la collection de Jean Tracou.

51. Jean Tracou, *op. cit.*, p. 342.

52. *Ibid.*, p. 344.

53. R. Tournoux, *op. cit.*, p. 309.

54. Edgar Faure, *Mémoires*. Plon, 1982, tome I, p. 127.

55. J.-B. Duroselle, *op. cit.*, p. 458.

56. René Bouffet, *op. cit.*, Archives nationales FI CIII 1187.

57. *Ibid.*

58. *Ibid.*

59. *Ibid.*

60. Archives nationales 411 AP 3.

61. *Ibid.*

62. *Ibid.*

63. Déclaration d'Oberg à l'instruction de son procès. Cote 2/III/Dd du dossier.

64. *Cf.* Lucien Steinberg, *les Allemands en France 1940-1944.* Albin Michel, 1980, p. 170.

65. Archives nationales 411 AP 3.

66. *Ibid.*

67. Claude Bellanger, Jacques Godechot, Piere Guiral, Fernand Terrou, *Histoire générale de la Presse française,* PUF 1975, tome IV, p. 37.

68. Catalogue des périodiques clandestins diffusés en France de 1939 à 1945, Bibliothèque nationale, Paris, 1954.

CHAPITRE III

MORT D'UN MINISTRE

Dans ce second demi-siècle où la télévision a pris la place que l'on sait, il est difficile d'imaginer le prodigieux impact qu'avaient sur l'opinion publique d'alors les éditoriaux radiodiffusés de Philippe Henriot : on n'était certes pas obligé de le croire — et la plupart n'étaient pas convaincus par ses harangues — mais on l'écoutait, presque par plaisir, pour son talent oratoire, ses intonations, allant de la colère à la tendresse, où se mêlaient des condamnations sans appel des « gaullistes », des exhortations à suivre, les yeux fermés, Laval et Pétain, des prônes en faveur de la collaboration et l'apologie quasi quotidienne des Allemands, défenseurs de la civilisation chrétienne contre l'entreprise diabolique de la coalition « des ploutocrates de la City alliés aux judéo-bolcheviks de l'Est européen... ». L'effet des philippiques du secrétaires d'Etat à l'Information et à la Propagande ne tenait qu'à la magie de son verbe porté par une voix de tribun populaire, sans qu'on vît son visage ou quelque mimique destinée à appuyer le discours.

A quelque bord qu'ils appartinssent, les Français de 1944 n'étaient pas insensibles, comme ceux de jadis et ceux d'aujourd'hui, à une « certaine » éloquence et la forme que Philippe Henriot donnait à son propos forçait l'attention des occupés, même s'ils ne partageaient pas les idées qu'il exprimait ou étaient franchement opposés aux thèmes qu'il développait.

Un musicographe très réputé, sinon le meilleur de sa génération, Emile Vuillermoz, eut l'idée saugrenue (qui lui valut quelques ennuis à la Libération) d'écrire, au début de 1944, une préface pour les éditoriaux du ministre de Vichy réunis en un volume :

« Une voix puissante et mordante traverse notre ciel, Philippe Henriot nous parle, assure le préfacier... Avec l'implacable logique et le bon sens d'un Français de bonne race, ce témoin du tremblement de terre qui lézarde notre planète tire des événements des conclusions et des avertissements d'une lucidité et d'une clairvoyance exemplaires... Malgré l'épaisseur des ténèbres qui environnent l'Europe en ce moment, il est impossible de désespérer d'un pays dont le ciel est périodiquement illuminé par des éclairs de sagesse d'une clarté aussi éblouissante[1]. »

Si ce dithyrambe correspond à l'état d'esprit de cet amoureux de la musique qu'est Vuillermoz (mais pour certains la voix humaine n'est-elle pas aussi musique ?), la plupart des habitants de la capitale n'entrent pas dans des transes semblables à l'écoute des « éditos » de Philippe Henriot :

« C'est bien dit, mais mal raisonné, disent-ils. Et il aura bonne mine quand les boches auront perdu la guerre, lui qui souhaite leur victoire ! »

Mais tout est arme dans une guerre : et celle, psychologique, maniée par Philippe Henriot, risque de faire des ravages dans la population. Combien de naïfs n'a-t-il pas encouragés à s'engager dans la Milice, dans la Waffen SS ou dans d'autres formations allemandes, afin de protéger l'Europe contre le bolchevisme* ? Combien de braves gens n'a-t-il pas détournés du patriotisme, sans erreur ni compromissions ? De combien de destins lamentables n'est-il pas finalement responsable ?

C'est un pétainiste orthodoxe, le général Le Barazer de Lannurien qui, dans une lettre à Pétain du 15 mars, a fort bien résumé la situation exceptionnelle d'Henriot sur l'échiquier politique, vu selon l'optique de Vichy :

« Les colères soulevées contre M. Philippe Henriot sont le meilleur indice du bien qu'il fait et du mal qu'il empêche[2]. »

Inversez les termes et vous aurez, symétriquement, l'opinion des résistants : Philippe Henriot est redoutable par le bien qu'il empêche et le mal qu'il fait.

Un étudiant en rupture de ban

Dès longtemps, la Résistance a jaugé l'importance formidable d'Henriot et de ses diatribes : dans un certain sens, il est plus dangereux que Pétain ou Laval.

L'Humanité clandestine du 10 mars 1944 (n° 282) tire à boulets rouges sur le secrétaire d'Etat à la Propagande :

« Cette fripouille d'Henriot qui touche 100 francs par Français

---

* On lit dans *l'Œuvre* du 11 juin que les volontaires « peuvent passer la visite médicale tous les jours à 16 heures pour s'engager dans le NSKK de la Luftwaffe (armée de l'air allemande) 1, rue Godot-de-Mauroy ».

déporté en Allemagne *, fait appel aux réfractaires qu'il essaye d'amadouer et d'abuser, en se servant, une fois de plus, de l'arme classique des hitlériens, à savoir l'anticommunisme. »

Le 20 mai 1944, au micro de Radio-Moscou, l'écrivain Jean-Richard Bloch a cloué au pilori « le maître provocateur Philippe Henriot, le faussaire qui lit, d'une voix de traître de mélodrame, des lettres fabriquées, de prétendus documents de patriotes, des faux rédigés en collaboration avec la Gestapo[3]... ».

Mais la polémique n'est pas suffisante pour répondre à Henriot : il faut que sa voix se taise, avant qu'elle entraîne trop de Français de bonne foi dans le mauvais camp.

Chronologiquement, c'est le COMIDAC ** qui, le premier, en tant qu'organisation de la Résistance, propose la liquidation physique du secrétaire d'Etat à l'Information, dès le printemps de 1944, et vraisemblablement en mars, à une date postérieure au 12. On dispose d'un point de repère précis : le 12 mars, en effet, le COMIDAC a pu diffuser auprès de certains groupes de résistants le texte du commandant de la police militaire allemande, Leicht, prescrivant des mesures de police extrêmement précises *** en cas d'action militaire de la Résistance, texte daté du 14 janvier précédent, mais dont la Résistance n'a pu obtenir une copie qu'à la fin de l'hiver. En même temps qu'il répand la circulaire de Leicht (AZC 41 R/D D/F), le COMIDAC fait connaître qu'il « veut obtenir l'exécution de Henriot, de Déat et de Darnand[4]****.

La demande du COMIDAC rejoint une « idée » d'un résistant du mouvement Combat, qu'il représente au Conseil national de la Résistance, Marcel Degliame-Fouché. Il estime, et c'est, nous l'avons vu, l'opinion de la majorité des résistants, que « pour la Résistance, Henriot est certainement l'un des personnages les plus dangereux » et qu'il faudrait « le neutraliser et non pas l'abattre, par exemple en le kidnappant et en l'emmenant à Londres[5] ».

Degliame-Fouché a trouvé un volontaire pour l'exécution de cette tâche précise, Pierre Musseta, dit Pierrot : deux tentatives échouent *****, Pierrot est arrêté.

« C'est alors, raconte Marcel Degliame-Fouché, que l'opération a été confiée à Morlot, par l'intermédiaire de Kriegel-Valrimont,

---

* L'accusation est purement gratuite.

** Il ne deviendra COMAC que le 15 mai.

*** Elles prévoient, en particulier, de procéder « par la force, dans certains cas, au désarmement des forces de la gendarmerie et de la garde mobiles françaises noyautées qu'elles sont par les mouvements de Résistance ».

**** Pour Déat et Darnand, toutes les tentatives échouèrent. Déat échappa à un attentat monté par la Résistance ; Darnand à trois dont un seul reçut un commencement d'exécution.

***** La presse collabo n'en souffle mot : mieux vaut ne pas susciter les vocations.

représentant des mouvements de Résistance de la zone sud au COMAC *. En avril, Londres nous donne le feu vert ** pour deux opérations dont les cibles étaient Darnand et Henriot[6]. »

Qui est Morlot ?

Né le 11 octobre 1921 à Paris, Charles Gonard — tel est son patronyme — est pendant l'année scolaire 1941-1942 élève au lycée Thiers à Marseille, dans la classe préparatoire à l'examen d'entrée à l'Ecole coloniale ; s'il porte ostensiblement le calot bleu clair des élèves de « colo », Charles Gonard est, plus discrètement, un militant de la Résistance. Au début de 1943, dans la propriété de son père, il a rencontré Jean Moulin qui l'incite à entrer dans un groupe actif de la Résistance : Gonard est admis dans les groupes francs des MUR (Mouvements unis de Résistance), dès le mois de mars. Au début, Gonard est agent de liaison, mais, étudiant en rupture de ban, il possède de faux papiers de représentant de commerce, aux noms de Charles ou Dumont. Morlot viendra plus tard.

Au début de 1944, Asher-Ravanel, chef national des groupes francs du MUR, lui offre sa succession : Ravanel vient d'être appelé au commandement des FFI de la région R 4 (Toulouse-Pyrénées) et Gonard, qui a déjà donné des preuves de ses capacités, doit, à son nouveau poste, faire des groupes francs des unités véritablement opérationnelles. Bien qu'insuffisamment armés au départ (ils ne disposent que d'une vingtaine de mitraillettes, quelques revolvers, des grenades, du plastic et des détonateurs), les hommes des groupes francs, sous la vigoureuse impulsion de Morlot (Charles Gonard se tiendra à ce dernier pseudonyme), se livrent à quelques actions importantes dans la région parisienne où leur chef s'est implanté : au début de l'année, ils abattent, avenue du Maine, un agent allemand infiltré dans le réseau de Résistance « Brutus », un certain Blanc, dit Cosinus, convaincu d'avoir indiqué aux policiers du SD le nom de plusieurs résistants[7]. La destruction du fichier du STO à Versailles, l'évasion de Jean-Pierre Lévy et Maurice Simonin à Villejuif ***, le grenadage du Fontania, cave de la rue Fontaine, « où se réunissent quelques-uns des gros bonnets de la Gestapo[8] », constituent autant de prouesses des groupes francs de Morlot.

Ainsi, le jeune résistant (il n'a pas vingt-trois ans) ne s'étonnera-t-il pas quand il recevra de la bouche même de Kriegel-Valrimont l'ordre d'exécuter Henriot, ordre pour lequel l'accord du BCRA a été donné.

---

* Après que Degliame-Fouché eut été nommé « responsable de l'action immédiate.

** Il a été demandé antérieurement par un câble adressé au BCRA à Londres et signé, selon Degliame-Fouché, par lui-même et Bourgès-Maunoury DMR (délégué militaire régional) pour la zone sud, sous leur pseudonyme habituel.

*** Cf. *supra* pp. 80-81.

Primitivement, Morlot reprend l'idée de Degliame-Fouché : pourquoi ne pas tenter d'enlever le ministre de la Propagande et de l'expédier, par avion, à Londres puis à Alger où il serait jugé par un tribunal du GPRF ? Morlot prépare un plan qui prévoit une cache provisoire pour Henriot dans une villa de Seine-et-Oise appartenant à un courtier en assurances ; l'avion est demandé et, après quelques palabres, la demande de Morlot est acceptée par la direction de la Résistance en zone sud. Le plan est certes risqué, mais réalisable. Degliame-Fouché donne son accord, Kriegel-Valrimont semble plus réservé ; quoi qu'il en soit, ce qui importe, c'est que l'opération (enlèvement ou exécution) réussisse ! Que les deux chefs de celle-ci aient dit à Morlot : « Plutôt que de rater l'opération, il vaudra mieux l'abattre » ou « Ne vous compliquez pas la vie, l'ordre c'est de l'abattre » n'a finalement pas beaucoup d'importance.

Morlot a préparé son opération avec soin et, comme tous les chefs de commando, recueilli des renseignements sur l'emploi du temps de l'homme qu'il doit exécuter. Ceux-ci vont vite lui parvenir : ainsi, quand il séjourne à Paris, Philippe Henriot passe la nuit dans une chambre installée au ministère de l'Information, 10, rue de Solferino, immeuble occupé avant la guerre par le puissant syndicat général des fonctionnaires *. Par l'intermédiaire du fils de Charles Laurent, ancien secrétaire général de ce syndicat, Morlot s'est ménagé un informateur sur les lieux mêmes, le concierge, un ancien combattant de 1914-1918, sympathisant de la Résistance. Morlot dispose d'un plan détaillé des lieux où est indiqué l'emplacement de la chambre où couche le ministre au premier étage de l'immeuble.

Morlot et le concierge ont décidé de se tenir en contact quasi permanent, afin que le résistant soit informé à l'avance des déplacements d'Henriot entre Paris et Vichy.

D'autre part, Morlot recrute son équipe qui, le jour J, devra agir avec rapidité, le moindre détail du plan ayant été longuement étudié. Le résistant a décidé que l'opération serait exécutée à la naissance du jour par trois groupes (16 hommes au total), amenés à pied d'œuvre par trois voitures et devant disparaître aussitôt le coup fait. Parmi les hommes du commando, des Parisiens, des Toulousains, des Biterrois : ils s'appellent Pierre Bonnaire, dit « Michel », Georges Forgeois, Beugey et son cousin « Louis », « Jacky », Rocoplot, « Robert », « Emile », « Gérard », Pierre Desmoulin, un Algérien, Robert Benouza, d'autres encore : un postier, un chauffeur de maître, un étudiant, un gardien de la paix révoqué pour fait de Résistance, etc. Selon les règles de cloisonnement de la Résistance, ils ne se connaissent pas tous entre eux, chaque groupe ayant une

* Actuellement, siège du Parti socialiste.

mission bien précise en liaison avec celle des deux autres, mais individualisée.

Les armes, des mitraillettes, ont été fournies par Romans-Petit *, chef des maquisards de l'Ain et du Haut-Jura et amenées dans la capitale par Andrée Chavoin (« Françoise ») de Franc-Tireur. Morlot a réussi à se procurer une carte de milicien sur laquelle il a collé sa photographie à côté d'une identité de fantaisie, Gonin, Charles.

Les hommes sont en état d'alerte permanente : ils attendent l'occasion.

Le 28 juin à l'aube

« Le 27 juin, dans l'après-midi, raconte Morlot, je trouvai dans une de mes boîtes aux lettres un appel de mon informateur (le concierge). Je le rencontrai vers 17 heures ** et il me dit : " D'après ce que je sais, Henriot couche rue de Solferino cette nuit[59]. " »

Morlot prend sa décision sur-le-champ : ce sera pour le lendemain matin. Il donne à ses trois chefs de groupe les dernières consignes qui répartissent le travail de chacun des groupes, commandés par Michel, Gérard et lui-même. Pour faciliter la tâche, les hommes passeront la nuit au domicile de Michel ; le rendez-vous est fixé rue Las-Cases à 5 h 15, le lendemain 28. Les hommes, dont la plupart sont jeunes, ne connaîtront l'objectif à atteindre qu'à la dernière minute : jusqu'à celle-ci, ils ne sauront pas ce qu'ils doivent faire. De son côté, Morlot attendra l'heure H dans l'une de ses planques parisiennes.

Ce même mardi 27 juin, Philippe Henriot, qui a quitté Vichy la veille, a travaillé pendant la journée au siège du ministère où il a rédigé — il tape lui-même ses textes à la machine — l'éditorial qui sera diffusé le soir même et d'où se détachent ces phrases prémonitoires :

« Qu'est-ce qu'on veut que cela me fasse d'être promis aux attentats de *Bir Hakeim**** ou de toute autre feuille clandestine, aux balles de mitraillettes sous lesquelles sont déjà tombés tant de

---

* Selon le témoignage de Morlot. Mais un officier des Forces navales françaises libres, Pierre Sonneville, en mission en France, assure qu'il a, de son côté, remis à Morlot des armes entreposées dans une cache près de la porte Dorée, le 27 juin (cf. Pierre Sonneville, *les Combattants de la liberté*, La Table ronde, 1968, p. 340).

** Dans un café de la rue de Bellechasse.

*** « Journal républicain mensuel paraissant malgré la Gestapo, malgré le négrier Laval et son gouvernement de Vichy », le mensuel *Bir Hakeim*, imprimé clandestinement à Bourg-en-Bresse, a pour principaux rédacteurs André Jacquelin, Jean Nocher et Georges Blum. Il est diffusé depuis mars 1943.

mes amis et de mes camarades ? Si je devais être sensible à ce genre de menaces, il y a longtemps que je me tairais. Injuriez-moi donc, couvrez-moi de ce que vous appelez vos outrages. Moi, je ne répondrai plus. S'il y a du sang entre nous, c'est vous qui l'aurez versé. »

Henriot se sait menacé depuis longtemps. Un jour, il a dit à Sacha Guitry : « Je mourrai assassiné [10]. »

Et à sa secrétaire qui s'inquiétait des menaces anonymes de toutes sortes relevées dans son courrier, il a répondu : « Bah ! Tant qu'on ne se sera pas mis d'accord sur la façon de me tuer [11]. »

Inconscient des réactions que ses discours provoquent chez les résistants, Henriot apparaît à Gabolde sous les traits d'un « naïf » :

« Philippe Henriot, écrit-il, était resté naïf et ne croyait pas à la réalité des menaces qui pesaient sur sa personne ; il se croyait encore au temps d'Homère, où les ennemis s'injuriaient de chaque côté du fleuve ; il n'était violent qu'en paroles ; il ignorait qu'à certaines heures, les paroles tuent [12]... »

Seul de tous les hiérarques de la collaboration, Henriot ne circule pas entouré d'une escorte armée, mais est, le plus souvent, protégé par un seul garde du corps, milicien comme lui. Le 27, ce garde du corps, Pantalacci, un ancien de la LVF, l'accompagne à la gare de Lyon : Philippe Henriot et sa femme y saluent le départ de leur fils André, engagé dans le NSKK, qui rejoint son corps en Italie. Le train parti, le fidèle Pantalacci (il est le cousin de Charles Filippi, directeur du cabinet d'Henriot), le ministre et sa femme se rendent dans un cinéma des Champs-Elysées où ils assistent à la projection d'un film, puis le trio regagne la rue de Solferino : la voiture du ministre est renvoyée.

M. et Mme Henriot montent au premier étage, toujours suivis de Pantalacci, dont c'est le tour de garde nocturne, dans le couloir du ministère, devant la porte de la chambre ministérielle. Henriot lui donne alors quartier libre ; Pantalacci refuse, il doit veiller sur le repos du ministre. Henriot insiste :

— Pantalacci, allez vous reposer : je n'ai plus besoin de vous.

Le garde du corps obéit : personne ne protège plus Henriot à l'intérieur du bâtiment ministériel.

« Dans sa chambre toute simple, raconte Charles Filippi, située au bout du long couloir dont le parquet craque sous les pas, le ministre se retrouve seul avec Mme Henriot. Au mur, un cadre éclairé de papillons multicolores (son violon d'Ingres) apporte une note claire au décor très austère. Le ministre s'assied à son bureau pour étudier quelques dossiers urgents. A cinq minutes d'intervalle, deux coups de téléphone anonymes sur la ligne hors standard dont le numéro n'est connu que de peu de personnes*. Mme Henriot a un sombre pressentiment. Son mari, dont le courage tranquille prend forme d'insouciance, la rassure : il ne veut appeler personne et, peu après, se met au lit[13]... »

Il n'y a pas de poste de garde à l'intérieur du ministère; sa protection est assurée uniquement par des gardiens de la paix qui veillent rue de Solferino, faisant les cent pas jusqu'à la rue de Lille où l'ambassade d'Allemagne est gardée, elle, par deux sentinelles allemandes en armes.

A 5 h 25, les trois voitures du commando Morlot se trouvent à l'angle de la rue de Las-Cases et de la rue de Bellechasse : minutée avec beaucoup de soin, l'opération peut commencer.

A pied, le groupe de Michel fait une reconnaissance destinée à réduire à l'impuissance les agents en faction devant le ministère...

« Premier contretemps, raconte Morlot : les deux agents qu'ils s'attendent à trouver à leur poste habituel, à l'angle des rues de Solferino et de l'Université, se promènent rue de Lille sur le trottoir opposé à celui où deux sentinelles allemandes montent la garde devant l'immeuble. Michel aborde les agents et très poliment, montrant ses revolvers, leur ordonne :

— Résistance ! Ne levez pas les bras. Donnez-nous vos armes et suivez-nous...

« Médusés, les agents se laissent désarmer. Les sentinelles allemandes assistent à la scène et n'y comprennent visiblement rien... »

Les deux gardiens de la paix en question, Roger Sallier et Roger Lapersonne, ont donné une version légèrement différente de leur neutralisation, lors de l'enquête policière ** diligentée dès le matin du 28 juin :

« Chargés de surveiller à la fois l'ambassade d'Allemagne et le ministère de l'Information pendant le repos de nos collègues Tasseron et Lahaye, ont-ils déclaré, nous nous sommes trouvés subitement nez à nez avec six hommes armés de mitraillettes qui nous ont mis en joue à l'angle de la rue de Solferino et de la rue de Lille. " Résistance, haut les mains ! " J'ai eu un moment de recul instinctif pour tenter de saisir mon arme, mais ces individus s'étaient

---

* On n'a jamais su quels étaient les auteurs de ces appels, destinés à renseigner le demandeur sur la présence ou non d'Henriot rue de Solferino. Morlot, qui aurait été le seul bénéficiaire de ce renseignement téléphonique, a déclaré qu'il en ignorait l'auteur.

** Les quatre gardiens de la paix et le brigadier désarmés par le commando Morlot le 28 juin sont aussitôt passés au « tourniquet », expression policière qui désigne l'enquête et les interrogatoires auxquels doit se prêter tout agent de la force publique à qui ses supérieurs peuvent reprocher une négligence ou une faute dans le service, ce qui était leur cas.

rapprochés de nous, en nous plaçant leurs armes à bout portant et en ajoutant : inutile de bouger, on ne vous veut pas de mal[14]. »

Le commissaire Didier, supérieur hiérarchique des gardiens Sallier et Lapersonne, notera, dans son rapport du même jour, l'indifférence des sentinelles allemandes de la rue de Lille déjà remarquée par Morlot dans son récit :

« Je signale que cette agression, écrit R. Didier, a été effectuée si rapidement qu'elle ne paraît pas avoir attiré l'attention des deux sentinelles allemandes de faction à l'ambassade d'Allemagne située à moins de 100 mètres du point d'agression[15]. »

Encadrés par les hommes du groupe Michel, Sallier et Lapersonne se dirigent vers la rue de Solferino...

« Deuxième contretemps, poursuit Morlot, en traversant le boulevard Saint-Germain, nous croisons une ronde d'agents. Pas d'hésitation, il faut les mettre hors d'état d'intervenir ; je les interpelle :

— Messieurs les agents, un renseignement s'il vous plaît !

« Ils approchent sans méfiance. Nous les prenons en sandwich entre deux voitures, braquons sur eux nos mitraillettes. Ils s'inquiètent :

— Qu'est-ce que vous voulez nous faire ?

— Rien ! Donnez-nous vos revolvers et suivez-nous !

« Ils se soumettent... »

D'après les documents de l'époque, il ne s'agit pas d'une ronde d'agents passant là fortuitement, mais de deux gardiens de la paix, Marcel Tesseron et Lucien Lahaye qui, après leur temps de repos réglementaire au poste central, s'apprêtaient à relever leurs collègues Sallier et Lapersonne devant le ministère de l'Information.

Récit des gardiens Tesseron et Lahaye :

« Nous allions prendre notre service rue de Solferino quand nous fûmes entourés de cinq à six individus avec mitraillettes qui descendaient de voiture. Ils nous ont désarmés immédiatement[16]. »

A une vingtaine de mètres d'eux, à la hauteur du restaurant de *La Légion d'honneur**, ils aperçoivent l'un de leurs supérieurs, le brigadier Louis Lebas, en aussi fâcheuse posture...

Récit de Louis Lebas :

« Brusquement, je suis assailli par-derrière par un homme qui se saisit de mon pistolet dans son étui, tandis que quatre hommes qui viennent de me dépasser me " braquent " avec des mitraillettes... Suivez-moi, me dit l'un d'eux et nous prenons la rue de Solferino où je vois Tesseron et Lahaye immobilisés sur la chaussée par plusieurs individus tandis que nous marchons sur le trottoir[17]. »

Tandis que s'opère cette neutralisation des trois policiers, Sallier

* Devenu maintenant *Le Solferino*.

et Lapersonne, escortés des résistants, sont arrivés à la hauteur du 10, rue de Solferino.

Récit de Morlot :

« Pendant ce temps, Michel essaie de se faire ouvrir la porte :

— Qui est là ?

— C'est la garde de Monsieur le Ministre.

« La concierge entrouvre la porte et s'étonne.

— Mais je ne vous ai jamais vu dans la garde.

— Ça n'a pas d'importance.

« D'un coup d'épaule la porte est grande ouverte, des revolvers sont braqués.

— Pas un mot, rentrez chez vous... »

« Et tout le monde, mes hommes qui viennent d'arriver, les agents que nous avons kidnappés, entrent dans la loge de la concierge. »

Récit de Roger Sallier :

« Avec Lapersonne, nous avons été amenés 10, rue de Solferino. Un des individus a sonné. Une fois. Deux fois. " Qu'est-ce que c'est ? " a demandé une voix de femme... Celui qui avait sonné a répondu : " Milice. " La porte s'est ouverte. Nous entrons en force, poussés par nos agresseurs jusque dans la loge de la concierge à droite. " Où est le standard ? " demande l'un des individus. " Je n'ai que le téléphone public ", répond la concierge. " Tu n'as qu'à débrancher les fils ", conseille un autre individu au premier qui s'exécute aussitôt... Peu de temps après, nous avons vu arriver, presque ensemble, deux gardes vigiles, le brigadier Lebas *, ainsi que nos deux collègues Lahaye et Tesseron, encadrés de cinq ou six individus armés. C'étaient des jeunes de vingt-cinq à trente-cinq ans environ, vêtus de gabardines pour la plupart, les unes claires, les autres sombres[18]... »

Une rafale de mitraillette

En moins de deux minutes, tout le dispositif a été mis en place :

« Chaque équipe, poursuit Morlot, est à son poste.

« L'une occupe toute l'aile gauche du ministère, calme les frayeurs du deuxième concierge et du vigile qui s'y trouvent, et met hors de fonctionnement tous les appareils téléphoniques de la salle réservée à la presse.

« La deuxième, sous les ordres de Michel, occupe la cour et l'entrée principale.

* Dans le récit du brigadier Lebas, semblable à celui du gardien Sallier, il est noté la présence dans la loge au rez-de-chaussée du concierge, de la concierge et « d'un jeune homme qui devait être leur fils ».

« La troisième, mon équipe, pénètre dans le ministère même. Le premier concierge nous guide sous la menace des armes. »

Cette dernière phrase du récit de Morlot ne coïncide pas complètement avec les souvenirs très frais (ils ont été interrogés le jour même) des gardiens Lucien Lahaye et Marcel Tesseron ; selon Morlot, le concierge guide son équipe dans le ministère sous la menace des armes. Selon Lahaye et Tesseron, ce n'est que *quelques instants après* que « deux ou trois individus ont fait sortir le concierge de sa loge sous la menace de leurs armes pour l'emmener avec eux dans une direction qu'ils n'ont pu voir... ».

En suivant très précisément la chronologie de ces récits légèrement différents, on peut reconstituer ce qui s'est passé. Morlot suivi de deux de ses hommes est monté au premier étage et s'est dirigé vers l'endroit indiqué par le plan qu'il a étudié, comme étant celui de la chambre du ministre. Il s'attendait à trouver devant la porte le milicien, toujours de garde, pendant la nuit : or, il n'y est pas * ! La réaction instinctive de Morlot est simple ; il a dû se tromper dans son itinéraire : aucune porte n'étant surveillée dans ce couloir, celui-ci ne peut pas être le bon. Morlot et ses hommes redescendent dans la loge, en font sortir le concierge sous la menace de leurs armes ** : brève explication, le concierge précise que la chambre est bien celle que Morlot a localisée et que l'absence du milicien s'explique par le fait qu'Henriot lui a donné congé la veille.

Morlot et ses deux camarades remontent, s'arrêtent devant la bonne porte.

Premier récit de Morlot :

« Je frappe.

— Qui est là ?

« Croyant avoir affaire au garde du corps, je réponds :

— Milice... Brigade spéciale. Des terroristes veulent enlever Monsieur le Ministre. Il faut qu'il descende pour que nous le protégions.

« Alors derrière la porte, une voix de femme :

— N'ouvre pas, voilà tes assassins.

« Et lui :

— Mais comment, qui êtes-vous ? Qu'est-ce que vous prétendez ?

« Il n'a jamais existé de " Brigade spéciale " au sein de la Milice française. Henriot le sait et s'étonne à bon droit des prétentions de son interlocuteur invisible.

« Je glisse sous la porte ma carte de milicien. Elle porte ma photo, mon nom d'emprunt : Gonin Charles.

---

* On sait pourquoi.

** Le concierge étant l'indicateur de Morlot, il est essentiel de sauver les apparences.

« Quelques secondes d'hésitation, puis la porte s'entrouvre. La carte de milicien nous évitait de l'enfoncer. Il n'y avait aucune lumière dans le couloir. Nous voyions tout dans la chambre éclairée : Mme Henriot et lui, près de la porte, dans un pyjama blanc. Eux nous voyaient mal.

« Nous entrons tous les trois, mitraillette au poing.

— Ah, dit Henriot, vous voilà !... Evidemment.

« Je m'adresse alors à Mme Henriot et je lui dis :

— Il ne vous sera fait aucun mal, madame, ce n'est pas à vous que nous en voulons.

« Henriot s'avance vers nous. Il saisit par le canon nos trois mitraillettes et tente de nous désarmer. Il y réussit presque. C'est alors que je donne l'ordre de tirer. Une rafale de six part. Henriot tombe.

« Dans son coin, toujours debout, sa femme n'a pas un cri, pas un mot. Je me penche sur lui. Il n'est pas mort, mais il est intransportable. Je tire. Rafale de dix. Emile, voyant ma répugnance à achever un blessé, participe à mon acte.

« C'est fini. »

Second * récit de Morlot :

« Au moment où je suis en face d'Henriot, je lui ordonne : " Haut les mains ! " et ajoute : " Suivez-nous et il ne vous sera fait aucun mal. On vous emmène pour vous juger." Malheureusement, Mme Henriot s'est mise à hurler, bien que nous ayons été très corrects avec elle, et son mari n'a dû entendre que " Haut les mains ! ". Au lieu d'obtempérer, il se précipite sur nos mitraillettes, la mienne et celle de l'homme entré avec moi et essaye de lutter. Avec les trois hommes encore dans le couloir derrière nous, nous aurions quand même pu le maîtriser, nous avions des menottes, ce n'était pas difficile, mais mon voisin se rappelant les consignes, tire une rafale qui blesse gravement Henriot. Je ne peux pas le lui reprocher. Il ne nous reste qu'à exécuter l'ordre tel que je l'ai reçu.

« Nous redescendons au moment où Gérard et ses hommes arrivent, ayant entendu les coups de feu. »

Notons quelques différences entre les deux versions.

Y avait-il deux ou trois hommes du commando dans la chambre d'Henriot ? A-t-il été question d'enlèvement pour jugement ? L'homme qui a tiré la première rafale a-t-il agi spontanément ou sur ordre de Morlot ? Aucun de ces points n'est définitivement éclairci, pas plus que celui de savoir si Henriot a été insulté avant sa mort par l'un de ceux qui allaient l'abattre. Il existe, en effet, une troisième

* Le premier récit de Charles Gonard dit Morlot a été publié, rappelons-le, en septembre 1944, le second en 1981. (Cf. note 8 de ce chapitre.)

version de l'exécution d'Henriot, celle qu'on trouve dans les souvenirs inédits de Maurice Gabolde et qui, à notre sens, trouve son origine dans les souvenirs de Mme Henriot elle-même :

« Vers 6 heures du matin, raconte Gabolde, on frappe à la porte de la chambre. Henriot se leva pour ouvrir. Deux ou trois individus se précipitent sur lui ; il tenta un instant en s'arc-boutant contre la porte de la refermer, mais en vain. Un de ceux qui avaient pénétré dans la chambre, le saisit à la poitrine par le plastron de son pyjama, lui demanda s'il était bien Philippe Henriot ; sur sa réponse affirmative, il lui cria " salaud " et tira sur lui, à bout portant, plusieurs coups de revolver. Des balles s'égarèrent dans les boiseries du mur. Mais il avait eu la poitrine traversée et il s'écroula, mort, au pied du lit. La scène n'avait pas duré une minute. Les assassins dirent à Mme Henriot qu'ils ne lui voulaient aucun mal et se retirèrent sans que personne fût intervenu et que les coups de feu aient troublé la solitude de l'hôtel [19]. »

Suite du récit de Morlot :

« Nous redescendons. Les hommes m'entourent.

— Alors ?

— Il a résisté, je l'ai tué.

« Les agents demandent :

— Rendez-nous nos armes, sinon nous passerons en conseil de guerre.

« Je les leur remets, mais leur suggère :

— Vous y passerez tout de même ; vous feriez mieux de venir avec nous.

« Quelques-uns hésitent, puis... rentrent dans le rang.

« Il était 5 h 40 lorsque nous pénétrions dans le ministère. A 5 h 53 nous le quittions.

« L'expédition avait duré treize minutes. Il ne nous avait pas fallu plus de six minutes pour atteindre la chambre d'Henriot.

« Dans la voiture, Michel me raconte que des agents sont passés devant le ministère. Il les a interpellés sous prétexte de demander un renseignement et, revolver au poing, il les a fait pénétrer dans la cour, où ils ont été désarmés. Il me dit aussi qu'au bruit des premiers coups de mitraillette, les sentinelles allemandes de l'ambassade sont accourues. A la deuxième rafale, elles sont reparties... »

Récit du gardien Roger Sallier :

« Nous avions attendu dans la loge du concierge environ cinq à six minutes. Tout d'un coup, nous avons vu deux individus passer précipitamment devant la loge, semblant quitter rapidement le ministère. Immédiatement, tous ceux qui nous gardaient les ont suivis, tout en nous tenant sous la menace de leurs armes... Avec le brigadier, nous sommes sortis du ministère pour voir les voitures (de ces individus) démarrer, filer dans la rue de Solferino vers le quai d'Orsay et traverser le pont de Solferino... Nous avons retrouvé sur la chaussée nos pistolets et nos chargeurs, le mien se trouvait rue de Solferino, presque à l'angle du quai d'Orsay [20]. »

Récit du brigadier Louis Lebas :

« Quand nous sommes sortis du ministère, leurs voitures démarraient en direction du quai d'Orsay : les occupants jetaient par les portières des pistolets et des chargeurs que j'ai reconnus aussitôt comme appartenant à l'administration. Je précise à ce sujet que si les quatre gardiens ont ainsi récupéré leurs armes et leurs chargeurs, je n'ai pas retrouvé mon pistolet marque FN *... Nous n'avons pu relever les numéros des voitures. A cette heure, il n'y avait personne rue de Solferino [21]. »

Tandis que le commando Morlot s'égaille à Paris et en banlieue — Charles Gonard s'est « planqué » chez un de ses camarades de la Résistance, le commissaire Jean Cayla —, l'alerte est donnée.

Polémiques autour d'un cadavre

A 6 heures, le brigadier Gravey téléphone au commissaire Didier, commissaire de la voie publique du VIIe arrondissement : « Philippe Henriot vient d'être assassiné par des terroristes au siège du ministère, 10, rue de Solferino. » A 6 h 18, Didier est sur place pour procéder aux premières constatations, tandis que des forces de police bloquent l'accès des rues alentour :

« J'ai trouvé le corps immobile mais encore chaud du ministre qui gisait sur le dos sur le parquet de la pièce, à côté du lit, précise Didier dans son rapport... M. Henriot était vêtu d'un pyjama de couleur blanche et portait deux blessures par balles à hauteur de !'épaule gauche. Du sang déjà coagulé se trouvait à hauteur de l'oreille gauche, ainsi que sur le parquet à hauteur de la hanche gauche. Un médecin était présent qui m'a confirmé le décès du ministre [22]... »

Didier se retire assez rapidement, « passant » l'affaire à son collègue le commissaire Masson, de la brigade criminelle. Il fait transporter par un car de police-secours les quatre gardiens et le brigadier qui se trouvaient de service au moment de l'attentat, jusqu'au poste central du VIIe arrondissement, où il procède « à chaud » à leur interrogatoire : ce sont les récits qu'on a pu lire précédemment. A la fin de la journée, Didier transmet à Hennequin, directeur général de la police municipale, les procès-verbaux d'audi-

---

* Le pistolet du brigadier Lebas sera retrouvé par le gardien Lahaye, rue de Solferino.

tion des cinq policiers et un rapport d'ensemble sur l'affaire, où il absout ses subordonnés de toute faute éventuelle dans leur service :

« Dans ces conditions, écrit le commissaire Didier, j'estime qu'étant donné les circonstances mêmes de l'attaque, le nombre des assaillants et les armes automatiques dont ceux-ci disposaient, toute mise en garde et toute riposte à l'égard de leurs agresseurs ne pouvaient être réalisées ni par le brigadier ni par les quatre gardiens.

« Par conséquent, je ne trouve, quant à présent, aucune faute professionnelle à reprocher à ces cinq fonctionnaires dont la présence, sur les points d'attaque, était parfaitement justifiée, chacun en ce qui le concerne, par l'organisation du service[23]. »

Dans ces quelques lignes se trouve l'amorce de l'une des querelles nées de la mort de Philippe Henriot au sein du gouvernement Laval, très affecté par l'exécution de son ministre de la Propagande.

La nouvelle est connue très tôt le 28 ; Laval, qui se trouve dans la capitale, l'annonce lui-même à la radio dans une courte allocution, prononcée à l'heure « où Philippe Henriot lisait chaque jour son éditorial au micro des postes français » :

« Vous attendiez, comme tous les jours à la même heure, commence-t-il, la voix de Philippe Henriot. Vous ne l'entendrez plus. Philippe Henriot a été assassiné ce matin au ministère de l'Information : il a été abattu à coups de revolver sous les yeux mêmes de sa femme...

« Cette grande voix française, éloquente, passionnée, n'était indifférente à personne. Elle était aimée ou elle était redoutée. Faute de pouvoir répondre à Philippe Henriot, on l'a fait taire ; faute de pouvoir lui fermer la bouche, on lui a fermé les yeux... »

Chez les collabos et singulièrement chez les miliciens, c'est la peine, aussitôt suivie du désir de vengeance.

Dans *Combats,* journal de la Milice, son secrétaire général adjoint, Francis Bout de l'An, écrit :

« Le milicien Philippe Henriot est mort et c'est à nous qu'il appartient de frapper ceux qui, de près ou de loin, ont préparé le crime. Je sais qu'il n'aimait pas que l'on verse le sang, que l'on multiplie les vengeances et les représailles, mais je sais aussi qu'il ne comprenait pas qu'une société curieusement indulgente distribue quelques années de prison à des criminels... »

A cette menace s'ajoute une vaste opération de propagande, la dernière des collabos, célébrant les mérites du défunt. « Ils ont assassiné Philippe Henriot, mais ils n'assassineront pas la vérité », dit un tract, d'origine inconnue.

« Il disait la vérité, ils l'ont tué », lit-on sur une affiche portant le visage d'Henriot, abondamment diffusée.

Chez les résistants, son exécution est considérée comme une victoire :

« Philippe Henriot, écrit Charles Braibant dans son journal, avait une éloquence prenante et qui fit beaucoup de mal. Les patriotes qui l'ont abattu ont rendu un immense service au pays. Et puis, en voilà un au moins qui a son compte[24] ! »

Un tract du Front national est plus violent encore :

« Henriot est mort. Vive la France ! Vous ne l'entendrez plus, vient d'annoncer le traître Laval en parlant au micro d'où Henriot insultait et humiliait la France deux fois par jour, devant le monde entier.

« A cette nouvelle radiophonique, une joie immense s'empara des Français en ce jour du 28 juin 1944. Pour émouvoir certains milieux, les traîtres racontent que Henriot était catholique. Mais chacun sait que les catholiques aiment la France et luttent pour sa libération et qu'ils n'ont rien en commun avec les traîtres.

« Henriot, c'était l'embusqué des deux guerres, le traître vendu à Hitler, le Goebbels français. Il a payé sa dette de trahison. Les bras vengeurs des patriotes ont frappé avec précision[25]. »

Qu'en pensent les habitants de la capitale ? Il est assez difficile de s'en faire une idée, chaque Parisien n'ayant pas tenu le journal de ses sentiments. Dans son rapport du 5 juillet, le préfet de la Seine, René Bouffet, évoque « le trouble profond de l'opinion à la suite de la mort tragique de M. Philippe Henriot », formule administrative de complaisance qui ne signifie pas grand-chose. Plus convaincantes sont les photographies prises, lors de la garde funèbre devant le cénotaphe d'Henriot placé face à l'Hôtel de Ville et celles du défilé des « petites gens » jetant de modestes bouquets au pied de celui-ci pendant la journée précédant ses obsèques solennelles ; elles montrent qu'une partie non quantifiable de la population a voulu marquer, par un geste d'adieu, la disparition de cet orateur des ondes : mais c'est davantage le tribun que le milicien qu'elles honoraient modestement, et moins le politique exacerbé que le rhéteur à la voix charmeuse.

Deux petits faits, révélateurs d'un certain état d'esprit, indiquent cependant la limite de ces gestes spontanés, en situant l'événement dans la sensibilité du moment.

Le premier nous est révélé par un billet de Knipping au préfet de police :

« Le soir de l'assassinat d'Henriot, deux de vos agents portant respectivement les numéros matricules 20708 et 20711 conversaient dans le métro avec deux couples et parlaient de cet assassinat.

« L'un dit alors :

— C'en est un de moins, c'est le commencement...

« A quoi l'autre répondit :

— C'est un beau coup, c'est sûrement un type de chez nous qui l'a fait.

« Je vous serais obligé de prendre des sanctions exemplaires contre ces deux agents et de me faire connaître la décision que vous avez prise[26]. »

Le second est extrait du témoignage du Dr Laurent Michel, médecin à la Préfecture de Police. Celui-ci se trouve place de l'Hôtel de Ville après les obsèques d'Henriot ; il dit à une vieille dame qui pleurait la mort du ministre :

« Et puis, c'était aussi un fameux traître ! »

Quelques instants après, le médecin est appréhendé par des miliciens que la femme est allée quérir et à qui elle a dénoncé les propos de Laurent Michel. Il est transporté en voiture rue de Monceau, où se trouvent des bureaux du secrétariat au Maintien de l'ordre, roué de coups devant sa dénonciatrice ; les miliciens lui prennent l'argent qu'il possède (1 000 francs), le gardent pendant deux jours : il est blessé par des pointes de ciseaux dont les miliciens lui piquent la cage thoracique, privé de nourriture et de boisson. Après quarante-huit heures de ce régime, il est relâché[27].

Remous et représailles

Nous avons évoqué les obsèques de Philippe Henriot. Elles donnèrent lieu à une vigoureuse empoignade oratoire entre la Milice et les Allemands d'une part, les autorités municipales (Pierre Taittinger, président du Conseil municipal de Paris et Victor Constant, président du Conseil général de la Seine) et Pierre Laval, d'autre part.

Fernand de Brinon et Darnand voulaient que la dépouille mortelle de Philippe Henriot fût exposée dans un des salons d'apparat de l'Hôtel de Ville. Refus de Taittinger et de Constant : il n'existe pas de précédent dans l'histoire de la capitale, il n'est pas question d'en créer un avec Henriot !

« Une véritable bataille s'engagea, raconte le préfet Bussière. Les Allemands s'en mêlèrent ; la Milice prit le mors aux dents. " Nous ne céderons pas, s'écriaient les lieutenants de Darnand ; nous passerons outre ; nous relèverons l'injure ; le Conseil municipal est gaulliste. " Le président Laval est à Paris ; de Brinon le tient au courant. L'ambassadeur Abetz lui téléphone. Le général Oberg, chef des SS, lui envoie un de ses officiers. Nous sommes en plein dans l'orage. Le président est impassible. Taittinger, Victor Constant escortés de quelques-uns de leurs collègues sont reçus ; je les accompagne.

" Nous préférons démissionner ", déclarent les deux présidents. Pierre Laval est un conciliateur-né. " Pourquoi ne pas élever un cénotaphe sur la place de l'Hôtel de Ville ? " Cette suggestion n'est-elle pas parfaite ? De Brinon affirme qu'elle ne satisfera pas les miliciens... ni les occupants ! Taittinger et ses amis remercient le président. Ils ont réussi. Que leur importe la suite ? Mais, pour le président Laval, l'incident n'est pas clos ; il doit affronter la fureur des adversaires ; il ne procéda pas à la dissolution des assemblées ainsi qu'on l'exigeait ; la Milice n'emprisonna pas leurs porte-parole comme elle avait résolu de le faire[28]... »

Selon le témoignage de Jacques Romazzotti, syndic du Conseil municipal, la décision finale fut obtenue « à l'arraché » au cours d'une réunion à Matignon où Taittinger a retrouvé, dans le bureau de Laval, de Brinon, Darnand, Abetz et Oberg :

« Taittinger m'a raconté la scène qui fut très violente. Il maintint énergiquement notre position, écrit Romazzotti. Le général Oberg prononça des paroles menaçantes, en annonçant son intention de faire dissoudre le Conseil municipal gaulliste de Paris et en arrêtant ses dirigeants responsables. Laval se rangea résolument à nos côtés et nous soutint de toute son autorité. Finalement, nous eûmes gain de cause grâce à lui[29]... »

Le cénotaphe en l'honneur de Philippe Henriot demeure devant l'Hôtel de Ville jusqu'au 2 juillet, jour fixé pour les obsèques du ministre à Notre-Dame, obsèques aux frais de l'Etat.

A son tour, l'organisation de la cérémonie religieuse donne lieu à des accrochages entre les Allemands et le cardinal Suhard, archevêque de Paris, accrochages que raconte ainsi Mgr Brot, auxiliaire du cardinal :

« Le gouvernement français, raconte-t-il, avait décidé de faire au ministre des obsèques nationales. D'après la tradition, les cérémonies nationales ont toujours lieu, à Paris, en la basilique Notre-Dame ; les premiers personnages du pays et les Corps constitués y sont présents. Mgr l'Archevêque devait donc y être, lui aussi.

« Pour nous, il ne s'agissait nullement de rendre un hommage quelconque à la personne de Philippe Henriot, mais, uniquement, de participer au service religieux célébré à l'occasion des obsèques d'un ministre du gouvernement, mort dans l'exercice de ses fonctions.

« La veille des obsèques, l'ambassade d'Allemagne avait délégué un personnage à l'Archevêché, pour prier le cardinal d'y prendre la parole. Son Eminence refusa. Pendant une heure et demie, l'Allemand insista, demandant que le chef du Diocèse prononce au moins quelques paroles. Ce fut en vain : le cardinal maintint son refus formel.

« J'allai trouver Son Eminence et réglai avec Elle un protocole. Il fut convenu que le cardinal ne recevrait personne à la porte de la basilique, pas même le représentant officiel du chef de l'Etat*. Le cardinal entrerait dans l'église et gagnerait directement sa stalle, la cérémonie déjà commencée, pendant la " levée du corps ". Selon l'habitude prise en pareilles circonstances, le prélat ferait un tour pour n'avoir pas à saluer les officiels allemands.

« Ainsi, aucun discours ne fut prononcé ; seules, les fonctions liturgiques furent accomplies. Le corps du défunt, ne devant être enlevé que quelques jours plus tard, fut déposé dans une pièce fermée, sans qu'aucune ornementation le désignât à l'attention des fidèles[30]. »

Dernier incident à propos des obsèques d'Henriot. Darnand avait souhaité que, pour les obsèques, le service d'ordre fût partagé entre la Milice et la police parisienne. Bussière refuse : ce sera ou la police ou la Milice, mais pas les deux ensemble. Ce sera donc la Milice seule, tranche Darnand. A la fin de la cérémonie, quand la famille et les officiels, tant français qu'allemands, sortent de la cathédrale, la curiosité pousse la foule présente à l'extérieur du lieu saint — il y a toujours des badauds pour ce genre de spectacle — à envahir le parvis ; c'est la bousculade, la « pagaïe » complète dont Bussière se fait l'écho :

« Les officiers allemands, narquois, devaient avoir une bien piètre idée du chef Darnand... C'est alors que le sous-secrétaire d'Etat de la police aperçut Hennequin qui se trouvait à une dizaine de mètres de moi... sur le côté gauche de Notre-Dame... Il courut jusqu'à lui, les cheveux au vent, l'arrogance aux lèvres... " C'est votre faute, lui cria-t-il... Je vous somme de faire intervenir vos gardiens ; je prendrai les sanctions qui s'imposent. " Hennequin est impassible... " Mais, monsieur, c'était à prévoir ; il fallait nous laisser faire ; à chacun sa compétence ; je ne dépends que de mon préfet. Voyez-le ! Il est là ! S'il me donne des ordres, je les exécuterai ! " Il le salua, lisant très clairement dans mes regards la réponse que je ferais si, à mon tour, j'étais interpellé. Darnand souleva les épaules. " Nous verrons, dit-il ", et il rebroussa chemin. Nous ne serions intervenus que si nous avions craint des incidents sérieux. Le désordre cessa peu à peu. Nous n'étions pas fâchés, Hennequin et moi, d'avoir infligé une leçon cuisante au " maintien de l'ordre et à son maître[31] ". »

A vrai dire, Darnand tient surtout grief au préfet de police de n'avoir pas mieux fait assurer la protection de Philippe Henriot et d'avoir « couvert » ses gardiens de faction devant le ministère de l'Information au matin du 28 juin. Le secrétaire d'Etat à l'Intérieur

* Le général Brécard, grand chancelier de la Légion d'honneur, Laval, Darnand, Brinon, Oberg, Abetz, l'amiral Krancke sont présents à la cérémonie.

n'a pas digéré le rapport que, dès le 1er juillet, Bussière lui a adressé, rapport que le préfet de police a aussi envoyé à Pierre Laval. Dans ce texte*, Bussière commence par rappeler que « la Préfecture de Police n'a jamais été chargée de la protection de Philippe Henriot dont elle ignorait les habituels et fréquents déplacements et sa présence dans les locaux du ministère le jour de l'attentat ». Bien plus, M. Philippe Henriot « a refusé le concours que je lui ai offert », poursuit le préfet de police, qui termine son rapport :

« Il apparaît que l'on ne puisse relever qu'une faute à l'égard de ces quatre gardiens et du brigadier : le fait de s'être laissé désarmer ; leur attention n'a pas été suffisamment en éveil et ils n'auraient pas dû se laisser surprendre de cette façon.

« Mais qu'auraient-ils pu faire contre des individus aussi nombreux et aussi puissamment armés ?

« Vous m'avez fait transmettre circulaire et instruction complétant la loi du 1er février 1944 " réprimant les actes contre les ordres du gouvernement commis par des fonctionnaires et notamment les abandons de poste ".

« L'examen du rapport que je vous transmets sous ce pli** vous permettra de juger si ces textes peuvent s'appliquer à des faits comme ceux qui pourraient être reprochés aux gardiens ou brigadier intéressés. Pour ma part, je ne le pense pas[32]. »

Soutenu par les Allemands, Darnand reviendra à l'attaque : il exige que Bussière soit remplacé par un chef milicien, Max Knipping[33]. Afin d'éviter un incident, Bussière proposa sa démission à Laval :

« Je m'en irai volontiers, si vous le décidez, dit-il au chef du gouvernement.

— Non, s'il y a des responsables, ce sont les miliciens. Philippe Henriot, milicien lui-même, ne voulait autour de lui que des miliciens. C'est donc Darnand qui doit se retirer. S'il disparaît, je n'irai pas le rechercher. Quant à vous, je vous couvre complètement[34]. »

Selon Gabolde enfin, « Laval refusa la démission de Bussière en faisant appel à son sentiment du devoir ; Laval attachait une telle importance à cette fonction et prévoyait, si Bussière se retirait, de si graves incidents à Paris, qu'il fit savoir aux Allemands qu'il démissionnerait avec son préfet[35] ».

Cette menace de Laval évita la nomination de Knipping.

En revanche, Laval ne put éviter l'assassinat de l'ancien ministre Georges Mandel, captif des Allemands, que ceux-ci avaient remis à la

* Inédit.
** C'est le rapport du commissaire Didier.

Milice française, par trois miliciens, le 7 juillet en forêt de Fontainebleau :

« L'assassinat de Georges Mandel, précise Gabolde fut la conséquence de celui de Philippe Henriot[36]. »

La vengeance de la Milice était accomplie*.

Dès que la nouvelle de la mort de Mandel est connue à Paris, la bru de Léon Blum, qui est toujours aux mains des Allemands, écrit à Pierre Laval :

« Paris, le 11 juillet.

« Monsieur le Président,

« A la suite de la mort de M. Georges Mandel, je crois de mon devoir de vous rappeler la promesse que vous avez faite à M^e Le Troquer, promesse concernant mon beau-père, M. Léon Blum : " Tant que je serai là, on ne touchera pas à Léon Blum. "

« Je sais que je peux compter sur votre promesse et je vous prie de croire, Monsieur le Président, à l'assurance de ma haute considération[37]. »

Presque par miracle, Léon Blum sera épargné, comme Paul Reynaud, autre homme politique français compris dans la charrette de victimes expiatoires dont Otto Abetz avait, en son temps, arrêté la composition.

Le guet-apens de la rue de Gramont

Henriot mort, l'enquête commence : elle est confiée à la Milice et supervisée par le commissaire divisionnaire André Fourcade, chef à Paris de la Délégation des Renseignements généraux, qui a remplacé le SRMAN (Service de répression des menées antinationales). Elle se terminera par un mince succès : la découverte de l'un des hommes du commando Morlot et son exécution par des miliciens en pleine rue constitueront son aboutissement peu glorieux, à la suite d'une série de « magouilles » mettant en jeu des personnages pittoresques, mais de petite envergure.

A l'origine de ce qu'on peut appeler ce « fait divers », caractéristique de l'occupation, deux lignes parues dans tous les journaux datés du 2 juillet promettant une prime de 20 millions « à qui *permettra* de découvrir les assassins de Philippe Henriot ».

* Le 20 juin précédent, trois miliciens, Cordier, Develle et Millou, avaient, dans des conditions presque semblables, assassiné un autre ancien ministre de la IIIe République, Jean Zay ; pour ce crime, aucun prétexte « officiel » : Jean Zay était juif, ancien parlementaire, opposant au régime de Vichy...

Ce jour-là, elles sont lues, dans son appartement du 2, rue de l'Abbé-Gillet, par une femme de soixante et un ans, Antoinette, Elodie Hugues (elle signe Marguerite, on ne sait trop pourquoi) qui se fait appeler « Madame de Bernardi ». Divorcée d'Henri Denis, Antoinette est « professeur libre », mais vit plutôt d'expédients : elle a été condamnée en 1934 à deux mois de prison par un tribunal de la Seine pour tentative d'extorsion de fonds. Pour le médecin expert qui l'examinera dans sa prison, c'est une « aventurière sur le retour dont la sénilité physique est assez marquée mais qui ne présente pas d'affaiblissement intellectuel et dont l'attention reste très vive[38]... ». Mme Hugues raconte à qui veut l'entendre qu'elle a été attachée pendant vingt ans au secrétariat particulier du président Poincaré, un ami de son père, puis du président Caillaux, qui l'ont « estimée et protégée[39] ».

En 1944, Mme Hugues tire profit de son appartement de Passy : son loyer annuel étant de 10 000 francs, elle sous-loue deux chambres de son appartement pour 3 000 francs par mois. Le loyer est vite amorti et le bénéfice substantiel !

Mais pourquoi donc Mme de Bernardi lit-elle avec tant d'attention, dans son journal du 2 juillet, l'avis relatif à la prime de 20 millions en rapport avec l'exécution d'Henriot ? Quel lien l'attache à cette affaire ? A-t-elle des accointances avec les résistants du commando Morlot ? Est-elle, au contraire, une indicatrice de la Milice ? Ni l'un ni l'autre... Mme de Bernardi est une femme d'affaires, louches peut-être, mais d'affaires ; et ces quelques lignes d'une gazette font jaillir dans son esprit une idée lumineuse : à elle le pharamineux pactole des 20 millions si elle sait agir avec astuce ! N'a-t-elle pas sous la main les gens qu'il lui faut ?

Le hasard a voulu, en effet, que l'un de ses locataires, Louis Jorre, directeur des Editions Miméphone, 30, rue de Gramont, lui confie parfois qu'il reçoit des versements en pièces d'or, conservées quelque temps dans le coffre-fort de son entreprise. A ce mot d'or, Mme de Bernardi frémit... En 1943, elle a échafaudé pour se l'approprier une *combinazione* avec un individu indéfinissable, Ernest Marcadet, qu'elle a connu aux Halles où il vend des fruits. Le jeune Ernest (il a trente-deux ans) a raconté à Mme de Bernardi qu'il habite avec un de ses amis, Pierre Desmoulins, plus jeune que lui (il a vingt-sept ans) 17, rue du Cygne. Comme Marcadet, Desmoulins travaille aux Halles, mais c'est une « couverture » ; en fait, Desmoulins est un « dur » qui fait des « coups » dont il entretient le naïf Marcadet, au demeurant « garçon de faible bon sens », notera le Dr Génil-Perrin. Et c'est d'une oreille favorable que Marcadet écoute le « tuyau » que lui donne Mme de Bernardi : il y a des pièces d'or à « piquer » chez Miméphone, c'est du « cousu main ». *Illico,* Marcadet transmet le renseignement à son copain de chambre qui décide de monter l'opération : à la fin de 1943, il se présente rue de Gramont : « Police ! Je viens vérifier votre stock et vos comptes... » C'est la classique opération au « faux policier ». Elle échoue lamentablement : aucune des personnes présentes rue de Gramont n'a la clé du coffre aux pièces d'or !

Desmoulins ne tient pas rigueur de cet échec à Marcadet : ce sera pour une autre fois ! En attendant, Desmoulins entend se soustraire au STO, il ne veut pas partir pour l'Allemagne. Au début de 1944, il obtient des faux papiers d'identité, puis, par l'intermédiaire d'un nommé Bas, qui les lui a fournis, entre dans un groupe de Résistance. Le petit truand est devenu un grand justicier qui, parfois, entretient Marcadet de ses activités clandestines : s'il a disparu de leur chambre commune pendant quelques jours à la Pentecôte, c'est pour « aller faire une exécution en province[40] »...

Desmoulins va plus loin dans la voie des confidences ; un matin de juin *, il confie à Marcadet :

« J'ai participé au coup Philippe Henriot... »

Marcadet, qui n'est pas un foudre de guerre, est vaguement admiratif, mais ce qui le chiffonne, c'est que Desmoulins lui doit de l'argent. Et Marcadet n'aime pas cela :

« J'étais en colère après lui[41]... »

Est-ce sous l'effet de celle-ci que Marcadet, rencontrant Mme de Bernardi le 1er juillet, rapporte la confidence de Desmoulins à celle-ci ? Comment pourrait-elle l'utiliser ? Songeuse, la sexagénaire regagne son domicile où, par une coïncidence extraordinaire, son cher locataire Louis Jorre lui dit :

« Tiens ! J'ai encore reçu de l'or aux Editions... »

Le rapprochement est immédiat : pourquoi ne pas lancer à nouveau Desmoulins, par l'intermédiaire de Marcadet, sur la piste des pièces d'or et le faire prendre par la Milice, après l'avoir avisée qu'il est l'un des meurtriers de Philippe Henriot ? Tel est le plan de Marguerite Hugues[42].

Marcadet se laisse facilement convaincre : ne se partageront-ils pas la prime de 20 millions ? Il reste à intéresser la Milice à cette affaire : Mme de Bernardi se charge du premier contact. Elle communique le renseignement à Jean Bassompierre, l'un des hiérarques de la Milice en zone nord, qui le transmet à son service de sécurité dont l'un des chefs Frechoux, avec son assistant, Pierre Boéro, l'un des complices de l'assassinat de Georges Mandel, met au point l'ingénieux scénario.

Il est discuté au cours de deux réunions tenues entre le 10 et le

* Vraisemblablement le 30.

14 juillet à l'hôtel Commodore, boulevard Hausmann, où la Milice a établi une antenne, réunions auxquelles participent Boéro et quelques miliciens, Marcadet et (peut-être) Mme de Bernardi * : Marcadet lancera lui-même Desmoulins sur cette « juteuse » affaire de pièces d'or et il l'accompagnera sur place de façon à pouvoir le désigner discrètement aux miliciens qui seront en embuscade, non loin de la rue de Gramont. Date de l'expédition : le 15 juillet.

On peut facilement la reconstituer à la lumière des déclarations ultérieures de Pierre Boéro[43] et de celles de Marcadet. Deux équipes miliciennes dirigées par le commissaire Jouxtel ** ont tendu une souricière de part et d'autre de la rue de Gramont à l'angle des boulevards. Vers 10 heures, une voiture transportant cinq hommes s'arrête à proximité du numéro 30. Marcadet descend du véhicule, comme pour partir en reconnaissance. La voiture est alors cernée par des miliciens et Jouxtel fait une seule sommation « Rendez-vous ! », en tirant un coup de feu en l'air. Les occupants de la voiture ripostent et abandonnent la voiture en se protégeant par leur tir : l'un d'entre eux, identifié ultérieurement comme étant Henri Jay, réussit à s'enfuir, Pierre Desmoulins, poursuivi, est abattu par des miliciens commandés par Charles Muller sur les marches du Crédit Lyonnais. Les deux autres hommes, Jean André et Henau, dit « Dédé », sont arrêtés ***.

Le chef milicien Bassompierre, qui a quitté, pour quelques instants, la prison de la Santé (on verra dans le chapitre suivant à quelle tâche il y est occupé), fait une apparition boulevard des Italiens, d'où il fait enlever le cadavre de Pierre Desmoulins[44].

Le coup a donc parfaitement réussi et l'hebdomadaire illustré *la Semaine* dans son dernier numéro (semaine du 27 juillet au 3 août) publiera, sur une double page, la photo du corps de Pierre Desmoulins à l'endroit où la mitraillette de Muller l'a abattu : la présence d'un photographe de presse sur les lieux, au moment du guet-apens, démontre parfaitement, s'il en était besoin, qu'il a été préparé de longue date. Les journaux assurent que « Desmoulins et ses complices, tueurs payés par l'Intelligence Service, avaient touché une somme de 10 millions pour abattre le ministre français de l'Information[45] ».

Très rapidement, les chefs miliciens découvrent que Desmoulins n'est pas le chef du commando résistant de la rue de Solferino. Connaissent-ils Morlot ? Dans ses interrogatoires, Boéro prétend

---

* Elle l'a toujours nié, reconnaissant seulement avoir été « mêlée de façon indirecte à cette affaire ».

** Il sera condamné à mort par contumace en 1946.

*** Ils réussiront à échapper aux griffes de la Milice peut-être avec la complicité de Boéro et de deux autres miliciens, si l'on en croit les aveux de Boéro.

qu'il l'a rencontré à Nice « où il faisait partie de la Résistance avec le colonel Pététin * » et qu'il « aurait pu le faire arrêter, mais qu'il a fait avorter l'affaire malgré l'intervention de la Gestapo ** ». Se vante-t-il ? Dit-il la vérité ? On ne sait...

Quoi qu'il en soit, la Milice n'a pas remis les 20 millions de prime qu'attendaient Marcadet et Mme de Bernardi : dans l'après-midi du 15, Marcadet retourne à l'hôtel Commodore où un milicien lui donne... 50 000 francs. Ce n'est qu'un acompte. Le 7 août, deuxième versement milicien de 950 000 francs. C'est le dernier : la Milice ne remettra jamais les 19 millions restants « dus » à Marcadet et à sa complice. Sans doute les hommes de Darnand, incapables de remonter la filière qui pourrait les mener jusqu'à Morlot, estiment-ils que la *seule* prise de Desmoulins ne vaut pas ce prix-là !

A la Libération, Marcadet avouera tout, Mme de Bernardi niera presque tout *** :

« Ce n'est pas à soixante ans, déclara-t-elle superbement à son juge d'instruction, qu'on se met chef de bande : c'est trop bête de dire ça ! »

Soit, mais chez Marcelle Péraldi, maîtresse de Marcadet, seront retrouvés 276 345 francs de la prime...

Un curieux point d'interrogation... ou une tromperie ?

Après l'exécution de Philippe Henriot, le commando Morlot effectue encore quelques opérations à Paris, en particulier la prise d'un stock d'armes allemand boulevard Gouvion-Saint-Cyr en juillet, au cours de laquelle Michel abat un Allemand. Puis, les équipes se dispersent ; Morlot part pour Lyon avec Jean-Pierre Lévy, de « Franc-Tireur », d'autres à Toulouse.

Au début d'août, à la demande de Kriegel-Valrimont, Morlot revient à Paris, quelques jours avant le déclenchement de l'insurrection du 19 août. Légèrement blessé à la tête par une balle allemande non loin de la place Denfert-Rochereau, il est transféré à l'hôpital Léopold-Bellan où il passe la semaine de la libération de la capitale, sous la garde de deux de ses camarades. Appelé à l'état-major des FFI, puis à la Ire armée française du général de Lattre de Tassigny, Morlot, qui porte les galons de lieutenant-colonel FFI, demandera ensuite à partir comme volontaire dans la guerre contre le Japon.

---

* Officier du 2e bureau opérant clandestinement en zone sud. Cf. *infra* p. 198.

** Déclaration à considérer avec circonspection : Boéro a pu être au courant de l'article d'*Action* signé Morlot, quand il répondait, à l'automne 1944, aux questions des enquêteurs.

*** Ils seront condamnés tous deux. Marcadet sera libéré en 1953.

Depuis quarante ans, Philippe Henriot dort son dernier sommeil dans un cimetière de Bordeaux où il a été inhumé le 11 juillet 1944. Seule trace éphémère de son passage au ministère de l'Information, une plaque dans une rue de Paris : le 14 juillet 1944, un groupe de miliciens dévisse les plaques de l'avenue du président Wilson et les remplace par de nouvelles où l'on peut lire « Avenue Philippe Henriot, mort pour la France ». On ne lira pas longtemps cette inscription, arrachée à son tour à la Libération. Depuis, le silence.

Il sera troublé quelque vingt ans après par un chef de la Résistance policière parisienne, Stéphane Monniot qui, dans un livre déjà cité [46] écrira ce paragraphe remettant en cause tout ce que l'on croyait savoir sur l'exécution du ministre de Vichy par la Résistance :

« C'est le gardien Poulain, du commissariat de Gentilly, qui abattit Philippe Henriot rue de Solferino à la tête d'un commando. Nous ne croyons pas que le nom de Poulain ait été jusqu'à présent connu du grand public, encore que l'exécution de Philippe Henriot demeure célèbre. Poulain trouva une mort glorieuse dans les combats de la Libération de Paris. »

Une enquête très sérieuse, une correspondance avec Stéphane Monniot ne nous ont pas permis d'établir le bien-fondé de sa thèse, par absence complète de témoignages... sauf un. Ce témoin, un ancien policier résistant, nous a développé la version Monniot en détail, avec des précisions suffisantes pour admettre qu'elle était « concevable » ; mais ce résistant a refusé de signer son témoignage *écrit.* Dans ces conditions, nous n'avons pas le droit d'en faire état, en vertu du vieil adage : *testis unus, testis nullus.* Mis dans l'impossibilité de vérifier, point par point, les assertions de ce témoin, qui assure avoir participé lui-même à l'exécution du ministre de Vichy, nous nous bornons à rappeler un détail qui figure dans les dépositions du brigadier Louis Lebas et du gardien Marcel Tesseron : l'une au moins des voitures qu'ils avaient vues le 28 juin 1944 rue de Solferino portait une *cocarde tricolore.* Mais ce détail est-il suffisant pour recommencer une enquête, au demeurant difficile, sur la mort de Philippe Henriot ? Et les deux récits de Morlot, le témoignage de Degliame-Fouché, l'audition des gardiens en faction devant le ministère de l'Information ce matin-là [47] n'emportent-ils pas la conviction ?

On pourrait évidemment se demander la raison pour laquelle, avant sa mort, Stéphane Monniot, résistant irréprochable, a lancé ce (petit) pavé dans la mare de nos certitudes historiques relatives à cette péripétie de l'occupation.

A-t-il été trompé lui-même ? S'est-il abusé à l'audition du récit d'un de ses camarades sans vérifier plus avant ses confidences ? Ou voulait-il lancer un « coup de sonde » à propos d'une affaire qui lui paraissait peu claire ? Toutes les hypothèses sont permises ; aucune n'aboutit à une conclusion.

Celle de Charles Gonard, dit Morlot, quand on évoque devant lui la « petite phrase » de Stéphane Monniot, ne manque ni d'humour ni de sagesse :

« A ce sujet, je serais tenté de vous répondre, assure-t-il, comme le maréchal Joffre à qui l'on demandait qui avait gagné la bataille de la Marne : " Je ne sais pas qui l'a gagnée, mais ce dont je suis sûr, c'est que si elle avait été perdue, c'est certainement moi qui l'aurais perdue[48]. " »

Cette parenthèse fermée, reprenons le cours des événements : au matin du 15 juillet 1944, tandis que le corps ensanglanté de Pierre Desmoulins gît encore sur le trottoir du boulevard des Italiens, des événements plus graves se préparent sur l'autre rive de la Seine, à la prison de la Santé. La veille, 14 juillet, 2 500 de ses détenus se sont mutinés ; après une nuit d'angoisses et d'espoirs, leur révolte a été définitivement matée. Quel sera leur sort ? Un autre drame se noue...

NOTES

1. Philippe Henriot, *Et s'ils débarquaient,* Edition du Centre d'études de l'agence Inter-France, Paris, 1944, p. XI et XII de la préface d'Emile Vuillermoz.

2. Archives nationales W III, 141.

3. Cf. Alain Guérin, *op. cit.,* pp. 303-304.

4. Maurice Kriegel-Valrimont, *op. cit.,* p. 13.

5. Henri Noguères en collaboration avec Marcel Degliame-Fouché, *Histoire de la Résistance en France,* Robert Laffont, 1981, tome V, p. 187.

6. *Ibid.*

7. *Ibid.* Tome IV, p. 199.

8. Les préparatifs et le déroulement de l'exécution par le groupe Morlot de Philippe Henriot ont été racontés par le résistant lui-même dans l'hebdomadaire *Action* du 22 septembre 1944, ce qui n'est pas étonnant, ce journal ayant été fondé dans la clandestinité (en octobre 1943) par Degliame-Fouché et Kriegel-Valrimont, les deux chefs résistants à l'origine de cette action punitive. Indiquons au passage que ce premier récit ne découvre pas le patronyme des acteurs de l'opération : la guerre n'était pas terminée... Une seconde version de la mort de Philippe Henriot, émanant de Morlot, a été publiée par Henri Noguères et Marcel Degliame-Fouché dans leur histoire précitée (tome V, p. 187-190). Ce second récit est légèrement différent du premier, sur certains points de détail. C'est à partir de ces deux versions, qui comportent quelques différences, que nous avons reconstitué la trame de la péripétie du 28 juin 1944 à l'aube, 10, rue de Solferino.

9. Henri Noguères et Marcel Degliame-Fouché, *op. cit.,* p. 187.

10. Louis Guitard, « Philippe Henriot : si l'Allemagne était battue, je serais deux fois plus collaborationniste », *Rivarol,* 11 juin 1951.

11. *Ibid.*

12. Maurice Gabolde, *op. cit.*

13. Charles Filippi, « Il y a vingt-neuf ans, Philippe Henriot : mort pour sa patrie et pour sa foi », *Rivarol*, 28 juin 1973.

14. Interrogatoire du gardien Roger Sallier, matricule 1112, par le commissaire de police du VIIe arrondissement, R. Didier (Archives de la Préfecture de Police, Cabinet du Préfet).

15. Rapport du commissaire Didier au directeur général de la police municipale, Paris, le 28 juin 1944 (Archives de la Préfecture de Police, Cabinet du Préfet).

16. Interrogatoire des gardiens Marcel Tesseron, matricule 9084 et Lucien Lahaye, matricule 5108. (Archives de la Préfecture de Police, *ibid.*)

17. Interrogatoire du brigadier Louis Lebas.

18. Interrogatoire du gardien Roger Sallier, *ibid.*

19. Maurice Gabolde, *op. cit.*

20. Interrogatoire du gardien Roger Sallier, *ibid.*

21. Interrogatoire du brigadier Louis Lebas, *ibid.*

22. Rapport du commissaire Didier au directeur général de la police municipale en date du 28 juin 1944. (Archives de la Préfecture de Police, Cabinet du Préfet).

23. *Ibid.*

24. Charles Braibant, *la Guerre à Paris*, Corrêa. 1945, p. 501.

25. Collection Gérard Silvain.

26. Archives nationales 4110 CJ

27. Archives nationales W III 140.

28. A. Bussière, *op. cit.*, p. 273 du ms.

29. *La Vie de la France sous l'occupation*, Institut Hoover (Stanford University, California) et Plon. Paris 1951, tome I, p. 549.

30. Mgr Pierre Brot, évêque de Marciana, *Notre-Dame de Paris pendant l'occupation et à la Libération*, Dactyl, 1960. Ce texte est accompagné d'une lettre d'envoi à S.E. le cardinal Feltin, où Mgr Brot émet le vœu que ces notes « bien mal rédigées pourront plus tard peut-être servir à la petite histoire ».

31. André Bussière, *op. cit.*, p. 343-344 du ms.

32. Lettre du préfet de police en date du 1er juillet 1944 à M. le secrétaire d'Etat à l'Intérieur (Maintien de l'ordre) et à M. le président du Conseil

(ministère de l'Intérieur). Archives de la Préfecture de Police, Cabinet du Préfet.

33. Gabolde écrit textuellement : « La Milice rejeta la responsabilité de l'assassinat d'Henriot sur le préfet de police Bussière, qui n'avait pas su l'empêcher ; Knipping, le représentant à Paris de Darnand, voulait sa place. Le président menaça de démissionner si les Allemands imposaient cette nomination. »

34. *La Vie de la France sous l'occupation, op. cit.*, tome I, p. 589.

35. Maurice Gabolde, *op. cit.*

36. Maurice Gabolde, *op. cit.*

37. Cité par Gabolde, *op. ciû.*

38. Rapport médical du Dr Génil-Perrin. Archives nationales CJ 120-1734.

39. Lettres de Mme Hugues à son juge d'instruction, M. Donsimoni. Archives nationales, *ibid.*

40. Déclaration de Marcadet devant le juge d'instruction Dardet. Archives nationales. *Ibid.*

41. Déclaration de Marcadet au Dr Génil-Perrin. Archives nationales. *Ibid.*

42. *In* rapport du 31 octobre 1944 du commissaire Constant au chef du service régional de la police judiciaire Paris. A/S des « individus ayant dénoncé les meurtriers de Philippe Henriot ». Archives nationales. *Ibid.*

43. Audition de Pierre Boéro par le juge d'instruction Donsimoni du 16 novembre 1944. Archives nationales. *Ibid.*

44. Il est intéressant de comparer les deux récits de Morlot, relatifs à Desmoulins.

Celui de septembre 1944 :

« Pierre Desmoulins fut vendu par un de ses amis. Pour vingt millions, un traître accepta de conduire Pierre dans le traquenard du boulevard des Italiens. Croyant trouver des armes à l'adresse donnée par son ami, Desmoulins s'y rend avec trois camarades. Ils sont reçus à coups de fusil. Les quatre amis ripostent. Deux miliciens et cinq Allemands sont tués dans la bagarre, mais Desmoulins est tombé, lui aussi. Deux sont faits prisonniers (ils ne tarderont pas à s'évader) et le troisième réussit à prendre la fuite. »

Celui de 1981 :

« Des comparses seront arrêtés, et encore cela ne se serait pas produit, si les consignes de cloisonnement auxquelles j'avais habitué mes groupes francs avaient été complètement respectées.

« L'un de mes hommes cependant eut une faiblesse en la matière et son indiscipline causa sa mort. Il fut tué dans un guet-apens tendu par la Milice, mais cela n'eut pas d'autres suites, car les mesures de sécurité, grâce à la discipline des autres, firent leur effet et les forces dites de l'ordre, qu'elles soient allemandes ou vichystes, ne purent remonter la filière. »

45. *In le Petit Parisien* du vendredi 21 juillet 1944.

46. Stéphane Monniot, « La Préfecture de Police dans la Résistance et la Libération de Paris », *in 1939-1945, Pages d'Histoire, op. cit.*, p. 55.

47. A propos du sort de ces gardiens, on peut lire dans le numéro de juillet 1944 (n° 4) de *Police et Patrie*, organe des éléments résistants de la police française adhérents au mouvement Libération, les phrases suivantes :
« M. Hennequin (directeur général de la Police municipale) ne décolère pas contre ceux de nos camarades qui étaient de faction devant le ministère de l'Information au cours de la nuit qui vit périr Philippe Henriot. Il eût aimé que, pour le bon renom de la police municipale, ces gardiens se fissent tuer sur place. Nous l'aurions, pour notre part, infiniment regretté, car la vie d'un traître, ministre au gilet rayé de la propagande allemande, ne méritait pas que de braves gens lui sacrifiassent la leur. Mais chacun sait, au demeurant, que nos camarades furent immédiatement neutralisés et mis dans l'impossibilité d'agir par les assaillants. »
Il est exact qu'Hennequin ne se contenta pas des déclarations des gardiens et du brigadier enregistrées lors de la première enquête du commissaire Didier. Une enquête plus poussée fut confiée à l'inspecteur général des services de la Préfecture de Police, Laffont : il ne semble pas qu'elle aboutît à des sanctions graves contre les gardiens.

48. Lettre de Charles Gonard à l'auteur du 31 juillet 1972. Outre les deux récits de Morlot et celui de Gabolde, on dispose d'une quatrième narration des derniers moments de Philippe Henriot, recueillie par Roger Stéphane auprès de Charles Gonard et ainsi rapportée :
« Personne n'arrive à le (Henriot) maîtriser et Morlot en est réduit à demander à un de ses hommes : " Tire deux coups ". Toute une rafale part de la mitraillette, Henriot s'écroule. Une nouvelle fois, inquiet (de l'identité du ministre), Morlot interroge le blessé : " Vous êtes bien Philippe Henriot ? " Sur sa réponse affirmative, il invite Mme Henriot à quitter la pièce, puis demande au ministre s'il veut prier avant de mourir. Quelques minutes après, Morlot, avec son revolver, tire le coup de grâce à Philippe Henriot. » (*in* Roger Stéphane, *Chaque homme est lié au monde*, Le Sagittaire, Paris, 1946, T. I. p. 88).

Addendum

Dans son livre *De Gaulle et le Conseil National de la Résistance* (France Empire, 1978), Jacques Debu-Bridel assure qu' « un membre du cabinet de Philippe Henriot aurait livré son patron au peloton d'exécution, bénéficiant en retour et malgré sa collaboration d'une étrange indulgence, de la Libération à nos jours » (p. 69) et que « l'individu qu'avait livré son patron pour assurer son repos après la Libération parada derrière le catafalque, comme il parade aujourd'hui dans les milieux réactionnaires de Paris » (p. 72). Cette affirmation doit être considérée avec circonspection : dans ce même ouvrage, l'auteur écrit tranquillement que von Choltitz assista aux funérailles d'Henriot à Notre-Dame... alors qu'il n'était pas à Paris ce jour-là !

CHAPITRE IV

LA RÉVOLTE DE LA SANTÉ OU LA TRAGÉDIE DE LA LIBERTÉ

En juillet 1944, la prison de la Santé détient dans ses 1 102 cellules 4 634 prisonniers. Leur décompte fait apparaître une flagrante disproportion entre les « droit commun » et les « politiques » : 2 510 hommes pour la première catégorie, 404 pour la seconde, le reste, soit 1 720 détenus comprenant des « droit commun » en instance de transfèrement, des « appelants », c'est-à-dire des condamnés s'étant pourvus en appel, des « passagers » et sept détenus « maritimes »[1].

Le 14 juillet, sur un effectif théorique de 207 surveillants, 28 sont sur place, dont 22 à l'intérieur de la détention et 6 en dehors de celle-ci : la division des gardiens en équipes (56 hommes le matin, 60 hommes l'après-midi), le repos de certains d'entre-eux (28 en repos hebdomadaire, 22 en « repos de garde »), l'absence de 28 malades expliquent ce petit nombre de gardiens présents à la prison ce soir-là, exactement à 22 heures. Ces surveillants qui ne sont pas armés disposent d'un modeste arsenal de réserve : 10 revolvers modèle 1873 avec 16 cartouches, 20 carabines modèle 1874 avec 206 cartouches.

A l'intérieur de l'enceinte se trouve un piquet de sécurité de la garde de Paris, commandé par un adjudant, avec un maréchal des logis chef et 18 gardes : chacun porte un pistolet automatique de 7,65 mm avec 9 cartouches, l'ensemble du piquet de sécurité ayant à sa disposition 2 pistolets-mitrailleurs avec 120 cartouches, 10 fusils modèle 1886-1893 avec 100 cartouches et 4 mousquetons avec 30 cartouches.

Enfin, dans l'après-midi du 14 juillet, est arrivé en renfort dans la prison une troupe de 25 gardes supplémentaires : on comprendra pourquoi.

De la Cour martiale du 30 avril au « secret de polichinelle » du 14 juillet

Transportons-nous maintenant du côté des « taulards ». L'un d'entre eux, R. G. Plessis, un « politique », a décrit l'atmosphère qui régnait parmi les « droit commun », singulièrement parmi les plus jeunes :

« Le projet de mutinerie ? Un secret de polichinelle... Les " droit commun ", à l'approche des armées alliées du débarquement de Normandie, envisageaient d'être immédiatement libérés par elles et ils n'étaient pas éloignés de croire que leur premier soin serait de les enrôler. Il ne leur resterait plus alors qu'à déserter pour retrouver la vie à laquelle ils venaient d'être arrachés... A l'heure crépusculaire où les gardiens de jour cèdent la place aux gardiens de nuit, pendant le temps de la relève qui crée une solution de continuité favorable aux conversations échangées de fenêtre à fenêtre, ils annoncèrent leur intention de se mutiner, d'ouvrir de vive force leurs cellules, de s'évader au soir même du 14 juillet[2]... »

Mais *tous* les détenus ne partagent pas ce fol optimisme. Chez les « droit commun », les plus anciens et les plus « durs » tergiversent : ceux qui sont à la Santé depuis quelque temps se rappellent le drame dont ils furent les témoins impuissants deux mois et demi auparavant, le 30 avril 1944. Ce matin-là, un peloton de gardes mobiles à fusillé dans le chemin de ronde, à l'angle de la rue Jean-Dolent, 9 résistants arrêtés dans l'Aube au mois de février précédent. Ils faisaient partie de deux détachements de résistants armés appartenant aux FTP, capturés par les GMR le 22 février précédent à Praslin et à Etourvy ; leur chef était un jeune homme de vingt-deux ans, Claude Courvoisier. Après un passage à la maison centrale de Châlons, ils avaient été transférés à la Santé le 18 mars.

Le 29 avril, une centaine de miliciens se présentent à la Santé : trois de leurs chefs informent son directeur, Jean Farge, qu'ils ont reçu l'ordre de constituer une Cour martiale, afin de juger les « terroristes » arrêtés dans l'Aube ; ils disposent effectivement de mandats en blanc. La Cour martiale s'installe dans le bureau du directeur : un président, deux assesseurs, un commissaire du gouvernement, deux greffiers. Le président en est Jocelyn Maret (il vient de fêter son trente-quatrième anniversaire), les assesseurs et le commissaire du gouvernement n'ont pas été identifiés. Le directeur est présent aux « débats » ainsi que son sous-directeur, Maurice Couget.

Trente-sept FTP de l'Aube comparaissent devant la Cour. L'interrogatoire est des plus brefs, qui se réduit à une suite de constatations du président sans réplique possible : « A ton âge, tu devrais travailler en Allemagne pour le STO... Quand tu as été arrêté, tu portais une arme curieuse... Tu es un traître... Tu aurais mieux fait de suivre les conseils de Philippe Henriot... La Cour jugera... Au suivant... » Il n'y a pas d'avocat pour assurer la défense des accusés. L'arrêt est rendu rapidement : 9 hommes sont condamnés à mort, il n'y a pas de possibilité d'appel. Hâtivement, une sorte de palissade a été dressée le long du mur du chemin de ronde et 11 piquets installés ; le dimanche 30 avril à 5 h 30, ils sont fusillés ; pendant l'exécution, l'un des miliciens qui y assiste s'évanouit[3]. Sauvons de l'oubli le nom des premiers fusillés de la Santé : Claude Courvoisier, Robert Masse, Alfred Godefroy, Bernard Bosmayer, Cazek (Casimir) Malak, André Ott, Gaëtan Senlis, Albert Finance, Guy Hénault *.

Si le souvenir de cette exécution rafraîchit l'enthousiasme des détenus plus âgés au courant du « secret de polichinelle » du projet du 14 juillet, les prisonniers politiques, pour leur part, observent une totale réserve : ils ne seront pas « dans le coup ». On connaîtra les raisons de leur abstention un peu plus avant dans ce récit.

« Secret de polichinelle » répétons-le une fois encore, à propos du projet des détenus. Sur quels documents et témoignages peut-on s'appuyer pour affirmer que ce projet était connu de tous ?

D'abord sur une lettre du 20 juin, adressée par Jean Farge, directeur de la Santé, à son supérieur Roger Poirier, directeur régional des services pénitentiaires à Paris, d'où il ressort que, quatorze jours après le débarquement, une atmosphère fiévreuse règne dans les locaux pénitentiaires :

« Les détenus se communiquent entre eux des renseignements sur les événements extérieurs ou intérieurs, soit en parlant par les fenêtres très rapprochées, soit à la faveur de rencontres fortuites ou préméditées aux parloirs d'avocats, aux offices religieux, à la visite médicale, au dentiste, au coiffeur, à la promenade, au prétoire disciplinaire, aux extractions du Palais de Justice, à la douche, aux parloirs des familles, renseignements dont la fantaisie se développe souvent en une véritable surenchère d'inexactitudes ou d'exagération[4]. »

Pour Farge, ce sont encore « des manifestations isolées sans influence appréciable sur l'attitude générale de la population détenue... ». Et il précise : « Je ne vois rien qui puisse faire croire à des troubles proches et sérieux. »

Cela dit, il demande d' « instaurer un service de surveillance sur six cours intérieures au moins du quartier haut de 20 heures à

* L'émission en langue française de la BBC du 10 mai à 21 h 15 a rapporté le fait, assez inexactement.

23 heures et, par prudence (on ne sait jamais), il sollicite de façon urgente « la nomination de vingt agents de surveillance *supplémentaires* ».

Afin, sans doute, de se couvrir, Roger Poirier communique, le 21 juin, les renseignements de Farge à Pierre Laval en personne et il conclut la missive adressée au chef du gouvernement en ces termes :

« Je me suis encore entretenu ce matin de cette grave question avec le directeur de la maison d'arrêt de la Santé et ce chef de service m'a très nettement confirmé qu'après complément d'enquête, rien d'anormal n'était présentement observé dans l'attitude de la population détenue. Mais il faut redoubler de vigilance[5]. »

Ce dosage d'optimisme et d'inquiète prudence est certes courant dans l'administration pénitentiaire en ces moments : cela va bien... mais cela pourrait aller plus mal, alors prenons nos précautions, d'où la demande de renforts présentée par Farge à Poirier.

Quand Bucard joue les mouchards

Voici ensuite un renseignement beaucoup plus inquiétant que, le 26 juin, André Baillet, directeur général de l'administration pénitentiaire, transmet à Darnand, secrétaire d'Etat à l'Intérieur depuis le 13 juin :

« Monsieur le Préfet de Police m'ayant transmis une note confidentielle qui lui avait été adressée par le chef du Francisme et dans laquelle M. Bucard lui signalait qu' " une grande agitation règne à la prison de la Santé où l'opinion est travaillée activement ", j'ai fait procéder à une enquête par M. Poirier... Celle-ci n'a révélé rien d'anormal mais j'ai demandé au directeur des prisons de Paris de se tenir sur ses gardes et de redoubler de vigilance. »

Quel est donc ce renseignement « confidentiel » de Bucard ? D'après le chef du Francisme, il se passe des choses étranges à la Santé :

« Il serait utile de savoir par qui sont communiqués les communiqués anglais et américains, de même que les appels à la résistance de De Gaulle et de Eisenhower et qui sont retransmis deux fois par jour à haute voix de certaines cellules, au vu et au su du personnel de surveillance. Ces faits qui excitent les condamnés sont de nature à susciter une grande effervescence et des troubles sous peu[6]. »

De qui Bucard tient-il ce « tuyau » ? Mystère et motus.

De toutes les façons, le chef du Francisme va avoir l'occasion de vérifier sur place les informations qu'il divulgue : le 4 juillet au soir, il se retrouve écroué à la Santé, non pas chez les « politiques », mais chez les « droit commun », inculpé par le juge d'instruction Combeau d'homicide volontaire et de tentative d'homicide volontaire sur un agent de la force publique !

Dans quelles circonstances et à la suite de quelle aventure, le chef du Francisme se trouve-t-il sur la paille humide des cachots ? Les Mémoires inédits du garde des Sceaux Gabolde nous renseignent amplement à ce sujet :

« Bucart (*sic*) avait obtenu du commissariat des affaires juives la mise à la disposition d'un de ses collaborateurs, qui avait été victime d'un attentat dans sa villa de banlieue, d'un appartement vide d'israélite dans le quartier Saint-Georges, rue de Maubeuge, je crois. Il s'était rendu chez cet ami pour y déjeuner. Un avis téléphonique, émanant d'un inconnu, informa la police que des francistes étaient en train de piller le domicile d'un juif et précisait la rue et le numéro de l'immeuble. Un car de police-secours fut envoyé sur les lieux. Tout était calme et la concierge donna des explications qui remettaient les choses au point. Le brigadier de police eut un entretien avec les occupants de l'appartement et se retira, n'ayant plus de motif d'intervention. Tout paraissait terminé, mais le car continua à stationner devant l'immeuble. Quand au début de l'après-midi Bucart, son chauffeur (un créole) et deux francistes repartirent dans leur auto, la voiture de police suivit. Celle des francistes accéléra bientôt son allure, le car fit de même. Comme l'auto de Bucart s'engageait sur les boulevards, les policiers du car sifflèrent pour la faire arrêter. Elle redoubla de vitesse. Les poursuivants tirèrent alors quelques coups de feu à l'arrière du véhicule, en direction des pneumatiques. Les occupants de la voiture ripostèrent à coups de revolver ou de mitraillette. Deux agents furent tués, d'autres blessés. Bucart et ses deux passagers furent arrêtés ; le chauffeur blessé avait disparu.

« Sur les ordres que donna le président Laval au préfet Bussière, le chef du Francisme et ses compagnons furent mis à la disposition de la justice* ; déférés au parquet, ils furent écroués et inculpés de meurtre et de tentative de meurtre.

« L'affaire fut portée aussitôt à ma connaissance par le procureur Rousseau et je fis prescrire une information rapide et complète pour fixer les responsabilités encourues. La police devait conserver le sentiment qu'elle était protégée et que les particuliers devaient obéir à ses injonctions[7]. »

* Les Mémoires inédits de Bussière confirment ce point : « Quand je me suis rendu chez le président du Conseil à l'hôtel Matignon, je lui ai fait part de la nécessité qu'il y avait à faire procéder à l'arrestation de M. Marcel Bucard, j'ai rencontré dans le cabinet du président M. Darnand qui ne s'est pas opposé à l'arrestation de Marcel Bucard... » Cela ne nous étonnera pas : les deux hommes ne pouvaient pas se souffrir. N'étaient-ils pas concurrents dans leur prosélytisme collabo ?

Dans sa cellule, Bucard recevra la visite d'Otto Abetz qui en a demandé l'autorisation au garde des Sceaux ; fort courtoisement, Gabolde a renvoyé Abetz à Darnand de qui dépend l'administration pénitentiaire... Darnand ne refusera pas son permis de visite à l'ambassadeur d'Allemagne ; réconforté par son ami Otto, Bucard attend, sans trop d'impatience, les résultats de l'instruction de son « affaire ».

Des signes avant-coureurs de la révolte

A la Santé, de jour en jour, se précise la menace de révolte.

Le premier signal d'alarme est tiré par le commissaire Laffont, de l'Inspection générale des services de la Préfecture de Police dès le 11 juillet, jour où il a décelé certains signes avant-coureurs d'une mutinerie à venir ; le 11 juillet en effet, est parvenue à la direction de la police judiciaire une information faisant connaître qu'un « projet de mutinerie devait être mis à exécution à la Santé dans la matinée du lendemain 12 juillet ». L'informateur cite même le nom de deux détenus comme étant les « principaux meneurs », Raymond Peuvion, trente-deux ans, cellule 117, première division, et Jules Aubertin, cellule 127, même division, auxquels s'est joint un troisième détenu, occupant une cellule « voisine » de Peuvion. Le commissaire Laffont précise dans son rapport au préfet de police :

« La mutinerie devrait éclater à 8 heures, précédant la promenade, et se dérouler ainsi : les trois meneurs, aidés de plusieurs codétenus, immobiliseraient le surveillant de service et l'empêcheraient de donner l'alarme, neutraliseraient le chef de table, s'empareraient des clefs des cellules occupées par les condamnés aux travaux forcés, ouvriraient les portes et les détenus ainsi libérés tenteraient un commun effort pour s'évader. »[8]

Le directeur de la Santé, Jean Farge, ouvre aussitôt une enquête sur cette information dont il sait, confidentiellement, que celui qui l'a « balancée » à la police est « un ancien détenu désirant garder l'anonymat, libéré le 10 juillet de la prison de la Santé[9] ». Cette précision le mène assez facilement à trois autres détenus qui paraissent les « fomenteurs » de la mutinerie envisagée : Louis Abo, vingt-trois ans, écroué le 12 juin 1944 pour abus de confiance, Jean Rigou, vingt-six ans, écroué pour vol le 10 juin et André Aymard, vingt-cinq ans, écroué le 18 février pour « vols qualifiés », le troisième homme de l'informateur de la police.

Selon l'enquête de Farge, Rigou et Aymard auraient sollicité Peuvion et Aubertin pour cette entreprise, mais ils auraient refusé et il n'y eut pas de commencement d'exécution *. Tout doit être mis au conditionnel, car, en prison, les confidences sont souvent placées sous le signe de l'ellipse et les précisions bannies des conversations, dans un souci bien compréhensible de sécurité !

Farge se borne à infliger quinze jours de cellule à Abo, Rigou et Aymard, en demandant à la direction régionale qu'elle augmente cette peine, par application de l'article 69 du décret du 19 janvier 1923 sur le régime intérieur des prisons : tout *semble* être rentré dans l'ordre.

Mais, dans la journée du 14 juillet, les renseignements affluent chez le directeur de la prison ou, plus exactement, chez le directeur-adjoint, Maurice Couget, Farge s'étant absenté entre-temps.

Suivons le rapport du commissaire Laffont qui est, de loin, le plus précis sur la phase initiale de l'affaire :

« Dans l'après-midi du vendredi 14 juillet, écrit-il, l'attention du directeur de la Santé a été de nouveau appelée sur l'éventualité d'une révolte à l'intérieur de la prison. Le mouvement devait se produire à 22 heures environ. La saisie inopinée, par un gardien, d'un billet écrit en vers assez grossiers, au nombre d'une trentaine, entre les mains d'un nommé Coat Pierre, âgé de vingt-quatre ans, écroué le 12 mars 1944, en vertu d'un mandat de dépôt de M. Vallée, juge d'instruction au tribunal de la Seine, du chef de tentative de vol, qui en était l'auteur, a confirmé un bruit rapporté par le comptable général, ainsi que le sens d'un appel parti d'une cellule et surpris lors d'une ronde à l'intérieur de la détention au cours de l'après-midi du 14 juillet par l'un des sous-directeurs : " Alors, les gars, c'est pour ce soir[10] ! " »

Qu'y a-t-il dans ce fameux billet ?

« Le billet saisi, manuscrit, poursuit Laffont, constituait un appel lancé à tous les détenus, tant de " droit commun " que " politiques ", prévenus que condamnés, pour les inciter, à l'occasion du 14 juillet, à recouvrer leur liberté en défonçant les portes des cellules et en se ruant en masse sur toutes les issues. »

Le projet, on le voit, était un peu simpliste : cette ruée en masse avait-elle quelque chance de réussir ? En tout cas, notons dès maintenant que la plus récente épure du projet émane de détenus jeunes, de moins de vingt-cinq ans. Maurice Couget réagit immédiatement aux deux informations de l'après-midi, celle du billet et celle du comptable général confirmée par le second sous-directeur de la prison. Reportons-nous au texte du rapport Laffont :

« Le directeur de la Santé a fait mettre immédiatement en cellule le nommé Coat et a alors informé la direction générale de l'Adminis-

* Le rapport de Farge au préfet de police est daté du 13 juillet.

tration pénitentiaire (Baillet), la direction régionale des prisons (Poirier) et l'état-major de la police municipale, qui a reçu sa communication à 17 heures. Le directeur général de la police municipale (Hennequin) a alerté la garde de Paris qui a été invitée à renforcer son piquet de sécurité, la 6e division de police qui a renforcé le service de surveillance aux abords de la prison et il a fait placer en réserve le car de la 6e division avec 25 gardiens au poste central du XIVe arrondissement. »

A 18 h 30, 25 gardes de Paris sous le commandement d'un lieutenant, armés de deux mitraillettes et disposant chacun d'un pistolet individuel, arrivent en renfort dans la prison : ils sont répartis dans le chemin de ronde et aux différentes portes intérieures pour en défendre l'accès. C'est l'attente.

Deux coups de sifflet : un vent de folie souffle sur la prison

A 22 h 10, le calme de la prison est troublé par deux coups de sifflets stridents « partis d'on ne sait où exactement et la mutinerie prévue se déclenche aussitôt [11] ». A ce signal, c'est la « ruée » des détenus sur la porte de leurs cellules :

« A 22 h 10, le signal d'alarme a retenti, poursuit Laffont. Le directeur régional, M. Poirier, présent sur les lieux, s'est aussitôt porté au quartier haut de la prison, avec le directeur de celle-ci, M. Farge*. Ils ont appris du premier surveillant Dautriat que la rébellion venait d'éclater à la 9e et à la 12e divisions, aux 2e et 3e étages, sur deux coups de sifflet. Ordre a été donné de s'emparer des meneurs. Tout le personnel de surveillance a été appelé sur les lieux pour s'opposer à la sortie des cellules. Mais dès le début, le mouvement a été quasi général. De toutes parts, les détenus enfonçaient les portes avec leurs châlits, transformés pour la circonstance en béliers ; les objets les plus divers étaient lancés sur le personnel. Débordés, menacés d'être coupés de l'entrée de la détention par les détenus du quartier bas, qui commençaient à leur tour à enfoncer les portes de leurs cellules, les surveillants ont dû, sur l'ordre de M. Poirier, se replier d'abord derrière la grille de séparation du quartier haut et du quartier bas, puis derrière celle de la détention, non sans avoir appréhendé plusieurs détenus qui ont été menés dans les cellules punitives. Des gardes de Paris ont été placés à toutes les issues pour empêcher les évasions. »

Alertés aussitôt par téléphone, le préfet de police Bussière et le

---

* Selon d'autres témoins, Farge n'était pas à la Santé le 14 ; il n'y reviendra que le 15.

directeur général de la police municipale, Edmond Hennequin, arrivent sur les lieux tandis que des renforts sont acheminés rue de la Santé : 60 gardiens de la paix (dont la plupart resteront à l'extérieur de la prison), 100 gardes de Paris parviennent rue de la Santé vers 22 h 30 ; ils sont rejoints par des sapeurs pompiers, du personnel de la compagnie du gaz et des égouts : un égout donnant accès à la prison par le boulevard Arago a été récemment muré et le regard de celui-ci est confié à la surveillance de deux gardiens de la paix munis de mitraillettes ; la voiture Z à gaz lacrymogènes de la Préfecture de Police arrive en quelques minutes boulevard Arago. L'affaire paraît grave : à l'intérieur la situation devient inquiétante pour les « matons », les gardes et les quelques flics entrés dans la prison. Reprenons la lecture du rapport Laffont, rédigé, nous ne saurons trop y insister, deux jours après les faits :

« La détention était alors entièrement bloquée et toutes les issues gardées, mais, à l'intérieur, les mutins s'étaient répandus dans la plupart des divisions et dans les sous-sols, brisant les installations téléphoniques, les sonneries d'alarme, se livrant à des déprédations considérables dans les cellules : bris de portes, de serrures, de cloisons, s'emparant d'outils pour en faire des instruments d'effraction.

« Des détenus s'étant présentés à la porte de la détention et à celle de la 13e division, à l'autre extrémité de l'établissement, quelques rafales de mitraillettes ont dû être tirées, tant par les gardes de Paris que par les gardiens de la paix, pour les contraindre à se retirer. »

Ces premières rafales couchent sur le sol 16 détenus : 6 sont morts, 10 ont été blessés. Ils ne seront pas les premières victimes de cette nuit sanglante.

Ces scènes, les « politiques » enfermés dans leurs cellules, les vivent intensément, sans les voir, comme l'a raconté l'un d'eux, R. G. Plessis :

« Ils entendaient les cris, les appels, les galopades sur les passerelles de fer, les rondes affolées dans les couloirs, la farandole de mort ponctuée par le crépitement des balles. Ils crurent un moment que le jour ne se lèverait pas sur eux, un commencement d'incendie, allumé dans la bibliothèque, saccagée comme l'infirmerie et la salle de radiographie, ne leur laissant entrevoir aucune autre éventualité que celle d'être brûlés vifs entre des murs de quatre mètres de haut, bardés de policiers mitrailleurs[12]. »

Les « politiques » ne se sont pas joints au mouvement chimérique des « droit commun » ; bien plus, « mis au courant du projet de mutinerie pour le soir du 14 juillet qui était devenu « le secret de polichinelle », ils (les politiques) avaient tenté de les (les droit commun) dissuader d'une initiative qui était une folie[13]. »

A ce point du récit, il faut poser la question : qui avait mis au courant les « politiques » ? La réponse se trouve dans le rapport du commissaire Moronval (748/SN/JUD 4) daté du 20 janvier 1945, un peu plus de six mois après les faits eux-mêmes, au moment où les souvenirs sont encore frais; chargé de l'une des enquêtes sur la mutinerie de la Santé, Moronval écrit textuellement :

« Adroitement, la direction (de la Santé) n'hésite pas à prévenir les détenus politiques (environ 500) de ce projet (des droit commun) et les invite à n'y pas participer, en raison des représailles immanquables que les Allemands leur feraient subir [14]. »

Il n'étonnera personne qu'on ne trouve *à aucun moment* dans les documents contemporains des faits, c'est-à-dire rédigés au moment où les Allemands étaient dans la capitale, la moindre indication sur le « tuyau » adroitement glissé par la direction de la prison aux « politiques » : c'eût été folie. Mais on observe, surtout dans le rapport Laffont — qui est du 16 juillet 1944 — une volonté délibérée de mettre les « politiques » hors du coup :

« La rébellion, écrit-il dans sa conclusion, avait été le fait de détenus de droit commun dont l'ensemble y avait pris part, mais les détenus politiques s'étaient abstenus, refusant de céder aux invites et aux injonctions des meneurs. »

Cependant, afin que son insistance ne paraisse pas trop suspecte aux Allemands qui liront sûrement ce rapport, Laffont ajoute cette constatation d'ordre plus général :

« Les détenus employés aux services généraux et la grande majorité des condamnés aux travaux forcés étaient aussi restés en dehors de l'affaire; les détenus de la " grande surveillance " considérés comme particulièrement dangereux, ne paraissent pas avoir eu une part principale à la rébellion, qui avait été menée par les détenus les plus jeunes dont l'incarcération n'était pas toujours motivée par des délits d'une très grande gravité. »

Neifeind : « Noyons la mutinerie dans le sang, 400 détenus devront être fusillés ! »

Revenons à la Santé et résumons la situation vers 23 heures : les mutins sont maintenus, à grand-peine, dans la détention, ils ne sont pas parvenus aux portes de l'enceinte; les gardiens et leurs renforts restent l'arme au pied attendant une nouvelle ruée des révoltés; les policiers français, Bussière et Hennequin tiennent conseil avec Couget et Poirier.

C'est alors que vers 23 h 30, le directeur général de l'Administration pénitentiaire, André Baillet, « décide de faire appel aux concours des autorités allemandes, en raison de l'insuffisance de l'armement dont disposent les forces de police » (rapport Laffont). Selon d'autres textes, « il a été décidé de faire appel aux autorités allemandes », sans autre précision [15]. Bussière se borne à remarquer qu'après son arrivée à la prison, « un détachement allemand dont il n'avait pas sollicité le concours est arrivé à la Santé » [16] : il est aux alentours de 23 h 55 quand des Allemands casqués (une centaine d'hommes) entrent dans la cour de la Santé. A leur tête, le *Kommandeur* Neifeind, accompagné du lieutenant Hagon qui, on le sait, parle fort correctement français et, vraisemblablement *, de Knochen.

Le premier acte de ce que l'on peut appeler la tragédie de la Santé commence : il durera jusqu'à 3 heures du matin et se jouera dans le cabinet du directeur.

Là se trouvent rassemblés en « conférence », les Allemands, les Français (policiers et fonctionnaires de « la » Pénitentiaire) auxquels se joindront ultérieurement quatre chefs miliciens Knipping, Marionnet, Radici et Gallet (le « Maintien de l'ordre » a été alerté téléphoniquement par Baillet), qui précèdent une petite troupe de 200 miliciens conduits par Jean Bassompierre, dont l'arrivée peut se situer vers une heure du matin.

D'entrée de jeu, Neifeind déclare que la prison va être reprise aux mutins dans une opération de force *immédiate* (il a demandé des renforts) menée conjointement par ses hommes et par les forces du maintien de l'ordre françaises : il faut noyer la mutinerie dans le sang ! Atterré, le préfet Bussière passe à l'attaque ; il connaît Neifeind, certes, et utilise, pour le dissuader, des arguments dont il pense qu'ils le convaincront :

« Je m'élevai véhémentement, raconte-t-il dans ses Mémoires inédits, contre la décision dont j'étais informé... Mon fils aîné parlant assez bien l'allemand me servit d'interprète... Je dis aux officiers (allemands) que j'étais responsable, qu'ils devaient me laisser libre d'agir à mon gré. Je passai un peu de pommade à leurs soldats qui, je n'en doutais pas, ramèneraient rapidement l'ordre dans la maison... mais je leur fis remarquer que dans l'obscurité ils pouvaient également recevoir des coups... Des détenus étaient bien capables de s'emparer de quelques armes et de les retourner contre eux... J'estimais, en conséquence, qu'il convenait de surseoir à toute répression. La nuit porte conseil, ils s'apaiseront... La température baissera et demain matin, à la première heure, ils regagneront tranquillement leur cellule... Réfléchissez à ce que je vous dis... » Les

---

* Certains protagonistes de cette nuit tragique ont signalé sa présence à la Santé, d'autres ne l'ont pas mentionnée.

officiers se retirent dans le fond du bureau où nous sommes réunis... Ils parlementent quelques instants et reviennent près de moi... Je suis angoissé... Quelle va être leur réponse ?... L'un d'eux, enfin, me rassure... « C'est entendu, Monsieur le Préfet, nous nous rangeons à vos raisons... Nous repartons mais si... demain matin... » Quel soupir de soulagement... Deux miliciens notoires ne m'approuvent pas... Ils ont la naïveté de me faire remarquer que les détenus auront ainsi tout le temps de creuser une galerie souterraine pour s'évader... Je hausse les épaules[17]... »

De ce récit, haut en couleur, rapprochons celui de Laffont, plus « administratif » et plus précis, où il relate la même discussion entre Français et Allemands de la façon suivante :

« Une opération de force ayant pour objet de pénétrer à l'intérieur de la détention pour y ramener l'ordre a été envisagée, mais en raison des difficultés qu'elle présentait, en particulier par suite de l'obscurité, les lampes ayant été brisées, il a été, sur les instances de M. le Préfet de Police, décidé d'attendre 6 heures du matin, les conditions matérielles et morales devant être alors bien meilleures : lumière du jour, visibilité suffisante, lassitude des rebelles convaincus de leur impuissance, et une inutile effusion de sang pouvant être ainsi évitée. »

Concrètement, il est décidé qu'au lever du jour, les Français, et eux *seuls*, feront rentrer les mutins dans le droit chemin et dans leurs cellules, l'opération sera menée par la Milice avec l'aide de la garde et des agents de police en cas de besoin. Si Neifeind a accepté les propositions de Bussière — les Allemands se retireront au petit matin —, il réclame en contrepartie le châtiment des mutins : celui-ci doit être exemplaire ! Neifeind déclare aux chefs miliciens restés dans le bureau du directeur (Bussière est parti à ce moment-là) :

— Il faut envisager les sanctions : je propose de faire fusiller 400 mutins !

Le chiffre n'a pas été choisi au hasard, il correspond pratiquement à la décimation, peine militaire appliquée dans la Rome antique, qui consistait à exécuter un homme sur dix au sein d'un corps de troupe qui avait fui devant l'ennemi. Dès l'énoncé de ce chiffre, Max Knipping sursaute :

« Effaré par ce chiffre, raconte-t-il, et connaissant très bien Neifeind, je pris à part Knochen et Hagen et leur dis : " Renoncez à ce projet... Laissez aux autorités françaises le soin de prononcer elles-mêmes les sanctions qui s'imposent[18]. " »

Après une longue discussion, Neifeind ne dit ni oui ni non à cette proposition du chef milicien : « On verra ce matin. » Les Allemands se retirent, seuls restent dans la prison Bassompierre et Knipping pour la Milice, les fonctionnaires de « la Pénitentiaire », les forces de police et du maintien de l'ordre.

Une matinée angoissante : Quels détenus fusiller ? Combien ?

15 juillet au matin, le second acte de la tragédie se noue...

« Les fumées * se dissipèrent, la nuit s'effaça, une aube blême emplie du souffle froid d'une peur collective se leva sur la visite d'un détachement de miliciens l'arme aux poings », tel est le souvenir du politique R. G. Plessis.

A 6 h 30 du matin, les miliciens de Bassompierre entrent en action : se servant d'un haut-parleur portatif de la police municipale, Bassompierre somme, à trois reprises, les mutins de regagner leurs cellules. « Ceux qui ne regagneront pas leur cellule seront abattus », menace Bassompierre.

« Enc... » lui est-il répondu par quelques détenus [19].

Quelques coups de semonce sont tirés par les miliciens qui s'avancent vers la détention : matés, les révoltés reculent...

« Lentement, mais sans difficulté sérieuse, l'opération envisagée est menée à bien : la presque totalité des prisonniers avait réintégré ses cellules avant le début de l'après-midi [20]. »

C'est le surveillant chef, Béranger Delpont, qui conduit la troupe des miliciens : de-ci, de-là, un coup de feu d'avertissement, un autre détenu est blessé.

Requis à 5 h 30 par la Milice, qui cantonne au lycée Saint-Louis, d'où proviennent les miliciens opérant à la Santé, le Dr Roger Delabre entre, après les hommes de Bassompierre, dans la détention : il y découvre les cadavres de six détenus abattus dans la nuit et examine les blessés dont un seul est sérieusement atteint au poumon. Les morts sont transportés dans une cellule du quartier haut, avant d'être autopsiés à l'Institut médico-légal, comme la loi l'oblige.

« Je demandai que les blessés, raconte le Dr Delabre, soient transportés à l'infirmerie de Fresnes : les Allemands refusèrent. Alors, je les fis soigner dans l'infirmerie du quartier bas [21]. »

Les officiers allemands sont revenus, en effet : Neifeind et Hagen ont tenu à vérifier que l'opération menée par la Milice a été couronnée de succès. Celle-ci terminée, ils s'apprêtent à partir, non sans rappeler leurs exigences aux chefs miliciens : 400 mutins doivent être exécutés !

* Du début d'incendie de la bibliothèque allumé par les mutins.

Knipping reprend alors la discussion avec le *Kommandeur* : 400 est un chiffre trop élevé ! Neifeind n'en démord pas :

« L'ordre doit être ramené par la violence. »

Volant au secours de Knipping, Gallet et Bassompierre « passent leur temps à calmer Neifeind », qui dit à Gallet :

« Je veux entrer dans des cellules rouges de sang[22]. »

Après de longues palabres, Knipping réussit à arracher une concession au redoutable *Kommandeur :* Neifeind se contentera de 100 exécutions ! Mais il exige que 50 détenus soient immédiatement passés par les armes, sinon 100 le seraient par les Allemands. Sur cette ultime menace, l'Allemand se retire.

La suite des négociations entre Français qui s'acharnent à faire baisser le nombre des exécutions et Allemands qui maintiennent leurs exigences est assez confuse : la plupart des Français y participent (Baillet, Knipping, Gallet) et, finalement, à la fin de la matinée, Neifeind se laisse fléchir et admet qu'il se contentera de 50 exécutions parmi les meneurs de la mutinerie ; on verra à la suite de quel dialogue avec Knipping.

Mais, au début de la matinée, c'est le chiffre de 100 qui a été retenu.

Il reste alors à choisir les victimes, ce choix incombant aux miliciens. Comment le fixer ?

« Lorsque tous les détenus furent rentrés dans leurs cellules, raconte Béranger Delpont, les miliciens me demandèrent d'où était partie l'émeute. Je ne pus leur répondre, car, à ce moment, je me trouvais à mon bureau. Ce sont certains de mes subordonnés qui fournirent le renseignement[23]. »

L' « enquête » milicienne est menée par Jacques Marionnet, inspecteur général de la Milice, et Georges Radici ; le surveillant Henri Lhermitte, qui a pris son service à la Santé le matin à 6 h 30, accompagne l'un d'entre eux :

« J'accompagnai les miliciens à la 9e division où la mutinerie avait pris naissance. Là, l'officier milicien interroge les détenus en les faisant sortir des cellules dont les portes ont été défoncées. C'est un interrogatoire succinct. Qui est le meneur de la cellule ? Comment t'appelles-tu ? Les détenus se rejetaient toute responsabilité les uns aux autres. L'officier prenait alors celui qu'il pensait être meneur et qui était souvent le malheureux qui se défendait le moins énergiquement : ce n'était plus une enquête, mais une prime à la délation...[24]. »

Parmi les détenus, certains donnent spontanément des renseignements aux miliciens enquêteurs ; l'un d'eux, Gabriel Jeannin, vingt ans, surnommé « Gaby » par ses codétenus, raconte lui-même les réponses qu'il a faites à Marionnet :

« J'ai été interrogé par M. Marionnet qui m'a dit de lui indiquer les auteurs de la mutinerie, afin d'éviter d'en fusiller un grand nombre. Je savais que Francis Calandra avait fait circuler des papiers incitant les détenus à la révolte, précisant que la Résistance viendrait attaquer la prison de l'extérieur. J'ai rapporté ces faits à M. Marionnet que je n'avais jamais vu avant[25]... »

Récompensé de son zèle*, Jeannin sera nommé comptable à la prison, « planque » des plus recherchées.

Tandis que l'enquête se poursuit, Bassompierre a fait rassembler plusieurs dizaines de « droit commun » (50 ou 100), dans une cour de la Santé : on peut hésiter sur le nombre car, en raison des divergences entre les témoignages, deux hypothèses sont possibles. Exposons-les, ne serait-ce que pour illustrer les difficultés auxquelles on se heurte quand on veut serrer, d'aussi près que possible, la réalité chronologique des faits en histoire contemporaine...

Première version.

Bassompierre fait rassembler 100 « droit commun » dans une cour, face au mur, les bras en l'air. A 11 heures, Knipping, vraisemblablement prévenu par un appel téléphonique d'Hennequin, alerté par le commissaire Vanègue, son adjoint, qui est sur place, fonce à la Santé. Voici leur dialogue (témoignage Knipping).

Bassompierre. — Je suis content que tu arrives, nous allons fusiller 100 mutins...

Knipping. — D'abord, je te l'interdis. D'où vient l'ordre ?

Bassompierre. — De Neifeind. Il m'a dit qu'il renonçait à l'exécution de 400 détenus à la condition que la Milice en exécute 100.

Knipping. — Tu n'as pas à exécuter les ordres des Allemands. Ne fais rien sans que je te dise quoi faire.

Toujours selon le témoignage de Knipping, il serait alors allé voir Neifeind rue des Saussaies vers midi. Second dialogue :

Knipping. — J'ai interdit de faire fusiller 100 mutins. Seule, une Cour martiale peut condamner les coupables.

Neifeind. — Soit ! A deux conditions : que la Cour en condamne au moins 50 ; qu'ils soient exécutés le jour même.

Knipping. — Le chiffre sera fixé par les juges de la Cour : je ne peux prendre aucun engagement.

Neifeind. — Si la Cour n'en condamne pas 50, je fusillerai le complément[26].

---

* Le 16, Marionnet interroge une seconde fois Jeannin à la prison. Cet intérêt du chef milicien pour « Gaby » est-il purement policier ? « Je reconnais, confessera Jeannin, que Marionnet s'est beaucoup intéressé à moi. Je crois qu'il était pédéraste et qu'il espérait que j'accepterais de devenir son " ami ". » Marionnet écrira des lettres à Jeannin « qui n'étaient que des conseils à suivre pour son relèvement moral ».

Deuxième version (Témoignages Couget, Bassompierre, Vanègue).

Dans la matinée, 50 détenus sont rassemblés dans une cour, mains en l'air, face contre le mur... Couget arrive dans la cour : que font là ces hommes ?

Bassompierre. — Nous allons les fusiller...

Couget. — C'est trop expéditif. Il faut d'abord aviser le commissaire de police et prendre des dispositions avec les pompes funèbres.

Bassompierre. — Les cadavres pourraient rester exposés un certain temps : cela serait tant mieux pour l'exemple[27].

Si Bassompierre a toujours nié avoir tenu ces propos malgré les affirmations répétées de Maurice Couget, le dialogue indique que la transaction Knipping-Neifeind ramenant le chiffre de détenus à fusiller de 100 à 50 a eu lieu *plus tôt* que l'heure indiquée par Knipping. Selon Pierre Gallet, la transaction a été réglée au cours d'une *conversation* entre Neifeind et Knipping à la Santé même ; selon d'autres témoins, Knipping a *téléphoné* à Hagen pour l'informer qu'il était impossible de fusiller 100 détenus « sans enquête », à quoi Hagen, après avoir consulté Neifeind, transmet l'ordre du *Kommandeur* : « Neifeind exige l'exécution de 50 mutins aujourd'hui même. » Réponse de Knipping : « Je téléphone immédiatement à Darnand à Vichy pour avoir l'autorisation de constituer une Cour martiale[28]. »

Les différences d'heure et de lieu entre les deux versions ne changent rien au fait brut : il est acquis, dans la matinée, que le chiffre de 50 exécutions est admis par le *Kommandeur* Neifeind.

Quant à Knipping, il est revenu une seconde fois à la Santé au cours de la matinée. On revoit le décor : 50 prisonniers gardés par des miliciens, armes à la main, dans une cour intérieure de la prison, des allées et venues de chefs miliciens, des conciliabules, une intolérable pause avant la décision...

Lorsque Knipping arrive, les premiers mots de Bassompierre pour le saluer sont-ils :

— Tu arrives bien, nous *allons* fusiller 50 types, c'est l'ordre de Neifeind qui s'en tiendra à cette exigence

ou

— Tu tombes bien, par ordre des Allemands, nous *allions* fusiller 100 mutins[29].

La nuance est d'importance, on le voit, mais, au moment des actes judiciaires (instruction, procès) intervenus à l'encontre des chefs miliciens impliqués dans l'affaire de la Santé, il sera impossible de choisir entre les deux versions, chaque inculpé disant, non pas le contraire de l'autre mais donnant de chaque phrase un énoncé différent.

A la fin de la matinée, les 50 détenus « désignés » par l'enquête sont ramenés dans les cellules : ils comparaîtront devant une Cour martiale !

Le massacre du chemin de ronde

C'est le troisième acte de la tragédie. Knipping, qui a pris la décision de constituer sur-le-champ une Cour martiale, selon la procédure accélérée suivie en semblable occasion, a reçu, par téléphone, le feu vert de Darnand : pour ce genre d'affaires, il y a toujours des papiers en blanc, il suffit de les remplir. Le « commissaire du gouvernement chargé des Cours martiales », Voinot, désigne Pierre Gallet comme président.

Ce milicien de vingt-sept ans, délégué du secrétaire d'Etat à l'Intérieur en zone nord et adjoint du secrétaire général au Maintien de l'ordre à Paris, est licencié en droit et licencié ès lettres ; admissible à Normale supérieure, le jeune intellectuel a adhéré avant-guerre au parti « Jeune République », avant d'être incorporé en novembre 1938.

Il fait la campagne de 1939-1940 dans le corps-franc du lieutenant Félix Agnély (auquel appartient Darnand), est blessé le 10 juin 1940 ; fait prisonnier par les Allemands, il s'évade et milite dans la Légion française des combattants des Alpes-Maritimes où il retrouve Daénand. Gallet le suivra à la Milice ; enthousiaste, voire impulsif, Gallet inspire à Darnand « une totale confiance sur le plan politique pur » et le chef milicien ajoute : « Nous le considérions comme le Saint-Just du mouvement. » Gallet fait figure de jeune turc à côté de Jean Bassompierre, licencié en droit comme lui, ancien inspecteur de banque, vieux baroudeur du front de l'Est (il fut décoré par les Allemands en 1943 pour sa « fougue admirable » dans des combats contre les partisans), puis inspecteur de la Milice en zone nord. Mais ce n'est pas Bassompierre qui siégera comme assesseur à côté de Gallet : Voinot a choisi Knipping « l'ancien » (il fut un brillant aviateur en 1914-1918 et est officier de la Légion d'honneur) et le falot Georges Radici. La Cour est constituée avec, pour commissaire du gouvernement Léon Sonntag, vingt-sept ans (le même âge que Gallet), attaché de cabinet au secrétariat général au Maintien de l'ordre.

La Cour martiale se réunit vers midi ou vers 13 heures : elle siégera sans désemparer jusqu'à 18 heures, moment où l'arrêt sera rendu. Finalement, ce sont 45 « droit commun » qui comparaissent devant elle, désignés par Marionnet et Radici : selon Knipping, « ils n'ont pas été jugés sur leur passé, mais sur leur participation à la mutinerie, les plus jeunes avaient été les plus violents[30] ».

Sur les 45 accusés, 17 sont mis purement et simplement hors de cause. Restent 28 hommes, à propos desquels il y eut, si l'on en croit Gallet, un ultime chantage de Neifeind :

« Knipping nous avait fait connaître que si sur les 45, on fusillait moins de 28 détenus, les Allemands fusilleraient le reste. »

L'interrogatoire des accusés par Gallet fut des plus sommaires, selon l'habitude des Cours martiales.

En fin d'après-midi, Gallet lit l'arrêt de la Cour qu'il communiquera peu de temps après à Baillet, directeur général de l'Administration pénitentiaire, qui a suivi de bout en bout ce qu'on n'ose pas appeler « les débats » :

« Le président de la Cour martiale de Paris créée par arrêté du 15 juillet 1944, en application de la loi du 20 janvier 1944, modifiée et complétée par la loi du 11 février 1944, a l'honneur de porter à votre connaissance à fin d'exécution que, dans son audience du 15 juillet 1944 tenue à Paris à 15 heures, l'arrêt suivant a été rendu :

« Arrêt-extrait

« Par ces motifs déclare les prévenus passibles de la peine prévue à l'article 5 de la loi du 20 janvier 1944 modifiée et complétée par la loi du 11 février 1944.

« En conséquence, décide qu'ils seront immédiatement passés par les armes.

« Le 15 juillet 1944, à 18 heures.
« Le Président de la Cour martiale
« Illisible* »

Voici la liste** des condamnés du 15 juillet :

1. Vermeulin Eugène, condamné aux travaux forcés à perpétuité le 8 juillet 1942 par la Cour d'assises du Nord pour tentative de vol qualifié, né le 8 mai 1906, célibataire, marchand ambulant.

2. Decker Alexandre, condamné aux travaux forcés à perpétuité par la Cour d'assises de l'Oise pour meurtre, né le 15 avril 1924, sans domicile.

3. Le Merlus Jean, condamné aux travaux forcés à perpétuité en juillet 1938 par la Cour d'assises du Calvados pour meurtre, né le 9 mai 1884, célibataire, manœuvre.

4. Dugrain Georges, condamné aux travaux forcés à perpétuité le 25 janvier 1943 par la Cour d'assises du Nord pour homicide volontaire, né le 7 juillet 1906, demeurant à Paris, marié, chauffeur.

---

* Comme tous les arrêts rendus par les Cours martiales.
** Inédite.

5. Conil Claude, condamné à deux ans de prison pour vol, né le 14 juin 1925, célibataire, ouvrier agricole.

6. Rousseau Robert, condamné à 13 mois de prison, né le 24 janvier 1925, célibataire, peintre, demeurant à Paris.

7. Mkhitariantz Nicolas, condamné à 8 mois de prison pour vol qualifié, né le 17 septembre 1924 à Paris, célibataire, étudiant.

8. Faure Roger, condamné à 18 mois de prison pour vol, né le 24 novembre 1924 à Sarcelles, célibataire, manœuvre.

9. Guérin Marius, prévenu de vol, né le 24 octobre 1924 à Paris, célibataire, manœuvre.

10. Bara Robert, condamné à deux ans de prison pour abus de confiance, né le 17 juin 1924 à Versailles, célibataire, manœuvre.

11. Calandra Francis, prévenu de complicité de vol aux faux policiers*, considéré comme le responsable de la révolte, né le 16 janvier 1919, à Grasse, célibataire, coiffeur.

12. Mary Henri, prévenu de vol, né le 22 août 1925 à Paris, célibataire, fraiseué.

13. Quentin Jacques, prévenu d'escroquerie, né le 21 janvier 1925, célibataire, ouvrier en TST.

14. Klele André, prévenu de recel, né le 3 mai 1925 à Vitry, célibataire, charpentieé.

15. Brouste René, prévenu de chantage, né le 27 septembre 1924, célibataire, demeurant à Paris, moniteur.

16. Wallet Robert, prévenu de vol qualifié, né le 13 juin 1924, marié, un enfant, employé à la SNCF.

17. Florent André, prévenu de menaces, de coups et blessures, né le 28 avril 1924, célibataire, manœuvre.

18. Marotel Albert, prévenu de vol, né le 1er décembre 1924, célibataire, demeurant à Saint-Denis, mineur.

19. Becq Henri, prévenu de vol, né le 4 janvier 1925 à Bagnolet, célibataire, horticulteur.

20. Jaffrezig Robert, prévenu pour vols qualifiés, né le 9 mai 1924.

21. Fleury Robert, prévenu pour vols qualifiés, né le 23 juillet 1925 à Saint-Maur, célibataire, boucher.

22. Gagneux Louis, prévenu de vol, né le 16 avril 1926, célibataire, manœuvre.

---

* Pendant toute l'Occupation, le vol aux faux policiers a constitué l'une des techniques favorites de la pègre : deux visiteurs sonnent à la porte de leur future victime, exhibent de fausses cartes de police ou un pseudo-mandat et indiquent qu'ils vont procéder à une perquisition. Dans l'ambiance inquisitoriale qui règne à cette époque où chacun a peu ou prou à se reprocher, ne serait-ce qu'un achat alimentaire au marché noir, la ruse est presque toujours couronnée de succès... et les faux policiers partent avec leur butin. La technique sera reprise après la Libération : faux FFI remplacèrent faux policiers.

23. Chakri Arab, prévenu de tentative de meurtre, né le 21 janvier 1912 à Constantine, marié, quatre enfants.

24. Ringeard Roger, prévenu de vol, né le 18 novembre 1911, à Paris, célibataire, forgeron.

25. Asroun Mahout, prévenu d'homicide volontaire, né le 4 mai 1916 à Alger, demeurant à Brest, marié, manœuvre.

26. Coat * Pierre, prévenu de vol aux faux policiers, né le 28 avril 1920, célibataire, pointeur.

27. Gagnaire Henri, prévenu de crime prévu par la loi du 20 janvier 1944, arrêté le 10 juillet par les policiers de Dijon pour menées antinationales, né le 16 juin 1924 à Joigny, célibataire, scieur.

28. Menneveu Guy, prévenu de vols et recel, né le 16 novembre 1925 à Antony, célibataire, représentant.

Il est 18 h 10 quand le dernier acte commence, suivi de bout en bout par le commissaire Loupias, requis sur place pour assister à l'exécution, en tant que commissaire du XIVe arrondissement sur le territoire duquel se trouve la maison d'arrêt de la Santé. C'est le métier : Loupias a déjà dû subir ce pénible spectacle le 30 avril précédent. Son rapport au directeur des Renseignements généraux du 2 avril 1946, vingt et un mois après le drame, se passe de commentaires :

« Les vingt-huit condamnés furent fusillés en quatre fois, sept poteaux ayant été fichés dans le chemin de ronde du boulevard Saint-Jacques **. Les pelotons étaient composés de six gardes mobiles commandés par un lieutenant... Les exécutions eurent lieu à un rythme assez lent, les gardes répugnant visiblement à cette besogne, tant par la lenteur opérée à leur mise en place, qu'aux nombreuses balles perdues. C'est ainsi notamment qu'un peloton de six gardes manqua une première fois un condamné et dut tirer une nouvelle salve pour arriver à le toucher cette fois.

Un autre, au cours d'une charge, ne reçoit qu'une seule balle. Les coups de grâce étaient donnés par un adjudant qui manifestait un dégoût marqué et que son chef dut plusieurs fois rappeler à l'ordre d'une façon assez énergique... Pour l'ultime coup de grâce à donner, cet adjudant prétendit ne plus avoir de cartouches, c'est alors que M. Baillet, directeur général de l'Administration pénitentiaire, fusillé depuis, lui tendit son arme personnelle[31]... »

Dernier geste de routine de Loupias : l'identification des corps ;

---

* Mis en cellule le 14, Pierre Coat n'a pas pu participer physiquement à la rébellion, mais c'est entre ses mains qu'a été saisi, le 14, le billet appelant à la mutinerie.

** Il s'agit d'une distraction de plume, le boulevard Saint-Jacques ne longeant pas la Santé. Les poteaux sont, comme le 30 avril, fichés dans le chemin de ronde longeant la rue Jean-Dolent, parallèle au boulevard Saint-Jacques.

elle est terminée vers 20 heures et les cercueils commandés peu après midi emportent les restes des fusillés au cimetière d'Ivry. La nuit n'est pas encore tombée sur la capitale.

Le lendemain Knipping envoie à Raymond Clémoz, directeur du cabinet de Darnand à Vichy, copie du communiqué « passé » à la presse de la zone nord en ce qui concerne la révolte de la Santé. Dans ce texte, Knipping écrit que la Cour martiale « a prononcé 28 condamnations à mort, *uniquement* parmi les détenus de droit commun déjà *condamnés* à de lourdes peines[32]. »

Knipping ment *sciemment*. La liste établie par ses propres services montre que, parmi les 28 fusillés, il y avait dix condamnés et dix-huit *prévenus*, c'est-à-dire des hommes qui n'étaient pas encore passés devant un tribunal chargé d'apprécier leur culpabilité[33] ! En outre, l'un des suppliciés, Henri Gagnaire, vingt ans, avait été arrêté le 10 juillet par les policiers de Dijon pour « menées antinationales » : on sait ce que cela signifie !

Enfin, et ce n'est pas l'un des aspects les moins tristes de ce drame, un fusillé était âgé de dix-huit ans, 11 de dix-neuf ans et 6 de vingt ans.

Les péripéties des jours suivants

Quelles furent les retombées de la fusillade du 14 juillet ?

Pour les détenus eux-mêmes fort contraignantes : sur les 1 102 cellules que comptait à l'époque la maison d'arrêt, 508 étaient devenues inutilisables du fait des dégâts produits par les mutins. Il en restait donc 514... mais 77 étaient occupées par les détenus employés aux « services généraux » de la prison elle-même et 90 par les « politiques ». Les « droit commun » durent provisoirement s'entasser, de 5 à 15 détenus par cellule, dans les 347 restantes.

En guise « d'enseignement » de la révolte, le commissaire Laffont termine son rapport, déjà longuement cité, en ces termes :

« La situation eût été infiniment plus critique si la rébellion, au lieu d'éclater la nuit, alors que les détenus sont tous enfermés dans les cellules à l'intérieur de la détention, avait eu lieu le jour, quand deux ou trois cents détenus vont et viennent dans les couloirs et qu'il y a des visiteurs : avocats, familles... Maîtriser les gardiens, s'emparer des clés et ouvrir les cellules, se saisir des visiteurs et faire d'eux et des gardiens des otages qu'on eût poussés devant soi pour empêcher le piquet de sécurité de faire usage de ses armes, n'eût pas été impossible. Le rétablissement de l'ordre s'en fût trouvé beaucoup plus pénible et délicat. »

Dès le 22 juillet, Bussière s'empresse de transmettre à Darnand le rapport de Laffont, en tirant la leçon de l'événement :

« En dépit d'une situation très difficile (sécurité de la prison qui repose simplement au point de vue matériel sur une unique grille placée à l'entrée de la détention, surpeuplement : près de 5 000 détenus pour 1 200 places) la rébellion a complètement échoué et aucune évasion ne s'est produite. »

Et le préfet de Police saisit l'occasion pour se plaindre à Darnand de l'insuffisance de l'armement de ses gardiens de la paix :

« Les obligations qui nous incombent deviennent de plus en plus nombreuses, mais notre personnel souffre d'une forte crise de recrutement et souffre bien davantage encore du fait qu'il n'est pas armé en totalité et qu'il l'est insuffisamment puisqu'il ne dispose que de quelques armes automatiques[34]. »

C'est une tout autre demande que, le 27 juillet, Knipping présente au garde des Sceaux Gabolde ; elle vise un nommé Willy Domange, prévenu à la Santé, matricule 1452, poursuivi pour escroqueries :

« Son frère, qui est très honorable, écrit Knipping, est un des chefs de la Milice qui avait reçu, le 15 juillet au matin, la mission de pénétrer avec les francs-gardes dans la prison de la Santé en rébellion. Ce garçon savait qu'il allait se trouver en présence de son frère et qu'il serait peut-être dans l'obligation de faire ouvrir sur lui le feu de sa troupe.

« Heureusement, il n'en fut rien, le détenu Domange étant resté dans une cellule intacte.

« Le milicien Domange ne fit part de cette situation tragique qu'après avoir accompli son devoir.

« Félicité de sa conduite, il demanda, les larmes aux yeux, la grâce de son frère et son envoi en Allemagne.

« Je me suis permis de vous soumettre ce cas exceptionnel, en l'appuyant d'un avis favorable[35]. »

Evoquons enfin le sort de Marcel Bucard. Le chef du Francisme a, pendant la révolte, reçu l'hospitalité de « politiques », pourtant ses adversaires, préférant une cellule ainsi « protégée » à sa cellule de droit commun * : s'ils avaient été au courant de son mouchardage, peut-être eussent-ils été moins accueillants...

A propos de Bucard prisonnier à la Santé, un bien étrange propos a été rapporté par Knipping, propos que lui aurait tenu Neifeind lors des brûlants entretiens entre le délégué de Darnand en zone nord et le *Kommandeur* dans la nuit du 14 au 15 juillet :

« Au moment où je m'opposais aux prétentions de Neifeind relatives au nombre des mutins à fusiller, le *Kommandeur* me dit

* C'est du moins ce qu'affirme Gabolde dans ses Mémoires.

personnellement : " Vous avez tort de ne pas profiter de l'occasion, parce que vous pourriez vous débarrasser en même temps d'un concurrent politique, Marcel Bucard, qui est en ce moment-ci à la Santé. "

« Je répondis à Neifeind qu'il ne fallait pas qu'il compte sur moi pour me prêter à une chose pareille et qu'il n'était pas question de vouloir fusiller Bucard [36]. »

Pour en finir avec le chef du Francisme, il bénéficia d'un non-lieu dans le meurtre du gardien de la paix le 4 juillet, boulevard des Italiens : il n'avait pas tiré lui-même (c'était son garde du corps Idrisse), il n'avait pas donné l'ordre de tirer et, selon Gabolde, « il n'était pas établi que Bucard, atteint de surdité *, ait entendu les coups de sifflets de la police [37]... ».

Abandonnons le personnage : il sortira, libre, de la Santé, le 29 juillet... pour abandonner Paris le 18 août dans les fourgons allemands.

Était-ce une provocation ?

Etudiée avec quelque quarante années de recul, la mutinerie de la Santé apparaît, vue sous un certain angle, comme l'un des exemples les plus achevés illustrant la thèse fondamentale du gouvernement de Vichy et de ses serviteurs pendant les quatre ans de l'occupation : « Grâce à nous, les dégâts les plus graves ont été limités et notre politique du moindre mal a épargné bien des vies humaines. » Dans cette optique il n'y a pas de commune mesure entre les 400 victimes expiatoires qu'exigeait Neifeind et les 28 suppliciés finalement offerts au bourreau, après des heures de négociations harassantes.

« J'ai pris mes responsabilités : j'ai limité les ravages », dira Pierre Gallet à l'instruction de son procès [38]. Condamné à mort par la Cour de justice de la Seine le 20 décembre 1948, il verra sa peine commuée en vingt ans de travaux forcés.

L'histoire n'étant pas un tribunal posthume, nous essaierons, plus modestement, de comprendre et de rechercher la ou les explications possibles de la mutinerie, ses causes réelles : et ce n'est pas le plus facile.

Une provocation ? L'hypothèse a été avancée par le détenu politique, R. G. Plessis, en ces termes :

« Nous avions compris que ces malheureux " J 3 " poussés par

---

* A la suite d'une otite, Bucard avait subi, en 1942, un évidement de tout le conduit auditif externe d'une oreille, qui provoquait des troubles de l'équilibre et des vertiges, s'ajoutant à une surdité unilatérale.

ruse à la rébellion avaient été joués, que le but était d'amener les détenus politiques à participer à l'émeute et d'en tirer prétexte le lendemain pour les exterminer tous[39]. »

Soit ! Mais qui serait à l'origine de la « provocation » : les Allemands ? Les hommes de la Milice ? Des collabos[40] ?

Si la provocation est d'origine française, comment expliquer alors que les « politiques » furent mis en garde contre tout acte irréfléchi, cette mise en garde émanant de l'Administration pénitentiaire elle-même, comme l'indiquent le rapport du commissaire Moronval et les souvenirs de R. G. Plessis ?

Serait-elle alors d'origine allemande ? Les occupants se sont certes servis, à plusieurs reprises, de cette forme de piège politique ou de faux-semblant : le 8 juillet 1944, à la gare du Nord, des collabos et des femmes allemandes injurient des soldats anglais prisonniers en transit dans la capitale ou leur crachent au visage, ce qui permettra au *Völkischer Beobachter* du lendemain de publier d'édifiantes photographies de cette scène de rue avec cette légende : « Il fut nécessaire à nos soldats d'établir un barrage, afin de protéger les prisonniers de la fureur de la population française[41]. »

Pour les Allemands, il était très facile de faire circuler à la Santé des rumeurs incontrôlables, venues de l'extérieur, parmi des hommes privés de liberté, et de faire amplifier ces rumeurs par quelques indicateurs emprisonnés eux aussi et jouant le rôle de moutons *.

Dans cette hypothèse, l'Administration pénitentiaire aurait prévenu les détenus politiques de ne pas se mêler au mouvement, afin de faire pièce à la provocation allemande. Soit ! Mais pourquoi les politiques *seuls ?* Afin de ménager l'avenir face aux résistants qui, demain (et ce demain était très proche), prendraient le pouvoir ? La manœuvre est concevable chez des fonctionnaires qui savent qu'ils auront des comptes à rendre...

Au vrai, aucun élement, aucun début de témoignage ou de preuve, directe ou indirecte, ne permet de choisir entre ces hypothèses.

Et si l'hypothèse la plus vraisemblable était la vraie : pourquoi ne pas envisager que la révolte des « droit commun » fut uniquement dictée, compte tenu des circonstances, par une pulsion irrésistible du désir de retrouver la liberté ? Pourquoi n'aurait-t-elle pas jailli spontanément dans l'esprit des détenus, avides de briser les chaînes d'une condition carcérale que l'homme supporte mal ?

Pour notre part, en l'absence de toute précision pouvant éclairer la

---

* En août 1944, la prison de la Santé abritera même un agent français du SD que la police française a capturé et dont la gendarmerie militaire allemande (groupe 923) demandera par écrit la libération (photocopie de la lettre originale *in Franc-Tireur* du 18 octobre 1949) au consul de Suède Raoul Nordling le 19 août !

question, nous adoptons cette hypothèse : la révolte des hommes de la Santé fut une véritable tragédie du besoin de la liberté, une tragédie à ressorts élémentaires, sans aucune arrière-pensée politique ou autre, sans autre désir, de la part des révoltés, que de se retrouver libres dans la rue. La progression des alliés sur le front de l'ouest d'une part, la date symbolique du 14 Juillet d'autre part, poussant au paroxysme l'état d'exaltation des détenus, peuvent avoir servi de détonateur à la rébellion. Qui a été en prison, une seule fois dans sa vie, admettra cette réaction qu'ont eue, le soir du 14 juillet 1944, les « droit commun » de la prison parisienne.

Six jours après le drame de la Santé, les Allemands vont jouer dans la capitale une tragi-comédie : l'attentat contre Hitler, le 20 juillet 1944, commis à plus de mille kilomètres de Paris, provoquera sur les bords de la Seine une révolution de palais qui ébranlera, un instant, la toute-puissance de la police nazie.

NOTES

1. Rapport D/52 du commissaire Laffont, inspecteur général des services de la Préfecture de Police (IGS) sur la révolte de la Santé. Préfecture de Police. Cabinet du Préfet. Archives.

2. R. G. Plessis, « Choses vues. Les mutins de la Santé 14 juillet 1944 », *le Monde,* 15 juillet 1952 et « Vingt ans après le" 14 juillet " des " casseurs " à la prison de la Santé », *le Monde,* 15 juillet 1964.

3. Toutes les précisions relatives au drame du 30 avril 1944 à la Santé sont extraites d'un document dactylographié de onze feuillets, contemporain des faits, constituant la « copie » originale du « Bulletin d'information du 30 mai 1944 » diffusé par le « Comité national de défense des prisonniers politiques et la solidarité de la Résistance » où sont représentés la plupart des mouvements de la Résistance. Ce bulletin devait constituer l'article central du Bulletin ronéoté n° 2 de ce comité du 30 mai 1944 ; le bulletin n° 1 du 15 mai du même comité fait état, en quelques lignes, de l'exécution de « neuf FTP à la Santé le 30 avril, dans le chemin de ronde à l'angle de la rue Jean-Dolent ». Archives nationales W III, 139. Signalons que la Bibliothèque nationale conserve le n° 2 du 30 mai et le n° 3 du 25 juin (Rés. G. 1470-37).

4. Archives nationales F7/14902.

5. *Ibid.*

6. *Ibid.*

7. Maurice Gabolde, *op. cit.*

8. Rapport du commissaire Laffont, *op. cit.*

9. Archives nationales F7/14902.

10. Rapport du commissaire Laffont, *op. cit.*

11. Rapport d'Edmond Hennequin, directeur général de la police municipale (B8, D50) au préfet de police, en date du 16 juillet 1944. Préfecture de Police. Cabinet du Préfet. Archives.

12. R. G. Plessis, *op. cit.*

13. *Ibid.*

14. Archives nationales W III, 140. Cette conclusion du rapport du commissaire Moronval sera reprise textuellement dans l'exposé du parquet de la Cour de justice de la Seine du 7 août 1948 (p. 19) dans le procès intenté au milicien Pierre Gallet. Archives nationales CJ/5229.

15. Edmond Hennequin, *op. cit.*

16. Bussière, *op. cit.*, p. 376 du ms.

17. Bussière, *op. cit.*, p. 378 et 379 du ms.

18. Déposition de Knipping devant le commissaire Le Galo, enregistrée le 9 juillet 1945. Archives nationales W III, 140.

19. Témoignage inédit d'Edmond Hennequin.

20. Rapport de M. Jouanneton, commissaire principal du XIVe arrondissement à M. le directeur général de la police municipale, s.d., Préfecture de Police, Cabinet du Préfet. Archives.

21. Archives nationales CJ 5229.

22. Archives nationales CJ 120/1734.

23. Archives nationales W III, 140.

24. *Ibid.*

25. *Ibid.*

26. *Ibid.*

27. *Ibid.*

28. Archives nationales CJ 3576.

29. Archives nationales CJ 120/1734.

30. Archives nationales CJ 3576.

31. Archives nationales CJ 5229.

32. Archives nationales F7/4902.

33. Archives nationales CJ 4110.

34. Lettre du Préfet de Police à M. le Secrétaire d'Etat à l'Intérieur, Secrétariat général au Maintien de l'Ordre (PJ 80) du 22 juillet 1944. Préfecture de Police. Cabinet du Préfet. Archives.

35. Archives nationales F7/4902.

36. Archives nationales 334 AP 18.

37. Maurice Gabolde, *op. cit.*

38. Archives nationales CJ 5229.

39. R. G. Plessis, *op. cit.*

40. Dans ses *Mémoires* (Fayard, 1970, tome III, deuxième partie, p. 196-197), Jacques Duclos écrit : « Les bandits de Bucard qui y faisaient un séjour (à la Santé) avaient organisé une mutinerie parmi les condamnés de droit commun, avec l'espoir secret d'entraîner les condamnés politiques dans un geste insensé de provocation. Mais les provocateurs en furent pour leurs frais : les détenus politiques, prévenus, ne bougèrent pas. Et les tueurs de la Milice et de la Gestapo, tapis dans les couloirs d'entrée de la prison, n'eurent pas leur massacre de patriotes. Cette provocation devait, dans l'esprit de ses initiateurs, faire avorter le projet d'évasion massive des détenus politiques, appuyé de l'extérieur par une intervention de groupes armés des FFI. » Duclos est le seul mémorialiste qui fasse allusion à un « projet », fût-il hypothétique, d'évasion des politiques, combinée avec une action des FFI menée à l'extérieur de la prison : aucun document n'est apporté à l'appui de cette affirmation. En revanche, un groupe de résistants songera à libérer les détenus politiques de Fresnes par la force (cf. *infra* p. 283). Quant au rôle éventuellement provocateur des hommes de Bucard enfermés à la Santé, Jacques Duclos ne fournit aucun élément permettant d'établir le bien-fondé de son affirmation.

41. Le reportage photographique complet est publié dans Pierre Bourget, *Paris 1940-1944*. Plon, 1979, p. 180-181.

CHAPITRE V

LE 20 JUILLET
OU
LA FOLLE NUIT DES BARONS

« Ah ça ! Boineburg, vous êtes devenu complètement fou ! (*Ganz verrückt*). »

Ecarlate de colère, le général SS Oberg, chef suprême des policiers nazis en France, s'est planté, menaçant, devant le *Generalleutnant* von Boineburg-Lengsfeld, commandant du Grand Paris, qui vient d'entrer dans l'appartement de l'hôtel Continental, rue de Castiglione, où Oberg se morfond depuis trois heures d'horloge, enfermé à double tour, sous la garde d'un capitaine de la Wehrmacht en faction dans le couloir.

Lui, Oberg, n'a-t-il pas été « cueilli » à son bureau au 57, boulevard Lannes comme un vulgaire petit escroc par des soldats allemands en armes et transféré *manu militari* dans cet hôtel de luxe ? Et ne se trouve-t-il pas, en fait, prisonnier de l'armée allemande, de ses propres compatriotes ? Que signifie cette ahurissante mascarade ? Et Boineburg, qui commande les soldats venus arrêter le *Höhere SS und Polizeiführer* en France, n'est-il pas effectivement devenu... complètement fou ?

Sous cette avalanche de questions, Boineburg réfléchit rapidement : la situation n'est pas rose, en effet. Comment expliquer à Oberg pourquoi il a fait neutraliser par la force le *Höhere SS* et ses policiers, dans la soirée du 20 juillet entre 22 heures et minuit ? La nuit sera longue, pense Boineburg.

Le *Kommandant von Gross Paris* qui, devant Oberg, a affecté de garder une position réglementaire, répond avec flegme :

« Vous poserez cette question à mon chef, le commandant militaire en France, le général von Stülpnagel. Il m'a d'ailleurs donné l'ordre de vous conduire à lui : ma voiture vous attend.

— Où allons-nous ?

— Au Raphaël.[1] »

Le *Höhere SS* connaît cet hôtel, 17, avenue Kléber, qui sert de mess aux officiers de l'état-major du général von Stülpnagel, à quelques pas du Majestic où se trouvent leurs bureaux.

Oberg et Boineburg traversent ensemble le vaste hall du Continental, réquisitionné par l'armée d'occupation, sous l'œil vaguement curieux du personnel de nuit français : le contraste est saisissant entre le massif SS, congestionné, au visage porcin, à la nuque rasée et le général portant monocle, d'une minceur d'officier de cavalerie, qui l'escorte.

Il est un peu plus de 2 heures du matin, le 21 juillet ; nous sommes au point culminant de l'une des histoires les plus extraordinaires de l'occupation de Paris, celle de la révolte *réussie* d'une poignée d'officiers insurgés contre Hitler : pendant quelques heures, la capitale de la France a été le seul endroit de l'Europe occupée où le putsch contre le Führer, déclenché au matin du 20 juillet par l'explosion, à 12 h 42, de la bombe de Stauffenberg destinée à tuer le Führer à son quartier général de Prusse orientale, a été couronné d'un succès total. Un succès éphémère, hélas pour les conjurés !

Le noyau dur de la conspiration

Il n'entre pas dans l'objet de ce livre de conter les différentes péripéties de la vaste conjuration contre Hitler, ni de mettre en scène ses principaux acteurs : bornons-nous à préciser le décor et l'action du complot parisien, auquel furent mêlés un petit nombre d'officiers allemands et qui dut sa réussite à la volonté de ses protagonistes et à la discipline de fer de l'armée.

Nous avons déjà exposé * l'état d'esprit du général von Stülpnagel face à Hitler : persuadé que la guerre va être perdue, le commandant en chef en France est acquis à l'idée qu'il faut éliminer le Führer afin d'éviter une catastrophe pour sa patrie. Stülpnagel n'est certes pas partisan d'un acte de violence mais il se laissera, au fil des mois, convaincre de l'inéluctabilité de celui-ci par un cousin de Stauffenberg, le lieutenant-colonel César von Hofacker qui est attaché à son état-major, et dont il a fait son confident.

Ce Souabe de quarante-huit ans, qui porte l'uniforme de la Luftwaffe, l'armée de l'Air allemande, est un officier de réserve ; fondé de pouvoir des Aciéries réunies, il a repris du service en 1940 et participé à la campagne de France. « Personnalité de valeur, homme calme et réfléchi[2] », Hofacker s'est inscrit au parti en 1937. Mais il n'est pas, pour autant, un nazi, bien au contraire. Il a, dès 1942, partie liée avec la fraction berlinoise du complot contre Hitler, ces

* *Cf.* supra p. 10-11.

Allemands patriotes qui veulent sauver l'Allemagne en tentant d'ouvrir des pourparlers de paix avec les Alliés. Véritable « âme du mouvement » anti-hitlérien à Paris, Hofacker est sur la même longueur d'ondes que Stülpnagel : ils sont les véritables têtes de la conspiration en France.

Stülpnagel a entraîné dans son sillage oppositionnel deux colonels occupant des postes importants dans la hiérarchie militaire ; un autre Souabe, le colonel Finckh, qui, à quarante-cinq ans, comme quartier-maître du groupe d'armées B, est le chef des services d'intendance de toutes les armées allemandes de l'Ouest (il a son PC à Paris rue de Surène) s'est rallié à la thèse du commandant militaire en France ; en outre, Finckh connaît fort bien Stauffenberg. Arrivé en avril 1944 et dernier entré dans la conspiration, le colonel von Linstow a été mis dans le secret par Stülpnagel qui a confiance en cet officier récemment affecté à son état-major ; Linstow est atteint d'un sérieux handicap : bien que jeune (il n'a pas quarante-cinq ans), il souffre d'une grave maladie cardiaque qui, souvent, limite ses activités.

Si les quatre hommes constituent le « noyau dur » de la conspiration à Paris, quel est leur chef ? Car si leur plan prévoit, en liaison avec la « centrale » berlinoise, la cessation des combats à l'ouest, conséquence directe de la déposition ou de l'élimination d'Hitler, quel chef aura assez de prestige pour l'imposer aux troupes qui combattent contre les Alliés et à leurs chefs, et assez de moyens et de courage pour mettre les SS et le SD hors d'état de nuire en France ? Stülpnagel a certes longuement réfléchi à la question : un seul homme s'impose pour le succès de l'opération, Rommel, chef du groupe d'armées B. Ceci pour deux raisons : le *Generalfeldmarschall* est estimé de ses pairs qui lui reconnaissent d'éminentes qualités de tacticien et, d'autre part, il est très populaire auprès des soldats et, ce n'est pas courant chez les chefs militaires, auprès des civils allemands.

Après des travaux d'approche, Stülpnagel a franchement mis le marché en main à Rommel le 15 mai 1944, au cours d'une conversation entre les deux hommes à Mareil-Marly, engagée fortuitement à l'occasion du baptême du fils d'un officier de l'état-major de Stülpnagel, le colonel Kossmann, dont Rommel et le commandant militaire en France ont accepté d'être les parrains. Quand nous disons « le marché en main », nous forçons la réalité : en fait, Stülpnagel a convaincu Rommel * qu'il fallait « passer à l'action »

---

* Depuis le début de 1943, Rommel ne croit plus en la victoire allemande. En mars, peu avant de quitter le théâtre d'opération tunisien où il cède son commandement à von Arnim, il a dit à un de ses subordonnés, le colonel von Luck : « Nous avons perdu

contre Hitler, mais le commandant en chef du groupe d'armées B s'est révélé comme l'adversaire résolu d'un attentat — Hitler, après sa déchéance obtenue par la force, devra être régulièrement jugé par un tribunal.

Si Rommel est acquis « en principe » aux conjurés avec cette importante restriction sur la méthode à utiliser, il changera d'avis *après* le débarquement et, surtout, après la conférence des généraux allemands avec Hitler à Margival le 16 juin, au cours de laquelle il a osé dire à Hitler : « Il faut arrêter les hostilités à l'ouest ou nous courons à la catastrophe » ; le Führer l'a sèchement rabroué :

« Ne vous occupez pas de cela : votre affaire, c'est le débarquement. »

Une autre réunion aurait dû avoir lieu avec Hitler le 19 juin, où Rommel se proposait de « remettre ça », mais le Führer l'a annulée au dernier moment.

Que Rommel ait décidé de sauter le pas, on en a la preuve par les entretiens qu'il a au début de juillet avec les chefs de certaines de ses grandes unités (les généraux von Lüttwitz, von Schweppenburg et Dollmann en particulier) à qui il a demandé s'ils exécuteraient ses ordres, quels qu'ils soient :

— Oui, ont-ils répondu, quitte à désobéir à Hitler !

Fort de leur engagement, Rommel est disposé à faire basculer l'armée de l'Ouest du côté des conjurés ; la situation étant devenue très critique en Normandie, ses scrupules sont désormais balayés.

Le 9 juillet, il confie à Hofacker, venu l'entretenir de la part de Stülpnagel :

« Le front tiendra de deux à trois semaines ; passé ce délai, il s'effondrera *... »

Or il est indispensable que le complot contre Hitler réussisse avant l'expiration de ce délai : que pourrait faire Rommel avec une armée en retraite ? C'est l'une des raisons pour laquelle, sans doute, les conjurés de Berlin hâtent le mouvement : Stauffenberg a fait deux tentatives les 11 et 15 juillet au Quartier Général d'Hitler alors à Berchtesgaden pour la première, à Rastenburg en Prusse orientale (à 600 kilomètres de Berlin) pour la seconde, mais a renoncé à agir **, Goering et Himmler n'étant pas présents dans la salle des conféren-

---

Stalingrad, nous allons perdre l'Afrique... Il faut conclure un armistice à l'ouest, quitte à faire des concessions pour les juifs et les Eglises. » (Déclaration du colonel von Luck, journal d'Antenne 2, 20 heures, 5 juin 1984.) L'opinion de Rommel sur la probabilité d'une défaite allemande commence à se répandre parmi certains des chefs de la Wehrmacht.

* Rommel voit juste : la percée américaine dans la région d'Avranches, le 1er août, préludera à la débâcle allemande à l'ouest.

** Dans les deux cas, les unités destinées à occuper Berlin et à s'emparer des ministères avaient été mises en état d'alerte : la manœuvre fut camouflée en exercice.

ces où le chef du complot avait introduit la bombe à retardement placée dans sa serviette. C'est donc à Rastenburg que Stauffenberg a décidé de frapper cinq jours après l'échec du 15 juillet *.

Mais, le 17 juillet, une péripétie imprévue va jeter la consternation chez le petit groupe des conjurés parisiens : ce jour-là, sur la route Livarot-Vimoutiers, vers 18 heures, la voiture Horch qui transporte Rommel du PC du général Dietrich qu'il vient de quitter, à son QG de La Roche-Guyon, est mitraillée par huit chasseurs-bombardiers ; mortellement touché (il mourra le soir à Bernay), le chauffeur perd le contrôle du véhicule qui va s'écraser contre un arbre :

« On retira Rommel inanimé de la voiture, raconte Maurice Pestel, le visage ensanglanté par les éclats : il présentait une tuméfaction volumineuse de la région temporale gauche avec atteinte de la voûte orbitaire... Transporté à Livarot, le chef du groupe d'armées B est soigné par le pharmacien du pays qui fit le pansement, examina le blessé, constata une otorragie (hémorragie au niveau du conduit auditif externe) et l'existence d'une fracture du rocher et de l'écaille temporale avec atteinte de l'arc orbitaire gauche[3]... »

Inconscient, Rommel est transporté à l'hôpital de la Luftwaffe à Bernay, où il sera examiné deux jours après par le professeur Esch, neuro-chirurgien de grand renom, médecin consultant de l'armée de l'Air allemande.

Quand Stülpnagel apprend la nouvelle, il confie à Hofacker :

« Il ne nous manquait plus que cela... »

Avec l'accident du *Generalfeldmarschall*, disparaît de la scène le « garant moral » de la conspiration à l'ouest et le seul homme capable d'en assurer la réussite : c'est une catastrophe pour les conjurés.

Elle est d'autant plus ressentie à Paris et à Berlin que le remplaçant de Rommel est le *Generalfeldmarschall* von Kluge, nommé par Hitler commandant en chef à l'ouest le 3 juillet, à la place de Rundstedt : dès qu'il a appris la mise hors de combat de Rommel, Kluge a décidé de prendre lui-même le commandement du groupe d'armées B sur le front d'invasion. Ainsi, il assure un double commandement avec deux quartiers généraux distincts, entre lesquels il se partage quand il n'est pas en inspection sur le front :

— A Saint-Germain-en-Laye, siège du haut commandement de la Wehrmacht à l'ouest (chef d'état-major, général Blumentritt) ;

— A La Roche-Guyon, siège du commandement du groupe B (chef d'état-major, général Speidel).

Mais Kluge, à la différence de Rommel, n'a pas adhéré franche-

* Stauffenberg a (peut-être) tenté de déposer sa bombe à Berchtesgaden le 8 ou le 9 juillet, mais le fait n'est pas prouvé.

ment à la conspiration : le « sage Hans » (*Der kluge Hans*, tel est son surnom dans l'armée allemande), s'il a été en rapports avec certains conjurés, attend et... voit venir. Au fond, son choix ultime dépendra de la tournure des événements : Stülpnagel s'en apercevra à ses dépens.

Le « régiment de sécurité » du baron von Kraewel

A Paris, tout est prêt : les conjurés donneront leurs ordres dès qu'ils auront été avertis de l'attentat par téléphone, le téléphone étant le seul moyen de transmission utilisé, entre eux par les conjurés tant à Paris qu'à Berlin *.

Quels ordres ? Et à qui ?

Stülpnagel a étudié le problème et choisi la solution la plus simple : faire appel, sur place, à des soldats « traditionnels » pour qui l'obéissance est une seconde nature. Le hasard le servira en la personne de Boineburg dont on connaît l'état d'esprit très proche de celui du commandant militaire en France.

C'est d'ailleurs Boineburg qui, le premier, s'est ouvert à son chef : « Un jour de 1944, j'allai voir Stüpnagel dans son bureau du Majestic et lui parlai franchement, de soldat à soldat :

— La situation est perdue, lui dis-je, pour nous, et peut-être pourrait-on faire quelque chose pour la sauver.

— Oui, Boineburg, me répondit-il. Pour cela il y a quelque chose en préparation. Voulez-vous y participer ?

— C'est à cause de cela que je suis ici, mais qui participe à l'opération ?

— Beck, Hoeppner, Witzleben **...

— Cela me suffit. Que dois-je faire ?

— Pour le moment, chercher un régiment de sécurité qui vous soit fidèle et des officiers qui obéiront sans récriminer à un ordre. Cela suffit.

Il ne m'en dit pas plus [4]... »

Boineburg se met en quête : il ne cherchera pas trop longtemps des exécutants pour une tâche « en préparation », non encore définie ; il suffit que les officiers choisis lui obéissent *perinde ac cadaver* comme lui-même a décidé d'obéir à Stülpnagel.

Il est sûr de son adjoint, le général Walter Brehmer, qui le

* Certains pensent que ce fut là une des raisons de l'échec de la conspiration, bien que l'attentat contre Hitler n'ait pas provoqué la mort du Führer.

** Deux généraux et un *Generalfeldmarschall* de grande réputation dans l'armée, mais à qui Hitler a enlevé tout commandement, à différentes époques : Beck avant la guerre, Hoeppner et Witzleben pendant.

représente ou le remplace en cas d'empêchement, mais il ne croit pas utile de lui faire part du projet en cours.

En revanche, le 12 juillet, Boineburg a une conversation avec son chef d'état-major, le colonel von Unger :

« Unger n'était au courant de rien, poursuit Boineburg. Je l'avertis à mots couverts. Il était très réticent, car il avait prêté serment à Hitler comme moi-même, mais je le tranquillisai et il me parut rassuré[5]. »

Assuré de ses collaborateurs immédiats, Boineburg pense au second objectif assigné par Stülpnagel : mettre en alerte un régiment « fidèle ». Le *Sicherungsregiment* (régiment de sécurité) n° 1 caserné à Paris dans deux casernes, dont celle de la porte de Clignancourt lui paraît sûr. Commandé depuis avril 1943 par le lieutenant-colonel baron * Kurt von Kraewel, un officier de réserve, il comporte deux bataillons motorisés et un bataillon cycliste, au total 2 500 hommes.

Kraewel est « vaguement » informé de la conspiration contre Hitler :

« Je savais, dit-il, qu'il existait dans le Reich des gens, civils ou militaires, qui " préparaient quelque chose " pour tenter de terminer honorablement la guerre. On parlait de " conjuration ", mais je n'y participais pas directement. Disons qu'un complot était " dans l'air ", mais personne ne savait quand il pourrait survenir. Un jour, le général von Boineburg-Lengsfeld me demanda tout simplement de " me tenir prêt ". Entre nous, cela suffit : je lui répondis affirmativement. Le 10 juillet 1944, le général me dit : " Attention ! Ordre d'alerte ** ! " Je compris aussitôt : il devait se passer un événement ce jour-là. Mais il ne se passa rien ! Alors, nous avons encore attendu[6]... »

Jusqu'au 20 juillet.

Ce matin-là, à 10 heures, Finckh reçoit un appel téléphonique de Berlin ; un seul mot est prononcé par son interlocuteur :

« *Übung* (Exercice). »

C'est le signal convenu qu'Hofacker a rapporté de Berlin ; le code est simple : « exercice » signifie « l'attentat va avoir lieu » ; le second mot « terminé » indique qu'il a réussi.

12 h 30 : Stülpnagel s'installe à sa table du salon bleu au Raphaël et commence à déjeuner.

12 h 42 : la bombe de Stauffenberg explose sous la table de la salle des cartes au GQG d'Hitler à Rastenburg. Stauffenberg s'enfuit, en

---

* Il cousine lointainement avec le comte von der Schulenburg, une des têtes politiques de la conspiration en Allemagne.

** Sans doute, une de ces alertes lancées par Stauffenberg, non suivies d'effet : la chronologie est difficile à établir.

avion, quelques minutes après, sans pouvoir vérifier que l'attentat a été couronné de succès, c'est-à-dire qu'Hitler a été tué* : le chef du complot regagne Berlin, afin de lancer dans toute l'Allemagne les ordres pour la réalisation du plan « Walkyrie » qui doit déboucher sur la prise du pouvoir par les insurgés.

14 heures : Finckh reçoit le second message, « *Abgelaufen* », terminé.

15 h 45 : Prévenu par un appel direct de Stauffenberg arrivé à Berlin vers 15 h 30, Hofacker informe Stülpnagel de la réussite de l'opération.

16 heures : Le commandant militaire en France convoque Boineburg-Lengsfeld au Majestic ; le *Kommandant von Gross Paris*, qui s'est fait accompagner par von Unger, raconte :

« Dans son bureau du Majestic, le général von Stülpnagel me dit : " Un coup d'Etat a eu lieu à Berlin. Il faut arrêter immédiatement les SS et le SD de Paris et leurs chefs. S'ils résistent, ayez recours aux armes. " Il était environ 4 heures de l'après-midi ; je rentrai à mon poste de commandement à l'hôtel Meurice et dictai l'ordre d'arrestation des policiers allemands, mes compatriotes, à Paris. Je suis le seul à avoir *écrit* un ordre ce jour-là, et ceci pour une raison très simple : dans l'armée allemande, quand un supérieur, en l'occurrence von Stülpnagel, donne un ordre *personnel* à l'un de ses subordonnés, en l'occurrence moi, il n'est pas nécessaire que l'ordre soit écrit. Par contre, je devais, en tant qu'exécutant, *rédiger* un ordre d'exécution destiné à mes subordonnés. Cet ordre fut dactylographié et je le signai. L'original ayant disparu**, je le résume ainsi de mémoire :

« 1) La SS a fait un putsch contre le Führer.

« 2) Sur ordre du commandant militaire en France, tous les membres des SS et du SD, leurs chefs, le général Oberg et le colonel Knochen, doivent être arrêtés.

« 3) En cas de résistance, il sera fait usage des armes.

« 4) Le général Brehmer, sous les ordres duquel est mis le 1er régiment de sécurité, arrêtera lui-même, boulevard Lannes, le général Oberg et ses officiers d'état-major : il les conduira à l'hôtel Continental.

« 5) Les membres de la SS et du SD seront évacués de leur quartier de l'avenue Foch, ainsi que de leurs autres cantonnements

---

* Rester dans l'enceinte de Rastenburg pour constater, *de visu*, le décès du Führer eût été une folie.

** Tous les papiers ayant trait à la conspiration (par exemple les mesures à prendre en France *après* la réussite du putsch) ont été détruits le 21 et le 22 par Stülpnagel et Hofacker.

dans Paris. Les chefs seront conduits à Fresnes, les hommes au fort de l'Est à Saint-Denis.

« 6) Je serai à 20 heures à l'angle de l'avenue Foch et du boulevard Lannes pour qu'il me soit rendu compte.

signé : von Boineburg
Kommandant von Gross Paris[7] »

Cet ordre va tout déclencher dans la capitale. Boineburg s'est certes rendu compte de l'étrangeté de la tâche qu'il confie à ses subordonnés. Aussi s'est-il borné à répéter scrupuleusement ce que Stülpnagel lui a dit : c'est la fine fleur des nazis, les SS qui ont tenté de faire un putsch contre Hitler. En cas de réussite de l'opération parisienne, pas de difficultés ; en cas d'échec, il pourra toujours arguer qu'il a agi de bonne foi et sur ordres, puisqu'il ne savait rien d'autre que ce que lui avait dit Stülpnagel : « Il y a eu un coup d'Etat à Berlin. » Stülpnagel sait fort bien ce qu'il a fait en présentant ainsi la situation à Boineburg ; le « coup d'Etat » des SS à Berlin est la formule définitivement adoptée par les conjurés ; quand, trois heures et demie après, Witzleben, leur chef militaire, annoncera de Berlin, par téléscripteur, qu'il prend le commandement en chef de la Wehrmacht, son message commencera par cette phrase :

« Une clique de chefs du Parti dépourvus de scrupules a essayé de profiter de la situation pour poignarder dans le dos les troupes du front engagées dans de durs combats, afin de s'emparer du pouvoir à des fins purement égoïstes... »

Boineburg ignore ce message qui ne parviendra que plus tard au Majestic : pour lui, les dés sont jetés, l'action d'abord.

Une opération surprise

Le *Kommandant von Gross Paris* éprouve quelque difficulté à joindre le baron von Kraewel qu'il ne trouvera qu'à la fin de l'après-midi. Il lui communique ou lui fait communiquer par Unger son ordre. Kraewel gagne la caserne de Clignancourt où il trouve le *Sicherungsregiment 1* en état d'alerte : c'est du Majestic directement que l'ordre d'alerte a été lancé entre 18 heures et 19 heures, tandis que Boineburg a rédigé le sien, très précis, d'opérations au Meurice.

Les soldats *feldgrau* du régiment de sécurité n° 1 ignorent tout de la mission qu'ils s'apprêtent à remplir ; seuls leurs chefs, qui ont reçu de Kraewel des instructions verbales sont au courant de la tâche à mener à bien : les soldats marcheront sans hésitation, ni murmure, comme à l'accoutumée. *Befehl ist Befehl*, un ordre est un ordre !

Les fantassins des 1er et 2e bataillons du régiment prennent place à bord de camions bâchés qui se dirigent vers l'Etoile, sous l'œil blasé des passants :

« Ce sont encore des renforts qui montent vers le front de Normandie », pensent les Parisiens habitués depuis longtemps à semblables spectacles. Pour le coup, ils se trompent.

Les camions roulent en direction de l'avenue Foch et, très précisément, vers les immeubles situés entre le numéro 72 et le numéro 88 où les policiers d'Oberg, commandant supérieur de la police et des SS, et de Knochen, chef de la SIPO-SD ont leurs bureaux et, parfois, leurs chambres. Tous ces immeubles communiquent entre eux de l'intérieur : les murs de séparation ont été percés et des passages aménagés de l'un à l'autre.

Ecoutons le récit de Kurt von Kraewel :

« En exécution des ordres que j'avais donnés, le 2e bataillon, commandé par le capitaine Ewald Geske, « verrouilla » le quartier général du SD de l'avenue Foch ; le 1er bataillon s'était porté sur le derrière des immeubles et coupait les voies d'accès secondaires.

« L'entrée dans les locaux du SD devait commencer à 20 h 30 juste. Le signal des opérations devait être donné par moi.

« Lorsque, peu avant 20 heures, j'arrivai avenue Foch, le général von Boineburg se trouvait déjà sur les lieux du côté des numéros impairs de l'avenue, en face des immeubles du SD. A 20 h 20, les officiers du commando me firent parvenir leurs rapports : toutes les issues du SD étaient coupées et les camions qui devaient transporter les prisonniers étaient prêts. Comme il ne faisait pas entièrement nuit, le général Boineburg décida de différer l'opération : il ne voulait pas que les Français puissent se rendre compte de ce qui allait se passer. Quand l'obscurité fut faite, vers 22 h 30, je pense, par un coup de sifflet, je donnai le signal de l'attaque.

« Moi-même, accompagné de mon adjoint, le lieutenant David, du capitaine Geske et de deux sous-officiers armés de fusils-mitrailleurs, je me dirigeai vers l'entrée principale du quartier général du SD, 72, avenue Foch [8]... »

A ce moment-là se produit un incident qui risque de compromettre toute l'opération, en donnant l'alerte aux policiers nazis de l'avenue Foch :

« Tout à coup, un de mes sous-officiers, nerveux, appuya par mégarde sur la détente de son arme. Quelques balles sifflèrent à mon oreille droite, poursuit Kurt von Kraewel.

« Les deux sentinelles * SS nous mirent en joue aussitôt avec leurs

---

* Selon certains témoignages, la garde armée des immeubles de l'avenue Foch était assurée par des *Volksdeutsche* (Allemands de l'étranger) et des *Hiwis* (volontaires des pays de l'Est occupés).

fusils. Je leur donnai l'ordre : « Baissez vos armes ou vous êtes tués tout de suite ! »

« J'entrai dans l'immeuble et un officier de service se présenta aussitôt :

— Que voulez-vous ? me dit-il, quand il me vit.

— J'ai l'ordre d'arrêter toute la formation du SD, lui répondis-je. Donnez-moi votre pistolet.

« Il avait son pistolet dans la main, en effet. Il me le remit dès que j'eus fini de parler. Nous allâmes dans son bureau où je le priai de convoquer tous les officiers du SD par téléphone, de les faire venir dans la pièce où nous nous trouvions et, en même temps, de dire à ses hommes de se tenir en alerte.

« En à peu près quarante-cinq minutes, tous les officiers du SD arrivèrent dans la pièce : ils furent désarmés par mes soldats au fur et à mesure de leur arrivée.

— Nous déposerons toutes vos armes dans cette pièce, leur dis-je. Vous êtes en état d'arrestation, car les SS ont fait à Berlin un putsch contre Hitler.

« Mais où donc était le *Standartenführer* Knochen, leur chef ? Je l'avais demandé à l'officier de service, qui me répondit :

— Il est dans un petit restaurant pas loin d'ici.

« J'envoyai à l'adresse indiquée mon aide de camp David, guidé par un officier du SD. Quelques instants après, les deux hommes me ramenaient, avenue Foch, le colonel Knochen en civil. Je lui dis la même chose qu'aux autres. Il me tendit son pistolet sans résistance. Je décidai que les officiers du SD resteraient dans une grande salle de l'avenue Foch sous la garde de quelques-uns de mes soldats ; les sous-officiers et les hommes montèrent dans les camions qui les transportèrent en prison.

« Tout ceci s'était passé d'une façon extrêmement calme :

« Il n'y eut pas d'éclats de voix ou d'incident, à part deux étranges appels téléphoniques *. En outre, quelques-uns de mes soldats se livrèrent à des voies de fait sur des hommes du SD.

« Je restai avenue Foch jusque vers 11 heures et demie du soir, afin de surveiller l'opération. J'avais, selon les ordres du général von Boineburg, confié Knochen à mon aide de camp David, afin qu'il escorte le chef du SD en France occupée à l'hôtel Continental, rue de Castiglione. Knochen suivit David sans protester, mais il me lâcha pourtant ces mots au passage :

— Je ne comprends rien à tout cela[9]... »

On le conçoit aisément. Dans la nuit qui est tombée sur Paris, conduits par le lieutenant Leifheit, les quarante camions du régi-

* Nous reviendrons sur leur contenu. *Cf* infra p. 187-188.

ment von Kraewel emmènent leurs prisonniers — environ 1 500 hommes dont certains ont été arrêtés rue des Saussaies dans les bureaux parisiens de la SIPO-SD installés au ministère de l'Intérieur * — vers la prison de Fresnes et le fort de l'Est à Saint-Denis.

L'arrestation des hommes de Neifeind, rue des Saussaies, se passe moins discrètement. Leur repaire est proche de la maison de la Luftwaffe où précisément ce soir-là, le général Hanesse, commandans l'armée de l'Air en France, reçoit à dîner le général von Griegern, quartier-maître de la Luftwaffe. Après le début du dîner, vers 20 h 30, Hanesse apprend que le Führer est sorti indemne d'un attentat dirigé contre lui ; le dîner est écourté, Hanesse rejoint son poste de commandement au Sénat où il en apprendra bien d'autres au cours de la soirée...

Et Oberg ? Le *Höhere SS* a été arrêté à son bureau, 57, boulevard Lannes, par le général Walter Brehmer, adjoint ** de Boineburg. C'est une règle absolue, dans l'armée allemande, qu'un général ne peut être arrêté que par un général : or, Oberg est *Generalmajor*, c'est-à-dire général de brigade, grade dont il est pourvu en association avec celui qu'il a dans les SS, *Brigadeführer* ***. Escorté de soldats en armes, le général Brehmer fait irruption dans la pièce où se tient Oberg :

« Je trouvai Karl Oberg assis derrière son bureau, raconte-t-il. Quand il me vit entrer, ainsi accompagné, il parut surpris. " Je vous arrête ", lui dis-je. Sa surprise se changea en consternation. " Pourquoi ? ", me demanda-t-il. " C'est un ordre supérieur ", lui répondis-je. Il parut réfléchir. " Je vais téléphoner au maréchal von Kluge à son QG de Saint-Germain ", dit-il. Il esquissa un geste vers son téléphone. " Je vous l'interdis ! Suivez-moi ****. " »

Sans plus de façon, le général Brehmer transporte Oberg au Continental : sur le siège de sa voiture blindée, le commandant Fay, de l'état-major de Brehmer, surveille le SS prisonnier qui ne desserrera plus les dents jusqu'à son arrivée au Continental, où Knochen le rejoindra quelques instants après.

De son poste d'observation à l'angle du boulevard Lannes, Boineburg a vu le blindé passer : tout est donc en ordre.

Ainsi, au soir du 20 juillet, le putsch antinazi a réussi à Paris : les SS en prison, la Wehrmacht est maîtresse de la situation. Pas pour longtemps...

---

* C'est là, on se le rappelle, que sont établis les services de Neifeind, *Kommandeur* du SIPO-SD pour Paris et la région parisienne.

** Brehmer porte le titre de *Stellvertreter*, c'est-à-dire commandant en second et remplaçant éventuel, en cas d'empêchement, du *Kommandant von Gross Paris*.

*** Il y a équivalence de grade entre les formations SS et l'armée.

**** Inédit. Témoignage recueilli par l'auteur.

Le putsch n'aura pas lieu

Car, tandis que dans la rue se déroulent, discrètement, ces opérations, les événements se sont précipités au plus haut niveau et dans différents endroits. Transportons-nous au Majestic quelques heures auparavant : Stülpnagel et les conjurés attendent les nouvelles. Elles sont contradictoires.

18 heures : le général Beck *, l'un des chefs des conspirateurs, téléphone de Berlin à Stülpnagel. Sans lui confirmer la mort d'Hitler, il lui dit que le putsch a réussi et que l'opération « Walkyrie » se déroule normalement à Berlin.

18 h 15 : Speidel demande, par téléphone, à Stülpnagel de venir à La Roche-Guyon où Kluge l'attend. C'est une « séance de travail » à propos des opérations en cours, sans rapport aucun avec l'attentat de Rastenburg dont *à ce moment-là,* personne n'a entendu parler, à l'exception des conjurés.

18 h 45 : Un communiqué spécial de la radio allemande diffuse la nouvelle qu'un attentat a eu lieu contre Hitler, mais que le Führer est vivant et que « comme prévu, il a reçu le Duce pour un long entretien ».

19 heures : Stülpnagel quitte le Majestic en voiture pour se rendre à La Roche-Guyon entre Paris et Rouen.

19 h 28 : Le *Generalfeldmarschall,* von Witzleben, l'un des chefs du complot, lance de Berlin par télex le texte dont on a lu le premier alinéa sur la tentative de prise du pouvoir en Allemagne par « une clique de chefs du Parti » ; Witzleben ** déclare qu'il assume désormais le commandement en chef de la Wehrmacht et le pouvoir exécutif.

19 h 50 : Tandis que Stülpnagel roule vers La Roche-Guyon, Kluge apprend, par téléphone, qu'Hitler est vivant. Détail incroyable : c'est le général Stieff, pourtant l'un des conjurés, qui, depuis le camp « Anna » à Mauersee ***, lui confirme la nouvelle.

20 heures-23 heures : Dramatique soirée à La Roche-Guyon. Stülpnagel et Hofacker, qui l'a accompagné, tentent, en vain,

---

* De 1935 à 1938, le général Beck a occupé le poste de chef d'état-major de l'armée (OKH, *Oberkommando des Heeres*), le plus élevé à l'époque de la hiérarchie militaire allemande.

** Witzleben n'est resté qu'une heure à la Bendlerstrasse, siège du ministère de la Guerre à Berlin où les conjurés ont établi leur PC. Estimant la partie perdue dès son commencement, Witzleben est... rentré chez lui, laissant Stauffenberg et les conjurés seuls à la mener.

*** C'est là, en Prusse orientale, qu'est établi le commandement supérieur de l'armée de terre auquel Stieff appartient. Il commande la « section d'organisation », organe essentiel du QG terrestre.

d'arracher l'adhésion de Kluge au plan des conjurés ; bien qu'Hitler ne soit pas mort, ne reste-t-il pas une chance de renverser la vapeur, en demandant aux Alliés l'arrêt des hostilités à l'ouest ? Chimères... Kluge oublie qu'il a sérieusement flirté avec certains des conjurés à qui il avait fait quelques promesses ; mais ce soir-là, il joue le rôle du soldat fidèle au Führer, d'autant plus fidèle qu'il a été fortement tenté par l'infidélité. Quand il apprend, de la bouche de Stülpnagel, que les SS et le SD de Paris sont arrêtés — en cet instant même l'opération de l'avenue Foch se déroule — Kluge éclate : « Donnez l'ordre de les libérer, intime-t-il à Stülpnagel... » « Trop tard, monsieur le Maréchal... ». « Je vous relève de vos fonctions. » Kluge renvoie Stülpnagel destitué à Paris... Il a, au moment de le quitter, un mot de camaraderie : « Mettez-vous en civil et cachez-vous ! »

23 heures : Stülpnagel remonte dans son auto avec Hofacker. Direction : Paris. Il y arrivera vers minuit un quart.

Pendant sa longue absence, (un peu plus de cinq heures), plusieurs péripéties dramatiques se sont déroulées dans la capitale : les chefs de la marine, de l'aviation et le général Meyer *, commandant la 12e *Panzer* SS sur le front de Normandie, ont menacé d'agir par les armes contre les soldats du régiment de sécurité nº 1. Leurs interventions permettent de découvrir l'un des points faibles de la conjuration à l'ouest : les conjurés ne disposent d'aucuns des leurs dans la marine de guerre et l'aviation allemandes (Hofacker appartient, certes, à l'armée de l'Air, mais il n'est pas attaché au QG d'Hanesse), qui comportent plusieurs milliers d'hommes dans la capitale. *A fortiori*, ils n'ont pas de complices chez les SS ou le SD.

Résumons rapidement la succession des faits et, plus précisément, la succession des appels téléphoniques qui permettent d'en établir la chronologie approximative.

D'abord les aviateurs. Au début de la soirée, le général Hanesse, on le sait, a appris qu'un attentat contre Hitler avait eu lieu. Puis, un peu plus tard (vers 23 heures) que « des maquisards revêtus d'uniformes allemands ont attaqué le service de sûreté (SD) rue des Saussaies et occupé les lieux sans rencontrer la moindre résistance, après avoir renvoyé simplement chez eux les policiers français qui montaient la garde [10] ». Le premier réflexe d'Hanesse est d'envoyer une patrouille d'aviateurs en armes vers la rue du Faubourg Saint-Honoré ; Unger, averti, téléphone à Hanesse afin qu'il arrête les aviateurs, ce que le général de la Luftwaffe fait volontiers, après avoir appris de l'officier que « ce ne sont pas des maquisards qui se trouvent rue des Saussaies, mais des soldats allemands ». Le pire est

* Avec « Sepp » Dietrich, Hausser Manteuffel et Guderian, l'un des plus célèbres chefs de blindés allemands, surnommé « Panzermeier », Meyer le blindé !

évité : des soldats allemands ne se tireront pas les uns sur les autres dans une rue parisienne. Hanesse passe ensuite le reste de sa soirée à téléphoner (toujours le téléphone !) pour tenter d'apprendre ce qui se passe : il sera fixé assez vite sur la réalité de la situation, mais n'interviendra plus au cours de la nuit.

L'homme le plus *précisément* renseigné en cette soirée du 20 juillet est l'amiral Krancke, commandant en chef du groupe ouest de la marine, qui a son PC dans un immeuble en lisière du bois de Boulogne, boulevard Suchet, non loin des bureaux d'Oberg ; à 21 h 35, il a reçu par le télex officiel de la marine une proclamation du grand-amiral Dönitz, commandant en chef de la marine de guerre, stigmatisant « l'infâme tentative d'attentat contre le führer », confirmant qu'Hitler « a été miraculeusement épargné » et incitant les marins « à se grouper plus étroitement que jamais autour du Führer » ; bien plus, Krancke s'est entretenu par téléphone avec Dönitz qui l'a mis formellement en garde :

« N'acceptez d'ordres que de moi et du Führer : toutes les informations et instructions sont *suspectes.* »

Or, la communication de Witzleben, chef des conjurés berlinois, est tombée sur les téléscripteurs, il y a à peine deux heures : Krancke commence à comprendre qu'il se passe quelque chose. Mais quoi ? Il tente de s'informer auprès de Kluge, puis de Blumentritt : ce dernier lui confirme que le texte de Witzleben doit être tenu pour nul... Enfin, à 23 heures, un nouveau télex de Dönitz lui apprend qu'une « sédition militaire a eu lieu à Berlin », que « la marine de guerre doit se tenir en état d'alerte » et qu'elle « est soumise aux ordres du chef SS Himmler ». Mais, à propos, les SS de Paris, que deviennent-ils donc ? Krancke se renseigne et découvre avec stupeur que Kraewel est occupé à les arrêter ! L'amiral Hoffmann, son chef d'état-major, réussit à joindre téléphoniquement Kraewel qui est encore avenue Foch.

« Au cours de cette brève conversation, raconte Kraewel, Hoffmann me dit :

« Kraewel ! Qu'êtes-vous en train de faire ? J'apprends que vous mettez la main au collet du général Oberg et du colonel Knochen ! D'où tenez-vous cet ordre ?

« Du général von Stülpnagel et du général von Boineburg-Lengsfeld. Adressez-vous à eux : moi, j'exécute les ordres [11] ! »

Un troisième homme, enfin, va tenter d'arrêter l'action de Kraewel avenue Foch, le général SS Kurt Meyer * qui l'a appelé du front de Normandie, un peu avant Hoffmann :

---

* Meyer a été prévenu par un message radio des SS de l'avenue Foch, lancé par un émetteur que les soldats de Kraewel n'ont pas découvert.

« Colonel Kraewel, hurle-t-il, je vous donne l'ordre de libérer immédiatement les hommes du SD et les SS et de regrouper votre régiment au bois de Boulogne !

« Je ne peux accepter d'ordres de vous, répond Kraewel. Je tiens mes instructions du général von Boineburg-Lengsfeld et n'obéis qu'à lui [12]. »

Si ces deux appels ont mis la puce à l'oreille de Kraewel, le commandant du régiment de sécurité nº 1 a, malgré ceux-ci, terminé la mission prévue. Il lui reste à en rendre compte au général von Boineburg-Lengsfeld.

Il le rejoint, passé minuit, à l'hôtel Raphaël où il retrouve, outre son chef, le général Carl-Heinrich von Stülpnagel, revenu de La Roche-Guyon. Le commandant militaire en France ne souffle mot de sa conversation avec Kluge ; il attend dans l'anxiété, car Linstow lui a fait part d'un appel téléphonique de Stauffenberg de Berlin : peu avant d'être arrêté* par des officiers fidèles à Hitler, l'homme qui a tenté de tuer le Führer lui a révélé que tout a échoué dans la capitale du Reich, le putsch n'aura pas lieu.

Stülpnagel conserve cependant son impassibilité. Quand Boineburg lui fait part du rapport que Kraewel vient de lui présenter (« Mission accomplie avenue Foch »), il sourit faiblement. Mais lorsque le commandant du Grand-Paris lui demande ce que lui a dit Kluge, Stülpnagel répond :

« Le Feld-maréchal désire réfléchir jusqu'à 9 heures du matin [13]. »

Stülpnagel ne dit pas la vérité : manifestement, il essaie de gagner du temps, mais que peut-il en faire ? Kraewel regagne sa chambre d'hôtel : il pense pouvoir prendre quelque repos, il se trompe.

Une curieuse « formule diplomatique »

A 1 heure du matin, la radio allemande annonce « le Führer va parler » : le silence se fait dans le salon bleu du Raphaël où Stülpnagel, Hofacker, Linstow et Finckh auxquels se mêlent des officiers qui ne sont pas dans le secret du complot, font silence autour du poste de radio. La voix si caractéristique d'Adolf Hitler se fait entendre, très nette :

« *Deutsche Volksgenossen und Volksgenossinnen***.

« Je ne sais combien d'attentats ont été projetés et exécutés contre

* Il sera fusillé immédiatement dans la cour du ministère de la Guerre avec trois autres conjurés militaires. Beck se suicidera le soir même.

** Germanisme pouvant être traduit par « citoyens, citoyennes », encore que *Genosse* signifie littéralement compagnon. Hitler emploie volontiers *Parteigenossen* (compagnons du Parti) quand il s'adresse aux nazis.

moi. Si je vous parle aujourd'hui, c'est surtout pour deux raisons :

— pour que vous entendiez ma voix et que vous appreniez que je suis indemne et bien portant ;

— pour que vous sachiez les détails d'un crime qui n'a pas d'équivalent dans l'histoire allemande.

« Une toute petite clique d'officiers ambitieux sans honneur et en même temps d'une criminelle bêtise, a fomenté un complot pour me supprimer et éliminer du même coup l'état-major des forces armées. La bombe placée par le colonel comte Stauffenberg a explosé à deux mètres de moi, à ma droite... »

Le nom de Stauffenberg lâché sur les ondes, il ne peut plus y avoir de doute pour Stülpnagel et ses amis : la partie est définitivement perdue.

Le reste du discours n'est guère plus encourageant : les ordres des « usurpateurs » ne doivent pas être exécutés, Himmler est nommé commandant en chef de l'armée de l'intérieur, Guderian, l'un des as des blindés, chef d'état-major général, en remplacement du général Zeitzler. Deux phrases retiennent l'attention du commandant militaire en France :

« Je suis convaincu que par l'élimination de cette petite clique de conspirateurs et de traîtres, nous créerons enfin, mais aussi à l'arrière, cette atmosphère dont ont besoin les combattants du front... Cette fois, nous réglerons les comptes comme nous avons, nous nationaux-socialistes, continué de le faire... »

La menace est grave. Stülpnagel sort alors de l'espèce de méditation où il est plongé. Le commandant militaire en France pèse sa décision : peut-il continuer seul ? Peut-il exposer les soldats du régiment Kraewel à faire le coup de feu contre les marins de Krancke ?

L'amiral s'est d'ailleurs manifesté (par téléphone) auprès de Linstow, et auprès d'Unger ; c'est un ultimatum : si l'armée ne libère pas Oberg et le SD la marine s'en chargera. Les minutes passent, pesantes, dans le salon bleu : pour la dernière fois, Stülpnagel pèse le pour et le contre... Autour de lui, Finckh, Hofacker et Linstow le pressent de prendre la seule décision qui s'impose : donner l'ordre à Boineburg-Lengsfeld, présent au Raphaël, de faire relâcher les SS et le SD. Stülpnagel demande encore quelques minutes de réflexion.

Un homme, de son côté, agit : c'est le baron Kurt von Kraewel. A peine a-t-il regagné sa chambre en ville qu'il reçoit la visite du lieutenant David ; son aide de camp, très ému, lui confie :

« Monsieur le colonel, les hommes de garde avenue Foch m'ont assuré que les officiers du SD sont très agités. Vous devriez retourner là-bas... Et puis, l'amiral Hoffmann vient de me faire savoir, par téléphone, que ses marins ont reçu l'ordre de vous arrêter, vous Monsieur le colonel, et de désarmer votre régiment... »

Kraewel réagit avec humeur :

« Je ne crains pas les marins de Krancke : ce sont des " matelots de bureau "... »

Et, après avoir réfléchi, Kraewel confie à David :

« Il n'est quand même pas possible qu'il y ait à Paris un combat entre soldats allemands. »

Kraewel et David retournent rapidement au Raphaël où ils voient Linstow, à défaut de Boineburg-Lengsfeld ; Linstow est très exactement informé, certes, mais il dit à Kraewel :

— Patientez, encore...

— Je crains le pire, répond le lieutenant-colonel : il faut prendre une décision tout de suite [14]. »

Mais dans la mesure où Stülpnagel n'a pas encore arrêté la sienne, Linstow, un Linstow que Kraewel trouve « absolument désemparé, à bout de nerfs... », ne veut rien ordonner.

Alors, de son propre chef, Kraewel retourne avenue Foch, au quartier général du SD où, quelques heures auparavant, il avait pénétré de force avec ses soldats en armes : il importe qu'il se rende compte sur place.

Tandis que Kraewel et David foncent vers l'avenue Foch, Stülpnagel appelle Boineburg d'un geste discret et lui dit à voix presque basse :

« " Boineburg, allez chercher Oberg et Knochen au Continental et ramenez-les ici. Et faites libérer tous les prisonniers de la soirée..." En l'entendant, je compris que tout était fini. Je dis à Unger de joindre Kraewel, je partis en voiture rue de Castiglione [15]. »

Et, presque simultanément, les libérations s'effectuent : on sait déjà comment cela s'est passé au Continental entre Oberg et Boineburg-Lengsfeld. Transportons-nous maintenant avenue Foch avec Kraewel :

« Arrivé au siège du SD avec David, j'y reçus un appel téléphonique d'Unger m'ordonnant de retirer mes troupes et de libérer les officiers du SD. Je rassemblai alors les officiers du SD et leur déclarai que leur arrestation était suspendue et que leurs armes leur seraient rendues avant le retrait de la troupe. Je transmis l'ordre de cessation de l'action à mes officiers : il entraînait le retour immédiat des membres du SD transportés à Fresnes et au fort de l'Est [16]. »

La mécanique militaire allemande va jouer impeccablement dans le sens inverse de celui mis en mouvement au cours des heures précédentes : les mêmes camions du Sicherungsregiment qui avaient transporté les membres du SD vers leurs cellules vont les ramener de celles-ci à leurs bureaux. Un ordre est un ordre !

Et, pour la dernière fois de la nuit, ou plutôt de la matinée du 21 juillet, le baron von Kraewel retourne au Raphaël; il y rencontre... Oberg que Boineburg vient d'accompagner avenue Kléber.

« Dans un corridor du Raphaël, raconte Kraewel, je croisai le chef supérieur de la police en France. Celui-ci m'adressa immédiatement la parole : " Qu'avez-vous fait là, Kraewel ? " Je lui répondis que j'avais exécuté les ordres. Oberg me répliqua : " Je viens de téléphoner au Führer ; il m'a demandé : « Combien de ces *Schweinehunde** de la Wehrmacht avez-vous fait exécuter ? » Je lui ai répondu : « Personne ». Estimez-vous heureux que j'aie fait cette réponse au Führer car, sans cela, je vous aurais fait fusiller. Mais, maintenant, c'est trop tard : le moment est passé, vous avez eu de la chance, Kraewel. " »

A 3 heures du matin, tout est « rentré dans l'ordre à Paris » : avant de quitter l'hôtel de l'avenue Kléber, Kraewel reçoit un dernier ordre de Boineburg, celui de réunir le régiment de sécurité n° 1 à l'appel à 8 h 30, dans la cour de la caserne de Clignancourt. Boineburg dira quelques mots aux soldats et aux officiers. Lesquels ? Kraewel ne pose pas de questions : il en a tant vu, tant entendu et tant fait pendant cette folle nuit, qu'il se retire sans commentaire.

Il ignore qu'une ultime explication à eu lieu à l'hôtel Raphaël où sont arrivés l'ambassadeur Abetz et le général Blumentritt qui a signifié à Stülpnagel que, d'ordre de Kluge, il le remplace comme *Militärbefehlshaber in Frankreich* par intérim.

Qu'est venu faire l'ambassadeur avenue Kléber où l'atmosphère est tendue entre Stülpnagel et Oberg face à face, tandis que Blumentritt essaie de calmer le chef de la police ? Abetz a été informé de l'attentat et de son échec et a eu vent, semble-t-il, de ce qu'il appelle, dans ses Mémoires, l'existence de « barrages avenue Foch au soir du 20 juillet ». Abetz se souvient alors qu'il a déjeuné quelques jours auparavant avec Stülpnagel, au Raphaël précisément, et que le commandant militaire en France au cours de leur conversation avait « critiqué avec véhémence le quartier-général du Führer où les plus hauts chefs militaires et politiques du Reich avaient commis des erreurs irréparables et manœuvré de sorte que la situation de l'Allemagne était sans issue et que l'on était en droit de se demander si cela pouvait continuer[17] »... Abetz établit-il quelque rapport entre les confidences de Stülpnagel, la nouvelle de l'attentat et « les bagarres » de l'avenue Foch ? C'est probable ; toujours est-il que, dans la soirée, l'ambassadeur fait ce que tous les chefs allemands de Paris ont fait : il téléphone. Chez Stülpnagel, un

* Littéralement « chiens de cochons », injure allemande correspondant à « salaud ».

secrétaire lui répond qu'on attend le commandant militaire en France, de retour de La Roche-Guyon, un peu après minuit. Abetz se décide alors à aller aux nouvelles. Laissons-le raconter la suite :

« J'étais depuis quelques minutes auprès du général von Stülpnagel et du colonel Linstow lorsque s'annoncèrent le général Oberg et le colonel Knochen qu' " on " (admirons ce " on " au passage !) avait relâchés. Oberg exprima au commandant militaire le très vif étonnement que lui avait causé l'arrestation des chefs SS. J'essayai de rompre la tension en proposant de nous asseoir tous autour d'une table, ce que nous fîmes. Je déclarai, quoi qu'il se fût passé à Berlin et au quartier général, que tous les services avaient ici, alors que se déroulait la sanglante et décisive bataille de Normandie, le devoir de se serrer les coudes. Me tournant vers Oberg, je lui dis que le général von Stülpnagel avait pu penser qu'Himmler voulait s'emparer du pouvoir et en conclure que les SS étaient à l'origine de l'attentat ; les arrestations qu'il avait ordonnées ne contrevenaient donc pas au serment de fidélité prêté à Hitler. Le général von Stülpnagel garda le silence lorsque j'essayai d'interpréter ainsi ses mesures. Oberg me reprocha violemment de mettre en doute la loyauté des SS. Mon intervention sembla pourtant avoir amené quelque détente entre les deux parties [18]... »

Concrètement, il est décidé, d'un commun accord, que l'opération de la nuit sera présentée comme un « exercice » militaire destiné à mettre en valeur la parfaite discipline de la troupe, l'exercice ayant été monté en totale collaboration entre l'armée et les chefs SS dans le plus grand secret, afin de donner aux exécutants des deux bords l'impression d'une authenticité absolue ; cette « formule diplomatique », selon le mot de Knochen, permet de gagner du temps, car on sait déjà que le GQG d'Hitler réclame une enquête détaillée sur les événements de la nuit. Et, à la table où la décision vient d'être prise, le champagne est servi : Abetz, Stülpnagel, Blumentritt, Oberg, Knochen, Finckh, Linstow lèvent le verre de la camaraderie de combat !

Cet « embrassons-nous, Folleville » paraîtrait inexplicable, si on ne connaissait les mobiles relativement simples qui justifient cette position de compromis passager adoptée par les uns et les autres : pour les militaires, cette explication « d'alerte simulée » est destinée aussi bien aux membres du SD qu'aux Français qui furent témoins de certaines des scènes de la nuit et qui risqueraient de les interpréter « tendancieusement », c'est-à-dire... correctement ; pour les membres des SS et du SD, le pieux mensonge d'un « exercice » convenu à l'avance avec l'armée les sauve du ridicule de s'être laissés arrêter sans opposer de résistance, eux, la fine fleur de la police nazie dans les territoires occupés ! Le témoignage du lieutenant Karl

Wand, du régiment de sécurité n° 1 est, à cet égard, révélateur :

« Le terme même d'exercice combiné SD-Wehrmacht a été trouvé par Oberg et Knochen, me déclara le général von Boineburg... Il faut dire, et cela nous le savions, qu'Oberg avait très peur de son chef suprême, le *Reichsführer SS* Himmler. De mon côté, j'avais vu le comportement du SD sur place : si l'on m'avait fait un procès, la lamentable carence d'Oberg et de ses subordonnés serait apparue au grand jour[19]. »

Du moins Oberg tombe-t-il d'accord avec Boineburg pour que la thèse de « l'exercice » soit présentée par le *Kommandant von Gross Paris* en personne aux soldats du régiment de sécurité n° 1 le matin même à la caserne de Clignancourt. Le texte de la proclamation de Boineburg est rédigé sous le contrôle de Blumentritt et l'œil d'Oberg : il est un peu plus de 4 heures et demie du matin, l'aube se lève, le dernier acte de la folle nuit des barons peut se jouer.

Et Stülpnagel ? Le commandant militaire en France a eu un ultime entretien avec Blumentritt : le chef d'état-major de Kluge lui fait connaître avec ménagement, qu'il s'installera, dans la journée même, dans son bureau de *Militärbefehlshaber in Frankreich* au Majestic, bien que Kluge n'ait pas encore signifié à Stülpnagel par écrit qu'il était relevé de son commandement. Blumentritt, qui est devenu sans conteste le supérieur hiérarchique de Stülpnagel, officier suspendu de ses fonctions, lui « demande » de regagner son appartement afin d'y attendre les instructions : c'est une mise aux arrêts en bonne et due forme... Les deux généraux se serrent la main pour la dernière fois.

« Le destin s'est prononcé contre nous »

Seul dans son appartement de fonction, au Palais Rose *, avenue Foch, Stülpnagel « fait disparaître les papiers qui ne doivent pas tomber entre des mains étrangères ». A 8 heures, il est à son bureau, exact selon son habitude : Stülpnagel n'a pas pris un instant de repos depuis la veille. Il a pu, avant d'entrer au Majestic, s'entretenir quelques instants avec le Dr Hans Buwert, attaché commercial allemand en France ** et, avant de le quitter, lui confie :

« Le destin s'est prononcé contre nous... Pour ma part, je ne

* Construit pour Boni de Castellane, ce palais, l'une des merveilles de l'avenue Foch, a été détruit après la guerre. On n'ose qualifier le cube qui l'a remplacé.

** A l'automne de 1943, Stülpnagel a envoyé Buwert en Espagne et au Portugal afin qu'il prenne contact avec les Anglais pour une paix négociée à l'ouest : la mission échoua.

compte pas esquiver les conséquences de mon acte et je sais fort bien ce que cela comporte. Nous n'avons rien à nous reprocher[20]. »

Un peu avant 9 heures, Stülpnagel reçoit l'ordre de se rendre à Berlin pour « y faire son rapport » : vu l'urgence, il devra prendre l'avion.

L'ancien commandant militaire en France fait téléphoner au haut commandement de l'armée qu'il sera à Berlin le samedi 22 juillet à 9 heures du matin. Stülpnagel décide de se rendre en Allemagne avec sa voiture : à 11 heures, elle prend la route de l'est.

Dans la cour de la caserne Clignancourt, le *Sicherungsregiment* n° 1 a été rassemblé, en exécution des ordres de Boineburg, à 8 h 30 comme prévu, mais Kraewel ne présente que les 1er et 2e bataillons du régiment, le troisième n'ayant pas pris part à l'action :

« Comme convenu, raconte Boineburg, je prononçai une courte allocution aux soldats tandis qu'Oberg en faisait autant de son côté aux SS ex-arrêtés * ! Mon discours dura deux à trois minutes et, en gros, je dis ceci :

— Soldats, ce que vous avez fait cette nuit était un exercice, afin de voir si la troupe est toujours dans la situation d'exécuter tous les ordres qu'elle reçoit. Cette épreuve d'alarme m'a montré que vous êtes bien entraînés. Je vous en félicite.

« Tel fut le speech... puisqu'il était entendu que nous sauverions la face. Je ne crois pas que je fus entièrement cru, mais, ultérieurement, je réunis, en petit comité, les officiers du régiment et leur dis :

— Vous savez pourquoi j'ai fait ce discours. Pensez ce que vous voulez[21]. »

Présent à cette réunion intime, Kraewel se rappelle que Boineburg dit exactement :

« Je vous ai fait un discours que je regrette, mais j'étais obligé de le faire[22]. »

Si la mascarade oratoire du discours était, à bien des égards, nécessaire pour « sauver la face » des uns et préserver la vie de quelques autres, l'argument avancé par Abetz concernant la nécessité de « faire répandre le bruit qu'il s'était agi (le 20 juillet) de manœuvres militaires pour le cas où des combats de rues seraient engagés (dans Paris) » afin d'abuser les Français qui « avaient été témoins des opérations dirigées contre la police allemande », a été partiellement inutile : car les résistants de la police parisienne ont été, presque heure par heure, renseignés sur l'action nocturne menée avenue Foch et rue des Saussaies. On le sait par les messages et les

* Le texte de l'allocution d'Oberg n'a pas été retrouvé et l'ex *Höhere SS und Polizeiführer* en France a refusé, par écrit, à l'auteur, son témoignage sur la nuit du 20 juillet.

rapports qu'ils ont adressés à leurs organisations, messages qui ne laissent aucun doute sur la véritable nature de l'opération et restituent exactement l'atmosphère de la nuit, avec des détails très précis :

« Charles », 20 juillet 1944.

« 22 h 30 : le bureau du XVIe arrondissement envoie des agents cyclistes avenue Foch où des tanks allemands viennent d'arriver et de prendre position... Des side-cars montés par des soldats allemands tournent autour du périmètre avenue Foch, boulevard de l'amiral Bruix, avenue Malakoff, entourant l'îlot d'immeubles où se trouvent les bureaux de la Gestapo... Les agents voient un officier de la Gestapo arriver à bicyclette : aussitôt un soldat allemand dirige sur lui sa mitraillette, tandis qu'un autre soldat s'empare du pistolet de cet officier qui est conduit aussitôt dans un camion allemand stationnant à proximité des bureaux de la Gestapo, où se trouvent déjà d'autres membres de celle-ci. Les gardiens, qui se rendent compte qu'il s'agit de l'arrestation des membres de la Gestapo, sont invités par les Allemands à rentrer à leur poste de police... Plusieurs camions emmènent les Allemands arrêtés par le boulevard Lannes vers une destination inconnue... »

De B. 56. 20 juillet, du VIIIe* :

« 22 h 10 : Cinquante soldats allemands ont fait irruption au siège de la police allemande, 11 rue des Saussaies, attaqué le poste de garde qu'ils ont désarmé et renvoyé au poste central du VIIIe les deux gardiens de la paix de service devant l'immeuble... Trois camions stationnent place Beauveau... »

De B. 30 :

« 23 h 40 : Le poste Dauphine signale que les deux gardiens de la paix assurant le 54 Foch ont disparu. Ceux de la villa Saïd (garde Laval**) sont cernés et prisonniers.

« 23 h 50 : Les gardiens du 54 Foch ont pu rejoindre le poste.

« O h 30 : L'IP (inspecteur principal) Perret et l'IPA (inspecteur principal adjoint) Regardebas et l'interprète Dietrich ont été faits prisonniers quelques instants. Relâchés, ils n'ont pu voir ce qui se passait avenue Foch.

« O h 50 : Les gardiens de la villa Saïd, Le Guével et Rousselet, ainsi que deux DP (défense passive) Taris et Valot ont été relâchés. Ils sont au poste de la porte Dauphine.

« 5 h 30 : Avenue Foch circulation normale[23]. »

Vues par les Français, ces photographies partielles du décor

* Abréviation de « Commissariat Central de Police du VIIIe arrondissement », sur le territoire duquel se trouvent les locaux du SD de Paris, rue des Saussaies.

** Laval a son domicile parisien villa Saïd.

nocturne de l'avenue Foch présentent un réel intérêt, réel mais limité, car, en tous endroits, les soldats allemands ont éloigné les gardiens de la paix du lieu de l'action. Tant et si bien que, s'ils ont pu sur place glaner quelques informations fragmentaires, toute vision d'ensemble leur a été interdite : c'est normal quand on sait ce qui se passait.

En revanche, les policiers de Paris sont, après les SS, le SD et les chefs militaires, les premiers à être informés de la « version officielle » des Allemands. Reprenons deux messages interceptés par les agents de la Résistance :

« B 56.

« 21 juillet 4 h 20.

« Je viens de recevoir une communication téléphonique d'un homme qui a dit être d'un service allemand et qui a prononcé les paroles suivantes : " A partir de maintenant, l'exercice est terminé, vous enverrez les plantons * comme à l'ordinaire. " L'homme a aussitôt raccroché, je n'ai pu obtenir aucune précision ni à quel service il appartient...

« 7 h 20 : Du VIIIe :

« Sur demande du service allemand, 11 rue des Saussaies, les opérations de cette nuit sont " un exercice militaire ".

« B. 30.

« 6 h 45 :

« Etat-major ** : d'après les milieux allemands de haute sphère, il s'agit d'un exercice de police [24]. »

Dans son ensemble, la Résistance a « marqué le coup » à propos du putsch manqué du 20 juillet et réagi très vite à son annonce ; dès le 22, le Parti socialiste clandestin imprime une édition spéciale du *Populaire* (un tract recto verso) dans laquelle, sous le titre « La décomposition du nazisme, Wehrmacht contre Gestapo », est analysée la situation nouvellement cééée par le complot berlinois, avec son prolongement parisien :

« Les bruits les plus divers circulent : " Hitler est arrêté à Berlin, Abetz est à Paris prisonnier de la Wehrmacht. Celle-ci a désarmé, rue des Saussaies, la Gestapo. Le conflit entre l'armée allemande et le national-socialisme s'élargit, devient bataille ouverte, etc. " Certaines de ces rumeurs sont incontrôlables, d'autres sont vérifiées.

« Ce qui est réel, c'est l'attentat contre Hitler...

« Ce n'est pas encore la guerre civile ouverte, mais déjà le sinistre Himmler dirige une " armée intérieure " dotée d'aviation.

---

* C'est-à-dire les gardiens de la paix en faction devant l'immeuble de la rue des Saussaies.

** Celui de la police municipale.

« Ce n'est pas encore la débandade générale. Mais les grands stratèges allemands estiment inutiles les sacrifices sanglants dus à une guerre qu'ils savent désormais perdue[25]... »

A l'opposé des résistants, les collabos réagissent avec une espérance semblable mais exactement contraire : parce qu'il a échoué, l'attentat contre Hitler apporte une nouvelle raison de se réjouir ! Comment l'expliquer ? Lisons ce curieux échantillon de la prose collabo, signé NA-PO (*sic !*) dans le *National Populaire*, organe du RNP du samedi 29 juillet :

« Quand ils ont appris, au soir du 20 juillet, qu'Adolf Hitler avait échappé à un attentat, après quelques instants de surprise et de terreur à la pensée du malheur effroyable qui avait failli s'abattre sur l'Europe, tous les révolutionnaires ont éprouvé un immense soulagement et senti monter en eux un renouveau d'espoir. D'instinct, ils ont compris, avant même de connaître avec exactitude le plan des conjurés, qu'une phase nouvelle venait de s'ouvrir dans l'histoire de la révolution européenne et que la bombe qui épargna le Führer avait, en éclatant, débarrassé la route de tous les obstacles qu'y accumulait la contre-révolution[26]. »

Il fallait y penser.

Pétain a le mot de la fin

Avant de relater rapidement les événements qui suivirent la folle nuit des barons et d'évoquer le destin de ceux qui y participèrent, évoquons rapidement deux questions d'ordre général.

La première est simple : le secret de la conspiration était-il bien gardé ? Ce n'est rien moins que certain. D'une part, des membres du complot avaient été arrêtés avant l'explosion de la bombe de Stauffenberg, en particulier le Dr Julius Leber, ancien député social-démocrate au Reichstag, ce qui implique que la police connaissait certains des fils reliant entre eux les futurs rebelles ; en outre, peu avant le 20 juillet, l'un des conjurés a appris que « l'arrestation du Dr Goerdeler est imminente, arrestation qui décapiterait l'opposition politique[27] ».

D'autre part, les conjurés ont pris langue avec des Français, afin de contacter les Alliés en vue d'une paix séparée à l'Ouest. On a vu comment le sort de Deloncle, qui agissait sans doute pour le compte de l'amiral Canaris, chef de l'Abwehr*, a été réglé par le SD...

* L'Abwehr ou service de renseignement de l'armée allemande a été incorporé le 12 février 1944 dans l'office central de sécurité du Reich (RSHA), dirigé par Kaltenbrunner. Le 21 mars, Canaris a été remis à la disposition de la marine ; il sera

D'autres contacts ont été établis entre les officiers de l'Abwehr, des membres de l'entourage de Pétain et des résistants : le chef de l'Abwehr III F. de Lyon, Unterberg-Gibhardt et son représentant à Nice, Buchholtz, font « des tentatives quelque peu farfelues pour prendre contact avec les Américains et Alger, avec l'appui de Paul Dungler, l'un des chefs de la Résistance en Alsace, du colonel Petétin, ancien membre du 2e bureau français et de Gabriel Jeantet, chargé de mission au cabinet du maréchal Pétain », farfelues étant l'adjectif qui vient sous la plume du commandant Paul Paillole, ancien chef du contre-espionnage clandestin[28]. « Farfelues » ou sérieuses, ces conversations ont eu lieu[29] et le fait même qu'elles aient existé augmente la possibilité de fuites, même involontaires, des deux côtés.

Dans cet ordre d'idées, le témoignage* d'Eddy Florentin apporte de curieuses précisions sur la journée du 20 juillet à Fresnes. Arrêté le 19 juillet par la « Gestapo de la rue de la Pompe », en fait un groupe d'auxiliaires du SD commandé par le Saxon Friedrich Berger**, Eddy Florentin a d'abord subi l'interrogatoire classique rue des Saussaies, puis a été transféré à Fresnes :

« Le lendemain matin, à une heure que je ne saurais préciser (car, en prison, l'heure est difficilement repérable), raconte-t-il, je patiente dans la file des détenus, entre fouille et douche, et je ne sais quoi encore, quand un camarade, dans la file, me chuchote : " Il y a eu un attentat contre Hitler. " Et je me souviendrai toujours l'avoir sévèrement rembarré en lui lançant : " Il n'y a pas un jour que nous sommes dans cette prison que déjà tu lances des bobards. " Or, la bombe de Rastenburg a éclaté à 12 h 42 si ma mémoire est bonne. Et même, si cette fouille dans la prison (encore une fois difficile à placer dans la journée, mais sûrement aux heures " claires ", car il devait s'écouler encore une forte proportion de journée après que les formalités de mise en cellule définitive eurent pris fin) a eu lieu dans le début de l'après-midi, je trouve que la nouvelle a très vite franchi les murailles, avant même que Paris n'en ait été informé[30] ! »

La nouvelle qu'a entendue Eddy Florentin par « Radio Fresnes », ainsi les détenus appelaient-ils parfois les rumeurs propagées de bouche à oreille, a-t-elle aussi circulé dans certains camps de concentration, parmi les résistants arrêtés ? En tout cas, un prisonnier français a raconté à Eddy Florentin :

« Le 20 juillet à Dora, un certain flottement s'est produit parmi les

arrêté le 23 juillet : une vingtaine d'officiers de l'Abwehr ne sont-ils pas compromis dans la conspiration, parmi lesquels certains de ses collaborateurs intimes ? Le 9 avril 1945, Canaris sera exécuté dans le camp de concentration de Flossenburg.

* Inédit.

** Cf. infra p. 288 et suiv.

Ukrainiens qui nous gardaient. Pendant un certain temps, il y a eu pour nous tous comme une possibilité de franchir les limites du camp : plus personne ne nous surveillait vraiment. Mais cela n'a pas duré... Ensuite, nous avons senti un durcissement et les Ukrainiens ont repris leur garde vigilante...[31] »

Cette impression n'a finalement été qu'éphémère, à peine plus longue en durée que l'illusion qu'ont eue, à Berlin, Stauffenberg et ses amis de pouvoir réussir leur putsch ! Il n'a été vraiment couronné de succès, pendant quelques heures, qu'à Paris, bien qu'il ait reçu un début d'exécution à Vienne, où les officiers SS et du SD sont mis en état d'arrestation quelques instants, à Prague où le *General der Kavallerie* Schall *, qui occupe dans la capitale de la Tchécoslovaquie le même poste que Boineburg à Paris, fait arrêter le chef-adjoint des SS, puis... se fait arrêter par lui ; à Hambourg, cela tourne à la farce ; quand le chef d'état-major de la région militaire n° 10 se rend chez le gauleiter Kaufmann, afin de l'arrêter conformément au télex de Witzleben, le fonctionnaire nazi prend l'affaire à la blague :

— Allons, dit-il, c'est sûrement une bêtise. Buvons d'abord une bouteille de vin et ensuite nous téléphonerons au quartier général pour savoir ce qui se passe[32] !

Ce qui fut fait...

A Paris, c'est une autre sorte de fin, tragique celle-là, qui a été préparée pour le cas où le putsch aurait réussi :

« On avait, assure Abetz, durant les quelques heures où Oberg et Knochen avaient été arrêtés, fait une butte de sable dans la cour de l'Ecole militaire. Ils devaient le lendemain y être passés par les armes, après avoir été jugés par un conseil de guerre[33]. »

Ce détail qui a son importance, notamment en ce qui concerne la préparation parisienne du putsch, n'a été connu, au moment des faits, ni par Boineburg, ni par Unger, ni par le lieutenant-colonel von Kraewel. Et pourtant, Schramm est formel :

« On avait fait disparaître ces préparatifs en toute hâte à la fin de la nuit[34]. »

Soit ! Mais qui donc a donné l'ordre de préparer un lieu d'exécutions capitales à deux pas de la tour Eiffel ? Il semble bien que ce soit Walter von Bargatsky, l'un des officiers chargés de la section juridique à l'état-major d'administration de Stülpnagel, qui ait reçu, directement des conjurés de Berlin, l'instruction de déposer une plainte devant le tribunal militaire allemand de Paris contre Oberg, Knochen et leurs subordonnés[35]. Cette instruction s'inspire de

* Relevé de son commandement puis interné, enfin mis en liberté surveillée et assigné à résidence dans sa maison d'Allenbach, le général Schall ne subit aucune condamnation de la part de la justice nazie.

déclarations de principe dues aux conjurés et saisies par la police allemande après l'échec du putsch, déclarations où on lit ces phrases qui s'appliquent parfaitement aux méthodes particulières des policiers nazis :

« Quiconque aura utilisé le temps de guerre pour se remplir les poches ou s'écarter d'un millimètre de la ligne droite de l'honneur devra rendre des comptes ; les peines seront particulièrement dures contre ceux qui (...) auront commis des infractions contre les règles générales du droit des peuples et contre les lois de l'humanité[36]. »

Si les buttes de sable n'ont pas servi pour les SS et le SD d'Oberg et Knochen, les chefs de la conjuration à Paris subiront tous un sort affreux.

Nous avons laissé Stülpnagel le 21 juillet dans sa voiture roulant vers l'Allemagne, accompagné de son ordonnance personnelle Fischer ; l'ex-commandant militaire en France a indiqué l'itinéraire au sergent-major Schauf, son chauffeur, qui maintient la vitesse entre 80 et 100 kilomètres à l'heure. Stülpnagel fait stopper son automobile à Vacherauville, non loin de Verdun, à la fin de l'après-midi ; il éloigne Schauf et Fischer sous un prétexte futile. Un coup de feu claque : Schauf et Fischer se précipitent, leur chef est atteint à la tête, à la place de l'œil un trou sanglant...

Après ce suicide manqué, Carl-Heinrich von Stülpnagel, aveugle, comparaîtra devant le tribunal du peuple à Berlin, le 29 août : face au redoutable Freisler, nazi fanatique qui le préside (« Freisler ? C'est notre Vichinsky » avait dit de lui Hitler), Stülpnagel « garde son maintien de soldat et reconnaît sa culpabilité ». Il sera pendu le lendemain avec Linstow et Finckh : un aide-bourreau doit guider par le bras l'ancien commandant militaire en France jusqu'à la corde, attachée à un croc de boucher fiché dans une poutre d'un hangar de la prison de Plötzensee, près de Berlin. César von Hofacker ne sera pendu que le 20 décembre, Kluge * s'est suicidé le 19 août en s'empoisonnant et Rommel a été contraint au suicide le 14 octobre. La vengeance d'Hitler a été implacable.

Et les exécutants du putsch parisien ?

Boineburg restera à Paris comme commandant militaire jusqu'au 14 août ; Brehmer prendra un commandement sur le front de l'Est, Kraewel combattra avec le Sicherungsregiment n° 1 en Normandie. Ainsi, aucun des trois hommes, pourtant principaux exécutants de la nuit parisienne, n'a été inquiété. Comment expliquer qu'au cours de la répression sanglante qui suivit le 20 juillet, ils aient pu être épargnés ? Pourquoi les policiers du SD n'ont-ils fait aucune enquête à leur endroit, alors que tous les hommes ayant touché, de près ou de

* Il a été relevé de son commandement à l'Ouest et remplacé par Model.

loin, au putsch manqué ou même seulement soupçonnés d'être de cœur avec les conjurés, ont été interrogés pendant des heures, voire des jours ? A quoi attribuer cette incompréhensible indifférence des enquêteurs ?

Les barons, Boineburg et Kraewel, ont donné une explication commune de l'attitude des policiers du SD à Paris :

« Si nous n'avons pas été poursuivis, ni même questionnés devant une commission d'enquête, assure Boineburg, c'est à Oberg que nous le devons ; il avait plusieurs motifs de ne pas s'attaquer à nous : d'abord, cette nuit du 20 juillet avait été peu glorieuse pour lui ! Ne s'était-il pas fait " pincer " comme un débutant ? Qu'aurait dit Himmler, son chef, s'il avait connu tous les détails de l'arrestation " en douceur " du chef suprême des SS et de la police en France ? Ensuite, je pense que, par camaraderie militaire, Oberg a *spontanément* préféré ne pas en savoir trop ; Stülpnagel allait payer : il était " le chef " de la conspiration parisienne, cela suffisait... Pourquoi grossir une affaire où Hitler avait trouvé " son " coupable ? Enfin, en cette fin de juillet 1944, la situation militaire était tellement trouble qu'Oberg a hésité à faire quelque chose de décisif. Il fallait préserver l'unité des combattants allemands. Et comme il n'y avait eu aucune casse dans la capitale, Oberg s'est contenté de ce que nous lui avons dit. Nous ne faisions qu'exécuter les ordres [37]... »

Un autre complice de la conjuration parisienne — il était au courant de celle-ci et avait signé des laissez-passer au nom d'Hofacker pour des « missions imprécises » —, le Dr Elmar Michel, chef de la section économique de l'état-major administratif de Stülpnagel, qui ne fut pas inquiété non plus, a conclu de la même façon que Boineburg, en ajoutant :

« Mus par leurs propres intérêts, les SS et le SD voulurent faire paraître aussi réduit que possible le cercle des participants à Paris auprès de leurs supérieurs à Berlin [38]... »

Tout cela paraît plausible, certes ; mais est-ce convaincant ? Il aurait été intéressant d'avoir l'opinion d'Oberg et de Knochen eux-mêmes à ce propos : sollicités par l'auteur, les deux hommes n'ont pas répondu à ses questions. Pour sa part, Oberg m'écrivit :

« Je regrette de ne pouvoir vous aider dans votre travail. Pour moi et pour mon camarade le colonel Knochen aussi, la guerre et les années après sont passées et nous ne sommes qu'obligés de voir le temps présent et de penser à l'avenir. J'espère, monsieur, que vous pourrez comprendre notre point de vue [39]... »

Bien après le 20 juillet, le souvenir qu'en ont gardé les policiers nazis a, si l'on ose dire, du mal à être digéré.

A Vichy, Pétain a accueilli la nouvelle de l'attentat avec son calme habituel. Le 21 juillet, il reçoit le général allemand Neubronn, délégué militaire d'Hitler auprès de lui, avec ces mots narquois : « Alors, il y a des remous chez vous[40]... »

Il y en aura bien d'autres à Vichy et à Paris dans les jours suivants : le 1er août, les Américains percent à Avranches, la bataille de France est perdue pour les Allemands dont le front va être pulvérisé en six semaines.

Dans son repaire de Prusse orientale, Hitler fulmine ; il confiera à Jodl le 31 juillet :

« Quand je pense que depuis deux ans, ce Stülpnagel n'a rien fait d'autre que d'aider à saper le front intérieur allemand : toute cette histoire de Paris est à mettre au compte de ce monsieur, c'est une cochonnerie[41]... »

Vécue à Paris, elle fut une tragédie : mal organisée, mal conduite, la conspiration contre Hitler ne connut une réussite totale que dans la capitale de la France, une réussite brève comme l'éclair et, finalement, inutile.

NOTES

1. Témoignage du général von Boineburg-Lengsfeld recueilli par l'auteur.

2. Von Schramm, *op. cit.*, p. 282.

3. Maurice Pestel, « les Derniers Jours en Normandie du Feldmarschall Rommel », *la Presse médicale*, 5 novembre 1966.

4. Témoignage de Boineburg-Lengsfeld, *op. cit.*

5. *Ibid.*

6. Témoignage de Kurt von Kraewel.

7. Le général von Boineburg-Lengsfeld n'a pas eu de peine, quand nous l'avons vu, à écrire rapidement le contenu de son ordre du 20 juillet.

8. Témoignage de Kurt von Kraewel.

9. *Ibid.*

10. Von Schramm *op. cit.*, p. 136.

11. Témoignage de Kurt von Kraewel.

12. *Ibid.*

13. Von Schramm, *op. cit.*, p. 147.

14. Témoignage de Kurt von Kraewel.

15. Témoignage de Boineburg-Lengsfeld, *op. cit.*

16. Témoignage de Kurt von Kraewel.

17. Otto Abetz, *Histoire d'une politique franco-allemande*, Stock, Paris 1953, p. 319.

18. *Ibid.*, p. 321.

19. Karl Wand, « le 20 juillet 1944 à Paris » *in Kölner Universitäts Zeitung*, Heft 3, 2 Jahrgang, Köln, Juli 1947, p. 50 et suiv.

20. Von Schramm *op. cit.*, p. 164.

21. Témoignage de Boineburg-Lengsfeld.

22. Témoignage de Kurt von Kraewel.

23. Coll. Charles Lacretelle.

24. *Ibid.*

25. Coll. part.

26. N° 106 du *National Populaire*, coll. G. Silvain.

27. Paul Berben, *l'Attentat contre Hitler*, Robert Laffont, 1962, p. 38.

28. Paul Paillole, *Services spéciaux*, Robert Laffont, 1975, p. 556.

29. *Cf.* Gabriel Jeantet, *Pétain contre Hitler*, La Table ronde, 1966.

30. Lettre d'Eddy Florentin à l'auteur du 9 août 1969.

31. *Ibid.*

32. Paul Berben, *op. cit.*, p. 178 et suiv.

33. Otto Abetz, *op. cit.*, p. 323.

34. Von Schramm, *op. cit.*, p. 166.

35. Lettre de Wilhen von Schramm à l'auteur du 27 mai 1964.

36. Ex. *Spiegelbild einer Verschwörung* (Reflets d'une conjuration), Seewald, Stuttgart, 1961 p. 169. Essentiel à l'étude de la conjuration qui aboutit à la bombe de Stauffenberg et au putsch berlinois avec son prolongement parisien, ce livre comporte les rapports de Kaltenbrunner, chef du RSHA, à Bormann et à Hitler sur l'attentat du 20 juillet 1944.

37. Témoignage de Boineburg-Lengsfeld.

38. *In* Institut Hoover, *la Vie de la France sous l'occupation, op. cit.*, T. III, p. 1772.

39. Lettre de Carl Oberg à l'auteur, s.d. Vraisemblablement 1964.

40. Souvenirs du général von Neubronn *Ein Soldat blickt zurück* (Un soldat regarde en arrière) Bundes Archiv. Mil/W 02 37/16 p. 231.

41. *Cf.* Eberhard Jäckel, *la France dans l'Europe d'Hitler*, Fayard, Paris 1968, p. 486.

CHAPITRE VI

LES JOURS BRÛLANTS DE L'ÉTÉ

Du 20 juillet au 25 août, de la folle nuit des barons à la libération de Paris, trente-six jours vont s'écouler. Trente-six jours riches d'événements hauts en couleur et de médiocres péripéties, où les héroïsmes équipollent les lâchetés, où la soif de combattre le dispute au désir lancinant du « pas d'histoires », l'action la plus téméraire à l'attentisme le plus timoré, dans le mélange habituel des pulsions humaines les plus courantes, qui ne prend un extraordinaire relief que dans la mesure où il débouche sur un événement sans autre exemple dans l'Europe sous le joug nazi : la libération d'une capitale occupée par l'insurrection d'une fraction de sa population en liaison avec une armée, composée de ses propres nationaux, venue la délivrer définitivement des Allemands.

Tel est le schéma. Dans cette formidable partie, on retrouve tous les acteurs de cette histoire, investis d'une mission différente des précédentes et dont le succès dépend à la fois d'eux-mêmes et de leurs adversaires, tandis que le rouleau compresseur des armées alliées avance inexorablement sur l'ensemble du territoire français, chassant devant lui l'armée allemande à qui il imposera un repli stratégique d'ensemble.

Les Allemands luttent sur deux fronts : face aux Alliés, face aux résistants. A Paris, ils ont reçu l'ordre de tenir en se battant, afin de contrarier le plus possible l'avance ennemie ; à tâche nouvelle, nouveaux hommes : le haut commandement allemand en France subit un changement complet, dû autant à l'épuration qui a suivi le 20 juillet qu'à la gravité d'une situation militaire, dont Hitler pense que Kluge est incapable de la rétablir.

Les hiérarques de Vichy, dont l'autorité, à force de s'effilocher, est devenue pratiquement inexistante (c'est la dissolution du régime), tentent de passer le flambeau de la « légitimité »... à qui voudrait le prendre, avant d'être amenés de force en Allemagne par les occupants en retraite, où les ultras de la collaboration les ont devancés.

Aidée çà et là par les parachutistes gaullistes et britanniques, la Résistance intérieure intensifie la guérilla contre les Allemands un peu partout dans l'hexagone. Pour Paris, quand donc sonnera l'heure de l'insurrection, « inséparable de la libération » (Charles de Gaulle) ? Les gaullistes la retardent jusqu'au moment jugé par eux le plus favorable, en fonction du déroulement des opérations militaires, étant entendu qu'il n'entre pas dans les projets alliés d'enlever Paris de vive force, mais, l'ayant débordé, de le cueillir comme un fruit mûr ; les résistants de l'intérieur estiment que l'instant de la révolte est venu et qu'on ne peut plus la différer, malgré le peu d'armes et de munitions dont ils disposent. Un conflit tantôt latent, tantôt aigu entre les uns et les autres, qui resurgira à tout moment...

A cette Résistance s'est jointe, *in extremis,* une grande partie de la police de la capitale : pour la première fois dans leur histoire, les gardiens de la paix en tenue, abandonnant leur uniforme, se mettent en grève ! Ce fait sans précédent mérite quelques explications, de même que l'attitude de la police de Paris pendant l'Occupation.

Un problème particulier, celui du sort des prisonniers politiques, hantera résistants et fonctionnaires de Vichy dans la capitale : des efforts conjugués aboutiront à certaines libérations où le rôle du consul de Suède, Raoul Nordling et du secrétaire de légation René Naville, qui dirige la représentation consulaire suisse dans la capitale, sera de grande importance.

Passive puis enthousiaste, participant parfois aux escarmouches entre résistants et Allemands, la grande masse de la population subit des événements qui se déroulent à côté de ses préoccupations quotidiennes (ravitaillement, inquiétude sur le sort qui lui sera réservé), avant de se rallier avec une ardeur d'autant plus explosive qu'elle aura été longtemps contenue, au nouveau pouvoir qui aura balayé à la fois les occupants et le régime de Vichy.

Boineburg s'en va, Choltitz arrive

A la fin de juillet, l'hôtel Majestic reçoit le nouveau commandant militaire en France, Karl Kitzinger : ce général d'aviation de cinquante-huit ans remplace Blumentritt, *Militärbefehlshaber* par intérim, après le dramatique départ de Stülpnagel. Kitzinger qui « débarque » dans la capitale garde l'état-major de son prédécesseur et des préoccupations identiques. Elles apparaissent dans l'un des rares documents qu'il ait signés ès-qualités pendant son court séjour à Paris qu'il quittera le 17 août. Ce document *, adressé le 1er août à vingt et un militaires allemands de haut grade présents en France, constitue une véritable charte d'action des occupants dans les semaines à venir où Kitzinger rappelle, d'une part, des consignes permanentes et donne, d'autre part, des ordres généraux réglant ou pouvant régler différents problèmes, en particulier ceux concernant les travailleurs français restés sur le territoire dont il a la responsabilité.

Kitzinger commence par dresser un tableau de la situation et proposer des solutions destinées à lui faire face :

« Ces derniers temps, écrit-il, l'insécurité dans les locaux français a augmenté en raison des sabotages et des actes de terrorisme divers.

« La nécessité du front combattant amène en conséquence les mesures suivantes :

« Partout où se développeront des noyaux de résistance ou des bandes, partout où nous les observerons et partout où le nombre des actes de terrorisme et de sabotage augmentera, tous les hommes entre seize et cinquante-cinq ans de quelque profession et de tous les départements devront, sauf avis des médecins, être mis à la disposition de façon à ce qu'ils puissent être amenés en Allemagne[1]. »

Ce troisième alinéa ne peut guère être considéré que comme une « proposition » : de quels moyens disposerait en effet Kitzinger pour se livrer dans les départements français que les Alliés n'ont pas encore libérés, à cette opération massive de déportation de la main-d'œuvre masculine ? On a vu ** que cette réquisition avait été déjà envisagée avant le débarquement par le *SS Sturmführer* Leicht, chef de la police secrète militaire, mais n'avait pas reçu le moindre début d'exécution : ce qui aurait pu être concevable quelques mois auparavant devenait franchement impossible en août et si Kitzinger est revenu sur une proposition antérieure, qui n'a pas été retenue, c'est, peut-être, pour signaler au haut commandement, c'est-à-dire à Hitler, que le nouveau *Militärbefehlshaber* est un général énergique et loyal, soucieux de faire oublier la trahison de son prédécesseur ; alors, il fait montre d'un zèle dont l'excès même est le gage de sa fidèle activité.

Kitzinger donne ensuite des instructions de détail pour le regroupement des travailleurs à déporter dans les zones où la Résistance est très active : le personnel des usines devra être évacué, « les personnes prises gardées dans un endroit unique avant leur départ, leur transport vers l'Allemagne devant être rapide ». Et Kitzinger ajoute :

* Inédit.
** Cf. supra p. 68.

« Partout où il y aura eu un transfert (*sic !*) de personnes, il faudra que la Propagande le justifie de la façon la plus intelligente possible. »

Quant à la lutte directe contre les résistants français, Kitzinger se borne à des banalités :

« Pour les mesures à prendre pour combattre et anéantir les " bandes " armées, la collaboration la plus étroite avec tous les services du *Höhere SS und Polizeiführer* est recommandée. »

L'ordre du 1er août du nouveau commandant militaire en France parvient au général von Boineburg : le *Kommandant von Gross Paris* se contente d'en accuser réception ; à ses yeux, les mesures prévues par le Mobplan et l'existence des trente-six points d'appui dans la capitale permettent, à tout le moins, de voir venir. Quand il étudie la situation militaire avec son chef d'état-major, le colonel von Unger, elle ne lui apparaît certes pas comme brillante : avec la prise d'Avranches et la pénétration en Bretagne par les Alliés, le front de Normandie a été définitivement rompu ; aidés par les FFI, les Alliés vont libérer la majeure partie de la Bretagne puis s'avancer en bord de Loire avant de remonter, par Chartres, jusqu'en Normandie où commence à se dessiner « la poche de Falaise » ; Kitzinger essaie d'établir une ligne de défense baptisée « cage de mineur » (*Förderkorb*) d'Abbeville au Jura, en suivant la Somme, la Marne et la Saône : encore un plan qui ne recevra qu'un commencement d'exécution ! Boineburg et von Unger, quand ils s'entretiennent le soir à la « maison Coty », échangent des propos moroses : est-ce le commencement de la fin ? Pour Boineburg, en tout cas, la réponse sera très rapidement affirmative ; le 8 août, il reçoit le télégramme suivant du grand quartier général du Führer :

« Le général baron von Boineburg est relevé de ses fonctions de commandant du *Gross Paris* pour avoir manqué de la rigueur nécessaire dans l'exécution des mesures ordonnées par moi. Je nomme comme son successeur au commandement de la Wehrmacht, le *General der Infanterie** von Choltitz. Adolf Hitler[2]. »

Boineburg essaye de faire retarder la décision concernant son départ et, selon Wallraf, trouve un appui auprès de Kitzinger :

« Le général Kitzinger, raconte Wallraf, téléphona à Berlin pour demander le maintien de Boineburg, qui connaissait à fond toute la situation et les dispositions prises à Paris. »

« Des dispositions ? », répondit-on à l'autre bout du fil. « On croit mal entendre. Des dispositions ? Mais le général n'a rien fait du tout, ni rien préparé ! C'est à cause de cela justement et aussi à cause de son attitude singulière le 20 juillet qu'il doit partir ! Il n'y a rien à

* C'est-à-dire général de corps d'armée, grade au-dessus de celui de Boineburg.

faire ! Le général est déjà remplacé par le général von Choltitz. C'est le Führer qui a pris la décision lui-même. Il a déjà reçu le général von Choltitz et lui a donné lui-même ses instructions personnelles[3]. »

Il ne reste plus à Boineburg qu'à attendre son successeur.

Dietrich von Choltitz a fait une honorable carrière dans l'armée de Guillaume II, puis dans la Reichswehr d'après le traité de Versailles, enfin dans la Wehrmacht d'Adolf Hitler. De petite noblesse silésienne (son aïeul Johann-Karl comte Sedlnitzky-Odrowaz von Choltitz était fonctionnaire au service du roi de Saxe en même temps que propriétaire terrien), Dietrich fut dans sa jeunesse page à la cour royale de Saxe ; en 1907 (il a treize ans), il entre à l'Ecole des cadets à Dresde. Pendant la Première Guerre mondiale, Choltitz est blessé à trois reprises ; en 1939, il commande un bataillon aéroporté, prend part aux campagnes de Pologne, de Hollande et de Russie où il participe au siège de Sébastopol. En 1944, il commande la 76ᵉ Panzerdivision en Italie et, depuis le 20 juin 1944, le 84ᵉ corps d'armée en Normandie : c'est « une période pénible et sans espoir », écrit-il dans ses souvenirs[4]. Relevé de son commandement le 1ᵉʳ août, à tort semble-t-il *, il voit Kluge le 2 qui lui propose de reprendre son poste à la tête du 84ᵉ corps d'armée : Choltitz refuse. Il reçoit le commandement d'un groupe d'unités chargées de contenir la progression alliée dans un secteur du front. Le 5 août, il est convoqué « inopinément » au GQG d'Hitler ; c'est la première fois que Choltitz voit le Führer en tête à tête, un entretien surveillé par le général Burgdorf, chef du personnel de l'armée de terre ** et par un jeune officier inconnu :

« Je vis un homme vieux, voûté, bouffi, aux cheveux gris et clairsemés, un être tremblant et physiquement ruiné, raconte Choltitz. On m'avait dit que je ne devais pas serrer sa main trop fort : elle lui faisait mal par suite d'une blessure reçue lors de l'attentat (du 20 juillet)[5]... »

Devant Choltitz, Hitler exécute d'abord son numéro de charme dominateur : il a relevé jadis la nation allemande, il la tient bien en main, il la mènera à la victoire dans une contre-offensive qui rejettera les Alliés à la mer. Deuxième mouvement de la rhétorique hitlérienne : la colère. Grâce à la Providence, le 20 juillet, il a écrasé l'opposition.

« En parlant, Hitler se laissait emporter par une exaltation déraisonnée, de sorte que la bave lui venait littéralement aux lèvres... Il était tout en sueur et son exaltation s'accrut encore quand

* A propos d'un ordre de repli qu'il aurait donné à son corps d'armée le 27 juillet mais qui, en réalité, provenait d'un échelon supérieur.

** Il a succédé à ce poste au général Schmundt mortellement blessé lors de l'attentat du 20 juillet.

il dit que " ces généraux " seraient pendus haut et court *. Plus de doute, je me trouvais en face d'un fou. La conscience que l'existence de notre peuple était aux mains d'un aliéné, incapable de dominer la situation, qui (comme je le supposais alors) refusait purement et simplement de la reconnaître, qui s'en remettait à sa seule inspiration, pesait sur moi de toute sa force[6]. »

Troisième mouvement de la dialectique du Führer : les instructions précises. En substance, Choltitz doit maintenir l'ordre dans Paris, ville étape des troupes allemandes ; pour cela, il est nommé *Wehrmachtsbefehlshaber in Paris,* c'est-à-dire commandant en chef des troupes à Paris, avec les pouvoirs absolus du commandant d'une place forte assiégée.

« L'entretien touchait à sa fin. Je m'avançai à nouveau vers la table de travail, poursuit Choltitz. Hitler me tendit la main et son regard féroce, soupçonneux et complètement inhumain m'accompagna[7]... »

Dans l'après-midi, Choltitz reçoit ses instructions écrites ; elles développent les ordres verbaux d'Hitler. En ce qui concerne l'ordre, « le territoire du Grand Paris devra être protégé contre tout acte de rébellion, de subversion ou de sabotage » ; pour cela, Choltitz est habilité à donner des ordres à la Wehrmacht et aux Waffen SS. Choltitz arrive dans la capitale le 9 août.

Selon Robert Wallraf, Choltitz aura le 10 août deux entretiens avec son « prédécesseur » **, Boineburg-Lengsfeld, à qui Kitzinger a demandé de rester dans la capitale après lui avoir lu l'ordre d'Hitler le relevant de son commandement.

La première entrevue entre Choltitz et Boineburg est assez cordiale, si l'on en croit le récit de Robert Wallraf, établi d'après les confidences de Boineburg lui-même :

« Restez à Paris, mon cher Boineburg, et continuez à travailler avec moi », proposa Choltitz à Boineburg... « Nous ferons les choses en commun. Vous pourriez rester commandant de la place. Si je me trouve être votre supérieur en tant que commandant de la Wehrmacht, ce n'est pas gênant.

« Non, répondit le général von Boineburg. Je n'ai plus rien à faire ici ; je partirai dans les jours qui suivent.

« Dans ce cas, je vous prierai de rester à votre poste jusqu'à votre départ. »

---

* Le procès de Wiztleben et de sept autres officiers impliqués dans le complot aura lieu les 7 et 8 août à Berlin ; les huit hommes seront pendus le 8, deux heures après la lecture de la sentence. (*L'Œuvre* du 9 annonce que « huit traîtres ayant participé à l'attentat du 20 juillet ont été exécutés ».)

** C'est volontairement que le mot est entre guillemets : Boineburg a porté le titre de commandant du Grand Paris, Choltitz celui, différent, de commandant en chef de la Wehrmacht à Paris.

Les deux généraux tombent d'accord en décidant que von Boineburg continuera à traiter les affaires de son ressort jusqu'au 14 août, date à laquelle Choltitz prendra les affaires définitivement en main [8].

Cet accord entre les deux officiers allemands est entériné par Kitzinger, supérieur hiérarchique de Choltitz sur le plan « administratif », ce dernier dépendant de Kluge « en ce qui concerne la protection militaire du Grand Paris et l'utilisation du personnel libéré pour combattre au front ».

Le soir du 10, Boineburg a invité Choltitz à dîner à la « maison Coty » où le nouveau commandant en chef de la Wehrmacht dans la capitale fait la connaissance du colonel von Unger, chef d'état-major de Boineburg, qui, par ordre d'Hitler, demeurera à son poste auprès de Choltitz.

Toujours selon Wallraf, le dialogue suivant s'instaura entre les deux chefs après le dîner :

« Je vous en prie, lui dit Boineburg, évitez tout ce qui pourrait apporter à Paris bataille et destruction. Vous ne pourriez jamais justifier pareille folie. »

Boineburg eut l'impression que Choltitz avait parfaitement compris ce conseil; et, ne voulant pas demeurer en reste, Choltitz répondit à Boineburg :

« Prenez garde au Führer ! L'ancien caporal nous hait, nous autres généraux, avec une rage de sadique. C'est nous, et uniquement nous, qu'il rend responsables de la réussite du débarquement anglo-américain [9]. »

Abandonnons Boineburg à son destin; le 14 août, il quitte Paris pour Dijon : Kitzinger l'a chargé de prendre le commandement militaire de ce secteur; quelques jours après, Boineburg se retrouve à Verdun, puis, sur ordre d'Hitler, il est chargé de superviser la défense des fortifications du Rhin, entre Fribourg et Lohrar, à la frontière suisse.

Les Allemands face aux résistants

Choltitz est dès lors le seul maître allemand à Paris. Averti par son service de renseignement qu'il « faut compter avec un soulèvement populaire dans Paris », il ordonne, pour le 12 août, ce qu'il appelle un « défilé de démonstration » dans la capitale; « montrer sa force pour ne pas avoir à s'en servir », avait dit jadis Lyautey au Maroc : Choltitz fait de même à Paris, mais en présentant cette démonstration sous un aspect particulier où la menace affleure. Et on peut lire dans *l'Œuvre* du lundi 14 :

« Samedi 12 août, le général von Choltitz, gouverneur militaire de

Paris, a fait exécuter à une partie des troupes allemandes stationnées dans la capitale un exercice d'alerte à l'issue duquel elles sont rentrées dans leurs cantonnements. »

C'est la première fois que le nom de Choltitz est publié à l'intention des Parisiens : dans les journaux datés des 12-13 août, ils ont seulement appris que le *Wehrmachtbefehlshaber von Gross Paris* avait donné l'ordre d'avancer le couvre-feu à 23 h 15 au lieu de 24 heures, mais ce général demeurait anonyme. Sortant de l'anonymat le 14 pour présenter « l'exercice » de ses hommes au peuple parisien, Choltitz croit avoir mené une fructueuse opération d'intimidation ; ses effets seront néanmoins de courte durée, car la plupart des troupes ayant participé à la démonstration monteront au front avant de se replier vers l'est dans les jours suivants.

Le 15 août, Choltitz se présente à Kluge qui, pour une fois, est à son quartier général ouest au pavillon Henri IV à Saint-Germain-en-Laye : il est décidé que les installations d'approvisionnement en eau de Paris ne seront pas détruites. Le même jour, Choltitz fait le compte de ses moyens dans la capitale : 17 blindés, un bataillon mobile disposant de 17 automitrailleuses, deux compagnies bicyclistes munies de mitrailleuses légères, un canon avec 68 obus et l'un des régiments de protection affectés à la capitale, les autres, dont celui de Kraewel, ayant fait mouvement vers la Normandie. Si l'on prend en compte les « bureaucrates » restés dans les points d'appui, Choltitz dispose au total de moins de 20 000 hommes dans la capitale et sa banlieue *.

Mais il organise assez vite des « unités d'alerte », constituées du personnel de bureau, assez peu opérationnelles, il faut le dire : certaines de ces unités affronteront directement les résistants parisiens.

Sur le plan prévisionnel, Choltitz a reçu deux ordres précis : celui de procéder à la destruction des établissements industriels de la région parisienne (le dimanche 13), celui de procéder à la destruction des ponts sur la Seine (le mardi 15). Il en différa l'exécution, après avoir expédié les artificiers ** à la Chambre des députés... où le toujours curieux Wallraf qui remplit, rappelons-le, la fonction de fourrier les réceptionnera. Reproduisons son récit :

« Les troupes du génie sont là ! Elles attendent en bas dans la cour », me dit le chef de la défense de la Chambre...

« Dans la cour se tenait en effet un bataillon du génie. Des jeunes gens brûlés par le soleil. Ils semblaient bien accoutumés à tout ce que la guerre peut vous offrir ; leurs yeux avaient le regard méfiant

---

* Nous reviendrons sur ces chiffres.
** Il s'agit d'un bataillon de pionniers de la 91e division aéroportée.

du soldat. A ces hommes fraîchement débarqués de l'est, la cour d'un bâtiment somptueux semblait un endroit trop paisible !

« Je montrai au commandant du bataillon leur cantonnement prévu dans le palais présidentiel. L'homme qui avait une pareille mission de destruction m'intéressait. D'aspect trapu, il ne parlait pas beaucoup, mais manifestait le calme du vieux soldat qui rumine son plan.

— Si votre tâche consiste à faire sauter quarante-deux ponts, elle n'a rien de facile, lui dis-je.

— Facile ? Cela m'est indifférent qu'une tâche soit facile ou difficile. L'essentiel est qu'on la remplisse !

— Quand vous prendrez vos dispositions autour des ponts, on tirera certainement sur vos gens des fenêtres et des toits alentour.

— Cela me regarde. Nous y sommes habitués. Nous sommes sortis de Stalingrad, entourés de Russes de tous côtés. A Kharkov, nous avons fait sauter des mines, derrière les lignes russes. Des colonnes russes avançaient, nous passions à côté d'elles, vers leur arrière-front et faisions sauter nos mines. De tous côtés, les Russes tombaient sur nous, mais nous passions à travers. A Kiev, nous fûmes prisonniers une nuit, le matin nous étions de nouveau libres. La belle affaire, ici, que quelques dizaines de ponts ! Ce n'est rien du tout pour nous !

— De quoi vous servirez-vous ?

— De bombes d'avion. Nous posons quelques bombes dans la construction du pont, nous déclenchons l'explosion et arrivons ainsi à expédier trente ou quarante ponts par jour.

— Vous croyez qu'on vous laissera faire si facilement ?

— A chaque pont, nous porterons des mitrailleuses et si cela ne suffit pas, des chars d'assaut ! Vous n'avez pas idée à quel point la foule a le respect des mitrailleuses et des chars !

« Les hommes du bataillon du génie étaient cantonnés dans les salles de réception de l'appartement présidentiel. Ils admiraient les lustres et tâtaient la soie des fauteuils recouverts de housses en cretonne.

« Très inquiet, je retournai à mon bureau. Je n'avais pas l'impression qu'on pourrait éviter la destruction des ponts [10]. »

Choltitz l'évita pourtant en la différant au cours des jours suivants. Selon Wallraf, le commandant de ce bataillon du génie avait servi sous les ordres directs de Choltitz :

« Selon la tradition patriarcale des gentilshommes campagnards dans l'est, poursuit Wallraf, le général tutoyait le chef de bataillon qui, jadis, avait été son officier d'ordonnance, tandis que celui-ci, plein de respect, lui disait : « Mon général ! » Sans avoir l'air de rien, Choltitz lui demanda s'il disposait d'explosifs. Non. Il n'en avait pas !

— Mais que veux-tu faire sans explosifs ?
— Mon général, j'ai l'ordre d'employer à Paris des bombes d'avion et des *Torpedoköpfe** !
— As-tu des véhicules pour les transporter ?
— Non, mon général.
— Eh bien, alors, nous verrons demain comment nous procéderons. Je n'ai pas le temps maintenant. Il faut également réfléchir sur la meilleure manière de faire sauter les ponts d'un seul coup. Tu y penseras et tu reviendras demain. »

« Ainsi le général congédia ce zélé chef de bataillon et le fit lanterner de jour en jour[11]. »

Finalement, il n'y aura à aucun moment de charges explosives sous les ponts de Paris.

Quant à l'ordre de destruction des industries de la région parisienne, il ne sera pas exécuté, Choltitz tergiversant et le repoussant à... plus tard.

Le 17 août, Choltitz a reçu le *Generalfeldmarschall* Model qui va remplacer Kluge sur le front ouest. Dure tâche pour ce chef énergique : la bataille de Normandie perdue, la VIIe armée allemande anéantie dans la poche de Falaise, la poursuite commencée vers la Seine ont créé une situation insurmontable et le « battant » qu'est Model doit se conformer à l'ordre donné, le même jour, par le quartier général d'Hitler de retraite générale à toutes les troupes allemandes, sauf celles qui garderont quelques ports (Toulon, Marseille, Royan, La Rochelle, par exemple). Cet ordre a été rendu nécessaire par le débarquement franco-américain le 15 août à l'est de Toulon, qui a obligé les forces allemandes du Midi de la France à remonter vers le nord-est et celles encore stationnées dans le sud-ouest à rabattre dans la même direction :

« Cette retraite, écrit Eberhard Jäckel, équivalait à l'abandon sans combat de toute la partie méridionale de la France. La décision fut extrêmement pénible pour Hitler. Les fruits de la victoire remportée en 1940 étaient perdus... Dans le nord de la France, le mouvement ne put être arrêté sur la ligne Kitzinger... L'adversaire puissant et en plein élan ne tarda pas à la déborder, aussi bien au nord de Paris qu'au sud[12]. »

Avant de laisser partir Model pour son quartier général, Choltitz montre au commandant en chef à l'ouest le premier exemplaire d'une affiche-pirate de son cru. Ses services lui ont apporté un exemplaire de l' « Ordre de Mobilisation générale des officiers et sous-officiers français » signé du « Gouvernement provisoire de la République française », leur enjoignant de « rejoindre les régiments,

---

* Des torpilles de marine, dont 300 avaient été fournies par l'arsenal de la marine.

bataillons, compagnies, détachements de l'armée régulière qui se bat sur le sol de France, sous le commandement des états-majors FFI contre les boches, miliciens et traîtres de Vichy. » Choltitz a fait reproduire cette affiche dans les mêmes dimensions et les mêmes caractères, mais en faisant imprimer, en travers de celle-ci, sur fond rouge, une bande portant ces mots : « Nous vous avertissons. Pensez au sort de Paris », suivis de son titre « *Der Wehrmachtsbefehlshaber von Paris* * ». C'est la première mise en garde de Choltitz à la Résistance, le général allemand ne s'étant adressé qu'une fois à la population parisienne le 14 août pour faire appel à sa « compréhension » et à son « calme ».

Le même jour, l'ambassadeur Abetz a remis à Brinon la note suivante :

« Suivant les informations que nous possédons, les gaullistes et les communistes essaient de déclencher dans un avenir immédiat des soulèvements dans la population du Grand Paris contre les membres de la puissance occupante. Les services allemands compétents ont pris toutes les mesures nécessaires pour étouffer dans l'œuf de pareilles tentatives... Il est prévu que si des soulèvements d'une certaine ampleur se produisaient dans quelques arrondissements, le calme serait, en cas de besoin, rétabli par des bombardements aériens[13]. »

Abetz souhaite que le gouvernement avertisse la population de Paris de ces dangers « sous une forme appropriée », ce qu'il ne fera pas pour la suffisante raison qu'il ne dispose plus des moyens de le faire.

A partir du 15 août, Choltitz voit les événements se dérouler à une cadence accélérée : la police s'est mise en grève (15 août), les journaux collabos ne paraissent plus (17 août), les administrations allemandes (Kitzinger et ses états-majors, administratif et militaire, les QG de l'armée de l'air et de la marine à l'ouest, Oberg, Knochen et leurs policiers) quittent la capitale (17 et 18 août), un ordre de grève générale est lancé par les syndicats apparaissant au grand jour, la CGT et la CFTC, le 18 au matin ; le 18 dans l'après-midi, les élus communistes appellent le peuple parisien à l'insurrection, appel repris le 19 par le CNR et le CPL ; les premières escarmouches entre Allemands et Français ont eu lieu le 18. Choltitz, seul, doit faire face à la situation.

---

* Quelques exemplaires de la contre-affiche de Choltitz semblent avoir été apposés les 18 et 19 août : elles sont aussitôt lacérées par les résistants de la capitale. Quant aux affiches de « Mobilisation générale » fabriquées par l'imprimerie officielle du Front national, leur tirage a été assez peu élevé.

La fuite des collabos

Il ne peut pas compter sur ses alliés naturels, les collabos : ceux-ci s'apprêtent à suivre les Allemands dans leur retraite à l'est, non sans avoir lancé dans le public quelques déclarations de principe sur des airs connus, mais qui ne charment personne ; au début d'août, Darnand s'est adressé aux miliciens de l'Ile-de-France :

« Voyez-vous, leur déclare-t-il, si je suis contre les Américains, c'est que tout chez eux est soumis à la puissance de l'argent : or, je suis pour l'homme... Nous ne sommes pas des partisans, comme les pauvres types d'avant-guerre, comme le PSF. Nous ne travaillons que pour l'intérêt national et pour le peuple... » (*in Combats* n° 66, 10 août 1944).

Bien qu'il ait prévu, dans ses détails, l'organisation de combats de rues contre les « terroristes » dans les grandes villes, Darnand refuse l'épreuve de force avec les résistants dans la capitale.

Il avait pourtant donné des directives très précises à cet égard dans son « Instruction concernant la conduite des opérations dans la guerre des rues », où il distinguait une première phase de « défensive active » et une deuxième phase d' « opérations offensives * ». Ni l'une ni l'autre ne seront déclenchées à Paris...

A ses yeux, la Milice a perdu assez d'hommes dans ses combats contre les « terroristes », si l'on en croit le bilan qu'il dresse dans une lettre adressée à Pétain **, le 11 août :

« En quinze mois, 600 de nos camarades sont morts, 1 200 blessés, 800 ont été portés disparus... »

Le 10 août, Darnand a prescrit le départ des miliciens de l'Ile-de-France vers Nancy, à un signal qu'il donnera ; pour cela, il réclame des fonds à Laval qui lui débloquera 80 millions. Son adjoint Francis Bout de l'An obtient 50 millions supplémentaires « prêtés » par Abetz le 17 août : c'est « le branle-bas de déroute du petit monde collaborationniste[14] ». Les miliciens de Paris regroupés au lycée Saint-Louis et commandés par le chef Domange partent les derniers, au soir du 17 août. Grandeur et décadence ; c'est dans cette même cour du lycée parisien que le 24 juillet, la franc-garde parisienne de la Milice avait reçu son fanion. Dix-sept jours après, fanion rentré, les miliciens font à pied les quelques kilomètres qui les séparent de Nogent-sur-Marne où ils retrouvent d'autres miliciens, venus de la caserne de Reuilly et de la synagogue d'Auteuil. Ces quelques

---

* Instruction 114/SG/STMO du 25 mars 1944. Dans ce texte, Darnand fait référence au livre *l'Intervention de la Schutzpolizei en territoire insurgé* du capitaine Schmitt, traduit de l'allemand par le capitaine Tressel (édit. Charles Lavauzelle).

** Archives Nationales W III 141.

centaines d'hommes prennent place à bord d'autocars de la Préfecture de Police, réquisitionnés par Bassompierre, et foncent vers Nancy où les a précédés Darnand. Leurs familles sont restées dans la capitale, avec quelques chefs miliciens qui ont décidé de se rendre aux Alliés.

Les chefs des partis collabos ont pris la fuite, après s'être livrés à d'ultimes spéculations. Le 8 août, dans un pavillon de chasse non loin de Metz, Doriot et son fidèle Victor Barthélémy jouent au « jeu du futur ministère », autour d'une bouteille de mirabelle. Voici leur liste :

— Chef du gouvernement et Intérieur... Jacques Doriot ;
— Secrétaire d'Etat au ministère de l'Ordre... Joseph Darnand ;
— Affaires étrangères... Benoist-Méchin ou Fernand de Brinon ;
— Travail, Solidarité nationale, Economie et Finances... Marcel Déat ;
— Propagande... Jean Fossati ;
— Secrétaire général du Parti unique... Victor Barthélémy *.

Dérisoires, les petits jeux des collabos pour la conquête du pouvoir (mais quel pouvoir ?) en France se poursuivront outre-Rhin. Car il leur faut s'expatrier.

Le 16 août, Doriot et le dévoué Barthélémy dînent boulevard Saint-Germain chez un ami, Jean Lecan, repas auquel participent deux célèbres chanteurs de l'Opéra de Paris, Géori Boué et Roger Bourdin. Le commentateur de Radio-Paris, Jean-Hérold Paquis, arrive à l'heure du café avec une mauvaise ou bonne nouvelle, mauvaise parce qu'elle marque la fin de l'ère dorée des collabos, bonne parce qu'elle leur permet de se soustraire aux résistants :

« Le *Sonderführer* Haefs, directeur de Radio-Paris, a ordonné le départ de tout le personnel pour ce soir même... » Direction : Nancy.

Barthélémy va aux nouvelles au siège du parti, rue des Pyramides : le déménagement a commencé, sous l'œil d'Emile Masson, trésorier du PPF. Les deux hommes font les comptes : le parti dispose de plusieurs dizaines de millions de francs, provenant de cotisations et de dons d'importants groupes industriels ou financiers. A la fin de l'après-midi, la secrétaire de Doriot, Laurence Mattéo, téléphone au « chef » qui a passé l'après-midi chez Jean Lecan :

« Il faut partir ce soir... »

Au siège du parti, de nombreux PPF, hommes et femmes, avec des camions : ils les ont « réquisitionnés » aux Halles en se faisant passer pour des militants de la Résistance. La ruse a réussi, il n'y a

* Fossati et Barthélémy sont deux chefs PPF.

plus qu'à déguerpir... Doriot et ses séides attendront le lendemain matin ; à 8 heures, le 17, le convoi du PPF s'ébranle :

« Nous traversâmes l'est de Paris, raconte Barthélemy, sous l'œil étonné et souvent goguenard des Parisiens arrêtés au bord des trottoirs[15]. »

Avant Doriot, Bucard, sa femme et leurs enfants, accompagnés d'une poignée de francistes fidèles, ont embarqué les archives du mouvement dans des voitures stationnées devant leurs bureaux du boulevard des Italiens : le 17, ils sont déjà à Reims !

Déat, chef du RNP et ministre du Travail et de la Solidarité nationale, a effectué le 10 août son dernier acte ministériel : il a accusé réception au préfet Roussillon, directeur du cabinet de Fernand de Brinon, d'un chèque de 48 000 francs à répartir, comme il l'entend, en faveur des sinistrés de Lorient, Saint-Nazaire, Le Havre et Brest. Cette somme fait partie d'un don de 193 000 francs résultant d'une collecte faite parmi les prisonniers français du Stalag IV G, le 8 août 1943 : souhaitant aider les civils des quatre villes touchées lors des bombardements alliés, les prisonniers se sont cotisés en leur faveur. La procédure administrative de l'acheminement de leur don aura duré un an ; le 8 août 1944, Roussillon a ventilé la somme : 81 500 francs au préfet du Morbihan, 35 800 à celui de la Loire-Inférieure, 12 000 à celui du Finistère, 9 000 à celui du Nord, 3 000 à celui des Ardennes, 3 000 francs ayant été remis directement à une femme sinistrée et 48 700 à Déat. On ignore ce qu'il en a fait. Comme on ignore, de la même façon, le sort du « Conseil supérieur de la solidarité nationale » créé d'un jet de plume par Déat dans un arrêté du 3 août : un général de l'armée de l'air, Redempt, a été nommé vice-président de cet aréopage qui « tiendra sa première session le 17 août » (in *l'Œuvre* du 9 août). Mais le 17 août, la session prévue ne s'ouvrira pas : Déat, président de ce Conseil supérieur est absent... A l'instar des autres chefs collabos, parmi les premiers, il a quitté la capitale, le 17 août à 5 heures du matin :

« Nous ramassons les ultimes colis, qui sont légion, confie Déat à son journal. Nous tassons tout très difficilement dans la voiture... J'ai ma mitraillette et un colt, le chauffeur a le 92, un milicien m'accompagne... On file aussi vite qu'on peut. Toujours des convois sans fin. Plusieurs fois, nous nous arrêtons, car il passe dans le ciel de puissantes escadres de bombardiers lourds[16]. »

Parti à l'aube, Déat n'assistera pas à une réunion des ministres du gouvernement de Vichy présents à Paris, convoquée par Laval le même jour à l'hôtel Matignon à 18 h 30...

Les illusions perdues de Pierre Laval...

Car Laval est dans la capitale depuis le matin du mercredi 9 au vu et au su de tout le monde :

« M. Pierre Laval est à Paris, lit-on dans *l'Œuvre* du 11 août... Il a considéré de son devoir dans les circonstances actuelles de se trouver au milieu de la population parisienne. »

C'est le prétexte officiel *ad usum populi.*

Au vrai, ainsi que nous l'avons déjà évoqué *, Laval se trouve dans la capitale afin de mener la dernière partie de son jeu politique : convoquer l'Assemblée nationale qui a remis le pouvoir à Pétain le 10 juillet 1940, lui faire élire un nouveau président de la République (Queuille ? Ou, pourquoi pas, Charles de Gaulle ?) et... se retirer de la vie publique, tel est son ultime projet. Un homme est indispensable à la réussite de l'opération, Edouard Herriot, dernier président de la Chambre des députés de la IIIe République : Laval va le chercher à Maréville, près de Nancy, où Herriot, qui joue les malades mentaux, est en résidence médicale surveillée.

Cette idée a pris corps dans l'esprit du chef du gouvernement le 11, veille du jour où on apprend qu'une division française libre, la deuxième division blindée, aux ordres d'un certain général Leclerc, a pris Alençon. Le vendredi 11, Laval a convoqué le préfet de police à l'hôtel Matignon ; dès l'arrivée de Bussière, il l'entraîne dans les jardins de l'ancienne Présidence du Conseil où le chef du gouvernement descend lors de ses séjours à Paris :

« " Allons faire quelques pas dans le parc ", me dit le président Laval..., raconte le préfet Bussière. Nous nous promenons lentement. Je suis intrigué... " Il faut que vous me rendiez un service... Je ne peux le demander qu'à vous, car la chose doit demeurer secrète... Apprenez d'abord que j'ai obtenu d'Abetz la libération d'Edouard Herriot... Ce n'est pas rien, n'est-ce pas ? Demain, je me rendrai à Maréville, près de Nancy, où il réside. Je m'imagine qu'il sera heureux de quitter sa maison de santé. Je le ramènerai à Paris. Je voudrais obtenir son adhésion à la convocation d'urgence de l'Assemblée nationale à laquelle je rendrai compte de ma gestion. Un nouveau gouvernement serait constitué qui serait apte à recevoir les Alliés et, par des mesures prises en accord avec ceux-ci, à éviter des troubles et d'autres malheurs. L'occupation cessant, c'est le retour au régime constitutionnel qui s'impose, c'est le fonctionnement régulier des institutions républicaines qui reprend. Il s'agit de convaincre le président de la Chambre... Je pense que l'ambassade

* Cf. supra p. 97.

d'Allemagne entrera dans mes vues... Pour l'instant, je vous charge de trouver tout de suite une habitation sûre, paisible et confortable où Mme et M. Herriot pourraient s'installer... Vous ne vous attendiez pas à cela ? "... Je quitte le président, non sans lui avoir souhaité bonne chance... Je suis cependant perplexe : réussira-t-il[17] ?... »

La perplexité de Bussière se transformerait en inquiétude s'il connaissait la vérité. Elle est à double visage : d'une part, Abetz a pris sur lui d'autoriser Laval à aller quérir Herriot à Maréville « sans avoir consulté au préalable le gouvernement du Reich », affirme-t-il dans ses Mémoires[18] ; d'autre part, Oberg et ses policiers sont, dès sa conception, avertis du projet : Oberg a déjà désigné un *Hauptsturmführer* du SD, Roland Nosek, pour en suivre le déroulement, en même temps qu'il devra « se renseigner sur les dessous de cette action montée très secrètement[19] ».

Secrète cette affaire ? Laval a divulgué une partie de son plan, celle consistant à réunir l'Assemblée nationale, le 10 aux membres des bureaux du Conseil municipal de Paris et du Conseil général de la Seine, le 11 à 87 des 89 maires des arrondissements de Paris et des communes de banlieue : comme tous ces magistrats édilitaires n'ont pas été élus par le peuple, mais nommés par Vichy, rien d'étonnant à ce qu'ils approuvent le chef du gouvernement. Rien d'étonnant, non plus, à ce que Laval les ait pris pour confidents : à défaut de pouvoir se confier aux députés, Laval parle aux cadres communaux, réflexe de parlementaire de la IIIe République.

Et puis, dans cet effondrement de l'Etat français, en un moment où, selon la formule du préfet de police, « le gouvernement n'est plus maître des commandes, les mesures qu'il prend sont inopérantes, les instructions qu'il édicte, les ordres qu'il prescrit restent lettres mortes », Laval a besoin d'un semblant d'acquiescement collectif, si peu « représentatif » soit-il.

Secrète cette affaire ? La Résistance elle-même en a eu vent aussitôt et envisagé d'y mettre fin par la force en enlevant Herriot dès son arrivée à Paris ; aux yeux des résistants, il ne peut y avoir de place, dans la France libérée, pour des parlementaires qui ont voté les pleins pouvoirs au maréchal Pétain le 10 juillet 1940, il ne peut pas s'installer à Paris un « régime de transition » établi par le chef du gouvernement de Vichy : c'est à la Résistance de gouverner la France, une France où, dans les départements libérés, des commissaires de la République nommés par le général de Gaulle ont déjà pris en main les leviers de commande.

Laval le sait bien, mais il persiste dans son intention : le 12, il est à Nancy auprès d'Herriot. Réaction du cacique de la IIIe République à la proposition de Laval :

« " Je suis vraiment abasourdi, je ne réalise pas ce que vous m'annoncez ", répétait Herriot, en se passant la main sur les yeux et le front, raconte le préfet régional de Lorraine, André-Jean Faure qui assiste à l'entretien entre les deux hommes... Puis on aborda les conditions pratiques de l'installation à Paris, le projet de Pierre Laval de faire convoquer l'Assemblée nationale pour assurer dans la légalité la passation des pouvoirs. Il proposa à Herriot de le garder à Paris auprès de lui, dans un appartement de Matignon, où sa sécurité pourrait être efficacement assurée. Mais Herriot désireux de conserver sa liberté — et soucieux surtout d'éviter toute compromission — refusa. Il voulait rentrer dans son petit appartement personnel, ce à quoi Laval s'opposait catégoriquement de crainte d'attentats.

« Je suggérai alors la Préfecture de la Seine.

« Herriot accepta d'enthousiasme :

« " C'est très judicieux, c'est très bien. La Préfecture, l'Hôtel de Ville, la Maison commune de Paris ; d'accord, d'accord[20] "... »

Dans un premier mouvement, Herriot ne s'oppose pas au projet de Laval, il s'y associe sous conditions, passant du rôle de prisonnier du gouvernement de Vichy à celui de liquidateur du même gouvernement. Herriot justifierait-il le jugement féroce qu'a porté sur lui Abel Bonnard en 1940 ?

« L'habit vert irait bien à Herriot, écrit l'académicien dans son journal intime : n'est-il pas fait de la couleur du caméléon et des broderies du paon[21] ? »

A la nuit, Laval et Herriot prennent la route en direction de Paris, dans deux voitures différentes ; le toujours présent Nosek s'est installé, sans façon, dans celle de l'ancien président de la Chambre des députés : Herriot fume un cigare offert par l'*Hauptsturmführer* Nosek.

« A hauteur de Toul, raconte Herriot, nous entendons des cris hostiles ; un coup de feu est tiré sans résultats contre l'une des automobiles. La circulation est difficile ; nous rencontrons constamment de lourds camions allemands en marche vers l'est... Vers 1 heure du matin, alerte ; l'officier allemand déclare que des avions nous surveillent et que nous ne pouvons continuer la route. On gare le convoi dans une allée de sapins, à la Maltournée, près de Mailly-le-Camp[22]. »

Le dimanche, à 7 heures du matin, le préfet de police est appelé au téléphone par le préfet de la Seine, René Bouffet :

« " Je viens de sauter de mon lit ", me dit Bouffet, raconte Amédée Bussière... " Le concierge est blanc de peur : il y a devant la porte des gens qui veulent entrer. Quelqu'un se fait passer pour le président Laval ; c'est un subterfuge ; je crains un coup de main. J'ai voulu te prévenir. Agis sans tarder. " »

Bouffet est sur des charbons ardents. Je le rassure : « Ne perds pas de temps, fais ouvrir les portes et empresse-toi de recevoir ; je suis au courant. D'ailleurs, je m'habille et dans quelques instants, je te rejoindrai ; je ne peux t'en dire plus long. A tout à l'heure !

« Mme Bouffet et le préfet n'étaient pas encore revenus de leur surprise, lorsque je pénétrai dans le boudoir où ils se trouvaient avec Mme Herriot, le président Herriot et Pierre Laval. Le maire de Lyon se lève de son fauteuil pour me tendre les bras ; sa femme m'adresse quelques paroles charmantes, en flattant de la main son petit chien qu'énerve tout ce mouvement...

« " Vous devez avoir faim, dit Mme Bouffet, je vais vous faire apporter du lait et du café. " " Le président Herriot aimerait mieux des œufs sur le plat, si c'était possible[23]... " »

Il reste maintenant à régler le problème pour lequel Herriot est à Paris — la convocation de l'Assemblée nationale, c'est-à-dire la réunion des députés et des sénateurs.

Pierre Laval s'est installé à Matignon : il reçoit, il « consulte », pourrait-on presque dire, afin de préparer cette session extraordinaire sur laquelle il fonde tant d'espoirs. Dans l'après-midi, il voit René Lebret, un de ses collègues parlementaires, député d'Elbeuf, qui a demandé à être reçu :

« Que désires-tu, vieil ami ?

— Je viens te prier de mettre de toute urgence une voiture à ma disposition pour me conduire à Elbeuf, répond le député. Ma place est au milieu de mes concitoyens, soumis à des bombardements quotidiens.

— Mais, lui répond Laval, tu es toujours député ?

— Mon Dieu, oui. Du moins, l'étais-je encore en 1941...

— Eh bien, inutile de rentrer à Elbeuf, car, dans quarante-huit heures, je convoquerai l'Assemblée nationale, avec tous les sénateurs et les députés que je pourrai joindre et ce, en plein accord avec Herriot, que je suis allé chercher à Nancy : il est ici, à l'Hôtel de Ville de Paris, chez le préfet de la Seine.

— En voilà une nouvelle !

— Et devant l'Assemblée nationale, je ferai un large exposé des actes du gouvernement pendant les années d'occupation, des mobiles qui l'ont guidé dans l'intérêt de la France. Ceux qui ont fait confiance au Maréchal en 1940, c'est-à-dire la quasi-totalité des représentants de la Nation, sauront ainsi que, face à l'occupant, nous n'avons rien négligé pour réduire au minimum les malheurs de la patrie[24]. »

Et, devant son collègue, Laval teste l'effet des thèmes qu'il entend développer dans le discours qu'il tiendra devant l'Assemblée nationale réunie dans quelques jours, pourquoi pas à Versailles, dans la grande tradition de la IIIe République.

A ce point du récit, on reste confondu par l'état d'illusion dans lequel se trouve Pierre Laval : comment un homme qui se croit et se dit aussi réaliste que le chef du gouvernement (c'est encore son titre pour cinq jours...) peut-il imaginer qu'une semblable réunion est possible à la mi-août 1944 ? Comment peut-il concevoir que, dans une France privée de moyens de transports (les cheminots seront bientôt en grève), quelque 600 députés et sénateurs pourraient répondre à son appel ? C'est matériellement impossible, bien que Laval tente d'atteindre par des messages individuels certains parlementaires dispersés dans l'Hexagone.

Mais d'autres obstacles, beaucoup plus difficiles à franchir ou à contourner, vont s'opposer à son dessein.

Le premier est constitué par l'attitude d'Herriot lui-même. Se conformant à l'orthodoxie républicaine, l'ancien maire de Lyon * a fait valoir à Laval que s'il peut, à la rigueur, convoquer les députés en session, seul Jules Jeanneney, président du Sénat, a le pouvoir d'agir de même avec les sénateurs. En outre, Jeanneney est, de droit, président de l'Assemblée nationale : elle ne peut se réunir sans sa présence. « Sans Jeanneney, je suis bancal », a dit Herriot à Laval. Qu'à cela ne tienne ! Le chef du gouvernement demande à M. Blondeau, chef de cabinet du président du Sénat, de se rendre à Grenoble où Jules Jeanneney séjourne chez son fils, et le charge de ramener le président du Sénat à Paris. Réunis ensemble dans la capitale, Herriot et Jeanneney, ces Castor et Pollux de la IIIe République défunte ont, seuls, qualité pour convoquer l'Assemblée nationale.

Laval va trouver un second obstacle sur sa route, celui de la Résistance.

Dès le 13, l'une de ses fractions les plus actives, les FUJP (Forces unies de la jeunesse patriotique), a condamné par une affiche « les louches manœuvres qui se trament au cœur même de la capitale » et assuré que « le peuple de Paris ne laissera pas les maquignons de la politique profiter de la Libération de la France ».

Charles Lacretelle note dans ses éphémérides, à la date du 13 août, que « l'affiche, qui a été apposée principalement dans les VIe et VIIe arrondissements, si elle ne révèle pas le nom de ces « maquignons », affirme nettement que « le peuple de Paris ne reconnaîtra pour gouvernement légal que le gouvernement provisoire de la République française dirigé par le général de Gaulle, seul capable de réaliser l'union de tous les éléments sains de la patrie ». Et il ajoute : « Les passants s'arrêtent, voient le nom de De Gaulle en gros caractères, et, dans ces quartiers où les Allemands sont encore nombreux, cela leur semble déjà une victoire... »

* Il a été révoqué de cette fonction par le maréchal Pétain le 20 septembre 1940.

En tout cas, une fraction résistante a mis au point un plan d'enlèvement d'Herriot par des hommes du groupe « Honneur de la Police », commandés par le sous-préfet Yves Bayet et par Fournet, l'un des principaux responsables de la Résistance dans la police parisienne.

Un homme est averti de ce plan, André Enfière, un ami intime du Dr Rebatel, beau-frère d'Edouard Herriot. Enfière qui est en contact permanent avec les dirigeants de la Résistance a vu Georges Bidault, président clandestin du Conseil national de la Résistance et Albert Bayet, animateur de la Fédération de la presse clandestine. Enfière craint pour la vie d'Herriot : il le dit à ses interlocuteurs. Et finalement, au cours d'une entrevue dans l'après-midi du 15, entre Fournet, Bidault et Parodi, représentant du général de Gaulle à Paris, le projet d'enlèvement d'Herriot par la force est abandonné ; Herriot en a d'ailleurs été discrètement averti et fait connaître qu'il veut attendre à Paris l'arrivée des Américains. D'autre part, la Résistance agit aussi auprès de M. Blondeau qui devait aller chercher Jeanneney à Grenoble : deux de ses membres, Friol, ancien chef de cabinet d'Herriot, et Perier de Féral, secrétaire général de la Préfecture de la Seine — il appartient à l'ORA (Organisation de résistance dans l'armée) — l'ont prié de ne pas se rendre auprès de M. Jeanneney. M. Blondeau renonce à partir pour Grenoble : on se demande d'ailleurs comment il aurait pu y arriver !

Les chances de réussite du plan Laval sont réduites à presque rien ; dans l'appartement qu'il occupe à l'Hôtel de Ville, Herriot passe son temps à lire des numéros de la *Nouvelle Revue française* qu'il a trouvés à portée de sa main, en fumant les cigares dont Roland Nosek lui a fait don. Sensible à ce geste, Herriot lui a écrit un mot de remerciement, le seul autographe connu du président de la Chambre pendant son séjour parisien :

« Edouard Herriot remercie Monsieur le *Hauptsturmführer* Nosek pour ses cigares qui doivent être excellents s'ils sont pareils à leur frère de Nancy. Avec sa haute considération. E. Herriot[25]. »

Enfin, un troisième obstacle, insurmontable et incontournable celui-là, se dresse devant Laval ; le 16 août, les Allemands exigent qu'Herriot soit ramené derechef à Nancy : le château de cartes lavalien s'effondre définitivement.

Convoqué vers 22 heures par Oberg, Roland Nosek reçoit l'ordre du *Höhere SS und Polizeiführer* d'aller immédiatement avertir Herriot à l'Hôtel de Ville qu'il doit reprendre la route le lendemain matin pour Nancy, le prétexte fourni étant que, comme sa vie est « menacée à Paris », « son retour à la maison de santé aura lieu dans son propre intérêt et dans celui de sa femme ». Lisons le récit de Nosek :

« Je me rendis seul chez Herriot qui me reçut déjà en pyjama et en robe de chambre. Lorsque je l'informai de ce que j'avais à lui dire d'après les ordres reçus, Herriot eut un véritable accès de fureur. Il cria à voix haute quelque chose comme : " A quoi pensez-vous, pour qui me prenez-vous ? Je suis le président de la Chambre française, j'ai toujours été correct à l'égard de l'Allemagne et vous interdis un tel traitement, etc. " (Si mes souvenirs sont exacts, il dit également que dans l'affaire de la Ruhr, il avait adopté une attitude favorable à l'Allemagne). En hurlant ces paroles, souvent à peine compréhensibles, il frappait du poing sur la table en sorte que toute la chambre tremblait. Attirée par ce bruit, sa femme arriva, laquelle aussi en robe de chambre, se précipita dans la pièce et ne cessa de dire : " Edouard, tranquillise-toi. " »

Passons sur les ultimes péripéties de la nuit et de la matinée du 17 ; dans l'après-midi, Herriot et sa femme qui ont déjeuné à l'hôtel Matignon avec Laval et Abetz, montent dans une voiture qui les déposera à Nancy le 18. Les illusions de Pierre Laval ont été consumées sur le brasier des ukases allemands.

Et, à ce propos, évoquons la thèse proposée par les partisans de Pierre Laval, thèse selon laquelle Déat et Brinon auraient « averti » les Allemands et, très précisément, le SD de la « manigance Laval-Herriot » et auraient fait « capoter » le plan du chef du gouvernement de Vichy. Alfred Mallet écrira même :

« Déat a prévenu le SD de Paris : et Himmler, après en avoir référé à Hitler, a donné lui-même l'ordre d'arrêter Herriot. Le SD, dans sa joie, n'a même pas pris le temps d'informer l'ambassade (c'est-à-dire Abetz). " Ce fou de Déat ! Ce fou de Déat ! murmure Laval. Il a tout fait rater[26]. " »

Les témoignages publiés ne permettent pas de considérer cette thèse comme totalement fondée, même si Laval lui-même l'a adoptée après l'échec de son projet *.

Que dit Brinon à ce propos ?

« Je n'ai jamais eu à prendre position auprès des autorités allemandes et spécialement auprès du général Oberg et du colonel Knochen quant aux projets de réunion de l'Assemblée nationale. J'ai connu ce projet par Pierre Laval et par Abetz qui y voyait un expédient et qui avait pris sur lui le déplacement de M. Herriot. J'ai

---

* Laval répétera cette accusation contre Déat seul au cours de l'ultime conversation qu'il aura avec Herriot dans un salon de la préfecture de Lorraine à Nancy où les deux hommes se rencontreront le 18 août, après leur départ de Paris. « Qui nous a trahis ? dit Laval... Brinon ? Je ne le pense pas. Déat sans doute. Il est avisé, il a percé à jour notre jeu et les Allemands alertés nous ont chassés de Paris... » (Rapporté par André-Jean Faure, *in le Monde* du 19 août 1969). Laval persiste à dire « notre » jeu, alors qu'il s'agissait de « son » plan auquel, on le sait, Herriot ne se serait rallié, le cas échéant, que si Jeanneney avait donné lui-même son accord.

fait connaître à Laval, avec la liberté dont j'usais avec lui, mon opinion personnelle, c'est-à-dire que je considérais le projet comme tardif, inopportun et dangereux, autant que décevant pour le président Herriot. Cette opinion, je ne l'ai pas dissimulée à Abetz lui-même[27]. »

Que dit Déat ?

« Laval manœuvre, a-t-il noté dans son journal en date du 11 août... Il fait dire partout que sa résolution est prise de rester à Paris, quoi qu'il advienne. Autrement dit, il attend les Américains. Bref, la mécanique est bien montée... Je tape une note pour Abetz[28]... »

En bref, à les en croire, ni Déat, ni Brinon n'ont eu à *prévenir* les policiers nazis de ce qu'ils savent, Oberg en particulier, depuis le 11 août. On peut certes envisager l'hypothèse qu'ils aient pu insister sur l'éventuelle importance *politique* de la « combinaison » de Laval auprès de Knochen et d'Oberg, mais ils n'ont pas dû user de beaucoup d'arguments pour convaincre leurs interlocuteurs de l'éventuelle nocivité de celle-ci dans les rapports franco-allemands, vus sous l'angle théorique de l'idéologie de la collaboration toujours vivace dans leur esprit.

Dans son témoignage, Knochen soulève un coin de voile :

« Cette initiative d'Abetz de faire venir Herriot simplement de sa résidence à Paris, alors que celui-ci aurait dû se trouver en Allemagne avec les autres *, fut trop pour Berlin. Ribbentrop interdit personnellement à Laval, au nom du gouvernement du Reich, les démarches politiques projetées **, ce qui fut lié à des reproches véhéments de l'Office de sécurité du Reich pour cette initiative[29]. »

Enfin, Abetz confirme que l'ordre du RSHA (Office central de sécurité du Reich) de reconduire Herriot à Maréville est antérieur à la communication de son ministre, Ribbentrop, lui donnant la même consigne[30].

Dans la mesure où, selon la constatation d'Eberhard Jäckel, « les documents officiels allemands n'apportent rien de définitif sur ces affaires si discutées[31] », on peut tout simplement se rallier à l'hypothèse que, prévenus de l'opération Herriot où ils étaient « partie prenante » comme anges gardiens d'Edouard Herriot, les policiers allemands en ont tout *naturellement* informé leurs chefs qui ont réagi comme des policiers nazis, pour qui le nom d'Herriot et le symbole de ce qu'il a pu et pourrait représenter sont détestés. De là

* Dans l'esprit de Knochen, il s'agit des autres dirigeants de la IIIe République, Léon Blum, Edouard Daladier, Paul Reynaud, etc.

** Knochen est le seul des protagonistes de cette affaire qui fasse état d'un contact direct, peut-être téléphonique, entre Ribbentrop et Laval à ce sujet.

leur réaction violente et sans appel. Il est probable qu'ils n'ont pas agi seuls et, bien qu'on n'en ait pas gardé trace, semble-t-il, qu'ils ont pris leur décision en accord avec l'état-major hitlérien et le Führer lui-même : à la date considérée (16 août, rappelons-le) la situation est suffisamment dramatique pour qu'Hitler, acculé au repli stratégique en France, considère qu'il n'a pas à laisser derrière ses armées en retraite des personnages qui risqueraient de le gêner. Il a surtout besoin que la fiction juridique du gouvernement de Vichy ne soit pas supprimée, ne serait-ce que pour faire pièce, au moins sur le papier, au gouvernement provisoire du général de Gaulle. Et il pense encore pouvoir se servir de Laval en Allemagne en lui faisant valoir que s'y trouvent encore plus d'un million de Français, prisonniers de guerre et requis du STO.

La dernière journée parisienne du gouvernement de Vichy

En outre, Hitler et Ribbentrop pensent exactement de la même façon en ce qui concerne Laval et Pétain : pour eux, l'arrestation d'Herriot à Paris n'a été qu'une péripétie mineure, le prélude à l'acte principal qui consiste à « déménager » dans son ensemble, le gouvernement français et à l'installer à Belfort. Laval quittera Paris et Pétain Vichy : ils seront contraints de partir par la force en cas de besoin.

Abetz a reçu de Ribbentrop l'ordre de communiquer cette décision allemande à Laval, un peu après le départ d'Herriot. D'où une première lettre où Abetz fait savoir à Laval que « pour la sauvegarde de l'ordre dans les régions de France non atteintes par les opérations, le gouvernement allemand estime nécessaire que le gouvernement français transfère son siège de Paris à Belfort ». Laval lui répond que « quelles que soient les raisons invoquées, après avoir conféré avec tous les ministres présents à Paris, il estime, avec eux, qu'ils ne peuvent répondre à l'invitation qu'Abetz leur adresse ».

Comment Laval peut-il se prévaloir de l'opinion des ministres présents à Paris ? Il l'a connue à la fin de l'après-midi : n'a-t-il pas fait convoquer les ministres présents dans la capitale à un Conseil des ministres par Jacques Guérard, secrétaire général du gouvernement, qui leur a demandé, par téléphone, de se rendre à l'hôtel Matignon pour une réunion « fort importante » ? Ne sont présents autour de Laval que Bichelonne, secrétaire d'Etat à la Production industrielle, Bonnard, secrétaire d'Etat à l'Education nationale, Grasset, secrétaire d'Etat à la Santé publique, Marion, secrétaire d'Etat auprès du chef du gouvernement, Mathé, commissaire général à l'Agriculture et Gabolde, garde des Sceaux *. Ce dernier confie à ses souvenirs le compte rendu de cette réunion :

« J'appris que MM. Déat et Brinon étaient partis pour Nancy et que Darnand était retenu hors de Paris par ses obligations miliciennes. Mon ami Cathala (secrétaire d'Etat aux Finances) était absent ; informé depuis la veille de la tournure des événements, il avait disparu pour éviter d'être conduit de force vers une destination inconnue. Au cours du conseil, un billet remis au président Laval nous apprit que M. Chasseigne (secrétaire d'Etat au Ravitaillement) avait pris lui aussi la décision de se cacher.

Le président nous exposa que le gouvernement allemand imposait notre départ immédiat pour Belfort où le Maréchal qui devait avoir, à cette heure, été l'objet de la même sommation nous rejoindrait. Une fois réunis, nous délibérerions sur la conduite à tenir et examinerions la question de la démission collective du gouvernement. Il nous demanda notre avis. Bichelonne, Mathé, le Dr Grasset et moi, qui étions aussi surpris qu'indignés par la révélation qui nous était faite, déclarâmes que nous nous opposions de la façon la plus formelle au transfert à Belfort du siège du gouvernement ; Marion, Abel Bonnard étaient plus hésitants, mais se rallièrent à notre opinion **. Le président nous dit alors qu'il partageait entièrement notre sentiment et que, certain de notre approbation, il avait déjà préparé les termes de la réponse qu'il se proposait de faire à une lettre officielle de l'ambassadeur Abetz qu'il avait reçue dans le courant de la journée [32]. »

Cette lettre a été remise à Laval juste avant la réunion : c'est la réponse d'Abetz (toujours du 17) à celle de Laval refusant d'abandonner Paris. Dans cette missive, Abetz a « le regret de devoir répondre à la protestation du gouvernement français qu'en cas de refus, l'application de moyens de contrainte devient inévitable » : si le gouvernement ne veut pas partir volontairement, les Allemands l'enlèveront de force pour l'emmener à Belfort, aussi bien « dans le souci du maintien de la tranquillité et de l'ordre des arrières de l'armée allemande » que dans celui « légitime d'assurer la sécurité personnelle du gouvernement français ». Laval et les ministres estiment qu'il ne faut pas, pour autant, résister aux Allemands par la force :

« Toute résistance n'aurait été que spectaculaire, continue Gabolde ; nous étions environnés de troupes allemandes et les

* Deux secrétaires d'Etat, Bridoux (Guerre) et Bléhaut (Marine et Colonies) sont à Vichy ainsi que Charles Rochat, secrétaire général des Affaires étrangères.

** Le Dr Grasset donne de cette ultime réunion des ministres de l'Etat français une version sensiblement différente...

quelques gardes mobiles qui continuaient à déambuler dans le parc et dans la cour de Matignon auraient été rapidement désarmés. Nous ne pouvions que consigner, pour l'avenir, notre protestation devant l'emploi de la contrainte et le président rédigea et remit à l'ambassadeur cette dernière lettre[33]. »

Dans cette ultime missive, Laval « s'incline » devant la force, mais ajoute :

« Vous comprendrez, Monsieur l'Ambassadeur, que dans ces conditions, je cesse d'exercer mes fonctions. »

Abetz « qui attend dans un salon de Matignon la fin de la délibération du Conseil des ministres, ministres qui, entourés par la police allemande, avaient pratiquement perdu leur liberté », reçoit de la main d'un membre du cabinet de Laval la lettre précitée : il n'y a plus de gouvernement français. Il est aux alentours de 19 heures*. Abetz reçoit alors les ministres et les informe que des voitures les transporteront à Belfort ; heure prévue du départ : 22 heures, rendez-vous au ministère des Travaux publics, boulevard Saint-Germain, avec les bagages. Seul des ministres présents, le Dr Raymond Grasset ne se présentera pas : il a pris le maquis... dans Paris.

Gabolde poursuit son récit :

« Aucun ministre présent ce jour-là à Paris n'accepta à Belfort ou en Allemagne ensuite d'exercer la moindre fonction officielle... Je donnai, après le Conseil, quelques ultimes instructions à Dayras, secrétaire général du ministère de la Justice, qui, aux termes d'une décision du chef du gouvernement, allait prendre en charge, ainsi que les autres secrétaires généraux des ministères, l'expédition des affaires courantes en attendant la constitution d'un nouveau gouvernement... Je passai dans le cabinet de Guérard ; il écrivait sa démission de secrétaire général et se préparait à quitter subrepticement Matignon dès que ce serait possible[34]... »

Laval reste à Matignon avec sa femme et sa fille, Josée de Chambrun : avant son départ, il a pris des dispositions particulières sur lesquelles nous reviendrons brièvement. La nuit est tombée sur la capitale.

A 20 h 30, Henri Culmann qui, à trente-six ans, est secrétaire général au ministère de la Production industrielle, est convoqué par son ministre, Bichelonne, qui revient de Matignon, avec trois autres secrétaires généraux, Schwartz, (ministère des Communications), Jarillot (Production industrielle) et Di Pace (PTT) :

« Le ministre, relate Henri Culmann**, raconte ce qui s'est passé

* Vu la rapidité d'échange de ces lettres, en moins de trois heures, il est possible que ce scénario épistolaire ait été monté à l'avance par Abetz et Laval.
** Inédit.

dans l'après-midi et ajoute : " Je dois, dès maintenant, me considérer comme prisonnier ; nous serons enlevés dans quelques heures... " Faisant allusion à la fermeté d'attitude de M. Laval et à la dignité de sa décision, il dit " le gouvernement a trouvé un chef ". Nous sentons qu'aucun argument ne pourra dissuader le ministre de respecter l'état d'arrestation où il était, en droit, depuis la fin du Conseil des ministres. Nous lui présentons donc nos adieux en exprimant l'espoir qu'un jour prochain nous retrouvera réunis sous son autorité. Nous répondant sur le même ton, le ministre nous dit que cet espoir ne lui paraît pas entièrement irréalisable. Nous nous retirons inquiets des lendemains qui l'attendent et peut-être aussi des nôtres ; pour la première fois depuis l'armistice, nous, les fonctionnaires, nous étions à découvert devant les Allemands[35]. »

Dans la soirée, Culmann va faire un tour boulevard Saint-Germain ; curieux, il entre dans la cour du ministère des Travaux publics où il voit arriver, l'un après l'autre, les hiérarques de Vichy...

« Je m'approche du perron et je reconnais M. Gabolde, garde des Sceaux ; M. Marion, secrétaire d'Etat auprès du chef du gouvernement, est déjà là. Quelques instants après, arrive également en voiture un homme grisonnant, au rude accent, que je reconnais être M. Mathé, commissaire général à l'Agriculture. J'ignorais que M. Mathé fût considéré comme membre du gouvernement et je m'étonne de sa présence autant qu'il paraît lui-même le faire. Les adieux de M. Mathé aux collaborateurs qui l'accompagnent sont émus ; il les serre dans ses bras avec effusion...

« M. Gabolde surveille avec soin le chargement de ses valises. Il s'informe de son manteau d'hiver, en homme qui prévoit le pire...

« Dans cette cour obscure, il recommande que l'on manie avec précaution un grand sac contenant un objet oblong en disant : " C'est mon appareil de rechange, il est fragile. " Le garde des Sceaux, grand blessé de la guerre 1914-1918, ne pouvait marcher qu'avec un appareil orthopédique...

« M. Bichelonne se penche vers moi et me dit : " La première fois qu'ils (les Allemands) m'ont pommé, ça a été plus rapide que cela. " Le ministre faisait allusion à son arrestation du 14 août 1940 à sa descente du train de Vichy, arrestation dont les motifs n'ont jamais été connus même de ses plus proches. Le seul renseignement que l'on connût à ce sujet est la réponse que fit un jour M. Bichelonne à quelqu'un qui lui demandait : " Que faisiez-vous dans votre prison ? Bayiez-vous aux corneilles ? — Non, avait répondu le ministre, il n'y avait pas de corneilles[36]. " »

Deux diplomates allemands, le conseiller Hoffmann et le baron von Salza arrivent à leur tour : ce sont les guides de la petite colonne de voitures qui transporteront les ministres et Pierre Laval à Belfort. Gabolde raconte ainsi le départ :

« Ce ne fut qu'à minuit que les voitures s'ébranlèrent précédées et encadrées de motocyclistes de la police et de l'armée allemande. Les rues étaient désertes et obscures. La lourde voiture blindée du président Laval qu'accompagnait Mme Laval s'inséra dans notre file à l'angle du boulevard Raspail et du boulevard Saint-Germain. Après la porte de Vincennes, notre convoi s'engagea dans une interminable colonne de véhicules militaires qui entravèrent notre marche jusqu'à Vitry... On entendait le bruit lointain du canon. Parvenu sur une hauteur au-delà du pont de Joinville, une grande lueur éclaira Paris : ce devaient être des réservoirs d'essence qui brûlaient. Plus loin, une alerte aérienne nous obligea à nous réfugier dans les fossés de la route... Nous traversâmes des villages en ruine, détruits par l'aviation alliée et qui achevaient de brûler. On devait parfois abandonner la grande route pour éviter quelque bombe non éclatée ou l'amoncellement de ferraille d'un pont de chemin de fer écroulé. L'horreur de la guerre, la terrifiante vision des ruines qu'elle provoque était ressentie plus cruellement encore par la petite unité française dont je faisais partie, perdue dans le flot de l'armée allemande en retraite[37]... »

A Vichy, un scénario presque semblable...

Comparé à celui de Paris, le scénario qui se déroulera à Vichy, quelques heures après, apparaît, un peu, comme un frère jumeau : à part l'intermède Herriot, qui est une idée purement lavalienne, Philippe Pétain et son entourage effectuent des démarches parallèles à celles du chef du gouvernement, parfois identiques, mais qui, à la différence de celles de Laval, restent constamment à l'état d'épure sans exécution, de projets sans passage à l'acte, en bref de velléités qui, finalement, ne déboucheront sur rien et s'achèveront, comme à Paris, par un départ forcé avec les fourgons allemands.

Avant celui-ci, Pétain et ses conseillers (Tracou, Ménétrel) ont lancé des émissaires dans toutes les directions et envisagé toutes les hypothèses, sans se décider à en choisir une et à s'y tenir : à force de vouloir mettre trop de fers au feu, on ne trouve plus le temps de repasser le linge ! C'est ce qui se passera. Et puis, n'est-il pas trop tard ?

« Au cours de cette période où je suis relégué en observateur dans la coulisse *, assure Tracou, je suis envahi par un scepticisme absolu,

* Au début de l'été, les Allemands ont demandé et obtenu son départ du cabinet du chef de l'Etat dont il était le directeur.

fondamental. Je ne crois pas à la réussite de ces manœuvres de dernière heure. Une lame de fond chargée d'autant d'impureté que de candeur va tout balayer[38]... »

Résumons quelques-unes de ces « manœuvres ». A l'imitation de Laval, Pétain tente de contacter Jules Jeanneney, non pas pour lui demander de convoquer l'Assemblée nationale mais pour lui faire parvenir, avec une lettre d'accompagnement datée du 17 août, une « déclaration relative au mandat qui lui a été confié, le 10 juillet 1940 par l'Assemblée nationale ».

« Le 10 juillet 1940, lit-on dans ce texte, l'Assemblée nationale a donné tous pouvoirs au gouvernement de la République à l'effet de promulguer sous mon autorité et ma signature, une nouvelle Constitution de l'Etat français...

« Il reste à préciser le rouage supérieur de l'Etat qui doit englober cet ensemble et s'y imposer.

« J'ai proposé certains textes à cet effet.

« Un Etat Souverain doit être indépendant.

« Le problème supérieur ne peut donc pas trouver sa solution définitive aujourd'hui. En attendant, je suis là, prêt à compléter l'exécution du mandat qui m'a été confié en juillet 1940, et à discuter les problèmes qui se poseront pour l'achèvement de la Constitution. Ph. Pétain[39]. »

En d'autres termes, Pétain se tient à la disposition de l'Assemblée nationale pour une sorte de compte rendu de mandat et pour discuter de la Constitution : on nage en plein irréalisme. Le dévoué porteur de cette lettre, Louis-Dominique Girard, ne pourra jamais la remettre à son destinataire. L'eût-il reçue, Jeanneney n'aurait sans doute pas pris en considération la demande du Maréchal. Et pour cause : Charles de Gaulle allait le nommer ministre d'Etat !

Seconde ouverture : vers les Américains. On mijote à Vichy l'envoi d'un émissaire secret à Eisenhower, porteur d'un message en six points : Pétain formerait un nouveau gouvernement « constitué de personnalités convenant aux Alliés », il dénoncerait l'armistice avec l'Allemagne, mettrait à la disposition des Alliés les quelques forces militaires qui lui obéissent encore, décréterait la mobilisation générale, remettrait son mandat constitutionnel à l'Assemblée nationale et rencontrerait Eisenhower.

Stucki, ambassadeur de Suisse à Vichy déclare à Pierre Loyer * qui l'a informé de ce plan :

« J'objecte qu'un émissaire réussira peut-être à atteindre un chef militaire américain, mais que l'ensemble du plan échouera du fait de

* Pierre Loyer est l'un des fidèles commensaux de Pétain. Directeur de l'Artisanat, il assure, d'autre part, les liaisons entre Laval et Pétain.

la vigilance et de l'action des Allemands, qui sont encore pour l'instant tout-puissants à Vichy. Par ailleurs, je serais bien étonné, sur la base des renseignements dont je dispose, de voir les Américains se prêter à un tel plan[40]. »

Le 14 août, le médecin personnel de Pétain, Bernard Ménétrel, montre à Stucki un projet (encore !) de proclamation du Maréchal qui comporte ces paragraphes :

« Etant empêché par la contrainte du gouvernement allemand d'exercer la fonction de chef d'Etat, cette fonction sera assurée par le général de Gaulle, chargé de défendre les intérêts de la France. Il devra rendre compte de cette mission devant les Assemblées élues suivant les modalités de la Constitution élaborée par mes soins selon le mandat que m'a donné l'Assemblée nationale du 10 juillet 1940[41]. »

Pour Ménétrel, il ne s'agit là que d'une « éventualité ». Elle est bien illusoire d'ailleurs : on imagine mal le général de Gaulle recevant du maréchal Pétain le sceptre de la légitimité du pouvoir, à charge pour lui d'appliquer une constitution pétainiste qui n'a pas vu le jour !

Autre ébauche velléitaire du roitelet de Vichy : s'établir définitivement à Paris et y attendre les libérateurs. Déat avait déjà relevé les difficultés extrêmes qui s'opposeraient à la réalisation d'un tel dessein. Une partie de l'entourage de Pétain persiste dans cette voie.

Du 10 au 16 août, le général Bridoux, resté à Vichy, prend des notes dont quelques-unes concernent l'établissement de Pétain dans la capitale.

« Samedi 12. Message téléphoné de Vichy au président Laval à Paris (le président Laval étant absent, le message est pris par M. François Hulot *).

« Le Maréchal est prêt à faire part de son projet à M. de Renthe-Fink. Il lui demande naturellement des assurances personnelles concernant le respect de sa personne, en toutes circonstances, tant au cours du voyage que du séjour à Paris. Etes-vous d'accord ?

« Dimanche 13. Le président Laval fait savoir par téléphone qu'il est d'accord : « Je n'ai pas d'objection à la conversation avec Renthe-Fink. Je n'ai pas d'objection à ce que le Maréchal demande des garanties. "

« Lundi 14, 17 h 45. Le président Laval demande si le Maréchal vient à Paris. Il lui est répondu que le Dr Grasset et M. Loyer le mettront au courant de l'état d'esprit du Maréchal à cet égard.

« Mardi 15, 11 heures. Le président demande si le Maréchal vient,

---

* François Hulot, attaché au Commissariat général aux prisonniers, est également l'un des attachés de cabinet du chef du gouvernement.

oui ou non, à Paris. " Nous avons eu cette nuit quelques défections * dans la police ", dit-il.

« 16 h 45. Le président téléphone : " Je suis très perplexe : la décision (du voyage) doit être prise par le Maréchal et non pas d'ici même... Si le Maréchal était venu il y a quelques jours, il aurait été accueilli avec enthousiasme. Mais aujourd'hui, nous avons certaines difficultés, notamment du côté de la police... Au sujet du voyage du Maréchal, je n'ai de mon côté ici encore aucun agrément. "

« Mercredi 16 août, 9 h 30. Le président téléphone : " J'ai vu hier soir l'ambassadeur Abetz. Si le Maréchal veut venir, il doit s'adresser à M. de Renthe-Fink[42]. " »

Alors viendra ? Viendra pas ? Le Maréchal opte pour la seconde solution : il reste à Vichy.

Le 14 août, Pétain songe à se réfugier clandestinement dans un château situé aux environs de Boussac d'où, le moment venu, il se mettrait en rapports avec le GQG des Alliés. Il demande au général Jean Perré, directeur de la garde **, de lui fournir deux camionnettes et l'armement nécessaire à un groupe de trente volontaires en civil qui assurera sa sécurité. Le départ aura lieu de nuit à une date qui sera fixée ultérieurement. Si le chef de l'Etat n'arrivait pas à s'échapper, il résisterait par la force avec les escadrons de la garde et entrerait en relation avec un « bon maquis » voisin. Le 15 août, tout est prêt. Le Dr Ménétrel, qui est dans la confidence, dit à Perré : « Attendez l'ordre d'exécution. » Il ne viendra jamais : Pétain capitulera devant le dernier ultimatum allemand. La garde restera l'arme au pied à Vichy, avant de prendre part aux combats libérateurs de 1944 et de 1945[43].

Si cette succession d'ébauches jamais achevées trahit l'irrésolution de Pétain et de son entourage, au moins en une occasion le chef de l'Etat fera montre de détermination précise ; il remet à l'un de ses anciens secrétaires d'Etat à la Marine, le contre-amiral Auphan, un pouvoir daté du 11 août et signé de sa main :

« Je donne pouvoir à l'amiral Auphan pour me représenter auprès du haut commandement anglo-saxon en France, et éventuellement prendre contact de ma part avec le général de Gaulle ou ses représentants qualifiés, à l'effet de trouver au problème politique français, au moment de la libération du territoire, une solution de nature à empêcher la guerre civile et à réconcilier tous les Français de bonne foi. »

Auphan tentera de remplir la seconde partie de sa mission après la

---

* En fait de « défections », c'est la police en tenue qui s'est mise en grève.

** A l'époque, la garde, ancienne garde républicaine, compte environ 6 000 hommes, dont 1 800 sont à Vichy, commandés par le général Le Bars.

libération de Paris : ce sera l'échec ; Charles de Gaulle n'a pas besoin d'une investiture « légale et légitime » de Pétain, il a conscience d'incarner, sinon la France, du moins le sentiment de la majorité des Français. Auphan sera éconduit *.

Le 20 août au matin, Pétain et quelques compagnons sont emmenés de force par les Allemands en direction de l'est : cédant à la menace de ceux-ci qui bombarderont par stukas et artillerie la station thermale... si Pétain ne les suit pas ; le vieillard s'est incliné. « Je n'ai pas le droit, confie-t-il à l'ambassadeur de Suisse, de laisser bombarder les femmes et les enfants pour entrer dans l'histoire avec plus de gloire [44]. » Afin de donner à cet enlèvement l'apparence d'un acte brutal, quelques vitres de portes de l'hôtel du Parc, résidence de Pétain, sont brisées par les Allemands :

« Par pure forme, raconte Renthe-Fink, il nous a fallu enfoncer quelques portes [45]. »

C'est ce que le général Bridoux appelle le « scénario renforcé » du départ de Pétain : il faut donner l'impression qu'il y a eu début ou risque de violence, afin de justifier le départ du Maréchal. Mais, au fond, personne n'est dupe de cette mise en scène, comme le remarque, non sans bon sens, Maurice Gabolde :

« L'humble vérité était qu'à Vichy comme à Paris, on avait subi une contrainte morale, sans qu'il fût besoin de la corser par un scénario, même renforcé [46]. »

Le 20 août, Vichy n'existe légalement plus. Dans les faits, il y a quelques semaines, voire quelques mois, qu'il est mort.

Des hésitations légalistes des hiérarques parisiens...

Retournons maintenant dans la capitale. Après le départ de Laval qui a, en quelque sorte, clarifié la situation, il n'y a plus que trois partis en présence : les Allemands de Choltitz, les membres de la Résistance et les fonctionnaires du gouvernement disparu. Pour ceux-ci, Laval a signé, le 17, le dernier décret n° 2296 chargeant « les secrétaires généraux ou, à leur défaut, les directeurs les plus anciens, d'assurer l'intérim des secrétariats d'Etat ». Voilà pour les ministères.

De leur côté, les deux plus hauts fonctionnaires d'autorité, le préfet de police Bussière et le préfet de la Seine Bouffet ont reçu de

* Certains pétainistes ont reproché à Auphan de ne pas avoir *d'abord* tenté de remplir la mission essentielle que lui avait confiée le Maréchal, le contact avec les Alliés. Il répondra ainsi : « La première autorité rentrée à Paris (où Auphan se trouve) ayant été le général de Gaulle lui-même, j'avais préféré naturellement traiter l'affaire entre Français, sans y mêler d'étrangers. » (Amiral Auphan, *l'Honneur de servir*, France Empire, *édit.* 1978, p. 485.)

Pierre Laval la mission « de prendre toutes les dispositions utiles pour assurer l'ordre public, le ravitaillement, les transports, et de régler toutes les questions qui intéressent la vie matérielle et morale de la population parisienne » et, d'autre part, « de recevoir les autorités alliées et de représenter auprès d'elles le gouvernement français ». Pierre Taittinger, président du Conseil municipal de Paris, et Victor Constant, président du Conseil départemental de la Seine, sont, par une lettre de Laval du même jour, priés « d'appuyer de leur autorité ceux à qui il (Laval) a confié les destinées de Paris ».

C'est l'interrègne : dans l'esprit de Laval, les secrétaires généraux des ministères conservent une tâche administrative d'expédition des affaires courantes, tandis que les préfets, véritable gouvernement transitoire de « droit », accueilleront les Alliés. Tout doit se passer comme si la Résistance n'existait pas, alors que fonctionnent clandestinement à Paris une « délégation générale » du gouvernement provisoire gaulliste (Parodi) et des délégués ministériels (baptisés « secrétaires ») qui n'attendent qu'un ordre pour s'emparer des ministères : ce second pouvoir *réel* balaiera le premier — théoriquement *légal* — en quelques dizaines d'heures.

Pour l'histoire, retenons pourtant que les secrétaires généraux « vichystes » des ministères tiennent, le 18 août, une réunion commune avec les deux préfets à l'Hôtel de Ville : que faire concrètement ? Telle est la question qu'ils se posent, question à laquelle ils seront bien incapables de donner une réponse. Le témoignage d'Henri Culmann apporte sur cette réunion des informations de première main où apparaît l'impossibilité où se trouvent les hommes représentant Vichy, un Vichy qui va disparaître, d'arrêter une décision, dans l'ignorance où ils se trouvent eux-mêmes et du sort de Pétain et des intentions de la Résistance ; Henri Culmann, avant de se rendre à cette réunion, a pourtant une idée très nette de la ligne de conduite que les dépositaires des pouvoirs du gouvernement de Vichy présents à Paris doivent adopter :

« On m'avait dit, écrit-il, que le général Koenig était le chef des Forces françaises de l'Intérieur. Soucieux que celles-ci demeurassent disciplinées et, pour ce faire, ne se sentissent pas livrées à elles-mêmes, j'avais pensé opportun que les autorités officielles entrassent en rapport avec le général Koenig, pour l'inciter à prendre par affiches et proclamations, la position de gouverneur de Paris et à confirmer *urbi et orbi* son commandement sur les FFI. J'allais jusqu'à penser que même si on ne parvenait pas à joindre le général Koenig, le préfet de la Seine aurait pu, sous sa responsabilité, faire imprimer et apposer lui-même une affiche relative à la prise de fonctions du général Koenig et donner en son nom à la population parisienne quelques consignes de sagesse et de prudence[47]. »

René Bouffet, préfet de la Seine, ouvre la réunion à 16 heures : 11 secrétaires généraux de ministères sont présents, le préfet de Police arrivera en cours de débat. Bouffet commence par faire l'historique des événements de la veille (Herriot, Laval, Abetz, le départ des ministres et du chef du gouvernement pour Belfort, etc.). Il parle « très longuement, note Culmann ; l'histoire de M. Herriot, si intéressante soit-elle, n'a rien à voir avec l'objet de la réunion et le préfet perd son temps »...

Enfin, Bouffet entre dans le vif du sujet par la bande : à ses yeux, « son devoir est de continuer à administrer son département et à résoudre les problèmes de ravitaillement, de transport et d'ordre public qui viendraient à se poser, jusqu'à ce qu'un nouveau pouvoir politique apparût »... En d'autres termes, attendons les nouveaux dirigeants !

Culmann réagit à ces prudents propos du préfet en ces termes :

« Je dis au préfet que je ne croyais pas pouvoir le suivre dans la conception de son rôle : la France est sans gouvernement. Ce fait, combiné avec la charge, qu'à mon avis, le président Laval a donnée au préfet dans sa lettre du 17 août par la phrase : " Je vous donne également mission de recevoir les autorités militaires alliées et de REPRÉSENTER AUPRÈS D'ELLES LE GOUVERNEMENT FRANÇAIS ", donne au préfet une tâche qui excède la simple administration de son département. La France ne peut pas être sans gouvernement. Le gouvernement de la France est le Préfet lui-même. Certes, il s'agit là d'une situation extrêmement transitoire, mais tant qu'elle dure le préfet doit faire acte de gouvernement. En quoi dans les circonstances actuelles ce gouvernement consiste-t-il ? Dans tous les temps révolutionnaires, le nouveau gouvernement légal de la France est toujours sorti de la commune de Paris ; la mission du préfet est donc nette, elle consiste à accoucher Paris d'un nouveau gouvernement français. Pour ce faire, le préfet doit prendre l'initiative d'une conversation tripartite dont les interlocuteurs doivent être le gouvernement intérimaire de la France, qu'il constitue à lui tout seul, les chefs de la Résistance qui sont les noyaux autour desquels se formera le gouvernement légitime de demain et, puisqu'il est encore libre, le Maréchal Pétain dont il convenait de régler la situation constitutionnelle *. Ces conversations doivent avoir pour but d'assurer l'ordre et, dans le respect de l'unité française, la transmission du pouvoir gouvernemental...

« Le préfet me donna tort. Il m'exposa la façon dont les choses se passeraient à son avis. Ce serait, *mutatis mutandis*, la réédition de ce

* En cet instant, les secrétaires généraux et les préfets ignorent l'ultimatum des Allemands à Pétain, lui imposant de partir de Vichy.

qui s'était passé en 1940. Des officiers américains se présenteront à l'Hôtel de Ville, le préfet les recevra et prendra avec eux les contacts et les décisions que la situation rendra nécessaires. Il se mettra à leur disposition pour maintenir l'ordre et assurer la bonne administration du département. Au reste, le préfet était convaincu " qu'un gouvernement sortirait tout seul des pavés de Paris [48] * ". »

Culmann garde une désagréable impression de cette réponse : au vrai, Bouffet n'a jamais pris contact avec la Résistance en vue d'une passation des pouvoirs, alors qu'il est devenu urgent de l'établir **. Il répète au préfet de la Seine que « sa tâche est d'assurer la transition vers un gouvernement nouveau et d'en provoquer par ses contacts l'heureuse venue. »

Réponse de Bouffet :

« Rassurez-vous, nous n'avons pas à nous occuper de ce nouveau gouvernement, il se manifestera à nous tout seul et nous verrons bien à ce moment ce qu'il conviendra de faire... »

Culmann poursuit son récit :

« Hanté par l'inquiétude de la pluralité des mouvements de résistance et par celui de la pluralité des gouvernements qui pourraient en naître, je rétorquai au préfet : " Il n'est pas du tout certain que ce gouvernement, dont vous croyez qu'il vous apparaîtra soit unique et l'hypothèse n'est pas impossible que plusieurs gouvernements se présentent. Il y a donc lieu de préparer les voies à celui d'entre eux qui paraîtra le mieux convenir à la situation et le mieux capable de faire respecter l'ordre. "

« Le préfet maintint sa position par les mêmes arguments qu'il avait déjà donnés ***.

« N'étant suivi par personne, je me tins pour définitivement battu [49]. »

La réunion se termine à 6 heures du soir :

« Je retirai de cette entrevue à l'Hôtel de Ville, conclut Culmann, l'impression d'une grande volonté d'inaction et de la passivité la plus complète à l'égard des événements à venir. Je me formulai à moi-même mon impression dans ces termes un peu vifs : « nous sommes tous à écarter les fesses en attendant que quelqu'un veuille bien y envoyer un coup de pied [50]. »

* Adrien Marquet, ancien ministre, qui connut ces incidents, dit, après coup, à Culmann que le préfet de la Seine lui aurait répondu : « Ne vous faites pas de soucis, les carottes sont cuites. » (Note complémentaire d'Henri Culmann.)

** Reste l'hypothèse que Bouffet a déjà pris ce contact, mais qu'il ne juge pas opportun de l'évoquer au cours d'une réunion comportant beaucoup de participants.

*** Au cours de cette réunion à laquelle assiste, en partie, un officier de l'entourage de Pétain, le capitaine de vaisseau Féat, il est décidé que ce dernier regagnera Vichy dans les délais les plus rapides, afin de tenir le Maréchal au courant de la situation dans la capitale.

D'une façon plus protocolaire, Bussière a tiré la même conclusion :

« De cette discussion ne jaillit pas la lumière... Certains proposent qu'un émissaire soit envoyé d'urgence à Vichy, d'autres questionnent le préfet sur la transmission des pouvoirs aux Alliés dès leur arrivée. Chacun émet un avis, mais tous les avis sont divergents L'imbroglio est déconcertant [51]. »

Dans cet imbroglio, deux des secrétaires généraux, Jarillot, pour la Production industrielle et Di Pace pour les PTT, n'ont pas attendu d'instructions pour passer à l'action. Reçus à midi, le même jour, par Choltitz à l'hôtel Meurice, ils ont insisté auprès du *Wehrmachtsbefehlshaber in Paris* pour que les centrales électriques de la région parisienne qui, au demeurant, ne produisent que peu d'électricité par manque d'approvisionnement, ne soient pas détruites. Choltitz en prend l'engagement *, à condition qu'elles ne soient pas utilisées par les « terroristes ». Quant à la demande présentée par les deux fonctionnaires concernant les centraux téléphoniques, elle est éludée et on ignore si Choltitz a donné des ordres les concernant : des deux centraux minés par les Allemands, le central militaire de la rue Saint-Amand sautera, le central interurbain de la rue des Archives sera épargné [52].

... au sauvetage partiel des détenus politiques

En même temps que le sauvetage de ces biens, indispensables à la vie matérielle des Parisiens, est entrepris celui des personnes les plus menacées, les prisonniers « politiques » encore détenus dans les prisons de l'Etat français. Ce sauvetage va s'opérer à Paris dans les conditions les plus difficiles.

Revenons légèrement en arrière. Dès le 12 juin, Baillet, directeur de l'administration pénitentiaire, a rédigé le projet ** d'une note aux intendants de police des régions :

« Prière aviser directeur de la prison de... que sur demande des autorités allemandes les prévenus qui sont détenus sous l'inculpation d'infraction à *la loi du 5 juin 1943**** devront leur être remis sans aucune difficulté.

---

* Les explosifs en sont retirés le soir même de la visite de Jarillot et Di Pace. Ces explosifs avaient été mis en place par les Allemands à la fin de juillet et aussitôt repérés par les Français. D'où la démarche du 18 août.

** L'original de ce brouillon est écrit à l'encre violette, celle dont se sert habituellement Baillet.

*** Celle qui réprime indistinctement les activités « terroristes, communistes, anarchistes ou subversives ».

« Cette communication est à faire au directeur qui ne doit, à aucun titre, en aviser son personnel[53]. »

On connaît exactement l'identité du « demandeur » allemand : il s'agit du Dr Dauber, de la SIPO, qui, dans les bureaux d'Oberg, 57, boulevard Lannes, est un collaborateur direct du *Höhere SS*. Ce projet d'extension aux politiques d'une exigence allemande, déjà partiellement satisfaite pour les condamnés de droit commun, constitue un grave danger pour les résistants arrêtés au cours des dernières semaines.

Bien qu'il n'ait plus la haute main sur l'Administration pénitentiaire, le garde des Sceaux a attiré l'attention de Laval sur le fait inquiétant des rafles allemandes dans les prisons françaises visant les « droit commun » :

« Ces opérations répetées, a écrit Gabolde à Laval le 21 juillet, ont eu un caractère général et massif (22 à Bordeaux, 58 à Toulouse, 157 à Riom, 287 à Besançon, 690 à Lyon), et ont été faites sans discrimination et sans examen préalable des faits délictueux dont beaucoup ne pouvaient inquiéter la sécurité des troupes d'opérations. Elles justifient dès maintenant une protestation auprès des autorités supérieures allemandes.

« Enfin, je vous signale que parmi les individus, dont les autorités allemandes se sont emparées, figurent un certain nombre de condamnés définitifs qui relèvent de l'Administration pénitentiaire[54]... »

Pour les « politiques », les Allemands ont manifesté le désir de procéder aussitôt aux enlèvements, implicitement accordés par Baillet. La preuve en est apportée par le télégramme 640/J/M adressé par le Commissariat régional militaire de Limoges au secrétariat à la Défense (général Bridoux) à Vichy le 12 juillet à 19 h 30 :

« Le Kommandeur du SIPO-SD Limoges a demandé à prendre en charge immédiatement tous détenus politiques des prisons militaires de Bergerac, Nontron, Mauzac en suite accord Knochen-Knipping. Ai honneur demander urgence toutes instructions à ce sujet[55]. »

Quel est cet accord Knochen-Knipping ? Une note du commandant Pettier, de la direction des services d'armistice *, datée du 15 juillet à Raymond Clemoz, directeur du cabinet de Darnand, nous l'apprend :

* Après l'armistice de juin 1940 a fonctionné à Wiesbaden une commission allemande d'armistice où Allemands et Français discutent des modalités d'application des clauses de l'armistice : à Vichy une DSA (Direction des services de l'armistice) supervise l'activité des délégués français à la commission de Wiesbaden. Depuis novembre 1942, celle-ci est tombée en sommeil.

« Les autorités françaises du maintien de l'ordre se trouvant en présence de difficultés croissantes pour assurer la garde des détenus politiques dans les circonstances actuelles ont demandé elles-mêmes aux autorités allemandes de les décharger de ce soin et se déclarent satisfaites de l'accord en question[56]... »

Mais le commandant Pettier demande que cet accord ne soit pas étendu aux « Français et étrangers à la solde de l'Allemagne arrêtés pour espionnage après le 25 juin 1940 et se trouvant dans les prisons militaires françaises » : il ne faut pas que les Allemands puissent les récupérer. Pourquoi ?

« Ces espions, précise Pettier, représentent une certaine valeur d'échange. Il est absolument contraire à l'intérêt français de les remettre à l'Allemagne sans contrepartie. » Cette demande de « contrepartie » inspire à Raymond Clemoz la réponse suivante :

« L'accord intervenu avec la police allemande a un caractère général : les détenus politiques des prisons militaires sont par conséquent visés par cet accord. Son exécution doit être immédiate. M. Clemoz s'efforcera de négocier l'octroi des contreparties auxquelles a fait allusion le commandant Pettier. »

On ignore quelles seront ces contreparties, le rapport Pettier se bornant à noter qu'en ce qui concerne les prisons de Bergerac, Nontron et Mauzac où sont enfermés 120 communistes et 19 espions, elles « sont en plein maquis » : et « il est possible qu'à l'heure actuelle, les terroristes aient libéré les occupants des cellules... ».

Le supérieur du commandant Pettier, le général Debeney, directeur des services d'armistice, attire, une dernière fois, l'attention de Darnand sur ces livraisons des prisonniers politiques aux Allemands dans une note du 31 juillet :

« Le 21 juillet, écrit-il, 1 156 individus (activités terroristes, communistes, anarchistes ou subversives, loi du 5 juin 1943) ont été livrés sur ordre aux autorités allemandes.

« De tels enlèvements, lorsqu'ils concernent des *prévenus* en zone *sud*, portent directement atteinte à la souveraineté de la justice française[57]. »

Darnand n'en tiendra pas compte : dans l'anarchie où se trouvent plongés les services de Vichy, chacun agit pour son propre compte !

A Paris, Baillet a noté son emploi du temps à ce sujet :

« 1er août 15 h 30

« Convocation du Dr Dauber qui demande si éventuellement il serait possible de remettre aux autorités allemandes la totalité des condamnés de droit commun se trouvant dans les prisons françaises.

« Je donne mon accord en ce qui me concerne mais je réserve l'avis du gouvernement français.

« Le même jour à 17 h 20, j'ai saisi M. Radici, chef du cabinet de M. Knipping.

« Le 2 août à 10 h 15, M. Knipping fait connaître qu'il est d'accord.

« M. le Dr Dauber est avisé aussitôt[58]. »

Le sort des « droit commun » est ainsi réglé... sur le papier : car les Allemands ne disposent pas à Paris des moyens de transport nécessaires à l'évacuation de *tous* les prisonniers de la région parisienne et l'accord Radici-Dauber restera pratiquement lettre morte.

Du moins les tractations entre les hommes de Darnand (Baillet, Radici) et les policiers allemands à propos du sort des prisonniers et les réserves qu'elles suscitent de la part des autorités officielles de Vichy (Gabolde, Debeney), mettent en lumière l'opposition entre les responsables du « Maintien de l'ordre » et les administratifs de l'Etat français : pour les premiers, la livraison de prisonniers français, quels qu'ils soient, aux Allemands constitue une opération de confort dans la ligne que s'est fixée la Milice dans son action contre les « terroristes » ; pour les seconds leur souci légaliste les fait s'opposer à ces livraisons ou, à tout le moins, les incite à en tempérer le caractère humiliant pour la « souveraineté française » par de substantielles « contreparties ». Dernier exemple de ces « marchandages » avec les Allemands, où Vichy s'est épuisé pendant quatre ans et a finalement perdu tout son crédit.

Au dernier jour, cependant, Vichy se cabre ou, plutôt, des hommes de Vichy présents à Paris et très inquiets du sort des détenus « politiques » dans la capitale, réagissent énergiquement : le 17, leur angoisse est à son paroxysme, angoisse partagée par les diplomates de deux Etats neutres. Afin d'arracher les « politiques » aux Allemands, deux décisions parallèles sont prises : elles participent d'un plan de sauvetage non concerté auquel Abetz ne s'est pas opposé, s'il ne l'a pas pour autant approuvé, et dont les acteurs sont Laval (ce sera sa dernière signature) et Bussière pour l'exécution de la première partie ; quant à la seconde partie, les artisans en seront Raoul Nordling, consul de Suède à Paris et René Naville, du consulat de Suisse et, du côté allemand, Choltitz et le major Humm, officier de liaison du *Militärbefehlshaber in Frankreich* resté dans la capitale après le départ de Kitzinger.

Première partie du plan : faire sortir les politiques des prisons parisiennes sous juridiction française, la Santé, la Roquette et le centre d'internement surveillé des Tourelles. Bussière estime qu'il faut sauver les détenus de ces trois prisons :

« A Caen, expose-t-il dans ses Mémoires, les détenus politiques avaient été exécutés (par les Allemands) avant que la ville en ruine ne soit abandonnée par les Allemands. Je me représente aussitôt le danger auquel sont exposés les prisonniers politiques de Paris qui peuvent être déportés et dont beaucoup peuvent être exécutés.

Il y en a 552 à la Santé et presque autant aux Tourelles, à la petite Roquette et au Dépôt. Je veux les libérer. Le président Laval n'hésite pas une seconde, à l'insu des Allemands, à m'en donner son accord. Je téléphone à M. Rousseau, procureur de la République, qui n'a plus qu'à faire ouvrir les portes des prisons[59]. »

En réalité, tout ne s'est pas déroulé aussi simplement et Laval a dû signer une note d'élargissement général présentée par Bussière, dont l'exécution ne fut pas immédiate.

Ainsi, au dépôt de la préfecture de Police, 3, quai de l'Horloge, l'inspecteur principal-adjoint Massonneau qui a eu la même idée que Bussière et Laval mais avant que l'ordre d'élargissement soit rédigé, essaie d'obtenir *directement* du procureur de la République la libération des prisonniers dont il a la garde ; il se heurte à un refus du substitut... qui le renvoie au procureur. Massonneau en appelle à son supérieur, l'inspecteur principal Girardot qui joint un commissaire divisionnaire de la Préfecture de Police, M. Bernard. Massonneau insiste ; il reçoit enfin vers 21 heures un ordre émanant du chef de cabinet de Bussière, de libérer les prisonniers, ce qui est aussitôt fait[60]. Le 18, il n'y a plus un seul politique dans les prisons françaises de Paris ; les « internés » des Tourelles, les politiques de la Santé et de la Roquette ont retrouvé la liberté.

On a pu, après coup, assurer que si Laval a signé cet ordre d'élargissement des politiques, c'est parce qu'il craignait que si la Résistance les avait délivrés de force, les détenus de droit commun en auraient profité pour s'évader : alors autant devancer les FFI[61]. L'hypothèse est concevable mais on peut aussi considérer que Laval a agi, en cette occasion, de façon désintéressée, sans arrière-pensée politique.

La seconde négociation vise les détenus politiques des prisons sous la dépendance des Allemands : Fresnes, Villeneuve Saint-Georges, le fort de Romainville, le camp de Drancy où sont encore détenus 1 482 juifs, à la garde d'une escorte SS commandée par le SS Aloïs Brunner. L'idée en est venue au consul de Suède, Raoul Nordling qui, le 13 août, a rendu visite à René Naville, chef de la représentation consulaire suisse à Paris :

« Ce jour-là, raconte René Naville, je reçois M. Nordling, homme affable et rompu aux affaires commerciales, qui connaît bien la France où il vit depuis 1912 et à laquelle il est profondément attaché. Il vient me mettre au courant des négociations qu'il a entamées avec les autorités allemandes, en vue d'aboutir à un accord concernant l'évacuation des prisons de Fresnes, du Cherche-Midi, des camps de Compiègne, de Romainville, etc. Il craignait, en effet, que les autorités allemandes se livrassent à des exécutions massives sur la personne des détenus politiques[62]... »

Cette crainte, les détenus eux-mêmes l'éprouvent; un agent de la Résistance, B 24, fait état d'un message reçu dans la nuit du 7 au 8 :

« Paul Jampierre, du 4e bureau BOA (FFI) arrêté le 5 juillet (Gometz-le-Châtel), transféré à Fresnes le 7 juillet, lance un SOS : autorités allemandes en effervescence à l'intérieur de Fresnes à l'approche des Russes sur Prusse orientale et des Alliés sur Paris; déclarent que tous les détenus « terroristes » des prisons de la région parisienne seront passés par les armes dans les cellules par ordre du commandant militaire de Paris. A ce bruit, *la Marseillaise* retentit matin et soir du côté des hommes et des femmes et le moral général va grandissant d'espoir, aucune provocation comme celle de la Santé ne pourra démoraliser l'ensemble des détenus*. »

Nordling continue très rapidement les pourparlers avec les Allemands; le 14, il envoie une lettre à Abetz sur ce sujet, tandis que Naville fait part au conseiller Hoffmann des « inquiétudes que l'on éprouve dans la population française sur le sort qui serait réservé aux détenus politiques ». Hoffmann promet de se mettre en rapport avec Oberg à ce propos, mais, le 15, Naville « apprend que 2 400 détenus environ avaient été embarqués par la *Sicherheitzpolizei* dans un train à destination de l'Allemagne, sans qu'il eût été possible d'empêcher ce départ[63] ».

Le temps presse... Le 16, Nordling rencontre Abetz et Laval sans grand résultat. Un point important apparaît cependant dans la conversation. Abetz a déclaré à Nordling : « Avec qui voulez-vous que je signe une convention concernant les prisonniers politiques ? ».

Nordling :

— On pourrait imaginer une convention entre vous et le gouvernement gaulliste d'Alger...

Abetz étonné :

— Mais où est-il donc ce gouvernement d'Alger ?

Nordling :

— Je me crois autorisé à servir ici d'intermédiaire et à parler au nom du gouvernement d'Alger !

Donnons alors la parole à Nordling lui-même :

« C'est alors qu'éclate la voix enrouée et un peu rauque de Pierre Laval qui furieusement interrompt notre dialogue :

" Qu'est-ce que ça veut dire ? Mais permettez, Monsieur le Consul, jusqu'à nouvel ordre, c'est moi qui représente le gouvernement français. "

---

* Communiqué par le Dr Rogé.

« Abetz se tut. C'était fini. Je n'avais rien pu obtenir de ces gens[64]. »

Ce que n'a pas révélé Nordling à ses interlocuteurs, c'est qu'il a rencontré auparavant le délégué général du Gouvernement provisoire de la République Française, Alexandre Parodi (dit Cérat) dans un bar de la rue Boudreau : les deux hommes sont tombés d'accord, Parodi encourage Nordling et le laisse libre d'accomplir cette œuvre d'humanité en faveur des prisonniers politiques.

Après l'échec de sa démarche auprès d'Abetz, Nordling se tourne donc vers les militaires ; et le 17, il rencontre Choltitz à l'hôtel Meurice et lui expose ses préoccupations :

« Nordling, précise Choltitz, me demande si j'étais prêt à relaxer les prisonniers politiques. Je lui dis que je ne connaissais que deux sortes de prisonniers : les soldats dont le traitement était réglé par la convention de Genève et les civils qui avaient été pris les armes à la main, et qui devaient être fusillés selon les lois de la guerre, mais que les prisonniers politiques, cela n'existait pas pour moi, que je voulais les ignorer et je donnai l'ordre de les libérer. Toutes les mesures furent prises pour que cet ordre de libération fût exécuté. J'informai également de ma décision le dernier bureau du commandement militaire en France auquel j'étais subordonné au début[65]... »

Selon un autre récit, la réponse de Choltitz a été différente :

« En principe, je ne suis pas ennemi d'une mesure bienveillante... Je ne puis agir sans être couvert par une autorité supérieure. Obtenez d'abord un ordre écrit du *Militärbefehlshaber* qui se tient au Majestic et je promets d'exécuter son ordre avant midi, car je crois qu'ensuite, cet officier aura quitté Paris. Moi, je reste[66]. »

La seconde version paraît plus plausible. D'abord, parce qu'il est exact qu'en cet instant Choltitz est encore le subordonné de Kitzinger* ; ensuite, parce qu'il sait que si le *Militärbefehlshaber in Frankreich* est déjà parti du Majestic, Kitzinger a laissé derrière lui un officier supérieur qui s'en ira le dernier, après avoir surveillé le déménagement. Nordling se rend au Majestic et rencontre cet officier, le Major Humm** ; voici la suite de son récit :

« Je lui dis immédiatement : " M. le général von Choltitz vient de me dire qu'il est disposé à me confier la sécurité des prisonniers politiques, si, en ce qui vous concerne, vous n'y voyez pas d'inconvénient. " J'attendais avec impatience : je n'avais aucun papier de Choltitz et je craignais encore que tout traîne quand Humm appela un officier et lui donna l'ordre de se rendre immédiatement chez

* Il sera ensuite mis sous les ordres de Model.
** Le major Humm sera tué dans le bombardement de Würzburg le 17 mars 1945.

Choltitz pour vérifier mes dires. Choltitz confirma et c'est ainsi qu'on me donna le document officiel qui me nommait, en somme, directeur de toutes les prisons[67]. »

Ce document signé par le Major Humm, au nom du chef d'état-major de Kitzinger, et portant le tampon habituel avec l'aigle à croix gammée du *Militärbefehlshaber in Frankreich*, ne comporte pas la signature de Nordling, mais uniquement le cachet ovale du consulat de Suède à Paris, selon l'usage* ; le texte, qui a reçu « l'accord du *Wehrmachtsbefehlshaber in Paris* », attribue à Nordling, assisté de la Croix-Rouge française, « la direction, la surveillance et la responsabilité de tous les détenus politiques à quelque catégorie qu'ils appartiennent, hommes ou femmes, qui sont à l'heure actuelle internés ou détenus (dans les prisons de Fresnes, du Cherche-Midi, de la Santé, de Villeneuve-Saint-Georges, de Saint-Denis, dans les hôpitaux de la Pitié, du Val-de-Grâce, de Saint-Denis, dans les camps de Compiègne, de Drancy, de Romainville) et dans tous les trains d'évacuation sans exception faisant route à l'heure actuelle vers toutes destinations » ; les « autorités allemandes responsables remettront à M. le consul général Nordling tous les pouvoirs de direction, de surveillance et d'administration qu'elles détiennent ». La convention prévoit que le drapeau de la Croix-Rouge sera arboré « sur tous les lieux et les trains visés par le présent accord », que Nordling s'engage « à obtenir l'échange de cinq prisonniers militaires allemands contre un des prisonniers politiques ci-dessus » et « à donner son concours sans réserve pour que le meilleur traitement possible soit réservé aux blessés allemands actuellement à Paris **... ».

Ecrite en français sur deux feuillets, la convention porte à gauche et en bas du second feuillet, la mention manuscrite suivante de la main du Major Humm :

« De la part du *Militärbefehlshaber*, il n'existe aucune objection contre l'exécution des présentes conventions par les organismes compétents. »

Suivent la signature du Major « par ordre » (exactement *in Vertretung*, qui peut se traduire par « remplaçant » ou « représentant ») et le cachet rond du commandant militaire en France.

---

* Rédigé par un avocat, Me Mettetal, le texte stipule que Nordling « agit en son nom et au nom des divers pays qu'il représente et se portant fort pour rapporter aux présentes l'accord de Monsieur le Consul général de Suisse à Paris ». Naville étant ainsi associé à Nordling, le poids de deux puissances neutres risque de peser plus lourd dans la balance en cas de difficultés.

** C'est sans doute par erreur que la prison de la Santé figure dans le texte de l'accord. Quant à la clause d'échange, il n'en sera plus question ; la libération des détenus politiques français fut quasi immédiate.

Avec son précieux papier en poche *, Raoul Nordling (il a fort heureusement une automobile de fonction et de l'essence) commence son tour des prisons. A Fresnes, les premiers moments sont difficiles : le directeur de la prison veut bien libérer les malades... mais pas les autres. Que Nordling prenne la direction de la prison, soit, mais qu'il en ouvre les portes, non ! Nordling insiste ; sans succès. Il suggère au fonctionnaire allemand de téléphoner à Choltitz ; le dialogue s'engage :

— Monsieur le Général, ai-je le droit de libérer sans levée d'écrou, les malades...

— Oui ! tous les malades, etc.

« Cet *etc.* assure Nordling, me permit une large interprétation[68]. »

Finalement, les politiques évacuent la prison. A celle du Cherche-Midi, il n'y a plus de détenus : les Allemands ont fait le vide la veille.

Au camp de Romainville, c'est l'échec : le capitaine SS Achenbach refuse de libérer les politiques. Cinquante-sept d'entre eux pourront sortir du fort *in extremis* au matin du 19, sur l'ordre d'un officier de l'état-major Choltitz, le colonel Heitgen. A Compiègne, second échec. Le chef du camp, l'*Hauptsturmführer* Heinrich Illers, chef du service des évacuations auprès de Knochen, refuse toute libération : il n'obéira qu'à Oberg en personne et se moque du cachet du *Militärbefehlshaber* et des arguments de Nordling. Le 18 au matin, un train de 1 600 détenus du camp de Royallieu, près de Compiègne, partira pour l'Allemagne, malgré les instances de deux Français, MM. de Grammont et de Laguiche, de la Croix-Rouge française. Des trains partiront de l'est de Paris jusqu'au 29 août ; mais le convoi du 29 contenant 850 prisonniers sera arrêté à Péronne par un général de la Wehrmacht qui fera libérer les prisonniers.

A Drancy d'où Aloïs Brunner a décampé, après avoir fait partir pour Buchenwald, le 17, à l'aube, encore un wagon contenant 51 juifs, les détenus juifs restant arrachent leur étoile jaune et sortent du camp ; ces miraculés de la déportation sont au nombre de 1 482.

Au total, 3 363 hommes et femmes ont été libérés des prisons, 963 sur l'ordre Laval-Bussière, 2 395 grâce à l'intiative Nordling-Naville. Si l'on ajoute les 850 prisonniers du train de Péronne, qui ont bénéficié de l'accord Nordling-Humm, le consul de Suède a sauvé 3 245 vies humaines. On retrouvera beaucoup des libérés des prisons pour faire le coup de feu contre les Allemands dans les jours suivants.

---

* Nordling porte aussi sur lui un second papier, aussi précieux que le premier, signé par Roland Pré (« Oronte »),délégué général adjoint du GPRF ordonnant à « toutes les forces françaises de l'intérieur de prêter aide et assistance à M. le consul de Suède à Paris Nordling ».

La Résistance intérieure appelle à l'insurrection

Car, cette fois, c'est décidé : la Résistance intérieure s'apprête à lancer l'appel à l'insurrection dans la capitale. Reprenons rapidement la chronologie des événements.

Le mardi 15, la grève de la police est décidée tandis que celle des cheminots s'étend aux trains de banlieue ; Gabolde commente ainsi la situation :

« La circulation ferroviaire était interrompue sur toutes les grandes lignes pour le trafic des marchandises et des civils ; le ravitaillement était limité aux réserves existant dans la capitale et sa banlieue immédiate ; le personnel assurant le service des trains de banlieue avait, le 15 août, abandonné son poste ; mécaniciens et chauffeurs avaient reçu des ordres clandestins de ne pas se rendre dans les dépôts de machines sous peine de représailles ; Bichelonne que je rencontrai ce matin-là à Matignon me dit que quelques ingénieurs avaient, sur les lignes de la gare Saint-Lazare, piloté des trains de banlieue, mais qu'il fallait s'attendre à une paralysie complète du trafic d'ici peu ; ce mouvement de grève avait gagné la police ; j'avais vu disparaître les agents de planton devant le ministère et devant mon domicile ; c'étaient là les symptômes précurseurs de la fin prochaine de la passivité de la Résistance[69]. »

Le mercredi 16, le COMAC se réunit clandestinement dans la capitale. Dans la discussion apparaissent les deux positions, que l'on connaît déjà, opposant la fraction à tendance communiste du COMAC, qui se prononce en faveur d'un appel immédiat à l'insurrection, aux représentants du commandement FFI (général Koenig), qui estiment que l'heure du soulèvement n'est pas encore venue. Mais, comme par le passé, l'insuffisance de l'armement pose un problème dramatique aux résistants parisiens. Un nouveau télégramme est envoyé à Koenig demandant que la région P1 soit armée « de toute urgence », non sans qu'une discussion sérieuse se soit produite entre les membres du COMAC et le général Ely, représentant de Koenig :

« Le général Ely, raconte Kriegel-Valrimont, transmet une communication du délégué général Parodi qui formule la crainte de représailles sanglantes et insiste sur le contrôle nécessaire pour éviter que les consignes de soulèvement national données par la radio n'aboutissent à des actions trop rapides...

« La lutte est le seul moyen de mettre en place un gouvernement français indépendant, mais, comme le fait remarquer Voguë, il est indispensable de commencer immédiatement l'action, si on veut éviter de contrarier l'avance des Alliés et surtout de faciliter le repli sur Paris des formations allemandes[70]. »

Le jeudi 17, la délégation gaulliste et son chef Alexandre Parodi entendent le délégué militaire national Chaban-Delmas : parti pour Londres le 11, il est revenu en France le 16 et a pu regagner Paris. Le délégué militaire national a vu le général Koenig qui ne souhaite pas que les FFI de Paris interviennent prématurément, d'où sa réticence à expédier des armes malgré les demandes pressantes de Rol. Parodi estime en cet instant que son devoir est de « freiner le mouvement qui précipite la Résistance vers les décisions irrémédiables[71] ». On voit le fossé entre les deux conceptions, celle des communistes et de certains groupes de la Résistance intérieure (quoique non communiste, Voguë s'est rallié à leur avis) et celle des représentants du GPRF : les premiers penchent vers l'insurrection immédiate, les seconds souhaitent attendre un moment plus favorable. « Si vous attendez trop, vous laisserez passer l'occasion », disent les premiers ; « si vous allez trop vite, vous compromettez tout et exposez la population de la ville au risque d'un massacre », répliquent les seconds.

Au fond, le débat se situe au niveau de l'appréciation des risques qui tiennent en deux chiffres : les effectifs *théoriques* dont disposent les FFI dans le département de la Seine se montent à 35 000 hommes. Acceptons ce chiffre, encore qu'il ait été contesté ; certains l'estiment aux alentours de 20 000 hommes[72]. Apparemment la partie n'apparaît pas comme numériquement inégale face aux quelque 20 000 hommes de Choltitz. Ses chances de succès deviennent dérisoires quand on examine l'état de l'armement : le nombre des armes est misérable, *peut-être* 1 800 fusils et 240 mitraillettes ! Prendre des armes à l'ennemi ? Oui, mais outre que de telles opérations risquent d'être coûteuses en vies humaines, le bénéfice que les FFI peuvent en retirer reste mince.

Charles Tillon, chef national des FTP, fulmine contre Koenig : « Les délégués militaires qui prétendront commander à Paris au nom du pétulant état-major londonien de Koenig savent que l'état-major parisien n'est muni que de quatre mitrailleuses... Sur 77 000 mauvaises mitraillettes de " prix unique " Sten, envoyées par les services spéciaux de Londres, les FFI n'en possédaient que 114[73]... »

Des chiffres différents ont été produits par le commandant Dufresne (Raymond Massiet) chef d'état-major FFI du département de la Seine ; ses hommes disposaient dans la région parisienne de 4 mitrailleuses (dont une Hotchkiss sans trépied), vingt fusils-mitrailleurs, 83 mitraillettes, 562 fusils (y compris les fusils de chasse) et 825 revolvers[74].

Quoi qu'il en soit, dans la nuit du 17 au 18, l'état-major FFI du département de la Seine met au point de nombreuses mesures de mobilisation qui « prévoient la protection de Paris et de la Seine par l'occupation des édifices publics et des points essentiels à la vie de la capitale, l'alimentation en eau potable, les centres de distribution et du gaz, tandis qu'est diffusée une instruction très détaillée sur les moyens d'attaquer un tank[75] »...

Le vendredi 18 est le jour-tournant des décisions qui vont mener à l'ordre d'insurrection ou, plus exactement, à l'entérinement de l'ordre d'insurrection de la Résistance intérieure par les représentants du GPRF : ainsi se trouvent rassemblés pour un but unique les hommes et les femmes de l'Hexagone et de l'axe gaulliste Londres-Alger.

A Vanves, le Comité parisien de libération, instance collégiale de la Résistance dans la capitale, tient réunion dans un appartement HBM*. Rol y soutient André Tollet dont les interventions sont fracassantes :

« L'heure est venue de déclencher l'insurrection : si vous ne marchez pas, nous partirons seuls.

— Avec quelle armes ? demande Léo Hamon, représentant une tendance modérée au CPL.

Rol :

— Nous en avons 600 .

Léo Hamon :

— On ne déclenche pas une insurrection à Paris avec 600 armes. »

Le désaccord est complet au sein du CPL. Mais ce que Léo Hamon ignore, c'est que trois décisions ont déjà été prises, annoncées par des affiches collées sur les murs de la capitale. La première émane de la CGT et de la CFTC : elle appelle à la grève générale. La seconde, signée Rol, contient l'ordre de mobilisation « à tous les Français et Françaises valides ». La troisième, due au Parti communiste, appelle au combat. Or, aucune de ces décisions n'a été prise en accord avec le CPL, bien que l'une d'entre elles, l'affiche communiste, prétende que cet ordre de combattre donné à la population parisienne l'a été « en application des directives données pour le département de la Seine par le CPL ». Ainsi, le 18, les extrémistes ont-ils forcé la main à leurs partenaires qui n'auront plus qu'à s'incliner devant le fait accompli.

Pendant que les membres du CPL discutent à Vanves, Parodi, qui a établi son PC 35 avenue de Ségur, donne ses instructions à Charles Luizet, le préfet de police désigné par Londres. Luizet, qui aurait dû n'arriver que plus tard dans la capitale (*avec* la division Leclerc) a été déposé par avion dans le Nord, venant de Londres : le GPRF a pris la décision d'avancer l'arrivée de Luizet dans la capitale, afin

---

* Initiales d' « Habitation à bon marché » transformée ensuite en HLM, « Habitation à loyer modéré ».

qu'il aide Parodi et les membres de la Délégation à éviter « à la fois l'éviction de la Résistance par les parlementaires et celle du gouvernement provisoire par les communistes, tout en évitant les conflits au sein de la Résistance... Dès lors, puisque le Parti communiste a, par voie d'affiche, proclamé l'insurrection, cette insurrection est virtuellement décidée[76] ».

De son côté, Chaban-Delmas, délégué militaire national, envoie un message au général Koenig où on peut lire :

« ... A Paris, toutes conditions préparatoires à insurrection réalisées. Des incidents locaux soit fortuits, soit provoqués par ennemis ou même groupements Résistance impatients suffiraient à entraîner troubles les plus graves avec représailles sanglantes pour lesquelles Allemands semblent avoir pris décision et réuni moyens... Disparition police par grève ne peut que faciliter déclenchement insurrection... En conséquence si situation militaire le permet, nécessaire vous interveniez auprès des Alliés pour demander occupation rapide Paris. Si impossible, serait urgent primo nous prévenir par câble pour consignes à donner par nous, secundo avertir population officiellement de façon nette et précise par BBC pour éviter nouveau Varsovie *. »

Or, au moment où Chaban envoie son câble, les avions alliés lancent sur la capitale leur journal *Tous les fronts* où on découvre, en première page **, l'article suivant :

« Voici la consigne.

« Les autorités françaises d'Alger communiquent à la population française les instructions suivantes :

« En Bretagne, tous les Français doivent coopérer avec les FFI à l'anéantissement des groupes ennemis et de garnisons isolées qui tenteraient de rejoindre les ports encore aux mains de l'ennemi ou de se dégager vers l'est...

« Fonctionnaires, prenez vos ordres des autorités investies de la confiance de la Résistance et qui sont les représentants du Gouvernement provisoire de la République française...

« Des instructions spéciales seront données pour Paris et la banlieue parisienne.

« Rejoignez les FFI, suivez les conseils de leurs chefs ; le soulèvement national sera le prélude de la Libération[77]. »

* Commandés par le général Bor Komorowsky des milliers de résistants polonais de Varsovie se sont lancés à l'attaque des positions allemandes dans la ville, au moment où l'armée soviétique est parvenue aux faubourgs de la capitale (1er août). L'insurrection est écrasée par les Allemands, qui détruisent certains quartiers de la ville. Bor et ses derniers partisans capitulent le 1er octobre.

** Le lecteur découvre en page 2 sous le titre « Un vrai de vrai : Leclerc », la photo du général commandant la 2e division blindée française « qui combat actuellement à l'ouest de la Seine ».

La consigne est nette : pour la capitale, attendez les instructions. Trop tard ! Les communistes ont pris les devants, les autres résistants ne peuvent pas faire autrement que de les rattraper dans la course à l'insurrection.

Il convient de préciser qu'ils y ont été invités par des messages lancés par la BBC la veille, messages que n'ont sans doute pas connus les rédacteurs du journal *Tous les fronts :*

« Avec l'accord du général de Gaulle, précise Jean-Louis Crémieux-Brilhac, l'équipe française de la radio de Londres lance publiquement le mot d'ordre du soulèvement national pour toutes les grandes villes le 17 août[78]. »

Quoi qu'il en soit, les membres des bureaux du CPL et du CNR se réunissent le 19 à 9 heures du matin chez un ami de Georges Bidault, 41 rue de Bellechasse : ils siègent dans deux pièces séparées et rédigent chacun un appel à l'insurrection qui sera composé et affiché le même jour : c'est l'union sacrée !

Quand ils sortent dans la rue, les résistants des deux comités aperçoivent le drapeau tricolore arboré au-dessus de la porte du commissariat de la rue de Grenelle : l'insurrection est déjà commencée. Depuis 7 heures du matin, la Résistance est maîtresse de ce bastion de l'ordre dans l'île de la Cité, la Préfecture de Police. L'heure du combat est arrivée.

Police et Résistance

C'est donc la police parisienne qui, la première, a levé l'étendard de la révolte. La constatation de ce fait original impose d'emblée une question : quelle raison a poussé ces fonctionnaires d'autorité par excellence à passer, avec armes et bagages, dans le camp de ceux dont, pendant quatre ans, ils ont pourchassé et arrêté les membres et les chefs ? Le désir moral de se racheter ? Celui, politique et opportuniste, de se mettre avant quiconque à la disposition du nouveau pouvoir ? Ou ont-ils suivi la tradition des serviteurs de l'Etat qui servent l'Etat en place, quelle que soit la façon dont il a pris ou occupé cette place ? Vichy pratiquement évanoui, la police parisienne, hormis certains de ses chefs au sommet de la hiérarchie, a décidé de servir le pouvoir suivant, comme elle avait servi le pouvoir précédent, celui de la IIIe République : les pouvoirs changent, la police demeure, parce que les tâches qu'elle assume restent les mêmes, sauf sur le plan politique où ce sont les adversaires qui changent, les opposants au régime d'hier devenant les dirigeants de celui d'aujourd'hui et réciproquement.

Ce schéma s'applique à la situation entre 1940 et 1944 avec, cependant, une différence fondamentale, celle provoquée par la guerre ; le conflit a créé une situation exceptionnelle que l'armistice de juin 1940 et ses suites ont transformée en situation inhumaine pour des policiers dont la conscience est progressivement, au fil des événements créés par la guerre elle-même, écartelée entre deux impératifs : obéir au pouvoir en place de telle façon que le pouvoir à venir ne vous en tienne pas grief. D'autre part, les conditions de l'occupation allemande ont soumis les policiers, comme l'ensemble de la population, à un régime de douche écossaise, un régime qui, n'étant plus celui de la guerre et pas encore celui de la paix, impose ou une conduite d'une rectitude totale et sans nuances *pour* ou *contre* ou une ligne sinueuse où se mêlent concessions et réserves, restrictions mentales et adhésion de façade. Enfin, dans l'esprit de certains policiers règne une conviction semblable à celle de certains dirigeants de Vichy : il vaut mieux que nous acceptions d'effectuer certaines tâches que de les abandonner entièrement aux mains des Allemands, les dégâts seront moindres. Politique du pire ou politique de sauvegarde ? On peut porter l'une ou l'autre appréciation.

En 1944, la police parisienne dispose de 21 067 hommes, ainsi répartis selon les termes du décret du 8 octobre 1943 : police municipale, un directeur général, 37 commissaires de police, 33 officiers de paix, 144 inspecteurs principaux, 352 brigadiers chefs, 2 254 brigadiers, 17 076 gardiens de la paix, 329 inspecteurs de commissariats, 841 inspecteurs spéciaux et inspecteurs affectés aux Renseignements généraux. C'est à cette dernière catégorie qu'appartiennent les inspecteurs des BS, les « brigades spéciales », créées par le préfet de police Langeron en 1940, et commandées par les commissaires Rottée et David, qui sont spécialement chargées de « la répression des activités communo-gaullistes ».

En ce qui concerne la chasse aux communistes, les policiers parisiens exécutent une ordonnance du préfet Langeron de 1940 stipulant que « toute découverte de tracts clandestins sur le territoire d'une commune du département de la Seine entraînera l'internement administratif d'un ou plusieurs militants communistes notoirement connus, résidant sur le territoire de cette commune, sauf poursuites judiciaires dûment engagées ».

Ils ont continué ce travail pendant toute la durée de l'occupation, s'inspirant de la tradition de la « grande maison » ou « la maison », appellation que les policiers donnent à la Préfecture de Police : depuis longtemps, en effet, il existe boulevard du Palais une *attitude* anticommuniste, calquée sur celle du pouvoir républicain jusqu'au gouvernement du Front populaire où elle s'estompa, pour réapparaître ensuite, attitude qui remonte à la lutte menée jadis contre les anarchistes et les syndicalistes, continuée après la Première Guerre mondiale contre les communistes de la SFIC (Section française de l'Internationale communiste), renforcée après la dissolution par Daladier le 26 septembre 1939 de ladite SFIC et le procès intenté aux dirigeants communistes en mars 1940.

Les militants communistes arrêtés par les BS sont, pour la plupart sinon la totalité, livrés aux Allemands ; si l'on en croit une déclaration de Knochen pendant l'instruction de son procès, « la brigade spéciale 1 a remis aux Allemands de 60 à 80 FTP, la brigade 2 nous a livré plusieurs centaines de résistants ». Mais la police manifeste-t-elle le même zèle quand il s'agit de traquer les résistants non communistes ?

Le 16 décembre 1943, Himmler, chef suprême de la police allemande, a porté sur la police française cette appréciation :

« La police française est utilisable dans une certaine mesure dans le travail contre le communisme. Elle n'est pas sûre dans la répression des menées nationales françaises[79]. »

Himmler a établi ainsi une discrimination entre les services rendus par la police française : bons « dans une certaine mesure » quand il s'agit de lutter contre les communistes , peu « sûrs » quand il faut arrêter des résistants non communistes.

Cette thèse sera reprise par David et Rottée pendant leur procès *, au cours duquel des résistants gaullistes déclareront que David ne les a pas livrés aux Allemands après les avoir arrêtés et les a même, parfois, relâchés.

Dans ses Mémoires, le préfet Bussière apporte ce témoignage à propos de Rottée :

« Quand une affaire révélait l'intervention de Français, *épris d'un idéal purement patriotique* **, il (Rottée) trouvait toutes sortes d'astuces pour la stopper, pour la classer ou pour en limiter les conséquences. Souvent, malgré les ordres impérieux des ordonnances allemandes, pour éviter les juges allemands, il saisissait les tribunaux français, défendant avec âpreté ses dossiers volontairement expurgés ou tronqués. Il jouait un jeu dangereux. Les occupants, très renseignés par les mouchards qu'ils glissaient un peu partout et par leurs officiers délégués à la Préfecture de Police, très curieux et toujours insatisfaits, étaient malheureusement les plus forts. Rottée parvint à sauver quantité de Français et de Françaises. Cette attitude audacieuse et patriotique fut la même pendant toute la durée de ma présence boulevard du Palais[80]. »

A l'inverse, des résistants non-communistes, arrêtés par des policiers français, furent livrés aux Allemands. Etait-ce dans les cas

---

* Ils seront fusillés après la Libération.
** Souligné par nous.

où, pour se « couvrir », les policiers français se sentaient obligés à donner quelque gage aux Allemands, en application de cette politique du « moindre mal » ou de la « limitation des dégâts » qui leur servira d'ultime défense et d'explication dernière ? Poser le problème n'est pas le résoudre, et on en discutera longtemps encore.

Enfin, dans la lutte contre les résistants et les communistes, n'oublions pas le rôle considérable joué par les auxiliaires français des services de police allemands : ces auxiliaires eurent un haut rendement, tout simplement « parce qu'avec les Allemands, il y avait de l'argent à gagner », a observé le colonel Knochen. Dénonciateurs, indicateurs, auxiliaires ou membres de « polices parallèles » au service direct de l'occupant, au total 30000 hommes et femmes ont renseigné l'Allemand ou agi pour son compte pendant toute la durée de l'occupation.

« Cette Gestapo française, assure Philippe Aziz, fut une écharde dans la chair de la France. Sans elle, la police allemande était sourde et muette. Cette Gestapo indigène lui a permis de porter les coups les plus meurtriers et les plus efficaces[81]. »

Dans ce tableau des activités policières mentionnons enfin que, dans son ensemble, la police parisienne a accompli toutes les tâches demandées, dont certaines, telle l'arrestation de 12884 juifs étrangers, hommes, femmes et enfants, le 16 juillet 1942, constituent une page noire de son histoire*. Ses chefs ont certes plaidé l'excuse absolutoire de l'obéissance aux ordres, avec, en filigrane, cette sous-excuse de la « limitation des dégâts » ; aux yeux de certains, elle constituerait plutôt une circonstance aggravante, notamment en ce qui concerne l'action antijuive :

« On ne s'avance pas trop, critique Joseph Billig, en concluant que, tout seul, l'occupant n'aurait pas obtenu les résultats que lui apportait la collaboration de l'Etat français, qui a administré le déracinement social et matériel des juifs, a prêté sa police pour l'exécution des « mesures de sécurité » nazies et a, enfin, désigné et « concentré » de vastes catégories de victimes pour leur déportation, vers l'inconnu derrière le rideau de la nuit et du brouillard[82]. »

Et finalement ne serait-on pas tenté d'admettre que la police parisienne mit, en août 1944, d'autant plus de promptitude à se mettre à la disposition du pouvoir résistant qu'elle avait servi avec plus de zèle le pouvoir vichyste ? Après tout, dans les ressorts des actes humains, entrent aussi l'instinct de conservation et l'aptitude à l'adaptation.

---

* Les policiers parisiens ont été prévenus à la dernière minute de ce qu'on attendait d'eux : se dérober ouvertement, c'était se désigner à l'ennemi. D'autre part, certains ont pu prévenir des juifs du danger immédiat et les sauver, ainsi, de la captivité et de la mort.

Et pour en terminer avec ce rapide examen, faut-il admettre avec Serge Lefranc, l'un des chefs du Front national de la police, que sur les 22 000 hommes que comptait la police parisienne, « il ne pouvait compter au maximum que sur 600 à 800 patriotes », les autres étant constitués d' « une partie d'attentistes froussards et une grande masse de lâches et de traîtres qui avaient participé à des arrestations de patriotes[83]. »

Ou faut-il penser avec Amédée Bussière que la police parisienne, dans des circonstances difficiles, a fait son devoir et que le commissaire Rottée, directeur des Renseignements généraux, bouc émissaire des communistes à la Libération, fut une victime :

« Je suis sûr, écrit-il, que Rottée a fait tout ce qu'il a pu et plus qu'il ne pouvait. Lui aussi ne voulait pas de représailles, pas d'otages. Lui aussi a trompé les Allemands pour garantir la vie à ses compatriotes. Lui aussi a été menacé par la Gestapo qui aurait bien voulu lui substituer un policier à sa dévotion et docile à ses ordres... Je ne doute pas d'une révision qui prouvera que Rottée a toujours été un des plus dévoués, un des meilleurs serviteurs du Pays[84]. »

Contradictoire, cette mise au point un peu longue permet de mieux apprécier l'attitude des policiers parisiens, pendant les jours brûlants de l'été 1944, voire pendant toute la durée de l'occupation : sans porter de jugement, disons que la variété des attitudes prises a correspondu à la différence des caractères et des opinions. Les flics sont des hommes comme les autres.

La Résistance dans la police

Officiellement, la police parisienne et ses RG prévoient, c'est-à-dire redoutent l'insurrection. Pour les raisons exposées précédemment, Rottée polarise l'attention de ses chefs sur les communistes et dans un rapport * secret de juillet au préfet de police, le directeur général des RG écrit :

« Jusqu'ici, la présence dans la capitale de troupes d'occupation et de forces de police relativement importantes a incité les communistes à une certaine prudence, mais ils sont résolus à déclencher un mouvement insurrectionnel de grande envergure, en cas de départ des troupes allemandes ou si, à l'arrivée des forces anglo-américaines, des mesures militaires n'étaient pas prises immédiatement.

« Chez eux, l'opinion généralement répandue est que les Alliés utiliseront à leur arrivée les cadres administratifs existants. Il convient donc pour le Parti communiste de mettre à temps ses hommes en place.

* Inédit.

« Les dirigeants communistes pensent que la population restera passive et regardera même, pour une bonne part, le mouvement avec sympathie, ne le voyant que sous l'aspect patriotique dont ils entendent le camoufler.

« Ils comptent également sur l'effet de la propagande acharnée qu'ils mènent en vue de jeter le trouble dans l'esprit des fonctionnaires de police et ils espèrent que les forces du maintien de l'ordre, trompées par le caractère patriotique donné à leur action, interviendront sans énergie et sans cohésion.

« Il faut alors s'attendre à voir les groupes terroristes, dont beaucoup sont puissamment armés, tenter de s'emparer et d'occuper les ministères, préfectures, services publics, gares, commissariats et postes de police, mairies, etc.

« Pour les mairies, l'opération apparaît aux communistes comme devant présenter peu de difficultés, du fait que la plupart des municipalités, de banlieue notamment, étaient, avant la guerre, entre leurs mains et qu'ils prétendent avoir conservé des intelligences dans les services municipaux[85]. »

Pour se protéger contre cette insurrection, il existait à la Préfecture de Police un « plan de protection » remontant à avant la guerre ayant pour but « de prévoir les dispositifs permettant d'assurer la bonne marche des services de l'Etat, le fonctionnement des services publics et le maintien de l'ordre *en toute hypothèse* » ; il s'agit de protéger les bâtiments et installations, dont la liste commence aux bâtiments publics et s'achève sur les magasins généraux, frigorifiques, grands dépôts d'alimentation et moulins, en passant par les ministères, le métro et les usines des eaux ; l'armée, la police, la gendarmerie et la garde républicaine devaient assurer l'exécution de ce plan.

L'occupation allemande l'a certes rendu caduc et, en 1941, un nouveau plan était élaboré « en prévision du départ des troupes d'occupation » où l'armée d'armistice devait jouer un rôle prédominant ; l'occupation de la zone libre en novembre 1942 et la dissolution de celle-ci ont rendu ce second plan inexécutable : « Il fut d'ailleurs brûlé quelques jours avant que les Allemands viennent le réclamer à la Préfecture de Police[86]. »

Pendant l'année 1943, un troisième plan, plus modeste, est mis sur pied : il prévoit la dispersion et l'hébergement des gardiens de la paix dans les lycées et les préaux d'écoles (la paille pour assurer le couchage est prévue) et la mise en réserve, par les soins d'un intendant militaire, M. Sigot *, de quinze jours de vivres (frais et de

* M. Sigot, en rapport avec la Résistance, la tient au courant de l'emplacement de ces dépôts qui seront utilisés par les résistants ultérieurement.

conserve), bloqués dans des magasins de gros ou dans quelques casernes de la Préfecture de Police et de la gendarmerie. Mille chevaux de frise ont pu être répartis à la Préfecture de Police et dans des casernes parisiennes, huit voitures supplémentaires (à gazogène) obtenues, des pelles et des pioches stockées au garage central, 100 000 sacs de sable répartis à la caserne de la Cité (siège central de la PP), et à l'Hôtel de Ville.

Au début de 1944, Darnand a demandé au Préfet de Police d'établir un plan de protection de ses installations : il était prêt. Le secrétaire général au maintien de l'ordre accorde des crédits supplémentaires qui serviront à acheter des vivres. Enfin, dans la prévision de la défense de « l'îlot Cité » (Préfecture de Police et Hôtel de Ville), il est prévu l'hébergement de 2 500 hommes qui seront ravitaillés par les mess existants et quatre cuisines roulantes conservées elles-mêmes à la PP[87].

Pratiquement, ce sont les policiers de la Résistance qui, pendant les jours de l'insurrection, bénéficieront de toutes les dispositions prises par ceux du régime de Vichy. Ne sont-ils pas, parfois, les mêmes ?

Car, au sein de la police — et ce dès les premiers jours de l'occupation — s'est manifestée une volonté de résistance, à l'occupant et à Vichy, qui s'est amplifiée au cours des années ; la forme qu'elle a prise est particulière : les agents de la Résistance doivent, dans la mesure du possible, neutraliser les effets d'opérations qu'ils doivent effectuer comme serviteurs de l'ordre et ce, sans se faire prendre sur le fait ! C'est, authentiquement, du sabotage, un sabotage d'autant plus difficile à réaliser techniquement que son origine est assez facilement décelable : installés au cœur du dispositif policier, les résistants de la police doivent développer des trésors d'ingéniosité pour ne laisser aucun indice de leurs actions clandestines. Leurs techniques sont semblables à celles employées par les agents de l'Etat et les fonctionnaires au service de la Résistance, groupés dans un mouvement dont l'efficacité est reconnue, le NAP (noyautage des administrations publiques) et le Super-NAP, créé après une vague d'arrestations opérées parmi les membres du NAP.

Le premier mouvement de Résistance dans la police parisienne s'est manifesté au sein du syndicat général des personnels dont le secrétaire général Priou* fut mis à la retraite d'office, après la dissolution par décret de tous les syndicats, le 9 novembre 1940. Les « Amicales » des personnels, considérées comme des filiales du syndicat, subirent le même sort. A la Préfecture de Police, le centre

* Retiré en Bretagne, Priou milite dans un mouvement de Résistance. Arrêté en 1942, il sera déporté à Mauthausen.

de Résistance le plus actif se trouve à la musique des gardiens de la paix et, à partir d'octobre 1943, un journal *la Voix de la France* est publié à l'attention de la police et de la gendarmerie de la région parisienne. Membre de la musique, le gardien Georges Prévot assurait la liaison avec Londres et il lui arrivait de cacher à son domicile des parachutistes alliés : arrêté en août 1944, il fut exécuté par les Allemands.

En octobre 1940, le brigadier de police Arsène Poncey, du VIe arrondissement, met sur pied un réseau de fourniture de cartes d'alimentation aux prisonniers français évadés et crée un groupe résistant « Valmy Armée volontaire ». Arrêté le 13 mars 1943, en même temps que son agent de liaison Vannier, Arsène Poncey sera déporté à Mauthausen où il mourra et Vannier exécuté par les Allemands[88]. Le successeur de Vannier, le commissaire Edmond Dubent, est arrêté à son tour le 25 décembre 1943. Mais sous son impulsion, « Valmy » devenu le groupement « Honneur de la police » est doté d'une organisation remarquable, calquée sur les divisions de police. Dirigé en août par le sous-préfet Yves Bayet et le brigadier Fournet, dit Anthoine, le groupement « Honneur de la police » qui rassemble environ 1 500 hommes *, a effectué le 12 juillet un coup de main audacieux contre un centre policier allemand, 101 quai de Seine à Neuilly ; butin : 3 fusils mitrailleurs, 32 mitraillettes, 75 pistolets, une centaine de mousquetons et une grande quantité de munitions[89].

Le second groupement résistant de la police, par l'importance de ses adhérents, environ 1 000 **, est le « Front national de la police ». Initialement, un groupe fondé par l'agent Léon Pierre, alias « Serge » alias « Dupuy », qui rassemble « les bonnes volontés des policiers patriotes », se structure en 1941 au sein d'une unité de « La France combattante », à l'image de celle de Londres groupée autour du général de Gaulle. En 1942, un émissaire du « Front national », Arthur Airaud, dont nous avons déjà évoqué la figure, contacte Léon Pierre et ses compagnons : Airaud, syndicaliste CGT et membre, dès avant la guerre, du parti communiste convainc assez facilement les hommes de « La France combattante » de rallier le « Front national »; c'est « bien volontiers que Léon Pierre et ses compagnons acceptent de devenir le Front national de la police[90] ». Après l'arrestation d'Airaud, Serge Lefranc, alias « Gérard » et Clément Roycourt, alias « Rivière », entrent au comité directeur du « Front national Police ». Après son évasion, Airaud reprend sa place au combat : on le retrouvera à la Préfecture de Police insurgée, le 19 août.

---

* Estimation d'Edmond Hennequin, directeur de la police municipale.
** *Ibid.*

Le troisième mouvement de Résistance, « Police et Patrie », créé par le brigadier Lamboley compte 200 membres * et, à son actif, le sabotage réussi du système d'alerte générale de la Préfecture de Police reposant sur un réseau électrique : « Cet exploit technique, réalisé par de simples gardiens de la paix, a sauvé d'innombrables patriotes [91]. » Le groupe « Police et Patrie » est plutôt lié au mouvement « Libération Nord ».

Ainsi, on peut considérer que la Résistance dispose, en août, de 2 700 hommes, membres actifs ou sympathisants au sein de la police parisienne **. Sur le total de ses 21 067 hommes, cela représente un pourcentage de 12,81 pour 100.

Il est, certes, honorable, et on remarque que la Résistance recrute plutôt parmi les simples gardiens et les petits gradés que parmi le personnel d'encadrement, ce qui limite son action et laisse la masse policière aux ordres des cadres exécutant fidèlement les ordres de Vichy. A titre de comparaison, sur les 11 000 officiers de l'armée de l'armistice se trouvant dans l'Hexagone après l'occupation de la zone libre en 1942, 4 000 serviront, à des titres divers dans la Résistance, soit 36,36 pour 100 et 4 500 s'abstiendront de toute activité, soit 40,90 pour 100 ; si l'on compte que mille d'entre eux arrivèrent à l'âge de la retraite entre 1942 et 1944 et que cette période de l'existence est peu favorable à des activités dangereuses, comme celles qu'implique la Résistance, si on fait entrer dans le calcul les 1 500 officiers qui passèrent en Afrique du Nord par l'Espagne, on aboutit au pourcentage de 40 pour 100 de résistants et de 45 pour 100 d'attentistes parmi les officiers français restés en métropole après l'entrée des Allemands en zone libre [92].

Pour peu nombreux qu'ils soient, les résistants de la police parisienne vont entraîner la masse indécise de leurs camarades dans la grève, puis dans la révolte contre Vichy et le combat contre les Allemands. Il entre dans leur démarche l'exploitation d'un « fait divers » policier pour la première et l'utilisation psychologique de sentiments suscités par les prodromes d'un changement total de la situation politique et militaire dans la capitale pour les seconds.

Tout commence le 13 août. Le « fait divers » est simple : pour des raisons encore mal élucidées, les Allemands désarment les gardiens de la paix des commissariats d'Asnières et de Saint-Denis. La nouvelle est aussitôt parvenue aux responsables du « Front national Police » qui contactent immédiatement leur camarade Lamboley,

* Estimation d'Edmond Hennequin, directeur de la police municipale.

** A la Sûreté nationale, l'un des réseaux de Résistance, le réseau Ajax, fournira à la Préfecture de Police, son premier secrétaire général, André-Jean Godin, haut fonctionnaire chargé de la direction de la brigade nord-africaine.

alias « Pierre », de « Police et Patrie » : pour les chefs du « Front national », il faut faire grève, le surlendemain mardi 15 août, la date du 14 étant trop rapprochée. Aux yeux des chefs de ces deux mouvements, la mesure allemande prélude au désarmement de *tous* les policiers parisiens ; il faut l'éviter par la grève des gardiens de la paix : s'ils ne se présentent pas à leurs lieux de travail, ils ne peuvent pas être désarmés par les Allemands ! Et l'incident d'Asnières et de Saint-Denis sert de prétexte à une vaste mobilisation, sous le couvert de la grève projetée, contre les Allemands.

Ceux-ci n'en sont pas à leur coup d'essai dans leur volonté d'intimidation de la police française : obnubilé par la possibilité d'une révolte des policiers de Clermont-Ferrand, le *Kommandeur* du SIPO-SD de cette ville a, le même jour, fait désarmer par un commando du SD les forces du maintien de l'ordre stationnées à Clermont, y compris un peloton motorisé de gendarmerie. Alerté, Joseph Darnand a simplement donné le conseil de « subir » cette exigence allemande sans s'y opposer[93].

A Paris, Hennequin, directeur général de la police municipale, diffuse à 11 h 55 le message suivant à « tous services police municipale en fonction », destiné à désamorcer le mouvement qu'il sent poindre au sein de la police :

« Par suite d'une mauvaise interprétation de certains services allemands locaux, deux postes de police de banlieue ont été ce matin neutralisés par des détachements allemands. Les renseignements que je viens de recueillir auprès des autorités allemandes responsables me permettent de vous donner l'assurance la plus formelle qu'aucun gardien de la paix ne sera ni désarmé, ni l'objet d'une mesure coercitive quelconque. Les mesures prises contre les deux postes de police dont il s'agit vont être levées incessamment.

« Je vous demande, en conséquence, de continuer à exercer vos fonctions normalement, revêtus de votre tenue et porteurs de vos armes, afin d'assurer comme vous l'avez fait jusqu'à maintenant la sécurité de la population parisienne[94]... »

Hennequin a reçu du préfet Bussière, qui a rencontré le *Kommandeur* Neifeind rue des Saussaies, des apaisements circonstanciés : « C'est une erreur de notre part, me déclara Neifeind, raconte Bussière... L'ordre de désarmement ne visait en aucune façon la Préfecture de Police mais la gendarmerie et la garde mobile qui disposent d'armes automatiques : vous pouvez tranquilliser vos gardiens ; ils ne seront ni désarmés, ni arrêtés[95]. »

La précision apportée par Bussière semble indiquer qu'il risque d'en être à Paris comme à Clermont quant au désarmement des gendarmes : menace qui, d'ailleurs, ne passera pas dans les faits, Neifeind pensant plutôt, en cet instant, à l'évacuation de ses services. Après Hennequin, Bussière diffuse un ordre du jour, le 14 à 19 h 20, qui devra être lu à l'appel de 21 heures dans tous les commissariats de Paris et le lendemain à 6 h 45 :

« Gradés et gardiens de la paix, mes amis,

« Encore une fois, je vous demande de ne pas écouter les appels qui peuvent vous être adressés en vue de vous inciter à manquer à vos devoirs...

« Aucune défaillance ne sera tolérée.

« Je compte sur vous[96]. »

Cet appel tombe dans le vide, car la veille, les trois mouvements de résistance de la Police (Yves Bayet d' « Honneur de la Police » s'est joint à ses camarades du « Front national » et de « Police et Patrie ») ont donné l'ordre de grève pour le 15 à 7 heures à tout le personnel des services actifs de la Préfecture de Police. Au matin du 15, rares sont les gardiens qui écoutent le dernier appel de Bussière : la grande majorité des agents n'est pas venue prendre son service !

Deux ordres de grève différemment libellés, ont été diffusés parmi les policiers. Le premier, cosigné par Rol comme commandant de la Région de Paris des FFI et par les trois mouvements, indique que « les policiers qui n'obéiraient pas au présent ordre de grève seront considérés comme des traîtres et des collaborateurs » et ordonne que « sous aucun prétexte, nos camarades ne devront se laisser désarmer ».

En même temps que ce document « interne » (un tract recto verso), le Comité de libération de la police parisienne diffuse un tract où il s'adresse au « peuple de Paris et de sa banlieue » ; ce texte à usage « externe » commence par une sorte de plaidoyer *pro domo :*

« Nous savons la méfiance du peuple de Paris à l'égard de la police parisienne. Nous, policiers patriotes, avons beaucoup souffert de cette situation...

« La preuve est faite que le peuple de Paris n'a rien à redouter de sa police qui se trouve aujourd'hui à l'avant-garde du combat pour la Libération. La seule voie de salut, c'est l'action...

« La grève générale déclenchée dans la police parisienne continuera jusqu'à la libération de notre capitale. »

Bussière est mis devant le fait accompli ; il est devenu un chef sans troupes, le mouvement a été suivi par 80 pour 100 de son personnel :

« Je suis en proie à toutes sortes de craintes, écrit-il... Les Allemands sont là, qui ne tarderont pas à intervenir... Et avec quels moyens ? Le *Kommandeur* SS me convoque. Le colloque est très vif, mais il (Neifeind) semble avoir un autre sujet de préoccupations : il est constamment interrompu par des officiers qui sollicitent des instructions concernant l'évacuation des bureaux de la rue des Saussaies. " C'est une mauvaise affaire pour vous, me dit-il ; le gouverneur militaire de Paris va vous appeler... Vous pourrez lui fournir vos explications, il appréciera[97] ". »

A son tour, Choltitz convoque Bussière. L'entretien entre les deux hommes est bref, « l'accueil du général allemand est correct, mais réservé ». Choltitz ne peut admettre la grève de la police, Bussière en minimise les effets ; le général allemand menace de « prendre les mesures les plus rigoureuses », le préfet de police déclare qu'il prend sur lui d'examiner « comment il pourrait essayer d'en arrêter l'évolution ». Choltitz se contente de cette promesse, que Bussière tente de tenir en organisant six réunions dans des divisions de police où sont rassemblés les grévistes ; accompagné par le directeur adjoint de la police municipale, Challier, le préfet de police essaie, au cours de prises de parole improvisées, de faire revenir ses hommes dans le droit chemin.

« Je fus partout accueilli chaleureusement, raconte-t-il... Les gardiens qui se présentèrent en civil m'applaudirent frénétiquement. Ce que je leur demandais surtout, c'était d'assurer les services de première urgence. Ils me parurent disposés à reprendre leur uniforme et leur travail... Mais les résistants, qui avaient signé l'ordre de grève, veillaient au grain. Leurs représentants me suivaient pas à pas et, à peine m'étais-je éloigné, qu'ils s'infiltraient dans les groupes qui se formaient aux abords des lieux où venaient d'avoir lieu nos réunions ; ils reprenaient aisément les gardiens en main, développant avec volubilité le thème du patriotisme ; leurs arguments avaient *évidemment* * une portée plus forte que les miens[98]. »

Le même 15 août, Bussière doit lutter sur un second front. Les miliciens de Darnand, qui campent encore au lycée Saint-Louis, ont envoyé une escouade au commissariat central du Ve arrondissement, place du Panthéon, où ils ont décidé de se substituer aux flics en grève : ils ont arrêté quelques gardiens assurant la permanence ! Bussière obtient des miliciens qu'ils soient relâchés, « en dépit des hurlements que poussaient quelques têtes chaudes que leur chef, le capitaine Chevappo, ancien officier de carrière, calma d'un ton sec qui n'admettait pas la discussion[99]. »

Le 15 août à 9 h 25, Hennequin lance son ultime appel aux gardiens de Paris et de banlieue :

« En raison des circonstances, les gardiens sont autorisés à prendre leur service en civil[100]. »

Cette concession aux grévistes ne modifiera guère l'attitude des policiers ; l'ordre de grève est partout suivi. A 20 h 25, Bussière fait

---

* Souligné par nous. A l'évidence, le 15 août 1944, l'évolution de la situation militaire favorise les résistants, pas les hommes de Vichy.

connaître à ses subordonnés que le directeur général de la police municipale est remplacé par M. Godard de Dainville : placé en position de « congé *sine die* avec traitement » par une décision de Bussière qui lui a été communiquée verbalement, Hennequin refuse de démissionner* et ce sont les commissaires Tanguy, directeur de la police judiciaire et Laffont, inspecteur général des services, qui lui « notifient » officiellement la décision préfectorale. Le seul acte administratif de Godard de Dainville se situe à 20 h 35 : dans un ordre du jour aux membres de la police municipale, il leur demande « pour l'honneur de notre Maison de reprendre immédiatement leur service[101]. » Il ne sera pas davantage obéi.

Le lendemain, Godard de Dainville « mobilise » les équipes nationales, afin d'assurer les secours en cas de bombardement. En liaison clandestine avec l'ORA (organisation de la Résistance dans l'armée) du général Revers et du colonel Ely, les jeunes des équipes nationales, qui dépendent de la Défense passive, passeront avec leurs armes (12 fusils-mitrailleurs, 50 mitraillettes, 20 fusils) dans le camp des insurgés.

Au soir du 15, la main-courante (registre où sont consignées toutes les informations de la journée) de la direction générale de la police municipale est close ; personne ne la tient à jour et on peut lire, en tête d'une page blanche :

« Du 16 au 19 août : néant. »

Pourtant, à deux reprises encore, Bussière, préfet d'une police fantôme, rencontre Choltitz ; le 17, en compagnie du préfet de la Seine, René Bouffet, Bussière, qui avoue ne pas être « rassuré », entend pour la seconde fois les menaces du général allemand :

« Paris sans police peut devenir le théâtre de scènes d'émeute et de soulèvement. Mes soldats agiront sans faiblesse... Si des Allemands sont assassinés, les représailles seront sanglante... »

Bouffet et Bussière plaident la cause des Parisiens qui, pendant quatre ans, « n'ont pas commis d'excès malgré les souffrances qu'ils ont endurées » et « attendent la fin de l'occupation dans le calme » ; et ils ajoutent que « les lois de l'humanité sont plus fortes que les lois de la guerre » et que « Paris doit survivre à la tourmente[102] ».

« Nous avons l'impression, écrit Bussière, que nos plaidoiries ont touché le cœur du gouverneur qui n'a plus un visage aussi terrible... »

Pour sa part, Bouffet attire l'attention de l'Allemand sur le manque de vivres des Parisiens : Choltitz promet de s'en occuper...

* Hennequin est un directeur général sévère, très « à cheval » sur la discipline. Voyant la situation de plus haut et, de surcroît, plus indulgent, Bussière espère que le départ d'Hennequin calmera l'effervescence parmi les gardiens.

Le 18, troisième et dernière entrevue Bouffet-Bussière-Choltitz et même impression ressentie par le préfet de police :

« Nous avons senti que le général ne nourrissait plus d'aussi sombres desseins... »

En réalité, Choltitz élabore son projet : jour après jour, il s'est rendu compte que, l'issue de la guerre ne paraissant plus faire de doute, il s'agit pour lui de trouver une solution honorable dans la capitale, qui ménageât à la fois son honneur militaire et ses devoirs vis-à-vis de ses chefs, dans un mélange complexe d'où le souci de préserver les vies humaines, celles des occupés et celles de ses soldats, n'est pas absent, non plus que l'intention de conserver intacte l'une des plus belles villes du monde. D'où l'impression de « mollesse » qu'il donnera à certains de ses adversaires de la Résistance, le général Revers * en particulier, mollesse dans ses directives proprement militaires, avec, çà et là, des indications de rudesse ou l'évocation de l'emploi de moyens extrêmes. Choltitz menacera beaucoup, mais n'agira que peu, par à-coups, sans véritable plan d'ensemble pour faire face à la révolte parisienne. Par insuffisance de moyens, sans doute, mais aussi par volonté délibérée, encore que soigneusement dissimulée à certains de ses compatriotes, de ne pas détruire la ville en demandant des moyens supplémentaires, qu'au demeurant le haut commandement n'aurait peut-être pas pu lui accorder.

Bussière regagne son appartement de fonction boulevard du Palais, où il passe sa dernière nuit de préfet libre : le lendemain, il sera neutralisé par la Résistance.

Dans la soirée du 18, les chefs de la Résistance policière ont donné l'ordre de passer (enfin ! pensent certains, déjà ! estiment d'autres) à l'action ; à 20 h 30, le brigadier Georges Valette, du réseau « Honneur de la Police ** », agent de liaison d'un des groupes francs de la PP va transmettre la consigne dans divers commissariats :

« Le mot d'ordre était : Rendez-vous demain à 6 h 30 sur le parvis Notre-Dame... A l'heure dite, 5 000 *** fonctionnaires présents attendaient les ordres... A 7 h 25, toujours rien. Le chef de mon groupe franc, l'inspecteur principal Georges Dubret, du commissariat de Saint-Maur, m'a demandé de lui rendre compte de ce qui se passait à l'intérieur de la Préfecture de Police... J'y allai et constatai qu'elle était occupée par des gardes mobiles dont certains provenaient de la caserne de Champigny-sur-Marne. L'un d'eux, que je connaissais,

---

* Sous le pseudonyme de « Monsieur Thénard », le général Revers est l'observateur de l'ORA (organisation de Résistance de l'armée) au COMAC.

** Il dépend directement du brigadier Fournet dit Anthoine.

*** Pas plus de 2 000, indiquent d'autres témoins.

était de faction à la porte Notre-Dame. Après un court entretien, il m'a dit : « Ici, on attend... Dans cinq minutes, je vais aller aux W.-C. Je laisse la porte simplement poussée : si vous voulez en profiter, allez-y !

« J'avisai rapidement Dubret et, dans la minute, les corps francs de Paris XIIe police et de Saint-Maur police pénétrèrent dans la cour de la Préfecture de Police et les 5 000 flics à la suite[103]... »

Premier bastion vichyste à tomber sans coup férir entre les mains des résistants, la Préfecture de Police abrite en outre des gendarmes et des gardes : dans un premier temps, ils observent une bienveillante neutralité, dans un second, ils se rallient à la Résistance. C'est ce que feront toutes les forces de l'ordre restées à Paris, mises aux ordres du général Hary, chef des forces « gouvernementales » (mais quel gouvernement ?) dans la capitale : le 18, il a établi son PC dans un bâtiment de la gendarmerie, 53, boulevard de Latour-Maubourg, fait consigner dans leurs casernes des officiers « suspects de loyalisme à Vichy » et, d'accord avec Parodi et Rol, réservé ses hommes pour la garde des édifices publics et la protection des ministères dont, progressivement, les FFI et les représentants du GPRF vont prendre possession ; Hary affecte de demeurer soumis à Vichy mais opère pour le compte de la Résistance, autorisant même certains de ses hommes à participer, en civil, au combat avec les FFI. Dans leur ensemble, le 19, toutes les forces de l'ordre ont basculé dans le camp du GPRF.

La garde personnelle de Laval, le célèbre GSP (groupe spécial de protection) qui occupe l'hôtel Matignon, s'est mis, comme un seul homme, à la disposition du nouveau pouvoir. L'un de ses chefs, le lieutenant Henri Chevalier, raconte :

« Le 17 août 1944, avant de monter en voiture, et devant les officiers qui l'attendaient, le président Laval me dit à voix basse et avec une expression que je n'oublierai jamais :

— Merci. Vous êtes libre. Je sais ce que vous allez faire et je vous envie.

« Le 19, le groupe spécial de protection est incorporé aux forces gouvernementales du général Hary : engagé dans la lutte pour la libération de Paris, il défendra en particulier l'Hôtel de Ville[104]. »

A 13 h 05 le même jour, la Préfecture diffuse cet « Avis à la population » :

« La libération de Paris est en cours. Les FFI ont inauguré les opérations. La population civile les gêne et court des risques graves.

« Ordre est donné à toutes les personnes qu'aucune mission ne retient au-dehors de rejoindre leurs foyers sur l'heure.

« Le nouveau préfet de police[105]. »

Comment cette consigne de prudence est-elle observée par la population ?

Jeudi 17 août, sur les boulevards, la première escarmouche

Il est assez facile de satisfaire notre curiosité à cet égard : la consigne est généralement suivie par les habitants de la capitale, puis peu à peu abandonnée au fil des événements, enfin totalement ignorée au gré des péripéties de la libération de Paris. Timides au début des escarmouches, les encouragements et l'aide active de la population, en particulier dans l'édification de barricades en certains points chauds, à la poignée de FFI qui s'attaquent aux Allemands avec une grande témérité iront crescendo, avant d'exploser dans une tornade d'enthousiasme les 25 et 26 août, où presque toute la population est dans la rue pour acclamer les vainqueurs, la victoire étant d'abord délivrance. Pendant les combats, le nombre des badauds victimes de leur curiosité, ira aussi en s'accentuant et, parmi les morts et les blessés FFI, il y a bon nombre de Parisiens frappés, alors qu'ils étaient allés « voir ce qui se passe ».

A mi-chemin entre le badaud « pur », le résistant actif ou le rallié du dernier moment, un médecin de soixante-treize ans, le Dr Victor Veau, tient son journal. Spécialiste mondialement connu de la chirurgie du bec-de-lièvre, malformation du palais, le Dr Veau est un ami intime du professeur Pasteur Vallery-Radot, chef de la Résistance médicale, et de sa femme Jacqueline. Pour cette raison, il prête volontiers son appartement, situé à l'angle du boulevard Haussmann et de la rue de Miromesnil, aux réunions clandestines du CMR (Comité médical de la Résistance), sans y assister lui-même : « Je ne suis pas un résistant, confie-t-il à son journal *. Je n'ai été mêlé en rien au mouvement de la Libération. Mais j'ai pour Pasteur Vallery-Radot et Jacqueline une affection tout à la fois paternelle et fraternelle : quand mon ami a dû prendre le maquis, ma maison était un peu la sienne. Il a pris l'habitude d'y donner une partie des rendez-vous qui ne pouvaient avoir lieu dans la rue ou dans une église... Il y invitait ses amis [106]. »

Ses amis, ce sont « Reclus », alias Jacques Bingen, prédécesseur de « Quartus » (Parodi **), qui, arrêté par les Allemands, le 13 mai 1944, s'est suicidé, « Renouard » (Pasteur Vallery-Radot), « Olivier » (Dr Paul Milliez), « Flaubert » (Dr Robert Debré), « Lecœur » (Dr Leibovici), « Corvisart » (Dr Merle d'Aubigné) et une

* Partiellement inédit.
** Il utilise un autre pseudonyme « Cérat ».

seule femme, sans pseudonyme, Mme le Docteur Bertrand-Fontaine. Tous appartiennent à la Résistance... Spectateur d'un complot dont il ne fait pas partie, Victor Veau ne sait rien de précis sur l'organisation dont il abrite les membres pour leurs réunions auxquelles il ne prend pas part et quand, par hasard, il en est l'auditeur, il ne comprend rien à ce qui se dit. Le Dr Veau prend des notes, nous leur ferons quelques emprunts dans la mesure où elles résument les impressions d'un bourgeois de Paris, non engagé dans la lutte, mais favorable à ceux qui la mènent et complice lucide de leur entreprise.

Pendant les premiers jours d'août, les préparatifs de départ des administrations allemandes s'accentuent, mais les quémandeurs français sont toujours aussi nombreux à la Chambre des députés. Et, avec flegme, le fourrier Robert Wallraf enregistre les demandes aussi intéressées que saugrenues présentées par des visiteurs en quête de quelque chose à glaner parmi les dépouilles des Allemands... puisqu'il ne fait aucun doute qu'ils vont bientôt s'en aller :

« L'affluence à la Chambre des députés devint si grande, raconte Robert Wallraf, que la foule des visiteurs s'empilait dans les couloirs du premier étage où se trouvaient les bureaux des rédacteurs spécialisés (*Sachbearbeiter*) ou était rassemblée dans la salle Colbert, située au rez-de-chaussée. Là, je devais trier, en vitesse et superficiellement, les affaires importantes et les affaires secondaires. Un flot de questions me submergeait pendant la petite demi-heure prévue pour ce triage. La plupart du temps, il s'agissait simplement de refuser, parce qu'il n'y avait plus rien de ce qu'on demandait. Quelquefois la question soulevait des rires discrets dans la salle :

— Les Allemands vendront-ils les meubles d'ici, s'ils sont obligés de quitter la Chambre ?

— J'ai un salon discret, que fréquentent aussi ces Messieurs allemands, mais je n'ai pas de gaz pour leur servir quelque chose de chaud, le soir. Ils sont tellement affamés quand ils viennent du front !

— La Résistance semble installer un dépôt d'armes dans un hangar situé en face de mon appartement.

— J'habite au pont de Neuilly. Avertira-t-on d'avance si on fait sauter le pont ?

A une femme curieuse, qui s'informait si les Allemands feraient sauter le poste d'émission de la tour Eiffel, je criai, furieux, qu'elle n'avait nullement besoin de leur en donner l'idée. Il y eut du grabuge et deux hommes se giflèrent [107]. »

Ces menus incidents en disent long sur l'inquiétude des profiteurs qui n'a d'égale que celle de... monsieur tout le monde, inquiétude entretenue par un rythme de vie qui s'est ralenti, un ravitaillement incertain, des nouvelles irrégulières. Dans ses éphémérides, Charles Lacretelle note le 13 août :

« Des camions du ravitaillement, protégés par leurs drapeaux blancs, rapportent certes des légumes des départements où ils sont allés les quérir, non sans danger, mais c'est un bien maigre apport pour la population de la capitale et de sa banlieue. Les distributions se font par roulement, et c'est le tour de quelques localités de banlieue de répartir, les unes 500 grammes de légumes, les autres 500 grammes de pommes de terre par habitant. Le gaz à la flamme expirante ne fonctionne que de 12 heures à 13 heures et le courant électrique est donné une demi-heure vers midi et de 22 heures à 6 heures ; aussi pour remédier à la pénurie des moyens de cuisson, il se vend des réchauds utilisant le papier comme combustible et les acheteurs sont nombreux. Quant aux transports, ils sont arrêtés [108]. »

Le mercredi 16, *l'Œuvre* annonce que « l'agglomération parisienne sera prochainement privée de gaz », le 17 que « les consommateurs parisiens doivent à partir d'aujourd'hui recevoir une nouvelle carte de ravitaillement leur donnant le choix entre un « cuiseur », c'est-à-dire un commerçant vendant des plats cuisinés chauds ou froids, ou l'octroi aléatoire de certaines denrées : de la soupe collective au plat individuel, les vivres risquent de se raréfier.

Et comment alimenter en papier les réchauds individuels de cuisson ? Le 17, les journaux ont cessé de paraître dans la capitale ! Saluons les derniers titres du *Petit Parisien* dans son dernier numéro du jeudi : « De durs combats se déroulent dans la région Chartres-Dreux », « Sur plusieurs points de la côte méditerranéenne de violents engagements opposent les troupes débarquées aux formations allemandes », « Les nouveaux problèmes du ravitaillement parisien », « En Bohême-Moravie, la jeunesse tchèque continue de témoigner son goût pour la gymnastique »...

Comme d'habitude, les Parisiens se portent à l'écoute de la radio anglaise pour être informés plus précisément du déroulement des événements. Mais, le plus souvent, la BBC ne donne que des informations incomplètes et Charles Lacretelle note dans ses éphémérides à la date du jeudi 17 :

« Chacun espère en l'arrivée toute proche des Alliés qui ont déjà annoncé des vivres, mais, en fin de soirée, l'écoute de Londres n'apporte que la nouvelle de la prise de Dreux, d'Orléans et de Chartres. C'est une déception : on les supposait bien plus près de Paris. »

Une ultime fête, religieuse celle-là, a été célébrée le 15, au cœur de la capitale ; elle rassemble des milliers de fidèles, réunis dans la procession du vœu de Louis XIII :

« Lors de celle-ci, raconte Mgr Brot, la basilique était comble et 10 000 personnes n'ayant pu y pénétrer étaient demeurées en prière sur la place. Le cardinal sortit ; on le fit monter sur une table apportée en hâte, il harangua la foule et chanta la Bénédiction pontificale. Les cœurs étaient pleins d'espoir et les chrétiens acclamèrent leur chef et leur Père qui les exhortait à la confiance[109]. »

Adressée à Dieu par les croyants, aux hommes par les agnostiques, cette confiance prend des formes diverses et, tel un baromètre oscillant au gré des indications de la pression, est tantôt au beau fixe, tantôt au variable, tantôt au mauvais temps. Le journal du Dr Veau en porte témoignage :

« *Vendredi 11.* — Les Allemands de la maison font leurs paquets ; ils disent qu'ils vont à Reims, mais qu'ils reviendront !

« 21 heures : la radio allemande de Paris dit que l'évacuation de Paris ne sera pas la fin de la guerre : j'interprète ceci comme une preuve qu'ils vont évacuer la capitale.

« *Samedi 12.* — Les Allemands de la maison n'ont pu obtenir un camion allemand. Ils ont cherché un camion français : on leur demande 60 000 francs pour aller jusqu'à la frontière.

« *Dimanche 13.* — J'ai été me promener au parc Monceau dans un très grand calme, de 8 à 9 heures. J'ai entendu le canon pour la première fois, le gardien m'a dit qu'hier déjà on l'a entendu.

« La radio anglaise dit qu'on ne donnera plus le progrès de la marche des Américains sur Paris. Je le regrette beaucoup. C'était le seul moyen de connaître d'une façon exacte la situation de ceux que nous attendons avec une si grande impatience.

« *Lundi 14.* — Déjeuner avec PVR, Milliez, Parodi (Quartus). La veille, la radio avait annoncé que X (pas de nom) était nommé délégué général de la Résistance pour la région occupée. On félicite Parodi. Il nous dit qu'il n'avait connu sa nomination que par la TSF. Depuis plusieurs jours, il n'y a pas de courrier d'Alger. Nous avons mangé un morceau de bœuf de 450 francs* (135 francs 1984). »

Le mardi se tient chez le Dr Veau une réunion du Comité médical de la Résistance sous la présidence de Pasteur Vallery-Radot ; après celle-ci, les résistants discutent avec leur hôte et évoquent, à la lumière de ce qu'ils savent, les récents événements :

« A la suite de la réunion, en causant, raconte Victor Veau, on apprend que la combinaison Pétain-Laval-Jeanneney ne tient plus parce que Pétain n'a pas voulu venir à Paris : il serait à Vittel ? La police a été supprimée parce que les Allemands voulaient arrêter les agents ; ils sont en civil " dans le maquis ". La police sera faite par les miliciens. Les commissariats ne sont pas gardés**...

* A cette époque, le litre de lait coûte 4,60 francs et le ticket de métro 1,50 franc.
** Recueillies par « on dit », ces informations montrent que les résistants du CMR étaient tous, plutôt mal que bien, au courant de la situation.

« Avant la réunion PVR a mis dans un coin de la bibliothèque une liasse de deux millions de billets de 1 000 francs, grosse comme une boîte de papier à lettre...

« *Mardi 15.* — Passent des camions allemands de déménagement avec des matelas, des caisses. Ils auraient évacué Lariboisière en emportant même les boutons de portes. Des autos allemandes tirent des voitures à cheval, même une voiture de poney !

« On dit qu'Herriot a été ramené à Paris : il logerait à la Préfecture de la Seine. Il est bien vu par les Américains parce qu'il voulait payer leurs dettes en 1918. Il convoquerait les Chambres au moment des pourparlers pour la reddition de Paris.

« *Jeudi 17.* — PVR, au désespoir, à la pensée que les Américains vont être à Paris avant que la division Leclerc débarquée hier (?) ne soit à proximité. Je lui dis : " Peu importe pourvu que nous soyons délivrés." Il n'est pas de cet avis.

« Il y a une grève générale des pompes funèbres, on ne peut plus faire d'enterrements.

« 23 heures et quart : Ma fureur est indicible. L'électricité est revenue. J'accroche la radio de Londres et j'entends André Labarthe qui fait de la littérature sur... Jeanne d'Arc ! ! ! On n'a aucune nouvelle officielle depuis douze heures et on entend les choses les plus ridicules.

« J'apprends tout de même que les Américains sont à Orléans, Châteaudun. Cela prouve qu'ils sont solidement établis sur ces points.

« *Vendredi 18.* — 15 heures PVR revient de chez Parodi.

« Fait capital qui va supprimer toutes difficultés politiques : les Allemands ont emmené Pétain, Laval, Herriot qui n'a pas voulu partir dans la même voiture. Une division de SS est à la porte de Paris pour protéger la retraite, elle ne tirera que si les Allemands sont attaqués...

« 14 heures : Le chef d'îlot de la DP passe dans les maisons disant : personne dans les rues après 21 heures ; on tirera sur les passants. Qu'est-ce que cela veut dire ?

« 20 heures : PVR rentre de la réunion des secrétaires généraux où on a annoncé que les Allemands auront évacué Paris à 21 heures. Notre joie est intense [110]. »

Un peu prématuré, certes, car rien de ce qu'espéraient Victor Veau et Pasteur Vallery-Radot ne se déroulera comme prévu, et pas ce jour-là !

Reste alors la principale question que tout le monde se pose : les premiers coups de feu des insurgés vont-ils mettre le feu aux poudres et déclencher la bataille entre résistants et Allemands ? Si nous la posons en cet endroit du récit, c'est pour lui apporter une réponse négative : car *le 17 août,* une mitraillade isolée dirigée contre les occupants n'a suscité qu'une réaction limitée et localisée de la part de ceux-ci, sans aucune espèce de représailles dont, pourtant, Choltitz avait menacé les Parisiens. C'est le premier indice de ce qu'on a appelé la « mollesse » de Choltitz et qui n'est autre, si on en croit le *Wehrmachtsbefehlshaber in Paris,* que la manifestation de son désir d' « éviter à la ville les effusions de sang et les destructions[111] ».

Que s'est-il exactement passé ce soir-là sur la portion des grands boulevards (Bonne-Nouvelle, Poissonnière, Montmartre) située entre la rue Saint-Denis et la rue de Richelieu ? Un rapport * adressé par le chef du 2e secteur de la Défense passive au secrétaire général permanent de celle-ci, 6ter rue du Cloître-Notre-Dame, dès le matin du 18, nous l'apprend. Résumons-le.

Au soir du 17, peu après la tombée de la nuit, vers 21 h 30, des civils non identifiés tirent sur une voiture allemande qui passe boulevard Bonne-Nouvelle. Telle est, du moins, la version de l'origine de l'incident, ainsi que l'exposent les Allemands eux-mêmes au chef des équipes de secours de la Défense passive, M. Desdet, qui est sur place. Cet « attentat » déclenche la riposte immédiate d'une patrouille motorisée allemande qui tire au hasard, sans descendre de ses voitures :

« La fusillade s'est poursuivie jusqu'au carrefour Richelieu-Drouot, raconte le chef du 2e secteur, provoquant des sauve-qui-peut successifs des passants aux alentours de 22 heures... Des patrouilles, en voiture et à pied, ont continué à circuler dans les rues avoisinant les boulevards jusqu'à la rue Réaumur et la Bourse, en continuant à tirailler un peu au hasard[112]... »

Les Allemands ne se contentent pas de tirer : ils mettent le feu, par grenades et balles incendiaires, au café *Au trou de la lune,* à l'angle de la rue de la Lune et du boulevard de Bonne-Nouvelle, et au magasin *Valentin* à l'angle de la rue de Cléry et du même boulevard :

« Les deux immeubles ont été totalement incendiés, poursuit le rapport, malgré les efforts des pompiers **, souvent gênés par les Allemands qui voulaient les empêcher de travailler... Deux blessés et un mort sont reconnus sur place : les pompiers se sont occupés des blessés... M. Desdet appelle des secours pour enlever le mort dont le corps gît rue d'Aboukir... Sous la fusillade qui se poursuivait, une infirmière et un chef d'îlot, M. Combes, arrivés sur place, commen-

---

* Inédit.

** Le rapport d'activité du régiment des sapeurs-pompiers de Paris note que, le 17 août, quatre lances ont été mises en batterie pour lutter contre « ce feu d'immeubles ayant pour cause une fusillade entre les autorités d'occupation et les civils »...

çaient à soulever le mort, lorsque l'infirmière reçut une balle qui lui traversa son casque : mon chef d'îlot décida de rentrer à la mairie, accompagnant l'infirmière fortement impressionnée. »

Finalement, le corps de la victime de la rue d'Aboukir sera enlevé le lendemain matin par une équipe de la Croix-Rouge et transporté à l'Institut médico-légal, pour autopsie : cet inconnu est, peut-être, la première victime des combats de la Libération de la capitale.

Son cadavre a sans doute sauvé la vie du chef des équipes de secours, M. Desdet : sous la fusillade, il s'est couché à côté du mort et, à son tour, a simulé le décès ; quand les hommes de la patrouille allemande passent, « ils tâtent du pied les deux morts, qui ne bougèrent pas, même notre chef d'équipe ; après leur passage, M. Desdet s'est relevé quand les pompiers sont arrivés et ceux-ci l'ont raccompagné en voiture ».

Le rapport poursuit :

« A notre connaissance, il y a eu un second mort identifié, domicilié 45, rue du Caire, et un blessé à la jambe, dans la rue de Cléry. La Croix-Rouge a fait le nécessaire dès 6 heures du matin, dès que nous l'avons su.

« En résumé, malgré ces incidents graves, les dégâts sont proportionnellement limités, heureusement.

« Néanmoins, il serait heureux, pour éviter des incidents de ce genre, que le couvre-feu soit décrété à Paris, au moins avant la tombée de la nuit. Et si l'Administration française pouvait prendre cette initiative, dès aujourd'hui, ce serait infiniment désirable [113]... »

Prudent, et encore sous le coup des émotions de la nuit, le chef du 2e secteur de la DP n'est probablement pas au courant de ce qui se prépare au sein de la Résistance ; il ne peut pas interpréter l'incident de la nuit, qui constitue la première escarmouche entre Français et Allemands à l'intérieur de la capitale et le prélude aux accrochages des jours suivants.

Mais cette fusillade du 17 sur les grands boulevards a elle-même été précédée d'une des péripéties les plus dramatiques de l'occupation, le massacre par les policiers allemands et leurs auxiliaires, au soir du 16 août, vingt-quatre heures avant, de trente-cinq jeunes résistants non loin de la cascade du bois de Boulogne et de sept autres rue Leroux : éclairant d'une lumière crue le lancinant désir d'armes qui s'est emparé des résistants parisiens en ce moment, désir qu'il faut satisfaire par tous les moyens, même en prenant des risques extrêmes, y compris celui de la trahison, cette tragédie vaut d'être suivie dans tous ses détails.

NOTES

1. Note n° 2933/44 g.k. (*Geheime Kommandosache*, affaire secrète de commandement). CDJC IV, 212.

2. Robert Wallraf, *op. cit.*, p. 160 du manuscrit.

3. *Ibid.*, p. 162.

4. Général von Choltitz, *Un soldat parmi des soldats*, Aubanel, Avignon 1964, p. 230. Le titre exact de Choltitz est *Kommandierende General und Wehrmachtsbefehlshaber von gross Paris*, c'est-à-dire général commandant et commandant en chef de la Wehrmacht du Grand-Paris. Pour faciliter la lecture de ce chapitre et des suivants, nous le dénommerons *Wehrmachtsbefehlshaber in Paris*, titre qui lui est parfois donné.

5. *Ibid.*, p. 239.

6. *Ibid.*, p. 240.

7. *Ibid.*, p. 241.

8. Robert Wallraf, *op. cit.*, p. 162.

9. *Ibid.*, p. 163.

10. *Ibid.*, p. 167.

11. *Ibid.*, p. 169.

12. Eberhard Jäckel, *op. cit.*, p. 488-489.

13. Archives nationales 351 AP 8.

14. J. Delperrie de Bayac, *op. cit.*, p. 530.

15. Victor Barthélémy, *op. cit.*, p. 421.

16. *In* R. Tournoux, *op. cit.*, p. 318.

17. A. Bussière, *op. cit.*, p. 420-421 du ms.

18. Abetz, *op. cit.*, p. 329.

19. Témoignage de Roland Nosek recueilli le 28 avril 1961 pour la Fondation Hoover (Ronéoté, 4 feuillets et 2 annexes).

20. Témoignage d'André-Jean Faure, recueilli pour la Fondation Hoover, s.d. (Ronéoté, 5 feuillets, coté « Témoignage n° 320 ».)

21. Extrait du journal personnel d'Abel Bonnard saisi parmi ses papiers avant l'ouverture de son procès par contumace devant la Haute Cour de Justice, le 4 juillet 1945 (Scellé n° 3 du dossier).

22. Edouard Herriot, *Episodes 1940-1944*. Flammarion, 1950, p. 196.

23. A. Bussière, *op. cit.*

24. *Cf.* Le récit de la conversation Laval-Lebret *in la Vie de la France sous l'occupation, op. cit.*, Tome III, p. 1210-1211.

25. Photocopie jointe au témoignage R. Nosek, coll. part. *cf. supra.*

26. Alfred Mallet, *Pierre Laval*. Amiot-Dumont, Paris 1955. Tome II, p. 347.

27. Fernand de Brinon, *Mémoires* LLC édit. Paris 1949, p. 240. Il s'agit, précise leur préfacière, Simone Mittre, secrétaire de Brinon, de « notes, écrites sans aucun souci littéraire, mais en toute objectivité, que Fernand de Brinon me dictait à ses retours de Vichy, après chaque événement important ou qu'il rédigea lui-même et compléta à l'hôpital pénitencier de Nanterre quelques mois avant son jugement ».

28. *In* R. Tournoux, *op. cit.*, p. 315.

29. *Cf. la Vie de la France sous l'occupation, op. cit.*, Tome II, p. 1782.

30. Abetz, *op. cit.*, p. 330.

31. *Cf.* Eberhard Jäckel, *op. cit.*, p. 493.

32. Maurice Gabolde, *op. cit.* Archives nationales 351 AP 8.

33. *Ibid.*

34. *Ibid.*

35. Henri Culmann. Témoignage sur cinq jours d'histoire (17-21 août 1944). Dactylographié 104 pages.

36. *Ibid.*

37. Maurice Gabolde, *op. cit.*

38. Jean Tracou, *op. cit.*, p. 367.

39. Louis-Dominique Girard, *l'Appel de l'île d'Yeu*. André Bonne édit. 1951 p. 92 et suiv.

40. Walter Stucki, *la Fin du régime de Vichy*, La Baconnière, Neuchâtel, 1947, p. 72 et suiv.

41. *Ibid.*

42. Général Bridoux. « Août 1944. Notes prises au jour le jour », *in la Vie de la France sous l'occupation, op. cit.*, Tome II, p. 1698 et suiv.

43. *Cf.* Général Jean Perré, « Derniers jours de Vichy ». *Ibid.*, p. 1657 et suiv.

44. Walter Stucki, *op. cit.*, p. 108.

45. Entretien de Renthe-Fink avec *la Libre Belgique* du 1er novembre 1947.

46. Maurice Gabolde, *op. cit.*

47. Henri Culmann, témoignage cité.

48. *Ibid.*

49. *Ibid.*

50. *Ibid.*

51. A. Bussière, *op. cit.*

52. *Cf.* Adrien Dansette, *Histoire de la Libération de Paris*. Arthème Fayard, Paris 1946. Edition de juin 1958, p. 111.

53. Archives nationales CJ 1258.

54. *Ibid.*, CJ 1258, 3.

55. Archives nationales, W III, 141.

56. *Ibid.*

57 Note n° 7699 DSA/2. Archives nationales W III, 141.

58. Archives nationales CJ 1258.

59. A. Bussière, *op. cit.*

60. Témoignage inédit de Georges Massonneau.

61. Adrien Dansette, *op. cit.*, p. 116.

62. René Naville, *Heures vécues pendant la libération de Paris en août 1944*. Genève 1950, p. 5.

63. *Ibid.*, p. 7.

64. Interview de Raoul Nordling *in Franc-Tireur* du 17 octobre 1949. « Ce que von Choltitz n'a pas dit. » Enquête de Georges Altman et Charles Ronsac.

65. Von Choltitz, *op. cit.*, p. 262-263.

66. Abbé P. Hénin, *M. Raoul Nordling, consul de Suède et son rôle pendant la libération de Paris. Août 1944.* Le Foyer français édit. 1946.

67. Interview Nordling, *op. cit.*

68. *Ibid.*

69. Maurice Gabolde, *op. cit.*

70. Maurice Kriegel-Valrimont, *op. cit.*, p. 180 et 183.

71. Adrien Dansette, *op. cit.*, p. 126.

72. *Ibid.*, p. 40.

73. Charles Tillon, *op. cit.*, p. 285.

74. Raymond Massiet, *op. cit.*, p. 85.

75. Maurice Kriegel-Valrimont, *op. cit.*, p. 188.

76. Adrien Dansette, *op. cit.*, p. 128.

77. Coll. part.

78. *La Libération de la France, op. cit.*, p. 123.

79. Rapport d'Himmler 742/43 Pol N A2. *Cf.* Michel de Boüard. « La répression allemande en France de 1940 à 1944 », *Revue d'Histoire de la Deuxième Guerre mondiale*, Presses Universitaires de France, n° 54, avril 1964.

80. Amédée Bussière, *op. cit.*

81. Philippe Aziz. *Tu trahiras sans vergogne*, Fayard, Paris 1973, p. 27.

82. Joseph Billig, « la Condition des juifs en France » *in Revue d'Histoire de la Deuxième Guerre mondiale, ibid.*, n° 24, octobre 1956, p. 23.

83. Serge Lefranc, « A mon ami R... Pages d'histoire 1939-1945 ». *Les Policiers français dans la Résistance, op. cit.*, p. 71.

84. Amédée Bussière, *op. cit.* p. 256 du manuscrit.

85. Direction générale des Renseignements et des jeux, *le Parti communiste et l'insurrection nationale.* Paris. Dactyl. 35 pages Juillet 1944. Coll.

part. Ce rapport est parfaitement documenté. Pour Rottée, le Parti compte environ 8 000 militants actifs pour la région parisienne, ce qui est en dessous de la réalité. « Les communistes, lit-on dans le rapport, ont poursuivi avec acharnement leur travail de noyautage des groupements de résistance de la région parisienne, où on constate la plus forte densité de leurs partisans... Le président du Comité parisien de la Libération n'est autre que le nommé Tollet, André, Charles, militant communiste notoire, ex-secrétaire de la région parisienne des jeunesses communistes, chargé alors de la direction du journal *l'Avant-Garde*, ex-membre du Front populaire de la région parisienne, condamné le 23 octobre 1940 à quinze mois de prison pour activité communiste, évadé dans la nuit du 21 au 22 juin 1942 du camp de Compiègne où il était interné. En outre, les communistes comptent trois représentants sur sept au bureau du CPL. Assurés d'obtenir, à chaque fois, la voix du représentant des socialistes SFIO, ils détiennent en fait la direction du comité... » Dans ce rapport, quelques lignes sont consacrées aux « groupements annexes fondés pour renforcer la position communiste au mouvement de résistance », parmi lesquels les Francs-tireurs et partisans français FTPF dont le « Code d'honneur » fait mention de l'existence, en leur sein, de « commissaires politiques », selon un tract de 1943.

86. Témoignage d'Edmond Hennequin.

87. Plan de protection de la Préfecture de Police. Résumé. 4 feuillets dactyl. communiqués par E. Hennequin.

88. Selon Stéphane Monniot (*in* « Pages d'histoire », *op. cit.*, p. 54), Poncey fut arrêté à la suite de la dénonciation d'un habitant de Saint-Maur, Le Couadon dit Morin qui, arrêté en février, « eut le temps de parler des activités du groupe Valmy ». Il fut exécuté par le résistant Leviennois. Selon Edmond Hennequin, Poncey « fut arrêté, dans une légèreté blâmable, par les RG, adroitement informés par le Parti communiste, précision donnée par Rottée lui-même ». (Témoignage inédit d'Edmond Hennequin.)

89. Stéphane Monniot, *ibid.*, p. 58.

90. Alain Guérin, *op. cit.*, TV, p. 205.

91. Stéphane Monniot, *op. cit.*, p. 59.

92. Colonel A. de Dainville, L'ORA, la Résistance dans l'armée. Lavauzelle. Paris, 1974 p. 106 et suiv.

93. Archives nationales W III, 141.

94. Main-courante de la direction générale de la Police municipale du 13 août 1944 au 31 décembre 1944, pelure dactyl.

95. Bussière, *op. cit.*, p. 432 du ms.

96. Main-courante de la direction générale de la police municipale.

97. Bussière, *op. cit.* p. 434 du ms.

98. *Ibid.*, p. 438.

99. *Ibid.*, p. 439.

100. Main-courante de la direction générale de la police municipale, *op. cit.*

101. *Ibid.*

102. Bussière, *op. cit.*, p. 441 du ms.

103. Témoignage inédit de G. Valette, officier de police honoraire.

104. Témoignage d'Henri Chevalier *in la Vie de la France sous l'occupation, op. cit.*, T. III, p. 1186.

105. Main-courante de la direction générale de la police municipale, *op. cit.*

106. Dr Victor Veau, *Comment les Allemands ont quitté Paris*, 10 août-14 septembre 1944. Dactyl. p. 3.

107. Robert Wallraf, *op. cit.*

108. Charles Lacretelle, *op. cit.*

109. Mgr Brot, *op. cit.*

110. Dr Victor Veau, *op. cit.*, p. 21 et suiv.

111. Von Choltitz, *op. cit.*, p. 270.

112. Rapport du chef du 2e secteur de la DP au secrétaire général permanent de la DP du 18 août 1944, 2 p. dactyl.

113. *Ibid.*

CHAPITRE VII

LE MASSACRE DE LA CASCADE OU LA TRAGÉDIE DES ARMES

Comme toutes les tragédies, celle de la cascade a ses héros, son traître et ses bourreaux, et un ressort passionnel, l'amour de la France et le désir de la servir. Ils animent une cinquantaine de jeunes gens, de tous milieux, de toutes origines qui ont en commun leur appartenance à la Résistance et, pour beaucoup, leur résidence en Seine-et-Marne. Qu'ils appartiennent aux FTP, aux FFI, aux jeunes de l'OCM (Organisation civile et militaire), à la Jeunesse chrétienne combattante, ils sont pressés d'agir par les armes contre les Allemands : c'est maintenant qu'il faut harceler l'ennemi et, pour cela, renforcer leur armement, encore dérisoire. Nous sommes à la mi-juillet : il faut absolument se procurer des armes. Mais comment ? Tel est le problème à résoudre.

Ce problème, ils l'ont retourné dans tous les sens : les FTP de Chelles et leur chef, Jacques Schlosser, (vingt-deux ans), dont la compagnie se bat depuis 1943, avec les FFI de Jean Favé et du Dr Blanchet (vingt-huit ans) de Chelles également, les jeunes de l'OCM avec Guy Hémery (vingt et un ans) de Clamart, les jeunes chrétiens combattants d'Elie Dudraisil (vingt et un ans) dit « Philo » ne sont pas des novices dans la Résistance. Dudraisil est responsable parisien des jeunes chrétiens combattants sous les ordres de Fernand Bellenger (vingt et un ans) dit « Bizet », qui ont déjà fait leurs preuves contre l'occupant ; Guy Hémery, emprisonné pour faits de Résistance en 1942, s'est évadé en 1943 et Jacques Bernard (vingt-quatre ans) arrêté trois fois par les Allemands, leur a échappé trois fois : avec son frère Roger, il a collecté et convoyé des camions de munitions pour la Résistance, en particulier le 13 août dans la région de Montereau[1].

Brûlant du désir de combattre, ces jeunes résistants tirent toutes les sonnettes, avec discrétion, pour obtenir des armes : le hasard va les servir en les mettant en relation avec un autre résistant, Wigen Nercessian, alias « Alexandre », qui s'est offert pour leur en procurer.

Le « capitaine Jack » de l'Intelligence service entre en action...

Né le 8 mars 1909 à Bakou, Nercessian, ingénieur-chimiste, est arrivé en France après la Première Guerre mondiale ; considéré comme un Russe blanc, il dirige, avec son frère, une fabrique de meules à Meudon.

Avant de s'établir dans la région parisienne, Nercessian a séjourné à Lyon, où, à la fin de novembre 1942, il est entré comme agent dans le réseau « Marco Polo[2] » dont le premier chef est le capitaine de frégate Sonneville, dit « Montrose », que nous avons rencontré en d'autres circonstances *.

De Lyon, Nercessian gagne Marseille où, au début de 1944, son réseau ayant été décapité, il est coupé de ses chefs ; il tente, un peu en aveugle, de renouer la filière et pense y parvenir par l'intermédiaire d'une secrétaire de l'Union chrétienne des jeunes gens, une Anglaise mariée à un officier français, Mme Rousselin. Peut-elle l'aider à faire passer des prisonniers russes, dont s'occupe « Alexandre », en Espagne ? L'Anglaise lui présente « Charles », alias « Porel », un juif autrichien, sans profession bien définie, qui, ancien capitaine de la 11e brigade internationale pendant la guerre civile espagnole, laisse entendre à « Alexandre » qu'il est en réalité un agent de l'IS (Intelligence service).

Confiant, « Alexandre » confie à « Charles-Porel » un officier soviétique évadé ; quelque temps après, il reçoit une lettre lui confirmant le passage de celui-ci en Espagne, lettre écrite de la main de son protégé dont il reconnaît la signature.

Nercessian, qui se trouve démuni, demande de l'argent à « Charles » ; l'agent de l'IS veut bien lui en donner, à condition que l'ingénieur-chimiste remonte à Paris : « Porel » souhaite présenter Nercessian à ses chefs anglais de l'Intelligence Service. Marché conclu : avec 15 000 francs donnés par « Charles » **, « Alexandre » s'établit à Meudon au printemps de 1944. L'ingénieur-chimiste qui, rappelons-le, s'occupe des prisonniers russes en France, entre en rapport avec une œuvre catholique charitable, la conférence de

---

* *Cf.* supra p. 77.

** Nercessian recevra ultérieurement un autre versement de 15 000 francs de l'agent de l'IS. Il remettra à Porel, afin qu'il puisse lui servir, un récépissé d'une carte d'identité d'étranger qu'il disait se procurer à la Préfecture régionale de Lyon.

Saint-Vincent de Paul et son président pour le XIIIe arrondissement, l'abbé Borme ; aux réunions de cette conférence assistent souvent Fernand Bellenger et Guy Hémery : le contact est vite établi entre les deux jeunes résistants et l'agent du réseau « Marco Polo », qui comprennent rapidement qu'ils sont du même bord : les premiers, militants de la Résistance intérieure, le second en relation avec l'Intelligence Service et membre d'un réseau rattaché au BCRA.

Bellenger et Hémery qui se sentent en confiance disent à Nercessian :

« Il nous faut des armes, au moins pour armer une trentaine de garçons. »

Nercessian qui songe à Charles, avec qui il reste en relation, répond :

« C'est possible... »

Il sait, en effet, que par l'Intelligence Service certains réseaux ont obtenu de l'armement : pourquoi ne pas dépanner ses jeunes camarades ? Mais lorsque Nercessian s'en ouvre à Charles, celui-ci, sans lui refuser explicitement d'étudier cette demande, lui déclare :

« En principe, les armes ne sont pas de mon domaine. Je vais en parler au capitaine Jack... »

Qui est Jack ? Charles ne le dira que plus tard ; Nercessian se contente de cette évasive promesse.

Entre-temps, par l'intermédiaire de Guy Hémery, un des chefs d'un groupe de Résistance à Chelles, Jean Favé, alias « Paris », a fait la même demande à Nercessian : peut-il lui procurer des armes ?

« Favé, raconte Nercessian, avait le projet d'attaquer la prison de Fresnes : il voulait avoir des armes pour 500 personnes[3] ! »

Favé, qui fait équipe avec le Dr Blanchet, dont il est l'un des patients, insiste à deux reprises auprès de Nercessian pour qu'il puisse armer les FFI de Chelles.

Nercessian fait la même réponse à Favé qu'à Hémery et à Bellenger : il essaiera de trouver armes et munitions.

Tous ces entretiens, ces rendez-vous s'échelonnent entre la fin juillet et les premiers jours d'août : qu'ils tournent exclusivement autour de la fourniture d'armes ne nous étonne pas, ce manque étant la marque de l'infirmité majeure de la Résistance parisienne, comme nous l'avons vu à plusieurs reprises. On note, au passage, que l'une des préoccupations de Favé est d'attaquer Fresnes pour en délivrer les détenus, idée qu'en cet instant il partage avec d'autres Français.

Enfin, et c'est l'une des caractéristiques de la Résistance, les contacts sont pris de proche en proche entre gens qui se connaissent et entretiennent entre eux des relations discontinues, au service de la même cause : à partir d'un résistant, appartenant à un groupe déterminé, plusieurs autres groupes sont, peu à peu, intégrés à une œuvre commune, en l'occurrence la collecte d'armes, au gré de liaisons dont certaines sont établies au hasard de rencontres fortuites.

A ce propos, se demande Nercessian, Charles tiendra-t-il sa promesse ? Oui... Dans le courant de juillet, Charles donne rendez-vous à Nercessian, au domicile de celui-ci, 2 rue Claude-Matrat à Issy-les-Moulineaux, afin de lui présenter (enfin !) le capitaine Jack...

« Le capitaine Jack parlait un anglais très pur, avec un léger accent oxfordien, poursuit Nercessian. J'avais vécu quatre ans en Angleterre et je savais faire la différence avec l'accent cockney *. Le capitaine Jack, qui se faisait fort de nous trouver rapidement des armes par l'intermédiaire de l'Intelligence Service, me questionna sur le nombre de résistants qui en prendraient livraison : il était souhaitable qu'ils fussent nombreux, afin que le chargement se fasse vite, ce qui me parut raisonnable. On promit de se revoir le plus tôt possible[4]. »

Le second rendez-vous a lieu entre le 10 et le 12 août au café de La Régence, place du Théâtre-Français. A la demande de Charles et du capitaine Jack, Nercessian a emmené à La Régence Favé et Guy Hémery, qui parlent pour les trois groupes de la Résistance (FFI-FTP, OCM, Jeunes chrétiens combattants). La discussion est uniquement « technique » ;

« Très *War Office*, le capitaine Jack menait le débat, Charles restant presque constamment muet **; avec son consentement tacite, le capitaine Jack faisait figure d'organisateur de l'expédition. Les résistants fourniraient des camions et les hommes, les agents de l'IS à Paris les armes et, par précaution, Jack ferait venir d'autres camions au lieu de rendez-vous. On discuta, en particulier, de la largeur des camions, afin qu'ils puissent entrer dans tel dépôt que Charles désignerait, un garage dont il n'indiqua pas l'emplacement : un rendez-vous fut pris pour le 15 août, puis aussitôt remis à la suite d'un certain flottement au 16 août[5]. »

Le lieu et les heures sont fixés : ce sera devant l'entrée de Luna-Park ***, porte Maillot, et les premiers camions devront arriver vers 11 heures. De l'entrée de Luna-Park, les camions, dont le nombre a

* Polyglotte, Nercessian parle anglais, allemand, russe, arménien et français.

** Charles parle très mal le français avec un fort accent allemand. C'est en cette langue qu'il s'entretient le plus souvent avec Nercessian, qui la pratique couramment. A la première entrevue assiste également le supérieur du capitaine Jack, le colonel Oliver, qui n'intervient pas dans la discussion.

*** Célèbre parc d'attractions, le seul existant dans la capitale, détruit après la guerre. Sur son emplacement s'élèvent un palais des congrès et une tour de béton à usage hôtelier.

été fixé d'un commun accord entre Charles et les résistants présents, partiront pour les différentes caches, où sont stockées les armes, afin d'en prendre possession. Avant de se séparer, les participants à la réunion lèvent leur verre à la réussite de l'opération. A demain... Les résistants exultent. Enfin, ils auront l'armement ardemment désiré !

Le 16 août devant Luna-Park

Le 15 août, veille du rendez-vous, la jeune étudiante en droit Michelle Boursier, membre de la Jeunesse chrétienne combattante, déjeune dans un restaurant du quartier Latin avec Bellenger dit « Bizet » et Bernot, ses chefs dans la Résistance. Bellenger lui confie que le transport d'armes est prévu pour le lendemain, mercredi 16. La veille, 14 août, « Bizet », Guy Hémery et « Alexandre » se sont rencontrés chez l'abbé Borme où ils ont arrêté les derniers détails de l'opération. Les jeunes chrétiens se débrouilleront pour trouver un camion : rendez-vous est pris pour le réceptionner à 10 heures rue Drouot. Donnons la parole à Michelle Boursier :

« Le 15, " Bizet " m'a demandé de participer à l'opération du lendemain, en vue d'éventuelles missions de liaison.

« A 10 heures, le camion n'était pas encore arrivé rue Drouot ; nous avons appris qu'il était tombé en panne près de la gare de l'Est. Alors, tous à vélo, nous sommes allés porte Maillot où nous sommes arrivés vers 11 h 30. Guy (Hémery) était !à, près de la sortie du métro, non loin de l'avenue de la Grande-Armée et du boulevard Pereire ; le capitaine Jack était à côté de lui ; il y avait déjà trois camions fournis par le capitaine devant Luna-Park ; il nous proposa de nous en prêter un, Bellenger donna son accord. Au moment où nous nous apprêtions à monter dans le camion en embarquant nos bicyclettes, notre camion, qui avait réussi à réparer sa panne arriva, avec, à son bord, quatre résistants armés de mitraillettes[6]. »

Bellenger décide alors que ses hommes — ils sont 11, Michelle comprise — monteront dans le camion où se trouvent déjà leurs quatre camarades et Quarteron, le chauffeur du véhicule. Le capitaine Jack s'y oppose : tous les jeunes résistants doivent occuper *son* camion et, d'accord avec Bellenger-Bizet et Hémery, il donne l'ordre aux quatre jeunes arrivés avec le camion de la Résistance de rendre leurs armes, ce qu'ils font. Personne ne doit être armé dans le camion, afin qu'en cas de contrôle allemand en cours de route, les passagers ne soient pas arrêtés. Désarmés, les quatre résistants rejoignent leurs 11 camarades dans le véhicule désigné par le capitaine Jack, tandis que le chauffeur, Quarteron, reçoit l'injonction de garer son engin devant la gare du chemin de fer de petite ceinture, boulevard Péreire, à une soixantaine de mètres de l'entrée de Luna-Park.

Groupés dans le camion du capitaine Jack, les 15 résistants écoutent les dernières instructions de Guy Hémery :

« Nous aurons deux arrêts, dit-il à ses compagnons : l'un pendant lequel personne ne doit bouger, l'autre où nous serons arrivés à destination, dans un garage où nous devons prendre les armes[7]. »

Avant que la bâche du véhicule retombe, plongeant le camion dans une demi-obscurité, Michelle a remarqué trois détails : elle ne connaît pas le chauffeur du camion imposé par le capitaine, il n'y a pas de convoyeur à côté de lui, ni de motocycliste pour ouvrir la voie. Elle croit se rappeler que ce dernier point avait été prévu. Si elle a monté son vélo avec elle dans le véhicule — en 1944, une bicyclette est objet trop précieux pour s'en séparer — Michelle a observé que Guy a volontairement laissé le sien au capitaine : sans doute, Jack en a-t-il besoin pour d'autres rendez-vous...

Le camion démarre, il est aux alentours de midi :

« Nous roulons peu de temps, quelques minutes, peut-être, poursuit Michelle Boursier. Soudain, nous entendons quelques rafales de mitraillettes : on tire sur le camion ! Le véhicule s'arrête : nous entendons alors vociférer des *heraus*, la bâche est soulevée et nous voyons alors des Allemands armés de mitraillettes autour du camion. En français, on nous crie " sautez ", ce que nous faisons. En descendant, deux d'entre nous sont légèrement blessés. Des Allemands nous font aligner bras levés, le long d'un treillage bordant un mur : je crois reconnaître l'avenue de Salonique *... Nous restons là quelques instants... J'ai eu le temps de voir une vingtaine d'Allemands et plusieurs voitures en travers de l'avenue, qui la bloquaient. A part les Allemands, pas un passant, personne[8]. »

Silencieux, les résistants se rendent compte qu'ils sont tombés dans un piège : au lieu de toucher des armes, ils ont été livrés aux Allemands. Par qui ? Dès cet instant, Michelle pense au capitaine Jack : Guy Hémery a dû être « squizzé » par l'officier de l'Intelligence Service. Au fait, est-il bien de l'IS ? La jeune fille n'est pas loin de la vérité...

Deux complices pour un traquenard

Car tout est affabulation, du début à la fin, dans les promesses faites par Charles-Porel à Nercessian, dans celles du capitaine Jack

* Courte voie qui va de la place de la Porte des Ternes (maintenant place du général Koenig) au boulevard de Dixmude.

aux résistants de Chelles et de Clamart, auxquels se sont joints, au cours du plan d'élaboration de la collecte des armes, des résistants de Draveil. Et tout est faux dans l'identité des personnages clés de cette affaire, Charles-Porel et le capitaine Jack * !

Le premier s'appelle, en réalité, Karl Rehbein, né le 1er mai 1899 à Kizingen : ni Autrichien, ni juif, le *Sonderführer* Rehbein est, en fait, un agent de l'Abwehr depuis 1937 ; et s'il a effectivement tenté de s'engager dans les brigades internationales pendant la guerre civile espagnole — comme il l'a confié à Nercessian —, c'est sur ordre de ses chefs de Berlin, afin de voir ce qui s'y passe. En 1942, Rehbein se trouve à Perpignan où il fait partie de la *Generale Aufsichtstelle*, service général de surveillance de la frontière franco-espagnole :

« A ce titre, précise Lucien Steinberg, Rehbein aurait découvert, identifié et fait arrêter de nombreux clandestins, en particulier des aviateurs alliés[9]... »

Ses occupations mènent le *Sonderführer* Rehbein à Marseille où il a, entre autres tâches, celle de surveiller les réfugiés allemands. On sait comment il est entré en relation avec Wigen Nercessian, dit « Alexandre » du réseau « Marco Polo ». En cette occasion, Rehbein devient Charles-Porel, Autrichien, juif, membre de l'Intelligence Service, etc. Il lui arrive aussi de se faire appeler Roland ou Reiman.

Rehbein a-t-il *réellement* fait passer un officier russe en Espagne à la demande de Nercessian, comme celui-ci en est persuadé, afin de le mettre en confiance ? Ou la lettre informant Nercessian de ce passage est-elle un faux ? On peut hésiter entre les deux hypothèses ; du moins peut-on admettre que Charles, puisque Charles il y a désormais, a pu faire jouer devant Nercessian sa connaissance de la langue espagnole et de nombreux détails géographiques de la ligne frontière franco-espagnole, auprès de laquelle il a opéré pendant quelques mois.

Rehbein-Charles-Porel réalise des opérations couronnées de succès contre des clandestins français ou allemands opposés à Hitler, à Lyon et à Paris : c'est dans la capitale qu'il a réalisé quelques « beaux coups », à propos desquels il renseigne un policier du SD, le *SS Hauptsturmführer* Alfred Wenzel. Wenzel est chef de la sous-section VI N 4 ** établie d'abord 11 boulevard Flandrin puis 31 bis avenue Foch, chargée des « renseignements sur les étrangers », terme très général sous le couvert duquel Wenzel, depuis novembre 1942, s'occupe également des renseignements politiques concernant

---

* Il en est de même pour le « colonel Oliver » qui est, en réalité, le capitaine Schnell, du SD !

** La sous-section N4 appartient à la section VI du SD dirigé en 1944 par Bickler ; c'est une section qui couvre de nombreuses activités de renseignement (activités du gouvernement de Vichy, des partis politiques, des Eglises, des francs-maçons, etc.).

des Français et singulièrement de ceux qui font de la Résistance. Les renseignements qu'elle recueille sont transmis pour « exploitation » à la Section IV du SD (Dr Stindt) ou, parfois, utilisés directement par des « auxiliaires » appartenant à d'autres services ou équipes. Car, à l'instar des autres sous-sections du SD, la N4 utilise les services d'agents français rémunérés, dont s'occupe parfois son interprète l'*Hauptscharführer* (adjudant) Walter Kley, dit le « Docteur Kley ». le Wurtembergeois de trente-quatre ans est un « Herr Doktor », en effet, c'est-à-dire titulaire, ou diplômé d'études supérieures lui permettant d'enseigner dans les lycées. Professeur de langues mortes (latin et grec), Walter Kley parle et écrit fort bien le français.

C'est Kley qui va, dans une certaine mesure, être l'homme-pivot du guet-apens de la porte Maillot. A un double titre.

D'abord, Kley assure parfois des liaisons entre le service de Wenzel et un groupe d'auxiliaires de la police allemande, dirigé par l'un des plus féroces traqueurs de résistants du moment, Friedrich Berger, et connu sous le nom de « Gestapo de la rue de la Pompe * ». Agent de l'Abwehr comme Rehbein, Friedrich Berger (il a trente-trois ans en 1944), ancien engagé, par ordre, dans la Légion étrangère en 1934, réformé en 1937, se retrouve en 1940 interprète au service central de l'Abwehr à l'hôtel Lutétia. Chargé d'une mission d'espionnage à Vichy, il est découvert, arrêté et transféré à Alger où le tribunal militaire le condamne à mort le 26 août 1941 ! Mais réclamé par les Allemands, Berger est ramené en France et remis aux autorités d'occupation le 31 mai 1942, avec trente-deux Allemands ex-légionnaires. Au début de 1943, Berger a ouvert, d'accord avec le SD **, un « bureau d'achats » 14 rue du colonel Moll (XVIIe), couverture facile et, en même temps, rapporteuse d'argent, à l'abri de laquelle Berger recrute des indicateurs qui le renseigneront sur les activités de la Résistance : menant de pair ses « affaires » et la chasse aux résistants, Berger, qui entretient d'excellents rapports avec Wenzel, s'installe en avril 1944 rue de la Pompe, le « Docteur

* Friedrich Berger et sa bande, trois Italiens naturalisés, le père et les deux fils Guicciardini, l'Iranien Rachid Zulgadar dit « King-Kong », le Français Théodore Leclercq, ancien tourneur chez Citroën, un Luxembourgeois, un Caucasien, des Français, Fouchet, Roger, Gorisse, Favriot et d'autres personnages peu recommandables, ont leur repaire dans deux appartements du 180 rue de la Pompe.

** Après que le chef de l'Abwehr, l'amiral Canaris, eut été relevé de son commandement par Hitler (18 février 1944), ses services furent intégrés dans l'Office central de Sécurité du Reich (RSHA). Cela explique que les deux « anciens » de l'Abwehr, Berger et Rehbein se sont retrouvés tout simplement au SD. Si Rehbein est, plus ou moins, rattaché au service de Wenzel, Berger a les coudées plus franches. Il semble qu'il dépende directement de la centrale de Berlin et qu'il puisse prendre des initiatives personnelles sans en référer à Wenzel à qui, bien entendu, il ne marchande pas ses services, quand le chef de la sous-section N4 fait appel à lui.

Kley » l'aidant parfois sur le plan matériel et lui rendant souvent visite avec Wenzel.

En outre, Walker Kley, c'est un autre volet de ses activités, prend en main des indicateurs français qu'on lui a « rabattus » ou qui se présentent spontanément à lui afin de lui vendre des renseignements. Ainsi, au début de 1943, il a fait la connaissance d'un jeune homme de vingt-neuf ans (il est né à Moscou le 24 juillet 1914), Guy Glèbe de Marcheret d'Eu. Un bien étrange personnage. Né d'Alexandra Voniskoff, d'origine allemande, remariée après sa naissance avec M. Alexandre Marcheret d'Eu *, le jeune Guy a quitté la Russie en 1916 et est arrivé en France en 1927 ; considéré comme Russe réfugié, Marcheret combat dans l'armée française en 1940 et se retrouve à Meudon, 22 rue d'Alembert, où il se dit artiste musicien. Titulaire d'une carte de réfugié russe, délivrée par la préfecture de Seine-et-Oise, il se prétend Allemand de cœur et de fait, assurant qu'il a été réintégré en 1942 dans la nationalité allemande [10]. Quand il a été présenté à Wenzel, Marcheret lui affirme avoir traité pour le compte des Allemands des affaires « importantes » et présente au « Docteur » un passeport allemand :

« Marcheret s'est offert à nous fournir des renseignements d'ordre politique, racontera Kley... Il me donna l'impression d'un bluffeur ** et, en fait, les renseignements qu'il nous a donnés n'étaient pas très intéressants. Il demandait de l'argent : il touchait des " remboursements de frais ", environ 10 000 francs au total, en quelques mois [11]. »

Si Wenzel a accepté que Kley « prenne en charge l'Allemand Marcheret », c'est sans enthousiasme :

« Le rôle de Marcheret est toujours resté secondaire, assure-t-il. Je ne l'ai jamais beaucoup estimé : il parlait beaucoup pour ne rien dire et était aussi vaniteux que prétentieux, mais j'ai accepté ses services [12]. »

Au SD du boulevard Flandrin, l'enthousiasme ne régnait certes pas en faveur de Guy « comte de Marcheret d'Eu », comme il se nomme lui-même, mais on ne fait pas du renseignement policier avec qui vous plaît : on utilise ce qu'on trouve.

Un détail à propos de Marcheret : il parle admirablement bien anglais. C'est ce détail qui sera, directement, à l'origine du guet-

* Selon une note du colonel Fourcaud, directeur de la Documentation extérieure et du contre-espionnage en date du 2 décembre 1946, Alexandre de Marcheret d'Eu aurait été « consul de France » en Russie. Un autre document fait naître Guy de Marcheret d'Eu à Barnavol (Sibérie).

** Lors de l'instruction de son procès, Marcheret prétendit avoir été élève au conservatoire de Paris de 1932 à 1939, dans la classe de Porée « condisciple de Liszt ». Porée n'a jamais été professeur au conservatoire et Liszt (mort en 1886) était né en 1811 : un « condisciple » de Liszt aurait eu 121 ans en 1932 !

apens de Luna-Park le 16 août. Continuons le récit ; au début de l'été 1944, Rehbein-Charles-Porel, au cours d'une visite de routine à Kley (Rehbein a été détaché par le SD de Perpignan à la Section VI, N4) est mis en présence de Marcheret :

« Ils se sont rencontrés dans mon bureau, précisera Kley*, et Rehbein a prévu une collaboration avec lui... »

Dans l'esprit de Rehbein-Porel, le rapprochement s'est fait instantanément : d'une part Nercessian lui a demandé s'il pourrait trouver des armes pour des résistants, d'autre part ce Marcheret est anglophone... comme Nercessian lui-même. Pourquoi ne pas utiliser Marcheret comme un appât, afin de piéger Nercessian et ses amis** ? Charles invente alors le « capitaine Jack » de l'Intelligence Service ; Marcheret accepte cette proposition aussitôt, qui comble son désir de jouer, enfin, un grand rôle, en mettant en valeur les dons d'artiste qu'il croit avoir : le capitaine Jack et son anglais impeccable n'auront pas de peine à convaincre Nercessian du sérieux de l'opération dont Charles, de l'IS également, ne l'oublions pas, vont prendre la responsabilité, la livraison d'armes. Ajoutons un figurant décoratif mais muet, le colonel de l'IS « Oliver », alias l'*Hauptsturmführer* Schnell — et le trio est constitué.

Et si Porel diffère le moment des rendez-vous du mystérieux capitaine Jack avec Nercessian d'abord, avec les résistants ensuite, c'est qu'il doit mettre au point, dans ses moindres détails avec Kley et Wenzel, le plan qui aboutira à la capture des jeunes combattants de la Résistance.

Ce plan prévoit, bien sûr, la présence du capitaine Jack et de Charles sur les lieux de l'opération, puisqu'ils sont les seuls à être connus de Nercessian, d'Hémery et de Favé. Mais, à côté des deux hommes ou à proximité d'eux se tiendront, en permanence, Kley et quatre de ses hommes et quelques séides de Berger à qui la leçon a été faite. Pourquoi cet appel au commando Berger ? Nous sommes le 16 août : les policiers du SD sont en plein déménagement depuis le 11, jour où Oberg en personne a assisté au départ du premier camion, chargé de meubles et d'archives du boulevard Lannes ; le 14, le *Höhere SS* a vérifié personnellement le départ d'autres véhicules contenant des denrées alimentaires et les caisses d'archives de son état-major et du XXIe Tribunal SS, son voisin du 88 boulevard Flandrin[13]. Et ce qui se passe boulevard Lannes se déroule avenue

---

* Dont, entre-temps, les bureaux ont été déménagés du boulevard Flandrin pour être installés 31 bis avenue Foch.

** Il est probable que Kley a eu la même idée que Charles : en tout cas, il l'aidera à assurer l'exécution de celle-ci sur le terrain ou en liaison avec ceux qui en assurent la réalisation.

Foch, dans les bureaux de Knochen, et dans ceux de Stindt *, chef de la section IV : les policiers vident les tiroirs, détruisent certaines archives, emplissent des caisses, dans l'attente d'un ordre d'évacuation dont l'exécution n'est plus qu'une question d'heures !

Même situation chez Neifeind, *Kommandeur* du SIPO-SD de Paris, rue des Saussaies et chez Wenzel, avenue Foch.

Il ne faut pas chercher plus loin la raison de l'utilisation des hommes de Berger, demandés par Kley et Wenzel pour l'opération Luna-Park et ses suites : ils n'appartiennent pas, *stricto sensu*, au SD mais, considérés comme des agents sûrs, ils peuvent être employés « à la demande » pour des tâches ponctuelles et rapides, dont, pour l'instant, les fonctionnaires du SD se soucient assez peu, pressés qu'ils sont de tirer leurs grègues ! Quant à Friedrich Berger, s'il s'agit de capturer des résistants, il est toujours prêt !

Au matin du 16 août, le scénario de l'opération Luna-Park est définitivement réglé au cours d'une ultime séance de préparation, une répétition pourrait-on dire, entre Charles, le capitaine Jack, Kley et Wenzel, avenue Foch : tout se jouera en quelques heures...

Vers la tuerie

Le premier acte n'a duré que quelques minutes, on le sait : vers midi, Michelle Boursier et les passagers du camion de résistants sont alignés, bras en l'air, boulevard de Salonique, tenus en respect par les mitraillettes des soldats allemands et des civils du commando Berger. Un ordre bref :

« Montez ! »

Ils reprennent place dans le camion, cette fois avec leurs gardiens aux armes menaçantes ; le véhicule repart, le trajet paraît interminable. Second arrêt, seconde descente. Ils sont dans la cour de la rue des Saussaies ; rudoyés par leurs gardiens, ils sont alignés face au mur, les bras levés. Le temps leur paraît long, il fait chaud, une chaleur lourde, orageuse... Les heures passent. Dans l'après-midi, un autre camion entre dans la cour :

« *Raus*, hurlent les Allemands... »

Et quand, sans être vue par ses gardiens, elle tourne la tête,

* Il a succédé à Boemelburg à la tête de cette section qui, avec la VI, est la plus étoffée du SD en France : elle est chargée de la *répression* de toutes les activités contraires aux intérêts du Reich et compétente dans les questions d'arrestation, de détention, de comparution devant les tribunaux allemands et de déportation. A ce titre, Stindt utilise les renseignements que lui communiquent Bickler et les agents de ses sous-sections : c'est Stindt et Neifeind qui donnent les ordres opérationnels.

Michelle voit descendre du véhicule des copains de Chelles, dont lui a parlé « Bizet », des résistants pris au même piège qu'elle, que Guy et les autres. C'est à désespérer...

Devant Luna-Park, en effet, un autre groupe de résistants, le groupe Favé-Blanchet, était aussi arrivé * dans deux camions ; l'ambulance (une ambulance marquée de la Croix-Rouge) du Dr Blanchet les précède.

Ce groupe est parti de la pointe de Gournay le matin même ; les hommes qui le constituent ont laissé leurs armes sur place à la demande de Favé. Porte Maillot, le contact est rapide entre Favé et le capitaine Jack : un homme de ce dernier, en fait un auxiliaire de Berger, monte à côté du chauffeur afin d'indiquer le chemin du garage où sont rassemblées les armes.

Nercessian les voit partir... Car l'ingénieur-chimiste a tenu à assister porte Maillot au début des opérations, dont il se sent, en partie, responsable : il entend vérifier, avec le capitaine Jack que tout va bien. Jusqu'au dernier moment, le résistant de « Marco Polo » restera persuadé que le capitaine Jack et Rehbein-Charles-Porel sont des agents de l'IS :

« Anglophile, Nercessian a toujours été persuadé de travailler pour les services alliés, dira plus tard Rehbein-Charles-Porel ; et il en était très heureux. Il ne s'est jamais douté que je travaillais pour le compte de la Wehrmacht et a cru à toutes mes affirmations. Peut-être a-t-il été négligent en ne les contrôlant pas... [14] »

La présence de l'ingénieur-chimiste à Luna-Park ce matin-là est le gage de sa bonne foi : intermédiaire entre résistants et fournisseurs d'armes de l'IS, il veut surveiller ce qui se passe, et c'est normal.

A aucun moment, le doute ne s'est emparé de son esprit ; et, pourtant, il aurait pu remarquer que le capitaine Jack s'est opposé à ce qu'il parle avec les jeunes des camions :

« Allez me chercher des cigarettes », a demandé Jack à Nercessian, quand celui-ci s'est approché du premier camion. Ce que le résistant a fait sans protester.

Mais quand il est revenu devant Luna-Park, Nercessian, qui était convenu avec Guy Hémery de déjeuner avec lui après l'opération, se voit renvoyé aussitôt par le capitaine Jack au Café Napoléon à l'Etoile :

« Attendez-moi au café », lui dit le capitaine Jack.

Et Nercessian obéit sans plus de façon et sans poser de question...

Tandis que le résistant de « Marco Polo » remonte l'avenue de la

---

* La chronologie de l'arrivée des camions devant Luna-Park s'établit ainsi : début de la matinée, arrivée et départ des camions du groupe Favé-Blanchet ; fin de matinée, arrivée et départ du groupe des résistants « Bizet »-Guy Hémery.

Grande-Armée, les deux camions guidés par l'homme de Berger et suivis de l'ambulance du Dr Blanchet, se dirigent vers « le » garage à armes.

Ils n'ont pas une grande distance à parcourir, le garage est situé passage Doisy, une voie qui joint la rue d'Armaillé et l'avenue des Ternes : depuis Luna-Park, le parcours est effectué en moins de cinq minutes. Le petit convoi stoppe rue d'Armaillé. Favé et le capitaine Jack partent à pied en reconnaissance vers l'entrée du garage ; ils constatent que la porte n'est pas suffisamment haute pour permettre le passage d'un des deux camions. Laissant celui-ci et l'ambulance du Dr Blanchet en stationnement rue d'Armaillé, ils font monter le groupe des résistants dans le camion le plus bas qui, seul, peut entrer dans le garage.

Et là, répétition d'une scène un peu semblable à celle de l'avenue Salonique : la porte du garage fermée, des Allemands et des auxiliaires de Berger font descendre les résistants du véhicule qu'ils tiennent en respect sous la menace de leurs mitraillettes. Le piège a fonctionné à la perfection.

Car le garage du passage Doisy est, depuis longtemps, réquisitionné pour des Allemands de l'organisation Todt * de même que l'hôtel de Chevreuse, voisin, au 9 du même passage ; un couloir percé dans le mur mitoyen permet aux Allemands d'aller directement du garage à l'hôtel, sans passer par l'entrée de celui-ci. Discrétion et efficacité.

C'est par ce couloir que les résistants du groupe Favé-Blanchet sont amenés à l'hôtel de Chevreuse, descendus dans la cave de celui-ci et répartis dans différents locaux qui serviront provisoirement de cellules. La suite des événements nous est connue par le récit de Favé :

« Vers 13 heures, un homme de l'organisation Todt est venu dans la cave. Il a dit qu'il accepterait de nous laisser fuir. Il a dessiné un plan qu'il a remis au Dr Blanchet... Il est reparti en laissant la porte entrouverte. Nous avons fait trois tentatives de fuite mais, chaque fois, ayant entendu parler allemand, nous avons rebroussé chemin...

« Vers 15 h 30, nous avons été questionnés par un Allemand, en français, puis un peu après par trois Allemands. C'est pendant que

* Office allemand de grands travaux (il a été chargé de la construction du « Mur de l'Atlantique »), l'organisation Todt utilise plus d'un million de travailleurs, volontaires et requis, en Europe. Le garage et l'hôtel du passage Doisy sont l'un de ses gîtes dans la capitale. Au matin du 16, les quelques membres de l'organisation Todt présents passage Doisy ont été avertis téléphoniquement par le Service IV (Stindt) de « l'attaque de terroristes » : en prévision de celle-ci, Neifeind a fait diriger des renforts passage Doisy, quelques policiers de la rue des Saussaies, quelques soldats de la Wehrmacht et un officier. Ils se sont cachés dans le garage où ils ont guetté l'arrivée du camion de résistants.

deux d'entre eux parlaient avec le Dr Blanchet que je me suis évadé, le troisième Allemand m'avait fait changer de cave. En sortant de l'entrée, j'ai entendu crier derrière moi en langue étrangère. Deux hommes me regardaient passer. Plus loin, une Allemande a levé les bras au ciel. Je l'ai saluée en disant que j'étais de la maison. Je suis sorti par la rue d'Armaillé [15]... »

Après l'évasion, en souplesse de Favé, les résistants prisonniers remontent dans leur camion et, escortés par les Allemands, sont transportés, comme leurs camarades auparavant, au SD de la rue des Saussaies *. Seul, le Dr Blanchet est emmené par des hommes de Berger, 180 rue de la Pompe.

Tandis que se déroule cette péripétie, Nercessian, qui attend les nouvelles au café Napoléon, voit arriver le capitaine Jack sur la bicyclette d'Hémery. Pour le coup, le résistant s'étonne :

« Où est Guy, demande-t-il à Jack. »

« Il a voulu monter dans le camion, répond le capitaine de l'IS. Il est parti avec les autres... »

Nercessian est contrarié : d'après les plans, Hémery devait escorter le camion de résistants en restant sur sa bicyclette. Pourquoi avoir changé d'avis ? En cet instant, il est à peu près une heure de l'après-midi ; à son tour, Rehbein-Charles rejoint les deux hommes au café : tout s'est passé comme prévu...

Vers une heure et demie, le capitaine Jack, toujours sur la bicyclette de Guy Hémery, redescend porte Maillot pour aller réceptionner, dit-il, un autre camion ** de résistants, afin de les faire conduire à une cache d'armes : il fixe un rendez-vous à Nercessian place Saint-Ferdinand, afin qu'il puisse l'aider dans ce dernier voyage.

Et, à la demande du capitaine Jack, Nercessian va, une fois encore intervenir dans l'action. Peu après deux heures de l'après-midi, Nercessian « réceptionne » le groupe Sicard, du nom de son chef, autre groupe de sept FFI de Draveil qui s'était porté volontaire le *dernier* pour participer à la mission de ramassage d'armes ***. Nerces-

---

* Leur séjour dans la cave de l'hôtel de Chevreuse explique que, bien qu'arrêtés par les Allemands *avant* les résistants du groupe Bizet-Hémery, ceux du groupe Favé-Dr Blanchet arrivent *après* eux dans la cour de la rue des Saussaies, siège des bureaux du *Kommandeur* Neifeind.

** Entre les camions fournis par les résistants et ceux des Allemands stationnés devant Luna-Park, le nombre des véhicules se situe entre cinq au minimum et huit au maximum.

*** Sicard, tenu au courant de l'opération projetée par Hémery ou par Bellenger, a pris contact, avant celle-ci, avec Nercessian : « Sicard m'a dit, raconte Nercessian, qu'il voulait avoir des armes, si possible avec la même expédition... Alors, il a fallu prévoir trois groupes... » Dans le groupe Sicard, il y a deux gendarmes en uniforme. Leur camion porte-t-il le signe de la Croix-Rouge ou la plaque des Eaux et Forêts ? — les témoignages à ce propos sont contradictoires.

sian rencontre les hommes de Sicard (leur chef lui-même ne fait pas partie de l'expédition) place Saint-Ferdinand, « comme convenu » ; sur l'ordre du capitaine Jack, il les conduit place Victor-Hugo :

« Je suis monté dans le camion avec mon vélo, raconte Nercessian, et je l'ai guidé place Victor-Hugo. Là, j'ai retrouvé le capitaine qui m'a envoyé au café près de l'Etoile afin de l'y attendre avec Charles, ce que j'ai fait[16]. »

A partir de la place Victor-Hugo, un nouveau drame va se jouer, dont le début est ainsi raconté par Jacques Delarue :

« Le même jour (16 août), l'équipe Berger a participé à un autre guet-apens. Un agent de Berger, Boulfroy, était entré en contact avec le groupe de Résistance Sicard qui, lui aussi, cherchait des armes. Sept membres de ce groupe vinrent au rendez-vous qui leur avait été fixé 14 rue Leroux, dans un immeuble occupé par la Kriegsmarine[17]... »

Si le nom de Boulfroy apparaît pour la première fois dans ce récit de la journée du 16 août, son rôle paraît double : car Boulfroy ou Boulfroi, dit « Gustave », membre de la bande de Friedrich Berger, n'a pas été seulement en contact avec le groupe Sicard, il a été aussi, dans les trois guet-apens du 16 août*, « l'homme de Berger qui servit à guider *les* camions des résistants », y compris celui du groupe Sicard, ainsi que le précise une note du commissaire Levitre qui enquêta sur l'affaire, note du 19 décembre 1945, donc établie peu de temps après les faits[18].

Cela précisé, il n'est pas incompatible que Boulfroy, indicateur de Berger, et Nercessian, authentique résistant abusé, aient tous les deux été saisis, presque simultanément, de la demande d'armes des hommes des FFI de Draveil : dans d'autres épisodes de l'histoire de la Résistance, des situations semblables se sont trouvées où agents allemands infiltrés et résistants œuvraient dans le même sens, les premiers dans le but de capter la confiance des seconds.

Nercessian a donc guidé le groupe Sicard jusqu'à la place Victor-Hugo et cédé son rôle à Boulfroy, sur ordre du capitaine Jack, pour la dernière étape, vers la rue Leroux. Dès lors, la tragédie commencée le matin poursuit son cours : le camion du groupe Sicard pénètre dans la rue Leroux, distante de 300 mètres de la place Victor-Hugo.

En cet instant, il semble que les résistants du groupe Sicard qui, eux, avaient gardé leurs armes**, aient eu de sérieux doutes

* Kley a emprunté momentanément Boulfroy à Berger, pour cette opération, comme cela se pratiquait couramment.

** Le capitaine Jack s'en était aperçu auparavant ; il a prévenu le Dr Kley, qui a maintenu son ordre de faire convoyer les résistants par l'homme de Berger jusqu'à leur destination, rue Leroux.

pendant cette dernière partie du trajet où l'homme de Berger a remplacé Nercessian à côté du chauffeur du camion : ils ouvrent le feu sur Boulfroy, qui est tué net, les Allemands qui les attendent * rue Leroux ripostent ; il y a deux morts et deux blessés pendant le bref engagement. Puis les Allemands abattent les sept hommes du groupe Sicard dans la cour du 14 rue Leroux ** ; leurs corps sont chargés dans le camion qui est abandonné avenue Foch[19].

Pendant que se déroule ce drame, Nercessian et Rehbein-Charles attendent le retour du capitaine Jack ; il arrive vers 4 heures de l'après-midi :

« Tout s'est bien passé, dit-il... On va aller déjeuner... »

Les trois hommes prennent leur repas dans un restaurant de la rue des Acacias et, au hasard de la conversation, le capitaine demande à Nercessian, s'il ne pourrait pas lui procurer un imperméable *** :

« Les Alliés sont tout près d'ici, constate le capitaine Jack... Une gabardine pour un capitaine britannique, j'avoue que ce serait bien... »

Cette réflexion choque Nercessian, qui ne pipe pas pour autant. Il rentre à son domicile et téléphone à Mme Hémery :

— Je n'ai pas de nouvelles de Guy, lui dit-il, ni du camion...

L'inquiétude commence à poindre dans l'esprit de Nercessian : il ne sait rien de la suite de l'expédition. A-t-elle réussi ? C'est le silence total : il ne reçoit et ne recevra aucune information ****.

Que va-t-il alors arriver aux trente-quatre arrêtés, toujours rue des Saussaies ? Ils sont interrogés, sommairement, dans la cour par des officiers allemands qui s'intéressent particulièrement au cas de Guy Hémery ; selon Michelle Boursier, on injurie le jeune résistant. La fin de l'après-midi s'étire interminablement : les résistants n'ont ni mangé ni bu ; le soir tombe. Vers 21 heures, Michelle est extraite du

* Cette rue Leroux est un véritable « îlot allemand » dans ce quartier : des soldats de la Kriegsmarine occupent le n° 15, de la Luftwaffe le n° 10 et une partie du service Wenzel s'est installé au 14, exactement derrière l'immeuble avec jardin du 31 bis avenue Foch où Wenzel et Kley ont leur bureau ! Comme ceux du passage Doisy, les Allemands de la rue Leroux ont été prévenus par le SD de l'arrivée du groupe résistant.

** « Je me suis vu obligé de faire fusiller les terroristes arrêtés ce jour-là », a confié le 17 août le commandant von Hausen, de la Kriegsmarine, à une Française Mme Mirguet, qui habite 10 rue Léonard-de-Vinci, une petite rue qui coupe la rue Leroux. Avant l'exécution des 7 FFI du groupe Sicard, le combat avait coûté la vie à deux auxiliaires de la bande Berger, Boulfroy, déjà nommé, et Louis Gianoni, dit « Petit Louis », patron de la boîte de nuit le Prélude qui, à la demande de Kley, se trouvait présent. Un gendarme FFI blessé a été achevé sur place ; Schnell, le capitaine « Oliver » a été touché au dos par une balle des Français résistants.

*** Il a plu dans l'après-midi de ce jour-là.

**** Une autre opération du même genre avait été prévue par le capitaine Jack pour le lendemain. Nercessian la décommande auprès du chef résistant responsable dans la soirée du 16.

groupe de ses camarades : elle est enfermée dans une cellule, elle ne les verra plus !

A la nuit tombée, les trente-quatre jeunes gens sont entassés dans un camion, sous la menace des hommes de l'équipe Berger, troupe disparate s'il en fut, qui va être aidée dans sa besogne par quelques militaires de la Wehrmacht réquisitionnés à la dernière minute : les chefs du SD de Paris, trop affairés à leur déménagement et en instance de départ, ont abandonné les jeunes résistants au bon vouloir de Friedrich Berger. Qu'il en fasse ce que bon lui semble, et Heil Hitler !

Wenzel, Rehbein et Kley peuvent être satisfaits : l'exécution du plan a été couronnée de succès, dans le minimum de temps, grâce à l'emploi d'éléments allemands d'origines variées qui, à leur demande, ont été mis en état d'alerte aux différents points où, groupe après groupe, les résistants, mis en condition par le capitaine Jack, devaient être cueillis. Très proches les uns des autres, ces points sont situés sur une petite partie des XVIIe et XVIe arrondissements à l'intérieur d'un périmètre limité par la porte Maillot (Luna-Park), le boulevard Gouvion Saint-Cyr et l'avenue de Salonique, l'avenue des Ternes et la rue d'Armaillé (garage du passage Doisy), la place et une petite portion de l'avenue Victor-Hugo, la rue Leroux * et la rue Léonard de Vinci.

Berger a décidé que les jeunes gens arrêtés seront passés par les armes. Il les fait monter dans un camion, précédé d'une voiture remplie d'hommes armés, d'autres Allemands surveillant les prisonniers dans le véhicule qui prend le chemin du bois de Boulogne.

« Le camion s'arrêta près de la cascade du bois, raconte Jacques Delarue. On les fit descendre du camion un par un et on les abattit à la mitraillette, à mesure qu'ils descendaient. Un par un, à bout portant, les hommes de Berger les assassinèrent... Leurs corps furent abandonnés en tas, sur l'herbe rouge de sang [20]. »

Le Dr Paul, médecin-légiste, qui examina les cadavres dira au cours de l'enquête :

« De toute ma carrière, je n'ai jamais vu un pareil massacre [21] ... »

Quant au Dr Blanchet, il a été abattu de plusieurs balles de revolver par Berger lui-même rue de la Pompe, en présence du « médecin » attaché au service de l'Allemand, le Dr Fernand Rousseau ; le corps du résistant est transporté au bois de Boulogne, où il est jeté à côté des autres cadavres.

* Le 14 de la rue Leroux est un hôtel particulier appartenant à Edmond de Rothschild, avec cour et jardin, à l'angle de la rue Léonard-de-Vinci ; c'est devant sa grille ouvragée que s'est finalement arrêté le camion des FFI de Draveil. Avant d'être abattus, ils avaient d'abord été parqués quelques instants dans la cour de l'immeuble, 6 rue Léonard-de-Vinci.

Les assassins s'enfuient dans la nuit : le lendemain, la troupe de Berger prend, avec son chef, le chemin de l'Allemagne.

La fin d'un mythomane et de ses acolytes...

Le 17, Nercessian a un rendez-vous, le dernier, avec Rehbein-Charles, dans ce café Napoléon où il a passé une bonne partie de la matinée et de l'après-midi de la veille :

« Charles me dit : Hier, il y a eu une catastrophe, deux officiers ont été tués... Il faut disparaître. Nous devons suivre l'armée allemande pour être toujours " dans leur ligne " (*sic !*). Voulez-vous venir avec moi ? Je lui répondis négativement : ce fut la dernière fois que je le vis [22]. »

Ce matin-là, Michelle Boursier, qui a été libérée de la rue des Saussaies la veille au soir, sans explication, est astreinte à un pénible devoir 65, rue Chardon-Lagache ; elle doit reconnaître quelques corps, parmi les quarante-deux cadavres qui ont été transportés dans un garage au rez-de-chaussée de l'immeuble, trente-cinq depuis le bois de Boulogne *, sept depuis l'avenue Foch : toutes les victimes du massacre ! Bouleversée, elle identifie Guy Hémery, Fernand Bellenger, son ami « Bizet », et quelques autres...

Quatre hommes ont pu échapper au massacre ; Quarteron, le chauffeur du camion arrivé en retard le matin du 16 à Luna-Park et à qui le capitaine Jack avait dit de ranger son véhicule devant la gare du chemin de fer de la Petite Ceinture, a jugé opportun de disparaître, pendant que le capitaine Jack discutait avec les résistants et avec Hémery en particulier ; personne ne s'est aperçu de sa fuite.

Favé s'est évadé de la cave-prison de l'hôtel de Chevreuse dans les conditions que l'on connaît ** et les Allemands de la rue des Saussaies ont relâché deux hommes du groupe Favé-Blanchet, MM. Paul Allary *** et Bartaire : Bartaire a raconté aux Allemands que, chauffeur de profession, il ignorait tout du motif du transport de quelques hommes qu' « il ne connaissait pas » dans un camion et Allary a prétendu qu'il était monté au vol dans celui-ci en faisant du

---

* Ils ont été découverts par un ouvrier qui passait dans le bois vers 6 heures du matin, une assez large allée bordant le sous-bois où les résistants ont été abattus, allée qu'a empruntée le camion qui les transportait la veille.

** A raison même de sa facilité, cette évasion paraîtra des plus suspectes après la Libération : arrêté en 1945, Jean Favé sera emprisonné pendant trois ans à Fresnes et bénéficiera d'un non-lieu le 3 juillet 1948.

*** Ancien combattant de 1914-1918, il est l'un des plus « âgés » des résistants arrêtés.

stop pour se rendre de banlieue dans la capitale... Les policiers allemands ont cru ou feint de croire les dires des deux hommes. Quant aux acteurs allemands du drame, que sont-ils devenus ? Deux se sont retrouvés sur les bancs du Tribunal militaire de Paris en décembre 1952 où ils étaient poursuivis pour assassinats et complicité d'assassinats, Alfred Wenzel et Walter Kley : le premier fut condamné à cinq ans de travaux forcés, le second acquitté. Leur défense tenait en une phrase : nous faisions du renseignement, oui ; mais la suite donnée n'était plus de notre ressort ! Rehbein-Porel avait bénéficié, pour sa part d'un non-lieu.

Et Friedrich Berger ? Après avoir réussi à passer entre les mailles du filet policier (arrêté par les Français en 1945, il s'évada en 1947). Berger mourut d'une maladie de foie à Munich le 10 février 1960.

Les autres échappèrent à tout châtiment :

« Condamnés par contumace ou mis en liberté provisoire avant leur tardif jugement sans avoir l'imprudence de revenir s'y soumettre, la plupart des « gestapistes » de la rue de la Pompe échappèrent au sort * qu'ils avaient mérité [23]. »

Et le capitaine Jack ?

Le 17, Marcheret a quitté Paris, vers 5 heures, dans la voiture du Dr Kley à qui il a demandé d'emmener une bicyclette que, complaisant, l'adjudant du SD fixe sur le pare-chocs arrière de son automobile [24] : c'est le vélo « emprunté » à Guy Hémery ! Les deux hommes se quittent à Nancy, Marcheret gagne seul l'Allemagne, puis le Danemark où il sera arrêté par les Américains qui le livreront aux Français : considéré comme l'un des principaux responsables du massacre du bois de Boulogne, Marcheret rendra des comptes à la justice. Face à ses juges, Guy Glèbe de Marcheret d'Eu adoptera deux attitudes différentes que l'étude des dossiers permet d'apprécier.

Aux policiers qui le questionnent à l'automne 1945, Marcheret confie volontiers qu'au service des Allemands (il reconnaît avoir vu Friedrich Berger lui-même), il a aidé à monter le guet-apens de Luna-Park, en jouant le rôle de l'officier de l'IS vis-à-vis de Nercessian d'abord, des résistants de Chelles ensuite :

« Mais je n'ai pas voulu, dit-il textuellement, faire autre chose que de procéder à leur arrestation et je ne savais pas qu'ils seraient fusillés séance tenante [25]. »

Vrai ? Faux ? Personne ne pourrait le dire.

---

* Huit furent condamnés à mort, d'autres à des peines de travaux forcés par le tribunal militaire de Paris en décembre 1952 ; il y eut certes un certain nombre de condamnations par contumace, celle de Berger en tête.

Pourtant, lorsque Carl-Ludwig Rehbein * fut interrogé sur ce point le 17 décembre par le juge d'instruction Delpech, commis dans l'affaire Marcheret, il confirma explicitement la thèse du « Comte Guy », comme il l'appelait au temps de leur collaboration :

« Le rôle de Marcheret était d'amener les résistants à monter dans les camions en leur disant que ceux-ci étaient mis à leur disposition par l'Intelligence Service. Il n'avait pas à connaître la décision qui serait prise par les services du SD à l'égard de ces résistants[26]. »

Marcheret qui a spontanément avoué qu'il « est l'homme qui était le capitaine Jack » et qui fait montre d'une intarissable logorrhée lorsqu'il est interrogé par le commissaire Clot, le 3 novembre 1945 — son premier interrogatoire comporte 14 feuillets recto-verso ! —, décide d'inaugurer un système de défense original : quand les magistrats lui font observer que, dans d'autres affaires, en province et à Paris, il a participé à l'arrestation de résistants et à la capture d'aviateurs anglais cachés par des Français, Marcheret répond, qu'en tant qu'officier allemand, « les actes qu'il a accomplis ont été accomplis comme, à ce moment, devait le faire un Allemand... »

Et puis, le 24 mai 1946, se rendant compte qu'il en a trop dit lors de ses premiers interrogatoires relatifs au massacre de la cascade, il déclare à son juge d'instruction, M. Delpech :

« Les Allemands m'ont fait une opération à la tête pour commander toutes mes actions à l'aide d'une cellule photo-électrique, et les déclarations que j'ai faites aux autorités américaines l'ont été sous l'empire de l'hypnose et il en a été de même à la police française[27]. »

La commande électrique, l'hypnose ?

Voilà qui rejoint M. Porée, condisciple de Liszt et professeur du « comte Guy » au conservatoire de musique ! Aux yeux des psychiatres, qui le reconnaissent responsable de ses actes, Marcheret, malgré son « allure élégante » (mince, yeux gris, cheveux châtains, 1,72 m) est un « flibustier amoral, bien prédisposé par la nature pour jouer un rôle trouble dans des temps troublés », un « grand mythomane » racontant « des contes à dormir debout ».

Passons sur les inventions du mythomane et décrivons le comportement de Marcheret devant ses juges de la Cour de Justice de la Seine pendant son procès, du 28 mars au 2 avril 1949. D'entrée de jeu, Marcheret s'affirme de nationalité allemande : en 1942, il était membre du 5e bureau de l'état-major, se rendait deux fois par mois à Berlin comme officier-courrier, travaillait pour un certain colonel

---

* Il était, à l'époque, détenu à la prison militaire du Cherche-Midi où son activité de *Sonderführer* au service de l'Abwehr à Perpignan avait motivé l'ouverture d'une information judiciaire à son sujet.

Heck qui avait des activités au Luxembourg, entretenait des relations aussi bien avec le SD du boulevard Flandrin qu'avec l'Abwehr, *etc.* En bref, officier allemand de la Wehrmacht, Marcheret n'a pas de comptes à rendre à une Cour de Justice française, tout au plus accepterait-il de « répondre devant la juridiction militaire ».

Hélas, pour Marcheret, aucun document, aucun témoignage ne vient étayer sa thèse : officier allemand ? Il n'en est pas question. Informateur rétribué ? Sans aucun doute.

Mais de nationalité allemande ? Les juristes contestent et leur avis est décisif : les activités dont Marcheret s'est rendu coupable sont justiciables de la Cour de Justice.

Alors, Guy Marcheret s'enferme dans un silence total : il ne répond pas à l'interrogatoire du président, il ne conteste pas les dépositions des témoins à charge. Absent des débats, il persiste dans un système dont il se veut prisonnier : il n'en sortira pas !

Quant Michelle Boursier a achevé sa déposition, quand, au bord des larmes, elle a fini de décrire son émotion devant les cadavres de ses camarades, étendus sur le béton du garage de la rue Chardon-Lagache, il se fait un grand silence dans le prétoire : tous les regards se tournent vers Marcheret, il demeure taisant.

Le président :

— Qu'avez-vous à dire, Marcheret ?

L'accusé :

— Monsieur le Président, je parlerai au Tribunal militaire.

Le commissaire du gouvernement :

— Non ! Vous serez fusillé avant.

Applaudissements dans la salle, lit-on dans le compte rendu sténographique des débats, applaudissements qui suscitent cette apostophe du commissaire du gouvernement à Me Jovard, avocat de Marcheret :

— Le voilà, mon réquisitoire, Maître !

A 8 h 36, le 20 décembre 1949, Guy Glèbe de Marcheret d'Eu est fusillé au fort de Montrouge : avec lui disparaît l'un des acteurs principaux de cette tragédie des armes qu'est le massacre de la cascade perpétré près de cinq ans et demi auparavant.

Tragédie exemplaire rassemblant quelques-uns des éléments les plus significatifs de l'été 1944 : le besoin d'armes des résistants, l'imprudence, le manque de précautions, la témérité chez les plus jeunes d'entre eux, la duplicité diabolique de deux agents provocateurs et la déroutante crédulité, l'étonnante naïveté d'un seul homme. Résistant insoupçonnable, Wigen Nercessian, qui recevra la croix de guerre pour faits de Résistance, a été victime de l'incroyable comédie du duo Charles-Marcheret. Mais incroyable s'applique-t-il bien à la situation *vécue* de ce mois d'août replacée dans son contexte tumultueux, où tous, hommes et femmes, résistants comme attentistes, pouvaient finalement croire à ce qui paraissait peu crédible et, à l'inverse, ne pas croire à ce qui semblait évident, précisément dans la mesure où croyance et espérance étaient devenues rigoureusement synonymes de Libération ? Telle est peut-être, vue du côté de la Résistance, l'explication du massacre des quarante-deux jeunes gens et, plus précisément, des conditions dans lesquelles il s'est produit, faites de la conjugaison d'un inexorable *fatum*, d'une suite d'erreurs humaines et d'une abominable provocation.

Du côté allemand, les tueries de la cascade et de la rue Leroux procèdent d'une série d'improvisations successives dues à l'esprit inventif de quelques hommes du SD servis par des auxiliaires disparates, en un instant où l'ensemble policier allemand s'apprêtait à quitter la capitale. Les documents allemands qui subsistent sur ce drame[28] indiquent que Stindt, chef de la section IV, et Neifeind, *Kommandeur* du SIPO-SD, ont, d'accord avec Wenzel, littéralement abandonné le sort des jeunes résistants à l'équipe « parallèle » de Friedrich Berger, trop occupés qu'ils étaient à préparer leur départ.

Pour sa part, Neifeind a même été *trop* pressé de partir, devançant l'exode vers l'est du général Kitzinger et de ses chefs directs Oberg et Knochen * : ce départ précipité, qui ressemble à un abandon de poste, sinon à une désertion, sera sévèrement puni par le tribunal SS de Paris replié à Nancy qui condamnera à mort le dernier *Kommandeur* de Paris; commentant ce jugement avec un ironique euphémisme, Oberg dira lors de son procès : « Neifeind fut condamné à mort parce qu'il n'avait pas suivi l'ordre de rester à Paris... aussi longtemps que l'ordonnait le commandant de la Wehrmacht[29] ! » Bon prince, Himmler daignera commuer la sentence en simple dégradation militaire, suivie du transfert de Neifeind comme simple soldat dans une unité disciplinaire des Waffen SS. On perdra la trace de Neifeind lors des combats autour de Varsovie.

* Oberg abandonna, sur ordre, ses bureaux du 57 boulevard Lannes au soir du 18 août, après avoir passé en personne « l'inspection de la maison qui a été laissée en bon ordre » ; et il ajoute : « Seul, un standard téléphonique fut démonté et mis hors service. » Après quoi, le *Höhere SS* remit la clé du 57 au concierge de l'immeuble portant le numéro 55 et, en voiture, partit pour Vittel. Pour en terminer avec Oberg et Knochen, précisons que, poursuivis pour crimes de guerre, ils seront condamnés à mort par le Tribunal des forces armées de Paris le 9 octobre 1954; graciés par le président de la République, René Coty, le 22 avril 1958, puis libérés par le président de la République, Charles de Gaulle le 28 novembre 1962, Oberg et Knochen regagneront la République fédérale allemande. Oberg mourra en 1967 à Flensburg; Knochen vit actuellement près de Francfort.

Berger porte donc la responsabilité de l'assassinat, il n'y a pas d'autre mot, des quarante-deux résistants dont ni Oberg ni Knochen n'ont eu connaissance : Ponce-Pilate modernes, ils s'étaient, par avance, lavé les mains du sang des quarante-deux Français, laissant aux hommes de Berger le soin de jouer les bourreaux, encore qu'ils connussent parfaitement bien l'ordre permanent d'abattre tout résistant pris les armes à la main, ce qui fut le cas des 7 FFI de la rue Leroux.

A fortiori, Choltitz, à son échelon de chef suprême dans la capitale, n'a pas eu à donner d'ordre à leur sujet et, vraisemblablement n'a pas été tenu au courant du développement et de l'achèvement de ce drame.

Une preuve indirecte en a été donnée vingt-deux ans après les faits.

Au lendemain de la Libération, une plaque avait été apposée par une association résistante sur la façade de l'immeuble 65, rue Chardon-Lagache, plaque portant cette inscription :

« Ici, dans ce garage, ont été trouvés le 17 août 1944, les corps de quarante-deux patriotes, jeunes catholiques combattants, organisation civile et militaire, FTP, FFI, fusillés par ordre du général allemand von Choltitz. »

De passage à Paris en octobre 1963, l'ancien *Wehrmachtsbefehlshaber in Paris*, mis au courant de l'existence de cette inscription, chargea un avocat à la Cour, Me Louis Guitard, d'entreprendre une action administrative, tendant à le disculper de ce crime :

« Je n'ai jamais donné l'ordre de fusiller quelque Parisien que ce soit, confia-t-il à Me Guitard*. »

Après une assez longue procédure où furent retenus les témoignages de Jacques Chaban-Delmas et d'Alexandre Parodi notamment, le préfet de la Seine Haas-Picard donna l'ordre de changer la plaque commémorative qui fut remplacée, le 9 juillet 1966, par une autre sur laquelle les mots « fusillés par ordre du général allemand von Choltitz » furent remplacés par les mots « fusillés par ordre de la Gestapo[30] ».

Convenons que si le second texte n'est pas tout à fait exact, il est, en revanche, moins inexact que le premier; la responsabilité personnelle de Choltiz n'est pas engagée dans cette affaire.

Reprenons le fil de notre récit : le samedi 19 août, les soldats de Choltitz, dispersés dans les points d'appui qu'ils ont aménagés dans

* Remarquons au passage que l'ordre allemand de fusiller les « francs-tireurs », pris les armes à la main, est antérieur au mois d'août et qu'à Paris, dans plusieurs cas précis, des soldats, placés sous les ordres de Choltitz, ont abattu des résistants capturés (dans le jardin du Luxembourg, le long du mur de Luna-Park, place de la Porte-des-Ternes, etc.). Ces exécutions sommaires étaient « prévues » et annoncées par l'avis de von Rundstedt du 7 juin, cf. supra p. 88-89.

la capitale, en sortent fréquemment pour patrouiller dans les rues ; depuis l'hôtel Meurice, Choltitz tient compte d'une situation dont il n'est pas totalement le maître : la Résistance s'est emparée au matin, sans coup férir, de la Préfecture de Police, donnant ainsi le coup d'envoi de l'action armée de la Résistance dans la ville. La libération de Paris est en marche, rien ne l'arrêtera.

NOTES

1. Témoignage de Marcel Bernard, père de Roger et Jacques Bernard. Archives nationales 334 AP 29.

2. Archives nationales CJ 736/5481. Créé à Lyon, le réseau « Marco Polo » a rapidement essaimé dans la région méditerranéenne.

3. Archives nationales 334 AP 29.

4. *Ibid.*

5. *Ibid.*

6. Témoignage de Michelle Boursier. Archives nationales 334 AP 29.

7. *Ibid.*

8. *Ibid.*

9. Lucien Steinberg, *op. cit.*, p. 317.

10. Pendant toute la durée de son procès devant la Cour de Justice de la Seine (28 mars-2 avril 1949), Marcheret excipera de sa nationalité allemande pour demander à être jugé, comme officier allemand, par un tribunal militaire. A l'appui de ses dires, il produira un document allemand du 9 mars 1944 certifiant « qu'il a acquis la nationalité du Reich par naturalisation à compter de la remise du présent document ». Les experts contestèrent la validité de cette pièce.

11. Procès-verbal de l'interrogatoire de Kley, le 18 juin 1948, par l'inspecteur Desez, de la PJ. Archives nationales CJ 736/5481.

12. Procès-verbal de l'interrogatoire de Wenzel, le 24 juin 1948, par le même. Archives nationales, Ibid.

13. Archives nationales 334 AP 51.

14. Procès-verbal de l'interrogatoire de Karl Rehbein par le juge d'instruction militaire Chodkiewicz, le 2 juillet 1946. Archives nationales CJ 736/5481.

15. Archives nationales CJ 736/5481.

16. Archives nationales 334 AP 29.

17. Jacques Delarue, *op cit.*, p. 132.

18. Archives nationales CJ 736/5481.

19. Jacques Delarue, *op. cit.*

20. *Ibid.*

21. Archives nationales CJ 736/5481.

22. Archives nationales 334 AP 29.

23. Lucien Steinberg, *op. cit.*, p. 322.

24. Archives nationales 334 AP 29.

25. *Ibid.*

26. Archives nationales 736/5481.

27. *Ibid.*

28. L'ensemble des pièces de police allemande figure dans le sous-dossier IX Z (31 à 41) du dossier d'instruction du procès Oberg-Knochen. Il indique que Stindt a administrativement « remis » les 34 résistants arrêtés le 16 août à Friedrich Berger. Lors de son procès, Oberg déclara qu'il « n'avait pas eu connaissance de l'exécution de ceux-ci » et Knochen qu' « il n'a pas été donné d'ordre général d'exécuter les détenus » à Paris. Cf. Archives nationales 334 AP 51. D'autre part, grâce à Me Fernand Mouquin, nous avons pu consulter certaines pièces du dossier de Walter Kley.

29. Archives nationales 334 AP 51. Détail supplémentaire, Neifeind est *aussi* accusé d'avoir « oublié » des documents rue des Saussaies.

30. Cf. *Le Monde* du 11 novembre 1966 où Louis Guitard raconte cette histoire, trois jours après la mort de Dietrich von Choltitz, le 8 novembre de la même année.

IN MEMORIAM

Afin d'honorer la mémoire des fusillés de la cascade, rappelons leur nom : F. Bellenger, J. Bernard, R. Bernard, P. Bezet, G. Birette, H. Blanchet, C. Bonvelle, P. Buchaillot, R. Chalard, M. Guilbert, G. Hémery, F. Hemun, H. Huchard, G. Lorioz, R. Magisson, J. Restignac, P. Rouillon, R. Counel, J. Delporte, J. Desforges, A. de Smet ; M. Douret, E. Dudraisil, R. Faugeras,

R. Gaute, J. Gay, P. Sarrabayrousse, J. Schlossez, M. Thiberenq, R. Verdeaux, J. Veron, P. Weczerka, G. Trapletti, L. Vannini, G. Verdier.

Le Dr Blanchet fut assassiné 180, rue de la Pompe.

Sept résistants de Draveil, E. Fruchard, P. Guilbert, J. B. Isoard, L. Malaviole, A. Marion, M. Plantin, L. Sorbier furent abattus le même jour, 14, rue Leroux.

CHAPITRE VIII

SIX TÉMOINS DES SEPT GLORIEUSES

Si les sept jours pendant lesquels s'effectua la libération de la capitale de la France ont été maintes fois racontés, de différentes façons et sous différents angles, tout n'est pas encore d'une totale limpidité dans le déroulement de cet ultime épisode de l'occupation : les souvenirs de quelques-uns de ses principaux acteurs et la mise au jour de certains documents n'ont pas suffi à clarifier de façon entièrement satisfaisante cette péripétie de la deuxième Guerre mondiale.

Sans vouloir refaire un récit déjà filé par de nombreux auteurs, nous préférons adopter une méthode différente qui consiste à rassembler six témoignages inédits sur cette semaine qui appartient à l'histoire, étayés par des documents mal connus ou mal traduits. Ces six témoins, comme autant de Fabrice del Dongo à Waterloo, ne racontent que ce qu'ils ont vu, entendu ou ressenti sur une portion du champ de bataille, pendant les sept jours d'août : chacun à sa place restitue son décor, ses impressions, ses craintes, ses espoirs, à la lumière de ce qu'il croit savoir, de ce qu'il a fait, de ce à quoi il a participé.

La libération par le petit bout de la lorgnette ? Soit. Mais celle des obscurs, des sans-grade ou des « dégradés * » d'une héroïque aventure vaut bien celle des grands de ce monde dans l'approche d'une vue globale des événements, considérés d'en haut pour les seconds et du dedans pour les premiers !

---

* Les « dégradés », c'est-à-dire le préfet de police Bussière et le haut fonctionnaire Culmann qui seront, dans leur fief, démis de leurs fonctions par la Résistance, avant de comparaître devant les tribunaux ou commissions d'épuration.

Du petit déjeuner boulevard du Palais aux coups de feu rue de Bourgogne...

En ce matin du samedi 19 août où le temps est beau et le ciel nuageux, quelque deux mille gardiens de la paix ont donc conquis, sans effusion de sang et à la barbe des Allemands, la Préfecture de Police, premier bastion vichyste tombé aux mains de la Résistance devenue pouvoir de fait. Quelques résistants vont réveiller le préfet de police, qui s'attendait à l'occupation de ses bâtiments.

Comment s'est passé le premier contact ?

Si l'on en croit Georges Valette, qui avait ouvert la voie de la Préfecture à ses camarades de la Résistance, il monta tout bonnement avec quelques-uns d'entre eux par l'escalier H, sous la voûte, au premier étage de l' « hôtel » du préfet de police, boulevard du Palais :

« Après avoir sonné, la porte du cabinet du préfet a été ouverte par le valet de chambre, raconte-t-il *... Le gardien détaché N. s'est très administrativement mais vainement opposé à notre entrée dans les appartements du préfet. Celui-ci, réveillé sans doute par notre intrusion, s'est présenté à nous, surpris et hautain, comme il croyait encore pouvoir l'être, vêtu d'un pyjama rayé. Il était environ 7 h 40[1]. »

Le récit de Bussière est légèrement différent :

« Il était près de 8 heures lorsqu'une trentaine d'agents en civil montèrent jusqu'à mes appartements par l'escalier de l'hôtel. Nos gens de maison n'ayant pas encore repris leur service, c'est ma femme qui alla ouvrir... Nos visiteurs m'attendirent silencieusement dans le hall, dallé de marbre, donnant sur le Palais de Justice. J'arrive. Ils sont groupés sur deux rangs derrière ceux qui paraissent être leurs chefs. Ils portent tous des brassards tricolores avec les signes caractéristiques des groupements auxquels ils appartiennent. » « Monsieur le Préfet, commence leur porte-parole, nous venons au nom du général de Gaulle prendre possession de la Préfecture. Vous n'êtes plus préfet de police. Votre successeur est nommé, il va arriver[2]. »

Après ce préambule, Bussière raconte qu'il a tenu à ses « remplaçants » un petit discours ainsi tourné :

« Je comprends, leur ai-je dit ; je vous attendais ; je ne me rebelle pas, mais vous n'êtes pas raisonnables. Vous n'avez pas pensé aux

* Arrêté l'après-midi du même jour avec son chef Dubret par les Allemands au cours d'une mission de liaison pour la Résistance, Georges Valette sera gardé par ceux-ci au château de Vincennes, puis relâché.

Allemands qui sont encore là et qui peuvent surgir d'une minute à l'autre. Vous faites donc une folie. Si le sang coulait chez nous, quel malheur ! »

Si le préfet ne précise pas les réactions de ses interlocuteurs à ce propos, un nouvel arrivant, accompagné d'une « jolie personne qui, avec le sac de cuir qu'elle porte en bandoulière a l'air d'une sémillante midinette costumée en cantinière d'opérette », donne carrément à ses hommes l'ordre d' « arrêter » le préfet de police; Bussière se cabre, prie l'homme qui porte « un brassard de luxe blanc en soie, avec quelques galons d'or superposés » de venir « s'expliquer dans son cabinet ». Le tête-à-tête est assez froid, mais calme : l'homme au brassard se présente, Yves Bayet, un de la Préfectorale, ancien secrétaire général du département de l'Eure, puis de la Loire-Inférieure. Yves Bayet (« Boucher » dans la clandestinité) est le directeur du cabinet du nouveau préfet de police, Charles Luizet *, qui doit arriver d'un moment à l'autre. Un appel téléphonique interrompt l'entretien : Mme Bussière prévient son mari que le petit déjeuner est prêt. Courtois, le préfet invite Yves Bayet à le partager :

« Peut-être aimeriez-vous faire comme moi, Monsieur Bayet, si vous ne craigniez pas de vous compromettre. Venez donc !

— Je suis exténué, Monsieur le préfet, et ma secrétaire n'a pas pris un seul instant de repos depuis plusieurs jours. J'accepte bien volontiers ! »

Laissons le préfet arrêté et le résistant chargé de l'arrestation à leur café-crème, et rejoignons Henri Culmann : à 9 h 10, il se présente, à pied, devant la porte du ministère de la Production industrielle, rue de Grenelle; elle est close. Quelques employés du ministère la gardent : c'est le piquet de grève, personne ne doit entrer... sauf ceux qui souhaitent rejoindre leurs bureaux, ce que fait aussitôt Culmann; renseigné par l'un de ses collaborateurs qui lui a déclaré que, dans la matinée, « une cinquantaine d'hommes, des FFI, prendraient d'assaut le ministère afin d'en assurer la garde contre tout envahisseur éventuel (Allemands, émeutiers, etc.) », Culmann trouve dans son bureau son chef-adjoint de cabinet, très inquiet :

« Avec la véhémence propre à sa jeunesse et à l'amitié qu'il me porte, il me raconta qu'il avait le matin même en arrivant à 8 heures et quart, rencontré dans la cour quelques hommes qu'il avait reconnus comme étant des FFI qui lui avaient dit que le ministère

---

* Officier d'active rallié aux Français Libres, Charles Luizet a joué un grand rôle d'informateur des hommes de Londres en Afrique du Nord, puis a été nommé par Charles de Gaulle préfet de la Corse, premier département français libéré en septembre 1943.

serait pris par les FFI à 11 h 30 et ajouté : " quant à M. Culmann, son compte est bon, on aura sa peau ". Mon adjoint ajoutait que sur ce point il avait essayé de discuter avec ses interlocuteurs en leur disant qu'ils seraient complètement stupides de me tuer et qu'ils le regretteraient un mois après. Mais, selon lui, ils n'avaient pas voulu entendre raison[3]. »

Que faire ? Rester à son poste ou faire évacuer le ministère et s'évacuer soi-même ? Après en avoir conféré avec le secrétaire général Jarillot qui, finalement, décidera de s'installer dans « son PC de combat dans un immeuble voisin du ministère », Culmann donne l'ordre aux fonctionnaires et agents présents d'évacuer progressivement le ministère :

« Pour moi, je réfléchis à la manière de concilier les exigences de mon devoir et mon goût très vif pour la vie. J'arrivai à la conclusion que je resterais dans mon bureau jusqu'à ce que le ministère fût envahi par des hommes en armes et que, si je me sentais menacé directement, je partirais par les jardins et j'irais, en sautant le mur, me réfugier dans l'hôtel dont les jardins touchent celui du ministère... »

Le Dr Victor Veau a écouté la radio anglaise à 5 heures et demie ; une bonne nouvelle : d'après les agences, les Américains seraient aux portes de Versailles et les Russes à la frontière de la Prusse orientale...

« 8 heures. — Quelques voitures allemandes sans direction nette. Pas un à pied. La queue est plus longue à la porte du boulanger. Peu de bicyclettes. »

« 10 heures. — La secrétaire de PVR a vu, affiché à la porte du ministère des Pensions " Par ordre du général de Gaulle, grève générale d'insurrection ". Je l'envoie au ministère de la Santé. »

« 10 h 30. — La Préfecture de Police a été occupée par la CGT qui a séquestré le préfet. Inquiétude sur l'origine de ce mouvement politique révolutionnaire ? Merle * dit que la CGT est incorporée dans la Résistance. »

Pourquoi la CGT ? Pour ce traditionaliste qu'est le Dr Veau, la séquestration d'un préfet ne peut être que l'œuvre d'extrémistes : même s'il est de cœur avec la Résistance, le bon Victor a gardé intacts les réflexes politiques du bien-pensant.

Que se passe-t-il dans le camp allemand ?

Le *Sonderführer* Wallraf s'est rendu, comme chaque matin, à la Chambre des Députés, l'un des « points d'appui » de la défense allemande dans la capitale, où l'atmosphère est rien moins que pugnace :

---

* Le Dr Merle d'Aubigné, chirurgien, un des chefs de la Résistance médicale à Paris.

« La cour de la Chambre était remplie d'autos. On les avait réquisitionnées dans les garages divers afin de rendre possible un départ peut-être prochain. Il ne fallait pas qu'un ordre d'évacuation nous trouve sans moyens de transport. Nous n'avions aucune envie de parcourir à pied les 500 kilomètres qui nous séparaient de la frontière. Des mécaniciens travaillaient sur les voitures pour les mettre en état, en vue d'un long trajet. La plupart d'entre nous reprenaient un peu de courage en assistant à ces travaux. Cela leur donnait l'espoir de pouvoir quitter ce Paris si hospitalier, avant qu'il ne leur montre un visage hostile[4]... »

Wallraf retourne à sa paperasserie : encore des dossiers concernant le courant électrique, le charbon de bois, les demandes de permis de circuler, les listes d'entreprises industrielles à visiter ; l'administration allemande tourne rond.

« Quant à moi, poursuit le *Sonderführer,* l'heure avait sonné, selon le " Mobplan ", d'avertir toutes les unités destinées à établir leur cantonnement à la Chambre, de se mettre rapidement en route pour venir prendre possession de nos locaux. J'entendais bien, à chaque appel, la sonnerie à l'autre bout du fil, mais personne ne répondait ! Les unités qui devaient protéger la Chambre en cas de danger extrême, s'étaient transportées, discrètement et sans avertissement, en un endroit inconnu où un appel téléphonique de Paris ne pouvait les atteindre. Seul un aimable portier d'hôtel me confirma que " ces Messieurs étaient partis en grande hâte " et il ajouta qu'il ne savait pas très bien quoi faire des armes et des munitions abandonnées en grande quantité.

« Je signalai au chef de la défense l'échec de mes appels téléphoniques, consommant la faillite du premier acte du " Mobplan ", qui avait coûté tant de travail de préparation !

— Ils sont vraiment tous partis ?

— Oui ! Personne ne répond. Ils ont même laissé des armes et des munitions pour la Résistance.

— Bien ! Je parlerai au commandant de la Wehrmacht. Nous ne pouvons tout de même pas défendre, seuls, ce grand bloc de bâtiments[5]... »

Dès le matin, des escarmouches se sont produites dans la capitale. Henri Culmann a quitté son bureau et se tient sur le pas de la porte du ministère :

« Soudain s'arrêta devant la Mairie du VIIe arrondissement, qui fait face au ministère rue de Grenelle, une voiture qui paraissait être de la police et qui contenait des hommes parmi lesquels certains portaient le brassard tricolore. Je me dis en moi-même que nous avions affaire à une avant-garde et que les choses commençaient à se gâter. Je passai sur le trottoir d'en face pour voir ce qui allait se passer dans le ministère. C'est alors qu'on entendit, venant du côté du Palais-Bourbon, une mitraillade assez nourrie. Au bruit de celle-ci, la garde allemande du bâtiment des postes sortit, les armes à la main et prit le vent. La voiture FFI disparut. Il était aux environs de 11 heures[6]. »

Dans ce coin de la rive gauche, la Résistance a tâté le dispositif adverse, avant de s'emparer de la mairie de l'arrondissement, selon le plan prévu de la prise de possession des édifices publics. Mais la présence d'Allemands dans le point d'appui de la Chambre des Députés, en particulier dans la cour regardant sur la place du Palais-Bourbon, en diffère l'exécution.

Le *Sonderführer* Wallraf a vécu la scène de *l'intérieur* du Palais-Bourbon ; il la raconte :

« On tire des coups de fusil, panique sur la place et dans les rues environnantes : pris de peur, les gens se précipitent dans les portes ouvertes des maisons, tandis que les rues se vident et les rideaux de fer des magasins descendent avec fracas, j'entends de nouveaux coups de feu. Le signal d'alarme de la Chambre a sonné, les sentinelles vont faire une reconnaissance : elles capturent un civil porteur d'un revolver armé ! Qu'en faire ? Le " Mobplan " ne mentionnait rien à propos des prisonniers : nous profitâmes d'une accalmie pour l'envoyer, sous bonne garde, de l'autre côté de la Seine, à l'hôtel Meurice, chez le général von Choltitz. Entre-temps, on nous tirait dessus du toit d'une maison de la rue de Bourgogne. Les balles claquèrent sur les pavés de la cour intérieure de la Chambre. C'était imprudent de tirer sur nous de si près. Nous aurions pu lancer sur les toits quelques grenades à main et il y aurait eu quelques beaux incendies autour de la Chambre. Les coups de fusil restèrent sans effet. Les soldats firent sauter un escalier dans une maison vide pour empêcher qu'on monte sur le toit... Les coups de fusil donnèrent l'occasion au chef de la défense de sortir les barrières en bois tenues en réserve dans la cour, pour les cas de danger et de les poser dans la rue. Des fonctionnaires les traînèrent place des Invalides, boulevard Saint-Germain et rue de Bourgogne[7]. »

Ces coups de feu, sur la rive gauche, ont retardé le chef de la Résistance médicale, PVR qui, accompagné de la secrétaire de Parodi, fait une brève escale à 11 heures et demie chez le Dr Veau : sur l'esplanade des Invalides, des « mitrailleuses allemandes balayaient le quai d'Orsay ».

Echaudés par les coups de feu du matin, les Allemands lancent, en effet, des patrouilles aussi bien derrière la Chambre, rue de Bourgogne et dans les rues d'alentour, que devant celle-ci, quai d'Orsay et pont de la Concorde, patrouilles qui tirent quelques coups de fusil de semonce[8].

Les chars allemands tirent sur la Préfecture de Police

Mais c'est dans l'île de la Cité, autour de la Préfecture de Police, que se déroulent les plus violents accrochages.

Quand il a terminé son petit déjeuner avec Yves Bayet, le préfet Bussière regagne son cabinet d'où le buste de Pétain, sculpté par Cogné, a disparu (Bussière le retrouvera aux cabinets, avec un S); alors que l'ex-préfet range ses papiers personnels, Bayet lui présente « un long jeune homme, légèrement voûté, portant une épaisse barbe noire, M. Pisani (pseudonyme Edouard), gendre de M. Le Troquer * ». Un peu « désorienté, mais très affable », Pisani prend possession du bureau de Bussière en attendant le successeur du préfet de Vichy, Charles Luizet, tandis que l'ex-préfet se voit attribuer trois chambres avec salles de bains donnant sur des petites cours intérieures et disposant de téléphones. Il les occupera avec ses deux fils ** et l'inspecteur général des services, le commissaire Laffont, la salle à manger restant commune à M. Luizet et à son prédécesseur : Bussière et ses hôtes prendront leur repas à midi et à 19 heures, Luizet à 13 heures et à 20 heures, le personnel domestique demeurant en place. La matérielle réglée, l'ancien préfet de police suit, de près, le déroulement de la situation :

« Déjà, on entendait tirailler des fenêtres, et il y avait beaucoup d'animation dans la cour Jean-Chiappe ***, poursuit Bussière.

« Tandis que les inspecteurs répartis dans les bureaux de la Préfecture procèdent à de hâtives perquisitions pour s'emparer des dossiers et des pièces qui pourront, le cas échéant, charger leurs patrons et leurs collègues, des agents très actifs se livrent dans la cour centrale à toutes sortes de travaux défensifs. " Ils organisent le terrain conquis." L'important matériel d'une entreprise qui, quelques jours plus tôt, creusait des abris souterrains, fournit aux travailleurs des ressources inespérées. On transporte, près des portes, des sacs de ciment, de sable, de plâtre. On élève des fortins ; on fait des barrages.

« D'autres agents, postés au rez-de-chaussée et à tous les étages,

---

* Fonctionnaire chevronné de la IIIe République, Bussière a noté le détail : Le Troquer, parlementaire et avocat en vue, avait été le défenseur de Léon Blum au procès de Riom. Le général de Gaulle a nommé Le Troquer « commissaire aux régions libérées ».

** L'un des deux, Jacques, interne à l'Hôtel-Dieu dans le service du professeur Brocq, chirurgien en chef, circulera avec un laissez-passer signé par Luizet, entre la Préfecture et l'hôpital où il donnera des soins aux blessés hospitalisés, pendant toute la durée de l'insurrection.

*** Nom donné à la cour principale de la Préfecture de Police, en souvenir de cet ancien préfet de police. Actuellement, « cour du 19-août-1944 ».

font le coup de feu, tirant sur les Allemands qui se montrent innocemment à pied ou en auto sur le boulevard du Palais, sur les quais ou sur la place Notre-Dame. Parmi les " combattants " de la Préfecture se trouvent des étrangers à la maison, armés de vieux fusils, dont l'un se fait remarquer par son entrain et aussi par son adresse. C'est un sous-officier de la Coloniale qui montrera avec gloriole les encoches dont il aura sculpté la crosse de son chassepot pour chaque Allemand atteint par ses balles...

« Dès 11 heures, plusieurs Allemands avaient été atteints. D'autres, qui avaient réussi à passer au travers des balles, avaient riposté en s'enfuyant précipitamment. Si l'odeur de la poudre grise des défenseurs provoque des clameurs de triomphe, les responsables songent avec anxiété aux conséquences qui peuvent résulter de ces escarmouches sporadiques qui vont forcément alerter le commandement allemand[9]. »

C'est ici qu'intervient un épisode différemment rapporté par les auteurs qui ont écrit sur la période, celui d'un appel téléphonique « rassurant » de Bussière à Choltitz, afin de minimiser la portée de ces « incidents ». Selon les Mémoires du préfet de police, c'est avec l'accord des chefs de la Résistance à la Préfecture de Police et en leur présence, que Bussière, qui avait suggéré cette « feinte » destinée à éviter que Choltitz fasse intervenir ses troupes en force, se mit téléphoniquement en rapport avec l'hôtel Meurice :

« J'ai un officier de l'état-major au bout du fil...

— Je suis le préfet de police... Je voudrais causer avec le général, c'est urgent et important !

— Il est absent, Monsieur le préfet, mais je lui répéterai fidèlement vos paroles.

— Dites-lui que tout se passe bien à la Préfecture mais dites-lui aussi que si, comme la rumeur me le rapporte, il a l'intention de fixer le couvre-feu à 14 heures, je le prie instamment de n'en rien faire. Ce serait catastrophique pour l'ordre public. Les Parisiens, informés ou non, seront en foule dans la ville. 14 heures, c'est l'heure où chacun se rend à son travail, à ses occupations... Votre répression ne pourrait être que sanglante. Le général ne voudrait certainement pas cela... Il comprendra mon intervention ; je la fais aussi chaleureuse que possible.

— Entendu, Monsieur le préfet. Je vais transmettre votre communication au général. Je vous rappellerai si cela est nécessaire.

« L'officier ne me rappela pas ; le couvre-feu ne fut pas fixé à 14 heures[10]... »

Dans l'après-midi, les actions agressives des FFI se multiplient à Paris et en banlieue. Un jeune résistant, Gustave Erlich, attaché à la délégation générale de Parodi, s'apprête à rejoindre le siège clandestin de celle-ci, rue Séguier dans l'hôtel particulier du banquier Alexandre de Saint-Phalle, l'un des trésoriers de la Délégation. Dessinateur sous le pseudonyme de Gus, qu'il a gardé jusqu'à nos jours, Gustave, qui travaille avec l'illustre Savignac, dans une maison de publicité succursale de l'Oréal, est entré dans la Résistance en 1943 ; il y a retrouvé un copain d'avant-guerre, Roger Chevrier *, alias de Man, qui est un adjoint direct de Parodi, avec le titre de secrétaire général de la Délégation. Gus jette quelques notes sur le papier **...

« Rue Séguier. Après 15 heures. L'insurrection a commencé. La fusillade est continue. Des balles sifflent dans les arbres. A chaque rafale un peu plus nourrie, des bandes d'oiseaux affolés s'élèvent et un enfant, tout près, se met à pleurer. Sa mère lui chante : " Dodo, l'enfant do... " Par les petites rues débouchant sur les quais, des FFI tirent sur les voitures allemandes qui passent. Un camion, dont le conducteur a été tué, est venu s'écraser contre le parapet de la *Rôtisserie périgourdine*, quai Saint-Michel. On signale un char en patrouille. Un partisan, en bras de chemise, parcourt la rue Séguier en réclamant : " Une bouteille d'essence ***, bon Dieu[11]. " »

Quelle a été, à l'échelon du commandement, c'est-à-dire à l'hôtel Meurice, la réaction de Choltitz ? Le 19, il a rédigé deux ordres généraux aux commandants des unités sous ses ordres et aux 46 points d'appui (*Stützpunkte*) répartis dans la ville, des plus légers aux plus lourds, comme le Sénat, la Chambre des Députés ou la caserne Prince-Eugène, place de la République. Dans l'ordre général nº 1, long de cinq paragraphes, un seul, le second, concerne Paris :

« Dans la ville, la Résistance commence à s'agiter, écrit-il... Pour l'ensemble de la zone du Gross Paris, j'ordonne de mettre immédiatement en vigueur le plan d'alerte deuxième échelon ****. Les commandants de groupements tactiques devront, dans leurs secteurs, agir sans hésitation et liquider les points de résistance importants. Il faut dresser les troupes à éviter de tirer à tort et à travers, sans nécessité. Il faut réaliser le calme et l'ordre par tous les

* Rallié très tôt à la France libre, Roger Chevrier a participé aux émissions en langue française de la BBC. Gus a reconnu la voix de son ami au cours de l'une de celles-ci, puis a revu Chevrier, parachuté en France au printemps 1944.

** Un papier à en-tête de... Fernand de Brinon « secrétaire d'Etat auprès du chef du gouvernement » ou « Délégation générale du gouvernement français dans les territoires occupés », dont il a trouvé des rames place Beauvau, dans l'ancien bureau de Brinon.

*** Il s'agit des célèbres « coktails Molotov » que Joliot-Curie fabrique pour la Résistance dans une cave du Collège de France, tandis que les FTP font connaître, par tracts, la façon de les préparer.

**** Il implique de regrouper dans les points d'appui importants des éléments dispersés dans la ville. On a vu ce qu'il est advenu de cette disposition à la Chambre des députés !

moyens. Il faut mettre une surveillance sur les objectifs qui réclament une garde particulière, tels que les grands dépôts de vivres. Il conviendra donc de mettre des gardes dans les entreprises de ravitaillement, sauf à l'*Elt-Weck* d'Ivry[12]. »

Sur le terrain, ce premier ordre de Choltitz va être assez énergiquement appliqué, comme on va le voir.

Henri Culmann a passé son après-midi rue de Grenelle sans rencontrer âme qui vive. Poussant, au hasard, la porte d'un bureau du couloir ouest du rez-de-chaussée, il trouve trois hommes en conversation, qu'il connaît bien... sauf un :

« L'homme qui était derrière le bureau, un grand jeune homme en chemise Lacoste, brun et sympathique, m'était inconnu. Avant de le saluer, je lui demandai : " Qui êtes-vous ? " Il bafouilla une réponse que je ne compris pas. Je le fis répéter et je compris " FFI ". Je regardai plus attentivement et je vis près de lui, appuyée contre le mur, une mitraillette, et sur son bureau deux chargeurs et une vingtaine de cartouches. Je lui dis : " Tiens, vous êtes en retard ; on vous attendait déjà ce matin. " On m'expliqua, qu'au contraire, le jeune homme et ses deux acolytes étaient en avance et que le ministère ne devait guère être occupé avant lundi matin[13]. »

Après quelques échanges de propos, Culmann et ses interlocuteurs conviennent qu'il reviendra à son bureau, le lundi à 9 heures, « comme si de rien n'était et il y fera la connaissance de son successeur... ».

A son poste d'observation dans le presbytère de Notre-Dame d'où il découvre le parvis, l'archiprêtre, Mgr Brot, observe :

« Vers midi, la place se vida. Des hommes armés, qui d'un revolver, qui d'un fusil, se tenaient près du Pont-au-Double et près du Petit-Pont. A 13 h 30, une fusillade éclata : un camion rempli de soldats allemands passait sur le quai Saint-Michel : aux coups isolés des FFI placés en sentinelles, succédèrent les rafales de mitrailleuses installées aux fenêtres de la Préfecture. Un coup de sifflet strident, et ce fut le silence. Des infirmiers, des infirmières et des abbés professeurs à la Maîtrise traversèrent la place, portant des brancards, protégés par le drapeau à la Croix de Genève. Ils revinrent bientôt transportant de nombreux Allemands tués ou blessés.

« Maintes fois, au cours de l'après-midi, cette scène se renouvela ; pas un seul camion allemand ne put franchir le quai Saint-Michel. Les blessés et les morts étaient portés à l'Hôtel-Dieu, les prisonniers conduits à la Préfecture de Police.

« Trois ou quatre fois, un tank allemand s'avança, quai de Montebello, jusqu'au Pont-au-Double et tira sur la Préfecture. Un moment même, il traversa le pont et vint sur le parvis ; nous voyions les obus frapper les murs du monument, sans pourtant lui causer de dommages importants. Mais ce tank avait fort à faire car, dans les quartiers environnants, la fusillade n'arrêtait pas : il se retirait donc et revenait, tel un gros " père fouettard ", se précipitant pour gronder très fort, et ne sachant où donner de la tête[14]. »

La description de Mgr Brot est l'une des plus exactes qu'on peut lire : elle marque bien les limites de l'intervention des chars de Choltitz, qui tirent à obus perforants et non à obus explosifs, seuls capables de provoquer de considérables dégâts.

Pourtant, cette ronde de blindés (il y en eut plusieurs, mais l'archiprêtre de Notre-Dame a vu toujours le même !) est inquiétante : l'explosion d'un obus de 88 sur la tourelle de la caserne de la Cité située dans la tour de l'isolement provoque un moment de panique parmi les occupants de la Préfecture de Police dont beaucoup quittent la place. De 2000 présents le matin *, il en reste environ 700 en fin d'après-midi, peu armés, malgré les quelques prises d'armes récupérées sur les Allemands et manquant de munitions. L'évacuation de la Préfecture par les résistants est « envisagée », voire « conseillée », puis abandonnée.

« Les combattants, note Bussière, s'attendent à avoir à faire face à des attaques en force, soutenues et prolongées. Ils ont de l'allant et du cran. Beaucoup se seraient certainement fait tuer sur place... »

Leurs chefs envoient trois messages de demande de secours à tous les arrondissements de Paris et banlieues, dont voici le troisième, diffusé à 17 h 25.

« Par tous moyens, envoyez effectifs disponibles en civil et armés aux abords Préfecture Police. Effectifs FFI si possible. Nous tenons. Nous tiendrons. La situation est bonne, mais risquons subir fortes attaques. Le comité de libération de la PP[15]. »

Une heure dix minutes après, le même comité de libération diffuse sa première « Instruction aux gardiens » :

« Interdiction est donnée à tout combattant PP d'utiliser leurs armes, sinon pour se défendre contre les attaques[16]. »

Ambiguïtés : de la « suspension d'armes » à la « trêve »...

En cet instant, les chefs de la Résistance, estiment qu'une « suspension de feu » serait souhaitable, ne serait-ce que pour accorder un certain répit aux combattants. Mais ils ne peuvent certes pas la demander à Choltitz...

Qui pourrait intervenir ? Bussière qui, rappelons-le, dispose libre-

---

* La plupart ne sont pas armés, à part leur pistolet de service dont on voit mal comment il pourrait être utilisé contre un char !

ment de téléphones, est assez bien informé de la situation ; il sait, en outre, que celle des combattants de « sa » préfecture est des plus critiques. D'accord avec Pisani-Edouard, l'ex-préfet émet l'idée d'une « trêve » provisoire sur le front de la Préfecture de Police, trêve qui pourrait être négociée par Raoul Nordling, le consul de Suède dont il connaît le rôle dans la libération des prisonniers politiques.

Bussière téléphone donc vers 19 heures au consulat de Suède afin de « demander s'il est possible d'envisager une suspension d'armes avec les Allemands[17] ».

Le consul Nordling, qui a vu longuement le général von Choltitz dans l'après-midi, obtient un « accord » verbal du *Wehrmachtsbefehlshaber in Paris* le soir même pour une trêve, en réalité un « cessez-le-feu pour ramasser les blessés et les morts applicable au seul immeuble de la Préfecture de 20 h 55 à 21 h 50 » et en prévient Pisani-Edouard par téléphone à 20 h 15[18]. A 21 h 40, second appel de Nordling à Pisani :

« La trêve sera prolongée jusqu'à 6 heures du matin. »

Pisani accepte cette prolongation : il croit que c'est Choltitz qui l'a demandée ! En fait, le consul a fait un mensonge par omission, Choltitz ne s'y est pas opposé.

Et le *Wehrmachtsbefehlshaber in Paris* constate avec satisfaction, une fois l'accord passé avec Nordling, que « pas un coup de feu ne fut tiré et les points d'appui signalèrent une tranquillité absolue[19] ».

Au soir du 19, il établit le projet d'un ordre général n° 2 dont les paragraphes 5 et 7 précisent ses directives pour Paris ; si le paragraphe 5 reprend, en ce qui concerne le rétablissement du calme et de l'ordre et le combat sans pitié de toute forme de résistance armée, les dispositions du paragraphe 2 de l'ordre général n° 1, Choltitz ajoute d'autres précisions :

« 5) La vie civile devra être troublée aussi peu que possible dans la journée. Pour la circulation des civils, voir les dispositions de l'annexe qui seront publiées sans délai.

« 6) On fouillera les suspects pour la recherche des armes...

« 7) En face de tout réveil nouveau d'action de guerre, les commandants de secteurs exécuteront des actions concentrées, toutes forces réunies. Celles-ci doivent suffire pour briser complètement la Résistance. Il faudra détruire les maisons d'où partiront les coups de feu. Dans ce but, l'unité 14 SR/5* sera subordonnée au commandant du secteur sud-est. On rendra compte chaque fois qu'elle sera engagée. »

Evoquons d'abord « l'Annexe » concernant les civils. Il s'agit, sous

* Une unité du 5e régiment de sécurité (*Sicherungsregiment*) resté dans la capitale.

la forme d'un « Avis » (*Bekanntmachung*) destiné à la population parisienne, de fixer de nouvelles dispositions pour les jours à venir : le couvre-feu est fixé de 21 heures à 7 heures du matin, les laissez-passer « délivrés antérieurement sont annulés », dans les quartiers « où se dérouleront les combats, l'accès est interdit de jour et les troupes sont autorisées à se servir de leurs armes contre les civils contrevenant à cet ordre ; tous les lieux de plaisir, même les cafés, devront être fermés, seuls les restaurants resteront ouverts « pendant les heures permises » ; les fenêtres « devront rester fermées », le stationnement à celles-ci interdit, les portes d'entrée des maisons « ne doivent pas être fermées à clé » ; tout rassemblement de plus de trois personnes est interdit ; les renseignements « fournis à l'ennemi seront considérés comme de l'espionnage » ; les « troupes ont reçu l'ordre de se servir de leurs armes » pour tout manquement « aux ordres donnés pas l'armée d'occupation[20] ».

A l'imitation de celui de Boineburg-Lengsfeld au lendemain du débarquement, ce texte sévère ne fut pas imprimé *, et les Parisiens l'ignoreront. On peut envisager l'hypothèse que, satisfait par l'accord « verbal » passé avec Nordling, Choltitz a jugé plus habile de ne pas jeter de l'huile sur le feu ; quant aux dispositions de l'ordre n° 2, elles ne seront appliquées qu'en de rares occasions, l'immeuble situé à l'angle de la rue Boursault et du boulevard des Batignolles touché de plein fouet par des obus explosifs d'un char Panther offrant l'image des dégâts que pourrait occasionner l'emploi de la puissance de feu allemande.

Certains auteurs ont estimé que Choltitz avait, au soir du 19, l'intention de lancer un assaut *réel* contre la Préfecture, avec des forces suffisantes pour la faire tomber entre ses mains, mais que seul « l'accord sur le cessez-le-feu » l'a détourné de cette opération[21]. Ce n'est qu'une hypothèse entre d'autres et, à son propos, nous reviendrons sur le comportement du général allemand.

A l'échelon des exécutants feldgrau, le moral n'est pas rose :

« Le soir de ce 19 août, raconte le *Sonderführer* Wallraf, dans la salle appelée *Gefechtssaal*, le chef de la défense tint conseil pour commenter les événements. Peu à peu, la situation commençait à sembler inconfortable, à lui également. Le grand bloc de bâtiments de notre *Stützpunkt*, très étendu, n'était pas sérieusement défendu et une attaque de la Résistance aurait, moyennant un peu de cran, toutes chances de réussir, en venant à bout du petit nombre, à peine renforcé, de nos défenseurs. Nous attendons des renforts et plaçons

* Ultérieurement Choltitz fera lancer par avion sur la capitale une proclamation « mettant en garde une dernière fois les éléments criminels » et vantant « les sentiments d'humanité des troupes allemandes de Paris ». Dans une situation semblable « Staline, lui, aurait mis le feu aux quatre coins de la ville ».

des sentinelles partout afin de donner l'alerte au moindre soupçon.

« Adroitement, le chef de la défense fit tourner le disque habituel avec le rapport sur la situation. La journée du 19 août avait certainement été très agitée, mais il avait le réel espoir que cela ne se renouvellerait pas.

— Croyez-moi, notre général, le nouveau commandant de la Wehrmacht ne plaisante pas. Quand le moment lui semblera favorable, il emploiera les grands moyens. Vous pouvez y compter, Messieurs[22] ! »

Le Dr Victor Veau qui, pas davantage que Wallraf, n'est au courant de ce qui se passe vraiment, note pour sa fin de journée :

« 18 h 30. — De ma fenêtre, j'ai vu une jeune fille en bicyclette renversée par une auto allemande qui s'est arrêtée et est repartie aussitôt. La jeune fille est morte chez le pharmacien.

« On entend des mitrailleuses, pas très loin.

« Atmosphère de révolution. Silence impressionnant. On entend des conversations, des aboiements de chien, des coups de sifflet.

« 19 h 30. — Leibovici, que je n'avais pas encore vu, fait une scène très pénible à PVR pour qu'il centralise le nombre des morts : « Parodi est un fonctionnaire qui n'est pas maître de la situation. »

« Pour la première fois, j'entends parler de Rol, colonel des FFI. C'est lui qui recevra les Américains à l'Hôtel de Ville.

« Cette sortie de Leibovici m'a fait comprendre la situation et l'évolution des événements. Les autorités centrales (Parodi, Laffon) sont débordées, sans action parce que la force appartient à la Résistance (les FFI, colonel Rol) qui a occupé sans lutte les bâtiments : Préfecture, Hôtel de Ville, mairie du VIIIe. Après, les Allemands sont arrivés, mais n'ont pas pu évacuer les occupants. Les gardes municipaux sont restés sans faire acte d'hostilité : ils ne se mêlaient pas aux FFI. Les Allemands ne tiraient pas sur eux.

« Les communistes vont dire : c'est nous qui avons tout fait. Mais, en réalité, les FFI sont tous des résistants, ils ont cueilli un fruit qui ne pouvait être défendu que par les gardes inféodés à cette Résistance[23]. »

De son poste d'observation, privilégié, il est vrai, puisque au cœur de la Résistance médicale, ce témoin sagace qu'est le Dr Veau devine l'opposition entre les « révolutionnaires » — le Dr Leibovici est médecin du Front national, de tendance communiste — et les politiques plus prudents d'obédience gaulliste, associés à la même tâche, certes, mais voyant de différente façon les moyens de la mener à son terme. Au passage, notons que l'Hôtel de Ville n'a pas encore été pris par les insurgés, contrairement à ce que croit le Dr Veau ; dans la soirée du 19, Taittinger, président du Conseil municipal, a reçu, à deux reprises, des chefs FFI, parmi lesquels « Dufresne »

(Raymond Massiet), chef d'état-major des FFI de la Seine, afin de préparer « le passage des pouvoirs », puis, prévenu par un appel téléphonique de Bussière, s'est fait confirmer le « cessez-le-feu » par le consul Nordling et le chef d'état-major de Choltitz.

Le récit par le Dr Veau de la prise de l'Hôtel de Ville et du « retour des Allemands » est une de ces fausses nouvelles comme il en circulera des dizaines chaque jour, une affabulation pure. En fait, l'affaire ne s'annoncera que dans la nuit, par un appel téléphonique à Taittinger, qui a décidé de coucher sur place :

« A 4 heures du matin, dit-il, une voix inconnue me demande pour une communication urgente... " Vous savez sans doute que l'assaut sera donné à 6 heures, c'est-à-dire dans deux heures ? " Je répondis affirmativement. " Il y a une chose que vous ne connaissez pas, c'est que, contrairement à l'engagement qui a été pris *, vous serez arrêté, et c'est pour vous éviter ce désagrément que je vous préviens[24]... "

A 22 h 30, le Dr Veau a consigné dans son journal le dernier « bruit » de la journée :

« Lafay téléphone pour dire à Milliez que si la Résistance n'a pas cessé demain matin, les avions allemands bombarderont le centre de Paris, ceci est en rapport avec le téléphone de Bourbon-Busset averti par la Croix-Rouge internationale. »

Encore un « canard » : Choltitz *aurait* certes pu faire bombarder Paris par avion, mais uniquement de nuit et, s'il y a songé (du moins, il le prétend), il ne s'est pas résolu à cette extrémité, un bombardement de nuit ne permettant pas une précision suffisante : c'eût été un acte de « représailles » auxquelles il répugne et qui aurait pu atteindre ses propres soldats dans leurs points d'appui.

Quand la journée s'achève, le commandement FFI fait le bilan : tant dans la capitale qu'en banlieue, les résistants ont mené quinze actions agressives et les Allemands ont procédé à six ripostes, qu'on n'ose pas appeler « contre-attaques », en raison de leur manque d'ampleur et du peu de moyens utilisés. D'autre part, il est difficile de dénombrer les pertes en vies humaines.

« A la nuit, note le commandant Dufresne, les FFI contrôlent parfaitement quarante-trois quartiers sur quatre-vingts et nos patrouilles, avec brassards, sillonnent à peu près toutes les artères de la capitale, échangeant force coups de feu avec les Allemands... Tout à l'heure, un de mes camarades de mon groupe-franc, celui que commande le lieutenant Barat de Sars, a été tué près du quai de Conti : Fred Palacio est la première victime de notre groupe... Je

* On ne trouve pas trace de cet « engagement » dans le récit de l'entretien Taittinger-Dufresne, rédigé par ce dernier, qui est en rapports secrets avec le président du Conseil municipal depuis un mois.

rentre rue Guénégaud, PC du colonel Lizé (commandant des FFI du département de la Seine) où nous travaillons fort tard dans la nuit. Une accalmie s'est étendue sur Paris. Seuls, de-ci de-là, quelques coups de feu éclatent[25]... »

Outre les événements que nous venons de conter, ce samedi 19 août a vu la dernière tentative du maréchal Pétain pour s'approprier *in extremis* la situation : un de ses mandataires restés dans la capitale (mais il s'agit plus d'un mandat moral que d'un blanc-seing accordé par le vieux Monsieur de Vichy qui sera enlevé de « sa » capitale le lendemain par les Allemands), le général Brécard, grand chancelier de la Légion d'honneur a dépêché auprès de Dufresne deux de ses émissaires qui lui font part du projet de celui-ci. Ceint du grand cordon de la Légion d'honneur, Brécard proclamerait « l'avènement » du général de Gaulle du balcon de l'Hôtel de Ville, décorerait de l'ordre national les chefs FFI et ferait afficher par ses soins une proclamation « invraisemblable », note Dufresne, dont voici la substance :

« Français,

« En l'absence du premier personnage de la République, le grand chancelier de la Légion d'honneur, devenu, par ce fait, le plus haut dignitaire de la Nation, se constitue le dépositaire de la continuité de l'Etat.

« A la tête du peuple de Paris soulevé contre l'envahisseur, il se proclame le représentant de la souveraineté nationale...

« De Gaulle incarne aujourd'hui cette union. Général victorieux, c'est à l'Hôtel de Ville qu'il vient proclamer la République.

« Peuple de Paris.

« Je vous apporte le drapeau de la Légion d'honneur. Nous ne permettrons pas que des mains sacrilèges s'emparent du symbole de toutes nos gloires.

« Défendons-le jusqu'à la mort, trop heureux de l'avoir pour linceul. »

Tout est perdu, fors la Légion d'honneur ! Cette démarche insolite est dans la droite ligne des velléités pétainéennes : elle permettrait d'assurer la continuité de l'Etat, de Philippe Pétain à Charles de Gaulle, via Brécard, et d'affirmer le principe de la transmission de la légitimité. Pour qui connaît les usages de la haute hiérarchie militaire, il est hors de question que la démarche de Brécard ait été spontanée : elle lui a été soufflée par un des émissaires de Pétain (il y en a plusieurs dans la capitale en cet instant) qui veulent tenir haut et fort, contre le vent de la Résistance et la tempête de l'insurrection, le drapeau, marqué de la francisque, de « l'Etat français ». Dans l'esprit de ses instigateurs (mais Pétain lui-même a-t-il été tenu au courant ?), le caractère symbolique de cette démarche en renforcera le poids, auprès des Américains et de Charles de Gaulle : après l'armistice de juin 1940 dans l'honneur, la reddition sans condition à de Gaulle à l'abri de la Légion d'honneur.

Econduits, les émissaires du grand chancelier rendent compte à Brécard, qui, depuis la Grande Chancellerie, multiplie les appels téléphoniques, dans une agitation que Dufresne juge suspecte ; le chef d'état-major du colonel Lizé fait garder à vue le grand chancelier dans l'hôtel de Salm :

« Dans les deux pièces où il est consigné, Brécard piaffe, proteste, menace. Malgré sa promesse de ne pas communiquer avec l'extérieur, il emporte le téléphone aux WC et tente un appel. Dubois lui coupe le téléphone. C'est insensé, hurle-t-il, en sortant de l'isoloir, on m'ôte mes moyens[26]. »

A une heure du matin, tonnerre sur la ville : c'est un orage d'été, long et violent, et Victor Veau que le bruit et les éclairs ont réveillé trouve que, décidément, « le bruit du tonnerre est très sympathique ».

Un cessez-le-feu pendant lequel on tire beaucoup

Le dimanche 20 va être l'une des journées les plus embrouillées, les plus chaotiques de la semaine de la libération : du côté des résistants, dont la fraction combattante, la plus active, désapprouve le « cessez-le-feu » devenu « trêve », négocié par l'intermédiaire du consul Nordling entre les Allemands et la Résistance, une incertitude passagère se glisse : arrêtera-t-on ou non de se battre ? Chez les Allemands, Choltitz joue le jeu du bout des lèvres et, apprenant que des FFI continuent de tirer sur ses hommes, se sert, à son tour, de l'apparence de la trêve pour porter par surprise quelques coups à ses adversaires. Les Parisiens, eux, n'y comprennent goutte, et, si favorables soient-ils aux FFI qui combattent pour eux, souhaiteraient que les Alliés pressassent le pas vers Paris !

La fraction politique de la Résistance utilise le court répit du cessez-le-feu pour s'assurer la possession des ministères et des mairies et sa direction donne des conseils de prudence, tandis que Cérat-Parodi, délégué général du Gouvernement provisoire de la République française tombe quelques heures entre les mains des Allemands : son entretien avec Choltitz ne clarifiera pas la situation et son départ, libre, du PC du *Wehrmachtsbefehlshaber in Paris*, qui lui a rendu sa liberté, pose une (petite) énigme qui n'a pas encore été résolue. Si on ajoute à cela que, pendant la même journée, le bureau du Conseil national de la Résistance a accepté le principe de l'extension de la trêve, alors que le COMAC l'a dénoncée (toujours cette opposition entre la Résistance intérieure combattante et les délégués du GPRF), on aura une idée nette du déroulement de ces péripéties qui s'achèveront le lundi par trois décisions sans appel : à 11 heures, le Comité parisien de libération (CPL) propose de rompre la trêve, à 19 heures, le Conseil national de la Résistance la rompt à 19 h 30, l'ordre est donné d'édifier des barricades. On se battra dans Paris jusqu'à l'arrivée des Alliés.

Henri Culmann, qui ne s'est pas rendu au ministère ce jour-là (les administrations sont fermées le dimanche), se promène dans la ville. Il va assister à l'une de ces scènes, exemplaires pourrait-on dire, qui restituent très fidèlement l'imbroglio de la journée : « trêve » à certains moments, combats et représailles à d'autres ou presque simultanément. Il est aux alentours de 4 heures de l'après-midi, boulevard Saint-Michel :

« Je montai par la rue Monsieur-le-Prince et m'arrêtai prudemment au sommet du dos-d'âne que marque cette rue avant son débouché dans le boulevard, car on entendait des coups de feu sur le boulevard Saint-Michel, quand je vis passer une voiture de la Préfecture de Police surmontée d'un haut-parleur et suivie d'une voiture de la *Feldgendarmerie** sur le toit de laquelle était couché un agent de police en uniforme. Ces voitures s'arrêtaient tous les cinquante mètres et le haut-parleur informait la population que les Allemands ayant consenti à considérer les FFI comme des combattants et par suite à traiter en prisonniers de guerre et non en francs-tireurs ceux qui tomberaient entre leurs mains, une trêve avait été conclue, en conséquence de laquelle les FFI et les Allemands cessaient de se tirer les uns sur les autres[27]... »

Surpris par ce spectacle, Henri Culmann poursuit sa promenade :

« Tournant l'angle de la rue Soufflot et du boulevard Saint-Michel, j'aperçus cinq chars d'assaut allemands de grand format arrêtés un peu avant la rue Gay-Lussac. Un officier de pompiers discutait avec les Allemands, vraisemblablement pour leur exposer les conditions de la trêve et leur demander de ne pas tirer et de s'en aller pacifiquement. Et, de fait, la voiture des pompiers emmena le long de la rue de Médicis le premier des chars. Mais comme la mitraillade reprenait dans le bas du boulevard Saint-Michel, je me réfugiai un moment chez un concierge de la rue Soufflot... »

La mitraillade ayant cessé, Henri Culmann décide de rebrousser chemin, mais, par prudence, de regagner le boulevard Saint-Michel par la rue Le Goff, afin de jeter un coup d'œil : que sont devenus les quatre chars allemands précédemment aperçus sur le boulevard ?

« Au coin de cette rue et de la rue Gay-Lussac, un groupe de six

* Gendarmerie de campagne allemande.

personnes regardait. Je me joignis à elles et je vis le premier des quatre chars toujours à son poste, qui lui permettait de battre par ses mitrailleuses aussi bien la rue Gay-Lussac que le bas du boulevard Saint-Michel.

« A peine me fus-je joint aux personnes présentes, principalement des femmes, que la mitrailleuse du char s'abaissa brusquement dans notre direction et, d'une distance de quinze mètres environ, lâcha une complète bande. Si bref que fût le regard que je posai sur la mitrailleuse avant de comprendre ce qui arrivait, je conserverai toute ma vie la vision des mouvements saccadés du canon et de la mince fumée bleuâtre qui s'échappait de l'arme.

« Tout le monde s'enfuit en hurlant et en tombant. Je trébuchai sur quelqu'un et, quand je me relevai, seul avec une autre personne, cinq corps restaient par terre cherchant à se lever et saignant. On traîna les blessés dans l'entrée d'un hôtel de la rue Le Goff où, en raison de l'angle de la rue, ils étaient hors d'atteinte de la mitrailleuse. On examina rapidement les blessures, toutes aux jambes ou aux poignets, la rafale ayant été tirée assez bas. Je nouai ma cravate autour de la cuisse d'une jeune fille qui saignait abondamment et je me précipitai au téléphone pour demander du secours.

« Sur ces entrefaites, arrivaient déjà les premiers brancardiers avec une rapidité et un courage que j'admirai. Le blessé, apparemment le plus grave, était un homme dont la cuisse cassée offrait à la vue, par le pantalon qu'on avait coupé, une plaie béante. Elle enflait à vue d'œil et devint rapidement grosse comme deux ou trois têtes. Il fut emmené sur un brancard dans la maison d'en face. J'appris par la suite qu'on lui coupa la jambe et que deux des blessés moururent[28]. »

Une aventure, presque exactement semblable, advient à l'archiprêtre de Notre-Dame, Mgr Brot :

« Le dimanche, vers 15 heures, un officier sortit de la Préfecture ; c'était le nouveau préfet de police, M. Luizet * : il s'avançait, sabre au poing, accompagné d'un clairon qui sonnait le « cessez-le-feu ». Une trêve avait été demandée par les Allemands à la Résistance et elle avait été accordée pour leur permettre de sortir de Paris.

« Je descendis de chez moi et allai voir, accompagné d'un vicaire et d'un employé, la façade de la basilique qui avait reçu quelques bons coups de tank allemand. Pendant que nous examinions les vieilles sculptures blessées, à vrai dire peu grièvement, une voiture remplie de soldats ennemis arrive à toute vitesse, lâchant tout

* Toutes les photographies d'époque montrent toujours Charles Luizet en costume civil. Il se peut qu'il y ait erreur sur la personne, à moins que le dimanche, jour de sa prise de fonction à la Préfecture de Police, Charles Luizet ait provisoirement porté sa tenue d'officier, ce que n'a indiqué aucun témoin.

autour d'elle des rafales de mitraillettes. Nous eûmes à peine le temps de nous mettre à l'abri, les uns en courant à toutes jambes, les autres en se jetant à terre. L'alerte avait été chaude et, plusieurs blessés et morts, gisaient sur le sol. Une fois de plus, il fallut constater qu'on ne pouvait se fier à une parole allemande.

« Ce dimanche 20 août, il fut décidé que la cathédrale resterait fermée[29]. »

Ne multiplions pas les exemples : dans différents endroits de la capitale, et surtout dans les endroits les plus chauds, péripéties de trêve où Allemands et Français sont côte à côte et péripéties d'escarmouches où ils se tirent les uns sur les autres alternent pendant toute la journée.

Pour leur part, les résistants de la Préfecture de Police ont lancé deux messages :

« 14 h 20. — Du cabinet Préfet à commissariats Paris, banlieue.

« L'ordre de cessez-le-feu a été donné. Ordre est donné à tous les combattants de rester à leur poste de combat.

« La lutte est suspendue. La plus grande discipline doit être observée.

« Par ordre des autorités supérieures de la Résistance. »

« 15 h 18. — En raison des promesses faites par le commandement allemand de ne pas attaquer les édifices publics occupés par les troupes françaises et de traiter tous les prisonniers français conformément aux lois de la guerre, le Gouvernement provisoire de la République française, le CNR vous demandent de suspendre le feu contre l'occupant jusqu'à l'évacuation de Paris.

« Le comité de Libération de la PP[30]. »

Enfermé dans le point d'appui de la Chambre des députés, le *Sonderführer* Wallraf commence à penser que la position des Allemands devient inconfortable, position qu'il décrit ainsi :

« Après les événements du 19 août, la circulation dans les rues commença à devenir difficile pour nous. On tirait sur les unités en uniforme et les soldats isolés, qui se promenaient dans la rue, risquaient de devenir victimes de leur imprudence. On tirait sur eux de tous les côtés, dans des endroits où ils avaient été en sécurité jusqu'à présent. Des voitures de la Résistance circulaient à toute vitesse dans les avenues. Inoffensives en apparence, elles tiraient avec leurs mitraillettes sur les voitures allemandes qu'elles rencontraient, une fois qu'elles les avaient croisées... La Résistance civile transformait le pavé de Paris en un terrain plein de dangers[31]. »

A l'aube, les résistants sont entrés sans difficultés à l'Hôtel de Ville où les autorités vichystes, Bouffet, Taittinger et Constant les attendent ; Léo Hamon, vice-président du Comité parisien de libération et Roger Worms dit Stéphane les mettent en état d'arrestation ; ils sont transférés à la Préfecture de Police et enfermés dans un bureau à l'étage au-dessous de l'appartement de Bussière, qui assurera leur ravitaillement pendant leur bref séjour boulevard du Palais.

Après la Préfecture de Police, l'Hôtel de Ville est transformé en camp retranché (les portes sont bloquées, les fenêtres garnies de sacs de sable de la défense passive), défendu par environ 400 hommes, les résistants de l'Hôtel de Ville, des FFI, des gardiens de la paix en civil appelés en renfort, les jeunes des Equipes nationales *, quelques gardes républicains et les 50 hommes du groupement de protection de Pierre Laval, munis d'un armement dérisoire : 18 mitraillettes, 6 fusils mitrailleurs, quelques fusils, une centaine de pistolets. La première tâche des FFI de l'Hôtel de Ville, à l'imitation de leurs camarades, est de procéder à des attaques d'automobiles et de camions allemands isolés afin de se procurer des armes :

« Nous avons tenu, raconte Léo Hamon, en tirant sur les camions allemands qui passaient. L'un des moments les plus cocasses a été la mise hors de combat d'un camion allemand qui passait à toute allure. Les pneus furent crevés, les moteurs atteints, mais on déchargea toutes les munitions qu'il transportait... On me signale qu'un tireur magnifique a réalisé ce tour de force et qu'il faut le féliciter. Je me le fais présenter, je le félicite. Je lui demande quelles sont ses fonctions et il me répond : « Garde Untel, préposé à la sécurité du chef du gouvernement. » Je me demande : « Mais qui donc est-ce ? N'est-il pas un des premiers de l'équipe du général de Gaulle ? » Il précise : « De M. Pierre Laval[32]. »

La prise en main des ministères par la Résistance se poursuit ; Gus, avec Roger Chevrier, alias de Man, bras droit de Parodi, se rend place Beauvau, au ministère de l'Intérieur, dont il visite les bureaux et une chambre (est-ce celle du ministre ?) avec une splendide tapisserie :

« La scène représente un exode en armes ou un combat, sous l'œil de Dieu le Père dardant des rayons sur cette scène antique de sa fenêtre de nuages ; en premier plan à droite, un homme tombé sur le dos, les bras levés. A la place de sa tête, sous le casque romain, on a collé une tête de Pétain, découpée sur une affiche. Avec Roger, nous prenons une douche, ensemble, dans la baignoire du ministre. Tout nus, dans des fauteuils, nous fumons béatement. Roger : « Si demain je redevenais simple soldat de 1re classe, j'estimerais quand même que par cette journée de proconsulat, j'ai été payé. » Nous retour-

* « Groupement à la fois pétainiste et résistant, écrit Adrien Dansette (*op. cit.* p. 165), les Equipes nationales devaient assurer la sécurité du Maréchal lors de son retour à Paris ; la veille, elles avaient pris l'initiative de dresser le plan de défense de l'Hôtel de Ville. »

nons rue Séguier. Le charmant hôtel particulier est transformé en poste de combat. Le légionnaire à la fenêtre. Casques allemands. Gens du monde et combattants débraillés. Sur le piano, un homme joue avec un doigt : *la Marseillaise,* le *God save the King* et *Tristesse* de Chopin[33]. »

A l'hôtel de la Délégation où Parodi n'est pas présent, on discute ferme de la « trêve » ; un jeune résistant, Gilles de Boisgelin raconte :

« J'entends M. de Saint-Phalle dire à un jeune homme blond, vêtu d'une belle veste de cuir : " Nous les amusons avec ces pourparlers d'armistice, mais s'ils se fâchaient pour de vrai, cela pourrait être ennuyeux ; dites-leur bien qu'ils peuvent venir, que les Allemands sont peu nombreux, que pour eux ce ne sera rien[34]. »

Un mystère : le face-à-face Parodi-Choltitz

Cette phrase sibylline, « dites-*leur* bien qu'*ils* peuvent venir » est importante pour la suite : elle montre que, dès le dimanche, on a songé, à la Délégation générale, à envoyer une mission auprès des Alliés (car ce *ils* ne peut viser que ceux-ci), afin de les renseigner sur ce qui se passe dans la capitale, une idée qui viendra, *en même temps,* au colonel Rol et au nouveau préfet de police, Charles Luizet. Trois missions partiront de la capitale pour prendre langue avec les Alliés, une échouera, deux réussiront*.

Mais ce dimanche est aussi marqué par l'entretien, dans l'après-midi, entre Parodi et Choltitz à l'hôtel Meurice, une rencontre sortant de l'ordinaire et sur laquelle planent encore bien des obscurités. Parodi et deux de ses collaborateurs, Emile Laffon et Roland Pré (Oronte dans la Résistance) ont été arrêtés au début de l'après-midi par des Allemands armés, à bord d'une voiture où se trouvent papiers et objets (un brassard FFI appartenant à Parodi) compromettants ; après des escales dans différents services allemands, ils sont amenés, sur leur demande, au Meurice où les attend Choltitz.

De cette rencontre au sommet, nous disposons de quatre versions : celle de Parodi et celle de Choltitz, celle de Nordling, présent à la réunion, et celle de l'abbé P. Hénin, aumônier des FFI du VIIe arrondissement, la première qui fut publiée (en 1946). Il n'entre pas dans le cadre de ce livre d'établir une comparaison critique

---

* Une quatrième s'achèvera avec la mort de l'officier qui en a été chargé. Cf. *infra* p. 359.

systématique entre ces quatre textes, qui présentent différences et points communs *.

Tout a roulé, pendant près de deux heures (selon Choltitz) autour du maintien de la trêve, à la condition que les Français n'attaquent pas. Version Parodi :

« Choltitz.— la trêve est bien mal appliquée.

Parodi. — Je ne commande pas à des militaires et je ne peux pas répondre d'une discipline analogue à une discipline militaire ; les choses seraient facilitées si nous pouvions convenir que les troupes allemandes ne circuleraient dans Paris que suivant certains itinéraires déterminés [35]. »

« L'entretien a alors un peu traîné, raconte Parodi... Ce qui est certain, c'est que le général von Choltitz n'a pas été très dur dans ses propos [36]. »

Version Choltitz :

« J'indiquai le danger d'actions plus vastes de la Résistance, qui m'obligeraient inévitablement à contre-attaquer. Il s'agissait de savoir si les chefs du maquis étaient, d'une façon générale, capables de tenir en main leurs combattants, ce qui me semblait douteux d'après les dernières explications reçues... De longues discussions embrouillées suivirent [37]. »

Tout reste dans un flou « artistique » que le traducteur n'arrange pas. Parodi se demande si les paroles qu'il a prononcées ont été exactement traduites, car il a su *après* que « l'interprète était un curieux personnage que l'on devait retrouver quelques jours après sous uniforme américain et qui s'appelait Poch-Pastor [38] ».

Pour Nordling, ce « curieux » personnage est « un nommé Bender, interprète allemand en civil que personne ne connaissait alors et qui me suivait [39]... ».

Pour l'abbé Hénin, l'interprète est le capitaine autrichien comte von Windichberg, qui « traduit les demandes du général et les réponses de M. Parodi, en en adoucissant la raideur et même en en *faussant le sens* [40] », le capitaine Fuchs ** étant présent.

Mais si Choltitz se rappelle vaguement que « le consul général de Suède vint, à deux reprises, en compagnie d'hommes qui lui étaient tout à fait inconnus et dont l'un se présenta comme étant von Poch-Pastor [41] », qualifié ailleurs d' « agent de liaison » de Nordling, il ne cite, à aucun moment, Windichberg. Serait-ce alors le pseudonyme de Poch-Pastor ?

---

* Et il serait en outre nécessaire de procéder à une comparaison critique entre la première édition des souvenirs de Choltitz (*Brennt Paris ? Adolf Hitler*, Weltbücherei, Mannheim 1950) et la seconde (*Soldat unter Soldaten*, Europa Verlag, Konstanz, Zürich, Wien 1951).

** Sur l'identité du capitaine Fuchs. Cf la note 18 de ce chapitre.

Conclusion de Choltitz :

« Cette entrevue eut peu d'effet. Il était évident que l'ennemi, malgré mes exhortations, se raidissait. Le scepticisme de M. Parodi concernant la discipline des résistants se révélait justifié. Il apparut clairement que l'accord négocié par M. Nordling n'était plus respecté par l'adversaire[42]. »

Pour mettre un point final à cette péripétie, rappelons que Choltitz libère Parodi et ses camarades, en les remettant à Nordling qui s'arrangera, *in extremis,* pour leur éviter de retomber entre les mains des Allemands qui avaient arrêté le trio de chefs de la Résistance, l'avaient amené au Meurice et attendaient sa sortie, dans l'espoir de « les descendre dans la rue[43] ».

Reste alors l'énigme de cette journée : pourquoi le *Wehrmachtsbefehlshaber in Paris* a-t-il relâché les plus hauts chefs ennemis capturés ? L'explication qu'il a donnée de ce geste n'est qu'à demi satisfaisante :

« MM. Parodi, Laffon et Pré, membres du gouvernement de Gaulle, étaient venus dans la ville pour se charger de l'administration civile et préparer le passage de la ville sous ce nouveau gouvernement qu'ils attendaient dans un proche avenir. Ils appartenaient donc à un gouvernement qui, d'après notre politique et la propagande officielle, était qualifié de bande d'aventuriers hors la loi... Mais je m'étais fait une loi de remplir ma mission militaire consciencieusement, sans essayer d'empiéter sur la politique intérieure de la France, ce qui, étant donné ma situation et le peu de moyens dont je disposais, eût été *a priori* une entreprise vouée à l'échec. Il s'agissait alors uniquement d'influencer la population sous quelque forme que ce soit[44]... »

Et voilà pourquoi il laisse aller Parodi et ses compagnons ! Sans négliger l'intérêt de cette explication après coup, mûrie pendant des années, on peut certes penser que, coincé entre les ordres « jusqu'auboutistes » d'Hitler et la dure réalité des contraintes locales, notamment de la relative faiblesse de ses moyens, tenu au courant des mouvements alliés, supportant les mini-attaques des Résistants, contraint de resserrer son dispositif dans des points d'appui entre lesquels ses mouvements deviennent limités, et persuadé, au fond, que cette tactique des *Stützpunkte,* théoriquement valable si elle est destinée à attendre le dégagement de la ville par une contre-attaque allemande, ne constitue qu'un piège où il sera finalement pris par les Alliés, Choltitz, tout en gardant l'attitude d'un soldat énergique vis-à-vis de ses subordonnés, est résigné à son sort de futur assiégé, pour qui « il est impossible d'obtenir un succès tangible ». Sensible au sort de Paris, de la ville, de ses habitants ? Peut-être. Il a écrit :

« Je ne voulais pas être responsable de la mort de milliers de femmes et d'enfants innocents, parce que des éléments irresponsables jouaient avec le feu[45]. »

D'où, souvent, un maintien et des actes qui sont interprétés, par Taittinger en particulier au cours de l'entretien du 17 août, par Bussière, sortant du Meurice, comme une volonté bien arrêtée de préserver Paris et les Parisiens de la guerre, de n'être pas l'homme qui détruira la ville-lumière.

Çà et là, de précieuses indications sur les dispositions d'esprit du *Wehrmachtsbefehlshaber in Paris*, notées *avant* l'insurrection par Maurice Toesca, interprète personnel de Bussière, renforcent la thèse Taittinger-Bussière. Après une entrevue avec le préfet de police, Choltitz donne son numéro de téléphone personnel à Toesca, « afin que le préfet puisse l'appeler de jour et de nuit au moindre incident grave[46]. »

Il fait dire à Toesca par son interprète que « le général lui demande de rappeler à MM. Taittinger et Bussière la parole du général Eisenhower : « Nous devons garder la tête froide. » Dans la nuit du 17 au 18, Toesca, prévenu par Bussière, a informé Choltitz, par téléphone, que des officiers de la Kriegsmarine ont pris d'assaut les vedettes et les bateaux-pompes des pompiers de Paris, dans l'intention de remonter la Seine le plus loin possible pour s'évacuer à l'est ; Toesca lui fait valoir que cette disparition du matériel fluvial contre l'incendie risque de mettre la ville en péril, en cas d'incendies étendus : il apprend, à l'aube, que tous les bateaux des pompiers sont de nouveau à leur poste d'amarrage et aux mains des marins-pompiers[47].

Composant jusqu'à la fin avec les ordres d'Hitler, Choltitz louvoiera avec les résistants et ses subordonnés, avant de s'incliner devant la division du général Leclerc, à l'issue d'un « baroud d'honneur » qu'il aura exigé, autant pour la sauvegarde de sa réputation de soldat que pour donner un gage au Führer, avec l'arrière-pensée que la mort de soldats allemands et français, tombés en un ultime combat, constitue le dernier gage de son fair-play. Et enfin, a-t-il peur de l'émeute, ce soldat traditionnel ? Peut-être... Il laissera échapper un mot étrangement révélateur devant Dufresne, le soir de sa reddition :

« " Je ne pouvais pas détruire Paris, quoiqu'il y eût les ordres d'Hitler... Non, je ne le pouvais pas. " Sa voix se brisa : " Les représailles, vos représailles... cela aurait été trop horrible[48]. " »

Les représailles, *vos* représailles ? Là est, peut-être, un élément d'explication de l'attitude de Choltitz. Craignant à la fois les représailles d'Hitler, sur sa femme et ses enfants, par exemple *, et

* Les familles des conjurés du 20 juillet 1944 avaient été dispersées et mises dans des camps spéciaux, lors de la répression qui avait suivi l'attentat.

celles des résistants sur ses soldats et sur lui-même, Choltitz affecte d'être un général « dur » dans l'apparence, mais se montre relativement conciliant dans la réalité, face à Nordling en particulier.

Impressions au vol...

Laissons Choltitz à ses doutes et ses velléités et retrouvons le Dr Veau qui, en ce début de dimanche, apprend d'abord une bonne nouvelle de la bouche de Debré, qui est à la tête de l'organisation sanitaire de la Résistance de Paris :

« Les Américains arrivent très vite. »

Mais, à 10 h 30, Veau enregistre une note moins optimiste :

« PVR arrive. On décachète la lettre apportée par la secrétaire de Quartus-Parodi. La voilà :

« Note urgente aux secrétaires généraux.

« Les renseignements qui me parviennent montrent que vous avez pris beaucoup trop rapidement des mesures qui vous découvrent dangereusement. Veuillez maintenir entières les mesures de sécurité que vous avez prises jusqu'ici. De bonne source, il m'est indiqué que l'arrivée des troupes alliées pourrait être retardée plus longuement que nous n'avons pensé. J'essaie d'accélérer l'événement sans être sûr d'obtenir le résultat cherché. Vous voudrez bien, dans ces conditions, si vous avez déjà procédé à l'occupation de votre ministère, n'y maintenir qu'une représentation très discrète et vous mettre à l'abri immédiatement.

« Vous voudrez bien me rendre compte dès la réception de la présente note.

« 19 août, Cérat. »

Pasteur Vallery-Radot, secrétaire général désigné à la Santé, a reçu cette lettre comme tous les résistants qui ont pris ou s'apprêtent à prendre possession d'un ministère : elle tempère l'ardeur de certains dans une perspective de prudence, bien explicable au moment où Parodi va se lancer dans l'aventure que nous venons de relater.

Un autre résistant, le Père Chaillet (Grasset dans la Résistance) accourt chez le Dr Veau :

« 15 heures. — Le Père Chaillet très nerveux : il a un ami, colonel français qui travaille avec Nordling. Il serait en relation avec l'Intelligence Service. Il y a en ce moment des négociations capitales. Trois divisions de la Wehrmacht sont dans l'ouest et s'apprêtent à traverser Paris parce que tous les ponts de la Seine sont détruits. Deux divisions de SS sont dans le sud pour maîtriser Paris ; elles sont entraînées à la guerre de rues, canons spéciaux lance-flammes...

« On négocie le passage par Paris. On ne demande pas l'évacuation des bâtiments occupés.

« Si les FFI continuent leur action, cela va déchaîner les SS. Ce sera le carnage.

« Il faut prévenir Parodi.

« PVR téléphone, ne peut joindre que la secrétaire. »

Encore une fois, les rumeurs circulent vite : tout n'est pas faux, mais rien n'est exact et tout est démesurément amplifié, dans ce que rapporte le R. P. Chaillet. Victor Veau sort : la rue lui en apprendra peut-être plus que les messages...

« 15 h 45. — *Fait capital.* Montant vers l'Etoile deux autos :

« 1) Une française pilotée par un agent avec brassard FFI.

« 2) Une allemande pilotée par un Allemand et, assis sur l'aile avant-gauche, un civil français avec brassard FFI.

« Ce fait a produit une sensation énorme. On ne voulait pas le croire. Il prouvait un contact entre les Allemands et les FFI, une reconnaissance. Est-ce la suite de l'armistice ? »

Sous la plume du Dr Veau, le « cessez-le-feu » devenu « armistice » se révèle, le jour même, comme provoquant des remous parmi ses visiteurs habituels :

« 17 h 30. — Réunion du CMR (Comité médical de la Résistance).

« En arrivant, Leibovici s'indigne contre l'armistice, dit que les FFI ne l'acceptent pas. Milliez est de son avis. Je ne comprends pas. Debré est aussi très content que la lutte continue, PVR moins. »

Ce débat au sein de la Résistance médicale, pour ou contre le cessez-le-feu, est un raccourci de celui qui agite la Résistance militaire tout entière dans la capitale : pour elle, pas question d'observer un cessez-le-feu qu'avalise la Délégation générale ; le combat d'abord. La preuve ? Le dimanche, les FFI ont attaqué sur vingt-sept points à Paris et en banlieue.

Quant à la population, elle commence à s'intéresser sérieusement aux entrepôts et garages que les Allemands ont abandonnés. Dans le XVIe arrondissement où il habite, Charles Lacretelle observe certains mouvements :

« Quand les Allemands quittent le garage Lauriston pour aller au Majestic, avenue Kléber, écrit-il dans ses éphémérides, la population se précipite, monte en courant la rampe qui donne accès à quatre très vastes étages où la Kriegsmarine a entreposé des tonnes de savon et de tubes de pâte dentifrice, des salles entières d'ampoules électriques, de machines à coudre, de ventilateurs, de lampes électriques de poche, de postes de TSF, d'ustensiles de ménage, des milliers de paires de chaussures et de bleus de travail et des centaines de caisses d'outillage, toutes choses rarissimes et introuvables pour la population ! C'est la razzia.

« Pour arrêter le pillage, comme ceux qui ont lieu ailleurs, la délégation du Gouvernement provisoire de la République française, ne pouvant faire appel à la police, demande à la Croix-Rouge de prendre en charge ces stocks. Celle-ci confie cette mission à des Equipes d'urgence * qui les garderont jusqu'à la libération... »

Lundi : premiers journaux libres et premiers bobards

Au matin du lundi 21, la population voit surgir, enfin ! distribués par des vendeurs ambulants (les kiosques sont fermés) les premiers journaux français : ils portent des titres aussi étranges que riches de symboles patriotiques, *Franc-Tireur, le Parisien libéré, Combat, Défense de la France, Libération, France libre, Front national ;* certains d'entre eux, connus comme « journaux clandestins », ont certes été lus sous le manteau, mais le Parisien ne reconnaît, dans cette floraison de feuilles fleurant bon la liberté qui s'annonce, que quatre titres d'avant-guerre : *Ce soir, l'Humanité, le Populaire, L'Aube.* Prix unique : 2 francs.

Pour la première fois depuis le jeudi précédent, les Parisiens tiennent dans leurs mains des gazettes fraîchement sorties des presses. Et quels journaux ** ! Quels titres ! Quelles nouvelles !

Franc-Tireur, sur six colonnes :

« Les deux glorieuses d'août 1944. Paris lutte, Paris se libère. Le peuple de Paris se soulève. L'épopée de la Préfecture de Police. Les Allemands vont évacuer la capitale. Le drapeau de la Résistance flotte sur l'Hôtel de Ville. »

Sur deux colonnes :

« Le général de Gaulle est à Cherbourg. Huit départements libérés par les Forces françaises de l'intérieur. »

Et sur trois colonnes :

« Vichy s'effondre. Pétain et ses ministres s'enfuient dans les fourgons de l'ennemi, mais ils n'échapperont pas à la vengeance populaire. »

Dans ces trois titres se profile l'avenir immédiat de la nation avec ses trois objectifs : la libération du territoire, la restauration du régime républicain, le châtiment des hiérarques de Vichy et de ceux qui exécutèrent leurs ordres.

La libération de Paris ? Le jour de gloire est arrivé :

* Composées de volontaires bénévoles, elles ont pour mission de se porter immédiatement au secours de la population, en cas de bombardements.

** A l'exception du *Parisien libéré* et de *l'Humanité,* tous les titres de la presse quotidienne de Paris ont aujourd'hui disparu, le *Libération* de 1984 n'étant pas la continuation de celui de 1944.

« Après des combats assez violents qui ont duré près de quarante-huit heures, lit-on dans *Franc-Tireur* (quatrième année, n° 38, lundi 21 août 1944), les autorités allemandes ont demandé une trêve, reconnaissant l'état de fait ainsi créé pour leur permettre d'évacuer la capitale en ordre et sans augmenter encore l'effusion de sang et la destruction de documents. Cette trêve temporaire a été conclue, et l'ordre de cesser le feu a été donné par les représentants du gouvernement provisoire. »

Il est difficile d'être plus inexact en si peu de mots ! Les Allemands n'ont rien demandé, une sorte de « cessez-le-feu » a bien été proposé par Nordling qui, dans sa subtilité diplomatique, a pu faire croire aux Résistants qu'il résultait d'une initiative allemande et à Choltitz que les représentants du général de Gaulle à Paris le sollicitaient, mais il n'a été observé que partiellement et jamais, à aucun moment, les Allemands n'ont considéré cette pause dans les combats, qu'ils estimaient avoir accordée, comme un moyen qui leur permettrait « d'évacuer la capitale », s'ils ont (et c'est cela la vérité) pu envisager qu'elle faciliterait le passage, dans Paris, sur certains itinéraires précis, de troupes allemandes en retraite du front à l'ouest de la capitale.

Destiné à rassurer les Parisiens, ce pieux travestissement de la réalité par la presse libérée, assez mal renseignée — et c'est là toute l'explication — par les nouvelles autorités résistantes *, fera long feu : le lundi, les escarmouches continuent dans les rues de Paris.

Ce qu'il y a de frappant dans ces journaux, c'est que les résistants s'y montrent quasiment à visage et identité découverts, comme si les Allemands ne pouvaient plus les inquiéter ; dans l' « Information officielle des armées de la République ** », en date du 21 août, on peut lire que M. Hamon, du Comité parisien de libération, se trouve à la Préfecture de Police ! On peut aussi y lire cette phrase étonnante sur les pourparlers des jours et de la nuit précédents :

« Paris va être libéré, Paris a gagné sa liberté ! Dès une heure du matin, cette nuit, le monde étonné a pu connaître l'extraordinaire nouvelle, après que les représentants de l'armée allemande eussent (*sic*) signé avec les délégués de la Résistance l'armistice consacrant la victoire des forces françaises de l'Intérieur qui avaient libéré la capitale. »

Inexactes et prématurées, ces nouvelles ont, du moins, le mérite de marquer un état d'esprit fort répandu en ces instants où chacun

---

* Dans le *Franc-Tireur* du 21 août, le texte précité est un communiqué de la préfecture de la Seine, dont Marcel Flouret, nouveau préfet nommé par le GPRF, a pris possession le dimanche 20.

** Distribué gratuitement dans les rues.

souhaite, selon l'adage, prendre ses désirs pour des réalités. Et ces réalités sont terriblement contingentes.

Dans ses éphémérides, Charles Lacretelle observe, à la date du lundi 21 :

« Malgré les coups de feu qu'ils ont entendus dans la nuit, les Parisiens ont gardé l'espoir de trouver ce matin leur capitale évacuée. En sortant, ils constatent que la Wehrmacht continue d'occuper ses points d'appui et qu'elle est toujours sur pied de guerre : est-ce là « l'évacuation totale », parfois annoncée hier par haut-parleurs ? »

Evidemment non.

Comme la veille, la « trêve » n'a pas arrêté les combats et si les FFI ont attaqué l'ennemi sur dix-sept points dans la ville, les Allemands ont riposté en force, notamment place d'Italie, place Maubert et à l'angle du boulevard Saint-Germain et du boulevard Saint-Michel.

Dans le bastion de la Préfecture de Police, c'est le calme au début de la matinée ; à 10 h 45, un message est lancé aux commissariats de Paris et de banlieue :

« Aucun ordre n'est encore intervenu disant que la trêve est terminée ; Les positions de défense et de combat sont maintenues. Des ordres nouveaux risquent toujours d'intervenir mais ne sont pas encore intervenus[49]. »

Pourtant, il se passe un incident grave ce jour-là boulevard du Palais, qui nous est rapporté par l'archiprêtre de Notre-Dame :

« Le lundi, des barricades faites de pavés arrachés à la chaussée et de sacs de terre, commencèrent à fermer tous les accès au parvis de Notre-Dame et l'entrée des ponts, et, dans les jours qui suivirent, la Résistance interdit vaillamment le passage aux voitures allemandes.

« Une voiture d'ambulance, dont un occupant brandissait le drapeau de la Croix-Rouge, se présenta à la porte du préfet, boulevard du Palais. Pensant qu'on leur amenait des camarades blessés, les gardiens ouvrirent. A peine l'ambulance eut-elle pénétré sous le porche que ceux qui l'occupaient mitraillèrent tout autour d'eux : son sort fut vite réglé, mais il devint impossible d'épargner les voitures dont les félons voyageurs s'abritaient sous le drapeau de Genève[50]. »

De leur côté, les Allemands restés dans la capitale craignent les résistants, parce qu'ils ne sont pas, comme eux, des soldats en uniforme : le civil qui dissimule son arme, le « terroriste » qui va lâcher une rafale à l'improviste en ce découvrant au dernier moment, autant d'individus redoutables qu'une propagande bien orchestrée présente comme des tueurs de l'ombre qu'il faut abattre sans pitié.

A cet égard, le *Sonderführer* Wallraf note dans ses souvenirs : « Lundi 21... Un jeune lieutenant nous raconte être tombé avec deux de ses soldats au mains de la Résistance : c'était dans un quartier du sud de Paris, près d'un pont, le soir. Ils durent tous les trois, les bras levés, traverser une foule vociférante pour aller sur le pont.

— Savez-vous nager, sales Boches ? cria un résistant.

Toute la masse hurlait :

— Jetez-les dans la Seine !

« Nos camarades s'attendaient à être précipités dans le fleuve. Arrivés au milieu du pont on les fit s'arrêter devant le parapet. Ils durent se mettre face à la Seine en tournant le dos aux résistants. S'attendant à chaque instant à une poussée ou à un coup de feu dans le dos, le lieutenant, les bras levés, ne bougeait pas ; les deux soldats, pris d'une panique subite, sautèrent par-dessus le parapet dans la Seine. Lorsque leurs têtes sortirent de l'eau, on tira sur eux sauvagement de partout, jusqu'à ce qu'on ne vît plus rien d'eux. Le lieutenant se tenait toujours immobile... Dégrisés par ce qu'ils venaient de faire, les résistants le firent monter dans une auto et le conduisirent dans un appartement. On lui donna à manger et beaucoup à boire. Il but du cognac et, à chaque verre, il devait dire :

— Vive de Gaulle !

« Après quelques heures, ils remirent le lieutenant dans l'auto et le déposèrent à un commissariat de police. Dans l'après-midi, lorsque le lieutenant se fut remis de sa cure de cognac, il fut échangé contre des résistants *, et gagna notre point d'appui.

— Je ne me laisserai plus faire prisonnier par ces gens, nous dit-il. Il n'en est pas question. Je préfère qu'ils me fusillent !

« Beaucoup d'histoires de ce genre circulaient parmi nous. Elle contribuèrent naturellement à fortifier notre volonté de nous défendre contre la Résistance et d'abandonner la lutte seulement quand des troupes régulières et disciplinées attaqueraient nos point d'appui[51]. »

Robert Wallraf, occupant « moyen », comme il y a des Français « moyens », réagit comme la plupart des hommes enfermés dans leurs *Stützpunkte* de la capitale, à l'exclusion des quelques formations SS restées dans la ville dont la cruauté est relevée par le commandement FFI ; à leur encontre, l'état-major FFI donne à 19 h 15 l'instruction de « passer par les armes, par réciprocité, tous les SS faits prisonniers », l'état-major ayant appris que, rue de

* Les échanges de prisonniers s'effectuent à la cadence d'une ou plusieurs dizaines par jour, en particulier sous l'égide de la Croix-Rouge et du conseil de Suède. Ainsi, ce lundi à 9 h 25, « l'échange de quatre prisonniers allemands contre cinq gardiens prisonniers a été accepté à l'hôtel Continental » (message 503 du commissariat du Palais-Royal à la direction générale de la police municipale. Archives Georges Maurice).

Rivoli, à l'hôtel Continental, des SS, ont exécuté des FFI pris les armes à la main[52]. »

Parallèlement aux combats qui se poursuivent, la Résistance politique s'installe méthodiquement dans les ministères. Dans l'après-midi, Gus travaille au ministère de l'Intérieur place Beauvau :

« Je suis dans un bureau du fond quand Coeyles, un copain de Marceau, arrive en courant : " Filez vite, voilà les Boches ! " J'emboîte le pas aux camarades qui courent vers une sortie de derrière. Dans le petit couloir qui débouche rue des Saussaies, un garde, surpris, croise le fusil. Croyant à un piège, je bats en retraite, découvre un réduit dont une lucarne donne sur un toit. Je grimpe et fais du plat ventre sur le toit, en plein soleil, m'attendant à chaque instant à voir apparaître un casque annonciateur de coups de pistolet dans ma personne. Le tout se passe sous l'œil inexpressif d'une voisine à sa fenêtre. Après une demi-heure, je réintègre l'intérieur. Fausse alerte. Des Allemands, venus occuper la Gestapo rue des Saussaies, ont débouché dans la cour de l'Intérieur en faisant le tour de l'immeuble. Surpris par l'opposition des gardes, ils ont brandi leurs mitraillettes. Marceau (de son vrai nom Lalandre, un inspecteur des Finances plein de sang-froid) leur explique que le ministère est tenu par quelques fonctionnaires civils qui assurent une permanence[53]. »

Si, au ministère de l'Intérieur, les fonctionnaires de Vichy ont fait place nette, que se passe-t-il au ministère de la Production industrielle où Henri Culmann, toujours fidèle au poste, s'est rendu dès le matin : il y classe des papiers, s'entretient avec le secrétaire général « vichyste » Jarillot et l'inspecteur général Beau, sous l'œil indifférent d'une centaine de FFI qui gardent le bureau du « ministre » (on ignore encore qui il est) et celui du directeur de cabinet dans lequel se sont installés les fonctionnaires du Comité de libération du ministère. Culmann jette un coup d'œil critique sur des collègues qu'il découvre résistants :

« Des brassards tricolores, écrit-il, il en surgissait partout ; d'instant en instant, leur nombre augmentait, non pas d'ailleurs que les occupants venus de l'extérieur renforçassent leurs effectifs, mais un nombre de plus en plus grand de fonctionnaires de la Production industrielle s'enhardissaient à sortir le brassard de leur poche et à l'arborer. La clandestinité sortait enfin au grand jour comme les escargots aux premiers rayons du printemps. L'attitude de ces résistants clandestins enfin dévoilés était à mon égard toujours polie, mais souvent gênée. Il y avait en eux quelque chose de l'enfant pris en faute qui tempérait leur légitime fierté de patriote. En tout état de cause, en effet, ils étaient en droit de me prêter cette pensée que ce n'était pas du jour au lendemain qu'ils avaient pu constituer ce Comité de libération et préparer la manœuvre qui se déroulait devant nous, qu'au contraire, ils devaient en être depuis des mois et des années, et que le port du brassard était l'incontestable aveu qu'ils avaient, étant sous mon autorité, préparé derrière mon dos les voies de ceux qui devaient un jour me remplacer. Et pour des hommes droits, qui avaient avec moi partagé les mêmes travaux, l'aveu de cette action occulte leur donnait plus de gêne qu'à moi d'étonnement[54]. »

En cas d'attaque allemande, les résistants du ministère de la Production industrielle pourraient utiliser trois fusils de chasse, deux mitraillettes et quelques revolvers... En fin d'après-midi, après avoir attendu dans le bureau du directeur de cabinet « où le portrait du Maréchal a été enlevé et remplacé par celui de M. Raymond Poincaré », Henri Culmann est introduit chez « le nouveau ministre », un militant syndicaliste membre du parti socialiste SFIO *, Robert Lacoste :

« Je croyais connaître M. Lacoste et j'avais le souvenir imprécis de l'avoir rencontré avant la guerre à l'apéritif aux *Deux Magots*, lieu de rencontre habituel de quelques syndicalistes notoires de la Fédération des fonctionnaires. Mais je dois à la vérité de dire que je ne le reconnus pas... »

Le secrétaire général à la Production industrielle, puisque tel est son titre, annonce d'emblée qu'il doit, « en appliquant des règles automatiques arrêtées par d'autres que par lui », prier Culmann, Jarillot et Beau de quitter les lieux, cette « décision visant non pas les hommes, mais les titulaires de certains postes » : le GPRF ne saurait utiliser les services de ceux qui, au sommet de la hiérarchie administrative, exécutèrent les ordres du gouvernement de Vichy.

Ce préambule achevé, Robert Lacoste va dresser devant ses interlocuteurs le tableau de l'avenir judiciaire de la France libérée :

« Le ministre nous expose la psychologie des nouveaux gouvernants, partagés entre le besoin de justice que peuvent éprouver des hommes qui, pendant quatre ans, ont vu leurs camarades arrêtés, torturés, tués ou qui, comme lui-même, ont eu sur dénonciation, leurs parents fusillés et leur maison incendiée et, par ailleurs, le désir — qu'on sent très vif chez lui — de ne pas répondre à l'injustice par l'injustice... »

Cette préfiguration de l'épuration politique qui s'annonce à l'horizon immédiat n'inquiète pas outre mesure Culmann : il estime, qu'à son poste, il a fait de son mieux pour limiter les conséquences des exigences allemandes et pour s'opposer à celles-ci.

---

* Section française de l'Internationale ouvrière.

Il ignore, qu'en cet instant même, le Dépôt du Palais de Justice, vidé par Bussière et Laval des résistants arrêtés, est rempli de collabos appréhendés dès le début de l'insurrection ; à 18 h 50, la Préfecture de Police a adressé ce message à tous les commissariats :

« Ne plus envoyer de détenus au Dépôt. Les locaux sont complets [55]. »

Cet avis a plongé le « responsable » du XIIe arrondissement dans la perplexité :

« Nous avons ici actuellement cinquante détenus tant politiques qu'administratifs. Que faut-il en faire * ? »

La question ne se pose pas pour Culmann qui n'est pas mis en état d'arrestation ; il achève alors son récit :

« Le ministre raconte ensuite ses souvenirs personnels quant à ses rapports avec le général de Gaulle. Il dit avoir appris progressivement à le connaître et à l'estimer et qu'il fut lentement conquis par ce qu'il appelle son sens, rare en France et plus répandu en Allemagne, de la géopolitique, qui est l'art de concevoir la politique d'un pays par rapport à sa géographie. Il explique aussi la psychologie du général de Gaulle par la grande déception que lui donna la passivité de la bourgeoisie française et par le sens extrêmement vif qu'il a de la grandeur française.

« La hauteur de vues du ministre, son sens politique et son impartialité volontaire apaisent nos inquiétudes en tant qu'ils paraissent répondre au besoin qu'éprouve le pays de retrouver l'ordre dans la justice. »

La « conversation » ou plutôt le « monologue » de Lacoste a duré plus d'une heure. Culmann et ses amis s'apprêtent à sortir du cabinet de Robert Lacoste :

« En me serrant la main, M. Lacoste s'étonne que j'aie l'air surpris et contrarié de la décision prise à mon endroit. Je lui réponds qu'elle ne me surprend en rien et que j'attendais depuis quatre ans le moment où la France clandestine et la France officielle se rencontreraient.

« Je ne voulus pas encombrer le ministre de mes histoires et lui dire ce que je pensais en moi-même, qu'un homme qu'on menace d'assassiner le samedi, qu'on mitraille à bout portant le dimanche et qu'on révoque le lundi, avait de bonnes raisons d'être sérieux [56]. »

Ce sera le dernier mot d'Henri Culmann...

Pour sa part, le Dr Victor Veau qui est en rapport constant avec les chefs de la Résistance médicale, remarque « l'incohérence de cette matinée mouvementée du 21 où on passe, en quelques minutes, de

---

* Message téléphoné à la direction générale de la police municipale.

l'enthousiasme à l'abattement ». Quelques-unes des notes de son journal quotidien le montrent :

« 10 heures. — Le Père Chaillet arrive avec un colonel français (il bégaie un peu), en rapports avec Nordling. Ils disent que des troupes ont été parachutées à Senlis qui menacent d'encercler Paris. Les Allemands ont trois divisions de la Wehrmacht qui refluent de Normandie, plus des SS à Vincennes. La Seine ne peut être traversée qu'à Paris, les autres ponts ont été coupés. Si les FFI s'opposent au passage, c'est le sac de Paris par les SS. Il faut faire dire à Parodi que si les Alliés n'arrivent pas rapidement, Paris est menacé de destructions graves. Actuellement (dit toujours le colonel) le commandement allemand est encore entre les mains de la Wehrmacht, mais si les SS entrent en action, le commandement passera au parti et ce sera très grave. Il faut freiner l'action des FFI...

« 11 heures. — Les milieux de la Résistance crient à la trahison. Parodi n'avait pas autorité pour négocier avec les Allemands et encore moins pour accepter les conditions d'un armistice. Dans ces circonstances, les militaires seuls (Rol) étaient habilités pour traiter. La Résistance n'accepte pas la trêve.

« 12 heures. — Lhermitte (Philippe), un jeune interne très bien *, arrive d'une inspection, un peu découragé. Il a vu boulevard Saint-Michel des vieilles barbes (comme en 48) qui font le coup de feu avec des revolvers contre des tanks. Lhermitte est très confiant sur le résultat final parce que les Américains sont à la porte de Paris, mais il estime que la Résistance est partie trop tôt. Les Allemands vont les écraser.

« De Boissieu, qui est revenu, critique le rôle de Parodi dans l'armistice[57]. »

A « l'incohérence » de la matinée succédera, chez les résistants, l'accord de la fin de journée. Certes, tous continuent de constater, selon le mot de Dufresne-Massiet, que coexistent dans la capitale « deux pouvoirs, celui des FFI et celui de Londres, celui de la Résistance intérieure et celui du gouvernement provisoire[58] », mais un difficile consensus peut s'établir lors d'une réunion du Conseil national de la Résistance en fin d'après-midi, avenue du Parc-Montsouris, où, avec l'accord de Parodi, il est décidé qu'un nouvel appel au combat sera lancé *le lendemain* à 16 heures. En même temps, le CNR approuve un appel du Comité parisien de libération (CPL) invitant, le soir même, les Parisiens à « abattre les arbres, creuser des fossés, dresser des barricades » et une note du colonel Lizé, également datée du 21, « informant » ses secteurs que « la trêve est rompue », que « la lutte doit reprendre à outrance et plus

---

* Le futur professeur François Lhermitte, fils du neuropsychiatre Jean Lhermitte.

que jamais » et qu'il faut « couvrir Paris de barricades », formule à laquelle Rol ajoutera le lendemain : « Ayez pour mot d'ordre : chacun son boche. »

Ainsi, une fois encore, la Résistance intérieure aura imposé son jeu à la délégation gaulliste, qui en prendra définitivement son parti ; et rien n'illustre mieux la situation que ce fragment de dialogue, le lendemain, entre Chaban et Vogüé :

« Jusqu'à maintenant, dit le Délégué militaire national, j'ai joué un rôle de frein : aujourd'hui, je suis décidé à me battre !...

— Oh ! Consolez-vous, réplique Jean de Vogüé, membre du COMAC... Vous n'avez pas freiné grand-chose [59]. »

Au soir du 21 août, soixante et un quartiers de Paris « peuvent être considérés comme libérés » (Kriegel-Valrimont), mais les Allemands continuent leurs opérations-surprise entre leurs points d'appui ; on tiraillera toute la nuit.

Le mardi des barricades

Dans la matinée du mardi, les barricades se multiplient dans la ville, ainsi qu'en témoignent les éphémérides de Charles Lacretelle :

« Dans de nombreux quartiers, écrit-il, on voit des hommes, des femmes et des enfants apporter leur aide aux FFI ou se mettre eux-mêmes à la construction des barricades. Les uns arrachent des pavés ou des grilles de fonte des arbres, les autres se chargent de l'assemblage des matériaux, parmi lesquels figurent des vieux fourneaux, des carcasses de lits et toutes les ferrailles qui ont pu être traînées là... Ailleurs, dans les avenues aux grands arbres, des bûcherons, dont certains sont à tel point novices qu'ils manient la hache pour la première fois, entaillent les troncs. Lorsque, dans un craquement qui se prolonge, la masse verte s'abat en travers de la chaussée qu'elle barre, l'assistance formule ainsi à haute voix son appréciation admirative sur ce beau travail : « Ils peuvent venir maintenant, les Fritz, ils ne passeront pas [60]. »

Lacretelle parle de « nombreux » quartiers, pas de « tous » les quartiers ; c'est une évidence qui a frappé les parisiens.

« Sur toute l'étendue de la capitale, sauf dans les arrondissements dépendant du secteur ouest, la bataille devait faire rage en cette journée du 22, assure Massiet-Dufresne [61]. »

Et le capitaine de corvette Sonneville renchérit :

« Dans les quartiers riches où il est possible de diminuer les conséquences du rationnement et de vivre une vie proche de la normale, le désir général est que tout se passe avec le minimum de dégâts [62]. »

Et sans qu'on y participe personnellement, pourrait-on ajouter.

Infortuné Sonneville ! Ecarté du commandement des FFI de la Seine au profit de Rol, il constate avec mélancolie :

« D'acteur, je suis devenu simple spectateur. Officier mandaté par le général de Gaulle, je n'ai pourtant ni l'autorité, ni les moyens qui me permettraient de participer aux combats. Mon rôle est de liaison et j'en ai assez de mettre sur le porte-bagages de ma bicyclette des paquets de billets de banque destinés au COFI, à la CGT, aux FFI [63]...

Parallèlement à la multiplication des passages défendus par des barricades dans la capitale, le nombre des combattants FFI augmente : au matin du 22, il comporte environ 5 000 hommes, soit 3 500 de plus que le 19, mais 5 000 hommes * qui demeurent mal armés, mal équipés et pour qui toute prise de matériel allemand est saluée comme une victoire. Gilles de Boisgelin a assisté à « la curée » d'un camion allemand au bas du boulevard Saint-Michel :

« Les Allemands tirent, on en tue deux, les autres se rendent, ils sont pâles, semblent épouvantés par cette horde de civils à l'air farouche qui se rue sur eux ; il y a un canon antichars sur le camion, la barricade Saint-Michel s'en empare avec des hurlements de joie [64]... »

Leur joie sera de courte durée : des combattants de la Préfecture de Police, à bord d'une voiture, traversent à toute vitesse le pont Saint-Michel et, sous les yeux médusés des FFI de la barricade, s'emparent du canon qu'ils placent sur le toit de leur voiture et s'en retournent avec leur « prise de guerre » à la Préfecture.

Dans le feu de l'action, des méprises fâcheuses peuvent se produire : ainsi, une voiture de tourisme récupérée par les résistants de la Préfecture de Police et montée par un brigadier et deux gardiens est attaquée rue de la Gaîté par... un groupe de FFI ; le gardien Avriac, du XIVe arrondissement, est tué sur le coup. Son corps est transporté chez les sœurs de la rue Charles-Divry.

Cette même matinée, les FFI des Lilas, qui entrent dans le fort de Romainville, découvrent le corps de six hommes et d'une femme, fusillés dans la cour du fort par les Allemands avant leur départ : ils sont photographiés et le document sera l'un des tout premiers à être publié dans la presse libre. A midi, Charles Luizet ordonne que quinze gardiens devront diffuser, par voiturettes haut-parleurs, la reprise du combat : est-ce bien utile ? Les combats n'ont guère cessé.

---

* Initialement, 25 000 FFI avaient été prévus, on le sait, pour le plan de protection de Paris : le 19 août, 1 750 seulement étaient armés ; « les autres 20 000 FFI qui se feront dénombrer dans nos rangs *à partir du 26 août*, ne viendront se joindre à nous que dans les journées des 23, 24 et 25 août, trois jours de barricades, c'est bien peu pour se parer de la gloire d'avoir appartenu aux FFI », commente Massiet-Dufresne (*op. cit.* p. 165).

Et si, le mardi, ils augmentent d'intensité, le délégué général Parodi maintient une attitude de prudence « politique » ; à l'issue d'un « conseil » qu'il tient au début de l'après-midi à l'hôtel Matignon, « Cerat » fait diffuser la circulaire polycopiée suivante que le Dr Veau, qui la recevra par l'intermédiaire de Pasteur Vallery-Radot, transcrit immédiatement :

« Conseil des ministres, 22 août.

« Les informations quant à l'arrivée des Alliés sont toujours imprécises. Le haut commandement interallié a été saisi à différentes reprises de la situation de Paris. Le combat continue.

« J'appelle l'attention sur le danger que peut présenter le repli des troupes allemandes sur Paris. On peut redouter des représailles sur les bâtiments publics occupés par la Résistance. Il est recommandé aux secrétaires généraux de prendre les dispositions de sécurité appropriées aux circonstances et qui pourraient varier avec les dispositions des locaux et suivant les forces de protection qu'ils possèdent[65]. »

Le matin, Gus s'apprête à regagner la délégation générale, rue Séguier :

« Nous partons rue Séguier en voiture arborant un drapeau blanc, R. (Roger) et moi, conduits par un garde dont c'est la première sortie en voiture depuis six ans. Tout est calme jusqu'à la rue du Four. Avant de traverser le boulevard Saint-Germain, nous demandons si on peut passer sans trop de risques.

« Un homme nous rassure, en nous recommandant toutefois de traverser rapidement le boulevard. Nous nous y engageons et sommes accueillis par une rafale de mitraillette partant du métro Odéon. Nous gagnons la rue de Buci, faisant ouf ! quand nous voyons déboucher devant nous, au bout de la rue, un char flanqué de fantassins fusil au poing. Notre voiture bondit sur le trottoir et nous nous engouffrons dans une porte. Nous y restons trois quarts d'heure, pendant que le char patrouille et va démolir l'hôtel des Pyrénées (rue de Seine ?) où est découvert un dépôt de munitions prises la veille. Deux prisonniers sont forcés de monter sur le capot et sont emmenés au Sénat. Nous repartons pour rentrer (place Beauvau). Boulevard Malesherbes, derrière la Madeleine, grand rassemblement de voitures allemandes. Nous sommes arrêtés, sous la menace des mitraillettes. On tâte nos poches à la recherche d'armes. J'explique en allemand que nous sommes fonctionnaires du ministère de l'Intérieur, paisibles et tout. D'entendre parler allemand semble faire bonne impression aux soldats. Nous repartons et sommes de nouveau arrêtés place Saint-Augustin où circulent des chars et des marins en camions. Nouvelles explications et nous repartons[66]. »

Deux points de ce témoignage sont importants. D'une part, le 22, le « drapeau blanc » de la trêve est *encore* utilisé par certains résistants, non armés il est vrai, pour leurs déplacements dans Paris ; d'autre part, selon les endroits, les Allemands n'ouvrent pas systématiquement le feu sur les voitures civiles. C'est l'un des contrastes le plus frappant observé pendant l'insurrection : il y a des zones où les Allemands restent d'une totale passivité, d'autres où ils font montre d'une agressivité, voire d'une cruauté extraordinaires.

Tout semble se passer comme si leurs groupements disséminés dans Paris agissaient chacun pour son compte. Quant aux rares troupes venant du front qui traversent la ville *, elles ne comprennent pas ce qui s'y passe, si l'on en croit le *Sonderführer* Wallraf ; avec le chef de la défense de la Chambre des députés, il a quitté le Palais-Bourbon ce matin-là, afin d'inspecter l'hôtel Crillon où il doit établir de nouveaux cantonnements :

« Nous partîmes en voiture découverte. Le conducteur et un soldat armé d'un pistolet automatique étaient assis devant. Lorsque nous atteignîmes le pont de la Concorde, on entendit tirer en amont, vers la gare d'Orsay. Nous nous arrêtâmes. Une colonne de voitures amies longea le quai d'Orsay et vint sur nous à plein gaz... La première voiture de la colonne s'arrêta à la hauteur du boulevard Saint-Germain. Un officier allemand en descendit rapidement.

— Quelle saloperie ! nous dit-il...

— Qu'est-ce qui s'est passé ?

— Bien, qu'est-ce qui s'est passé ? Vous ne voyez pas ? Partout des balles dans la voiture ! Une m'a effleuré la jambe ! Les cochons ! Nous longions tranquillement la Seine et tout à coup, cela part de tous les côtés. On ne voit personne ! Ils tirent des fenêtres et des toits ! Mais où sont donc les autres ? Il me manque des voitures ! Ces cochons n'auront tout de même pas eu leur peau ?

— Demi-tour, cria-t-il aux conducteurs de ses voitures. Il faut aller voir ce que sont devenus les nôtres !

— Mais revenez après par ici, lui conseilla le chef de la défense. Il y a un point d'appui où vous pourrez toujours vous mettre à l'abri.

— Point d'appui... Merde pour votre point d'appui. Je veux récupérer mes hommes ! Et déjà les voitures repartaient prudemment, en direction de la gare d'Orsay[67]. »

A vrai dire, Choltitz n'a aucune prise sur les éléments qui traversent la ville ; le 22, von Unger signe, pour le *Wehrmachtsbefehlshaber in Paris*, un « projet d'ordre » aux troupes allemandes visant à ralentir l'avance alliée vers la région de Paris, projet qui

* La plupart des Allemands en retraite vers l'est ne passeront pas par la capitale.

prévoit d'empêcher les Alliés de franchir la Seine en amont et en aval de la capitale. Là aussi, les moyens sont insuffisants et les débris des forces allemandes opérant dans la région parisienne sont contraints à une retraite qui se déroule relativement en ordre.

En ce qui concerne la capitale elle-même, à laquelle il consacre un paragraphe entier, le cinquième et dernier, le projet d'ordre de Choltitz est, pour le moins, imprécis autant que verbeux :

« En ce qui concerne les groupements de combat dans la ville de Paris, ils auront un comportement intelligent et raisonnable, sûr de soi et discipliné, vis-à-vis d'une jeunesse sur le bord de l'insurrection ou en état d'insurrection active et déchirée en de nombreuses orientations intellectuelles et politiques. Ainsi paralyseront-ils l'adversaire et mettront-ils tout en œuvre pour rétablir une vie normale dans Paris, ce qui nous donne l'unique possibilité de préserver la route d'accès et de traversée des troupes combattantes. Notre mission présente est de préserver la valeur incroyable et illimitée de nos forces combattantes qui représentent la base du combat ultérieur de l'armée sur notre front[68]. »

Choltitz ne se fait sans doute pas d'illusion sur le sort que ses subordonnés feront à cet ordre ; au besoin, il « sévira » verbalement contre eux, dans une scène de colère feinte que Wallraf appelle le « scénario du revolver », où le *Wehrmachtsbefehlshaber in Paris,* d'un « ton énergique et presque menaçant » répétera à ses officiers qu'ils doivent « suivre ses ordres sans discussion » et qu'il « abattrait lui-même avec son revolver tout officier, fonctionnaire ou simple soldat qui voudrait essayer de s'enfuir de Paris[69] ... ».

Choltitz a, certes, reçu des informations sur l'état d'esprit de certains de ses officiers qui abandonneraient volontiers la capitale, mais il a surtout lu une missive de l'OKW (commandement suprême de la Wehrmacht) signée par Hitler qui, faisant de Paris une position-charnière sur un nouveau front à tenir au sud-est sur une ligne Pontarlier-Langres-Troyes-Vallée de la Seine, a donné l'ordre suivant :

« Paris est à transformer en un monceau de ruines. Le général commandant doit défendre la ville jusqu'au dernier homme et périra, s'il le faut, sous les décombres. »

Ordre absurde, pense Choltitz ; « la situation à Paris étant ce qu'elle est », et Choltitz « ne pouvant s'opposer avec succès aux divisions blindées de l'ennemi », le *Werhmachtsbefehlshaber* réagit en professionnel du combat et en tacticien rompu à tous les *Kriegspiel :*

« L'ensemble des directives d'Hitler, écrit-il, n'était qu'un papier dépourvu de toute valeur militaire[70]. »

Et le chiffon de papier... tactique du Führer est rapidement oublié *.

Enfin, toujours le mardi, Choltitz va autoriser cent quarante camions à quitter la capitale pour ramener de Verneuil-l'Etang plusieurs centaines de tonnes de farine destinée aux boulangers de la ville ; il y met la seule condition que ces camions ne serviront à aucun autre transport, qui s'effectuera sous le contrôle du Dr de Morsier, un médecin suisse représentant la Croix-Rouge internationale et du consul de Suisse René Naville. Ce dernier a raconté l'entrevue avec Choltitz au Meurice :

« Dès le début de l'après-midi, je me rends avec le Dr de Morsier auprès du général von Choltitz... Il ne fait pas d'objection à l'action envisagée. Il donne même immédiatement les ordres nécessaires pour la rendre possible, nous promettant qu'aucun camion muni de laissez-passer allemand ne serait réquisitionné par les troupes allemandes[71]. »

A la fin de la journée, note le Dr Veau, « le Dr Robert Debré, toujours optimiste, dit que les Allemands sont impuissants à réduire la Résistance » et l'archiprêtre de Notre-Dame confie au récit commencé cette observation vécue :

« Dès le mardi 22, les FFI, qui étaient au Pont-au-Double, vinrent nous dire qu'on tirait sur eux des tours de Notre-Dame. Certains affirmèrent avoir vu des coups de feu partir des abat-sons. Etait-il vrai ? Il est si facile de se cacher dans les parties hautes de l'immense édifice ! Continuellement des ouvriers vont et viennent ; des Allemands ou de mauvais Français auraient pu se mêler à eux et s'embusquer dans les tours ou dans les charpentes. Une démarche urgente s'imposait à la Préfecture ; nous la fîmes et nous obtînmes que deux patrouilles se dirigeant en sens contraire feraient une minutieuse visite des parties hautes... On ne trouva personne. Dans la suite, de nombreuses équipes se présentèrent pour recommencer la visite, mais toujours sans résultat.

« Très souvent, au cours de la journée, on tirait des barricades sur la cathédrale, toutes les fois qu'on avait l'impression de voir quelqu'un derière les sculptures ou les contreforts ; les verrières, heureusement sans valeur, eurent à en souffrir, de même que l'appartement du prêtre trésorier et celui de l'archiprêtre qui reçurent un certain nombre de projectiles[72]. »

Cette constatation qui préfigure, en quelque sorte, la hantise des tireurs des tours d'église et des toits qui se développera dans les jours suivants, apparaît dès le 22 : et le 26, l'intérieur de Notre-

* Choltitz remarque que cet ordre de l'OKW est destiné au groupe d'armées de l'ouest (MODEL) en pleine retraite, et non pas à lui-même.

Dame connaîtra la seule mitraillade mystérieuse de sa longue histoire !

Enfin, ce mardi, les auditeurs ont pu entendre, sur la longueur d'onde utilisée jusque-là par la Radiodiffusion nationale (de l'Etat français), des informations de la Radiodiffusion française tombée aux mains des résistants quarante-huit heures auparavant ; au soir du 20 août, en effet, « Marc », pseudonyme de Jean Guignebert, un homme de radio qui, avant la guerre, avait créé le journal parlé de Radio-Cité, et quelques hommes de la Résistance se sont installés au « studio d'essai » de la radio vichyste, 37 rue de l'Université ; ils décident, à 22 heures, de « lancer » la première émission de la radio libérée :

« Les enfants, on y va, dit Guignebert. Mais juste une *Marseillaise,* une annonce et de la musique. Les boches sont encore trop près pour faire prématurément les zouaves, raconte Michel Droit. Ah ! la première vraie *Marseillaise* entendue depuis plus de quatre ans. Ah ! Nos jeunes gorges serrées. Et Pierre Crénesse lançant en notre nom à tous : « Ici Radiodiffusion de la Nation française ! » Ce fut tout, ce soir-là, mais, pour un peu, nous aurions cru avoir déjà libéré Paris à nous seuls. Dès le mardi, nous donnions régulièrement des informations. Nous diffusions des reportages enregistrés sur les barricades[73]... »

Le second souffle de l'insurrection

Vue de la Résistance, la construction de ces barricades constitue le signe de ce qu'on peut appeler le second souffle de l'insurrection, en même temps que son développement maximal :

« Quand le mardi 22 août, dira ultérieurement Parodi, nous avons repris le combat *, je crois que vraiment, ce jour-là, il y avait une différence complète de situation, car la Résistance avait maintenant derrière elle non pas seulement des mouvements épisodiques, des mouvements partiels de soulèvement, mais vraiment tout le peuple de Paris. C'est à partir du 22 août que les barricades se sont vraiment construites, se sont multipliées dans Paris[74]. »

Le respect des faits nous impose de corriger légèrement l'opinion du délégué général : *tout* le peuple de Paris ne s'est pas soulevé, le nombre des combattants recensés par le commandement FFI le prouve. Il y eut certes, de la part de celui-ci, des appels répétés à la levée en masse, ils ne seront que peu suivis d'effet. Et comment

* Il n'a pas cessé, on le sait.

d'ailleurs le commandement FFI aurait-il pu armer, ne serait-ce que 50 000 combattants ?

D'autre part, la carte des barricades montre que leurs emplacements étaient nombreux dans certaines zones de la ville, pratiquement inexistants dans d'autres. Faut-il opposer le comportement des habitants des quartiers aisés à celui des habitants des quartiers considérés comme plus pauvres ou « traditionnellement révolutionnaires » ? L'ouest parisien des « beaux quartiers » à l'est des « quartiers populaires » ? Ou faut-il avancer qu'en fait les barricades ne jaillirent qu'aux endroits stratégiquement importants, par exemple à proximité des points d'appui allemands et sur les itinéraires utilisés par les occupants entre ces points d'appui, à l'exclusion de toute autre considération ? Ou faut-il faire sienne cette appréciation sans nuances de Pierre Sonneville :

« Il n'y a pas eu, en fait, d'insurrection à Paris, mais une action de partisans semblable à celle des maquis et qui sera dominée, dans le souvenir des hommes et dans les conséquences politiques par l'initiative prise par la Préfecture de Police le 19 août et par la position de la Délégation et d'une partie de la Résistance, dans la conclusion et le respect au moins partiel d'une trêve avec les Allemands[75] ? »

Entre ces appréciations divergentes *, nous soumettons au lecteur une explication plus proche des faits : d'une part, la petite minorité des résistants de la capitale entre à fond, et de différentes façons, dans l'insurrection déclenchée par ses chefs, quelle que soit leur appartenance ; d'autre part, une partie de la population leur apporte progressivement une aide limitée, puis plus étendue au cours de l'extension des combats, aide qui va de l'approbation psychologique à la participation effective, celle-ci étant constante ou épisodique. Enfin, une troisième partie, non négligeable, des civils se partagera en deux « clans » nettement bien délimités : ceux qui restent chez eux en « attendant que cela se passe » et ceux qui sont constamment dehors pour voir « ce qui se passe », quitte à risquer d'être atteints par une balle qui ne leur est pas destinée. Ceci est schématique, bien entendu, car, individuellement, des hommes et des femmes varient d'attitude au gré des événements et de leurs humeurs, passant de la troisième à la seconde catégorie, voire à la première. Et n'oublions pas la présence, pendant toute la durée des combats, de pêcheurs à la ligne sur les bords de la Seine et de baigneurs prenant le soleil sur la

* La thèse exposée par Pierre Taittinger (*Et Paris ne fut pas détruit, op. cit.*) selon laquelle l'action conjuguée protectrice du Conseil municipal, du préfet de police et du général von Choltitz suffit, à elle seule, à assurer la sauvegarde des Parisiens et la non-destruction de la ville, est difficilement admissible en bloc.

« plage » *, créée après l'Exposition internationale de 1937 au débouché du pont d'Iéna sur la rive droite, sans oublier ceux qui ont choisi le square du Vert-Galant pour lézarder avant de piquer une tête dans le fleuve.

Tant et si bien que ce concept d' « insurrection du peuple de Paris » peut prendre différentes significations, selon l'engagement politique de celui qui l'évoque : dans l'esprit de Parodi, c'est le ralliement de *tout* le peuple, classes sociales et sensibilités politiques confondues, à un idéal et une action communs, alors que pour les communistes, par exemple, c'est le peuple « populaire », c'est-à-dire la classe ouvrière, héritier des traditions révolutionnaires de 1789, de 1830, de 1848 et la Commune de 1871, qui draine et rassemble autour de lui les énergies dispersées et disparates.

En réalité, toutes ces positions ne sont pas inconciliables, si l'on admet qu'une synthèse est concevable qui emprunte aux unes *et* aux autres, sans faire des unes *ou* des autres, le fondement intangible de l'interprétation historique des faits. C'est ce que nous pensons et cette hypothèse explicative est très proche de celle que nous avons émise à propos de la Résistance elle-même, dont l'insurrection de Paris constitue l'apothéose ; de son côté, Roger Bourderon écrit de la Résistance, que née « d'initiatives pionnières isolées », elle « deviendra résistance de masse » :

« Non par l'engagement actif de la majorité des Français ; mais par la sympathie dont elle est entourée, par les complicités dont elle bénéficie et sans lesquelles, d'innombrables témoignages le prouvent, elle n'aurait pu échapper aux coups de la répression[76]. »

Cette description s'applique, nous semble-t-il, à la semaine d'août pendant laquelle une bonne partie de la population parisienne passera de l'apathie à la sympathie, de la sympathie passive à la sympathie active en faveur de la poignée de combattants issus de la Résistance, qui se bat dans la ville.

Dans la matinée du mercredi 23, un document fort important, parce qu'il est le premier à évoquer la question, décompte les pertes en vies humaines depuis le samedi 19 ; il s'agit de « l'état numérique des victimes du 19 au 23 août à 9 heures » établi par les services de Georges Maurice, directeur général de la Police municipale de la Préfecture de Police[77]. Voici la récapitulation :

Gardiens		**Civils**		**Allemands**	
Tués	Blessés	Tués	Blessés	Tués	Blessés
62	172	483	1 197	68	82

* Il s'agit d'une promenade en bord de Seine prolongée par des marches permettant d'accéder au fleuve. Elle a été détruite après la guerre pour laisser le passage aux automobilistes empruntant la voie express rive droite.

Dans leur sécheresse, ces chiffres constituent un ordre de grandeur des pertes des deux côtés pendant les quatre premiers jours d'escarmouches en banlieue et à Paris ; en sont exclues, par exemple, certaines exécutions sommaires de résistants par les Allemands dont on ne trouvera les victimes qu'*après* le 25 août ou qui ne seront décomptées qu'ultérieurement.

Sur le plan de la répartition géographique des combats, ils confirment ce que chacun a pu constater : aux 81 morts et 172 blessés du XIe arrondissement, aux 58 morts et 79 blessés du XIIe, aux 12 morts et 64 blessés du XIVe, répondent les 4 morts et 3 blessés du XVIe. Les FFI ont tué 15 Allemands et blessé 15 soldats feldgrau dans le IVe arrondissement, alors qu'il n'y a eu aucun tué et aucun blessé allemand dans le XVIe.

Gus et « de Man », qu'une mission pour la Résistance oblige de passer dans les « beaux quartiers » notent cet après-midi-là :

« Nous faisons de grands détours pour gagner Javel. Les quartiers de Passy et d'Auteuil ont un aspect surprenant. On s'y promène proprement habillé, beaucoup de magasins sont ouverts, les terrasses de cafés sont garnies à Auteuil. On ignore complètement ce qui se passe autre part. Roger, tandis que nous descendons l'avenue Mozart, préconise l'envoi d'une section de FFI pour lancer quelques grenades, et tirer des rafales dans les façades[78]. »

En contrepoint, rappelons que certains des beaux quartiers où administrations et états-majors allemands se sont installés par prédilection, ont été les premiers abandonnés par les occupants : pourquoi élever une barricade avenue Foch, puisque tous les hommes de l'état-major du SD l'ont fuie la semaine précédente ?

Ailleurs, les échauffourées continuent.

L'un des faits d'armes les plus étonnants de la journée est, sans conteste, la capture d'un train allemand circulant sur la voie ferrée de la petite ceinture entre la place Gambetta et les Buttes-Chaumont. A cette capture participe Madeleine Riffaud, cette jeune (elle a vingt ans) et héroïque résistante communiste, arrêtée puis relâchée *in extremis* dans la nuit du 19 au 20 août *. Elle l'a ainsi raconté :

« Un matin (le 23), je reçus un coup de téléphone me disant : " Attention, il y a un train blindé (en réalité, il n'était pas blindé !), nous ne savons pas combien il y a d'Allemands dedans, mais en tout cas, il évolue sur la voie de Ménilmontant à Belleville-Villette. Il est évident qu'ils veulent nous prendre par surprise... " Avec trois copains **, Guy, un métallo de dix-huit à dix-neuf ans, Max, un

* Cf supra p. 125, et suiv. 399.

** Madeleine Riffaud appartient à la compagnie de FTP « Saint Just » cantonnée à la poste centrale du XIXe arrondissement et commandée par Dharcourt, futur médecin à Marseille. Elle est assez fortement armée ; la Sten est un pistolet-mitrailleur MK 2.

lycéen d'une classe déjà plus bourgeoise et un troisième nous sommes partis avec deux Stens, des grenades à manche, des fusées éclairantes fauchées aux Allemands et de la ficelle[79]. »

Les jeunes résistants vont se poster au pont de Belleville-Villette qui domine la voie le long des Buttes-Chaumont :

« Nous avons lié les grenades comme nous avions appris que le faisaient les dynamiteurs pendant la guerre d'Espagne et quand le train sortit du tunnel en balayant tout de rafales, nous avons commencé à jeter grenades et fusées sur la voie et sur la locomotive. Nous avons tiré tant et plus, si bien qu'effrayés par le bruit les Allemands ont dû penser que nous étions au moins une centaine. Ils reculèrent sous le tunnel... »

D'autres FTP de la compagnie Saint-Just, des agents, des membres des milices patriotiques*, et des résistants d'autres mouvements, arrivent sur les lieux.

« Ici se place l'acte de courage d'un vieux cheminot, poursuit Madeleine Riffaud... Bien que nous ayons déjà eu un copain tué parce qu'il s'était approché trop près du tunnel, le cheminot, un retraité des chemins de fer, eut le courage d'y pénétrer, de monter sur la locomotive et de la détacher. Aussi, bloqués sous le tunnel et ne sachant plus que faire, les Allemands se sont-ils rendus. Ils étaient quatre-vingts, avec armes et bagages, beaucoup d'essence, à manger et beaucoup de cigarettes, ce qui fut également très bien accueilli. »

Selon André Tollet, président du Comité parisien de libération, ce combat fut plus vif entre les FFI du XIXe et du XXe et les Allemands qui gardaient « deux trains de munitions et un dépôt d'essence entreposés sous les Buttes-Chaumont ». Un premier assaut des FFI, le 21, n'a pas réussi et, insuffisamment armés, « les FFI doivent décrocher et se replier sans perdre le contact ».

La journée du 23 est ainsi racontée par André Tollet, sa version présentant quelques différences avec le récit de Madeleine Riffaud :

« Un commencement d'incendie s'étant déclaré, c'est un cheminot révoqué de 1939 pour son activité politique et syndicale qui attelle une machine et dégage le convoi, évitant une explosion dont les conséquences auraient pu être lourdes. Après un violent combat, les FFI capturent la garnison. Centre trente-sept Allemands sont faits prisonniers, les deux trains de munitions et le dépôt d'essence sont récupérés. Du côté FFI, un capitaine et deux hommes sont tués, tous trois du XXe. Le lieutenant Madeleine Riffaud est cité à l'ordre de l'armée pour son comportement au cours de cette bataille[80]. »

Une troisième version résume différemment l'affaire, relatée par

* Auxiliaires levés par les Comités de libération des arrondissements de Paris.

des messages téléphonés le jour même par des informateurs policiers à la Préfecture de Police :

« 12 h 55. — Le XXe a bloqué trois trains d'Allemands sous le tunnel de Ménilmontant sous rue Sorbier.

« 13 h 25. — Du XXe. Demande des gaz lacrymogènes pour lancer contre les trains bloqués tunnel Ménilmontant par XXe et FFI. Nécessaire fait auprès du garage.

« 19 h 10. — Du XXe. Les deux trains bloqués sous tunnel Ménilmontant par suite attaque FFI sont entièrement aux mains de cellesci. Ne contiennent que du matériel peu utile actuellement. Onze personnes ont été faites prisonnières. Machine ayant déraillé, voie bloquée pour un certain temps[81]. »

Ces différences entre les souvenirs recueillis ou publiés après les événements qu'ils rapportent et les messages enregistrés au moment où ils se déroulent n'a rien d'étonnant, les approximations et les imprécisions des seconds, inévitables dans le feu de l'action, équipollant les précisions et les affirmations des acteurs restituées par une mémoire inévitablement sélective.

Dans la matinée et l'après-midi, de sévères accrochages ont lieu au Grand Palais, dont une petite partie est incendiée par les Allemands, au carrefour Saint-Germain — Saint-Michel et place Saint-Michel, dans le nord de la ville, au carrefour rue des Batignolles — rue de Rome, place du Châtelet, dans le Ve arrondissement, au Pont-Neuf, en bref vingt-quatre lieux différents de petits combats. Les Allemands gardent solidement leurs six points d'appui sur la rive droite (le central Archives, la place de l'Opéra avec la Kommandantur à l'entrée de la rue du Quatre-Septembre, la place de la République avec la caserne Prince-Eugène, l'Etoile avec l'hôtel Majestic, la place de la Concorde avec le ministère de la Marine et l'hôtel Crillon, la rue de Rivoli avec le Continental, le Meurice et le jardin des Tuileries) et leurs quatre points d'appui de la rive gauche (l'Ecole militaire, la Chambre des députés, le Sénat avec une partie du jardin du Luxembourg, le ministère des Affaires étrangères, quai d'Orsay). Leurs sorties, avec chars ou automitrailleuses sont fréquentes mais, finalement, assez désordonnées et jamais l'engagement n'est poussé à fond ; c'est ce que constate Maurice Cazeaux au Pont-Neuf où, venant de l'Institut, quatre chars allemands se dirigent vers l'endroit où, quelques instants auparavant, des FFI cantonnés dans le bâtiment de la Monnaie ont détruit une voiture allemande blindée occupée par les Allemands :

« Le combat s'est engagé, violent, inégal, entre ces lourds instruments et nos garçons dont beaucoup, en slip, se doraient au soleil sur les toits de la Monnaie tout à l'heure... Au moment où nous descendons à la cave, les tanks avancent ; les mitraillettes, les canons, les ordres gutturaux allemands, des silhouettes courant, c'est du moins ce que l'on entend et ce que l'on aperçoit. Une heure passe. Quand nous remontons, tout est plus calme. Je vais à la fenêtre. Je ne vois rien de spécial. Les Allemands ne s'engagent pas à fond, du moins pour l'instant ils ne vont pas au bout de leurs actes. Petit à petit, les bains de soleil reprennent sur les toits de la Monnaie[82]... »

Promeneur impénitent dans Paris insurgé, Charles Lacretelle remarque deux détails, l'un odoriférant, l'autre tactique :

« Des mesures de salubrité s'imposent : il n'y a plus de service de nettoiement et d'enlèvement des ordures ménagères ! Dans le XIVe arrondissement, on voit une affiche ordonnant " que l'on fasse procéder au brûlage des ordures par immeuble et par petits paquets ", car, au mois d'août, le soleil fait fermenter les détritus qui, depuis plusieurs jours, commencent à s'amasser dans les poubelles. Est-ce à dire que les bennes spéciales du service de nettoiement de la ville de Paris soient condamnées à une inactivité temporaire ? L'état-major FFI a prévu leur emploi. Dans les instructions qu'il donne à nouveau pour les opérations de guérilla, il indique " qu'on pourrait se servir de camions à bennes basculantes et utiliser les ressources du service de nettoiement de la ville, pour attaquer les blockhaus en surface des Allemands ". La manœuvre devra être exécutée ainsi : la benne, chargée de terre, sera amenée en marche arrière au blockhaus. Le chauffeur, protégé par la terre, la fera basculer sur les embrasures tandis que la garnison allemande sera détruite à coups de fusil ou par jet de grenades ou de bouteilles incendiaires[83]. »

Transformées en engins de guerre, les bonnes vieilles SITA ? Il ne semble pas que cela se soit produit en de nombreux endroits, alors que, parfois, ces antiques ramasseuses des boîtes à ordures sont utilisées pour l'édification des barricades. Mais les Parisiens font-ils tellement d'ordures ménagères, en débris alimentaires en particulier ? Le ravitaillement reste des plus précaires et si la débrouillardise est reine (des maraîchers de la région parisienne viennent vendre à la sauvette leurs salades dans les rues de la capitale), les nouvelles autorités veillent à éviter ou à limiter la flambée des prix, ainsi qu'a pu le constater Maurice Toesca, non loin de son domicile à Neuilly :

« Une concierge débite des légumes et des fruits : 30 francs le pied de salade, 50 francs le kilo de poires. Une voiture de la Résistance survient. Un policier impose au vendeur de baisser son prix (la salade tombe à 20 francs) et de ne vendre qu'un kilo de poires par personne[84]. » En tout cas, les Parisiens remplissent leurs baignoires et, quand ils n'en ont pas, casseroles et chaudrons d'eau potable : il importe de se constituer une réserve pour le cas où les canalisations seraient détruites.

Ce n'est certes pas l'intention de Choltitz : dans l'après-midi du mardi, il avertit les représentants du Comité international de la Croix-Rouge de la Suède et de la Suisse qu'il a retiré les gardes allemandes aux abords des stocks de vivres et leur en remet la liste détaillée le lendemain, liste qui sera donnée par les médecins de ces deux pays neutres aux services français du ravitaillement, afin que le contenu des stocks allemands soit distribué sans retard à la population nécessiteuse de Paris[85].

Deux missions et un canular radiophonique

Un fait nouveau se produit le 23, dont on trouve le premier écho dans deux appels téléphoniques à la direction générale de la Police municipale :

« 15 h 30. — Du XIXe. Lieutenant Harvai, 2 rue Jourdain, signale que des déserteurs allemands en tenue civile venant de Beauvais circulent à Saint-Denis et sur le XVIIIe. »

« 16 heures. — Du brigadier Petit. Poste de la Folie-Méricourt. Il y aurait lieu de ne pas considérer comme suspect le nommé Poter-Kuno, déserteur de l'armée allemande, de son pseudonyme Bonvillain, qui, ces jours derniers, aurait ravitaillé en armes le poste de la Folie-Méricourt et aurait enseigné (*sic*) aux hommes le maniement des armes allemandes. Poste rappelé confirme[86]. »

Choltitz se fait l'écho de ces désertions dans ses souvenirs, en moralisant un tantinet, selon l'un de ses penchants :

« A mesure que la situation empirait, écrit-il, des maraudeurs se montraient au grand jour pour se livrer au pillage et ensuite se mettre à l'abri. Certains militaires se mirent à porter des vêtements civils et la faiblesse humaine apparut sous ses formes les plus hideuses... J'étais obligé de faire circuler des patrouilles commandées par des officiers pour combattre le désordre[87]. »

Ce que Choltitz constate chez ses soldats à Paris est observé dans l'ensemble de l'armée allemande : en 1943, 3 057 soldats avaient été condamnés pour désertion; en 1944, ils seront 5 968, presque le double. Jusqu'au mois d'août 1944, on constate que la proportion des lettres de soldats révélant une opposition au régime hitlérien et à la poursuite de la guerre varie entre 2 et 5 pour cent; d'août à l'automne, le pourcentage monte à 7 puis 14 pour cent[88] !

Le *Sonderführer* Wallraf, qui a quitté la Chambre des députés le 23 pour emménager à l'hôtel Crillon, place de la Concorde, connaît cette tentation :

« J'occupai la chambre 314 au Crillon, petite mais avec une salle de bains et donnant sur une cour intérieure. Derrière la porte, il y avait encore le prix affiché en 1939 pour des touristes américains, 7 dollars 50 cents par nuit. Je rangeai mes affaires dans l'armoire. Par mesure de prudence, j'avais trois complets civils dans ma malle : je la mis sous le lit... Le soir, avec des camarades, nous ouvrîmes une bouteille de cognac dans ma chambre et, en buvant, nous déblatérâmes contre cette absurdité militaire qui consistait à nous défendre dans un palace parisien[89] ! »

Peut-être est-ce aussi l'avis de Choltitz qui, au soir du 22, au cours d'une conversation avec Nordling, a demandé au consul de Suède « s'il voyait encore un moyen de raisonner la Résistance », par exemple en tentant de faire contacter de Gaulle par quelqu'un « afin d'essayer d'influencer le chef de l'adversaire pour calmer une dernière fois la Résistance ». Dans l'esprit du *Wehrmachtsbefehlshaber in Paris,* des intérêts de natures différentes convergeaient vers un même point, lui, Choltitz, « voulant préserver ses soldats de toute perte » et les Français « ayant tout intérêt à conserver leur capitale ». Raoul Nordling saisit la balle au bond et une mission est aussitôt composée : Rolf Nordling, le frère du consul, Alexandre de Saint-Phalle, trésorier de la délégation, M. Arnoux, inspecteur des hôpitaux, le banquier Jean Laurent (choisi parce qu'il fut membre du cabinet du général de Gaulle, lorsque celui-ci assuma, après le 5 juin 1940, la charge de sous-secrétaire d'Etat à la Défense nationale) et le baron von Poch-Pastor partent le soir même dans une voiture battant pavillon suédois en direction de la ligne du front. Choltitz a fait donner par téléphone des ordres pour que les forces allemandes au contact rapproché de l'ennemi, laissent passer le véhicule vers les Alliés qui ont atteint, à l'aube du 23, Neauphle-le-Château.

Dans l'esprit de Rolf Nordling, « la délégation française doit se rendre auprès du général Eisenhower pour demander à celui-ci quelles seraient les conditions auxquelles un accord pourrait intervenir, pour que la bataille de Paris ait lieu à l'extérieur de Paris et non pas à l'intérieur de la ville, cela uniquement dans le but d'éviter à la capitale la perte d'un grand nombre de civils et la destruction de ses plus beaux monuments[90] ».

Le 23, les membres de la mission voient le général américain Patton, entrevoient le général Juin qui refuse d'accompagner la mission auprès du général de Gaulle « sans avoir pris des ordres au préalable » et sont transportés par avion à Laval où ils rencontrent le général américain Bradley :

« Le général Bradley répondit qu'il avait, comme les membres de la mission, le plus grand désir d'épargner Paris, mais il ajouta qu'une action était déjà en cours depuis la veille et que les ordres étaient donnés en conséquence. Il laissa toutefois entendre qu'une action diplomatique serait éventuellement entreprise parallèlement à l'action militaire[91]. »

Une action *déjà* en cours ? Que s'est-il donc passé ?

Ceci que, dès le 22 août *au matin*, le commandant Gallois-Cocteau, chef du 1er bureau de l'état-major du colonel Rol, envoyé par celui-ci vers les Alliés pour leur demander d'accélérer leur avance sur Paris, a réussi à passer les lignes * et a rencontré le général Leclerc, commandant de la 2e division blindée :

« Il faut filer sur Paris, lui a dit Leclerc après avoir entendu le rapport de Gallois-Cocteau sur la situation dans la capitale...

« Mon général, est-ce que votre division ne pourrait pas être dans quarante-huit heures sur Paris ? »

Leclerc réplique :

« Vous êtes vraiment un peu naïf pour être un officier. Est-ce que vous croyez qu'une division blindée se promène comme une compagnie de fantassins ? Je dépends des Américains pour mon ravitaillement et je ne peux pas le faire[92] ! »

Dans l'après-midi du 22, tout s'est joué. Bradley est allé voir Eisenhower qui, antérieurement convaincu par le général de Gaulle de la nécessité de prendre Paris, nœud de communications capital, ce Paris qui s'est soulevé contre l'Allemand **, a modifié son ordre de bataille ; Bradley a reçu le feu vert du chef suprême ; il ordonne à Leclerc de foncer sur Paris : sa division roquera avec une division américaine et elle passera dans le dispositif de l'armée américaine voisine commandée par le général Hodges. Et au matin du 23 août, la 2e division blindée démarre de la région d'Argentan « où elle se

---

* Dépêchés par la Résistance, deux autres missionnaires ont aussi pu franchir les lignes et joindre les Français gaullistes. Envoyé par Chaban-Delmas, le lieutenant Petit-Leroy atteint, à Antony le 24, le général Leclerc qui lui remet une note pour Choltitz, avertissant le général allemand qu'il le rend « personnellement responsable » de toute atteinte aux monuments de Paris. Petit-Leroy est tué au retour de sa mission en tentant de franchir les lignes allemandes. Le préfet de police Luizet a, de son côté, envoyé, dès le 23, un émissaire, le Dr Favreau, porteur d'une lettre exposant la situation de Paris, lettre que le médecin remet au général de Gaulle à Rambouillet. Mais les dés sont déjà jetés : Leclerc est sur la route de la capitale.

** Arrivé en France le dimanche 20, le général de Gaulle a rencontré Eisenhower qui lui a assuré qu'il « donnerait avant peu l'ordre de marcher sur Paris » et que « c'était la division Leclerc qu'il destinait à l'opération ». Le 21 août, le président du GPRF écrit une lettre à Eisenhower où, prévoyant la possibilité de « troubles graves dans la capitale avant très peu de temps », le général de Gaulle estime « vraiment nécessaire de faire occuper Paris au plus tôt par les forces françaises et alliées, même s'il devait se produire quelques combats et quelques dégâts à l'intérieur de la ville ». Koenig remet, le 22, la lettre du président du GPRF à Eisenhower ; le même jour, le commandant suprême des forces alliées reçoit Bradley à qui il donne l'ordre de pousser la 2e DB vers Paris.

morfondait », selon les mots d'un de ses combattants, le capitaine Raymond Dronne, qui ajoute :

« La 2ᵉ DB a enfin reçu la mission tant espérée, elle est lancée sur Paris. Ses quatre mille véhicules roulent à grand fracas sur les routes couronnées de longs nuages de poussière[93]. »

Ainsi, la mission Nordling — Saint-Phalle, arrivée trop tard à Laval, ne peut plus avoir d'influence sur des événements qu'ont agencés Charles de Gaulle et Eisenhower, qu'a précipités le commandant Gallois-Cocteau et dont la division Leclerc sera l'instrument décisif.

Tout cela, les Parisiens l'ignorent ; ils vivent cette journée du mercredi, un peu en sourds et en aveugles, ainsi qu'en témoigne le journal de Victor Veau :

« 8 heures : Longue file à la porte du boulanger.

« Le chauffeur de la voiture, qui est dans la cour, a eu son fils tué lundi sur la locomotive à la gare de l'Est. Les Allemands voulaient enlever la machine qu'il avait ordre de défendre. Le père est allé le reconnaître à la morgue, il avait une balle dans la tête et une dans le thorax.

« Entré chez le libraire. Tout le monde est optimiste. On croit que c'est fini. Je les détrompe timidement.

« 9 h 30 : Un homme et une femme, assez âgés, vendaient des journaux *Libération* sur la chaussée, sous mes fenêtres ; ils en avaient un gros paquet. Beaucoup de gens achetaient. Une voiture allemande arrive précipitamment. Un officier descend revolver au poing, criant très fort. Il met tous les journaux dans sa voiture et part rapidement. Presque aussitôt les marchands ont retrouvé un autre stock et vendent à nouveau.

« Midi et quart : PVR arrive *tout pâle* du ministère de l'Intérieur où Laffont l'avait appelé. Prévenir immédiatement Milliez au ministère de la Santé qu'il revienne de suite. Tous les bâtiments publics sont très menacés. Ils vont être attaqués par les Allemands qui ont massé des tanks en grande quantité dans le sud.

« Tout le monde est affolé. »

Cette éventualité de l'évacuation de certains ministères (celui de la Santé, rue de Tilsitt, est tout près du Majestic, encore tenu par les Allemands) aux mains de la Résistance a déjà été envisagée par Parodi. Elle s'est précisée dans la matinée du 23, si l'on en croit cette note de Gus, présent au ministère de l'Intérieur ce matin-là :

« Roger est prévenu que les Allemands tenteraient une incursion place Beauvau, écrit-il. Il donne l'ordre d'évacuer. Avec Paul, nous remontons à pied vers le boulevard Pereire pour aller chez Pierre *.

* Pierre, Paul, deux camarades de Résistance de Gus, dont bien des années après, le dessinateur ne se rappellera pas le patronyme. Mais l'a-t-il seulement connu après la Libération ?

Pétarades place des Ternes. Des arbres sciés qui avaient été mis en travers des avenues sont dégagés par des civils français que les Allemands obligent à faire ce travail. »

Dans l'après-midi sur l'ordre de Roger, alias « de Man », Gus retournera place Beauvau où un nouveau travail l'attend : préparer une affiche où sera reproduit « l'ordre du jour (*sic !*) du général de Gaulle de juin 1940 ». En fait, les ministères ne seront pas abandonnés ; dans les plus menacés sera conservé un petit échelon de fonctionnaires et de membres de la Résistance.

A 17 heures, le Dr Veau reçoit Marie-Hélène Lefaucheux, épouse de Pierre Lefaucheux, dit Gildas, de l'OCM, Organisation civile et militaire, groupe de Résistance non communiste ; Gildas, qui aurait dû exercer un commandement important des FFI à Paris ** a été arrêté et déporté par les Allemands. Résistante comme son mari, Marie-Hélène Lefaucheux a passé la matinée à l'Hôtel de Ville où « elle semble avoir une grande influence », précise le Dr Veau, qui ajoute :

« Mme Lefaucheux raconte que le matin elle passait dans un réfectoire où étaient attablés une trentaine d'Allemands prisonniers et à un bout de table étaient deux jeunes miliciens. Elle demande : " Et ceux-là qu'est-ce qu'on va en faire ? " " Ils seront fusillés demain ". Ça fait froid dans le dos.

« 18 heures : Quelqu'un arrive avec le manifeste de Pétain disant que la baronne Lejeune l'a fait lire en pompe dans son hôpital. PVR est furieux. Il fait savoir que celles qui l'imiteront seront arrêtées. »

Ce « manifeste » de Pétain est, en réalité, son « ultime message », où le Maréchal tente de justifier son action pendant les quatre années de l'occupation : il se présente sous la forme d'une petite affiche blanche collée à quelques centaines d'exemplaires sur les murs de Paris. Cet affichage a provoqué une réaction immédiate du préfet de police :

« 14 h 05. Appel général Paris banlieue.

« Affiche à recouvrir.

« Faites recouvrir immédiatement petites affiches blanches intitulées " L'ultime message du maréchal Pétain "[94]. »

Cet appel général fait suite à un message téléphonique reçu à 13 h 50 du commissariat central du XVIe arrondissement :

« Une petite affiche blanche intitulée " ultime message du Maréchal Pétain " est apposée sur les lieux d'affichage. Il fait des appels à l'ordre et à la paix sociale. Il dit qu'il est toujours le chef et qu'il a remis ses pouvoirs à des hommes de confiance qui se feront

** Il fut le prédécesseur de Rol.

connaître après la libération totale de la capitale * et que c'est son dernier message avant son arrestation. Doit-on les recouvrir[95] ? »

On connaît la réponse de Charles Luizet.

De cette journée qui s'achève, qu'ont dit les journaux du lendemain, datés du 24, et contenant les informations qui leur sont parvenues jusqu'à l'heure du « bouclage » dans la soirée du 23 ? La lecture de trois d'entre eux, *Défense de la France, Combat, la Marseillaise,* apporte des indications précises sur les préoccupations de leurs rédacteurs qui reflètent celles de leurs lecteurs.

Outre les grands titres précédant les reportages sur les combats dans la capitale, en particulier celui du Grand Palais, les crimes des nazis (*la Marseillaise* publie la photographie du massacre du fort de Romainville), la progression des Alliés à l'ouest comme sur le front de l'est et la capitulation de la Roumanie, on y apprend des nouvelles réconfortantes : du beurre, des pâtes, de la viande vont être distribués aux Parisiens, le couvre-feu est supprimé, mais « les portes des immeubles doivent être ouvertes aux combattants français et fermées aux boches » pendant la nuit, M. Georges Bidault, président du CNR a parlé aux insurgés de la Préfecture (très bon signe, cette renaissance des discours officiels au sein du nouveau pouvoir !).

Quelques « canards » : Hitler démissionnerait, Rommel serait mort.

Quelques conseils pratiques : sous le titre, « une barricade n'est jamais achevée », le journal *Combat* indique les moyens de consolider les barricades et révèle « le secret de la guérilla » urbaine.

Une fâcheuse nouvelle pour certains : le tirage de la tranche du 24 août de la Loterie nationale est « reporté à une date ultérieure dont le public sera avisé en temps utile ».

Dans *Défense de la France,* l'éditorial « Tous au combat » est signé par Robert Salmon, qui a abandonné son pseudonyme de la clandestinité, Tenaille : cet article à visage découvert n'est-il pas le meilleur signe de la proximité de la victoire ?

Des choses vues :

« Au coin de la rue Cardinet et de la rue de Lévis, une confiserie, rideau de fer baissé. Sur le rideau de fer, en énormes lettres, à la craie : " S'est prostituée ; a vendu des Français ; vouée à l'exécration des patriotes " » (*Défense de la France*).

Un appel de Marcel Willard, secrétaire général à la Justice :

« J'appelle toute la population française à m'aider patriotiquement.

* L'un d'entre eux, le contre-amiral Auphan, qui demandera une audience au général de Gaulle ne sera pas reçu par le président du GPRF. Cf supra pp. 234-235.

« En refusant l'appui à tous les collaborateurs et en s'opposant à leur fuite et à leur dissimulation.

« En les livrant sains et saufs aux autorités militaires et civiles chargées de leur arrestation.

« En fournissant à celles-ci toutes les indications possibles sur les résidences, dépôts et cachettes où il faut sans délai orienter les recherches et les perquisitions. » (*la Marseillaise*).

De cette épuration qui se profile à l'horizon et en faveur de laquelle Willard a lancé cet appel dans la tradition des grandes heures révolutionnaires, *Combat* est le premier à donner des nouvelles. Sous le titre « La Résistance suspend sept hauts fonctionnaires du ministère du Travail », le journal qui indique, au passage, que « les locaux du ministère sont occupés depuis mardi par les représentants du Gouvernement provisoire de la République », précise que c'est un décret du 21 août « signé par le commissaire d'Etat délégué du gouvernement en territoire occupé » qui a « porté suspension de sept hauts fonctionnaires du ministère et leur remplacement immédiat ». *Combat* salue la réapparition au grand jour de la CGT dissoute, comme tous les syndicats, par le gouvernement de Vichy, « l'outrage fait à la République et à la classe ouvrière depuis 1940 par le traître René Belin étant aujourd'hui effacé et ainsi réparé l'affront fait à cette grande organisation ouvrière par un de ses anciens secrétaires, parjure à sa mission* ».

Et *Combat* conclut l'article :

« Ainsi, l'épuration a commencé le jour même où s'ébauchait, dans la liberté retrouvée, la collaboration entre ce grand ministère social et les organisations syndicales. »

Ce rapprochement prend une singulière valeur quand on sait le rôle que commencent de jouer les organisations syndicales dans l'épuration des grands services publics : Henri Culmann n'en a-t-il pas fait l'expérience à la Production industrielle avec Robert Lacoste ?

Le mercredi 23 se termine par une extraordinaire mystification radiophonique, que rapportent, sur le vif, les *Ephémérides* de Charles Lacretelle :

« Lorsque la lumière électrique revient pendant une demi-heure dans la soirée, la population se met à l'écoute de la radio de Londres. Elle entend alors, une nouvelle extraordinaire : la capitale anglaise, dans une explosion de joie, célèbre la libération de Paris.

Du coup, les Parisiens sont stupéfaits. Ils voient leur ville plongée dans le black-out le plus profond et entendent les Allemands

---

* Secrétaire de la CGT avant la guerre, René Belin s'était rallié au régime de Vichy où, comme ministre du Travail, il fut l'un des artisans de la « Charte du Travail ».

manifester bruyamment leur présence par des tirs de mitrailleuses. Que cela signifie-t-il ? Ne comprenant rien, ils se couchent avec amertume et pensent qu'on célèbre partout leur libération, alors que leur sort est toujours en jeu... »

Evoquant ce qu'on n'ose pas appeler le canular de la BBC, Gus réagit plus plaisamment :

« Délire d'amour international. A Londres *la Marseillaise* est chantée par les Anglais, fort mal mais avec une énorme bonne volonté. A Brazzaville, c'est un disque de *la Marseillaise* chantée par un chœur de cosaques qui passe. On s'entre-félicite à travers l'éther. »

Que s'est-il passé ? Apprenant les détails du soulèvement de Paris, la BBC a froidement décidé de devancer l'événement :

« Sur l'initiative de Georges Boris *, elle lance sur les ondes le 23 août à 12 heures, raconte Jean-Louis Crémieux-Brilhac, la nouvelle anticipée de la libération de Paris. Miracle de la radio, les Parisiens encore investis peuvent entendre, avec des sentiments mêlés, les cloches de Westminster sonner en leur honneur. Mais le retentissement de la nouvelle est tel à travers le monde qu'elle contribue, en même temps que les adjurations du général de Gaulle et du général Koenig, à précipiter la marche des troupes alliées pour délivrer la capitale[96]. »

Avec cette dernière phrase, on tient un exemple typique de l'affabulation *a posteriori* en histoire, car on sait que la décision de la marche sur Paris est antérieure au 23 et quand la BBC annonce la libération de la capitale *ce jour-là,* c'est à peine si la 2e DB a commencé son mouvement vers la cité... Mais Jean-Louis Crémieux-Brilhac est, en 1944, secrétaire du Comité exécutif de propagande de Londres ; la propagande n'est pas, forcément, l'information ; le lendemain, le porte-parole du SHAEF, c'est-à-dire le représentant d'Eisenhower, apportera un sec démenti au bobard de la BBC : « Les forces françaises de l'Intérieur sont en possession d'une grande partie de la ville... mais celle-ci ne peut, en aucune façon, être considérée comme libérée ! »

L'avant-dernier jour

Le jeudi 24, comme à l'accoutumée, le Dr Victor Veau s'est levé tôt le matin. Il sort prendre le frais.

---

* Ancien membre du cabinet de Léon Blum, journaliste à ses heures, Georges Boris a rallié la France libre le 19 juin 1940. Depuis 1942, il a été directeur au commissariat à l'Intérieur.

« 7 heures : Dans la rue, l'atmosphère générale est changée. Est-ce parce qu'il a beaucoup plu ? C'est plutôt parce qu'on a la sensation que c'est fini. Les gens causent fort et sont joyeux.

« Quelques piétons qui passent comme d'habitude. Pas de bicyclettes. Pendant une heure, il n'est passé que deux voitures de touristes qui se dirigeaient vers l'Etoile. Est-ce qu'on ne verra plus d'Allemands ? C'est bien dommage que la dernière voiture qui doit passer ne porte pas une pancarte " il n'y en a plus derrière ", comme cela on serait fixé. Depuis quarante-huit heures, on se demande s'il y en aura d'autres. Pas de soldats allemands isolés.

« Les poteaux indicateurs allemands, qui étaient à l'angle de l'avenue de Messine, ont été enlevés.

« Toujours pas d'agents de police. Mais quand passe un garde municipal à bicyclette, on lui fait une ovation...

« 10 h 30 : Il pleut : personne dans les rues. Pas de coups de feu.

« Des tanks allemands ont descendu l'avenue des Champs-Elysées. On se demande si ce n'est pas pour se rendre aux troupes régulières, pas aux FFI.

« Gros coup de canon. La rue s'agite. »

Charles Lacretelle a, lui aussi, mis le nez dehors :

« Dans les rues calmes, des groupes se forment. Ils attendent avec impatience le passage d'un vendeur de journaux. Chacun voudrait connaître la raison de l'annonce erronée de la libération faite hier soir à la radio de Londres, savoir où se trouvent les Alliés et avoir des détails sur les événements qui se sont déroulés hier, dans les différents quartiers de la capitale. J'achète *Combat*. Déception. Il n'y est pas question de l'émission londonienne d'hier ; en revanche, l'arrivée prochaine des Alliés est annoncée et je lis : " Selon des renseignements parvenus hier à 18 heures à la Préfecture de Police, une colonne alliée, composée d'environ 30 000 hommes et de 300 chars a occupé Arpajon et marche en direction de Paris. Ainsi, trois divisions sont à nos portes. " Mais il est impossible d'en dire davantage explique l'article : " Nous entendons bien : on voudrait encore des précisions, on voudrait surtout connaître l'heure d'arrivée. Celle-ci peut dépendre d'un si grand nombre d'incidents que nous nous refusons à fixer un horaire. " »

Enfermé au Crillon, le *Sonderführer* Wallraf attend... il ne sait trop quoi :

« Lorsque le jour vint, des coups de feu claquèrent aux Champs-Elysées. Des résistants, cachés dans les buissons, avaient attendu la levée du jour pour tirer sur nos avant-postes. Il y eut quelques pétarades ; des patrouilles nettoyèrent les Champs-Elysées jusqu'au Rond-Point. »

Si les Champs-Elysées ne connaissent que des « pétarades »,

d'autres quartiers de Paris sont le siège de véritables engagements : bien que les munitions commencent à leur manquer, les FFI continuent leurs opérations de harcèlement des patrouilles allemandes et, du matin à la tombée de la nuit, on comptera trente-neuf attaques FFI, soit quinze de plus que la veille tandis que les Allemands, constamment attaqués, tenteront dix contre-attaques, en particulier contre les barricades élevées rive gauche et contre l'Hôtel de Ville, mais, fidèles à leur tactique d'intimidation, nulle part ils ne pousseront à fond leur assaut.

Ainsi, à midi, la barricade élevée rue de Bourgogne est prise à partie par un canon antichar et une automitrailleuse retranchée dans le périmètre du Palais-Bourbon ; le compte rendu FFI du jour indique que « les coups de main sont rendus extrêmement difficiles du fait que les Allemands isolés ne circulent pas, non plus les voitures, leurs déplacements n'ayant lieu que sous forme de colonnes et de convois ». L'un d'entre eux est attaqué près de l'Observatoire, huit Allemands sont faits prisonniers. Mieux que les jours précédents, Rol peut coordonner ses actions de rue, pour une raison qu'il explique lui-même dans une note établie par ses soins * :

« Depuis le 24, écrit-il, j'étais pour ma part exactement renseigné sur la marche de la 2e DB, grâce à un contact téléphonique établi à 14 heures. D'où mes ordres pour protéger les itinéraires et intercepter les Allemands en retraite. »

Au début de l'après-midi, coup de force allemand contre la mairie du IIe, qui résiste avec efficacité ; au même moment les forces allemandes du Sénat lancent une pointe vigoureuse contre les barricades du secteur Cité dont les défenseurs demandent du secours.

Massiet-Dufresne se précipite rue Séguier où il voit le chef du cabinet de Parodi :

« Il me faut cent hommes pour m'aider à reconquérir les barricades du secteur. Donnez-moi vos gardes républicains !

— Je n'ai pas d'ordre à recevoir du commandement FFI, dit-il goguenard.

— C'est dommage, car nous avons besoin d'épouvantails à moineaux. Vous en feriez un ravissant[97]. »

Si les opérations de guérilla, de plus en plus difficiles, se révèlent rentables pour les FFI, toute action contre les points d'appui est, en revanche, vouée à l'échec : attaqués par des groupes de résistants, les Allemands enfermés dans la caserne Prince-Eugène, place de la République, repoussent leurs adversaires.

Dans l'après-midi, Gus, qui est chargé de la diffusion des affiches

* Inédit. Collection de l'auteur.

reproduisant l'appel du général de Gaulle du 18 juin 1940, éprouve quelques difficultés à circuler :

« Dans le XVe, les barricades se montent partout. Imprimerie nationale. Le directeur hésite à nous délivrer les affiches parce que le matin même, il avait reçu ordre de ne rien laisser sortir sans visa de la censure. Le premier imprimé en difficulté aura été la proclamation de Gaulle. Retour difficile. Nous sommes obligés de faire de grands détours. Après avoir déposé les affiches à l'hôtel Matignon, nous reprenons le chemin du retour. Impossible de passer les ponts. Le premier pont praticable est le viaduc d'Auteuil que nous traversons rapidement avec notre voiture. Convoi et patrouilles sur les deux quais. Nous rencontrons un petit groupe de FFI dont un copain, Olive, en bras de chemise et chapeau mou. " Qu'est-ce qu'on vient de déguster, putain[98] ! " »

Quelle est l'atmosphère dans le point d'appui du Crillon ?

« Le chef administratif Eckelmann, poursuit Robert Wallraf, arrive de l'hôtel Meurice pour un rapport général. Le général von Choltitz est très mécontent de son état-major administratif. Des proclamations et des journaux de la Résistance paraissaient dans la ville : il faut empêcher cet affront au pouvoir allemand ! S'il n'y a pas d'autres moyens, il faut envoyer des chars d'assaut rue Réaumur, pour détruire les bâtiments des grandes imprimeries. Le général est également indigné de l'attitude de certains officiers qui veulent s'échapper de Paris : personne ne doit croire qu'il peut être dispensé de la défense de Paris ! Le Dr Eckelmann rend compte, d'un air grave et soucieux, du " discours au revolver * " que le général a tenu la veille...

« L'ancien état-major de la Chambre, replié au Crillon, reçut des missions nouvelles et inexécutables ; ceux auxquels elles étaient attribuées les acceptèrent avec tout le sérieux requis. On me confia l'écoute de Radio-Paris, afin de savoir si des nouvelles importantes étaient émises[99]. »

Précisément à 11 heures, le Dr Veau a pris l'écoute de Radio-Paris :

« Les informations permanentes de Radio-Paris, écrit-il, donnent les nouvelles de la Résistance. C'est la preuve que les Allemands ont perdu le contrôle des informations. »

Dans vingt-quatre heures, ils auront perdu celui de la ville : la division Leclerc arrive !

---

* Cf. supra p. 348.

** Le message (n° 4 16 h 50) lancé par un petit avion de la division Leclerc aux FFI de la Préfecture de Police est légèrement différent : « Le général Leclerc vous fait dire : Tenez bon, nous arrivons. Signé Crépin, lieutenant-colonel, commandant l'artillerie de la 2e DB. »

C'est en fin d'après-midi que, pour sa part, Massiet-Dufresne en a été informé :

« L'air triomphant, raconte-t-il, le lieutenant Jacques entra dans mon bureau. Il tenait en main un télégramme. " Le chef du secteur sud a recueilli un pigeon voyageur, me dit-il, et qui portait ce message. " Je dépliai fébrilement le papier. " Tenez bon... Nous arrivons. Signé général Leclerc *. " Je sautai de joie, étreignant avec fièvre le porteur de la bonne nouvelle, si ému lui-même qu'il tremblait en me serrant les mains. Leclerc arrivait ! Ainsi, le commandant Gallois avait réussi dans sa mission ! Ainsi, nos efforts, notre lutte, allaient être couronnés et la victoire de nos armées allait sanctionner notre bataille et justifier notre insurrection [100]. »

A la fin de la journée, les gars de la Division sont en vue de Paris : ils entreront le lendemain ; Leclerc envoie un échelon précurseur commandé par le capitaine Dronne qui se présentera devant l'Hôtel de Ville à la nuit tombante. Comment cet instant est-il vécu ?

Victor Veau :

« 21 heures : PVR téléphone de l'Hôtel de Ville que les chars passent en ce moment la porte d'Orléans. Il ne sait pas combien de temps durera la cérémonie.

« Grande excitation.

« 22 heures : Sur le boulevard, l'animation est intense. Tout le monde en groupe, mais pas de cris.

« Les locataires de l'étage au-dessus crient à leur chauffeur, qui est dans la rue, qu'il y a des Français place de la République. »

Peut-être... Mais ce sont des FFI !

Gus :

« Après dîner, vers 10 heures, on nous téléphone pour annoncer que les chars de Leclerc arrivent place de la Bastille. Enthousiasme général. On s'embrasse, on pousse des hurlements. Roger ordonne de hisser le drapeau à croix de Lorraine. Nous décidons de partir à la rencontre des troupes. Nous partons à six dans une voiture, phares allumés. Jusqu'à la Madeleine, nous passons devant les petites rues au fond desquelles les Allemands sont en position, derrière des barrières antichars. Boulevard Haussmann sinistre. Grands Boulevards vides et noirs. Nous prenons les petites rues. Quelques passants s'effacent contre les murs. Coups de sifflet. Les gars des barricades nous indiquent le chemin à suivre. On acclame notre passage. Boulevard Sébastopol, après passage d'une barricade en chicane. A l'Hôtel de Ville toutes les fenêtres sont allumées derrière les stores baissés. Beaucoup de monde. Excitation chuchotante. On dit que le général Leclerc est en conférence. Nous voyons deux petits chars français à l'angle de la rue de Rivoli et des petites rues. Très entourés. Derrière nous, à l'ouest, un immense incendie. On nous dit de retourner car on s'attend à un combat. Cent cinquante chars allemands battraient en retraite sur Paris. Retour par le boulevard Sébastopol, Grands Boulevards, toujours aussi sombres et impressionnants. Dans le noir, on croit voir apparaître des chars, des patrouilles. Rues complètement vides jusqu'à la rue des Saussaies où nous croisons des cyclistes. Attroupement devant l'Intérieur. Le bruit de l'arrivée des Français s'est répandu dans le quartier. On pavoise. Rue de Miromesnil, on allume toutes les lumières disponibles. Dans une confiserie, on distribue des sucres d'orge à tout le monde. Un petit corps franc passe, acclamé, se dirigeant vers la rive gauche. (Impression de voyage : ces attractions de Luna-Park dont on est content de sortir, en disant : " Ce que c'était bien. ") Canonnade très proche et nourrie[101]. »

C'est alors que vers 22 h 15, les cloches des églises de Paris sonnent afin de célébrer l'arrivée des chars du capitaine Dronne : l'invitation a été faite par Pierre Schaeffer, derrière son micro de « la Radio de la Nation française » à « messieurs les curés qui peuvent l'entendre et qui peuvent être avertis immédiatement de faire sonner immédiatement les cloches à toute volée pour annoncer l'entrée des Alliés à Paris. »

Seconde annonce un peu prématurée d'une libération qui avance trop lentement au gré des Parisiens.

« 22 h 15 : *Les cloches!!!* écrit simplement le Dr Veau. Cris. Applaudissements dans la rue.

« Il fait nuit noire, on ne voit absolument rien.

« 22 h 30 : la radio anglaise diffuse les sonneries des cloches de Saint-Paul de Londres. C'est très impressionnant d'entendre en même temps les cloches anglaises et celle de Saint-Augustin. Je fais donner la radio en plein et j'ouvre grand les fenêtres.

« Aboiements de chiens effrayés par le bruit.

« Crépitements des mitrailleuses, on n'y fait pas attention ! »

Quelques instants auparavant, Mgr Brot a été sollicité par la Préfecture de Police :

« Le jeudi 24 août, au soir, un téléphone de la Préfecture nous informe que la division du général Leclerc entrerait à Paris, à 22 heures, et nous demande de faire sonner toutes les cloches. Minute émouvante que celle où le gros bourdon de Notre-Dame lança ses notes graves, annonçant le grand événement ! Les tanks de l'armée française arrivèrent sur le Parvis, et jusqu'à l'Hôtel de Ville, salués par des cris enthousiastes... mais hélas, on tirait encore des toits ! »

Agacés par ce concert de cloches, les Allemands ont procédé à quelques ripostes : une batterie de DCA de 105, en position à Longchamp, tire quelques salves en direction de Villacoublay, imitée par deux batteries installées dans le bois de Meudon et à la porte de Versailles.

Enfin, le jeudi 24 marque la fin d'une querelle entre les FFI et les policiers, à propos de laquelle il convient de revenir légèrement en arrière. Il s'est produit, parfois, des frictions entre les gardiens et les FFI, les premiers s'en tenant aux ordres de *leurs* chefs, c'est-à-dire en dernier ressort à ceux du préfet, les seconds estimant que les flics, partie intégrante des FFI, sont soumis à leur autorité. Le 22 à 12 h 15, le préfet de police Luizet a rappelé dans un appel général (AG) que « conformément aux ordres du Gouvernement provisoire de la République, tous les éléments armés, y compris la police, se trouvent placés pour le combat sous l'autorité des chefs des Forces françaises de l'intérieur » et fait connaître que « les sanctions les plus rigoureuses seront prises contre toutes personnes dont les agissements iraient à l'encontre des règles de discipline et gêneraient l'action militaire des FFI [102] ».

Le 24, à 10 h 15, les gardiens qui « sont invités à avoir sous la main leur tenue de gardiens de la paix » ne doivent pas « se rendre dans les centres FFI » ; à 11 h 10, second appel général à Paris et banlieue :

« Par ordre du général Koenig *, les gardiens de la paix ne sont plus sous le commandement des FFI. Ils repassent sous l'autorité directe du préfet de police [103]. »

Ainsi, très rapidement et avant même la libération de la capitale, le gouvernement provisoire marque-t-il sa volonté de faire rentrer la police dans le cadre traditionnel qui règle son activité normale : son passage dans les FFI n'aura été qu'une affectation provisoire limitée à la durée des combats contre les Allemands et, ceux-ci s'achevant, elle doit redevenir ce qu'elle a toujours été, l'un des principaux agents exécutifs de l'Etat.

Jusqu'ici inconnu, un texte diffusé par le directeur général de la Police municipale, Georges Maurice, à 19 h 40, marque nettement ce changement, ce « coup de barre » vers la légalité qui ne sera vraiment restaurée que dans quelques heures avec l'arrivée du général de Gaulle dans la capitale :

« Comme l'a dit le Comité de libération de la Préfecture de Police, lit-on dans le " commentaire " suivant l'appel général de 19 h 40 relatif à la reprise du service en uniforme, après avoir mené pendant plusieurs jours la vie des partisans, des combattants et des héros, il faut que demain vous soyez prêts à redevenir les garants de l'ordre public, les défenseurs des institutions républicaines.

---

* Il a été nommé par de Gaulle gouverneur militaire de Paris et commandant la région de Paris, tout en gardant le commandement national des FFI.

« La transition sera d'autant plus délicate que son heure n'est pas fixée et que l'on se battra peut-être encore dans certains secteurs, alors qu'il vous faudra déjà avoir repris vos fonctions normales dans d'autres endroits. Chacun doit s'appliquer à ce que le passage d'un état au suivant se fasse avec la plus grande rapidité et montrer ainsi à tous que notre grande Maison est, en chaque circonstance, à la hauteur de sa tâche [104]. »

Il n'est pas nécessaire de lire entre les lignes de ce texte, pour y découvrir l'esquisse des intentions du général de Gaulle et du GPRF : il s'agit, à Paris comme dans toute la France libérée, de ne pas céder la place à un pouvoir né de l'insurrection qui pourrait s'instaurer dans le pays, mais à intégrer les éléments de cette insurrection dans le cadre restauré de la République ; amalgamer les unités FFI dans les rangs des armées françaises venues essentiellement d'Afrique du Nord, faire entrer quelques-uns des chefs de la Résistance intérieure dans le gouvernement provisoire, tout en limitant les possibilités d'action des organismes issus de cette Résistance (comités locaux ou professionnels de libération, CNR), briser, au besoin, les obstacles à cette intégration en prononçant la dissolution des groupes ne possédant d'autre aval que celui donné par la Résistance intérieure, ainsi se dessinent les lignes de force du programme gaulliste qui se déroulera dans les semaines et les mois suivants. Saluons donc le « passage » en douceur des gardiens de la paix, extraits des FFI, vers le giron du nouveau gouvernement, comme la première manifestation parisienne des intentions futures du GPRF.

Vaincu, Choltitz se rend à Leclerc

Vendredi 25 août, dernier jour de l'occupation de Paris. Entrées le matin dans la ville, les colonnes de la division Leclerc vont intervenir et obtenir la reddition de tous les points d'appui allemands, tandis que celles de la 4e division d'infanterie américaine du général Barton occuperont les gares d'Austerlitz et de Lyon avant de libérer Vincennes. On se battra une bonne partie de la journée dans différents endroits de la capitale, avant que Choltitz, rendant effectif l'acte de reddition qu'il a signé au début de l'après-midi dans le salon de billard de la Préfecture de Police, donne l'ordre *individuel* à chacun des chefs de ses *Stützpunkte* de cesser le combat, un ordre qui sera partout exécuté.

Sans prétendre donner une image exhaustive de cette journée, dont les péripéties ont été souvent racontées, précisons quelques-uns des points qui l'ont jalonnée, grâce à des témoignages peu connus.

A l'aube du 25, le médecin en second de l'état-major de Choltitz, le *Stabsarzt* Dr Muller demande téléphoniquement au Dr de Morsier, de la Croix-Rouge internationale, de « prendre sous sa protection et mettre en lieu sûr » quelque soixante-dix femmes auxiliaires d'état-major qui se trouvent encore au Meurice : n'est-il pas raisonnable de soustraire au combat, qui va se produire, les « souris-grises », secrétaires ou téléphonistes de l'état-major du *Wehrmachtsbefehlshaber in Paris ?* Le médecin suisse acquiesce et, à 6 heures du matin, les enlève du Meurice à bord de deux camions de la Croix-Rouge française qui transportent la soldatesque enjuponnée rue du Faubourg-Saint-Honoré, dans un établissement de la Croix-Rouge*.

Non loin de là, à l'hôtel Crillon, le *Sonderführer* Wallraf observe : « Au matin du 25 août, de bonne heure, alerte. On avait tiré dans les Champs-Elysées. De l'autre côté de la Seine, vers l'Ecole militaire, on tirait aussi, tandis que des aviateurs alliés survolaient la place de la Concorde à faible hauteur.

« Un calme impressionnant succéda aux coups de feu et au bruit des moteurs d'avion. La place de la Concorde devint déserte : un char " Tigre ", les chevaux de Marly et l'obélisque attendaient les événements... comme nous-mêmes.

« Il fallut avancer les barrages antichars ; nous dûmes porter les lourds chevalets d'acier jusqu'à l'entrée des Champs-Elysées. Deux officiers de la police française se tenaient devant l'ambassade américaine, observant nos manœuvres. Leurs regards n'avaient plus leur ancienne dévotion serviable, tandis qu'ils nous contemplaient traînant les lourdes barricades.

« Vers 11 heures, le bruit d'importantes fusillades nous parvint de l'Ecole militaire. Au loin, sur l'esplanade des Invalides, on apercevait des chars de la division Leclerc. Le " Tigre ", près de l'obélisque, tira par-dessus la Seine pour les chasser.

« Puis notre char quitta l'obélisque et s'en alla au bruit de ses chaînes, vers la rue de Rivoli. Un char allié, partant de la statue équestre du roi des Belges, essaya de traverser la place de la Concorde. Des unités à pied le suivirent, couvertes par lui. Notre mitrailleuse tapa, du quatrième étage, dans le groupe de l'infanterie ; ils firent demi-tour en courant, mais l'un d'eux sauta en l'air et tomba à la renverse sur la place où il resta inanimé. Ses camarades vinrent le chercher. »

Dans son quartier, le Dr Veau assiste à de curieuses scènes : des groupes d'Allemands, « portant leurs fusils comme des bâtons sans chercher à tirer » errent avenue Percier, puis échouent rue de

* Elles y resteront jusqu'au 15 décembre avant d'être remises à la Direction des prisonniers de guerre du ministère de la Guerre.

Monceau où « dans la cour de la maison du Dr de Gennes, ils se laissent faire prisonniers » ; en fin de matinée, un autre groupe d'isolés, « une cinquantaine, mains jointes derrière le cou, même les officiers, par rangées de quatre » est encadré par cinq FFI dont un seul est armé... Direction incertaine. A la fin de la matinée, les différents groupements de la 2e DB ont investi leurs objectifs, rive gauche et rive droite, le canon tonne.

A 10 heures et demie, le général Leclerc, qui a établi son poste de commandement à la gare Montparnasse (une antenne est installée sur le toit et reliée au camion radio), décide d'installer ses « bureaux » sur la plate-forme même du départ banlieue, face aux pièces réquisitionnées par le *Bahnhof Offizier* (officier de gare) allemand dont la pancarte est hâtivement recouverte de drapeaux. François Corbel, intérimaire principal de l'arrondissement, et Thomas, du secrétariat de la gare, vont chercher trois tables de l'ex-cantine allemande, des fauteuils et des chaises. Pendant qu'ils les installent, une balle, tirée de la rue du Départ, traverse la cantine :

« Il n'y a pas de blessés ? demande Leclerc.

— Non !

— C'est un mauvais tireur[105]. »

Leclerc et ses officiers se mettent au travail, le commandant de la 2e DB dicte ses ordres. François Corbel s'approche et exprime ses « souhaits de bienvenue au nom de la SNCF » au général Leclerc, qui s'entretient un moment avec le cheminot :

« Au sujet des opérations dans Paris, raconte Corbel, il me précise : " J'ai encore des points de résistance à réduire, celui de la Concorde est le plus sérieux. Cela peut demander du temps, mais demain la guerre sera finie à Paris[106]. " »

L'infirmière-chef du centre d'accueil de la gare, Mlle Jeantet * prend par la main les enfants de M. Cornet, chef de gare adjoint et les conduit au général qui les embrasse :

« Il coiffe de son képi la tête du jeune Gérard, six ans et lui dit : " J'espère que tu seras un bon petit Français. " Les officiers qui habitent Paris téléphonent à leur famille ** [107]. »

Toujours au service de la délégation Parodi, Gus, pendant ce temps-là, s'occupe du matériel d'information destiné à la population :

« Midi : Partis en voiture pour chercher les affiches de Gaulle à l'hôtel Matignon pour les ramener place Beauvau. Impossible de traverser les ponts à l'ouest. On se bat au Trocadéro, avenue Kléber.

---

* C'est la sœur d'un journaliste favorable à la collaboration, Claude Jeantet.

** Le général Leclerc pense à la sienne. Il dit à François Corbel : « Vous, vous êtes libérés. Ma famille qui est dans la Somme, ne l'est pas encore. » Le général ne verra sa femme et ses enfants que le 3 septembre.

Nous faisons le tour derrière la Madeleine, boulevard Haussmann, Grands Boulevards, Sébastopol. Les quartiers s'animent. On pavoise. Près du Châtelet, nous rencontrons les premiers chars français, entourés d'une foule joyeuse. Deux femmes sont montées sur un char et se sont coiffées de casques américains. Des gosses enthousiastes. Préfecture, rue Saint-Jacques pleines de chars. Montparnasse. Foule dans la rue. Drapeaux alliés partout. Un gros avion américain survole la gare Montparnasse, accueilli par des hurlements de joie et quelques coups de DCA partis sans doute du Luxembourg. Nous chargeons les affiches, après en avoir distribué à quelques impatients autour de nous. Retour par le même chemin. Nous roulons sans drapeau blanc, avec nos brassards.

« Place Beauvau, des coups de feu isolés partent de la direction de l'Elysée. Fernandez, le surveillant, garde au ministère de l'Intérieur, qui, hier soir, pleurait de joie, part avec un fusil, en reconnaissance. Il a l'air fou de joie de pouvoir tirer sur des Allemands. On l'entend tirer un peu plus loin.

« 12 h 30 : Fernandez fait une rentrée triomphale. En compagnie de Marceau, il a fait prisonniers douze Allemands qui entrent dans la cour, les mains croisées derrière la nuque. J'en interroge quelques-uns. Deux Allemands, en larmes, m'expliquent qu'ils n'ont jamais su tirer un coup de fusil. Ils sont pères de famille, mobilisés depuis un mois. L'un d'eux est myope, un troisième est complètement sourd et a les pieds en sang.

« Marceau leur dit de s'aligner contre un mur. L'un des prisonniers, âgé de dix-sept ans, lui demande si c'est pour être fusillé. Marceau lui explique qu'il a affaire à des Français. On leur distribue des cigarettes et des verres d'eau.

« Des chars français, descendant les Champs-Elysées, ont dépassé le Grand Palais, se dirigeant vers la Concorde. Ils tirent à la mitrailleuse.

« Roger est parti avec le fusil que Marceau lui a prêté.

« Si on demande M. de Man au téléphone, dites qu'il se trouve aux Champs-Elysées, troisième bosquet à gauche[108]. »

Dans la matinée, l'étudiant en médecine Bernard Pierquin est à côté des Invalides :

« Ce fut certainement la journée la plus folle et la plus extraordinaire que j'aurai vécue de toute mon existence : toute la 2ᵉ DB était dans Paris, attaquant les points de résistance des Allemands. La bataille était dure et Paris grondait de tous les canons des chars français et boches. Tous les Parisiens et toutes les Parisiennes étaient dehors, au milieu des soldats, au cœur de la bagarre, se moquant éperdument des balles et des obus. Je me suis trouvé en fin de matinée autour des Invalides où les chars de Leclerc menaient l'attaque : nos soldats nous engueulaient en nous criant de déguerpir et de nous abriter; peine perdue, hommes, femmes et enfants couraient autour des chars dans une joie éperdue et dans l'inconscience définitive du danger. Ma sœur Monique s'est ainsi trouvée accrochée aux grilles des Invalides dans un méli-mélo de civils et de militaires, face aux Allemands qui les canardaient. De temps en temps, quelqu'un tombait, blessé ou tué. Peu importait, la fête continuait [109]. »

Vers 1 heure et demie, Leclerc quitte la gare Montparnasse pour gagner la Préfecture de Police où, après un repas trop copieux qui s'éternise pendant lequel il piaffe d'impatience, le général français attend Dietrich von Choltitz que ses hommes sont allés débusquer du Meurice. On connaît la suite : Choltitz signe son acte de reddition à Leclerc puis est transporté à la gare Montparnasse, tandis que les combats continuent autour de certains points d'appui dont les défenseurs refusent de se rendre.

Tel est le cas à l'hôtel Crillon où, vue de l'intérieur par Robert Wallraf, la position allemande est de plus en plus inconfortable au début de l'après-midi :

« Un char américain " Sherman " venant de la rue Royale, écrit-il, s'approcha sans être vu. Il tira par surprise sur le " Tigre ", près de l'obélisque et le mit en feu. Le dernier char de la défense de Paris flambait et un seul soldat de son équipage put se sauver en courant dans le jardin des Tuileries ! Un autre " Sherman " arriva le long de l'avenue Gabriel. Il s'arrêta juste sous les fenêtres de notre *Gefechtsstand* (littéralement « bureau de combat »), près de l'ambassade américaine. Un jeune SS, qui s'était réfugié chez nous, tira sur lui avec un " Panzerfaust ". Entouré de flammes, le " Sherman " tenta de se retirer.

« Du pont de la Concorde, un troisième " Sherman " tira dans le premier étage de l'hôtel; il avait probablement visé notre mitrailleuse au quatrième étage. Une colonne du bâtiment historique s'effondra, la cinquième...

« Venant des boulevards, on entendait, comme à l'approche d'un orage, le bruit sourd d'une foule amassée.

« Vers 16 heures, un " Sherman " descendit la rue du faubourg Saint-Honoré ; son tir anéantit le petit bunker de l'hôtel, au coin de la rue Boissy-d'Anglas. Un fonctionnaire plein de cran (jadis il avait été avoué à Paris) saisissant l'occasion, se précipita du bunker et alla, les bras levés, au-devant du " Sherman ". Un officier français s'élança du char. " Pourquoi l'hôtel Crillon opposait-il encore de la résistance ? " Le général s'était rendu depuis longtemps avec tous les occupants de l'hôtel Meurice, il avait mis fin à la lutte insensée !...

« Le fonctionnaire emmena l'officier français en parlementaire à l'hôtel Crillon, afin d'informer l'état-major de défense, qui n'avait plus de liaison, même téléphonique avec le Meurice, de la situation. Songeant à l'ordre reçu de se défendre jusqu'au dernier homme, les officiers de l'état-major de défense ne voulurent pas ajouter foi aux affirmations du parlementaire qui annonçait la reddition du général. Un général qui, il y a peu de temps, voulait abattre lui-même quiconque essayerait de renoncer à défendre Paris, cet homme ne pouvait avoir capitulé au premier coup de feu, en laissant les autres continuer à se battre ! Le parlementaire se mit à rire : il y avait belle lurette que le général était prisonnier à la gare Montparnasse. Cela modifiait la situation : " Etant prisonnier, le général ne pouvait évidemment plus donner d'ordres ", dit un officier de l'état-major. Malgré cette objection, on convint d'un armistice d'une demi-heure ! Un parlementaire allemand partit auprès du général prisonnier, accompagné de l'officier français, pour y recevoir confirmation de cesser toute résistance...

« Tout l'hôtel fut averti : " Défense de tirer ! On a conclu un armistice d'une demi-heure[110] ! " »

Ce récit de première main du témoin-acteur Wallraf montre, une fois de plus l'ambiguïté de la position qu'a prise Dietrich von Choltitz : jusqu'au-boutiste acharné devant ses officiers, il a pris la responsabilité de se rendre après un baroud d'honneur, afin, dira-t-il, d'éviter des pertes inutiles de vies humaines. D'où la signature de l'acte de reddition à la Préfecture de Police. Mais beaucoup de ses subordonnés des « points d'appui », encore impressionnés par le récent souvenir de ses démonstrations de pugnacité oratoire, et coupés de leur chef, envisagent de continuer le combat « jusqu'au dernier homme ».

Et ce qui est vrai pour le Crillon l'est aussi pour la Chambre des députés, le Sénat et l'Ecole des mines, le ministère des Affaires étrangères, la caserne Prince-Eugène, attaquée à la fois par les FFI et les soldats de la 2e DB. Les soldats feldgrau du Majestic, ceux de la Kriegsmarine du boulevard Lannes, se sont rendus spontanément après un bref combat ; et à 3 heures de l'après-midi, les FFI seuls se sont emparés de la caserne de Clignancourt tenue par deux cents Allemands, dont un tiers s'est échappé et le reste a été tué ou pris.

Ceux de la *Platzkommandantur,* à l'angle de la rue du Quatre-Septembre et de l'avenue de l'Opéra, ont fait de même, ainsi que le raconte le reporter-photographe Pierre Vals, présent sur les lieux avec son Rolleiflex * dissimulé sous sa gabardine :

« 14 heures : Des chars de la division Leclerc tirent deux obus sur

* Appareil photographique utilisé par les reporters il y a quarante ans.

la façade de la Kommandantur. Des " Leclerc " foncent à l'intérieur...

« 14 h 15 : Dans la fumée de la bataille, les premiers Allemands sortent au grand jour, brandissant leur drapeau blanc, une serviette nouée sur un manche à balai.

« 14 h 30 : Tout est terminé. Les officiers et soldats allemands sont protégés de la foule par un service d'ordre.

« 14 h 45 : La Kommandantur redevient le Comptoir d'Escompte. La foule envahit la place et détruit tous les panneaux de signalisation allemands. Ce sont des trophées de guerre qu'un camelot revendra le lendemain rue Daunou [111]. »

Pour les points d'appui « durs » qui combattent encore, le général von Choltitz signe des ordres particuliers très brefs (deux lignes) qui seront apportés aux commandants de ces points d'appui par deux officiers, un Français et un Allemand, porteur du drapeau blanc des parlementaires : ces *missi dominici* de la capitulation obtiendront partout la reddition de la garnison, parfois après de difficiles pourparlers.

Au Crillon, ça ne traîne pas :

« Tout à coup, raconte Wallraf, on cria dans les couloirs :

— Attention ! Le combat est terminé ! Ne continuez pas à tirer ! Tout le monde au rassemblement dans la cage de l'escalier du premier étage !

« Les parlementaires étaient revenus de la gare Montparnasse et avaient apporté un chiffon de papier signé du général, avec ordre de cesser le combat.

« Ainsi se termina, vers 17 heures, le combat autour de l'hôtel Crillon.

— Jetez les armes sur un tas ! cria le parlementaire.

« Je posai mon vieux flingot sur les autres...

« Le départ en captivité commençait. Devant les deux piliers, à la sortie de l'hôtel, se tenaient deux soldats de l'armée Leclerc. Ils enlevaient à chacun son revolver et le jetaient dans un panier. De la main gauche, je tendis à l'un d'eux, un petit blond, mon revolver :

— La montre et la bague ! me dit le blond, en montrant ma montre-bracelet et la vieille chevalière de mon père. J'avais oublié de les cacher dans les poches de mon uniforme... Quel idiot !

— Puis-je garder la bague ? dis-je en français. C'est un souvenir de mon père !

— Veux-tu risquer ta peau ? me répondit-il avec un geste menaçant de son fusil.

« Je lui donnai bague et montre.

« Je sortis place de la Concorde. La foule se tenait là en demi-cercle, hurlant :

— Assassins ! Crapules ! Sales boches ! Hitler kaputt !

« Un type cria :

— Les bandits n'ont pas besoin de bagages ! Enlevez les bagages !

— Sans bagages ! cria la populace.

« Mon petit rucksack, bien préparé, fut lancé sur un tas, on me poussa dans un camion, la bâche tomba, le camion démarra. Tassé comme du bétail, chacun se tenait avec peine sur un pied. La chaleur était insupportable. On entendit un cri de douleur dans le camion : le bras d'un des nôtres avait été saisi de l'extérieur et cassé par-dessus la tringle qui fixait la bâche.

— Assassins ! criait la foule.

— Renversez la voiture !

— Foutez-les dans la Seine, ces canailles !

« Le camion roulait très lentement à travers les dangereux écueils d'une rage démontée... jusqu'à ce qu'un large portail se ferme sur nous[112]. »

Pendant ces péripéties, venant de Rambouillet, le général de Gaulle est arrivé en voiture à la gare Montparnasse * où il reste une vingtaine de minutes, le temps de se faire présenter le colonel Rol. Le temps aussi de faire une observation aigre-douce au général Leclerc qui a accepté que Rol signe à côté de lui l'exemplaire de la reddition de Choltitz, reçue quelques heures auparavant par le seul commandant de la 2ᵉ DB à la Préfecture de Police. Rajoutée après coup au bas du papier consacrant la victoire française à Paris à l'insu du général allemand, cette signature du chef des FFI de l'Ile-de-France n'a aucune valeur en regard des lois de la guerre ; elle atteste néanmoins la part qu'ont prise les combattants des FFI à cette victoire et, si symbolique soit-elle, il était « convenable ** » qu'elle figurât sur l'exemplaire de la reddition conservée par le général Leclerc.

Et Choltitz ?

Après avoir signé ses ordres particuliers aux *Stützpunkte*, le *Wehrmachtsbefehlshaber in Paris* n'est plus qu'un prisonnier comme les autres : gardé dans le bureau 32 de la gare donnant sur la voie 3, en bordure de laquelle sont assis la plupart des officiers allemands

---

* Il avait été un moment question que les hommes d'un maquis du Loiret, pourvus à cet effet d'uniformes, escorteraient le général de Gaulle dans la capitale. L'idée est très vite abandonnée : la garde républicaine et la police ne sont-elles pas faites pour ce genre de mission ? (Pierre Sonneville, *op. cit.* p. 337).

** Le mot a été prononcé par Chaban-Delmas lors d'une émission consacrée au 30ᵉ anniversaire de la libération de Paris (deuxième chaîne, 13 août 1974, 22 heures), émission au cours de laquelle le colonel Rol a fait allusion aux difficultés que rencontrèrent Kriegel-Valrimont et Chaban-Delmas pour faire admettre à Leclerc que Rol devait apposer son paraphe sur le papier historique. « On a eu du mal, confia Rol devant les caméras, à me faire signer l'acte de reddition. Chaban a dû insister... » « C'était plus convenable », continua Chaban.

capturés au Meurice, Dietrich von Choltitz réclame soudain du papier. Le capitaine Alfred Betz, de la 2e DB, qui servit d'interprète lors de la discussion précédant la reddition à la Préfecture de Police, lui demande pourquoi :

« Depuis le Meurice, ma cantine contenant mes affaires personnelles et mon ordonnance qui la surveillait ont disparu : je souhaiterais les récupérer. »

« Bien, reprend le capitaine Betz. Ecrivez un petit mot... »

Passons la parole à Alfred Betz :

« Tandis que Choltitz écrivait sa demande, sous mes yeux et ceux d'un autre officier de la 2e DB, le sous-lieutenant Braun, un photographe américain entra dans la pièce et, avec un flash, fit une photo de Choltitz écrivant son texte, encadré par Braun, assis et souriant, et moi debout. Je n'y fis pas autrement attention mais fus surpris quand, aussitôt après, cette photo fut publiée avec une légende indiquant qu'il s'agissait de la signature de la capitulation de Choltitz ! Et cela fait quarante ans que ça dure [113] ! »

Choltitz est emmené vers 20 heures en voiture au PC du général américain Barton dont la division est entrée dans la capitale avec celle de Leclerc ; général de corps d'armée, Choltitz doit, selon l'usage, être remis aux mains d'un général de même grade, en l'espèce le général Gerow, commandant du Ve corps d'armée US, supérieur direct de Leclerc. A la nuit tombante, l'ancien *Wehrmachtsbefehlshaber in Paris* part avec le colonel von Unger pour Cherbourg, d'où ils prendront l'avion pour l'Angleterre : la carrière militaire de Dietrich von Choltitz s'est achevée sur les bords de la Seine *.

C'est au même endroit que continue le destin politique de Charles de Gaulle. Le général Juin, qui l'a accompagné depuis le déjeuner à Rambouillet, a observé ses premières réactions :

« A la gare Montparnasse, l'un des chefs FFI opérant à Paris, assez courtois, se présenta à moi, Rol-Tanguy. Il avait signé l'acte de capitulation à côté de Leclerc, et de Gaulle s'en étant aperçu, ne s'en montra pas du tout satisfait. Il en fit l'observation à Leclerc, trouvant déjà singulier que, dans une proclamation publiée le matin par le CNR, celui-ci eût jugé utile de s'exprimer au nom de la Nation française sans faire la moindre allusion à de Gaulle et à son gouvernement. Un sentiment de méfiance commençait à se faire jour en lui, il le couvait d'ailleurs depuis quelque temps [114]... »

---

* Hitler fera réunir un tribunal militaire à Torgau en mars 1945 afin de passer au crible la conduite de Choltitz à Paris. L'examen des documents et l'audition de soixante-quatre témoins inciteront les juges militaires allemands à « ajourner la procédure jusqu'à ce que le général von Choltitz puisse être entendu ». Cette décision judiciaire évitera sans doute des mesures de représailles à la famille du général.

Du 14 de la rue Saint-Dominique, siège du ministère de la Défense nationale sous la IIIe République * d'où il a fait déloger certains résistants du COMAC, le président du GPRF se rend à la Préfecture de Police : sa première visite est pour un corps de l'Etat, cet Etat dont il veut incarner la légitimité et qu'il importe de rétablir dans sa pleine autorité. *Marseillaise, Marche lorraine* dans cette ex-cour Jean-Chiappe qui a perdu le nom de ce hiérarque pour s'appeler désormais « Cour du 19-août », autant de symboles habituels qui proclament la rentrée de l'Etat dans ses meubles par général interposé.

Et puis, il entre dans le calcul du général de réhabiliter d'emblée le corps policier parisien dans son ensemble vis-à-vis de la nation. Non que l'ère de Vichy soit oubliée — les chefs de cette police paieront un lourd tribut à la justice de la France libérée — mais la révolte de quelques-uns a racheté les fautes et les compromissions des autres : la journée du samedi 19 août 1944 n'a certes pas fait oublier celle du jeudi 10 juillet 1942, mais elle a permis, dans une certaine mesure, de l'expier. Comme l'écrira Massiet-Dufresne, « sept cents à huit cents agents se sont battus comme des lions, ils ont sauvé l'honneur de la police[115] ». Si Charles de Gaulle, chef incontesté de la Résistance, se porte à cet instant garant de l'honneur de la police parisienne, à qui il fera remettre plus tard la fourragère rouge de la Légion d'honneur, c'est que, d'une part, il connaît cette « servitude policière », un peu comparable à la servitude militaire dont il a l'expérience personnelle, et que, d'autre part, il entend que la police continue de servir l'Etat, un Etat qui, dans les semaines à venir, aura quelque peine à s'imposer à certaines fractions politiques, qui ont joué un rôle prépondérant dans la Résistance. Après les divergences Délégation-FFI pendant la semaine glorieuse, les différends de Gaulle-Résistance intérieure s'annoncent dès les premiers instants : et dès les premiers instants Charles de Gaulle s'assure de la fidélité de la police.

En cette fin d'après-midi du vendredi, Charles de Gaulle eût, sans doute, souhaité ajouter à ses retrouvailles avec la capitale, une prière à Notre-Dame — *Gesta Dei per Francos* —mais un contretemps l'en empêche :

« Le vendredi 25, précise Mgr Brot, la préfecture nous prévint que le général de Gaulle irait ce jour même prendre possession de l'Hôtel de Ville. Il s'arrêterait à Notre-Dame pour y faire un « pèlerinage privé ». Aussitôt, on disposa tout dans la basilique : l'autel de Notre-Dame fut illuminé, tandis que la sainte couronne d'épines était

* Où Charles de Gaulle s'était installé lorsque Paul Reynaud l'appela au poste de sous-secrétaire d'Etat à la Défense nationale en juin 1940.

exposée sur l'autel majeur, c'était la fête de Saint-Louis. Après de longues heures d'attente, le cortège arriva se rendant à l'Hôtel de Ville, sans doute le protocole avait-il été mal réglé : les voitures passèrent à toute allure sans s'arrêter[116]. »

Le protocole a bon dos : on verra que ce n'était pas tout à fait cela.

A 19 h 15, le général de Gaulle arrive à l'Hôtel de Ville où l'attend l'état-major de la Résistance intérieure, avec Georges Bidault et le CNR, Georges Marrane et le CPL, Rol et ses collaborateurs, le préfet Marcel Flouret faisant les honneurs de la maison communale au président du GPRF. C'est une cohue joyeuse et enfiévrée, les traits sont tirés qui portent la marque des fatigues passées, les yeux sont brillants de la joie de la liberté conquise.

« Il y a plus de monde qu'hier, laisse tomber ironiquement Georges Marrane...

— C'est plus facile aujourd'hui, remarque Rol sans acrimonie...[117]. »

Sciemment, Charles de Gaulle refuse aux chefs de la Résistance intérieure de paraître à une fenêtre de l'Hôtel de Ville afin d'y proclamer la République face aux dizaines de milliers de Parisiens rassemblés devant la maison communale :

« La République n'a jamais cessé d'exister », répond-il à Georges Bidault.

Son attitude est nette, sans compromission. Ce qui compte à ses yeux, c'est « la nécessaire union nationale » jusqu'à la victoire et après elle. Le chef du GPRF se montre à une fenêtre et fait un geste qui lui deviendra familier, il élève ses deux bras « qui semblent recueillir de chaque côté de son corps des présents invisibles pour les porter devant lui à la hauteur de son visage » (Dansette). Une formidable ovation lui répond : c'est le premier contact physique entre le peuple de Paris et Charles de Gaulle, un contact où l'émotion déborde, dans un déferlement d'enthousiasme qu'on retrouvera le lendemain. Le président du Gouvernement provisoire regagne le ministère de la Guerre, tandis que Parisiens et Parisiennes savourent encore longtemps l'air de la liberté retrouvée, dans une atmosphère encore martiale où crépitent parfois quelques rafales provenant des derniers tireurs allemands isolés auxquelles ripostent les patrouilles de FFI, ultimes échos d'une rude bataille enfin achevée.

Et, avec elle, l'occupation de la capitale de la France par les Allemands : elle aura duré quatre ans, deux mois et onze jours.

Étranges coups de feu à Notre-Dame et « tireurs des toits »

Quand ils achètent leurs journaux au matin du 26 août, journaux remplis de reportages sur la fin des combats dans la capitale, où l'inexactitude le dispute au dithyrambe, les Parisiens apprennent que le général de Gaulle s'inclinera le jour même à 15 heures sur la tombe du soldat inconnu à l'Arc de Triomphe, puis descendra les Champs-Elysées avant d'assister à un *Te Deum* solennel à Notre-Dame : ce que ne disent pas les gazettes, c'est que le général de Gaulle a décidé de descendre *à pied* la plus célèbre avenue du monde et qu'il « a confié sa sécurité au peuple de Paris », ainsi que le répéteront des voitures haut-parleurs de la Préfecture de Police et les émissions de radio. Qu'importe, tout Paris sera sur le trajet du président du GPRF, de l'Etoile à Notre-Dame !

« Les gardiens de la paix placés sur le parcours, ordonne Georges Maurice leur directeur général, devront être disposés de telle façon qu'un sur trois devra faire face au public [118]. » La consigne ne sera pas respectée : les flics aussi veulent voir de Gaulle !

Après-midi de l'apothéose de la Résistance et de l'ivresse populaire, ces heures exaltantes, illustrées par de célèbres photographies et des films vus maintes fois, ont souvent été racontées, le récit qu'en fit le général de Gaulle dans ses *Mémoires* constituant, à soi seul, un morceau d'anthologie.

Deux épisodes émergent de cette journée : le refus du président du GPRF d'être reçu par le cardinal Suhard à Notre-Dame, les paniques provoquées le long du passage du cortège par ceux qu'on appelle « les tireurs des toits », tireurs inconnus qui se manifesteront jusqu'à l'intérieur de la basilique.

Le premier épisode est connu par les *Mémoires* du général de Gaulle : spontanément, le président du GPRF, catholique pratiquant, aurait « volontiers passé outre » à la démarche de personnalités de son entourage intimant au cardinal-archevêque de Paris l'ordre de ne pas quitter l'Archevêché. Mais craignant des manifestations « désobligeantes » pour le cardinal et connaissant « l'état de tension des combattants », le général de Gaulle a « approuvé sa délégation qui l'a prié de demeurer à l'Archevêché pendant la cérémonie [119] ». Comment a-t-on réagi rue Barbet-de-Jouy à l'interdit du GPRF ? Le témoignage de Mgr Brot nous renseigne très précisément à ce sujet.

Il est reçu en début d'après-midi à l'Archevêché où il apprend que le secrétaire du cardinal a reçu une communication du Préfet de la Seine selon laquelle « on s'excusait vivement auprès du cardinal pour le *Te Deum* dont il n'a pas été prévenu expressément, mais les circonstances sont telles que les services ne sont pas encore organisés... » Ceci paraît assez obscur à l'Archiprêtre de Notre-Dame : « Son Eminence m'accueillit avec sa bonté coutumière et apprenant que je n'étais au courant de rien : " Ne nous montrons pas exigeants, me dit-il, les services ne sont pas encore installés... Il ne faut pas être susceptibles... Puisque le *Te Deum* doit être célébré aujourd'hui, préparons ensemble cette cérémonie. " Le programme fut alors élaboré : il consistait en un *Te Deum,* une courte allocution de Son Eminence, une antienne à Notre-Dame et le *Domine salvam fac Republicam.*

« Son Eminence, qui avait suivi avec émotion les diverses phases de la Libération et s'était enquis, plusieurs fois, du sort de la cathédrale et du presbytère, me redit sa joie de la délivrance et me donna rendez-vous pour 16 h 15.

« En sortant, je croisai, dans le salon, deux messieurs qui demandaient d'urgence une audience [120]. »

Les « deux messieurs », Francis Closon, un collaborateur du général de Gaulle, et Yves Bayet ont un bref entretien avec le cardinal Suhard dont Mgr Brot, qui a regagné Notre-Dame, est informé aussitôt par un appel téléphonique de l'Archevêché :

« La conversation avait été brève : " Eminence, un *Te Deum* sera chanté à Notre-Dame, ce soir à 16 h 30 ; nous venons vous prier de n'y point paraître ! " — " Et pourquoi ? " — " Parce que le peuple de Paris est très surexcité contre vous et que nous ne pouvons assurer la sécurité de Votre Personne. " — " Messieurs, je suis seul juge de ma sécurité ; je ne vous demande pas de me protéger. J'irai à Notre-Dame parce que j'ai le droit et le devoir d'y être. " — " Eminence, vous n'irez pas et nous avons le regret de vous informer que nous placerons à la porte de votre hôtel *, des inspecteurs de police qui auront mission de vous empêcher de sortir ". »

Ce qui est fait.

« Bouleversé et indigné », Mgr Brot descend à la sacristie de la basilique. Avant d'y parvenir, il rencontre dans le chœur, le RP Huchet, aumônier de la 2e DB. A la nouvelle que lui donne Mgr Brot, le RP Huchet saute dans sa Jeep et se rend tout droit rue Barbet-de-Jouy, où le cardinal dissuade le bouillant aumônier de l'amener « de force » à Notre-Dame, malgré les deux policiers en faction devant le porche !

« Pendant ce temps, poursuit Mgr Brot, un appel téléphonique me fut adressé par le Père Bruckberger, dominicain de Saint-Maximin-du-Var et qui s'intitulait " aumônier des FFI de la Seine ". Voici très exactement notre conversation, que je garantis textuelle : " Mon-

* L'hôtel de l'archevêché, rue Barbet-de-Jouy.

sieur l'Archiprêtre, je suis chargé par le gouvernement d'organiser le *Te Deum* à Notre-Dame. " — " Mon Père, vous vous y prenez bien tard ! " (il était 15 h 30) — " Sans doute, mais il faut tenir compte des circonstances ! " — " Je vous écoute. " — " Vous recevrez vous-même le général à la porte de l'église. " — " Mon père, c'est l'archevêque de Paris qui doit recevoir à Notre-Dame le chef de la France. " — " Non, ce sera vous ! " — " Non, mon Père. " — " Monsieur l'Archiprêtre, dans deux jours, le Cardinal ne sera plus Archevêque de Paris, le Nonce va arriver et il exigera sa démission : le Cardinal a reçu les Allemands. " — " C'est faux, mon Père, et si vous continuez sur ce ton, je raccroche le téléphone : vous oubliez que je suis vicaire général du Cardinal et je ne vous permets pas de parler ainsi. " — " Croyez-moi, Monsieur l'Archiprêtre, recevez vous-même le général : moi, je prendrai la parole. " — " Je m'en doutais ! Mais ce ne sera pas, cela suffit... "

« Dix minutes plus tard, je pénétrai dans la sacristie. Le Père Bruckberger arriva et répéta les propos qu'il m'avait tenus au téléphone. Dans un groupe dont il était le centre, plusieurs religieux de son Ordre écoutaient : certains paraissaient fort indignés, mais tous restaient silencieux. Mgr Beaussart * s'efforçait de lui montrer l'odieux de sa conduite, mais lui se raidissait : " Le Cardinal qui a eu des rapports avec les Allemands ne doit pas recevoir le chef de la France. " Je m'approchai : " Mon Père, vous avez récemment édité un film très contesté et très contestable, *Les Anges du péché ;* n'avez-vous pas demandé le visa des autorités allemandes ? " — " Je ne pouvais faire autrement ! " — " C'est évident : lorsqu'il a eu des rapports avec les autorités occupantes, le Cardinal, lui non plus, ne pouvait faire autrement et c'était pour des affaires plus sérieuses ! " Alors ne sachant plus que dire, le Père s'écria : " J'en ai assez ! Mon rôle politique est terminé, je vais partir comme aumônier dans la Division Leclerc. " A ce moment, l'aumônier Huchet (revenu entre-temps) qui avait tout entendu répliqua : " Pour être aumônier, il faut passer par moi... et je t'engage fort à ne pas essayer ! "

« Une foule d'ecclésiastiques et plusieurs prélats remplissaient les sacristies et leurs dépendances. On fit faire silence et j'accomplis la première partie de ma mission. Les prélats, vicaires généraux et les chanoines ne devaient pas paraître au chœur, notre Archevêque étant retenu prisonnier chez lui. MM. les curés étaient libres d'agir comme ils voudraient. Aussitôt, tous les curés présents ôtèrent leur habit de chœur et se déclarèrent solidaires de leur Archevêque. Des commentateurs tendancieux n'ayant vu personne dans les stalles,

---

* Evêque auxiliaire de Paris.

racontèrent plus tard que les chanoines et les prêtres, saisis de peur, s'étaient cachés.

« Au moment même, il était 16 h 05. On vint m'avertir que le général était dans la cathédrale ; comme on ne l'attendait qu'à 16 h 30, je n'en voulus rien croire, mais aussitôt, nous entendîmes le bruit d'une fusillade qui se répercutait sous les voûtes de l'église. Tout le monde criait. Il fallut imposer énergiquement le silence et il faut dire que le clergé obéit docilement [121]. »

Cette succession de scènes étonnantes dans la cathédrale a été précédée d'un épisode non moins étonnant : à partir de la Concorde, rue de Rivoli, devant l'Hôtel de Ville, où le général de Gaulle s'est arrêté quelques instants, et enfin devant le parvis de Notre-Dame, les coups de feu n'ont pas cessé ; *après* le passage du général sur les Champs-Elysées et rue de Rivoli, *pendant* son arrivée à l'Hôtel de Ville et sur le parvis, c'est une mitraillade ininterrompue.

Qui a tiré ? Des « tireurs des toits », Allemands isolés ou collabos sortant de leur planque ? Peut-être, mais aucune preuve n'a pu en être apportée. Toujours est-il que des coups de feu appellent la riposte : les FFI du cortège, les soldats de la 2e DB tirent à leur tour, au hasard, provoquant une indescriptible panique au cours de laquelle les badauds cherchent à se protéger derrière les chars, les embrasures des portes, ou, simplement, couchés sur le sol ; et « partout ce sont d'extraordinaires amoncellements de corps, avec des jupes de femmes remontées au-dessus de la taille et des sacs pressés contre les visages pour les protéger des balles [122]. »

Sur le parvis de Notre-Dame, au milieu du vacarme provoqué par les détonations et les cris de la foule, Rol dit ironiquement à un officier de Leclerc, le lieutenant-colonel Jacques de Guillebon :

« Vos hommes n'ont pas l'habitude de la bataille des rues... »

Guillebon lui répond sur le même ton :

« Mon cher colonel, ils la prendront [123] ! »

Revenons à l'intérieur de Notre-Dame :

« Je me précipitai dans le chœur, poursuit Mgr Brot, et je vis la haute silhouette du général de Gaulle dans l'avant-choeur. Des coups de feu partaient de tous les points et les dix mille personnes qui emplissaient la basilique étaient en proie à la panique.

« Je me présentai au général. On a raconté de manières très diverses une conversation dont personne n'a été témoin : la voici, en toute vérité : " Mon général, Son Eminence m'a prié de vous recevoir à Notre-Dame de Paris. Je ne devrais pas avoir cet honneur, car c'est au Cardinal-Archevêque qu'il appartient de vous accueillir en sa cathédrale. Son Eminence m'a prié de protester auprès de vous contre le traitement dont il est victime. Lui, qui a tant fait pour la France pendant les dures années passées, ne méritait pas une telle injure ! " — " Monsieur l'Archiprêtre, rendez-vous compte de cette fusillade, il vaut mieux que le Cardinal ne soit pas ici ! " — " Mais mon Général, il me semble que la fusillade n'est pas dirigée contre le Cardinal. " — " C'est vrai, répondit, en souriant, le Général. " — " Mon Général, puis-je dire au Cardinal vos regrets de ce qui s'est passé ? " — " Oui. " J'insistai : " Vous me donnez mission d'exprimer vos regrets à Son Eminence ? " — " Oui, Monsieur l'Archiprêtre, dites à Son Eminence que je regrette ce qui s'est passé *. »

« Pendant cette conversation, on tirait de toutes parts au revolver et à la mitraillette et les balles sifflaient autour de nous. J'appelai un prêtre qui était non loin de là et tous deux nous entonnâmes le *Magnificat*, que le général chanta avec nous à pleine voix.

« Le dominicain Bruckberger, de son côté, criait : " Donnez-moi le micro ! " Je me précipitai vers lui et lui donnai rudement l'ordre de se taire. Il disparut. Pendant ce temps, le général voulant mettre fin au désordre quitta sa place et se dirigea vers la sortie, lentement, sans crainte des coups de feu [124]. »

La fusillade de l'intérieur de la cathédrale a blessé trois personnes, dont l'une mourra deux jours après...

« Mais qui a ouvert le feu ? Et d'où a-t-on tiré ? se demande Mgr Brot.

« Vers 15 h 30, trois hommes portant le brassard tricolore et armés de mitraillettes vinrent dire qu'il leur fallait monter à la galerie des Rois, pour y accrocher une bannière tricolore à croix de Lorraine. Ils étaient FFI et agissaient, disaient-ils, par ordre de la Préfecture de Police.

« Or, c'est de la galerie des Rois que furent tirés, à l'extérieur, les premiers coups de feu. Au même étage, à l'intérieur, lorsque l'organiste du grand orgue voulut entrer à sa tribune, ce lui fut impossible : la porte était maintenue fermée à l'intérieur, par des hommes qui s'y arc-boutaient.

« Au choeur, l'organiste du petit orgue, voyant du monde à la tribune, téléphona à son collègue. Personne ne lui répondit et, c'est de cette tribune, qu'au passage du général, partirent des coups de feu. Des gardes et des hommes armés répondirent et ce fut la panique. L'émotion avait été rude. Une enquête de police fut ordonnée : elle n'aboutit pas. Et, après quelques semaines, on ne parla plus du *Te Deum* du 26 août 1944 [125]. »

---

* Une de ces formules à double sens dont le général de Gaulle a le secret. On peut la comprendre de deux façons : le général regrette la fusillade, le général regrette l'absence du cardinal ! Dans ses *Mémoires*, Charles de Gaulle écrit qu'il chargea Mgr Brot d'exprimer à Son Eminence le cardinal-archevêque « son respect en matière religieuse, son désir de réconciliation au point de vue national et son intention de le recevoir avant peu. » Cela ne correspond que de très loin à la version de l'archiprêtre de Notre-Dame.

L'explication de Mgr Brot est capitale : elle prouve, pour Notre-Dame en tout cas, que des hommes, FFI ou non *, sont montés à la galerie des Rois et à la tribune. Est-ce là la solution de l'énigme ? Ou, au contraire, ses données s'en trouvent-elles compliquées par les observations de l'archiprêtre de Notre-Dame ?

FFI réels ou supposés, les hommes de la galerie des Rois ont-ils délibérément ouvert le feu ? Ou, au contraire, par leur seule présence ont-ils attiré le feu de quelques FFI trop zélés ? Mais des scènes semblables à celle de l'intérieur de Notre-Dame se sont déroulées rue de Rivoli et place de l'Hôtel-de-Ville où certains ont *vu* des « tireurs des toits » ; or jamais il n'ont été pris sur le fait ce jour-là ! Doit-on en conclure que les blessés ramassés dans la rue le 26 l'ont été par des balles tirées à tort et à travers par des hommes ne sachant pas manier les armes et ne répondant à aucun plan de feu ? Et la folle ambiance de ces heures exceptionnelles ne facilitait-elle pas l'apparition de phénomènes d'hallucinations collectives sporadiques ?

Quoi qu'il en soit, cette psychose des « tireurs des toits » fera long feu et, quelques jours après, on les aura oubliés. Ont-ils existé ailleurs que dans l'imagination de ceux qui ont cru les voir ? L'étudiant Bernard Pierquin est parti à la recherche de l'un d'eux :

« En début d'après-midi **, le concierge monte tout excité en nous signalant que des tireurs nazis sont sur notre toit. Avec mon père, nous grimpons dans une chambre de bonne, avec un revolver d'ordonnance ; je revêts mon brassard tricolore de FFI médical et aidé de mon père, qui me fait la courte échelle, je monte sur le toit l'arme en main. J'ai beau chercher entre les cheminées : pas de salopards. Par contre, j'entends des balles siffler et je considère avec inquiétude les FFI qui me regardent avec méfiance sur les trottoirs, la tête et le fusil dressés. J'agite mon bras porteur du brassard et, prudemment, je réintègre la chambre du septième [126]. »

En tout cas, les balles de ces « tireurs des toits » ont fait des victimes : le 26, on dénombre trois cents blessés, mais dont le plus grand nombre n'ont que des contusions légères dues aux bousculades de la panique. Le compte quotidien des morts n'a pas été fait ce jour-là.

Si les tireurs ne sont pas des Allemands isolés, sont-ce des miliciens restés dans la capitale ? Deux sont arrêtés dans l'Hôtel de Ville même le 26 et exécutés le 27 à 5 heures du matin ***. Maigre

---

* Selon l'enquête menée par la Préfecture de Police, il s'agissait effectivement d'inspecteurs résistants placés dans les galeries pour « surveiller ». Et, pendant la cérémonie, « on se mit à tirer sur eux ». (Adrien Dansette, *op. cit.* p. 332)

** Du 25 août.

*** L'un des deux est le milicien Mansuy qui assassina Georges Mandel en forêt de Fontainebleau. Cf *infra* p. 454.

prise, insuffisante à expliquer le développement inouï de pareilles mitraillades...

Reste l'explication de Charles de Gaulle. A chaud, il écrira le lendemain à sa femme que ce fut une « tartarinade » :

« Il y a ici beaucoup de gens armés qui, échauffés par les combats précédents, tirent vers les toits à tout propos[127]... »

Dans ses *Mémoires,* toute réflexion faite, il portera une accusation beaucoup plus précise :

« Pour ma part, j'ai le sentiment qu'il s'est agi d'une affaire montée par une politique qui voudrait, grâce à l'émoi des foules, justifier le maintien d'un pouvoir révolutionnaire et d'une force d'exception. En faisant tirer, à l'heure dite, quelques coups de fusil vers le ciel, sans prévoir peut-être les rafales qui en seraient les conséquences, on a cherché à créer l'impression que des menaces se tramaient dans l'ombre, que les organisations de la Résistance devaient rester armées et vigilantes, que le « COMAC », le Comité parisien de la Libération, les comités de quartier, avaient à procéder eux-mêmes à toutes opérations de police, de justice, d'épuration qui protégeraient le peuple contre de dangereux complots[128]. »

Dans la pensée du président du GPRF, ces signes participent d'une manœuvre esquissée par le Parti communiste et ses alliés destinée à fomenter et à entretenir des troubles qui leur permettraient de s'assurer du pouvoir. Nous étudierons la question ultérieurement.

Et pour en terminer avec les tirs à l'intérieur de Notre-Dame où, selon le témoignage de Chaban-Delmas « les balles tiraient de bas en haut et non pas de haut en bas, sans que nous les ayons jamais entendu siffler à nos oreilles[129] », donnons, une dernière fois, la parole à Mgr Brot ; à la fin de son mémoire, l'archiprêtre de Notre-Dame, qui a établi une « note complémentaire » destinée à répondre à la question « Contre qui les fusillades du 26 août étaient-elles dirigées... ? », écrit d'abord :

« A notre avis, elles furent dirigées contre le général de Gaulle, soit par des Allemands camouflés, soit par d'autres à qui le désordre pouvait servir pour leur permettre de prendre le pouvoir. » Ce sont les deux hypothèses « classiques ».

Mais Mgr Brot laisse aussitôt percer le bout de sa plume, en ajoutant « voici ce qui fonde notre jugement » ; et il poursuit :

« Tout d'abord, le préfet de police m'avait informé pendant la semaine de la libération que des fauteurs de désordre " habituels " avaient déclenché la bagarre quarante-huit heures avant le jour fixé afin de pouvoir être les maîtres *.

* Quelle confidence ! Sans jouer sur les mots, dans l'esprit de cet orthodoxe gaulliste qu'est Charles Luizet, quels « fauteurs de désordre habituels » autres que les communistes peut-il bien désigner ?

Ensuite, le vendredi 25 août 1944, l'Archiprêtre fut avisé par téléphone, à 13 heures, que ce jour-même le général de Gaulle viendrait prendre possession de l'Hôtel de Ville, mais qu'il tenait à faire un pèlerinage personnel à Notre-Dame.

L'Archiprêtre était invité à le recevoir selon sa dignité, bien que sa visite fût strictement officieuse : la cathédrale devait être vide, le général serait accompagné d'une vingtaine de personnes. A 14 h 30, l'Archiprêtre se rendit, en habit de chœur, au portail de la basilique, accompagné de deux prêtres. Les portes étaient ouvertes, mais l'accès en était interdit par des barrières. Tous les lustres étaient allumés, l'organiste du grand orgue était à sa tribune. il avait reçu de la Préfecture, l'ordre de jouer *la Marseillaise* et *la Marche lorraine**.

A noter cette précision importante : depuis quelques semaines les lignes électriques étaient branchées sur l'Hôtel-Dieu. Les Allemands l'avaient ainsi décidé pour éviter les coupures de courant pendant les concerts.

L'Archiprêtre et ses assistants attendirent au seuil de la cathédrale depuis 14 h 30 jusqu'à... 20 heures ! Personne ne vint. Mais cinq ou six fois, au cours de l'après-midi, la foule massée sur le parvis cria : « Le voici ! le voici ! » *Chaque fois,* le courant électrique fut coupé, plongeant la basilique dans une demi-obscurité certainement favorable à un attentat. Comme le général devait entrer seul avec son état-major, il n'est pas douteux que ce fut à son intention que fut exécutée la manœuvre [130]. »

Pour convaincant qu'il soit, ce détail nous laisse dans l'incertitude : encore une fois, il ne nous dévoile pas le nom des instigateurs ni des acteurs des « pétarades grotesques » de cette journée. Un journal du lendemain, *Front national* (daté du 27 août) fera pourtant état de l'arrestation de « trois des tireurs assassins de samedi » par des soldats de Leclerc qui sont « montés dans les tours ». C'est la seule précision que les Parisiens découvriront dans leurs journaux à propos de l'incident de Notre-Dame, la consigne suivie par les pouvoirs publics et singulièrement la Préfecture de Police étant de minimiser l'incident :

« Un incident sans portée ni gravité s'est produit dans l'après-midi, lit-on dans le communiqué affiché le lendemain dans la capitale et signé par Charles Luizet, au moment où le général arrivait devant la cathédrale Notre-Dame. Un coup de feu, accidentellement parti, a déclenché une brève fusillade qui n'a pas empêché la foule massée dans le chœur de la cathédrale d'entonner le *Te Deum* avec le général lui-même [131]. »

---

* Cf supra p. 380.

On imagine la grimace de Mgr Brot à la lecture de ce texte lénifiant, après qu'il eût ramassé « la centaine de douilles » jonchant les dalles de sa basilique, en pestant contre l'ignorance liturgique d'un préfet qui confond un *Magnificat* avec un *Te Deum*.

Cette exaltante journée va se terminer par un acte de guerre inattendu : à 23 h 25, des avions allemands volant à basse altitude commencent à lâcher des bombes sur Paris et sa banlieue, le signal d'alerte n'est donné que cinq minutes après.

Saint-Ouen, Charenton, Ivry, Les Lilas, Montreuil, Pantin, Saint-Denis, Saint-Maur, les IIIe, IVe, V^{e}, XIIe, XIIIe, XIVe, XVIIe, XVIIIe et XXe arrondissements sont sévèrement atteints : sur les neuf arrondissements de Paris précités, la Préfecture de Police compte 1 055 points de chute (un grand nombre de bombes n'a heureusement pas explosé), des débris d'avion ont été retrouvés dans le XIIIe, l'incendie ravage la Halle aux Vins où les sapeurs-pompiers ont dû mettre en batterie vingt-cinq grosses lances.

« Dans certains endroits, lit-on dans le rapport d'activité du régiment des sapeurs-pompiers de Paris, l'extinction des incendies a été gênée par le manque d'eau, par suite de la rupture des conduites[132]. »

Etabli par la direction de la Police municipale le 27, le bilan de ce bombardement est lourd : 123 morts et 466 blessés à Paris, 80 morts et 422 blessés en banlieue. Parmi eux, deux soldats américains dont l'un est identifié : John Fischer, originaire de Stanley (Kentucky) et son camarade inconnu sont probablement les deux premiers militaires de l'US Army tués dans la capitale. Au cours du bombardement, 113 immeubles ont été détruits ou gravement endommagés. Du moins sera-ce le dernier bombardement massif de Paris pendant la dernière guerre mondiale.

Au soir du 26, l'ex-préfet Bussière, toujours gardé dans une annexe de son appartement de fonction, rencontre Charles Luizet, préfet de police, au pied de l'escalier qui conduit au cabinet préfectoral ; les deux hommes échangent quelques mots. Et puis, Bussière se rappelle qu'il a sur lui un chèque de 50 000 francs reçu pour les œuvres sociales de la police ; il le remet à Luizet...

Quel symbole ! Par ce don d'argent, feu l'Etat français passe la main au Gouvernement provisoire de la République française.

Définitivement.

NOTES

1. Témoignage de Georges Valette, *op. cit.*

2. A. Bussière, *op. cit.*, p. 447 du ms.

3. Henri Culmann, *op. cit.*

4. Robert Wallraf, *op. cit.*

5. *Ibid.*

6. Henri Culmann, *op. cit.*

7. Robert Wallraf, *op. cit.*

8. Raymond Massiet, *op. cit.*, p. 132.

9. A. Bussière, *op. cit.*, p. 451 du ms.

10. A. Bussière, *op. cit.*, p. 453 du ms.

11. Le manuscrit de Gus comporte 15 pages manuscrites. Coll. part. p. 1.

12. Cet ordre général n° 1 porte « en projet signé von Choltitz » dans son coin inférieur droit et « certifié exact, signé von Unger, chef d'état-major, colonel IG » dans son coin inférieur gauche. Il s'agit pour cette pièce, comme pour les ordres n° 2 et 3 et du projet d' « Avis » non diffusé de Choltitz, de photocopies d'une pelure ronéotée de ces « ordres » (184 destinataires pour le premier, 171 pour le second, aucun pour le troisième), simple projet, *Entwurf* pour le troisième, dont un exemplaire avait été découvert par le colonel Malraison, alors FFI de 2e classe au Ier arrondissement de Paris, dans la voiture du chef des transmissions de Choltitz, lors de l'attaque du Meurice par les soldats de Leclerc le 25 août. Ces documents ont été partiellement publiés dans une traduction par endroits inexacte, dans le *Dauphiné libéré* du 21 au 25 octobre 1949.

13. Henri Culmann, *op. cit.*

14. Mgr Brot, *op. cit.*

15. Main courante de la Préfecture de Police 13 août 1944-31 décembre 1944. Le premier message de 15 h 30 était plus « dramatique », demandant « l'envoi immédiat sur la PP de *tous effectifs* Paris et banlieue pour *attaquer* éventuellement *à revers* les forces allemandes qui tenteraient forcer la PP » ; le second est un message « d'alerte » demandant de « faire procéder d'extrême urgence mobilisation de tous les effectifs et les *diriger* sur la PP ».

16. Main courante PP, *op. cit.*

17. Abbé P. Hénin, *op. cit.*, p. 31.

18. Selon une lettre d'André Bussière, publiée par *l'Aurore* le 7 octobre 1949, Raoul Nordling aurait téléphoné à son père pour lui annoncer l'accord de Choltitz pour la trêve : « C'est moi, précise-t-il, qui fus chargé de transmettre la nouvelle à M. Pisani. Celui-ci témoigna d'un soulagement évident et me demanda de remercier mon père qui, ajouta-t-il, avait fait son devoir de Français. Pisani s'efforça aussitôt de faire cesser le feu, ce qui n'était pas chose facile, tant la situation était confuse. »

Dans ce texte, André Bussière écrit textuellement :

« Dans le courant de l'après-midi, après quelques escarmouches, les Résistants de la Préfecture se trouvaient dans l'impossibilité tragique de repousser la moindre attaque, faute d'armes et de munitions. Mis au courant de cette situation par M. Pisani, chef effectif des insurgés en l'absence de M. Luizet, mon père eut alors l'idée de la trêve. D'accord avec M. Pisani, qui lui-même avait consulté ses camarades et réduit l'opposition de quelques-uns, mon père téléphona d'une part à M. Nordling, consul général de Suède, d'autre part à M. Taittinger, président du Conseil municipal de Paris. Au premier, il demanda son entremise du côté allemand... »

Ce qui paraît surprenant, c'est que dans leur *Histoire de la Résistance en France* (Tome V, p. 481-482), Henri Noguères et Marcel Degliame-Fouché relatent ainsi le SOS de la Préfecture au consul Nordling :

« C'est là (au consulat de Suède) qu'il (Raoul Nordling) reçut, peu après 19 heures, un mystérieux coup de téléphone émanant de la Préfecture de Police, un coup de téléphone de détresse : " La situation est très grave... Faites quelque chose. " Le responsable de cet appel ne s'est jamais fait connaître et sans doute est-il maintenant trop tard pour espérer raisonnablement le connaître jamais. Toujours est-il que se trouve, du même coup, déclenché le processus qui va conduire à la suspension de feu. »

Or, le tome V du livre précité a été publié en 1981, trente-deux ans après la précision apportée au débat par André Bussière. Si, en 1946, l'abbé P. Hénin pouvait évoquer dans sa brochure « un coup de téléphone de la Préfecture au Consulat, le samedi 19 à 19 heures, demandant s'il est possible d'envisager une suspension d'armes » sans préciser (car elle n'était pas connue à l'époque) l'identité de l'appelant, MM. Noguères et Degliame-Fouché auraient pu mentionner l'information donnée en 1949 par André Bussière, information qui ne fut jamais démentie par Pisani-Edouard.

Pourquoi cette discrétion ?

Autre point obscur : l'abbé Hénin indique que ce fut un officier allemand, le capitaine Fuchs, « homme distingué et parlant un français correct, occupant une haute place dans le contre-espionnage allemand, mais hostile aux nazis et en relation avec les services de renseignement alliés » qui négocia, le 19, le cessez-le-feu avec Choltitz. Pour Noguères et Degliame-

Fouché, il s'agit du capitaine Emil Bender dit « Bobby », agent de l'Abwehr et anti-nazi qui se chargea de l'opération auprès du *Wehrmachtsbefehlshaber in Paris*. Fuchs et Bender sont (peut-être) le même homme, l'abbé Hénin ayant cru devoir, *en 1946*, dissimuler la véritable identité de l'officier allemand sous un pseudonyme « parlant » : *Fuchs* veut dire renard en allemand. Quoi qu'il en soit, pour Choltitz (*op. cit.*, p. 265-266), ce « capitaine » Bender n'a « jamais été un officier » et il a été prodigue, en d'autres circonstances, « d'allégations fantaisistes ». Choltitz confirme qu'il a été question d'un « cessez-le-feu » limité avec Nordling, mais son récit ne coïncide pas, au moins sur le plan chronologique, avec celui de l'abbé Hénin et des auteurs précités.

19. Choltitz, *op. cit.*, p. 266.

20. Photocopie communiquée par le colonel Malraison.

21. Cf. Dominique Lapierre et Larry Collins, *Paris brûle-t-il ?* Robert Laffont, Paris 1964, p. 169, note bas de page : « Devant les auteurs de ce livre, le général von Choltitz s'est montré absolument formel. Si la proposition de Nordling n'était pas arrivée ce soir-là, l'attaque de la Préfecture de Police aurait eu lieu comme prévu le lendemain, dimanche 20 août, à l'aube. » Outre qu'une confidence reposant elle-même sur un « si » et faite vingt ans après les faits ne constitue pas un élément de certitude, on notera que nulle part n'apparaît la « prévision » par Choltitz d'une attaque en force de la Préfecture. Dans ses Mémoires (*op. cit.*, p. 268), le *Wehrmachtsbefehlshaber in Paris* explique, au contraire, les raisons pour lesquelles il a hésité à « employer des armes lourdes contre les quartiers où l'agitation était la plus sensible ».

22. Robert Wallraf, *op. cit.*

23. Dr Victor Veau, *op. cit.*

24. Pierre Taittinger, *op. cit.*, p. 197-198.

25. Raymond Massiet, *op. cit.*, p. 134.

26. Raymond Massiet, *Le Carnaval des libérés ou le Drame de ceux qui se disaient Français*, Edit. Jacques Vautrain, 1952, p. 94.

27. Henri Culmann, *op. cit.*

28. *Ibid.*

29. Mgr. Brot, *op. cit.*

30. Main courante de la Préfecture de Police.

31. Robert Wallraf, *op. cit.*

32. *La Vérité sur la libération de Paris*, Belfond 1971, p. 121.

33. Gus, *op. cit.*

34. *La Libération de Paris (19-26 août 1944).* Récits de combattants et de témoins. Payot, édit. Paris 1945, p. 110.

35. Récit de Parodi *in La Vérité sur la libération de Paris, op. cit.*

36. *Ibid.*

37. Dietrich von Choltitz, *op. cit*, p. 267.

38. Récit Parodi, *op. cit.*

39. *in Franc-Tireur* du 20 octobre 1949, *op. cit.*

40. Abbé P. Hénin, *op. cit.*, p. 39.

41. Choltitz, *op. cit.*, p. 265.

42. *Ibid.*, p. 268.

43. *in Franc-Tireur* du 20 octobre 1949, *op. cit.*

44. Choltitz, *op. cit.*, p. 267.

45. *Ibid.*, p. 268.

46. Maurice Toesca, *Cinq ans de patience* (1939-1945), Emile Paul, Paris 1975, p. 323.

47. *Ibid.*, p. 324.

48. Raymond Massiet, *Le Carnaval des libérés, op. cit.*, p. 105.

49. Main courante de la Préfecture de Police. Journée du 21 août.

50. Mgr. Brot, *op. cit.*

51. Robert Wallraf, *op. cit.*

52. Raymond Massiet, *op. cit.*, p. 158.

53. Gus, *op. cit.*

54. Henri Culmann, *op. cit.*

55. Main courante de la Préfecture de Police.

56. Henri Culmann, *op. cit.*

57. Dr Victor Veau, *op. cit.*

58. Raymond Massiet, *Le Carnaval des libérés, op. cit.*, p. 78.

59. Maurice Kriegel-Valrimont, *op. cit.*

60. Charles Lacretelle, *op. cit.*

61. Raymond Massiet, *op. cit.*, p. 165.

62. Pierre Sonneville, *op. cit.*, p. 343.

63. *Ibid.*, p. 348.

64. *La Vérité sur la libération de Paris, op. cit.*, p. 111.

65. *in* Dr Victor Veau, *op. cit.*

66. Gus, *op. cit.*

67. Robert Wallraf, *op. cit.*

68. Photocopie des documents du général Malraison.

69. Robert Wallraf, *op. cit.*

70. Dietrich von Choltitz, *op. cit.*, p. 272.

71. René Naville, *op. cit.*, p. 19.

72. Mgr Brot, *op. cit.*

73. Michel Droit, « La presse et la radio libérées », Le *Figaro Magazine*, 21 juillet 1984.

74. *La Vérité sur la libération de Paris, op. cit.*, p. 81.

75. Pierre Sonneville, *op. cit.*

76. Roger Bourderon « Quarantième anniversaire de la Libération. L'insurrection nationale : conceptions, enjeux et rapports de force. » *Communisme.* Juillet-août 1984, p. 35.

77. Document figurant dans les archives personnelles de Georges Maurice, conservées par sa fille, Mme Pierre Fricou, qui nous a autorisé à les consulter et que nous remercions de sa grande obligeance.

78. Gus, *op. cit.*

79. « Les Parisiens eux-mêmes avaient reconquis Paris », récit de Madeleine Riffaud. *L'Humanité-Dimanche,* 23 août 1974.

80. André Tollet. *La Classe ouvrière dans la Résistance,* Editions sociales, Paris 1969, p. 265.

81. Document Archives Georges Maurice.

82. Maurice Cazeaux, *op. cit.*, p. 177.

83. Charles Lacretelle, *op. cit.*

84. Maurice Toesca, *op. cit.*, p. 331.

85. R. Naville, *op. cit.*, p. 25.

86. Archives Georges Maurice.

87. Dietrich von Choltitz, *op. cit.*, p. 275.

88. Dr Olaf Groehler, « Les répercussions des défaites subies par la Wehrmacht pendant l'été 1944 sur le moral des combattants », *in La Libération de la France, op. cit.*, p. 898-899.

89. Robert Wallraf, *op. cit.*

90. Rapport concernant la mission plénipotentiaire envoyée au Haut-Commandement interallié, le mardi 22 août 1944. Dactylographie, 5 feuillets. Paraphe d'Alexandre de Saint-Phalle.

91. *Ibid.*

92. *La Vérité sur la libération de Paris, op. cit.*, p. 114.

93. Raymond Dronne. *La Libération de Paris,* Les Presses de la Cité, Paris 1970, p. 257.

94. Main courante de la Préfecture de Police.

95. Document archives Georges Maurice.

96. « Les voix de la liberté. Ici Londres 1940-1944 », *La Documentation française,* 1975, p. XXXII. Cette anecdote radiophonique a été racontée en détail par Marcel Bleustein-Blanchet dans *le Monde* du 25 septembre 1984.

97. Raymond Massiet, *Le Carnaval des libérés, op. cit.*, p. 96.

98. Gus, *op. cit.*

99. Robert Wallraf, *op. cit.*

100. Raymond Massiet, *La Préparation de l'insurrection et la Bataille de Paris, op. cit.*, p. 188-189.

101. Gus, *op. cit.*

102. Main courante de la Préfecture de Police.

103. *Ibid.*

104. *Ibid.*

105. « SNCF, PC de Montparnasse. Journal des 24, 25, 26 août 1944 », rédigé par François Corbel. 7 feuillets ronéotés, p. 2.

106. *Ibid.*

107. *Ibid.*

108. Gus, *op. cit.*

109. Bernard Pierquin, *op. cit.*, p. 133.

110. Robert Wallraf, *op. cit.*

111. Pierre Vals, « J'ai photographié en exclusivité la prise de la Kommandantur, place de l'Opéra », *Le Figaro Magazine* du 21 juillet 1984.

112. Robert Wallraf, *op. cit.*

113. Alfred Betz. Témoignage inédit.

114. Maréchal Juin. *Mémoires.* Arthème Fayard, Paris 1960. Tome II, p. 29.

115. Raymond Massiet, *Le Carnaval des libérés, op. cit.*, p. 83.

116. Mgr Brot, *op. cit.*

117. Raymond Massiet, *Le Carnaval des libérés, op. cit.*, p. 99.

118. Main courante de la Préfecture de Police.

119. Charles de Gaulle, *Mémoires de guerre*, Plon édit. 1956 Tome II, p. 314.

120. Mgr Brot, *op. cit.*

121. *Ibid.*

122. Adrien Dansette, *op. cit.*, p. 330.

123. Témoignage du général de Guillebon. Coll. de l'auteur.

124. Mgr Brot, *op. cit.*

125. *Ibid.*

126. Bernard Pierquin, *op. cit.*, p. 134.

127. Charles de Gaulle. *Lettres, notes et carnets (juin 1943-mai 1945)*, Plon, Paris 1983, p. 297.

128. Charles de Gaulle, *Mémoires de guerre, op. cit.*, p. 315.

129. Déclaration de M. Chaban-Delmas lors du débat « Les dossiers de l'écran » (Antenne 2) du 13 août 1974.

130. Mgr Brot, *op. cit.*

131. Coll. part.

132. Activités du régiment des sapeurs-pompiers au cours des journées de la Libération, *op. cit.*, p. 9.

CHAPITRE IX

LES LENDEMAINS DE LA GLOIRE

A 6 heures du matin, le dimanche 27 août, tous portails et portes fermés, Mgr Brot, archiprêtre de Notre-Dame, et le chanoine Lenoble procèdent au rite de la réconciliation dans la basilique. Il faut réparer « le sang du crime » versé la veille sur les dalles de l'église, selon un cérémonial rarement utilisé * qui s'apparente, un peu, à la consécration des églises. En l'absence de tout fidèle, les prêtres font le tour de l'église, à l'intérieur et à l'extérieur, en récitant des prières et « en aspergeant les murs d'eau grégorienne, mélange d'eau, de sel, de cendres et de vin », si l'on en croit les journaux du lendemain **. Ainsi l'Eglise catholique, apostolique, romaine efface-t-elle symboliquement les traces d'un dérèglement humain qui n'a pas place entre les murs d'un lieu consacré.

La capitale s'éveille, toute saoule encore de la journée et de la soirée du samedi ; et la joie exclusive de sa délivrance ne lui fait guère prendre en compte les dangers réels qu'elle court encore du fait des Allemands, dangers qu'au demeurant elle ignore.

Car la 2e DB a dû repartir au combat pour nettoyer totalement les lisières nord de la ville où des troupes ennemies, en particulier la 47e division d'infanterie du *Generalmajor* Wahle disposant de nombreux chars, font peser sur Paris une sérieuse menace : ne dépendant pas de Choltitz, leurs chefs, qui ne sont pas liés par la reddition du *Wehrmachtsbefehlshaber in Paris,* ont entrepris face à la 2e DB un combat retardateur, afin de protéger le flanc des unités allemandes voisines en retraite dans la boucle de Conflans. Après des engage-

---

* La dernière réconciliation a été faite quinze années auparavant, après un suicide à l'intérieur de Notre-Dame.

** C'est une erreur de leur part : car si l'eau grégorienne est effectivement utilisée pour la consécration d'une église, c'est d'eau bénite ordinaire que se sert l'officiant au cours de la réconciliation, conformément au *Pontificale Romanum, Pars II De ecclesiae et coemeterii reconciliatione.*

ments très vifs au Bourget, où les Allemands laissent 700 morts sur le terrain d'aviation, à Pantin, au Blanc-Mesnil, Dugny, Pierrefitte, Montmorency et à Gonesse, l'ennemi est repoussé : le mercredi 30, la division revient au repos dans la ville au bois de Boulogne et en banlieue, avant de repartir vers d'autres batailles. Le 31, au cimetière de Pantin, Leclerc assiste à l'inhumation des soldats français tombés dans les ultimes combats pour la libération du Bourget.

Quelles furent exactement les pertes provoquées par la délivrance de la capitale ?

Selon les sources, leur bilan est variable. Chez les Allemands de 2788 à 4200 morts[1] et de 12000 à 14000 prisonniers ; chez les Français 2100 morts (900 FFI, 600 2e DB, 600 civils), 1455 blessés chez les FFI ou 2800 morts et 7000 blessés ; les pertes de la 2e DB furent de 28 officiers et 600 soldats tués et blessés, selon Raymond Dronne, qui reprend les chiffres du général de Gaulle, de 76 tués et 200 blessés selon Noguères, de 130 tués et 370 blessés selon le général de Guillebon * ; pour Pasteur Vallery-Radot, les FFI ont eu 2500 hommes hors de combat, tués et blessés et plus de 1000 civils sont morts. La différence entre ces chiffres peut s'expliquer par leur mode de comptage : dans Paris *intra-muros* seul ou Paris *et* banlieue additionnés, pour l'espace, jusqu'au 26 août inclus ou jusqu'au 29 inclus, pour le temps. Du moins, ces chiffres constituent-ils un ordre de grandeur des pertes de part et d'autre et donnent une idée du nombre et de la violence de combats échelonnés sur neuf jours : militairement parlant, ce fut une affaire mineure. Mais l'effet moral, politique et psychologique de la libération de la capitale fut incommensurablement plus important que son influence sur le déroulement de la guerre avec ses conséquences pour la suite des opérations.

Dernier détail, l'imprécision des chiffres humains équipolle celle des chiffres des prises de guerre : dans son ordre du jour du 7 septembre 1944, Rol assure que les FFI ont pris ou détruit 35 chars allemands dont 14 « Tigre » et « Panthère », 7 automitrailleuses, 19 canons. Réflexion faite, il évoquera plus tard 57 chars ** dont 21 « Tigre » et « Panthère », et 22 canons[2]. Ces chiffres ne correspon-

* Général de Guillebon. « La double mission de la 2e DB est remplie », *in le Journal de la France. Les années 40*, Tallandier, Paris 1972, n° 173, p. 2165.

** Le colonel FTP Albert Ouzoulias, dit « André », parlera même de 80 chars allemands détruits au cours de l'émission d'Antenne 2 consacrée au 40e anniversaire de la libération de Paris, le 20 août 1984 ! Ce chiffre a suscité l'ironique réflexion du général de Guillebon : « Cela devient de la tartarinade ! Nous n'avons pas vu beaucoup de carcasses de chars (à Paris le 25 août 1944), à moins que les services de la voirie aient été d'une efficacité inattendue. » (*in le Figaro*, 29 août 1984).

dent pas, et de loin, à ceux avancés par Choltitz, très parcimonieusement il est vrai. Et dans la première édition de ses souvenirs, Choltitz se demande comment ses adversaires « avaient pu capturer à Paris 35 chars * dont beaucoup de « Tigre » et de « Panthère », à l'exception peut-être de ceux que l'on trouva dans les ateliers de réparation, dont j'ignorais l'existence et que je ne pouvais pas mettre en ligne[3]... »

Laissons à l'historien le soin de démêler ces querelles de chiffres pour l'enseignement de la postérité, une postérité dont les habitants de la capitale se soucient comme d'une guigne en août 1944.

A la découverte des Amerlots

Après l'émerveillement devant les hauts faits, même s'ils sont exagérément gonflés par une presse à la Déroulède, des « Fifis » et des « Leclerc », comme on les nomme désormais, la population découvre, au fil des jours, les Américains, ces hommes venus d'un autre continent, qui mâchent du chewing-gum, marchent sur des semelles silencieuses (oublié le bruit des bottes à clous des frisous !), conduisent des étranges petites voitures baptisées Jeeps **, vite célébrées par Rogers dans sa chanson *Ma Jeep et moi,*distribuent ou vendent (pas cher) des boîtes de ration de l'US Army, se baladent avec les deux mains dans les poches de leur blouson, jouent aux dés dans la rue, sont toujours à la recherche de leur chemin, histoire de tenter de lier conversation avec une jolie fille, boivent un peu trop et rient un peu trop fort, dans un laisser-aller et une apparente bonhomie d'où les « marques de respect » et les « garde-à-vous » semblent exclus du train-train quotidien.

A l'observateur superficiel, les Amerlots *** apparaissent comme il se les figurait, simples, bons garçons, enthousiastes, pas très futés et d'autant plus sympathiques qu'ils ne sont, eux, que de passage, qu'en visite, pourrait-on dire, pendant les quelques semaines ou les quelques mois qui séparent les Parisiens de la fin de la guerre : la formidable puissance militaire des Etats-Unis n'est-elle pas le plus sûr élément de la certitude que cette victoire sera rapidement acquise ?

---

* Au moment où il écrit la première version de ses souvenirs *Brennt Paris ? Adolf Hitler*, Choltitz a eu connaissance de l'ordre du jour de Rol.

** C'est une fantaisie langagière française, nous apprend *le Parisien libéré* du 27 août, Jeep étant la traduction phonétique de GP, initiales du créateur de cette automobile passe-partout.

*** Surnom que, les Parisiens donnent spontanément aux Américains. Les Amerloques, autre surnom, comporte une nuance péjorative.

Le peuple parisien en apprécie l'étalage lors du défilé, le 29, du pont de Neuilly à la Concorde, de deux divisions américaines : les engins motorisés ouvrent la marche, suivis des voitures sanitaires, des Jeeps, de l'artillerie (pièces lourdes, antichars, DCA portée), de la houle kaki des fantassins en rangs serrés de trente hommes de front, des blindés, enfin des tracteurs à chenilles tirant d'impressionnants canons lourds de 240.

Charles Lacretelle note dans ses *Éphémérides* :

« Enthousiasmés par la puissance de tout ce matériel neuf et par la tenue sportive et pratique des hommes, les spectateurs ne se privent pas de faire entre eux la comparaison avec l'état de fatigue des soldats et du matériel de la Wehrmacht en retraite qu'ils virent il y a quelques semaines, au même endroit. »

Pourquoi avoir montré un tel déploiement de forces ? Eisenhower, qui a vu de Gaulle le dimanche 27, assure que le président du GPRF « lui a demandé, à titre temporaire, le prêt de deux divisions américaines, afin de faire un étalage de force, comme il disait, pour asseoir fermement sa position[4] ».

Le général de Gaulle démentira aussitôt le propos qu'Eisenhower lui prête : « La traversée de la capitale par deux divisions américaines, déclare-t-il, n'avait rien à voir avec le rétablissement entre Français de la souveraineté nationale. Je fus naturellement saluer à leur passage dans la capitale, les divisions américaines marchant au combat, mais je ne les avais nullement demandées[5]. »

Les soldats alliés ne font que passer, nous l'avons vu, dans la capitale. Peu de permissionnaires ont la chance d'y séjourner et de flâner entre des boutiques vides où tout shopping est impossible et des cinémas et théâtres fermés ! Le *Gay Paris* d'avant-guerre est bien morose : seuls quelques bistrots sont ouverts.

Pour les G'IS ont été réquisitionnés certains des hôtels jadis occupés par la Wehrmacht * et, dès septembre, un *Allied troop theater under the auspices of the special service US Army* fonctionne au cinéma des Champs-Elysées qui, il y a quelques semaines encore, était un *Soldatenkino*. La vie à Paris est chère et, ce qui n'arrange rien, le dollar vaut 50 francs français, c'est élevé pour des « boys » dont la solde est mince : celle d'un seul jour est à peine suffisante pour régler deux verres de mauvaise bière ! Mais, en vendant cigarettes et lames de rasoir à des prix de marché noir, les « boys »

* Une antenne du quartier général américain s'est installée au « Majestic », précédemment occupé par les bureaux du *Militärbefehlshaber in Frankreich* et les services de santé alliés ont réquisitionné trois hôpitaux (La Pitié, Lariboisière, Beaujon) à Paris et un en banlieue (Raymond-Poincaré à Garches), antérieurement utilisés par les occupants, au total 4 500 lits d'hospitalisation.

peuvent s'acheter une bouteille de cognac, baptisé « brandy » par d'astucieux vendeurs, pour déguster entre copains.

Le jeune F. Peyrot, neuf ans, petit écolier de banlieue, raconte, dans une narration dont nous respectons l'orthographe et la ponctuation, une petite incursion dans la capitale, le 29 août :

« Mardi soir, nous avons descendu les Champs-Elysées et nous avons vu des fusées blanches rouges et vertes j'avais peur qu'elle me tombe dessus nous avons vu aussi des avions américains qui volait à ras des arbres il y en avait même un qui faillit passer sous l'arc de Triomphe mais il a fait un cercle et il n'y est pas passés.

« Les américains était ivre, il y en avait un qui tenait une bouteille de cognac il en buvait une gorger et il disait pour les Anglais !, un autre pour les... il ne trouvais pas son mots alors une jeune fille lui dit : pour les Chinois, l'Américain ne comprenait pas alors la jeune fille lui dit en anglais et il le répétat il but encore une gorgée « à bat les japonais[6]. »

Afin d'être renseignés sur les usages français, les G'IS peuvent consulter la brochure éditée par l'administration militaire américaine * où, en ce qui concerne Paris, se trouvent réunies toutes les *local information and administrative personalities*[7]. Evidemment, les lupanars (*brothels*) y figurent en bonne place, pardon les lieux accueillants classés en « maisons de massage », « salons de rendez-vous » et « maisons de société », étant entendu que le GI doit établir la différence entre « les pensionnaires » of the « maisons de tolérance » et les *inmates* des « maisons de rendez-vous », sans oublier les risques de *l'individual prostitute.* Quant aux tarifs pratiqués, attention de ne pas se faire rouler !

Le Parisien habitué de ces lieux a, certes, du mal à saisir la subtile distinction que les intendants de l'US Army ont établie entre la « maison de société » du 4 rue Blondel et le « salon de rendez-vous » du 5 de la même rue qui sont des établissements d'une modestie d'apparence confinant à la pauvreté, alors que les somptueuses maisons du 6 rue des Moulins et du 12 rue Chabanais où se trouve un célèbre « siège d'amour » **, ne bénéficient pas d'un cinq étoiles de la prostitution qu'ils méritent bien.

---

* Ou AMGOT (*Allied military Government of the occupied territory*), corps d'administrateurs militaires dont les Alliés avaient, à l'imitation de ce qui se passa en Italie, prévu l'installation en France, mais à laquelle s'opposèrent le GPRF et le général de Gaulle, soucieux d'établir une administration purement française dans les départements libérés.

** La petite histoire veut que cet étrange semi-canapé érotique ait été fabriqué pour le prince de Galles, futur Edouard VII, en 1890. Et, pour en finir avec ce monarque anglais, précisons que sa statue, déboulonnée par des hommes de Doriot en mars 1942 et cachée à Saint-Denis, sera remise sur son socle, dans le square qui porte son nom, le 5 septembre 1944.

Hélas pour les G'IS en possession du répertoire de ces bonnes adresses, la section sanitaire des *Civil Affairs*, installée 7 place Vendôme, a décidé, dès le 29 août, d'interdire l'accès « des officiers, sous-officiers et soldats de l'armée américaine dans les maisons de tolérance de la Seine ». Les G'IS devront-ils se rabattre sur l'*individual prostitute ?* On s'occupe d'eux, précise un message reçu par la direction de la Police municipale, le même jour à 16 h 40 :

« De M. Randon, sous-directeur de l'Hygiène :

Dans chaque arrondissement, faire rechercher par le commissaire de police *un* local et dans les arrondissements où la prostitution est développée *quatre* locaux (boutiques de préférence d'au moins 5 m × 6 m) où seront installés des postes sanitaires américains. Transmettre les listes pour le 31 août au matin à la direction de l'Hygiène, service de la prophylaxie spéciale, 107, rue du faubourg Saint-Denis. Appel général diffusé[8]. »

Au début de leur séjour à Paris, les Alliés, anglais et américains, tourneront la difficulté en portant un costume civil pour se rendre dans les lupanars. Et puis, la discipline se relâchant, certains les fréquenteront en tenue, d'autres les pilleront purement et simplement : le 1er octobre à 3 h 45 du matin, dix soldats américains qui avaient passé la soirée dans le lupanar, 24 rue Saint-Placide, se ruent sur l'employé, Lucien Bossu, qu'ils neutralisent en le blessant d'un coup de couteau à la tempe gauche, prennent les 20 000 francs qui étaient dans la caisse et s'enfuient...

Le 17 novembre, le GI Turcotteg, infirmier à l'hôpital Lariboisière, refuse de sortir du lupanar sis 76 boulevard de la Chapelle. Les gardiens « requis par la tenancière de l'établissement sont accueillis par des coups de feu d'un caporal FFI de Versailles, Mohamed Kebaid, qui s'oppose à l'expulsion de son camarade de virée ». Il est blessé : force reste à la loi[9].

Quand ils sont arrêtés pour quelque délit, les Amerlots vont faire un séjour dans la « Paris Détention Barracks » installée par le 535e bataillon du MP (*Military Police*) dans la caserne, 128 boulevard Mortier. Saluons, au passage, les membres de la police militaire, les MP, qui, avec leurs casque, guêtres, baudrier, ceinturon blanc et leur longue matraque brune arpentent les rues et les boulevards à lieux de plaisir, cinémas et autres baraques foraines. Ils ont fort à faire entre les rixes et les attaques à main armée dont se rendent coupables des Amerlots à court d'argent : passants et passantes sont souvent dévalisés, boutiquiers et commerçants « braqués », comme disaient les escarpes d'avant-guerre, ou victimes de *hold up*, comme l'expression commence à s'en répandre dès septembre. Si les Amerlots sont de grands enfants, ils peuvent à l'occasion devenir des enfants terribles et cette criminalité (on compte quelques assassinats du fait des G'IS) inquiète, un moment, Charles Luizet. De son côté, le préfet de la Seine, Flouret, en a saisi le brigadier général Pleas B. Rogers qui, au nom du commandement suprême interallié, a installé sa section de base (Seine Base section Com Z) à l'ancienne *Platzkommandantur* de la place de l'Opéra *.

Celui-ci ne manque pas de faire observer à son interlocuteur français que, parfois, ce ne sont pas d'authentiques G'IS qui se livrent à ces agressions mais des petits truands locaux qui ont acheté ou volé des gabardines ou des blousons américains.

D'autre part, les G'IS sont tellement stupéfaits par les prix qui leur sont demandés pour l'achat de n'importe quel produit qu'ils se laissent aller à des mouvements de mauvaise humeur qui peuvent tourner mal ; certains commerçants les volent de façon éhontée en pratiquant des prix excessifs, et ils se rebiffent !

Afin de faire face à cette situation, de curieux avis sont affichés, dès le mois d'août, dans Paris. Ainsi, le Comité de libération du XVIe arrondissement diffuse cet « ultime avertissement » :

« Le marché noir est d'importation allemande.

« Issu des officines nazies, il doit disparaître de chez nous.

« Des Français n'ont pas le droit d'affamer d'autres Français.

« Ne tenant nullement compte des efforts de la Résistance pour libérer le pays, certains commerçants profitent au contraire de la situation pour intensifier leur action clandestine.

« Les officiers et soldats des armées alliées se montrent surpris des prix pratiqués dans quelques boutiques et restaurants du XVIe.

« Nous ne tolérerons pas que nos libérateurs et la population de l'arrondissement soient à la merci d'aventuriers plus enclins à sacrifier l'honnêteté à des profits immédiats et illicites[10]... »

Le 30 septembre, le Comité général d'organisation du commerce, qui siège 14 boulevard Poissonnière, met en garde ses mandants contre la pratique des prix exagérés et évoque une menace destinée, au moins, à les faire réfléchir :

« Les Autorités américaines se proposent d'étendre l'activité de coopératives militaires qu'elles ont déjà créées et qui achètent par grosses quantités aux producteurs pour revendre aux soldats aux prix coûtants[11]. »

Le 4 septembre, Mme Gérardin a informé le préfet de police que le secrétariat au Tourisme « se plaint que dans les quartiers du centre, les conducteurs de voitures hippomobiles réclament des prix exagérés aux Américains, demandant jusqu'à 500 francs pour une course dans Paris[12] ».

---

* Commandant du secteur de base allié dans la Seine, le général Rogers est également le représentant d'Eisenhower dans la région parisienne.

Vexés, deux cents cochers de fiacre* se mettent en grève le 22 septembre, en attendant « de nouvelles propositions pour les tarifs horokilométriques [13] ». Leurs compteurs ne tenant pas compte des réalités économiques du moment, ils jouent sur les prix en travaillant « à la course ».

Petits et moyens conflits de ce Paris à l'heure américaine ne diminuent, en rien, l'affection un peu condescendante que portent les habitants de la capitale aux Amerlots, au début de leur installation. Une affection que des hommes de bon sens teintent d'admiration :

« Porte Maillot cet après-midi 7 novembre, note Maurice Toesca... Une des guérites militaires allemandes qui se trouvaient boulevard Suchet a été amenée là par les Américains qui font le contrôle des voitures. Différence de mentalité ; les Français les auraient brisées ; les Allemands les auraient repeintes à leurs couleurs ; les Américains s'en f..., ils ne considèrent que l'utilité des choses [14]. »

D'abord vivre... mais mal

Au premier rang de ces choses utiles, la matérielle... Et, en priorité, le ravitaillement : maintenant que les Allemands, qui « prenaient tout », sont partis, les Français prendront peut-être davantage !

La réalité est bien différente : le départ des Allemands n'a pas provoqué une amélioration immédiate dans ce domaine. Dès longtemps, le GPRF s'est certes préoccupé de l'approvisionnement des Français après quatre ans de prélèvements par les Allemands, d'abattage clandestin, de marché noir, de colis familiaux, au milieu desquels les services officiels du Ravitaillement ont bien du mal à trouver les vivres indispensables à leurs « rationnaires » dont les tickets d'alimentation ne sont pas toujours « honorés », dérisoires carrés de papier souvent inutiles. Mais il y a tant à faire et dans les structures administratives, et dans les circuits commerciaux et dans les habitudes des consommateurs !

Le général de Gaulle s'en est mêlé ; lui qu'on dit indifférent aux problèmes d'intendance, il a tiré la sonnette des Américains :

« Je prévois pour Paris une situation vraiment tragique, a-t-il écrit au président Roosevelt le 14 août, et je me permets de vous signaler quel prix nous attacherons à voir arriver sans délai, dès que Paris sera libéré, les denrées et objets que vous avez bien voulu prévoir pour le ravitaillement de la capitale en vivres et pour la remise en marche des services publics les plus nécessaires (eau, gaz, électricité,

* Il y a plusieurs centaines de fiacres à Paris en 1944.

santé). Il en sera probablement de même pour Marseille, Lyon, et les grands centres du Nord[15]. »

Et quand il rencontre Eisenhower le 27 août à Paris, le président du GPRF lui demande en priorité de la nourriture et des approvisionnements[16].

Dès après la libération, les Parisiens ont été déçus dans leurs espérances de voir revenir, non pas l'abondance alimentaire d'avant-guerre, mais au moins une certaine suffisance de produits : or leur venue sur les marchés reste irrégulière, aléatoire et le but que s'est fixé le GPRF d'arriver à l'équivalent-nourriture de 2 500 calories par jour *en moyenne* ne sera pas atteint avant longtemps !

Sur le terrain, c'est-à-dire dans les marchés et chez les commerçants, quelle est la situation ?

Le rapport de Marcel Flouret, préfet de la Seine, établi le 15 octobre à l'intention du ministre de l'Intérieur, brosse une physionomie générale de la situation :

« Après une courte période d'honnêteté au début de septembre, le marché noir a repris son empire par suite de l'insuffisance des biens consommables au regard des besoins essentiels de la population...

« Si le ravitaillement de la population parisienne a pu être sensiblement amélioré depuis le départ de l'occupant, il est cependant encore insuffisant par rapport aux besoins normaux, ce qui explique la persistance du marché noir. Des mesures ont été prises pour lutter contre la hausse des prix et favoriser les restaurants ou cantines à la disposition des classes les moins aisées de la population[17]... »

Examinant les différents secteurs alimentaires, le préfet écrit :

« Le rétablissement de la vente libre* pour les fruits et légumes a donné les résultats escomptés. Boutiques et marchés sont bien approvisionnés, sans qu'il y ait eu à aucun moment une hausse des cours.

« Les distributions de pommes de terre à une cadence rapide, l'amélioration de la qualité et des rations de pain ont été particulièrement bien accueillies.

« On signale à nouveau de nombreuses fraudes en boulangerie : vente de pain sans tickets, vente de pain de mie, vente de pain de ménage, vente de pain de régime, etc. On vend également des croissants à la sauvette[18]. »

Pour le lait, les rations des J1 et J2 sont « honorées », mais il est impossible de les augmenter. Les deux gros points noirs sont le secteur de la viande et des matières grasses :

* La plupart sinon la totalité des denrées alimentaires sont soumises à un prix-plafond (la taxe) que le commerçant ne doit pas dépasser sous peine de sanctions.

« Bien que la ration de viande ait été augmentée sensiblement, la population la trouve encore insuffisante, mais elle proteste surtout contre la faiblesse des rations de matières grasses et de fromage. On déclare un peu partout qu'il y a des quantités importantes de beurre en province, que l'on en trouve facilement au marché noir et que si l'on donnait libre cours aux initiatives individuelles on pourrait faire des distributions beaucoup plus importantes. C'est ce qui explique les initiatives prises par certains comités locaux de Libération qui font du ravitaillement direct, ce qui provoque des réclamations des communes voisines et un certain remous politique[19]. »

Mais d'autres organismes ou groupements, issus de la Résistance, se mêlent du ravitaillement des Parisiens : se substituant aux commerçants et aux organismes d'Etat de la Répartition, qui ont pris la suite de ceux, installés pendant la période de dirigisme alimentaire de Vichy, ces groupements prétendent pallier les « insuffisances officielles » par des initiatives dispersées, qui rencontrent auprès du public une faveur grandissante.

Successeurs des Milices patriotiques *, les Gardes civiques républicaines font parfois des distributions de vivres : le 8 décembre, au marché Jean-Nicot ** (VIIe), à l'instigation de l'Union des femmes françaises, des gardes civiques remettent gracieusement des portions de viande d'environ une livre à toute personne porteuse de la carte V (vieillard), la viande provenant d'une « saisie » faite par eux au siège de l'Air liquide, 71, quai d'Orsay.

D'autres petits faits marquent bien le comportement d'une population déçue dans ses espérances d'une nourriture enfin appétissante. Dans ses éphémérides, Charles Lacretelle note que dans le XVIIIe, grâce à des dons de farine blanche par l'intendance américaine, du pain blanc a été fabriqué pendant quelques jours : ce fut la ruée, le pain « gris » du boulanger a été boudé, puis jeté.

« La municipalité du XVIIIe fait aussitôt afficher un avis où, blâmant " le refus d'acheter le pain gris, elle considère que si sa population se déclare incapable de souffrir quelques jours de plus pour permettre au gouvernement de remettre tout en place, c'est à désespérer de son bon sens et de son patriotisme ". Aussi ne veut-elle pas faire " l'injure au peuple de Montmartre, de le croire incapable de la soutenir dans l'œuvre de redressement ". Elle le conjure donc " d'accepter sans murmures le pain bis actuellement fabriqué " qu'elle baptise pour la circonstance " pain de la Liberté ", afin que cette saveur toute morale fasse, si possible, oublier son goût exécrable[20]. »

---

* Cf. *infra* p. 419 et suiv.

** Ce charmant petit marché, typiquement parisien, qui possédait encore en 1982 sa cloche sonnant l'ouverture, n'existe plus.

Au début de l'hiver, la situation ne s'améliore pas sensiblement, ainsi que le montre le tableau des rations alimentaires hebdomadaires pour quelques denrées prévues pour le mois de novembre :

Catégories de consommateurs	E (g)	J 1 (g)	J 2 (g)	J 3 (g)	A (g)	T (g)	C (g)	V (g)
Pain	125	225	300	375	300	350	350	300
Viande.........	250	250	250	250	250	250	250	250
Mat. grasses ...	250	250	250	250	250	250	250	250
Fromage	20	20	20	20	20	20	20	20

Il s'agit des rations « prévues ». On observe que, par rapport au mois de mars, les rations de viande et de matières grasses ont été augmentées (de 130 grammes pour la viande et de 100 grammes pour les matières grasses), celle de pain est inchangée, celle de fromage a diminué de 30 grammes. Mais, encore une fois, ce sont des prévisions « théoriques » : ces chiffres peuvent être modifiés au cours des semaines, en moins comme en plus.

Quelles sont donc les causes de la persistance de cette pénurie alimentaire ? Certaines sont connues : la cessation des prélèvements allemands ne supprime pas les destructions nées de la guerre ; la détérioration des sols producteurs, la pénurie d'engrais et de produits manufacturés chez les producteurs, le manque de main-d'œuvre et la désorganisation des transports ne favorisent pas une relance des productions agricoles qu'au seuil de l'hiver semble menacer la prévision de conditions atmosphériques assez rudes.

D'autres causes sont plus difficilement avouables, et moins avouées à l'époque, qu'analyse S. P. Kramer :

« Etant donné le manque de produits manufacturés, la paysannerie était peu incitée à écouler sa récolte au taux officiel. Les agriculteurs avaient tendance soit à consommer la plus grande partie de leur production *, soit à vendre au marché noir et à accumuler les billets de banque : la Résistance avait encouragé la non-livraison des produits comme moyen de contrer les réquisitions allemandes. La paysannerie l'avait pratiquée, parce qu'elle était

* C'est un fait, étudié dans ses détails par Michel Gervais, Marcel Jollivet et Yves Tavernier (*cf. Histoire de la France rurale* sous la direction de Georges Duby et Armand Wallon, tome IV, le Seuil, Paris 1976) que, si le repas du paysan était frugal en 1936 (pas de viande de boucherie, pas de poissons), il est devenu copieux pendant l'occupation. La meilleure preuve en est la diminution de la mortalité dans les régions rurales pendant la période 1941-1943, alors qu'elle augmente dans les régions fortement urbanisées.

source de profits. Elle continuera au lendemain de la libération, alors qu'elle n'était plus considérée comme patriotique, parce qu'elle permettait de s'enrichir[21]. »

Les enquêtes effectuées en province prouvent l'existence de cet état de fait résultant, sans doute, des conditions nouvelles d'existence créées par la guerre qui ont, par contrecoup, modelé une nouvelle mentalité ; le 7 novembre 1944, le directeur des Renseignements généraux de la Région de Toulouse adresse un rapport de synthèse au commissaire de la République **, Pierre Berteaux, où on peut lire :

« Dans le Lot-et-Garonne, les agriculteurs ne poussent pas à fond le rendement de leurs terres et utilisent encore pour certains travaux des moyens tout à fait primitifs : ils entravent ainsi une production qui pourrait être en maints endroits quintuplée. Il apparaît nettement que les ruraux semblent ignorer la collectivité. Toutefois, si le paysan emploie des moyens démodés pour le travail de la terre, il s'est largement mis à la hauteur de la situation actuelle en ce qui concerne le marché noir, dont il a profité et profite encore. Il est attiré par l'appât du gain et se maintient dans la production qui lui rapporte le plus, sans chercher à en sortir. Il ne pense nullement à la communauté[22]. »

Et le commissaire de la République de Dijon, Jean Mairey écrit dans son rapport mensuel du 18 décembre 1944 :

« Le paysan français, qui a connu une période de prospérité financière sans précédent dans le malheur de la Nation, garde sans doute l'illusion que ses matelas de billets de banque sont intouchables et lui servent de garantie absolue pour l'avenir[23]. »

On peut, en cet instant, parler de « la revanche » des paysans sur les citadins, ces citadins qui, avant la guerre, considéraient « les glaiseux » avec une certaine condescendance et ont dû, sous la pression des nécessités, se transformer en humbles quémandeurs.

A leur tour, les paysans leur tiennent la dragée haute, installés dans « cette situation inhabituelle pour eux de pouvoir dépenser beaucoup d'argent, sans trop compter », tout en mangeant à satiété.

Quelques journaux soulignent discrètement l'inégalité entre urbains et ruraux devant la nourriture quotidienne : dans « Ce soir » du 24 décembre, un titre interrogateur « 150 grammes de viande à Paris, viande à volonté en province : pourquoi ? ». Pour sa part, le GPRF a beaucoup de peine à porter remède à cette inégalité qui subsistera encore deux ans après la libération :

* Nommés par le GPRF, les commissaires de la République ont remplacé les préfets de Vichy, suspendus, révoqués ou arrêtés dans les régions libérées.

« En 1946 encore, selon l'INH *, écrivent Michel Gervais, Marcel Jollivet et Yves Tavernier, les régions rurales consomment 50 pour cent de viande et de charcuterie de plus que les habitants de Paris et Marseille, deux fois plus de beurre, d'œufs et de fromage que les Parisiens **. »

Il serait cependant injuste de tenir le paysan pour seul responsable de la pénurie alimentaire dans les grandes villes.

D'une part, les intermédiaires non qualifiés entre la production et la consommation se sont multipliés, intermédiaires improvisés dont le seul but est le lucre et le seul outil le marché noir ; si des moyens sont mis en jeu pour limiter leurs activités, ils sont bien souvent insuffisants. Ainsi, le 19 décembre 1944, Bourdeau de Fontenay, commissaire de la République en Normandie, fait stopper par la SNCF certains trains venant de cette province et se dirigeant sur Paris et saisir les marchandises que des voyageurs destinaient au marché noir. Mais cet exemple reste isolé.

D'autre part, le marché noir répond à un besoin, celui qu'ont les plus aisés des consommateurs d'améliorer l'ordinaire de leur famille : ils achètent plus cher, soit, mais leurs enfants mangent à leur faim ! Cette situation provoque le commentaire désabusé de Jean Mairey au début de 1945 :

« Chacun veut voir intensifier la lutte contre le marché noir... qu'il pratique à titre « familial », sans vouloir se rendre compte que c'est cette utilisation massive du ravitaillement personnel en denrées contingentées qui rend, en grande partie, illusoire l'amélioration du marché au taux normal[24]. »

Au fond, le marché noir, mal nécessaire aux yeux de certains, ne pourrait être supprimé que par l'arrestation des millions de « lampistes », petits acheteurs, en plus de celle des « gros trafiquants » : est-ce possible ? En octobre, les journaux font connaître que la ration alimentaire dans les prochaines semaines correspondra « peut-être » à 2000 calories quotidiennes.

Ce sont les plus pauvres qui souffrent le plus de la situation : comme les autres, ils ont certes retrouvé la liberté, mais pas le pain. Alors, ils descendent dans la rue, manifestent dans de pitoyables cortèges où femmes, enfants et vieillards brandissent de tristes pancartes : « Du lait pour nos gosses », « Du pain pour Paris », « Mort aux trafiquants », « Le scandale du ravitaillement doit cesser ».

Comment ? Dans un premier temps, le GPRF s'efforce d'augmen-

---

* Institut national d'hygiène, organisme d'Etat, qui a précédé l'Institut national de la santé et de la recherche médicale (INSERM).

** *In Histoire de la France rurale, op. cit.* tome IV, p. 221.

ter la quantité de vivres importés : il prévoit un plan s'échelonnant de novembre 1944 à juin 1945 portant sur 890 000 tonnes (dont 390 000 tonnes de corps gras) de produits alimentaires et 390 000 tonnes de produits nécessaires à la remise en marche de l'agriculture. Dès les premiers jours de la Libération, un sérieux obstacle s'est opposé au débarquement des vivres provenant des pays alliés : l'état des ports et de leurs moyens d'évacuation. Et les ports artificiels créés pour le débarquement ? Ils font face à 90 pour cent aux besoins militaires, il est hors de question de les utiliser pour satisfaire les besoins civils. La remise en état des ports civils * risque de durer de nombreux mois : et ceci explique qu'à la date du 5 décembre la France n'a reçu que 6 246 tonnes de viande, 621 tonnes de matières grasses, 61 566 tonnes de céréales, 3 050 tonnes de produits laitiers.

C'est insuffisant. Mais le gouvernement provisoire hésite à avouer à la population que les ressources d'importation sont elles-mêmes limitées :

« Les Américains, remarque Alfred Sauvy, se trouvent alors devant une meute de pays privés de nourriture et de biens élémentaires. Même animés de l'esprit de saint Martin, ils ne peuvent donner à chacun plus que le strict nécessaire[25]. »

Les jours meilleurs se feront longtemps attendre, mais si l'on avait dit aux Parisiens, à l'automne 1944, que le ministère du Ravitaillement ne fermerait définitivement ses bureaux que le 6 janvier 1951 ** et que le dernier ticket d'alimentation (125 grammes de café) ne serait périmé que le 11 janvier — six ans et demi après ! — ils auraient haussé les épaules : et pourtant, c'est la nue réalité !

Après celui, majeur pour les mères de famille, de la nourriture, les soucis divers sont nombreux : chauffage, vêtements, gaz, électricité, moyens de transport, chacun de ces secteurs connaît des difficultés multiples qui demandent des solutions rapides ; elles viendront au compte-gouttes.

Le charbon ? Seules les compagnies d'intérêt national (SNCF, Gaz, Electricité), les boulangeries, les cuisines collectives, les hôpitaux, quelques industries alimentaires en recevront, avec les foyers les plus déshérités dépourvus de tout moyen de cuisson : 50 kilos pour les familles de moins de sept membres, 100 kilos au-dessus de sept membres.

Et les autres ?

---

* La garnison allemande du Havre ne capitulera que le 13 septembre ; d'autres ports seront défendus par les Allemands jusqu'en 1945 !

** Les cent derniers fonctionnaires de cette administration seront transférés au ministère de l'Agriculture.

« Il n'existe aucune disponibilité, lit-on dans le rapport Flouret, pour le chauffage des locaux quels qu'ils soient, à l'exception des salles d'opération et centres infantiles... Cette situation va rapidement devenir douloureuse pendant les mois d'hiver, d'autant plus que, même si le charbon arrive bientôt en quantité suffisante, la mise en place des stocks chez les négociants sera particulièrement tardive; quelles que soient les mesures prises pour multiplier les centres de distribution, certains d'entre eux ne seront servis que plusieurs semaines après la décision de déblocage[26]... »

Pour le charbon, c'est le manque de moyens de transport qui explique la pénurie ; le ministre des Transports note sur son « journal » :

« Samedi 18 octobre... A midi, à l'usine à gaz de Paris à Clichy pour l'arrivée du *premier* train de péniches de charbon venant du nord[27]. »

Le stock de bois de chauffage, qui était de 13 000 tonnes le 10 août, est tombé à 3 500 tonnes le 30 septembre pour des besoins journaliers de 600 tonnes.

Les vêtements ? Le préfet demande au ministère de la Production industrielle de « débloquer » des bons d'achat de vêtements lourds, de « galoches-hommes » et de « chaussures usage travail ». Par manque de matière première, les textiles du nord ne travaillent que vingt heures par semaine.

Gaz et électricité ? Comme pendant « l'occup * », ils sont distribués parcimonieusement : à partir du 4 octobre, trois quarts d'heure d'électricité quotidienne et une heure de gaz de midi à une heure ; à partir du 6 novembre, une heure de gaz à midi, une heure et demie le soir.

Le métro ? Il recommence à fonctionner partiellement le 11 septembre ; il faudra attendre le 8 octobre pour que le trafic redevienne normal sur toutes les lignes.

La correspondance ? Elle reprend le 15 octobre dans tous les départements sauf dix où les opérations contre les Allemands continuent.

Les trains ? Le 9 octobre, les premières « grandes lignes » (Paris-Toulouse, Paris-Lyon) sont ouvertes au trafic des voyageurs ; la gare Montparnasse rouvrira le 19 décembre.

Arrêtons là cette énumération des préoccupations quotidiennes de la population sur lesquelles nous avons cru devoir insister à raison même de l'importance primordiale qu'elles continuent de prendre dans la plupart des foyers : on n'y oublie certes pas la guerre et la

---

* Ce diminutif pour qualifier les quatre années de l'occupation étrangère est apparu spontanément à l'automne 1944.

poursuite des Allemands qui, région par région, abandonnent le territoire national non sans d'âpres combats, non plus que le sort des prisonniers, des requis du STO et des déportés mais toutes ces préoccupations ne rendent que plus obsédantes les contingences du *primum vivere,* aujourd'hui comme hier, et plus exaspérée l'espérance de la fin prochaine de toutes ces misères.

Le bras de fer. Gouvernement provisoire — Milices patriotiques

Quand, dans Paris redevenu capitale politique, le Gouvernement provisoire prend en charge les affaires de la France, le général de Gaulle a embrassé l'ampleur de la tâche qu'il entend mener. Face à l'ennemi : le combat avec toutes les forces que les Français pourront rassembler. Face aux Alliés : l'affirmation du « rang » de la France parmi les nations combattantes, qui commence par la reconnaissance pleine et entière de son Gouvernement provisoire par les Alliés. Face aux Français : la soumission à l'autorité du GPRF des fractions politiques (CNR, CPL) et militaires (FFI, FTP) issues de la Résistance intérieure qui souhaiteraient faire cavalier seul ou, à tout le moins, « l'aider » à gouverner, la mise en place des représentants du GPRF dans toute la France libérée, la restauration de l'autorité de l'Etat républicain après la volatilisation des structures de Vichy et leur remplacement par des structures jumelles aux appellations différentes, la restauration de la puissance industrielle diminuée par les bombardements alliés et les combats sur le territoire national, le maintien d'un certain niveau de vie des populations, la mise hors du circuit national de ceux qui ont « trahi » ou aidé « la trahison » par l'épuration, la préparation d'une constitution moderne qui mettra enfin le pays à l'abri d'une catastrophe semblable à celle de juin 1940.

Vaste programme dont l'un des facteurs majeurs est l'acquiescement du peuple, son blanc-seing pourrait-on dire ; le président du GPRF le recherche avec passion, moins par la contrainte que par la persuasion. Il inaugure une nouvelle forme de gouvernement, celle de l'appel permanent, du discours répétitif, du contact charnel maintes fois établi entre l'orateur et la masse, maintenue au cours d'un tour de France des grandes cités libérées en septembre, inaugurée par un discours radiodiffusé le 29 août aux accents churchilliens :

« Si la certitude du triomphe de notre cause, qui est en même temps celle des hommes, justifie notre joie et notre fierté, ce n'est point du tout l'euphorie qu'elle nous apporte. Bien au contraire, nous comprenons quel dur labeur, quelles pénibles contraintes nous séparent encore du but. Ce labeur, les Français sont résolus à le fournir, ces contraintes ils veulent les supporter, parce que c'est là le prix ajouté à tant d'épreuves, dont il leur faut payer leur salut, leur liberté, leur grandeur. »

En cet instant, le peuple est à l'unisson : entre le président du GPRF et la nation, c'est véritablement l'état de grâce, une formule qui sera employée bien des années après par un autre président, et pour une durée aussi courte. Président du CNR, mais professeur d'histoire, résistant passionné mais humoriste à ses instants perdus, Georges Bidault décrit ainsi les réactions d'une foule entendant le général de Gaulle :

« L'enthousiasme était délirant. Pendant que le général de Gaulle déroulait les phrases de son appel ou de sa leçon, l'auditoire n'attendait pas la fin des phrases et acclamait sans relâche à n'importe quel moment. Je me disais qu'il aurait pu tout aussi bien réciter le songe d'Athalie ou la cote de la Bourse. Le public ne désirait que le voir et l'applaudir pour lui marquer sa gratitude et l'encourager à continuer[28]. »

De son côté, le général de Gaulle recherche l'approbation de la foule, dans une approche quasi maurrassienne de cette relation entre le chef et le peuple :

« J'admire la monarchie qui a pu se maintenir en France si longtemps, confie-t-il, le 28 août, à l'un de ses compagnons de la France libre, Géraud Jouve. C'est que les rois ont su rester populaires, ce qui les a sauvés lors des grandes crises, sous Louis XI et sous Henri IV. Avec Louis XIV, le pouvoir royal s'éloigne du peuple et c'est la fin[29]. »

Afin de gouverner les Français, il faut un gouvernement. Le général a fait revenir dare-dare les ministres d'Alger qui, embarqués le 28 à bord de la *Jeanne d'Arc*, sont débarqués à Cherbourg où personne ne les attend :

« Vendredi 1er septembre, arrivée à Cherbourg à 14 h 15, note René Mayer *. Pagaye du départ en auto, en Jeep et scout-car jusqu'au Mans. Au Mans, pas d'hébergement. On passe trois heures sur des chalits, dans une caserne glaciale où j'attrape une bonne colique... Samedi 2, on arrive vers 15 heures boulevard Saint-Germain. On nous loge au Claridge **. Conseil des ministres à 17 heures rue Saint-Dominique[30]... »

Pour entrer dans les conseils et les instances du nouvel Etat, il y a

---

* Il sera ministre des Travaux publics et des Transports dans le premier gouvernement provisoire constitué dans la capitale.

** Grand hôtel des Champs-Elysées, réquisitionné pour les services du GPRF. Maintenant disparu.

foule. Edgar Faure, toujours à Alger, observe qu'autour de lui beaucoup veulent venir ou revenir en France, poussés par « le désir de se trouver *sur place*, afin de ne pas se faire oublier dans la compétition *pour les places*[31]. »

Elles sont chères, en effet, comme on dit familièrement. Et pas seulement dans le civil ! Le vendredi 25 août, le général Juin a rencontré à l'Hôtel de Ville le général Bloch-Dassault avec qui il était en bons termes avant la guerre. Juin raconte :

« Comme je lui demandais à quel titre il se trouvait là, il me répondit :

— Mais en tant que gouverneur militaire de Paris, régulièrement nommé par le CNR au début de l'insurrection parisienne.

— Diable ! Vous n'avez pas de chance car j'ai appris hier à Rambouillet que de Gaulle avait déjà nommé à ce poste le général Koenig que vous allez voir sans doute bientôt[32]... »

L'amalgame politique se fait assez vite entre les « commissaires » puis ministres du GPRF d'Alger et les responsables de la Résistance intérieure dont le public commence à connaître le nom : Bidault, Tillon, Teitgen, Lepercq, Billoux * pour la Résistance intérieure, Jacquinot, Diethelm, Pleven, Mayer, Frenay, Mendès France pour Alger, avec un revenant de la IIIe République, Jeanneney, dernier président du Sénat. Constitué le 9 septembre, le ministère comporte vingt et un ministres autour du général de Gaulle. Le mouvement des portefeuilles a été harmonieusement équilibré : huit commissaires et ministres d'Alger ont cessé de faire partie du Conseil, huit résistants de l'intérieur les remplacent.

A part Bidault, qui a été son président, le CNR n'a pas d'autre ministre au GPRF, le CPL n'en a pas du tout : certains, sollicités par le président du GPRF refusent d'entrer dans le gouvernement, d'autres qui eussent volontiers participé à ses travaux, ne sont pas invités à en être.

Le président du GPRF entend se passer du CNR et du CPL pour gouverner : il reçoit leurs bureaux une fois après la libération. Ces deux organismes végéteront quelque temps avant de disparaître.

D'entrée de jeu, le général de Gaulle et le GPRF veulent régler le problème le plus délicat sur le plan intérieur, celui de la mise au pas des formations armées de la Résistance qui, sous le prétexte que le GPRF n'agit pas assez et pas assez vite dans différents domaines, surtout celui de la chasse aux traîtres et de l'épuration, se sont arrogé le droit de jouer les policiers et les inquisiteurs, arrêtant et détenant les suspects, improvisant des tribunaux d'exception dont

---

* C'est la première fois depuis la création de leur parti (30 décembre 1920) que des communistes, Charles Tillon et François Billoux, entrent dans un gouvernement.

les sentences de mort sont aussitôt exécutées, en bref, superposent à un Exécutif, qui se met progressivement en place, un pouvoir parallèle d'allure révolutionnaire dont parfois les actes de « justicier » sont purement et simplement des vengeances politiques ou personnelles.

Dès le 28 août, par une « décision », de Gaulle ordonne que les FFI « qui sont susceptibles de participer aux opérations ultérieures seront incorporées régulièrement, à mesure de la libération des zones du territoire sur lesquelles elles ont agi, pour être affectées soit aux grandes unités de campagne, soit aux formations du territoire », et que « les organismes supérieurs du commandement et les états-majors des forces de l'intérieur existant à Paris sont dissous à la date du 29 août et leurs attributions exercées par le général gouverneur de Paris * ». Ces décisions ne seront pas exécutées : le général Malleret-Joinville maintiendra l'apparente fiction d'un état-major national des FFI (il a conservé des bureaux 14 rue Saint-Dominique où s'est établi de Gaulle et ne les abandonnera que progressivement) qui ne sera incorporé au ministère de la Guerre qu'en janvier 1945 ; afin de ne pas disparaître, le COMAC se transformera en « commission militaire » du Conseil national de la Résistance ** ; l'état-major quasi indépendant des FTP, dirigé par le colonel André, pseudonyme d'Albert Ouzoulias, continuera de correspondre directement avec des groupes FTP opérant en France, poursuivant une activité en contradiction formelle avec la décision précitée.

Aussi, le GPRF doit-il *par décrets* (19 et 20 septembre 1944) imposer l'intégration des FFI, le général de Gaulle concédant, dans sa conférence de presse du 25 octobre, que celle-ci sera « l'affaire encore de quelques mois » : bon gré, mal gré, les membres des FFI s'intégreront ou seront, purement et simplement, mis dans la réserve, après avoir rendu leurs armes... ou les avoir gardées. Le temps fera le reste.

Dans la capitale, le préfet Flouret remarque que, de toutes les façons, la population, une fois le péril passé, a moins de considération pour les « Fifis » :

« Le prestige des FFI a considérablement diminué, écrit-il. La question est d'ordre général : ils sont mal adaptés à la vie de caserne,

* Décision n° 7 MIL/PA.

** Le COMAC délivrera des « autorisations » à porter l'insigne FFI attestant la participation effective aux combats de la Libération à ceux qui en font la demande sous le couvert d'un « certificat » authentifiant « les titres » du porteur de l'insigne, émanant d'une organisation de la Résistance. Combien de certificats furent-ils délivrés ? Dans la collection Gérard Silvain, souvent citée, existe le certificat n° 147 102 établi au nom d'Henri Laluque, FFI d'Ivry-sur-Seine signé par Kriegel-Valrimont, Vaillant, Pierre Villon, dirigeants du COMAC pendant la période clandestine.

il serait nécessaire rapidement de leur donner la cohésion et la discipline militaire qui leur manquent et, par-dessus tout, de leur faire prendre, comme ils l'espèrent, une part active à la guerre[33]. »

L'intégration se fera progressivement pour les membres des FFI qui veulent se battre. Au premier rang de ceux-ci à Paris, les FTP de Fabien, qui ont eu un comportement héroïque lors des combats du 19 au 25 août. « Fabien », de son vrai nom Pierre-Félix Georges, a mené, pendant quatre ans, la vie d'un combattant clandestin : le 21 août 1941, à la station de métro Barbès-Rochechouart, « Fredo » (c'est son pseudonyme à l'époque) a abattu l'aspirant allemand Alfons Moser de deux coups de revolver, le premier occupant supprimé en public dans la capitale. Chef valeureux des FTP, deux fois arrêté, évadé deux fois, Fabien a pu rassembler à Paris 1 200 FTP composant les bataillons « Jeunesse » et « Pierre Sémard », du nom d'un syndicaliste cheminot fusillé par les Allemands le 7 mars 1942 ; le 3 septembre, Fabien prend avec ses hommes le chemin du front : baptisé « groupe tactique de Lorraine », la colonne Fabien est rattachée, le 25, au IIIe corps d'armée américain et participe les 25 et 26 à de durs engagements sur les avancées de Metz.

Tenant à une certaine indépendance (ne sont-ils pas des « francs-tireurs » ?), sans aide parce que non reconnus « administrativement », les soldats de Fabien sont démunis de l'essentiel et n'ont pas d'argent :

« Il faudrait absolument solutionner la question de l'argent, écrit le chef des FTP de Paris au colonel André *, le 3 septembre et me dire comment je dois la résoudre, à savoir si je peux compter sur vous pour une aide financière ou si je peux saisir l'argent des perceptions, car, politiquement, je crois qu'il serait mauvais de réquisitionner des vivres sans les payer comptant[34]... »

Nouvel appel au colonel André, le 13 septembre :

« Nous sommes dans une situation très difficile, surtout que les hommes commencent à se démoraliser, et nous avons constaté un certain nombre de désertions; il faut absolument m'envoyer les cadres politiques que j'ai demandés, sans quoi j'ai bien peur que la situation n'empire, en particulier dans le bataillon d'Alsace, encadré en majorité par des officiers non membres du parti communiste[35]. »

Le 21 septembre, sur document à en-tête « Forces Françaises de l'Intérieur, 1er Régiment de Paris », il lance un nouvel SOS * :

« Je vous signale que l'envoi annoncé d'une voiture radio et de 1 500 casques ne sont pas encore arrivés, je vous demanderai de faire particulièrement diligence surtout en ce qui concerne les casques,

* Albert Ouzoulias, chef de l'état-major national des FTP.
** Inédit.

nous avons eu hier un certain nombre de blessés de la tête par des éclats d'obus par suite du manque de casques et il serait criminel que des milliers de casques restent à Paris et dans d'autres villes alors que les combattants du front en manquent. D'autre part, ce n'est plus 1 500 casques, mais 2 500 casques qu'il me faudrait.

« J'aurai besoin d'argent qui me permettrait de payer la solde des hommes, la majorité de ceux-ci n'ayant encore touché depuis le départ de Paris que 150 francs[36]. »

Devenue 151e régiment d'infanterie au sein de la Ire armée du général de Lattre de Tassigny, la brigade Fabien participe à la campagne d'hiver : le 27 décembre à Habsheim, Fabien et quatre de ses collaborateurs sont tués dans des circonstances mal connues *.

Si les FFI restés dans la capitale se livrent à des activités que nous évoquerons, un autre groupe d'activistes, les Milices patriotiques attirent, à leur tour, l'attention du GPRF. Ces milices ont surgi à la fin des combats de la libération de la capitale quand des tiraillades intempestives, des rafales venant d'on ne sait où, couchaient encore des victimes sur le pavé de Paris. Le colonel Rol met la population en garde dès le 27 août, dans une affiche « pour la protection de la population parisienne » :

« L'ennemi a laissé derrière lui des éléments devant créer des troubles dans la région parisienne...

« Certains portent les brassards FFI et circulent dans des voitures volées, également aux initiales FFI...

« Des équipes spéciales sont constituées.

« Je leur donne l'ordre d'abattre sans explications tout individu qui aura tiré sur la population ou qui sera trouvé en possession d'armes, alors qu'il aura fait partie des organisations suivantes : PPF, Milices de Darnand, LVF, RNP, Francistes et, en général, de toute association de " collaborateurs " donc de traîtres.

« J'invite toute la population à coopérer à cette œuvre en guidant nos équipes et en apportant toute l'aide demandée par leurs chefs. »

Ces équipes spéciales deviendront le 14 septembre « Milices patriotiques », dépendant des FFI et du Comité parisien de Libération ** ou encore des Comités de libération des grandes entreprises ou des administrations. Ainsi, les PTT disposent de Milices patriotiques dont les membres possèdent une carte avec une photographie

---

* « Le poste de commandement a sauté. Jamais la mort de Fabien n'a été totalement éclaircie. » (Albert Ouzoulias, *op. cit.* p. 462).

** En province des Comités locaux ou départementaux de la Libération. Les Milices patriotiques, qui recrutent les hommes de dix-huit à cinquante ans, apparaissent comme des polices supplétives, souvent dirigées officieusement par le Parti communiste. Leur constitution a donné lieu à de vives discussions au sein du CNR (Cf. René Hostache, *le Conseil National de la Résistance,* Paris, PUF, 1958, chap. XVI).

portant l'en-tête « République française. Liberté-Egalité-Fraternité, Milices Patriotiques des PTT » : la carte n° 878 est ainsi attribuée à Emile Thiebaut, 8 rue Maurice-Berteaux, dans le XXe. Les buts avoués des Milices patriotiques sont précis : lutte contre la 5e colonne et contre les trafiquants du marché noir, dépistage des traîtres et des collabos, défense de la République.

Très vite, l'activité de ces miliciens attire l'attention de la commission militaire de la Préfecture de Police**, dirigée par le préfet Kaouza qui, dans son rapport du 14 septembre, écrit :

« La commission militaire demande que les commissaires de police interviennent auprès des FFI et surtout des Milices patriotiques pour leur interdire tous actes de police pour lesquels ils n'ont pas qualité. Les gradés et gardiens ne doivent pas prêter leur concours à de telles opérations. Dans les cas graves, ils doivent saisir le commissaire de quartier[37]. »

Sur le terrain, les membres des Milices patriotiques, un peu à l'imitation des FFI, se livrent à des opérations illicites : le plus souvent armés, mais sans autorisation de port d'armes, ils vérifient l'identité des passants, font des « planques » sur les toits, tirent des coups de feu sur ceux qui ne répondent pas à leurs interpellations.

Le 25 septembre à 23 h 10, le milicien Georges Lemory, qui vient de blesser par balle le cycliste Simon Jantel (il sera admis à Tenon), est aussitôt arrêté ; le 28 septembre, cinq miliciens perquisitionnant sans mandat au domicile d'un industriel, 90 boulevard Blanqui, sont conduits au poste pour vérification d'identité ; le 29 septembre, 300 miliciens conduits par le commandant « Jean » de la mairie du XIe arrondissement « opèrent des vérifications » rue de Lappe : les danseurs du bal et les clients d'un lupanar voisin sont fouillés, quelques-uns sont amenés au siège de la Milice patriotique, 9 rue des Bleuets ; le 9 octobre, la Milice patriotique du XVIe (siège 66 avenue Henri-Martin) arrête les automobilistes à l'angle de la rue de la Pompe et de l'avenue Henri-Martin, « en vue de leur soustraire leur essence » ; le même jour, à Gentilly, deux miliciens armés de mousquetons vérifient l'identité des automobilistes : l'état-major de la police municipale informe Gentilly d' « intervenir avec courtoisie auprès des miliciens pour qu'ils cessent ces vérifications ». La courtoisie manque, en revanche, dans l'aventure qui advient, le 16 octobre, aux inspecteurs Petit et Dignac de la brigade volante, qui sont interpellés dans un débit 11 rue Pigalle ; Petit et Dignac obligent les miliciens à les suivre au poste Saint-Georges, mais, à leur arrivée, les miliciens menacent les gardiens avec leurs fusils et leurs mitraillettes et les obligent à se retirer ! Le commissaire du IXe, qui

* Cette commission, dite de contrôle, comprend des délégués de la Préfecture de Police, des FFI et des Milices patriotiques.

transmet la nouvelle au directeur de la Police municipale, conclut :
« Avec mes collègues de quartier, nous avons demain à 11 heures une conférence au siège de la Milice pour prendre toutes dispositions, afin d'éviter le retour d'incidents et faire respecter la légalité[38]. »

Le 22 octobre, 80 gardiens de la paix sont obligés d'occuper le siège des Milices patriotiques de la rive gauche, 143 boulevard Saint-Germain, où des miliciens gardent prisonnier le professeur Alajouanine, Jojo, le patron de Bernard Pierquin, qu'ils ont arrêté à son domicile. De mauvaise grâce, les miliciens remettent le médecin à l'OPJ (officier de police judiciaire) qui accompagnait les gardiens[39].

Dans son rapport du 15 octobre, le préfet Flouret fait entendre discrètement sa voix :

« Quant aux Milices patriotiques, il y aurait urgence à prendre à leur égard une décision. Le problème n'est pas seulement militaire et politique, mais social, beaucoup de chômeurs s'étant engagés dans les milices pour vivre.

« La valeur et la tenue des milices varient selon les arrondissements et les communes ; leur action, bien qu'il s'agisse de formations non armées en principe et qui ne peuvent rien entreprendre sans la présence d'un représentant de police, soulève souvent quelque malaise. Les maires nous demandent des instructions que nous ne pourrons donner fermement que lorsque le gouvernement se sera prononcé[40]. »

Il se prononce — et énergiquement : le 28 octobre, la dissolution des Milices est faite, notifiée et publiée. Le dimanche 29, le bureau du CNR est reçu par le général de Gaulle à son domicile : aux « objurgations » que lui adressent ses membres, le général de Gaulle oppose une fin de non-recevoir. Le communiqué du gouvernement est formel :

« Le conseil des Ministres rend hommage aux services que ces groupements ont pu rendre pendant la période insurrectionnelle. Mais la période insurrectionnelle est terminée. Il n'appartient qu'au gouvernement et à ses représentants d'assurer, conformément aux lois de la République, les pouvoirs d'administration et d'exercer les pouvoirs de police. »

La dissolution entraîne la restitution des armes par les miliciens. Certains s'y refusent : le « commandant » Gerl écrit au commissaire de police du XIIIe arrondissement que les armes détenues par lui, « prises à l'ennemi par ses hommes qui ont combattu avec pour la libération de Paris » ne seront « sous aucun prétexte remises entre les mains de la police » et qu'il est « décidé par n'importe quel moyen à les conserver pour notre sauvegarde et celle de la Nation[41]. »

Deux journaux parisiens (*l'Aurore* et *le Figaro*) sont favorables à la décision du gouvernement, six ne prennent pas parti (*l'Aube, le Populaire, Combat, France-Libre, Résistance, Libération*), quatre (*l'Humanité, Front national, Franc-Tireur, le Parisien libéré*) s'élèvent contre cette mesure : le clivage socio-politique s'affirme une fois de plus à propos de cette péripétie, les modérés étant pour la dissolution, les communistes et leurs alliés contre.

Et les réactions populaires ? Dans les rues de Paris, on assiste à des initiatives qui risqueraient de dégénérer en affrontements entre forces de l'ordre et miliciens, ainsi qu'en témoignent ces messages adressés à la Préfecture de Police :

« 29 octobre. 15 h 30 : du IVe. — Des membres des milices patriotiques se sont retranchés dans un immeuble, 10, rue François-Miron, interdisant à toute personne d'y pénétrer sous menace de mort. Un factionnaire armé monte la garde à la porte. Un officier des milices aurait déclaré qu'il y aurait de la bagarre s'ils étaient désarmés.

« 30 octobre : 8 h 30 du IVe. — Les miliciens ont quitté l'immeuble 10, rue François-Miron et se sont installés 2, rue du Pont-Louis-Philippe.

« 30 octobre : 12 h 30 du IXe. — 34, rue Drouot, 30 gardes de la Milice patriotique armés de fusils, mitraillettes et grenades sont rassemblés sous la porte cochère.

« 14 h 30 du IXe (suite information précédente). — Deux miliciens sont à l'entrée de l'immeuble, deux autres dans le couloir, tous quatre en possession de mitraillettes. Envoyé par le IXe, le gardien de surveillance en civil aurait entendu la conversation suivante d'un chef à ses hommes : " Ne bougez pas de la soirée sous aucun prétexte[42]. " »

Ce même jour, les gardiens de la paix investissent l'immeuble du 127, rue de Montreuil occupé par les garibaldiens * des Milices patriotiques qui sont sur le toit de l'immeuble armés de mitraillettes. A 18 heures, une conférence réunit à la mairie du XIe le chef des garibaldiens, un représentant du préfet de police, le maire, le « commandant militaire » qui dirigeait l'intervention contre les miliciens : « il n'y a plus d'incident », conclut laconiquement le message de la « main courante », mais il ne dit pas comment il a été réglé.

D'autres manifestations se produisent : le 31, une affiche émanant de la « garde patriotique » est apposée à l'entrée principale de la mairie du XIIIe, invitant la population à manifester contre les

---

* En souvenir de Garibaldi, des Italiens, engagés volontaires, ont combattu aux côtés des Français pendant les deux guerres mondiales.

décisions gouvernementales prises à l'encontre des milices, en se groupant place d'Italie ; même affiche, très violente, dans le XXe. La police reçoit l'ordre de lacérer les affiches : celles du XIIIe sont alors « gardées par deux individus en armes et en uniforme ». Voici le début de son texte :

« Au moment où les ennemis du peuple et les profiteurs de guerre reprennent confiance et profitent des lenteurs de l'épuration et de la justice, peut-on y lire, on choisit cet instant pour dissoudre les gardes patriotiques qui, jusqu'à ce jour, étaient en lutte ouverte contre la 5e colonne et les miliciens de Darnand qui, eux, redoublent d'activité[43]. »

Dans le Ier arrondissement, un détachement de 100 hommes de la milice, dont l'homme de tête porte un drapeau en berne, se rend à la mairie ; une délégation est reçue par le maire qui enregistre la protestation. Mêmes manifestations dans les XXe, XVIIIe, X^{e} arrondissements dans les jours qui suivent.

Le 4 novembre, au cours d'une réunion au Vel d'Hiv, les dirigeants des milices patriotiques annoncent que celles-ci seront remplacées par « les gardes civiques », façon de faire un pied de nez au pouvoir. Le procédé rappelle celui du colonel de la Rocque qui, après la dissolution des Croix de feu (juin 1936), fonda un mois après le PSF (Parti social français) qui était l'élargissement de son mouvement d'anciens combattants à un recrutement plus étendu.

Transformés en « Gardes civiques républicaines », les membres des anciennes « Milices patriotiques » se manifestent épisodiquement : le 10 décembre, 400 d'entre eux tournent autour de la place d'Italie au cri de « Nos statuts ! ». Ils ne cessent pas de participer à des perquisitions, des interrogatoires, des descentes dans les lieux publics. Le 15 décembre, des miliciens appartenant aux Gardes patriotiques du XXe fouillent les consommateurs d'un débit de boissons, 93, rue des Haies. Alertés, les gardiens de la paix constatent que l'un d'eux est armé, sans autorisation de port d'arme. Les trois miliciens sont transférés au commissariat central du XIe arrondissement (alors que la rue des Haies est dans le XXe) « pour éviter tout incident avec la garde patriotique du XIe... ». Jusqu'à la fin de l'année, des membres des gardes civiques prétendront participer à des patrouilles ou à des gardes de services publics ; ils prennent la fuite à l'arrivée des cars de la Préfecture de Police, comme c'est le cas à Gentilly le 27 décembre[44].

A leur tour, les gardes civiques seront dissoutes le 25 janvier 1945 : ainsi s'achève ce bras de fer entre de Gaulle et certaines organisations parallèles dirigées, des coulisses, par les communistes.

L'épuration sauvage : de la chasse aux collabos aux exécutions sommaires

En cet été de la libération a commencé dans la capitale l'épuration sauvage : à Paris comme en France, la chasse aux collabos est ouverte. Si elle précède l'épuration « légale », elle accompagnera celle-ci pendant quelques mois, avec son cortège de dénonciations, de tortures et d'exécutions sommaires, certaines explicables, d'autres injustifiées.

Pour l'historien Henri Michel, cette épuration sauvage « instantanée et arbitraire fut de courte durée, sans camp de concentration, ni chambre de torture, ni fusillades collectives[45]. »

A l'inverse, l'historien Robert Aron parle de nombreux « crimes où le sadisme confinait presque à la démence » et évoque ce « troisième cercle de l'enfer » que fut l'Institut Eastman, avenue de Choisy, où « une centaine de détenus furent abattus, les premiers fusillés dans la cour même de l'Institut », alors que « d'autres, à la suite de plaintes formulées par les voisins que les bruits des détonations empêchaient sans doute de dormir, furent repêchés dans la Seine[46]. »

Au vrai, ce qui s'est passé dans la capitale est à l'image de ce qui se produit dans toute la France et il serait aussi vain de nier les tortures et les exécutions sans jugement à la libération dont des résistants furent les auteurs que le massacre des neuf résistants de l'Aube, le 20 avril à la Santé, après un simulacre de jugement ou les tortures et les exécutions dont des miliciens et des Allemands se rendirent coupables pendant l'année 1944 et avant celle-ci.

Dans une large mesure, les crimes des seconds expliquent les réactions des premiers : il ne « faut pas oublier que les actes de vengeance ou de réparation étaient une réplique à quatre années de souffrances », remarque Henri Michel[47].

Lisons à ce propos ce que déclare dans *Ce soir* du 25 août 1944 (n° 913), le résistant Arthur Airaud, promu inspecteur général des services de la Préfecture de Police :

« L'épuration dans la police sera impitoyable. Nous chasserons tous les éléments qui ont trempé dans la politique de Laval. Seront châtiés tous ceux qui se sont prêtés à la politique du bâton, à la politique de ceux qui dirigeaient la Préfecture de Police, agents de la 5e colonne. Nous serons impitoyables pour la brigade spéciale... La salle de torture, vous n'y croyiez pas. Mais moi qui vous parle, Airaud, arrêté par la BS le 11 février 1944 et libéré il y a deux mois par le groupe " 14 Juillet ", j'ai eu les côtes démolies par un nerf de bœuf. La veste sur la tête, ils m'ont frappé sans parvenir à me faire demander grâce. Aujourd'hui, je suis chargé de l'épuration et je dois dire qu'il ne sera pas difficile de retrouver les sept cents BS *... »

Ajoutons à ces considérations qu'à la libération, comme pendant l'occupation, beaucoup de poursuites furent diligentées et d'arrestations opérées à la suite de dénonciations, anonymes ou signées, dénonciations le plus souvent inspirées davantage par des mobiles personnels que par un sentiment patriotique.

Quand il est arrivé au ministère de la Santé publique, rue de Tilsitt, Olivier, alias Paul Milliez, découvre dans le cabinet du ministre des dizaines de lettres de dénonciations, gardées sous le coude : dénonciations visant des médecins juifs ou leur famille, des médecins accusés d'être gaullistes, de faire des avortements ou du marché noir, par des confrères qui, lorsqu'ils signent leur lettre, l'ont écrite le plus souvent sur papier à en-tête. *Tu es sacerdos, medice*, liton dans le serment d'Hippocrate que les dénonciateurs ont prêté ! Ecœuré, Paul Milliez ne transmet pas ces documents à la justice[48].

Si les dénonciations pleuvent, elles sont très souvent, selon Jean Galtier-Boissière, l'œuvre de dénonciateurs « professionnels » qui se sont contentés de changer de camp :

« Je rencontre Petiet, le marchand d'estampes de la rue de Tournon, raconte-t-il... Il me présente au savetier qui a été arrêté et torturé par la Gestapo sur la dénonciation d'un voisin.

— Je pense que maintenant vous allez lui flanquer une bonne correction à ce mouchard ? demanda Petiet.

— C'est difficile, répond le savetier. Figurez-vous qu'aujourd'hui, il est en plein dans la Résistance et il dénonce les collabos à tour de bras[49]. »

D'une façon générale, la délation est encouragée, ainsi que le remarque Charles Lacretelle dans ses *Éphémérides*, à la date du lundi 28 août :

« Dans le XVIIe arrondissement, un " avis " ronéotypé oblige toute personne " abritant chez elle des militaires ou civils allemands ou des traîtres à les déclarer sans délai à la mairie ". »

De son côté, la Milice patriotique du XIe arrondissement fait imprimer un tract destiné à prévenir les concierges, gardiens et hôteliers qu'ils sont « responsables de l'ordre dans l'immeuble dont ils ont la garde ». Elle y précise qu'ils seront passibles de sanctions pouvant aller jusqu'à la « peine de mort », s'ils ne dénoncent pas les individus ayant appartenu à des organisations antipatriotiques : (Ligue des volontaires français, Milice de Vichy, Rassemblement

* L'épuration à la Préfecture de Police fut rapidement conduite et de nombreux fonctionnaires frappés sévèrement.

national populaire, Parti populaire français, Francisme, Front social du travail) habitant ou ayant habité dans *leurs* immeubles[50]. »

Cette frénésie dénonciatrice aboutit certes à des milliers d'arrestations dans la capitale, dont certaines un peu hâtives et d'autres mal fondées demandent une révision immédiate. Trois chirurgiens, Bopp, Bergeret et Dufourt ont été arrêtés pour « collaboration » ; le 18 septembre, le directeur de cabinet du ministre de la Santé fait une démarche auprès du ministre de l'Intérieur, en faveur de leur libération : outre que, s'ils ont eu une « attitude collaborationniste », ils n'ont pas fait « acte patent de collaboration », ces trois chirurgiens, hommes d'honneur, se rendraient à toute convocation de la justice, s'ils bénéficiaient d'une mise en liberté provisoire ; et le directeur de cabinet appuie sa demande par un argument chirurgical :

« Ces trois chirurgiens éminents ont actuellement des clients opérés ou à opérer qui ont besoin de leurs soins, ce qui n'exclut pas naturellement une action de justice à leur égard[51]... »

Délations, arrestations hâtives, reste alors l'espionnage* : on voit des agents de la 5e colonne ou de la Milice partout dans la capitale ! Luizet a donné des ordres impératifs pour qu'ils soient partout traqués, dans une note adressée à Georges Maurice, au commissaire Desvaux, directeur de la Police judiciaire et au commissaire Pons, Directeur des Renseignements généraux, dont voici la reproduction *in extenso*** :

« J'ai besoin d'avoir pour cette nuit, dès que possible, tous renseignements sur les actes dont la 5e colonne a pu se rendre coupable à Paris depuis la Libération et sur les manifestations de son activité (attaques d'usines, de casernes, etc. etc.).

« Je m'absente pour une heure environ et dès mon retour, nous nous mettrons au travail.

« Prière de réunir toutes les coupures de journaux relatives à des incidents de cet ordre (allusion de *l'Humanité* à l'attaque d'une usine et de casernes). Luizet[52]. »

En réalité, on ne pourra pas faire la preuve que des éléments organisés de la 5e colonne soient restés en place à Paris pour se livrer à des manœuvres de diversion contre les usines et les casernes et aucun ne sera pris en flagrant délit. Deux hypothèses sont possibles pour expliquer les incidents relevés, en général la nuit, à proximité de quelques usines et casernes : tirs sans contrôle et au hasard ; pseudo-incidents montés par les communistes pour créer artificielle-

---

* A rapprocher de la psychose des tireurs des toits : pour un authentique (quand il est pris !), mille fictifs.

** Inédit. Brouillon manuscrit non daté.

ment un certain climat, selon l'opinion déjà exprimée par le général de Gaulle à propos des tireurs de Notre-Dame et de l'Hôtel de Ville.

En revanche, deux faits sont acquis ; dans les mois suivants, les chefs des partis collabos réfugiés en Allemagne feront parachuter des agents chargés de provoquer des troubles en France libérée ; d'autre part, après leur départ de Paris, les Allemands ont tenté de faire revenir dans la capitale des agents du SD parlant français à des fins très diverses : l'un d'eux, Walter Kley, que nous connaissons déjà pour son rôle dans le drame des fusillés de la cascade, a été arrêté par les Français au nord de Paris le 30 août[53]. Dans le premier cas, les provocateurs collabos ont été rapidement mis hors d'état de nuire ; dans le second, il semble que ce fut l'échec total, les agents allemands ne parvenant même pas à entrer dans la capitale.

Mais cela n'empêche pas les « alertes à l'espion », toutes construites sur le même modèle, où le « on-dit » et les accusations sans preuve tiennent lieu de motif d'arrestation.

Ainsi, le 3 septembre, Elizabeth Lazarus, « se disant journaliste », accusée d'être « une fausse FFI et de se livrer à l'espionnage » est arrêtée rue de Grenelle à l'instigation du lieutenant commandant le centre FFI de la mairie du VIe ; deux heures après, elle est relâchée sur l'ordre du lieutenant Lucien, de l'état-major du colonel Rol et du commandant Rouseau des FFI, Elizabeth est une fausse espionne[54] !

Espionnes ou collabos « à l'horizontale », les femmes sont les premières à souffrir de cette épuration sauvage où explose la rancœur d'un peuple qui a souffert pendant quatre ans des occupants. Beaucoup subissent la tonte de leurs cheveux et ce, dès le 24 août. Le 26 août, le Dr Veau confie à son journal :

« Paul, le mécanicien, nous dit qu'à Romainville, on a tondu douze femmes parce qu'elles allaient avec les Allemands. On leur laisse une petite houppette sur le sommet de la tête. Son ancienne concierge a été tondue et on lui a peint deux croix gammées sur les fesses. Elle a été promenée toute nue à Romainville, elle a été amenée dans la cour de son ancienne maison. Paul l'a vue. Elle est en prison parce qu'elle a dénoncé des résistants[55]. »

Les photographies prises à l'époque montrent des femmes, tondues ou entièrement rasées, promenées, habillées ou nues, dans les rues de la capitale avec des pancartes : dénonciatrices ou accusées d'avoir couché avec des occupants, prostituées ou femmes libres coupables d'avoir filé une idylle avec un Allemand, elles voient leur chevelure sacrifiée à la colère populaire *, à l'imitation de ces

* Le temps de la repousse des cheveux explique, en partie, la persistance des turbans comme chapeau féminin, dont la mode avait été lancée en 1943.

femmes de mauvaise vie, qu'il était dans l'usage de raser quand elles étaient, sous l'ancien régime, enfermées à la Salpêtrière[56]. Quelques vieux Parisiens, qui ont connu le siège de 1871, se rappellent que des filles publiques, qui avaient bu en compagnie des Prussiens du général von Kamecke lors du court séjour (trente-six heures) de ceux-ci sur les Champs-Elysées, furent fessées en public. Autres temps, autres mœurs.

Plus rarement, ces femmes sont exécutées sans jugement.

« Je conserve un souvenir assez particulier de mon quartier, racontera quarante ans après Michel Audiard, souvenir lié à une image enténébrante : celle d'une fillette martyrisée le jour même de l'entrée de Patton dans Paris... Edentée, disloquée, le corps bleu éclaté par endroits, la fillette avait été abandonnée en travers d'un tas de cailloux, au carrefour du boulevard Edgar-Quinet et de la rue de la Gaîté, tout près d'où j'habitais alors... Ce n'est qu'un peu plus tard que nous avons appris, par les commerçants du coin, comment s'était passée la fiesta : un escadron de farouches résistants, frais du jour, à la coque, descendu des maquis de Barbès, avait surpris un *Feldwebel* caché chez la jeune personne. Ils avaient — natürlich ! — flingué le chleuh. Rien à dire. Après quoi, ils avaient férocement satané la gamine avant de la tirer par les cheveux jusqu'à la petite place où ils l'avaient attachée au tronc d'un acacia. C'est là qu'ils l'avaient tuée...[57] »

Ces exécutions se poursuivront jusqu'au seuil de l'hiver, ainsi qu'en témoignent les informations de la main courante de la Préfecture de Police où nous relevons quelques exemples.

Le 30 août, un message de Pantin (commissaire Le Menn) indique qu'à Bobigny *, une quarantaine de FFI commandés par un commandant et un capitaine « vont chercher à domicile des personnes douteuses et les exécutent immédiatement sans jugement », tandis que des affiches sont apposées sur les murs « relatant qu'il est inadmissible que M. Luizet ait été nommé préfet de Police sans l'assentiment du peuple » ; le 31 août, boulevard Richard-Lenoir, Jean Moreau, du 24e groupe FFI du XIe arrondissement, tire plusieurs coups de feu sur Alfred Beauquiq : « Il m'avait paru suspect, il s'enfuyait. »

Le 4 septembre à 0 h 10, une femme est tuée rue du Retrait : un FFI

---

* Un message (n° 23) du 27 août, adressé par le capitaine Deré, de la Gendarmerie de la région parisienne, à la Direction générale de la Police municipale, indique que « le 26 courant à 11 heures a été exécuté M. Clamamus, maire sénateur de Bobigny » et que « la terreur règne dans cette commune où un commandant militaire, M. Lenoir, procéderait à des jugements hâtifs suivis d'exécutions » (Archives Georges Maurice). Il s'agit d'une erreur de personne : c'est le fils du sénateur qui a été exécuté. Accusé de collaboration, le sénateur Jean-Marie Clamamus, ancien homme de confiance du Komintern, mourra quelques années après la Libération.

en surveillance estime qu'elle « faisait des signaux suspects »; le 4 septembre, 94 rue de Paris à Pantin, un ancien de la LVF est abattu par un adjudant FFI « parce qu'il avait tenté de frapper un de ses collègues »; le 5 septembre à 9 h 35 « au cours d'une séance d'instruction à de jeunes recrues FFI », un coup de canon part et blesse grièvement deux consommateurs au café *le Corail*, 79 rue Lafayette; le 12 septembre, trois FFI arrêtent à 19 h 30 l'antiquaire Max Cipriano « signalé comme agent de la Gestapo », dans son magasin, 90 rue d'Amsterdam : « au cours de cette formalité (*sic*), le FFI Delabre abat l'antiquaire qui tentait de prendre la fuite avec violences, corps laissé sur place »; le 27 septembre, Marie Le Guillou, trente ans, s'enfuit de la « prison militaire FFI * », 4 rue Léopold-Robert, où elle était consignée par les services de la « Sécurité nationale » : Marie est poursuivie complètement nue par les soldats FFI qui l'abattent à coups de mitraillette devant le 117 boulevard Montparnasse; le 8 octobre, au fort du Mont-Valérien à Suresnes, le suspect Henri Delaunay, vingt-cinq ans, est tué d'un coup de fusil, alors qu'il cherchait à s'enfuir, par le sergent Gino Monpelli, des FFI du fort. Arrêté par les FFI du fort de Bicêtre le 7 octobre, le « détenu politique » Merkane Bouzidi est hospitalisé à l'hôpital de Bicêtre le même jour à 18 h 30 : il porte des blessures à la tête et sur le corps; il mourra à l'hôpital le 12 au matin[58].

Cela, c'est ce qu'on sait, parce que les faits se sont produits quasiment en public ou, en tout cas, devant des témoins.

Mais, en regard de ce qui a pu être établi avec certitude, que d'exécutions effectuées incognito!

La police découvre des cadavres d'inconnus, criblés de balles : le 6 octobre, à 8 heures, au bois de Boulogne au carrefour de l'avenue de la Reine-Marguerite et de la Grande Cascade; le 8, le cadavre d'un inconnu est retiré de la Seine à Alfortville, quai de la Révolution; une balle lui a été tirée dans la nuque : « c'est la septième exécution sommaire sur notre circonscription », note le commissaire de police Schira.

Ces exécutions sommaires ont exceptionnellement des témoins. Pourtant, le 19 novembre, à 1 h 50, deux passants se présentent au commissariat de Saint-Maur : ils ont vu, quelques instants auparavant, quai du Halage à Maisons-Alfort, quatre hommes descendre d'une voiture dont l'un avait les mains liées derrière le dos. Ils ont entendu des détonations et le bruit d'un corps tombant à l'eau. Sur place, les policiers trouvent « un chapeau marron, une paire de lunettes, des traces de sang et de matières cérébrales, ainsi que des

* Cette prison est établie à l'hôtel du Dôme, 4, rue Léopold-Robert (XIVe). Elle sera fermée le 4 décembre sur intervention du ministre de la Justice François de Menthon.

traces de traînée d'un corps jusque sur le bord de la rive ». Le corps sera repêché le lendemain.

Peut-on avoir la certitude que toutes ces victimes de l'épuration sauvage sont coupables d'un crime quelconque ? Assurément, non : certaines ont été désignées, ne serait-ce que par une vague rumeur courant dans une seule rue d'un quartier de Paris, comme auteurs *présumés* d'actes qu'elles n'ont pas commis ou comme suspects d'une collaboration illusoire. A cet égard le drame qu'a vécu Guy W... * (il a trente ans) est exemplaire[59].

Le vendredi 25 août, il va voir un ami replié provisoirement chez sa belle-mère, Mme G..., rue de Sèvres. Son beau-frère, Paul G..., revient du jardin des Tuileries, avec une provision de petits souvenirs qu'il a ramassés : une plaque d'immatriculation de voiture allemande, deux plaques ovales de voitures d'une compagnie du train des équipages, des cigarettes, des balles de fusil. Les amis conversent, lorsque cinq gardiens de la paix font irruption dans l'appartement :

« Haut les mains... ou on vous descend ! Vous êtes des tireurs des toits... Nous surveillons la maison depuis longtemps... On vous a identifiés... »

Les deux hommes sont fouillés, l'appartement est rapidement perquisitionné : les objets ramassés par Paul G... « font le plus mauvais effet auprès des agents, ceux-ci les prenant séance tenante pour des plaques d'affiliation à la Gestapo ».

Encadrés par les gardiens, qui portent le brassard FFI, Guy et Paul partent à pied pour le commissariat de police établi dans les locaux de la mairie du VIIe, rue de Grenelle :

« Pendant le trajet, raconte Guy, je fus photographié et j'appris plus tard que le positif en était exposé dans la vitrine d'un photographe du boulevard Raspail et parut dans un illustré avec la légende :

" Les derniers tireurs des toits sont conduits sous bonne garde aux commissariats de police... " »

A la mairie (« atmosphère excessivement tendue avec un va-et-vient continuel, agents armés jusqu'aux dents, femmes tondues, collaborateurs plus ou moins notoires du quartier, arrêtés comme nous, dans une atmosphère qui tient d'un PC en pleine bataille avec un petit air de Commune 1871 »), les deux hommes sont interrogés : ils convainquent sans peine celui qui les questionne qu'ils sont victimes d'une méprise.

---

* Guy W... nous a prié de ne pas divulguer son patronyme, qui figure dans son récit daté et signé.

Dans la soirée, vers 22 heures, Guy et Paul apprennent qu'ils vont être relâchés :

« C'est alors qu'un des agents qui nous avaient arrêtés arriva et, se rendant compte que nous allions être libérés, se mit à nous invectiver en disant :

— Je n'ai pas fait mon devoir... J'aurais dû vous abattre comme des chiens quand on vous a arrêtés... C'est tout ce que vous méritiez...

« J'essayais de le raisonner, de lui expliquer l'erreur dont nous étions victimes, mais, ne m'écoutant même pas, il tourna les talons et disparut dans l'escalier. »

Il fait nuit noire lorsque Guy et Paul, après avoir quitté la mairie, regagnent à pied leur domicile.

« Nous passions une barricade qui coupait la rue de Grenelle et arrivions jusqu'au carrefour de la rue de Bellechasse, lorsque à nouveau nous sentîmes le canon d'armes à feu dans les reins pendant qu'une voix rude nous disait :

— Allez, tournez à gauche et pas d'explication.

« C'était trois agents, qui nous avaient suivis depuis la mairie, celui qui nous avait invectivés quelques minutes auparavant, armé d'un revolver, et deux camarades dont il s'était fait accompagner, avec brassards FFI et armés de fusils. »

Le reste se déroule en quelques minutes. Les agents et leurs prisonniers parviennent à la Seine, font descendre Paul et Guy sur la berge, à la hauteur du palais d'Orsay, face aux Tuileries, en amont du pont de Solferino ; dans l'ombre de celui-ci, les deux hommes sont placés face au fleuve...

« Celui qui était le chef des trois s'approcha de Paul et lui ayant mis son revolver sur la tempe, lui dit :

— Vos papiers.

« Précaution supplémentaire de façon à ce que l'on ne puisse même pas identifier nos corps. Mon ami tira son portefeuille d'un geste instinctif et l'agent le lui arrachant des mains le jeta sur la berge derrière lui (j'eus l'impression que quelques pièces de menue monnaie roulaient sur les pavés), puis faisant tourner son revolver le mit sur sa nuque.

« J'entendis une détonation sèche et le corps de mon malheureux ami bascula dans la Seine, les bras en croix... C'était mon tour, deux agents me tenaient couché en joue. »

Sentant qu'il n'a plus que quelques secondes à vivre, Guy tente le tout pour le tout : il saute brusquement dans l'eau. Revenu à la surface, il est soumis à un feu assez violent des trois agents depuis la berge : aucune des balles ne l'atteint. Il nage vers le milieu du fleuve et descend jusqu'au pont de la Concorde, à la hauteur duquel il parvient à prendre pied sur la berge, côté rive droite. La nuit passe. Au matin, il remonte cours Albert-Ier par la voie d'accès du pont des Invalides et va demander l'hospitalité à des amis demeurant rue Bayard : il est sauvé ! Trois jours après, le corps de Paul est repêché au pont de l'Alma :

« Quelques mois plus tard, conclut Guy W..., j'étais convoqué quai des Orfèvres à la Police judiciaire comme témoin, car une enquête avait été ouverte par le Parquet. Le jeune inspecteur qui m'interrogea se rendit très bien compte, quoique je ne le disais pas, que c'était des agents qui nous avaient exécutés et il me fit comprendre qu'il ne fallait pas, sur ce point, dire ce qu'il en était exactement, mais parler simplement de FFI.

D'ailleurs, l'affaire fut close comme beaucoup d'autres et je ne fus jamais convoqué devant le juge d'instruction.

« Nous pûmes, par la suite, obtenir du commissaire de police du VIIe, par l'intermédiaire d'un ami, une attestation comme quoi nous avions été arrêtés par erreur et relâchés aussitôt. De la sorte, la mémoire de mon jeune ami se trouvait officiellement lavée de tout soupçon... »

On remarquera, d'une part, le flou volontaire que Guy a mis dans sa déclaration, d'autre part, le fait qu'il n'a déposé aucune plainte auprès des autorités pour l'assassinat de Paul G..., dont il aurait pu facilement identifier l'auteur : un tel dépôt risquait d'équivaloir à un arrêt de mort à brève échéance.

Du Vel d'Hiv à Drancy la Vichyste

Un autre chapitre d'épisodes aussi dramatiques s'ouvre avec l'existence de prisons quasi clandestines où sont détenus les suspects arrêtés par des groupes de résistants, dans des conditions qu'éclairent quelques documents et témoignages.

Mais, à ce moment du récit, on peut se poser une question : si des FFI ont commencé ces opérations préliminaires à l'épuration (arrestations provisoires, premiers interrogatoires, etc.) avec leurs propres moyens, est-ce tout bonnement parce que les autorités qui auraient *dû* les mener étaient débordées ou peu enthousiastes à la tâche ?

Une réunion de la Commission de contrôle militaire tenue le 15 septembre à Paris donne à cet égard de précieux renseignements. Le lieutenant Hulin, de l'état-major des FFI de Paris, est entendu à propos d'arrestations et de perquisitions auxquelles ont procédé les membres de « certaines » formations FFI et des Milices patriotiques, qu'elles n'ont théoriquement pas le droit de faire, « sauf le cas de flagrant délit ». Le lieutenant Hulin précise que des instructions ont été données par l'état-major à toutes les formations FFI de la région parisienne pour qu'elles se bornent à « procéder à des *enquêtes* pour *signaler* aux magistrats compétents les individus coupables de s'être livrés à une activité anti-nationale[60] ».

Dans le compte rendu de la réunion, on peut alors lire ces précisions :

« Mais tous les chefs de ces organisations (FFI, Milices patriotiques) ou presque tous demandent à procéder, comme ils l'ont fait jusqu'à présent, sous le prétexte qu'ils ne voient aucun organe judiciaire *installé* pour procéder en leurs lieu et place aux opérations d'épuration que le public réclame. A noter que, de leur côté, les commissaires de police intéressés ne paraissent pas disposés à se saisir rapidement des affaires qui leur sont signalées. »

L'argument est de poids : se trouvant devant un vide juridique * ou, plus précisément devant une insuffisance de moyens, en hommes notamment, pour commencer la procédure judiciaire, les membres des FFI se substituent provisoirement aux auxiliaires de la loi, afin de *satisfaire l'opinion.* Le préfet Flouret attire l'attention du ministre de l'Intérieur sur cet aspect important de la question :

« Sur le plan de l'épuration générale, les récriminations sont unanimes, écrit-il. Il y a, d'une part, des gens qui sont arrêtés et qui ne devraient pas l'être, soit parce qu'ils étaient innocents, soit parce que ce sont de simples comparses et que leurs fautes sont légères. Des collaborateurs notoires ou des Vichyssois demeurent à leur poste ou reprennent leur activité à peine camouflée sans être inquiétés. Il y a enfin une cinquième colonne persistante, nocive, qui n'a pu encore être jugulée **. Police, épuration, répression vont de pair : les gens ne comprennent pas qu'à Paris où il y a encore des restes de la Gestapo, du PPF, du RNP, etc., aucune exécution capitale n'ait eu lieu. Il y aurait intérêt à ce point de vue à prendre des mesures presque spectaculaires[61]. »

On pourrait ajouter que si Paris manque de policiers et de magistrats pour mener l'épuration tambour battant, c'est parce qu'un certain nombre d'entre eux sont éloignés de toute activité par suite de mesures administratives (révocation, suspension, etc.) ou privatives de liberté, consécutives au zèle qu'ils ont antérieurement montré dans l'exercice de leurs fonctions.

Paris comporte donc ses geôles provisoires à la garde des seuls

---

* Créées par une ordonnance du 26 juin corrigée les 26 août et 16 septembre, les Cours de justice ne commenceront à fonctionner que le 4 octobre. La Haute Cour sera instituée le 18 novembre. En outre, devant le grand nombre d'informations ouvertes, les juges d'instruction sont débordés.

** C'est plutôt une affirmation des autorités en place, on l'a vu, qu'une vue exacte de la réalité fondée sur des faits précis.

membres des FFI et des Milices patriotiques. On a vu l'existence de celles de la rue Léopold-Robert et de l'Institut Eastman, avenue de Choisy. A propos de cette dernière, le directeur de la police municipale, Maurice, apprend, le 14 septembre, par un message que le directeur de la police judicaire du ministère de l'Intérieur a signalé, depuis une quinzaine de jours, qu'au ministère de l'Intérieur et à l'Institut dentaire du square de Choisy *, siégeraient des permanences dont on ignore la nuance politique et qui se livreraient à une activité des plus suspectes. Des gens y seraient convoqués, molestés et même exécutés. « A vérifier », est-il noté dans la main courante de la Préfecture de Police.

Mais celle-ci reste muette sur un incident assez grave, rapporté par certains auteurs[62] : au soir du 5 septembre, des forces de police ** se rendent à l'Institut dentaire, afin de récupérer les quelque cent cinquante détenus qui s'y trouvent. Accueillis par des rafales de mitraillettes, ils se retirent afin d'éviter une bataille rangée entre Français du même bord dans la capitale libérée.

Dans cette geôle improvisée aux mains d'un groupe de FTP du XIIIe, les détenus (100 hommes et 50 femmes, en majorité tondues, certaines avec des croix gammées dessinées au goudron sur le crâne) sont d'origines variées : d'anciens députés, des membres du PPF et du RNP, des « collabos » sans autre désignation, gardés par des FTP dirigés par un comité comprenant un militant communiste, un lieutenant espagnol et un sous-lieutenant hongrois qui s'érige volontiers en tribunal. Nous avons déjà évoqué les éxécutions.

Et les tortures ? Multiples, si l'on en croit un ancien détenu qui, sous le pseudonyme de Jean-Pierre Abel, rapportera en détail quarante-neuf cas de sévices sur des femmes et des hommes[63]. Il semble que se soient glissés parmi les FTP « d'authentiques truands, tel José Redrossa et des spécialistes de la torture qui ont fait leur apprentissage dans les tchékas *** de la guerre d'Espagne, comme le Polonais Thomas[64]. » A l'intérieur de l'Institut, les prisonniers peuvent lire, écrit à la craie sur un tableau noir, ce « poème » :

« Vous tous qui êtes ici
Méditez bien les paroles que voici :
Vous êtes ici devant la justice des ouvriers
Qui depuis trop longtemps sont vos prisonniers.

---

* Appellation de l'Institut Eastman.

** Ces forces de police qualifiées de « régulières » par Robert Aron ne sont pas identifiées. S'il s'agit de membres de la police nationale, il est normal que leur intervention ne figure pas dans les documents de la police parisienne.

*** Premier nom de la police politique soviétique. Remplacée par le GUEPEOU en 1922, le NKVD en 1934, et le MVD en 1946, elle s'appelle KGB depuis 1954.

Dans cette salle plane le respect de nos morts
Que vous avez assassinés toujours à tort
Faites un compte rendu de votre conscience,
Vous verrez que nous avons la patience,
Car, pour certains de ceux qui sont ici,
La mort seule les délivrera de leurs soucis. »

D'autres prisons provisoires sont installées, villa Saïd, dans l'hôtel particulier de Pierre Laval, boulevard Suchet, boulevard Haussmann, boulevard de Courcelles.

D'après les résultats d'une enquête menée par la Préfecture de Police, en date du 27 mars 1945, des geôles « privées » ont été établies durant les semaines qui ont suivi la libération et des « tribunaux d'exception ont fonctionné » à Paris, et en banlieue ; à Paris, dans les locaux de l'hôtel Imperator, 70 rue Beaubourg, s'est suicidé, le 15 septembre, Charles Berthier, commissaire de Police à la Sûreté nationale ; l'autopsie a révélé que « le corps portait de nombreuses traces de blessures superficielles dont l'origine n'a pas été établie » et l'enquête a permis de découvrir une lettre du policier assurant : « Je suis innocent... Je ne peux supporter d'être martyrisé[65]. » A Vitry-sur-Seine, les Milices patriotiques ont installé une « permanence » dans un pavillon, 235 rue Faidherbe, d'où « au début de septembre 1944, des coups de feu étaient perçus par les habitants du quartier » tandis qu' « à la même époque les cadavres de cinq individus entièrement nus, tous tués d'une balle de pistolet dans la tête, étaient repêchés dans la Seine près du pont suspendu[66] ».

Le même document fait état de la détention, pendant une quinzaine de jours, de personnes arrêtées par les FFI, dans le local de ceux-ci, 39 *bis*, rue de Flandre à Maisons-Alfort. Mêmes faits observés au siège des Milices patriotiques, 19, rue Gambetta à Nanterre, à celui du XIe arrondissement, 9, rue des Bleuets « où des sévices et des tortures auraient été exercées sur des détenus ». Conclusion du rapport de la Préfecture de Police :

« A partir de fin octobre 1944, on ne relève plus dans les informations parvenues à notre service d'affaires de ce genre. La dissolution des « gardes civiques » en janvier dernier a mis un terme à toute opération de police illégale :

« De nombreuses affaires ayant trait à ces opérations sont classées aux archives centrales des Renseignements généraux et aux archives de la Police judiciaire ; mais elles ne font pas l'objet d'un classement spécial et il n'a pas été possible de recueillir des indications plus précises[67]. »

Au total, pendant les quelques jours qui ont suivi le 25 août,

10 000 « suspects » ont été arrêtés dans la capitale. Ceux qui échappent aux prisons des FTP-FFI sont parqués au Vél d'Hiv où leur sort est rien moins qu'enviable.

Le 31 août au soir, on compte au Vélodrome d'Hiver 2 100 internés dont 600 femmes ; le 1er septembre, 400 nouveaux sont arrivés, ce qui porte l'effectif total à 2 500 personnes.

Ce jour-là, le Dr Bernard Duhamel *, délégué par le service de Santé des FFI, a inspecté le Vél d'Hiv, inspection qui nous vaut un rapport détaillé.

Les hommes sont parqués sur la pelouse où ils ne disposent pas de moyens de couchage, les femmes sur un bas-côté et une « portion de la piste, ce qui leur permet de s'allonger ». Il n'y a ni paillasses, ni sacs de couchage, ni couvertures, seulement cinquante lits pour les malades :

« Les internés sont vêtus comme ils l'étaient lors de leur arrestation, relate le Dr Duhamel, c'est-à-dire très sommairement, surtout pour ceux qui ont été lynchés et lacérés...

« La nourriture semble suffisante (une assiette de pâtes, deux cuillerées de confiture, un morceau de pain)...

« Les moyens d'hygiène sont très restreints : dix w.-c. et sept lavabos... Il existe bien d'autres lavatories dans les étages en état de marche, mais l'insuffisance de la garde ne permet pas de les utiliser actuellement.

« En effet, on a dû éloigner les agents de police du contact des détenus en raison des sévices dont ils se sont rendus coupables, lors de l'arrivée de détenus qui ont été passés à tabac, malgré l'intervention du capitaine de gendarmerie[68]. »

Etat sanitaire ? Des malades : tuberculeux, vénériens contagieux, cardiaques, diabétiques et des blessés.

Les femmes enceintes de plus de six mois ?

« Il est impossible d'examiner discrètement une femme... Tout doit se faire en plein jour dans l'enceinte commune surveillée par la garde. »

Conclusion :

« Le capitaine de gendarmerie, le délégué du secours social (dépendant du service des réfugiés de la Préfecture de la Seine), la Croix-Rouge française et le corps médical sont tous d'avis qu'il y a danger à laisser se prolonger cette détention dans des locaux où la garde et l'hygiène sont impossibles à assurer, surtout devant l'affluence croissante d'heure en heure des internés[69]. »

Le 7 septembre, le directeur de cabinet du secrétaire général à la

---

* L'un des fils de l'écrivain médecin Georges Duhamel.

Santé transmet le rapport du Dr Bernard Duhamel au préfet de Police :

« Je crois qu'il y a nécessité de prendre des mesures d'urgence, d'autant plus que la Croix-Rouge américaine commence à s'émouvoir. »

Non seulement la Croix-Rouge, mais encore la presse. Des reporters américains parviennent à entrer au Vél d'Hiv :

« Parmi les représentants de la presse américaine, raconte Pierre Taittinger* une femme reporter qui, devant toutes ces femmes tondues, torturées, dont beaucoup avaient été brûlées et odieusement martyrisées, eut un geste de protestation : arrivant de l'Amérique démocratique et libre, elle tint à embrasser publiquement une de ces femmes. Inutile de dire qu'en guise d'approbation, des « hourrahs » et des applaudissements sans fin emplirent l'enceinte du Vél d'Hiv[70]. »

C'est vraisemblablement ce jour-là que des photographies ** sont prises des détenus, photographies qui vont connaître une extraordinaire destinée : pendant près de quarante ans, elles seront diffusées dans le monde entier, publiées dans des travaux dits « historiques », comme « censées représenter les juifs arrêtés les 16 et 17 juillet 1942 et internés au Vélodrome d'Hiver » !

Le premier, Serge Klarsfeld, a osé écrire qu'il n'en était rien :

« A notre avis, elles ne représentent certainement pas les victimes de la rafle du Vélodrome d'Hiver, mais plutôt les collaborateurs internés dans la même enceinte à partir du 28 août 1944[71]. »

Serge Klarsfeld fonde sa conviction sur le fait qu'on ne voit aucun enfant sur les trois photos diffusées et que, d'après tous les témoignages, les familles juives de la grande rafle de juillet 1942 ont été installées sur les gradins avec leurs enfants, alors que sur deux des trois photos les gradins sont vides.

Mais deux observations toutes simples auraient permis de conclure d'emblée à l'erreur de légende concernant ces documents « célèbres » : d'une part, on ne distingue *aucune* étoile jaune sur le vêtement des personnes qui regardent vers l'objectif du photographe ; d'autre part, l'une de ces trois photos, la plus reproduite ***,

---

* L'ancien président du Conseil municipal de Paris, après un séjour au Dépôt avec Sacha Guitry, Paul Chack et M. Poirier, directeur des prisons, qui fait ainsi connaissance avec la plus sordide des geôles parisiennes, est arrivé au Vél d'Hiv depuis quatre jours. Il a réussi à en faire sortir Jérôme Carcopino, ancien ministre de l'Education nationale du gouvernement de Vichy « qui a eu le crâne ouvert à coups de matraque », en intervenant auprès d'Yves Bayet, qui a tenu à visiter les arrêtés du Vél d'Hiv.

** Qui les a prises ? Selon Pierre Taittinger, ce serait un photographe de *l'Humanité* qui aurait opéré. Rien n'est moins sûr.

*** Les photos de l'album n'étant pas signées cliché par cliché, sa source est impossible à identifier, entre les quatre photographes nommément mentionnés sur la

avait été publiée *en 1946* dans un album de photos, avec cette légende : « Au Vél d'Hiv, certes, pas mal de collaborateurs ont été parqués qui connaîtront Drancy, Fresnes et les cours de justice, mais il en est tant aussi qui ne payeront pas leur trahison... »

Comment expliquer, alors, que pendant quarante ans ces photos aient été présentées de façon mensongère : imposture, mystification ? Ou, plus prosaïquement, désir de tirer le maximum d'argent d'un document qui « ressort » à chaque anniversaire de la rafle de juillet 1942. Telle est la simple histoire de la fausse photo des juifs du Vél d'Hiv qui est la vraie photo des collabos arrêtés d'août 1944...

Le 1er septembre, ceux-ci déménagent du Vél d'Hiv : sur ordre de la Préfecture de Police, ils sont amenés au camp de Drancy, dans des autobus de la STCRP *. A la différence du Vél d'Hiv, à la garde des gendarmes, Drancy est gardé par les FFI locaux, qui y ont enfermé des prisonniers allemands et civils. D'un seul coup, plus de 3 000 collabos, hommes et femmes, vont s'installer à Drancy.

Pendant des années, Drancy, que certains appellent Drancy-la-Juive, a abrité, pour un court séjour, des milliers de juives et de juifs, avant leur départ pour les camps d'extermination.

Vidé en août 1944, grâce à Nordling, de ses derniers occupants à l'étoile jaune qui échapperont au génocide, le camp peut recevoir les collabos et anciens membres de l'administration ou du gouvernement de Vichy. A ces hiérarques s'ajoutent les obscurs, les sans-grade de la collaboration, miliciens, PPF, RNP, des trafiquants du marché noir, des notabilités, maires, députés, comédiens et comédiennes. Drancy-la-Juive est devenue Drancy-la-Vichyste... Le 3 septembre, le Dr Bernard Duhamel visite le camp et adresse un rapport à ses supérieurs, daté du même jour :

« Abandonnés par la police, la plupart des détenus ont subi de nombreux sévices de la part de leurs gardiens et j'ai retrouvé à Drancy, très grièvement blessés, des internés que j'avais vus la veille en excellent état au Vélodrome d'Hiver.

« Chaque garde FFI est muni d'une arme à feu, improvise des ordres et les ponctue de coups de feu tirés en l'air, voire de rafales de mitraillettes qui crépitent incessamment dans l'enceinte du camp. Le commandant du camp, nommé par la Préfecture de Police, est sans pouvoir sur ces hommes, malgré sa bonne volonté. Le comman-

---

page de garde du livre (Roger Schall, Maurice Jarnoux, Raymond Méjat, Nick de Morgoli) et les « reporters d'agences », restés anonymes. Le titre exact de cet ouvrage qui n'eut qu'une diffusion restreinte : Jean Babelay, *Un an*, Raymond Schall édit., Paris, 1946.

* La Société des transports en commun de la région parisienne, précurseur de l'actuelle RATP. Ce sont les mêmes autobus qui, les 16 et 17 juillet 1942, ont amené les juifs arrêtés au Vél d'Hiv.

dement effectif est assuré par un nommé Simon Dreyfus, âgé de vingt-deux ans, ex-prisonnier des Allemands dans ce même camp de Drancy. Il a comme adjoint un lieutenant FFI, porteur d'un nerf de bœuf auquel un des médecins envoyés par le ministère en même temps que moi n'a échappé que de justesse...

« Des détenus doivent effectuer des corvées à l'extérieur du camp (déterrer des cadavres allemands en putréfaction, sous les coups de la foule excitée par les gardes : trois détenus en sont revenus à l'état de loques humaines, couverts de blessures et ont dû être hospitalisés et opérés). A chaque heure de la nuit, ils sont réveillés et battus.

« Enfin, une infirmière est survenue dans le local où sont détenues l'actrice Dita Parlo * et sa mère, morphinomanes en crise d'abstinence, donc sans défense, alors qu'un des commandants FFI du camp, assisté de quatre hommes, voulait abuser de la jeune femme [72]... »

Bien que ces faits échappent à sa mission, uniquement médicale, Bernard Duhamel a tenu à les signaler parce qu'il s'agit de « civils internés administrativement » et non pas de « détenus » et que les mesures qu'ils subissent sont « non seulement inhumaines mais aussi illégales » et « peuvent nuire au prestige du nouveau gouvernement ** ».

Revenant au but médical de sa mission, le Dr Duhamel constate que les locaux sont dans un état repoussant, la plupart des vitres brisées, les sommiers et paillasses sans couverture où la vermine pullule. La nourriture est insuffisante : il n'y a ni gamelles ni cuillers, les internés doivent, pour la plupart, manger avec leurs doigts. L'hygiène est élémentaire, les w.-c. sommaires et sans moyen de désinfection : quelques cas de dysenterie ont été signalés. Les enfants en bas âge arrêtés avec leur mère n'ont pas de lait ni de couches...

Et, prévoyant sans doute qu'on pourrait lui opposer que les juifs, qui occupaient précédemment Drancy, étaient encore plus maltraités, le Dr Duhamel termine son rapport par cette phrase :

« Au nom de l'humanité la plus élémentaire et du droit, toutes autorités administratives et morales du camp m'ont prié de faire connaître une situation qui nous abaisse au rang des occupants que nous avons tant blâmés [73]. »

Le rapport du médecin-lieutenant Duhamel a dû porter car, après une inspection le 6, il peut indiquer dans son second rapport que

* Comédienne allemande qui fut la partenaire de Jean Gabin dans un film célèbre *la Grande Illusion* (1937) de Jean Renoir. En 1944, Dita Parlo a trente-huit ans.

** Couvert par l'immunité diplomatique, le ministre d'Haïti, seul représentant accrédité de son gouvernement en Europe, compte parmi les internés de Drancy.

« les sévices ont cessé, tout au moins sous une forme organisée », encore qu'on ait découvert, le 4 septembre, dans les « locaux disciplinaires (cellules au sous-sol, sans air ni lumière) où des internés ont subi de véritables supplices, un cadavre dont la mort paraît suspecte ». Les chambres sont plus propres, mais il faudrait les désinfecter...

« La Croix-Rouge française et le secours social ont procuré un millier de couvertures. Après que la garde FFI en eut prélevé pour son usage personnel, l'infirmière en a pourvu tous les malades. Les autres internés en manquent donc presque tous[74]... »

La nourriture va être améliorée, la ration quotidienne de pain est portée à 400 grammes (précédente : 275 grammes), les colis de vivres sont acceptés sous l'égide de la Croix-Rouge française « pour éviter les prélèvements tels que ceux effectués par les FFI dans les premiers colis », le service médical est parfaitement organisé par les médecins internés.

Dans son troisième rapport sur Drancy, du 14 septembre, le Dr Duhamel constate que, « contrairement à un ordre du Préfet de Police, ce sont toujours les FFI qui assurent la garde du camp ». Et ceci présente de sérieux inconvénients pour la situation morale des détenus :

« Plusieurs organisations FFI différentes, écrit le Dr Duhamel se sont succédé ces jours-ci. De nouveaux sévices ont été constatés et les chefs ont bien du mal à se faire obéir par leurs jeunes subordonnés...

« Cependant, quelques questions inquiétantes restent à régler :
— Marché noir : après vols à l'intendance ou l'infirmerie, il faudrait enlever l'argent des intéressés, mais on n'a pas la clef du coffre-fort.

— Prostitution qui semble s'organiser sous la direction de quelques spécialistes internés[75]. »

Sur ce dernier point, un ancien détenu de l'Institut Eastman, Jean-Pierre Abel, apporte d'autres précisions :

« A Drancy, on craignait moins et on mangeait mieux. Aussi la vigueur agitait-elle les jeunes mâles. Et les tentations ne leur manquaient point. Parmi les tondues et même parmi les autres, il était nombre de femmes plaisantes à voir et de cuisse leste. Et les uns pourchassant, lutinant, culbutant les autres, le camp était comme un lupanar à la grande échelle. On forniquait un peu dans tous les coins... Certains fonctionnaires organisaient, le soir, des bacchanales grandioses, avec vins et femmes nues sur la table, à profusion. Mais, officiellement, la fornication sous toutes ses formes était condamnée par mille circulaires et punie de quelques jours de « gnouf », c'est-à-dire de cellule[76]. »

Enfin, dans son quatrième rapport (18 septembre 1944), le

Dr Duhamel relate que, la gendarmerie ayant remplacé les FFI * à Drancy, « la situation s'est bien éclaircie ». Après avis des commissions d'enquête, des prévenus ont été libérés et d'autres transférés à Fresnes. Le ravitaillement reste aléatoire : la ration quotidienne de pain a été ramenée à 300 grammes.

Et dans les autres prisons ?

Au mont Valérien, une centaine d'internés civils (hommes et femmes) sont gardés par des FFI d'un régiment en formation, commandés par des officiers d'active. Les détenus sont enfermés dans des pièces dont fenêtres et volets restent fermés en permanence ; nourriture insuffisante, aucun service médical, pas de w.-c., seulement des seaux hygiéniques :

« Depuis que des détenus ont été malmenés par des FFI (qui ont été punis de prison), écrit le Dr Duhamel le 14 septembre, on a supprimé les sorties dans la cour pour éviter de nouveaux accidents[77]. »

« Les détenus doivent être dirigés sur la prison de Fresnes dans l'après-midi », note dans son rapport établi le même jour, un second médecin, le Dr Jean Godlewski, médecin du GMS (Groupe médical de secours) ; il a « fait panser par les infirmières deux miliciens (de la milice Darnand) porteurs de plaies légères à la figure[78] ».

Le 11 septembre, le Dr Duhamel visite l'Institut dentaire « camp FTP contenant, paraît-il, plus de 100 détenus » ; Bernard Duhamel en voit environ 80, classés par *catégorie de gravité :*

« Les prévenus légers avec matelas et couverture, les miliciens assis sur des fauteuils sans bouger ni parler, hommes et femmes n'étant pas séparés. »

Le Dr Duhamel, qui ne s'entretient pas avec les internés de l'Institut Eastman, se borne à conclure d'une façon générale :

« Il existe de nombreux camps FFI ou FTP que je m'efforce de connaître et de visiter qui échappent au contrôle de l'administration responsable du jugement et de l'entretien des internés. Il serait bon pour unifier et faciliter la surveillance, tant policière que sanitaire des internés, de recenser ces camps et de grouper tous les détenus dans des camps gérés par l'administration[79]. »

Quant à la prison de Fresnes, confiée à la garde des FFI, elle abrite 860 détenus politiques : ce sont les notables du régime défunt, parmi lesquels l'amiral Estéva, ancien résident général en Tunisie, le général Dentz, ancien haut-commissaire en Syrie, l'amiral de Laborde, ancien commandant en chef des Forces maritimes de haute mer (sabordées à Toulon en 1942), les anciens ministres Peyrouton,

* Parmi eux, il y avait des « faux FFI » mais « le scandale a été découvert », note le Dr Bernard Duhamel.

Leroy-Ladurie, Bonnefous, Chasseigne, l'ancien président du Conseil des ministres à Vichy, Pierre-Etienne Flandin, l'ancien commissaire général aux questions juives Xavier Vallat, l'industriel Louis Renault, le banquier Hippolyte Worms, le chanteur Tino Rossi, les écrivains Robert Brasillach, José Germain et André Thérive, le secrétaire de Pierre Laval, Alfred Mallet, l'aviateur Michel Détroyat, etc. En bref, le bottin mondain du tout-Vichy. Le Dr Guy Godlewski a visité, le 20 septembre, la prison. L'organisation est nulle, mais il y a plus inquiétant :

« La question alimentaire paraît la plus grave, aucun détenu n'ayant reçu de nourriture depuis plusieurs jours, FFI et administration pénitentiaire se renvoyant mutuellement la prise en charge des prisonniers politiques... Nous avons aussitôt sollicité et obtenu du commandant Berthaut, chef des FFI, l'autorisation de faire parvenir des colis Croix-Rouge de ravitaillement : à 18 heures, 600 colis ont été immédiatement distribués à raison de deux par cellule[80]... »

Tel est le tableau qu'on peut dresser du commencement de l'épuration dans la capitale.

Il ne s'agit pas de juger, mais de comprendre : à l'excès de la répression de la Résistance par les policiers allemands et français et par les miliciens répondent les exactions commises par les camarades de ceux qui ont souffert ou sont morts de son fait. La vengeance fait aussi partie des sentiments humains, comme la colère, contenue pendant quatre années, vécues par les résistants comme une longue période de souffrances et d'humiliations.

Et puis — et c'est un autre aspect de cette mouvante réalité — se sont glissés parmi les « purs » de la Résistance, des individus douteux, comme il en surgit toujours dans les temps troublés, attirés par le désir du mal pour le mal ou par celui du lucre, qui trouvaient dans la soif de vengeance de certains le prétexte idéal pour assouvir leur instinct de destruction, de pillage et de meurtre.

On se rappelle que le Dr Duhamel a évoqué l'action de « faux FFI » à Drancy. Sont-ce ceux-ci qui « ont fait, en armes, une quête à leur profit » parmi les détenus, « même à l'infirmerie et aux locaux disciplinaires », quête qui « a rapporté 200 000 francs dont le commandant du camp n'a pas pu savoir la destination[81] ? »

Nous ne prétendons pas que *seuls* les faux FFI se sont livrés aux actes criminels précédemment décrits, mais nous insistons sur leur présence parmi les vrais. Et ce d'autant plus que les faux fifis ne se manifestent pas seulement dans les prisons des collabos, mais aussi dans les rues et chez des particuliers, où ils opèrent d'audacieuses prises de butin.

Car la pègre s'est remarquablement adaptée aux conditions changeantes nées de la guerre : d'abord faux policiers, voire faux gestapistes, les truands ont joué avec le réflexe de peur chez leurs victimes jusqu'en août ; puis transformés en faux FFI, au gré des événements, ils misent à fond, chez les « nantis » de l'heure (restaurateurs, bijoutiers, petits industriels), sur la crainte du châtiment, pour un marché noir hypothétique (ou réel) ou une collaboration avec les boches (obligatoire pour certaines professions), risquant de déboucher sur une arrestation. Les faux FFI ont commencé leurs ravages dès le 28 août, ravages qui grandiront jusqu'à la fin de l'année : leurs dupes se comptent par centaines à Paris et en banlieue, qui se sont fiées à une tenue militaire ou à un complet civil avec brassard FFI !

La main courante de la Préfecture de Police est remplie de plaintes de commerçants et de particuliers qui sont victimes d'individus se présentant comme FFI ou comme « police des milices patriotiques » : avec un faux ordre de perquisition l'appartement ou le commerce sont vidés, en un tournemain, de ce qui s'y trouve de plus précieux : argent, bijoux, titres, etc.

Ainsi, le 16 novembre à 18 h 45, « trois individus se disant FFI se présentent chez la princesse Alexandre Gagarine, 39, rue Jean-Goujon et, sous la menace de leurs armes, ont dérobé 500 000 francs en billets de banque et des bijoux d'une valeur de 2 000 000 de francs *. Enquête [82]. »

Le 8 décembre à 19 h 45, cinq hommes en uniforme kaki se présentant comme des membres du « Service secret de lutte contre les trusts et les collaborateurs » arrivent, mitraillettes au poing, chez M. Savignat, bijoutier, 77, avenue des Gobelins, et emportent pour une valeur de 800 000 francs de bijoux et d'espèces **.

Le record des vols est celui commis au détriment de M. Bacque-Grammont, 150, avenue de Paris à Choisy, par « cinq individus dont l'un vêtu en lieutenant français se disant d'un service de sécurité » : un million en titres, 1 500 000 francs en bijoux et 500 000 francs en billets de banque (au total 1 800 000 francs 1984).

Quant à certains Américains de passage à Paris, ils ne veulent pas être en reste : à la brasserie Drapier, 124, boulevard Rochechouart, deux soldats américains portant le brassard « MP », sous le prétexte de chercher de la cocaïne dans l'appartement du propriétaire, Martial Drapier, emportent 500 000 francs en bons du trésor, 1 300 000 francs en billets de banque le 14 octobre (1 080 000 francs 1984). Les faux MP sont à l'armée des Etats-Unis ce que les faux

* Représentant respectivement 300 000 et 1 200 000 francs 1984.
** Soit 480 000 francs 1984.

FFI sont à la Résistance française, d'inévitables parasites...

Cette page tournée, considérons maintenant le tableau qu'offre l'épuration par voie judiciaire à Paris en cet automne de l'année 1944.

NOTES

1. 4 200 morts est le chiffre le plus élevé concernant les pertes allemandes. Il a été publié dans *la Libération de Paris* (Denoël, Paris 1964, p. 183) et est d'autant plus intéressant qu'il s'agit d'un bilan communiqué par le colonel Rol. Le commandant des FFI de l'Ile-de-France a également donné le chiffre de 600 morts pour la division Leclerc, qui paraît manifestement au-dessus de la réalité. On trouverait des chiffres encore différents de ceux déjà cités dans d'autres rapports. Ainsi, le 21 octobre 1944, le préfet de la Seine, Marcel Flouret, fait état de 4 000 blessés FFI.

2. *La Libération de Paris, op. cit.*

3. *In Brennt Paris ? Adolf Hitler,* Weltbücherei Mannheim, 1950, Dietrich von Choltitz confie avoir écrit ses souvenirs sans documents : « Je n'ai pas eu l'autorisation de conserver mes notes de ces journées et même les travaux que nous avons pu rédiger pour nous en Angleterre ou aux Etats-Unis. Il nous a fallu les détruire car nous n'avions pas le droit de les amener chez nous. »

4. Général Eisenhower, *op. cit.*, p. 349.

5. *Ibid.*, p. 577.

6. Coll. Gérard Silvain.

7. *In France Zone handbook n° 16 Paris Part III Local information and administrative personalities.* Reproduction dans *la France et les Français de la Libération 1944-1945*, Musée des deux guerres mondiales et BDIC édit., Paris 1984.

8. Main courante de la Préfecture de Police.

9. *Ibid.*

10. Reproduction dans *la France et les Français de la Libération, op. cit.*

11. *Ibid.*

12. Main courante de la Préfecture de Police.

13. *Ibid.*

14. Maurice Toesca, *op. cit.*, p. 353.

15. Charles de Gaulle, *Lettres, notes et carnets, op. cit.*, p. 292-293.

16. Eisenhower, *op. cit.*, p. 349.

17. Rapport du préfet Flouret au ministre de l'Intérieur, Archives nationales, FI CIII 1227.

18. *Ibid.*

19. Charles Lacretelle, *Ephémérides*, 15 septembre 1944.

20. *Ibid.*

21. Steven Philip Kramer, « La crise économique de la Libération », *Revue d'histoire de la dernière guerre mondiale*, PUF, Paris, juillet 1978, n° 111, p. 27.

22. *Ibid.*, p. 28.

23. *Ibid.*, p. 36.

24. *Ibid.*, p. 31.

25. Alfred Sauvy, *La Vie économique des Français de 1939 à 1945.* Flammarion, Paris 1978, p. 222.

26. Rapport Flouret, *op. cit.*

27. Journal de René Mayer (27 février 1944-6 février 1945) *in Revue d'histoire de la Deuxième Guerre mondiale et des conflits contemporains*, PUF, Paris, Janvier 1983, n° 129, p. 93.

28. Georges Bidault « Enfants perdus à l'avant-garde d'une armée en marche ». *Le Journal de la France.* Les années quarante, Tallandier 1972, n° 173, 9 octobre 1972.

29. *Le Monde*, 26 août 1969.

30. René Mayer, *op. cit.*

31. Edgar Faure, *op. cit.*, p. 143.

32. Maréchal Juin, *op. cit.*, p. 33.

33. Rapport Flouret, *op. cit.*

34. Albert Ouzoulias, *op. cit.*, p. 483.

35. *Ibid.*, p. 489.

36. Coll. part.

37. Extraits du rapport de Messieurs les commissaires de police du 4 septembre 1944. Dactyl. 5 feuillets. Archives Georges Maurice.

38. Main courante de la Préfecture de Police.

39. *Ibid.*

40. Rapport Flouret, *op. cit.*

41. Maurice Cazeaux, *op. cit.*, p. 326.

42. Main courante de la Préfecture de Police.

43. Reproduit dans *la France et les Français de la Libération, op. cit.*

44. Main courante de la Préfecture de Police.

45. Henri Michel, *op. cit.*, p. 327.

46. Robert Aron, *Histoire de l'épuration* T. I, *De l'indulgence aux massacres*, Fayard, 1967, p. 579 et 584.

47. Henri Michel, *op. cit.*, p. 328.

48. Témoignage du professeur Paul Milliez. L'une de ces lettres de dénonciation, signée par un médecin de Saint-Ouen, demande que l'on vérifie si « la femme du professeur Leriche, président de l'ordre supérieur (*sic*) des médecins, n'est pas une demoiselle Kalenborn, juive » et « si le professeur Lemierre n'a pas épousé une demoiselle Richelot dont la mère, née Ostheimer, serait juive ».

49. Jean Galtier-Boissière, *Mémoires d'un Parisien*, La Table Ronde, Paris, 1963, Tome III, p. 121.

50. Charles Lacretelle, *op. cit.*

51. Coll. part.

52. Coll. part.

53. Interrogatoire de Walter Kley du 20 juin 1950. L'étude de son contenu, si passionnant soit-il, sur les dessous de l'étrange politique menée par les anciennes sections de l'Abwehr vis-à-vis des Alliés après la réussite du débarquement, sortirait du cadre de cet ouvrage.

54. Main courante de la Préfecture de Police.

55. Dr Victor Veau, *op. cit.*

56. *In L'Intermédiaire des chercheurs et curieux*, Mars 1960, p. 266.

57. Michel Audiard, « J'ai la mémoire en horreur », *Le Figaro Magazine*, 21 juillet 1984.

58. Main courante de la Préfecture de Police.

59. L'aventure de Guy W... est résumée d'après un récit écrit par lui-même et daté du 18 juin 1946, moins de deux ans après les faits. 22 feuillets dactylographiés. Coll. part.

60. Compte rendu de la réunion de la Commission militaire du 15 septembre 1944. Document archives Georges Maurice.

61. Rapport Flouret, *op. cit.*

62. Robert Aron, *op. cit.*, p. 582 et suiv. Jean-Pierre Abel, *L'Age de Caïn*, Les Editions Nouvelles, Paris, 1947, p. 135 et suiv. Dans ce dernier ouvrage, l'auteur relate 49 cas de tortures dont nous ne rapporterons pas le détail. Ce livre ne fut jamais poursuivi en justice.

63. Jean-Pierre Abel, *op. cit.*, p. 160 et suiv.

64. Dominique Venner, « Dans les geôles clandestines », Histoire hors série n° 41, *L'Epuration*, Tallandier, Paris, 1975, p. 41.

65. Rapport dactylographié, 5 feuillets. Archives Georges Maurice.

66. *Ibid.*

67. *Ibid.*

68. Situation sanitaire des internés civils du Vélodrome d'Hiver. Paris, 1er septembre 1944. Trois feuillets dactyl. Signés Duhamel, délégué par le service de santé des FFI.

69. *Ibid.*

70. Pierre Taittinger, *op. cit.*, p. 254.

71. Serge Klarsfeld, *Vichy Auschwitz*, Fayard, Paris, 1983. Cahier de photos entre la page 160 et 161, pages 16, 17 et 18 du cahier.

72. Situation sanitaire des internés civils du camp de Drancy. Paris le 3 septembre 1944. 4 feuillets dactyl. Signé B. Duhamel, délégué du service de santé des FFI.

73. *Ibid.*

74. Situation sanitaire des internés civils de Drancy, deuxième rapport, 6 septembre 1944. Trois feuillets dactyl. Signé Bernard Duhamel, chargé de mission par le service de santé FFI.

75. Situation sanitaire des camps d'internés civils. Camp de Drancy, troisième rapport, 14 septembre 1944. Deux feuillets dactyl. à la suite desquels se trouvent deux autres feuillets relatifs aux visites du Dr Duhamel

au fort du mont Valérien (11 et 14 septembre), au lycée Buffon (13 septembre) et à l'Ecole dentaire de la place d'Italie (11 septembre). Signé Bernard Duhamel.

76. Jean-Pierre Abel, *op. cit.*, p. 172 et suiv.

77. Situation sanitaire des camps d'internés civils. Troisième rapport Duhamel, *op. cit.*

78. Rapport de Jean Godlewski, médecin du GMS sur le camp des internés civils du mont Valérien. Paris le 14 septembre 1944. Un feuillet dactylographié.

79. Situation sanitaire des camps d'internés civils. Troisième rapport Duhamel, *op. cit.*

80. 20 septembre 1944. Rapport du Dr Jean Godlewski, membre du Groupe médical de secours sur la prison d'internés FFI de Fresnes. Deux feuillets dactyl.

81. Rapport Duhamel du 6 septembre 1944, *op. cit.*

82. Main courante de la Préfecture de Police.

CHAPITRE X

AVANT LE DERNIER HIVER DE LA GUERRE...

Quand le 22 octobre, le journaliste Georges Suarez, directeur du très collaborationniste quotidien *Aujourd'hui* se retrouve, afin de leur rendre compte de ses articles parus pendant l'occupation, devant les cinq hommes composant la Cour de Justice de la Seine qui siègent, pour la première fois, au Palais de Justice, le public a, d'entrée de jeu, l'impression que l'accusé se demande vraiment pourquoi il est dans le box : qu'a-t-il à se reprocher d'autre, en effet, que d'avoir, par la plume, soutenu les initiatives et approuvé les décisions du maréchal de France, chef de l'Etat ? La collaboration, la relève, la lutte contre « les terroristes » n'étaient-elles pas, entre 1940 et 1944, des nécessités politiques que Georges Suarez n'a fait qu'expliquer à ses lecteurs parce qu'il les trouvait fondées, tout comme jadis, il mettait en valeur, dans d'autres journaux, les thèses d'André Tardieu, parce qu'il les estimait justes ? Etre un journaliste pro-gouvernemental, où est le crime ?

Le crime, lui reprochent ses accusateurs, est d'avoir « entretenu des intelligences avec l'Allemagne ou avec ses agents, en vue de favoriser les entreprises de toute nature de cette puissance étrangère contre la France », aux termes de l'article 75 du Code pénal qui prévoit la peine de mort pour tous ceux qui seront convaincus de trahison. Telle est la loi. Mais peut-elle s'appliquer à Suarez, et d'une façon générale à tous ceux qui par la parole ou par l'action ont « entretenu des intelligences » avec les Allemands, dans la mesure où ceux-ci, du fait de l'armistice de juin 1940, n'étaient plus, *stricto sensu,* des ennemis, mais des occupants ? A cette impossibilité d'appliquer l'article 75 que lui oppose la défense, l'accusation et les ordonnances réglant la procédure de l'épuration répondent que l'armistice est un acte qui a suspendu les hostilités, certes, mais n'a pas supprimé, pour autant, l'état de guerre entre la France et l'Allemagne. Par conséquent, tous ceux qui ont volontairement collaboré avec l'ennemi, puisque l'Allemand est resté juridiquement l'ennemi, sont des traîtres et ils doivent payer : du lampiste au maréchal Pétain, tous coupables.

Tel est le schéma.

Pour l'appliquer aux faits et aux personnes, le GPRF a créé ou créera trois juridictions différentes :

— Les Chambres civiques, appelées à statuer sur des griefs mineurs. Nous examinerons leur rôle plus loin.

— Les Cours de justice, instrument majeur de l'épuration tout venant, c'est-à-dire visant les exécutants de la politique de Vichy, au sens large du terme (policiers, préfets, membres de la Milice, des partis collabos, etc.) et leurs thuriféraires (écrivains, journalistes, etc.).

— La Haute Cour, appelée à juger les hiérarques du gouvernement de Vichy, le maréchal Pétain le premier, dès que les circonstances le permettront.

La Cour de Justice de la Seine s'est installée à la mi-octobre. Comme les autres juridictions du même type appelées à fonctionner dans toute la France, elle est composée d'un magistrat, président, et de quatre jurés, tirés au sort sur des listes de résistants, définis par les textes portant création de ces tribunaux comme « des citoyens n'ayant cessé de faire preuve de sentiments nationaux * ».

La composition de ces Cours indique que, selon la volonté du pouvoir, les jugements qu'elles rendront seront purement et simplement le reflet des circonstances politiques et l'expression des sentiments et de la psychologie collective supposés du moment, farouchement résistants.

Les adversaires des Cours de justice auront beau jeu de dire que leur situation est pratiquement celle d'une Cour d'assises dont les jurés seraient des parents ou des proches de la victime. Mais à circonstances exceptionnelles, justice rendue hors des normes : dans notre histoire, les précédents ne manquent pas et, pour n'en évoquer qu'un, le Tribunal révolutionnaire tournait le dos à la justice de l'ancien régime et à ses instances traditionnelles.

Sur ce plan-là, au moins, la situation de l'automne 1944 peut être qualifiée de révolutionnaire : c'est la nouvelle règle du jeu judiciaire.

Jusqu'au 31 décembre, vingt-cinq hommes comparaîtront devant la Cour de Justice de la Seine : le journaliste Georges Suarez, un petit délateur, Theodossienko, trois miliciens qui ont participé à l'assassinat de Georges Mandel, Boéro, Néroni, Lambert, un speaker de Radio-Paris, Felgines, l'éditorialiste du journal *le Matin*, Stéphane Lauzanne, le milicien Claude Maubourguet, le général de

* Ordonnance des 26 juin et 14 septembre 1944.

brigade aérienne Armand Pinsard, onze auxiliaires français du SD dirigés par Henri Chamberlin dit Lafon et Pierre Bonny, le secrétaire général du RNP, Georges Albertini, un capitaine de vaisseau écrivain Paul Chack, le chirurgien-chef du métro Louis Reygeasse, un capitaine-secrétaire à la LVF Edmond van Houtte et le grand polémiste Henri Béraud.

Quatorze accusés sont condamnés à mort, treize seront fusillés, un gracié, Henri Béraud. Onze sont condamnés à des peines de travaux forcés, s'étalant de cinq ans à perpétuité.

Parmi eux, nous avons choisi neuf hommes, non pas pour leur importance, leur renommée ou leur personnalité, mais parce qu'ils sont vraiment représentatifs de centaines d'autres cas semblables, dont les tristes héros, dans les mois et les années à venir, empliront les prétoires, puis les cimetières et les maisons centrales.

Ces « modèles » les voici. Georges Suarez, le journaliste engagé persuadé qu'il a bien agi, responsable et désabusé ; Pierre Boéro, Georges Néroni et Pierre Lambert, miliciens sans grande envergure, engagés dans de sales besognes, qui ont assisté, sans broncher, à l'assassinat de Georges Mandel, abattu de huit balles dans le dos ; Claude Maubourguet, père de quatre enfants à vingt-trois ans, licencié ès lettres, milicien de plume par conviction et par idéalisme ; le général Armand Pinsard, 57 ans, inspecteur général de la LVF, un héros de 14-18, comme Darnand, dont les qualités intellectuelles sont très en deçà de son courage physique ; Georges Albertini, 33 ans, professeur d'Ecole normale, un ancien socialiste, un « pur », un idéologue aussi, qui a cru trouver en Marcel Déat un homme qui, malgré la défaite ou à cause d'elle, pourrait aider à l'avènement en France d'un socialisme national auquel il aspire ; Henri Lafon, un ancien truand, Pierre Bonny, un ancien policier, qui ont mis leurs connaissances du crime en commun bien qu'elles aient été acquises, pour chacun d'eux, par des voies différentes, et les ont offertes aux Allemands afin de traquer les résistants, tout en faisant de bonnes affaires.

En bref, un professionnel de ce qu'on n'appelle pas encore les médias, trois paumés sans morale et sans scrupules entraînés dans une aventure qui les dépasse, un illuminé par les étoiles du Maréchal, un brave à court d'argent et à court d'idées, un théoricien politique qui va jusqu'au bout de son système et qui ne se reniera pas, deux voyous que l'extraordinaire situation créée par l'occupation transformera en princes du crime et en rois du trafic, en décuplant, chez eux, des « qualités » qui ne s'étaient manifestées que modestement dans les temps plus calmes de l'avant-guerre.

Les premiers procès : journalistes et assassins...

Le premier à comparaître devant le président Ledoux * le 22 octobre, le journaliste Georges Suarez, n'est pas un « globe-trotter », comme Albert Londres ou Joseph Kessel : journaliste politique, commentateur des jeux intérieurs de la IIIe République et des problèmes internationaux, vus de la Société des Nations ou des rives de la Seine, Suarez a la plume facile, un grand don de clarté et des préférences politiques nettement affirmées à droite. Il a écrit des livres intéressants, parmi lesquels une *Vie orgueilleuse de Clemenceau,* et les exécuteurs testamentaires d'Aristide Briand lui ont confié les papiers laissés par le « pèlerin de la paix » d'où il a tiré une biographie monumentale dont cinq volumes ont paru jusqu'en 1939. La guerre, l'armistice, l'occupation, Georges Suarez prend la direction d'*Aujourd'hui,* aux appointements de 35 000 francs par mois auxquels s'ajoutent 45 000 francs de frais de représentation **.

Que lui est-il reproché ? Essentiellement ses articles, des articles en faveur de la collaboration avec l'Allemagne, contre les réfractaires au STO, pour la relève, présentée comme « un devoir de solidarité, en vue du retour des prisonniers ». Le président Ledoux en lit de longs passages et ajoute :

— Ces articles, je les ai lus avec beaucoup de tristesse, infiniment de tristesse. Ils sont écrits avec talent ; mais je dis que je les ai lus avec beaucoup de tristesse parce que je pensais, en les lisant, qu'ils avaient été écrits par un Français, alors que tant d'autres Français luttaient, mouraient héroïquement, pour que la France pût vivre et penser librement.

M. Suarez :

— La politique de Montoire a bien été faite par un Français !

La réplique est partie : c'est le fondement de la défense de Suarez, Pétain, le chef, l'avait dit, il fallait le suivre. Et il ajoute :

— Je pensais que peut-être la collaboration nous permettrait de nous remettre en selle et que la France pourrait jouer son rôle, alors que les belligérants sortiraient de la guerre assez fatigués. C'était le sentiment de beaucoup d'entre nous.

D'où les articles, en faveur de la LVF, contre les maquis. Sur ce dernier point, un dialogue révélateur :

Le président :

— Vous étiez partisan de la loi contre le maquis.

---

* Trois magistrats se partageront la présidence des sections de la Cour de Justice de la Seine, en 1944, Ledoux, Vidal, Pailhé ; cinq commissaires du gouvernement soutiendront l'accusation, Reboul, Bécognée, Vassart, Raphaël, Milhac.

** 80 000 francs 1944 équivalent à un peu plus de 48 000 francs 1984.

M. Suarez :

— J'étais partisan surtout de l'ordre.

Le président :

— Evidemment, nous ne parlons pas le même langage.

M. Suarez :

— Vraisemblablement, Monsieur le Président. C'est le cas des gens qui ne pensent pas de la même manière.

Ne pas penser de la même manière, le mot résume le débat. Mais ce n'est pas d'opinions qu'il s'agit. Des témoins viennent dire que Suarez les a aidés et le journaliste déclare au tribunal ce que beaucoup d'autres répéteront après lui, il a rendu des services :

— Le rôle que je tenais dans la collaboration a servi beaucoup de Français dans bien des cas. Beaucoup d'entre nous, aux places où ils étaient, ont pu quand même aider les gens à résister à cette occupation dont vous parliez tout à l'heure.

Dans son réquisitoire, le commissaire du gouvernement est inflexible : il demande la peine de mort. Après la plaidoirie de son avocat, Me Boiteau, Georges Suarez prend, pour la dernière fois, la parole :

— S'il suffit vraiment de faire tomber des têtes ou des réputations pour relever la France, je fais volontiers le sacrifice des miennes. Mais je ne le crois pas. Je crois qu'en ce moment, au moment où la France amputée de trois millions de prisonniers et de déportés, couverte de ruines, divisée comme elle ne l'a jamais été, accablée de deuils, n'a pas trop des Français qui lui restent pour l'aider à faire face aux immenses tâches qui l'attendent... Je pense — et je parle maintenant pour ceux qui me succéderont à ce banc puisque mon arrêt est presque prononcé, je parle pour ceux-là — je crois que c'est l'unité morale, l'unité profonde de la France, c'est l'unité et la réconciliation françaises qui aideront la France à se relever, mais pas les têtes qu'on jette en pâture à l'opinion.

Quand la sentence de mort est lue, dans le prétoire le public applaudit. Suarez sera fusillé au fort de Montrouge le 9 novembre à 7 h 55 ; il avait eu cinquante-quatre ans la veille.

A relire le compte rendu de cette audience[1], on est frappé par l'existence de l'infranchissable fossé qui sépare la Cour de l'accusé : ils ne parlent pas la même langue, parce qu'ils ne considèrent pas le cours des choses avec le même regard et le même esprit. D'un côté, le bien absolu ; de l'autre, le mal absolu. Il n'y a pas le moindre passage entre les deux pour ce qu'on appelle, en langage de Cour d'assises, les circonstances atténuantes, cette fragile passerelle sur laquelle peut s'aventurer la pitié ou l'effort de compréhension d'un jury.

Mais il est des cas où elle n'a pas lieu d'être lancée.

Ainsi lors du second procès qui se déroule le 25 octobre devant la même Cour, présidée par Pailhé. Trois hommes, Pierre Boéro, 33 ans,

Georges Néroni, 27 ans, Pierre Lambert, 30 ans ; Boéro fut commerçant en chaussures, Néroni hôtelier, Lambert mécanicien-chauffeur. Un premier point commun aux trois hommes : ils se sont engagés dans la Milice. Un second point commun : ils ont participé, comme accompagnateurs du tueur, à l'assassinat de Georges Mandel, en forêt de Fontainebleau, le 7 juillet, un peu plus de trois mois et demi auparavant. Trois êtres falots, un peu simplets, un peu retors, qui sont devenus miliciens par amitié pour « Jo » Darnand, dit Boéro, pour « toucher une bonne paye », assure Lambert.

Leur histoire est simple : de permanence à la Milice, ils ont reçu, le 7 juillet en fin d'après-midi, l'ordre de leurs chefs d'accompagner Fréchoux et Mansuy, chargés de « conduire » Georges Mandel en voiture jusqu'au château des Brosses près de Vichy. Pourquoi les voitures se sont-elles arrêtées en route ? Ils n'en savent rien. Pourquoi Mansuy a-t-il abattu l'ancien ministre d'une rafale de mitraillette dans le dos, avant de lui tirer le coup de grâce derrière l'oreille ? Ils ne sont pas dans le secret.

En bref, exécutants passifs, ils ont obéi aux ordres d'accompagnement, un point c'est tout. Ils discutent, ergotent sur des détails matériels, mais font chorus pour déclarer, dans un bel ensemble, qu'ils ignoraient totalement ce qui allait se passer. Avec quelques nuances, cependant.

Pierre Boéro :

— Personnellement, si on m'en avait donné l'ordre, je n'aurais pas tué M. Mandel. Il était censé être de la droite, comme moi !

Georges Néroni :

— Comment voulez-vous qu'un chef de la Milice vienne me raconter à moi qu'il va tuer Mandel ! C'est une vaste rigolade...

Pierre Lambert :

— Les chefs ne racontaient pas leurs histoires.

C'est admissible sinon vraisemblable : car Mansuy a été tué, on le sait *. Mais dans quelles circonstances ?

Le seul intérêt du procès de ses trois complices est constitué par la déposition du gardien de la paix André Boutrouche relative à la mort de Mansuy. Son récit tient en quelques phrases : alors qu'il se trouvait pendant les tirs d'août ** sur le parvis de l'Hôtel de Ville, un secrétaire de la Préfecture de la Seine, Lucien Launay est venu lui signaler la présence d'un homme parmi la foule, un homme qu'un de ses amis a reconnu comme étant le milicien qui l'avait torturé. Le

* Cf. *supra* p. 387.

** Boutrouche dit textuellement « au cours de la défense de l'Hôtel de Ville ». Le jour précis pourrait être le 25 août. Mais, comme on a aussi tiré le 26 sur la place, cette seconde date ne doit pas être exclue.

gardien Boutrouche et deux de ses collègues, Salles et Perrier, arrêtent le milicien, qui est en compagnie d'un deuxième homme.

Le milicien est fouillé : il est porteur d'un parabellum. Boutrouche le laisse entre les mains des FFI de l'Hôtel de Ville et apprend, le lendemain, de la bouche de son camarade Perrier que le milicien porteur du parabellum « a été tué sur une tentative d'évasion ». Quelques jours après, Boutrouche identifie le milicien sur une photographie de Mansuy que lui a montrée un inspecteur de police qui enquête sur les circonstances de l'assassinat de Georges Mandel.

Miliciens (article 75) et complices de l'assassinat (articles 295 et 302) de l'ancien ministre de la IIIe République, Boéro et Néroni sont condamnés à la peine capitale, Lambert aux travaux forcés à perpétuité. Les deux premiers tombent sous les balles du peloton d'exécution le 28 novembre à 8 h 03 au fort de Montrouge. Même si le « hasard » ne les avait pas fait participer à l'assassinat de Mandel, il est probable qu'ils auraient été fusillés comme miliciens, la seule appartenance à la cohorte de Darnand étant suffisante pour leur attirer la peine capitale : le 28 novembre, cela fait exactement trois mois et trois jours que Paris a été libéré !

Contrastant de saisissante façon avec les trois pâles individus qui l'ont précédé dans le box des accusés, Claude Maubourguet, 23 ans, père de quatre enfants, comparaît le 4 novembre devant la Cour présidée par Vidal. Licencié ès lettres, cet intellectuel à lunettes, élevé dans une ambiance très « Action française », a, pour parrain, Charles Lesca, directeur de l'hebdomadaire ultra-collabo *Je suis partout :* à vingt ans et demi, Maubourguet, sensible à l'appel des sirènes du journalisme, entre à *JSP*, comme on dit dans le métier, où il est d'abord secrétaire de rédaction. Ensuite, c'est l'engrenage ; engagé dans la Milice en février 1943, il suit les francs-gardes dans leurs combats contre les maquisards, est blessé dans une embuscade tendue par le maquis près de Grenoble le 3 juillet 1944, raconte cette opération dans *JSP* du 7 juillet d'où se détache cette phrase :

« Nous avons délivré des prisonniers, nous avons dégagé des routes, nous avons mené le combat. »

Quand il dit « nous », Maubourguet parle de ses camarades miliciens, car, personnellement, il ne s'est jamais servi d'une arme contre les maquisards : son stylo était sa seule arme, qu'il brandissait en faveur de la relève « nécessaire » et contre les « terroristes ».

Devant ses juges, Maubourguet est d'une totale sincérité :

« Je me considérais comme soldat du Maréchal auquel j'étais fidèle depuis le début et je croyais que les maquisards étaient des rebelles au gouvernement du Maréchal. »

Et il fait, un peu tristement, ce timide aveu qu'on peut croire sincère :

« Maintenant, tous mes chefs sont partis, nous sommes demeurés quelques-uns en France. Je crois évidemment que nous n'étions peut-être pas dans la bonne voie... »

Un mois et demi auparavant, Claude Maubourguet s'est laissé aller à une confidence désespérée auprès de Roger Stéphane qui, alors membre du cabinet d'Adrien Tixier, ministre de l'Intérieur, est allé inspecter le camp des collabos à Drancy :

« Ce qui est atroce, a confié Maubourguet au capitaine FFI Stéphane, c'est ce sentiment d'être en désaccord avec tout un peuple, de savoir que si libre, j'étais reconnu, je serais lynché, de savoir que le châtiment qu'on m'infligera correspondra au vœu de tous les gens que je croyais défendre. Ce qui est affreux, c'est de savoir qu'on a tant risqué pour le contraire de ce qu'on espérait[2]. »

Sa jeunesse, sa sincérité discrète (en Cour de justice toute déclaration de fidélité à Pétain est prise pour de l'arrogance ou est considérée comme une provocation), sa quadruple paternité évitent la peine capitale à Claude Maubourguet : il s'entend condamner aux travaux forcés à perpétuité.

Le 7 novembre, la même peine frappe un général de brigade aérienne de 57 ans, Armand Pinsard, ex-inspecteur général de la LVF. Un as de la chasse pendant la Grande Guerre, grand officier de la Légion d'honneur, qui comparaît en uniforme, toutes décorations dehors, sa plaque de l'ordre national sur le côté droit de sa vareuse, sa médaille militaire et sa croix de guerre surchargée de palmes dont chacune couronne sa victoire sur un avion boche abattu, sur le côté gauche, exactement tel qu'on l'a vu, pendant l'occupation, à côté d'officiers allemands lors de cérémonies officielles en l'honneur de la LVF !

Mais qu'est-il allé faire dans cette galère, ce brave à trois poils ? Par idéologie ? Pour cela, il aurait fallu qu'il eût des idées et, apparemment, elles ne se bousculent pas dans ses fumeuses explications à la Cour. Par besoin d'argent ? Peut-être. Le général a élevé deux enfants et sa solde est insuffisante pour tenir « dignement » son rang. Quand on lui a proposé, le 27 août 1943, 12 000 francs par mois * pour être inspecteur général de la LVF, il n'a pas hésité :

« Il n'y a pas de doute, déclare-t-il ingénument à la Cour, je n'avais jamais tant touché. A ce moment, je pouvais devenir riche ! »

Pour le reste, Armand Pinsard a inspecté, c'est-à-dire n'a pas fait grand-chose. Si, pourtant ; il a rendu de nombreux services, a tenté de faire libérer des Français arrêtés par les Allemands, et ça se savait :

* 7 200 francs 1984.

« On disait Pinsard a réussi, Pinsard est bien avec les boches. Allez le voir ! »

Victime de son bon cœur en quelque sorte. Pourquoi pas ? En tout cas, il regrette sa conduite :

« Je regrette beaucoup, une erreur est possible et dans son discours du 15 octobre, le général de Gaulle disait qu'il était permis, dans des temps difficiles, de faire une erreur. »

Bien entendu, le général Pinsard a compris de travers... Dans le discours précité, le général de Gaulle n'a pas dit qu'il était « permis de faire une erreur », mais très précisément :

« Beaucoup ont pu se tromper à tel moment ou à tel autre, depuis qu'en 1914 commença cette guerre de trente ans. Je me demande même qui n'a jamais commis d'erreur[3] ? »

Pour les siennes, Pinsard demande une sorte d'absolution dans une tirade un peu décousue et très longue, dont le début atteste autant l'indigence intellectuelle de l'ex-inspecteur de la LVF que la platitude de son vocabulaire :

« Vraiment si les actes que j'ai commis sont traités d'intelligences avec l'ennemi, moi, personnellement, je me refuse de croire à la vérité, car le danger m'a habitué à m'élever. C'est pourquoi je suis devenu croyant. Je puis jurer devant Dieu en ce moment-ci que j'ai la conviction formelle qu'aucun de mes actes n'a été pour autre chose que pour mon pays, pour aucun autre. J'attends le témoin qui viendra me dire le contraire... Je suis un enfant du peuple. J'ai quitté ma famille à 19 ans, avec ma valise à la main. J'affrontais le chemin de la vie... »

Sur le chemin de la vie, Pinsard a cueilli les roses de la gloire — « j'étais ovationné par le peuple parisien après la Grande Guerre » — et les chardons de la Cour de justice, à qui il demande pitié :

« Je vous en supplie, pensez que dans un foyer désert en ce moment qui est le mien, ma digne épouse est en prière attendant son petit * et son mari, et vous ne me rendriez pas ma liberté ? Je vous demande simplement d'être humains. »

La Cour de justice rend son jugement : c'est le maximum de la peine privative de liberté qu'elle prononce. C'est alors que va se produire, pour la première fois à Paris, un épisode qui se répétera dans d'autres procès, et que nous restitue fidèlement la sténographie des débats.

Le commissaire du gouvernement Bécognée :

— Messieurs, votre Cour de justice vient de condamner aux

* Des deux fils du général Pinsard, l'un « combat actuellement » avec les troupes françaises. L'autre, à qui son père a fait accorder une carte de la Milice, afin de le dégager du « Premier régiment de France » créé par Vichy où il s'était engagé mais qu'il trouve trop « politisé », a quelques ennuis avec la justice de ce fait.

travaux forcés à perpétuité le général Pinsard, grand officier de la Légion d'honneur, médaillé militaire, décoré de la croix de guerre.

« En application de l'article 43 du décret du 16 mars 1852, j'ai l'honneur de requérir qu'il vous plaise de déclarer que le général Pinsard a failli à l'honneur et ordonner sa dégradation.

« Le président Ledoux :

— Condamné Pinsard, levez-vous. Vous avez manqué à l'honneur. Je déclare, au nom de la Légion, que vous avez cessé d'en être membre. »

Instinctivement, le général Pinsard porte sa main sur la plaque qu'il porte au côté droit : c'est son dernier geste en public.

Auxiliaires du SD, truands et idéologues...

Le 1er décembre, c'est au tour de ceux qui composent « la Gestapo de la rue Lauriston » de comparaître devant la Cour de justice de la Seine : onze hommes dont les chefs s'appellent Henri Chamberlin dit Lafon, 42 ans, et Pierre Bonny, 49 ans ; ils appartiennent vraiment à « cette poignée de misérables et d'indignes dont l'Etat fait et fera justice » que fustigeait le président du GPRF dans son discours du 14 octobre.

Quels sont-ils ? Des trafiquants, des tueurs, des chercheurs de résistants qui, avec la protection complice du SD de l'avenue Foch, ont traqué, arrêté et torturé des patriotes dans leur hôtel particulier du 93 rue Lauriston, en même temps qu'ils traitaient de fabuleuses affaires pour le compte des Allemands.

A leur tête, Lafon, dit Monsieur Henri, un personnage à la Balzac ou à la Eugène Sue, un enfant de l'Assistance publique, petit truand d'avant-guerre, malin, « à la coule », capable de monter des affaires « juteuses », certes, mais de moyenne importance et à qui l'occupation offrira une palette de situations qu'il exploitera à fond ! Tout lui est bon pour soutirer de l'argent à des victimes choisies en fonction des circonstances du moment, pour trafiquer avec les bureaux allemands, pour se livrer à une activité policière en faveur des nazis, pour arracher des aveux aux résistants qu'il amène dans sa tanière. Dans sa bande, des repris de justice qu'il a pu faire sortir des prisons en 1940 et un personnage méprisable, Pierre Bonny, jadis inspecteur de police qui s'est mis en valeur dans différentes affaires (louches) entre 1930 et 1935 où son rôle est, finalement, apparu tellement suspect qu'il a été chassé ignominieusement de la police, et réduit à vivre d'expédients : un homme à la dérive qui, en 1940, retrouvera auprès de « Monsieur Henri » un poste en or ; il sert de secrétaire à la bande, de comptable, d'ordonnateur des opérations variées qu'elle mène à Paris et en province.

Ce flic, qui a mal tourné, a gardé de son ancien métier l'habitude de l'observation et le portrait qu'il trace de Lafon pourrait figurer dans une anthologie du crime et des criminels :

« Lafon est persuasif. Il émaille sa conversation de multiples exagérations et raconte d'illusoires prouesses... Il a le geste large. Il n'aime pas l'argent ; n'a pas de besoins particuliers et dépense pour les autres sans compter. Il sait laisser traîner sciemment des liasses de billets de banque et dire qu'il a découvert une mine d'or. Il a l'esprit dominateur et il sait se faire obéir, craindre et respecter. Il raconte qu'il tue volontiers. Tous le croient et le prennent pour un être redoutable. Pas instruit, mais intelligent, ayant une connaissance approfondie des hommes, son bluff et son audace vont lui permettre de s'introduire dans les milieux français et allemands. Il se considérera désormais comme un chef appelé à de hautes destinées. »

Le comportement de Lafon devant ses juges est à la mesure du personnage : lui relate-t-on des crimes imputables à sa bande ? Des tortures ? Des trafics ? Des ententes avec les Allemands ? Des témoins viennent-ils à la barre, avec des faits, des précisions, des dates ? Tout cela, c'est faux. Il n'a pas torturé, c'est une légende ! Ce qu'on lui reproche, c'est à d'autres qu'il faut l'imputer, pas à ceux qui sont sur ces bancs, ni à lui-même :

« Malheureusement, dit-il, les vrais responsables ne sont pas ceux qui se trouvent à mes côtés : ils s'appellent Cajauba, Sartou, Jeunet, en tout une quinzaine de personnes, en juin 1944 à la fin.

« S'ils n'y étaient plus, c'est parce que je les avais flanqués à la porte... Je ne voulais pas que la rue Lauriston soit un centre de voyous, comme il y avait... »

Pour un peu, « Monsieur Henri » plaiderait l'erreur judiciaire. S'il concède qu'il a gagné de l'argent du marché noir, il assure qu'il l'a bien employé :

« J'ai gagné par le marché noir des sommes folles. L'argent était devenu tellement facile... Pour moi, il n'a aucune valeur, aucune importance. Cet argent, je l'ai donné à des malheureux ou je l'ai employé à obtenir des libérations...

« Maintenant, je dois dire que si j'en avais le temps et s'il ne s'était manifesté certaines lâchetés, des gens que j'ai sauvés seraient venus : bien des personnes condamnées à mort par les Allemands seraient venues dire que je les avais sauvées. Vous auriez entendu trois cents témoins qui vous auraient dit que je les ai sortis des prisons allemandes.

« Le Président Ledoux :

— C'est ce que vous avez soutenu.

« Lafon :

— Mon avocat a les noms. On n'a pas pu les trouver et beaucoup n'ont pas osé venir. »

Au début de 1941, afin de mieux poursuivre ses coupables activités, « Monsieur Henri » accepte (ou demande) la nationalité allemande. Et cela nous vaut alors un étonnant dialogue entre l'accusé et le président Ledoux, où nous ne changerons pas un mot :

« Lafon :

— Un jour j'ai dit au président Laval : " Les Allemands proposent de me nationaliser Allemand. " Il m'a dit : " Nous sommes dans une période de réconciliation. " Je cite les paroles de Laval... »

Aux mots prononcés par le truand, les spectateurs éclatent de rire ; vraiment, il exagère... Vexé, et soudain sentencieux, Lafon reprend :

— Beaucoup de personnes rient dans la salle : je trouve que ce n'est pas risible, alors que la vie de plusieurs hommes est en jeu...

« Le Président :

— Oui ! Et alors le président Laval vous a dit que, comme élément de réconciliation, votre nationalisation était une nécessité.

« Lafon :

— Il n'était pas question de moi personnellement. Il parlait sur le plan général.

« Le Président :

— Sur le plan général. Et alors ?

« Lafon :

— Il me parlait du traité de paix qui probablement allait se faire ; il m'avait fait quelques confidences que je peux redire, si vous voulez.

« Le président :

— Mais oui. Dites-le. Vous pouvez tout dire ici.

« Lafon :

— Il m'a fait voir quelques ébauches du traité de paix.

« Le président :

— Vous êtes donc avec lui en termes particulièrement intimes.

« Lafon :

— Très intimes.

« Le président :

— Je le regrette pour l'un et pour l'autre.

« Le commissaire du gouvernement Reboul :

— Vous vous tutoyiez ?

« Lafon :

— Quelquefois.

Lafon se vante-t-il ? Dit-il la vérité ? En tout cas, ses affirmations sont admirablement filées : on pense vraiment à Eugène Sue.

Le procès des onze hommes dure onze jours, onze jours pendant lesquels l'horreur règne dans le prétoire. Le 12 décembre, après le réquisitoire et les plaidoiries, Pierre Bonny, véritable loque, se borne à murmurer :

— Je n'ai joué qu'un rôle administratif, je me suis toujours considéré comme un fonctionnaire...

Ce fonctionnaire du crime n'a pas un mot de remords ; ses complices, son chef, non plus.

Un membre de cette « gestapo française », Jean Lascaux dira le seul mot humain prononcé dans le prétoire par un accusé :

« Je demande pardon pour les actes que j'ai commis. »

Les jurés ne délibèrent qu'une petite heure : la mort est prononcée pour neuf des onze membres du gang. Avec un autre de la « bande à Lafon », Jacques Labussière, le repenti de la dernière seconde, Jean Lascaux, échappera au poteau ; le 27 décembre, au fort de Montrouge, Lafon, Bonny et leurs sept complices tomberont sous les balles du peloton d'exécution entre 10 h 12 et 10 h 55. L'une des pages les plus viles de l'histoire de l'occupation est tournée.

Une autre s'ouvre, le 20 décembre, avec le procès de Georges Albertini, un professeur des Ecoles normales de 33 ans, qui fut le secrétaire général du RNP, le parti ultra-collabo de Déat et le directeur de cabinet du même quand Déat conquit le maroquin de ministre du Travail et de la Solidarité nationale dans le dernier gouvernement de Pierre Laval. Membre de la SFIO avant la guerre, Albertini, pour des raisons doctrinales, s'est rapproché des chefs de file du néosocialisme, les « néos », Marquet et Déat. Dès lors, il est dans le droit fil de ses idées quand il rallie ce dernier au RNP.

Devant ses juges, Albertini, orateur clair et précis qui force l'attention, parle très longtemps — on n'avait jamais entendu tenir d'aussi longs « discours » en Cour de justice ! — de son action au RNP, de ses espoirs, de ses déceptions aussi. Il n'a pratiquement pas eu de rapports avec les Allemands, il se considère comme un socialiste national, et non pas comme un national-socialiste, ce qui n'est pas du tout la même chose.

Sur le plan international, Albertini avoue crûment qu'il croyait à la victoire de l'Allemagne « parce que des militaires hautement qualifiés y croyaient » ; et il cite des propos du général Bineau, ancien major général des Armées françaises en 1939, et du colonel Alerme, ancien membre du cabinet militaire de Clemenceau, propos qui l'ont convaincu de l'inéluctabilité de la victoire de l'Allemagne :

« J'ai cru que l'Allemagne gagnerait la guerre, dit-il, je me suis trompé sur l'issue de la guerre. Voilà l'erreur que je reconnais, l'erreur de jugement infiniment lourde que j'ai commise. Elle est lourde parce qu'elle a conditionné toute mon activité politique. J'étais convaincu de la victoire allemande et, dans cette hypothèse, est-ce que je pouvais trouver pour la France une autre voie de salut ? »

Idéologue, mais honnête homme, Albertini s'est entremis pour que les membres du RNP ne s'engagent pas dans la Milice de Darnand, dont il se méfie ; il a assisté, avec consternation, à certaines scènes entre Glatzel, le patron allemand du STO en France en 1944, et Déat relatives à des textes assujettissant davantage de catégories de Français au départ forcé en Allemagne, et il les a déplorées. Et surtout, il a refusé de suivre Déat quand celui-ci est parti pour l'Allemagne au mois d'août précédent :

« Je ne peux pas comprendre aujourd'hui, raconte-t-il, parce qu'il a été tout de même un brave combattant de l'autre guerre, qu'à partir du 7 ou 8 août, Déat a été pris d'une terreur panique, il n'a plus pensé qu'à se sauver avec des voitures, avec de l'essence et le reste... Il m'a demandé de partir. Je lui ai dit : " Non, je ne partirai pas avec vous, parce que moi, depuis quatre ans, je suis de ceux qui disent qu'on ne défend la France qu'en étant dedans : ce n'est pas le moment de la quitter... " »

Sa vie d'idéologue, Albertini l'a racontée sans complaisance, sans se renier non plus : il s'est trompé, il paiera son erreur. Le commissaire du gouvernement, Milhac, sent que cette attitude faite de sincérité et de simplicité peut incliner le jury vers l'indulgence ; la conclusion de son réquisitoire en est d'autant plus implacable, qui ramène l'appréciation du cas Albertini, dans le cadre de l'article 75, à un quitte ou double sans appel :

« Si vous êtes un traître, s'écrie-t-il, la justice doit s'appesantir sur vous de tout son poids ; si vous ne l'êtes pas, vous devez être acquitté. Il n'y a pas de demi-mesure dans la trahison, comme il n'y en avait pas, pensiez-vous, dans la politique de collaboration. C'est par conséquent la peine capitale, celle qui est réservée aux traîtres que je réclame. Je vous demande, Messieurs les jurés, de faire votre devoir. »

Après les plaidoiries, les jurés se retirent dans la chambre des délibérations. L'attente est longue... Enfin le verdict, un verdict d'une indulgence inhabituelle : cinq ans de travaux forcés.

Alors, en regard de la sévérité du châtiment qui avait frappé Maubourguet, peut-être moins coupable qu'Albertini, on ne comprend pas : et les journaux du lendemain, à l'unanimité, s'étonnent de la mansuétude que la Cour de justice a montrée pour l'ancien bras droit de Marcel Déat, qui fut la cheville ouvrière du RNP, parti collaborationniste par excellence...

Et ici, on peut émettre l'hypothèse que l'indulgence des jurés s'explique par un fait révélé à l'audience par l'un des avocats d'Albertini, Maurice Paz, l'autre étant Eugène Frot, le ministre de l'Intérieur du 6 février 1934. Maurice Paz a, simplement, raconté aux jurés le drame vécu par la femme d'Albertini :

« Cette femme a été enlevée le 26 août, non pas par la police, non pas sur réquisition de la magistrature, mais enlevée avec son bébé par des partisans, séquestrée. Pas dans une prison d'Etat, mais dans des immeubles privés. Par des particuliers. Et cette femme, j'ai honte de le dire, en France, cette femme a été torturée, cette femme a été frappée avec une telle violence qu'un mois après elle portait encore un dépôt de sang en bas de la colonne vertébrale : on l'a brûlée avec des cigarettes, on l'a mise à la question. Et pourquoi ? Puisqu'elle ne fait pas de politique. Uniquement pour lui faire dire où se trouvait son mari !

« Et le bébé pendant ce temps-là ? Le bébé, il a été porté à l'Assistance publique où il est encore depuis quatre mois, sans père, sans mère, parce que vous n'avez pas voulu faire libérer la mère... Je dis vous n'avez pas voulu, car nous avons mis à la disposition de la justice tous les éléments qu'il fallait ; nous avons dit qu'elle avait été transportée d'immeuble en immeuble par des individus que nous ne connaissons pas. Mais nous avons su où elle était, nous l'avons écrit, nous nous sommes constitués partie civile, et vous nous avez dit : nous ne pouvons rien... »

Ainsi, pour la première fois, dans un prétoire, le voile est levé sur certains excès commis sous le couvert de la Résistance : Maurice Paz ne recevra aucun démenti, tout ce qu'il a décrit est rigoureusement exact.

A l'entendre, les jurés résistants qui doivent décider du sort de Georges Albertini ont-ils eu mauvaise conscience ? Ont-ils voulu réparer l'ignominie de certains des leurs ou supposés tels ? Ou, plus prosaïquement, ont-ils saisi cette occasion pour prouver qu'ils pouvaient être indulgents et que, devant ces juridictions d'exception, « rien n'était jamais jugé d'avance » ? Ne forçons pas le secret de leurs délibérations : le 20 décembre 1944, les Français ont appris, par ce verdict, qu'un collabo n'était pas obligatoirement un salaud et que l'erreur n'est pas toujours crime.

L'épuration « douce » et la mort civique

A l'automne 1944, les Cours de justice en sont encore à leurs débuts : elles siégeront pendant plusieurs années. Que penser, globalement, de leur action ? Deux attitudes sont possibles qu'ont prises deux hommes de loi. Le premier, Jacques Batigne, assure :

« Les Cours de justice ont souvent, les premières semaines surtout, statué avec trop de hâte. Une justice lente n'est pas une bonne justice, mais une justice précipitée non plus... Les Cours de justice ont siégé dans une ambiance survoltée. L'opinion publique était exaspérée par quatre années d'une occupation étrangère détestée. Elle se dressait avec violence contre les rares Français qui avaient collaboré ou paru collaborer avec les autorités ennemies... Les jurés étaient tous d'anciens résistants. Les Cours de justice étaient tentées de se laisser emporter par la rancœur nationale. Elles n'ont pas toujours eu l'impartialité nécessaire. Mais pour porter une saine appréciation sur leur action, il faut les comprendre. Il faut avoir respiré l'atmosphère[4]. »

Ayant respiré la même atmosphère, le bâtonnier Jacques Charpentier, qui milita dans la Résistance, est d'un avis exactement opposé : « Dans l'ensemble, l'œuvre des Cours de justice a été néfaste ; leur incapacité de juger sainement se traduisit par d'incroyables différences dans le temps et le lieu[5]... »

Bonnes ou mauvaises, ces Cours de justice ne représentent que l'un des rouages du mécanisme de l'épuration construit à la Libération, qui en compte trois autres : les commissions d'épuration, les chambres civiques, la Haute Cour, celle-ci sortant du cadre chronologique de cet ouvrage.

Les commissions d'épuration sont d'ordre professionnel : elles ont été constituées au sein de chaque entreprise, de chaque administration *, afin d'apprécier *l'attitude* de certains membres desdites pendant l'Occupation. Ceux qui composent ces commissions sont des résistants qui devront répondre à une seule question concernant les comparants : se sont-ils, oui ou non, honorablement comportés vis-à-vis des Allemands et, accessoirement, du gouvernement de Vichy, cette dernière question étant d'un examen plus délicat chez les fonctionnaires.

Aucune profession n'échappe aux investigations de la commission d'épuration : des comédiens aux ingénieurs, des fonctionnaires aux avocats, des industriels aux sculpteurs, tout individu « suspect » doit comparaître devant ses pairs.

Cette épuration — les commissions ne peuvent que *proposer* des sanctions qui vont de la révocation sans pension à l'interdiction de jouer une pièce de théâtre — concerne strictement l'exercice d'un métier, donc la survie matérielle du sanctionné.

Choisissons quelques exemples.

Le 1er septembre, Pierre Dux, sociétaire de la Comédie-Française et président de son comité d'épuration, déclare :

* Pour le secteur public, la décision ministérielle de création des commissions d'épuration est datée du 13 septembre : si elle n'est que l'application particulière de l'ordonnance d'Alger du 26 juin précédent, elle prévoit qu'en dernier ressort, c'est le ministre qui décide de la sanction définitive.

« L'épuration chez Molière sera de deux sortes. Le répertoire sera expurgé. Les ouvrages indésirables prendront la porte et, avec eux, les acteurs disqualifiés[6]. »

Le 26 octobre, le comité fait connaître ses « sanctions provisoires en attendant la réunion d'une nouvelle commission d'épuration » : Mary Marquet, Antoine Balpêtré, Yves Furet sont frappés d'un an de suspension, André Brunot, Henri Chambreuil et Jean Debucourt de six mois, Maurice Escande de cinq mois et Louis Seignier de trois mois. Après cet exil de la scène, ils pourront jouer à nouveau comédies et tragédies.

Convoqué par la commission d'épuration de l'Opéra, le danseur Serge Lifar se présente devant elle le 29 novembre, accompagné de son avocat et d'une vingtaine de personnes. La confiance règne : deux de ses accompagnateurs sont armés. Palpés — c'est le terme officiel — par des gardiens qui découvrent sur chacun d'eux un pistolet chargé, les deux hommes, dont l'un, l'Espagnol Antonio Calvera est capitaine FFI, sont conduits au commissariat de la Chaussée d'Antin et relâchés[7]. »

Quant à Tino Rossi, convoqué devant la commission du spectacle où il lui est reproché d'avoir vanté les mérites de l'armée italienne, il répond par cette phrase ambiguë, mais drôle :

« Peut-on reprocher une chose pareille à un Corse[8] ? »

Et au capitaine Stéphane, en inspection à Drancy, qui lui disait :

— Vous avez vu trop d'Allemands,

Sacha Guitry réplique :

— Je ne les voyais pas, ils me regardaient !

Dans la capitale, 32 commissions d'épuration fonctionnent à la mi-octobre ; celle du barreau prononcera l'exclusion de dix avocats, dont celle de Pierre Laval.

Dans un grand service national, la SNCF, cette épuration aboutit aux résultats suivants : sur 400 000 cheminots, en dehors de 467 cas d'indignité nationale, 198 révocations, 36 mises à la retraite d'office, 41 rétrogradations, 109 blâmes et 180 déplacements sont définitivement prononcés ; dans les services centraux, 11 révocations, 2 licenciements, 4 radiations des cadres, 4 mises à la retraite, 13 rétrogradations. Sur l'ensemble du réseau, 27 fonctionnaires supérieurs seront mis à la retraite ou déplacés. Les travaux d'épuration à la SNCF, qui auraient dû être terminés en 1951, seront prolongés jusqu'en 1956, douze ans après la libération du territoire[9].

Dans la capitale, l'épuration administrative vise particulièrement la préfecture de la Seine et la Préfecture de Police.

Pour la première, une commission d'épuration *, instituée par le

* Elle est composée de six membres désignés par les syndicats des services publics et de santé, trois membres désignés par le Comité provisoire de libération, un

préfet Flouret et présidée par Léo Hamon, vice-président du CPL, a tenu 19 séances pendant le mois de septembre et jusqu'à la mi-octobre, au cours desquelles a été examiné le cas de 133 agents de la préfecture. La commission a proposé à la signature de Flouret 34 révocations d'agents titulaires, 5 licenciements d'agents temporaires, une mise à la retraite d'office, 6 rétrogradations, 3 mises en disponibilité, 15 déplacements d'office, 18 suspensions allant de un mois à un an.

Le préfet de la Seine regimbe et observe dans son rapport au ministre de l'Intérieur du 15 octobre :

« Les propositions de la commission, qui en raison même de sa composition se laisse surtout guider par des considérations politiques, sont sévères, et principalement pour le personnel de grade élevé vis-à-vis duquel la commission semble faire preuve d'une prévention marquée.

« J'ai donc été amené, dans un souci d'équité et afin d'éviter le développement d'un malaise certain dans les cadres du personnel de la préfecture de la Seine, à atténuer sensiblement la sévérité des propositions qui m'étaient faites.

« Jusqu'à présent, les sanctions suivantes ont été prises par mes soins : 17 révocations, 5 licenciements d'agents auxiliaires, 11 suspensions de un à trois mois, une rétrogradation, deux déplacements[10]. »

Flouret met le doigt sur l'une des tares de ces commissions d'épuration : elles sont, trop souvent, le lieu où s'exercent des vengeances politiques ou syndicales, voire, dans certaines professions comme les gens de lettres ou les comédiens, des vengeances personnelles.

Un bilan précis de cette épuration administrative a pu être dressé pour les dix-huit premiers mois de fonctionnement des commissions (jusqu'au 31 décembre 1945) : sur 850 000 fonctionnaires et agents civils de l'Etat*, 11 343 ont été frappés par une sanction, soit 13,3 pour 100. Au ministère de l'Education nationale, on dénombre 3 285 mesures d'épuration (32 pour 100 d'exclusions définitives, 57 pour 100 de rétrogradations, 11 pour 100 de sanctions légères) sur 234 854 enseignants[11].

Un juriste, R. Charvin, remarquera à propos de cette « épuration administrative » :

---

fonctionnaire de la préfecture de la Seine remplissant les fonctions du ministère public. Sa composition « politique » indique assez le sens dans lequel elle orientera ses demandes de sanctions.

* Ne sont pas compris les 150 000 agents des personnels civils de la Défense nationale, ni le million de soldats que comprenaient les armées françaises en 1945.

« Tous les inculpés de la Haute Cour * sont les supérieurs hiérarchiques des épurés administratifs. L'on peut admettre dès lors que l'épuration administrative est une forme dérivée de la justice politique [12]. »

L'observation s'applique particulièrement pour l'épuration au sein de la police parisienne **, énergiquement menée par Airaud, dont on sait qu'il est communiste : 90 pour 100 des cadres supérieurs, 50 pour 100 des cadres moyens et 25 pour 100 des cadres subalternes sont éliminés de la Préfecture de Police [13].

A leurs yeux, cette mesure n'est pas justifiée :

« Le policier n'a pas à savoir si le gouvernement a tort ou raison, il doit obéir, écrit l'un de leurs représentants. Si la loi est juste ou injuste, il doit l'appliquer, tant que le Parlement ne l'a pas abrogée [14]. »

Ou qu'un pouvoir « révolutionnaire » — et le GPRF peut, sous certains aspects, être considéré comme tel — décide qu'elle est caduque, ce qui s'est produit en 1944. Rappelons qu'après la révolution de 1830, la police parisienne subit une profonde épuration : 33 commissaires de police sur 57 furent renvoyés.

Entre les commissions (professionnelles) d'épuration et la Cour (pénale) de justice, le GPRF crée, le 26 décembre 1944, des Chambres civiques qui ne peuvent prononcer que des peines « d'indignité nationale », à temps ou pour la vie. L'indigne national est frappé de la dégradation nationale : elle le prive de tout droit civique (droit de vote, d'éligibilité, etc.), de toute fonction dans l'administration, de tout grade dans l'armée, lui interdit d'être expert, avocat, avoué, notaire, professeur, administrateur, etc. En bref, c'est un mort civil.

Pour être frappé de la dégradation nationale, il suffit d'avoir appartenu à des organisations collabos (PPF, RNP, LVF, etc.) ou à des services gouvernementaux ; même s'il n'y a pas eu « participation active », la simple appartenance est justiciable de la Chambre civique :

« Il s'agit là, remarque Robert Aron, d'une procédure qui, bien que fondée dans ses motifs, s'apparente, du point de vue juridique, aux mesures prises par le gouvernement de Vichy contre les francs-maçons et les juifs et qui, elles aussi, se fondaient sur le délit d'appartenance [15]. »

* La Haute Cour est instituée par une ordonnance du 18 novembre.

** Dans l'ensemble de la police française, 5 000 décisions immédiates de suspension, de révocation et d'arrestation avaient été prises à la date du 1er janvier 1945, tous les directeurs généraux éliminés, tous les intendants de police révoqués. Cinq de ces derniers seront condamnés à mort, 7 000 sanctions seront prises parmi lesquelles un grand nombre de condamnations à mort et aux travaux forcés à perpétuité et à temps. A l'automne 1944, le ministre de l'Intérieur Adrien Tixier aura dû recruter 6 000 nouveaux policiers, afin de combler les vides.

Siégeant à partir de 1945, ces Chambres, composées d'un magistrat et de deux, puis quatre, assesseurs non magistrats, traiteront 112 000 affaires : il y aura 20 000 acquittements.

Dans ce rapide tableau de l'épuration, il reste un petit coin pour l'épuration économique : elle vise ceux qui ont travaillé *pour* les Allemands et ceux qui ont trafiqué *avec* les Allemands. Avec les Cours de justice, les Chambres civiques s'en occuperont, car elles ont aussi pouvoir de confisquer tout ou partie des biens de ceux qu'elles auront condamnés.

Mais, en 1944, l'épuration économique n'a pas encore été mise sur ses rails : aussi ne l'évoquerons-nous pas.

Les réformes commencent, la guerre continue

Si le ravitaillement et l'épuration se partagent l'intérêt de la population de la capitale, celle-ci n'oublie pas, pour autant, les autres problèmes et, au premier chef, les problèmes politiques, économiques (son porte-monnaie) et sociaux (travail ou chômage ?) que n'a pas supprimés d'un coup de baguette magique le nouveau pouvoir résistant, après la fuite des occupants et l'effondrement de Vichy.

Sur le plan politique, le préfet Flouret constate dans son rapport du 15 octobre, que « le peuple parisien est toujours unanime derrière le général de Gaulle » et lui « accorde une confiance totale ». Mais l'opinion publique qui « dans l'ensemble n'est pas défavorable », reste « flottante ».

Marcel Flouret va plus avant dans son analyse :

« La grande majorité du peuple français, qui détestait l'envahisseur mais ne faisait pas de résistance active, ignore en fait la situation vraie de la France. Elle s'imaginait avec quelque naïveté, et les radios alliées avaient tout de même entretenu cette illusion, que la fin de l'Occupation marquerait un retour, sinon à la prospérité du moins aux principales commodités d'avant-guerre. Il serait souhaitable de dresser devant le pays un bilan concret de notre situation matérielle et morale [16]. »

Ce bilan concret, le général de Gaulle l'a établi dans un discours radiodiffusé le 14 octobre, un véritable discours-programme. Après avoir constaté qu'en quelques semaines « l'ennemi a été chassé de la plus grande partie de notre territoire, grâce à l'effort des armées, des flottes et des aviations alliées et françaises », le président du GPRF rappelle que l'ennemi « résiste opiniâtrement » et que « l'Allemagne ne sera abattue que par de nouveaux et sanglants efforts, dont la

France veut et doit prendre la plus large part possible ». Une fois le compte des quatre années passées établi, avec ses pertes en hommes, ses bombardements, le pillage, la réduction de la production, les ruines accumulées, le président indique les efforts qu'il importe de faire :

« Nous sortons à peine de l'abîme. Il s'agit d'empoigner la corde et de remonter la pente à la force de nos poignets... D'abord, il faut travailler... »

Ensuite, la France doit être gouvernée et le général de Gaulle refuse énergiquement « toutes improvisations d'autorité qui ont pu se justifier dans le temps et sur les terrains où l'action spontanée était indispensable pour chasser l'ennemi et ses complices, mais qui, désormais, ne seraient plus qu'un abus inadmissible et sources de confusion ». C'est la condamnation de tout ce qu'on peut appeler les « pouvoirs parallèles » et celle des forces (CPL, CNR) qui ont pu aspirer à le devenir :

« La charge de gouverner incombe au gouvernement... Le devoir d'administrer est l'apanage des administrateurs que le gouvernement a nommés. Le droit de commander quelque force armée que ce soit appartient uniquement aux chefs désignés par les ministres responsables. Le pouvoir de rendre la justice revient exclusivement aux magistrats et aux juges, commis pour le faire, par l'Etat [17]. »

Voilà pour les Comités départementaux de libération, le CNR, les états-majors FFI et FTP et les tribunaux improvisés : c'est la reprise en main qui s'effectue plus lentement dans les provinces où fonctionne souvent un contre-pouvoir « résistant », qui donne du fil à retordre aux commissaires de la République.

Enfin, le président du GPRF appelle à l'union de *tous* les Français :

« Tenons-nous comme de bons compagnons, tout près les uns des autres. Nous vivons la plus grande époque de l'Histoire de France. Il faut que ses enfants soient assez grands pour elle... »

Tous ces thèmes, le général de Gaulle les a développés en septembre dans son tour des villes de France libérées : ils lui sont familiers, qu'ils le deviennent aux Français !

Sur le plan politique, le GPRF prend des décisions capitales ; le 5 octobre 1944, il confirme l'ordonnance d'Alger du 21 avril de la même année :

« Les femmes sont électives et éligibles dans les mêmes conditions que les hommes. »

Proposée dès mai 1919, cette réforme avait été constamment repoussée par le Sénat conservateur de la IIIe République et, si elle s'est imposée en 1944, c'est en partie grâce au rôle primordial joué par les femmes dans la Résistance *, ainsi que le souligne l'une des dernières affiches du Comité de la libération à Paris, en novembre :

« Le Comité parisien de la libération, heureux d'avoir eu la collaboration des femmes de Paris dans sa lutte pour la liberté, fier des combattantes des barricades, vous demande de continuer votre participation dans la vie nationale en vous inscrivant *toutes* sur les listes électorales [18]. »

Ce droit de voter, les femmes l'exerceront lors d'élections municipales prévues au mois d'avril 1945 ; le GPRF a estimé nécessaire de pourvoir les villes et les villages de municipalités *élues*, destinées à remplacer les édiles *nommés* par Vichy et remplacés, après la Libération, par des membres de la Résistance *désignés* parmi certaines catégories de citoyens **. Un détail : on n'attendra pas le retour des Français prisonniers et déportés pour procéder à cette consultation.

Le GPRF décide enfin qu'une Assemblée consultative, continuation et prolongement de celle qui siégeait à Alger, se réunira à Paris, au palais du Sénat : dans l'esprit du général de Gaulle, cette assemblée devra « soutenir une mystique du renouveau dont s'inspirera notre peuple », en même temps qu'elle offrira « aux politiques » un « exutoire à leurs débordements [19] ». Cette assemblée comprend 148 membres de la Résistance métropolitaine, 28 membres de la Résistance corse et extra-métropolitaine, 68 membres de la Résistance parlementaire et 12 membres des Conseils généraux d'Outremer. Comme son nom l'indique, l'assemblée est « consultée » par le GPRF et peut ainsi donner des sortes d'avis sur tout ce qui touche à la vie présente et future de la Nation, par exemple en ce qui concerne l'élaboration d'une constitution qui, dans l'esprit de la majorité *** des résistants et des gaullistes, doit remplacer les lois constitution-

---

* C'est précisément en raison de leur participation à l'effort de guerre consenti par les femmes aux champs, dans les usines, dans les ambulances et dans les administrations pendant la Grande Guerre, que la Chambre des députés avait adopté en mai 1919 par 344 voix contre 97 l'extension du droit de vote aux femmes, que le Sénat refusa de voter.

** Ainsi « l'Assemblée municipale provisoire » de la capitale comprend, outre les 28 membres du Comité parisien de la libération, 57 personnes, désignées parmi « les élus en fonction au 1er septembre 1939 qui sont restés fidèles à leur devoir », les remplaçants des élus morts pour la France « désignés par les partis politiques auxquels appartenaient ces élus » et des Français et des Françaises désignés, par arrondissement, après consultation du Comité parisien de libération, et figurant sur des listes de personnes « ayant participé activement à la lutte contre l'ennemi et l'usurpateur », ce dernier terme désignait le gouvernement de Vichy. En octobre 1944, l'Assemblée municipale de Paris compte 24 communistes, 12 Bastid, membre du CNR et Herriot quand il reviendra d'Allemagne.

*** A part quelques caciques du parti radical, parmi lesquels Paul Bastid, membre du CNR et Herriot quand il reviendra d'Allemagne.

nelles de 1875 par une constitution plus adaptée aux contingences du moment.

Sur le plan économique, le GPRF décide, à la fin de 1944, de nationaliser les houillères du Nord, du Pas-de-Calais et de la Loire, les usines Renault — les biens de Louis Renault, accusé de trahison, sont confisqués * — la banque de France et les grandes banques de crédit.

Ces grandes réformes, une fraction du pays les souhaitait, une autre les attendait. Est-ce à dire que c'est uniquement pour les satisfaire que le général de Gaulle les a entreprises ? Oui, en partie. Mais en partie seulement. Car il faut convenir que le président du GPRF estime également que ces nationalisations peuvent, dans une certaine mesure, couper l'herbe sous le pied aux communistes, retournant contre eux « l'extraordinaire occasion » que leur ont offerte les combats de la libération :

« Confondant à dessein l'insurrection contre l'ennemi avec la lutte des classes et se posant comme le champion de ces deux sortes de révolte, il (le Parti communiste) a toutes les chances de prendre la tête du Pays, grâce à la surenchère sociale, lors même qu'il ne pourrait le faire par la voie du conseil de la Résistance, des comités et des milices. A moins toutefois, que de Gaulle, saisissant l'initiative, ne réalise des réformes telles qu'il puisse regrouper les esprits, obtenir le concours des travailleurs et assurer, sur de nouvelles bases, le démarrage économique[20]. »

D'où les nationalisations, effectives en 1945, puis la généralisation de la Sécurité sociale (ordonnances Parodi 1945), enfin la création des comités d'entreprise dans les entreprises de plus de 100 salariés (22 février 1945).

L'ensemble de ces réformes, économiques et sociales, paraîtra d'emblée insuffisant aux communistes et le colonel Rol dira un jour :

« De Gaulle pouvait faire de grandes choses en 1944. Il avait tout le peuple derrière lui, mais sa réaction de classe a été plus forte...[21] »

Au fond, les communistes eussent souhaité que le général de Gaulle jouât le rôle d'un Kérenski étoilé ou, à tout le moins, leur facilitât davantage la prise du pouvoir : au lieu de cela, ils ont trouvé en face d'eux, une politique qui, par des mesures qu'ils n'eussent pas désavouées, a désamorcé leurs propres desseins — telle est la thèse du président du GPRF.

Sur le plan salarial, le GPRF promulgue une augmentation générale des salaires, d'environ 40 pour 100, qui ne permet cependant pas de retrouver le pouvoir d'achat d'avant-guerre. Selon le préfet de la Seine « l'augmentation des salaires a été bien accueillie,

* Louis Renault est mort le 24 octobre 1944.

mais la partie la plus réfléchie de la population s'est étonnée qu'elle fût uniforme : les entreprises ou les commerces qui payaient convenablement leurs employés ou ouvriers reçoivent des charges trop lourdes, inversement, les augmentations sont insuffisantes pour les salaires anormalement bas[22]. »

Dans la région parisienne, le chômage a augmenté pour une raison évidente :

« La fermeture des entreprises travaillant pour l'occupant et l'arrêt d'un certain nombre d'autres établissements ont entraîné un développement important du chômage que les chantiers actuellement ouverts ne permettent pas d'enrayer, alors que les tâches de reconstruction sont immenses[23]. »

Et dans le même texte, le préfet de la Seine indique que « les autorités américaines n'occupent actuellement que 25 000 manœuvres, dont 10 000 à Paris sur divers chantiers de débarquement de leur matériel et de leurs approvisionnements[24]. »

Malgré cette situation, les mouvements sociaux sont rares : un conflit à la compagnie du gaz impose un arbitrage du préfet de la Seine, quelques grèves sporadiques se produisent à Paris et en banlieue, limitées dans leur importance et dans le temps (ambulances municipales, grands moulins, STCRP). A l'automne apparaît en pleine lumière le phénomène de syndicalisation, ressemblant un peu à celui observé pendant le Front populaire : 700 000 adhérents à la CFTC (500 000 à la fin de 1936) et cinq millions et demi à la CGT (au lieu de cinq millions). La participation très active du mouvement syndical à la Résistance explique cette résurgence du fait syndical qui s'était amoindri en 1937-1939 et que l'occupation a relancé :

« Les organismes syndicaux concouraient à un même but : rétablir la France dans son indépendance et lui donner un cours nouveau opposé à celui que voulaient lui imposer les occupants et leurs complices, écrit Jean Schaeffer... La Résistance a montré que le mouvement syndical savait se projeter dans l'avenir et prendre en charge, au-delà du devenir des travailleurs, un rôle important dans la vie future de la Nation[25]. »

Le renouveau de celle-ci s'amorce également sur le plan financier : lancé à l'automne, l'emprunt dit « de La Libération » produit 167 milliards qui permettent de ramener la circulation des billets de 630 à 560 milliards et la dette à court terme de 601 à 555 milliards : l'inflation n'a pas lieu.

Il est remarquable de noter que ce train de réformes et de réalisations socio-économiques est lancé en même temps que les opérations continuent dans l'ouest de l'Europe, auxquelles participent les soldats de la Ire armée française du général de Lattre de Tassigny, ceux de la 2e division blindée du général Leclerc, les contingents FFI intégrés peu à peu dans le creuset de l'armée de la nation, les soldats « oubliés » qui ont investi « les poches de l'Atlantique », derniers môles de résistance allemands à l'ouest.

Le 12 septembre, les troupes alliées débarquées en Normandie et celles débarquées en Provence ont fait leur jonction au nord-ouest de Dijon : les Allemands continuent leur retraite vers le *Vaterland* natal. A la fin de septembre, l'hexagone est « purgé d'envahisseurs » (général de Gaulle), sauf l'Alsace et ses avancées, les cols des Alpes et les réduits fortifiés de l'Atlantique.

Le 21 novembre, Leclerc entre à Strasbourg ; la nouvelle provoque une intense émotion patriotique dans la capitale et, pour la première fois depuis le début de leur session, les délégués à l'Assemblée consultative, debout, entonnent *la Marseillaise*.

Ce légitime sujet de fierté renforce encore l'unanimité qui, à ce moment-là, continue d'exister autour du général de Gaulle et du GPRF que, dans une démarche commune, Américains, Anglais, Russes, Canadiens, ont reconnu officiellement comme gouvernement français le 23 octobre.

Deux jours auparavant, la Ire armée américaine a obligé les défenseurs d'Aix-la-Chapelle à capituler ; à l'est, Malinovski fonce vers Budapest ; dans quelques semaines, les troupes soviétiques pénétreront en Prusse orientale et en Silésie : l'heure de la déroute allemande s'approche.

Les légendes et les discordes

Avant qu'elle sonne, un curieux phénomène se produit dans la capitale : quelques semaines après la libération de celle-ci naissent d'extraordinaires légendes sur les conditions dans lesquelles elle fut réalisée et de non moins fracassantes querelles, au sein de la Résistance elle-même, à propos de certains des épisodes qui la jalonnèrent.

Pour les premières, l'affabulation, reine des journalistes ou, plutôt, de certains d'entre eux, est à l'origine de récits quasi mythologiques où la libération de Paris est hissée au rang d'épopée homérique ; pour les secondes, reparaît cette division « en factions antagonistes » des Gaulois qu'avait déjà observée César chez nos ancêtres, où les résistants, de bord politique opposé, se déchirent à belles dents, nonobstant l'apparence, mythique elle aussi, de « l'Unité de la Résistance ».

Certaines de ces légendes sont pieusement maintenues jusqu'à nos jours, dans certains livres, certains films, à la radio et à la télévision où, par exemple, l'évocation des combats de rues d'août 1944 à Paris, à l'occasion d'anniversaires successifs, nous vaut la litanie répétitive des mêmes erreurs.

Ainsi en est-il des ponts sur la Seine qui « minés par les Allemands devaient sauter ». A l'origine de cette légende, des affirmations de bonne foi, sans doute, telle celle de Chaban-Delmas en personne :

« Nous savions, d'une façon très certaine, parce que cela se passait sous nos yeux, que la plupart des monuments de Paris, que l'ensemble des ponts, une série d'objectifs qui n'avaient rien à voir avec la stratégie étaient complètement minés et qu'il suffisait (aux Allemands) de mettre le feu aux cordons[26]. »

Le 19 au matin, ce danger est tellement évident qu'on s'en est occupé à la Préfecture de Police :

« Nous faisons déminer les ponts de Paris, assure Edgar Pisani[27]... »

Soit !

Mais y avait-il eu placement de mines par les Allemands ?

Le colonel Rol :

« Le placement de charges explosives sous les ponts, la tour Eiffel, le tombeau de Napoléon, etc., tout ça, c'est une pure fiction, c'est du cinéma : les spécialistes des ponts et chaussées les vérifiaient[28] ! »

Un officier des sapeurs-pompiers, le commandant Pollingue qui, en 1944, lieutenant au régiment des sapeurs-pompiers de Paris, faisait partie du groupe de Résistance « Sécurité parisienne » le confirme :

« Entre autres missions, écrit-il, j'étais chargé de la préservation de ces ponts. Leur conservation était, en effet, indispensable. Je surveillais et faisais surveiller les abords en utilisant les bateaux-pompes. Je puis affirmer que les ponts n'ont pas été minés, ni donc déminés par la suite. Il a été dit aussi que des charges énormes étaient disposées sous le palais du Luxembourg. C'est inexact. Les Allemands avaient seulement disposé des petites charges pour détruire les galeries des PC souterrains et les appareillages téléphoniques ou de ventilation. Ces charges n'étaient ni reliées entre elles, ni amorcées. Je le sais puisque j'ai été chargé de leur enlèvement[29]... »

Mais il y aura mieux quelques années après. Le 22 mars 1949, le quotidien américain *Stars and Stripes* analyse une causerie faite la veille à la radio par l'amiral américain Ellis M. Zacharias :

« L'amiral Zacharias, lit-on dans cette gazette, qui était pendant la guerre chef de service de renseignement de la marine US révéla qu'il existait un plan allemand de guerre bactérienne contre Paris ; il fut déjoué quelques heures seulement avant la Libération de la ville par les Alliés, grâce au service de renseignement médical américain et à la Résistance française. Ces officiers découvrirent dans une tombe de cimetière un central de guerre bactérienne. Il déclara qu'il y avait de quoi répandre des maladies dans tout Paris. Les Allemands furent capturés, alors qu'ils attendaient, à leur appareil de radio à ondes courtes, l'ordre de déclencher l'action. Les Allemands devaient utiliser le tabun *, poison qui rend les hommes fous et les bactéries de la peste. »

Cette information a inspiré, en 1950, les commentaires suivants du Dr François Bayle, spécialiste de neuropsychiatrie de l'Office militaire français de sécurité :

« Le 9 mars 1943, une conférence secrète eut lieu à l'état-major " opérations " du haut-commandement de l'armée allemande. Le colonel Munch y déclara (...) qu'Hitler avait défendu les préparatifs d'une attaque bactérienne, tout en désirant les plus grands efforts dans les mesures de protection... Hitler ne croyait pas à la guerre bactérienne et donna l'ordre de se limiter à l'étude de contre-mesures. Ce sont les conclusions auxquelles conduisent l'étude des documents... Hitler avait sans doute basé sa décision sur la conviction que les Alliés n'employeraient pas les premiers l'arme bactérienne ; cette conviction avait probablement été renforcée par la non-utilisation des gaz de combat ; de sorte que, cette conviction bien établie dans son esprit, il a été finalement amené à négliger une arme dont l'usage par l'Allemagne eût provoqué une riposte prompte et sans doute efficace[30]... »

Si, dans une certaine mesure, ces supputations, déclarations et démentis restent du domaine du folklore (pourquoi la libération de la capitale n'aurait-elle pas le sien ?) plus grave, voire plus dramatique, apparaît le débat du Comité parisien de la libération qui s'instaure à l'Hôtel de Ville le lundi 23 octobre.

Un sujet brûlant : pourquoi la « trêve » du 20 août précédent ? A ce propos, une âpre discussion s'instaure qui tourne au règlement de comptes entre différents résistants, porte-parole des tendances qu'on a vues s'opposer au moment du combat, les modérés de la Délégation, les partisans de la lutte à outrance de la Résistance intérieure : l'antagonisme observé pendant les jours d'août se réveille à l'automne. La discussion s'étale sur six grandes pages du « Supplément au bulletin municipal officiel de la ville de Paris » du 28 octobre 1944. En bref, le CPL a choisi en son sein les membres d'une « commission d'enquête sur la trêve survenue lors de l'insurrection parisienne au mois d'août dernier » ; le 5 octobre, cette commission

* Composé organophosphoré très toxique pour les cellules nerveuses, le tabun fut découvert en Allemagne en 1936 au cours de recherches sur les insecticides. Deux ans après, un produit semblable, le sarin fut mis au point.

a convoqué plusieurs témoins, parmi lesquels Georges Bidault et Alexandre Parodi. Parodi a refusé, par lettre, de déférer à cette comparution :

« Membre du gouvernement actuel, écrit-il, et membre du gouvernement en fonction au 20 août 1944, chargé de le représenter en ce moment en territoire occupé, c'est devant le gouvernement seul que je puis m'expliquer sur les circonstances de cette affaire, ce que je ne manquerai pas de faire le cas échéant... L'enquête à laquelle vous procédez me paraît quant au fond extrêmement inopportune, à la fois parce que la guerre n'est pas terminée et que certains renseignements ne peuvent être rendus publics, davantage encore parce qu'elle tend à diviser la Résistance et à diminuer le prestige que la Ville de Paris a acquis en se libérant elle-même. »

Le dernier paragraphe est, de loin, le plus important : ne remuons pas le passé qui risquerait de nous diviser ; laissons à la libération de Paris l'image que nous lui avons donnée et que nous voulons lui conserver pour la postérité !

Georges Bidault, ancien président du Conseil national de la Résistance *, a adressé une réponse semblable à celle de Parodi : ministre des Affaires étrangères, il n'a de comptes à rendre qu'au gouvernement.

Quant à Léo Hamon, vice-président du CPL, il refuse, lui aussi, de comparaître devant la commission d'enquête du CPL, l'attitude de Parodi lui dictant son devoir :

« Je ne puis, pour ma part, déposer sans mettre en cause l'ancien délégué général dont j'ai l'honneur d'être solidaire dans cette affaire, sur les indications duquel j'ai agi et qui, avec le Conseil national de la Résistance, a pris toutes les décisions... »

A la lecture de ces lettres, le débat, présidé par André Tollet, président du CPL, où il représente l'Union des syndicats de la région parisienne, va prendre, très vite, une tournure passionnée et, finalement, l'apparence d'un tribunal où sont jugés, en leur absence, les résistants favorables à la trêve du 20 août, à part Léo Hamon. Résumons les éléments de l'accusation.

M. Pelanne (FUJP **) :

La trêve est un événement qui a profondément troublé la population de la capitale. C'est pourquoi si le Comité parisien de la libération ne cherchait pas la vérité sur ce point particulier, il ne répondrait pas au vœu profond de la population parisienne.

M. le Président (André Tollet) a l'impression que le problème n'a

* Il a résilié ses fonctions quand il a été nommé ministre des Affaires étrangères et été remplacé à ce poste par le syndicaliste Louis Saillant.

** Forces unies de la jeunesse patriotique, organisation issue de la Résistance des jeunes, dirigée par les communistes.

pas été posé avec toute la clarté désirable. Pour lui qui assistait à la réunion du 20 août *, il n'est pas douteux que certains membres du Conseil national de la Résistance ont nettement excédé leurs pouvoirs lorsqu'ils ont pris l'initiative de traiter avec l'ennemi, alors que les représentants de Paris seuls avaient qualité pour le faire.

Mme Michaut, représentante de l'Union des femmes françaises, d'inspiration communiste, va plus loin encore :

« Les vrais combattants ne pouvaient pas croire à la réalité de la trêve. Dès le lundi 21, l'Union des femmes françaises a, tant par la parole que par une affiche, appelé la population à continuer le combat. Ce serait une erreur de croire que l'histoire se désintéressera de cet événement. On ne saurait accepter de garder le silence à ce sujet, même si les deux membres du Conseil national de la Résistance et celui du Comité parisien de la libération qui sont *inculpés* se refusent à s'expliquer. D'autres circonstances, sinon analogues du moins voisines, peuvent se présenter. Il est indispensable que le Comité parisien de la libération ait la certitude qu'aucun élément de ce genre ne se reproduira, *car la trêve était une trahison.* Si des erreurs, des fautes qui peuvent être *des crimes,* se sont produits, il faut les connaître et la commission doit en être saisie. »

Pour le mot *inculpé,* il semble qu'il s'agit d'un lapsus, l'orateur ayant, sans doute, voulu dire *impliqués,* Parodi, Bidault et Hamon n'étant pas sous le coup d'une poursuite judiciaire pour la trêve, dont on voit mal, au demeurant, sur quel fait elle aurait pu être fondée. Quant au grand mot de trahison, il va soulever des protestations.

M. Max André (démocrate chrétien) regrette que dans ce débat, Mme Michaut ait prononcé le mot de « trahison ». Ce terme est inadmissible quand on met en cause des personnalités comme MM. Bidault, Parodi ou Hamon, qui ont tant risqué et tout donné pendant quatre ans pour la cause de la Résistance.

Mme Michaut réplique que « c'est à tort que l'on invoque le risque de désunir la Résistance pour ajourner l'enquête demandée » ; et elle ajoute :

« Rien n'empêche le Comité parisien de la libération de chercher à faire la lumière sur la question, *quitte à ne pas rendre la vérité publique dès à présent...* »

La réunion se poursuit, houleuse, où Georges Marrane, le bâtonnier Charpentier, M. Bétolaud (Alliance démocratique **) interviennent. Pour sa part, le professeur Robert Debré expose un point de vue plus élevé :

* Cf. *supra* p. 325.
** Parti conservateur d'avant-guerre, dont Louis Marin est le chef de file.

« On nous dit qu'il s'agit d'une commission d'enquête et non d'une commission de jugement. Pareille distinction est inacceptable. Il n'est pas douteux que, si l'on procède à une enquête sur cet épisode bouleversant de la période insurrectionnelle, elle aboutira à un jugement. Dans une période révolutionnaire comme celle que nous vivons, il est vain de chercher à établir une vérité historique impartiale et sereine. Qu'on le veuille ou non, on aboutira à soulever des passions et des sentiments violents, à formuler des accusations sévères pouvant aller jusqu'à celle de trahison. N'est-il pas préférable de considérer l'enquête comme dangereuse ? J'en suis persuadé pour ma part. »

Mme Pierre André estime que loin d'avoir « cassé les reins » à l'insurrection, les pourparlers de trêve ont plutôt désorienté le général von Choltitz. D'autre part, puisque MM. Parodi et Bidault considèrent que le débat est prématuré, « il est difficile de ne pas se ranger à leur avis ».

Commencée à 9 heures du matin, la discussion est close à midi et demi, après que Léo Hamon eut présenté la thèse des résistants qui avaient approuvé la trêve :

« Si, parmi ceux qui ont lancé l'insurrection, il en est qui ont ensuite voulu la trêve, c'est qu'ils ont estimé qu'à ce moment la situation de l'insurrection était difficile et qu'il fallait attendre un instant plus favorable. Il s'agissait pour eux seulement d'une ruse de guerre, qui devait permettre de reprendre plus efficacement la lutte contre l'ennemi. Le lundi matin, s'ils ont été partisans de continuer le combat, c'est que la situation générale avait changé. La trêve avait permis de redresser la situation... »

Finalement, c'est au bureau du CPL que la question est soumise : il la fera connaître.

Ce débat sur la trêve, reflet de la cassure au sein de la Résistance, aura des prolongements pendant des années, au cours de réunions et dialogues publics passionnés. Parodi lui-même participera à ceux-ci et donnera *son* explication de la trêve, au cours d'une série d'émissions de Francis Crémieux à France Culture en 1964 :

« Cette trêve, dira Parodi, je pense qu'elle nous a d'abord permis de gagner ces quelques jours pendant lesquels on a essayé de transmettre au commandement français, au général de Gaulle et au commandement américain des renseignements sur la situation dans laquelle nous nous trouvions, en demandant que l'on hâte le plus possible l'arrivée des forces libératrices. Elle nous a mis à l'abri d'une action de force trop vigoureuse du commandement allemand et puis, c'est sur quoi je voulais insister, elle nous a permis d'étaler la Résistance à travers tout Paris[31]... »

Si nous mentionnons ces explications *a posteriori,* nous pensons néanmoins qu'elles ne sont pas satisfaisantes : un épais brouillard d'incertitudes entoure encore l'entrevue Parodi-Choltitz du 20 août et le déroulement de la trêve elle-même.

Et à l'automne 1944, aux yeux des « durs », cet épisode est, à tout le moins, encore entouré d'une odeur de soufre : il faut l'éliminer... ou crever l'abcès !

Le cinéaste résistant Albert Mahuzier s'en apercevra à ses dépens. Le 20 août, il a réussi à filmer un clairon de la garde républicaine qui sonnait le « cessez-le-feu » ; comme les autres cameramen, il va porter sa pellicule, qui contient d'autres séquences, au Comité parisien de libération du Cinéma, chargé du développement et de l'exploitation des bandes filmées pendant la semaine du 19 au 26 août.

En septembre, le film dont le Comité a assuré le montage est présenté dans un cinéma des Champs-Elysées. Mahuzier le voit et constate que « ce morceau sans doute compromettant pour certains avait sauté du film officiel de la Libération[32]. »

Les attitudes demeurent figées à propos de la trêve et quand Raoul Nordling, son principal artisan, mourra à Paris le 1er octobre 1962, *l'Humanité* glissera dans l'article nécrologique consacré au consul de Suède d'août 1944, cette phrase aigre-douce :

« C'est lui qui, le 19 août 1944, tente de négocier une trêve avec von Choltitz au moment où les partisans de la région parisienne menaient l'offensive pour libérer Paris[33]. »

Thorez à Paris ou pourquoi les communistes n'ont pas voulu prendre le pouvoir en 1944

Dans ce paysage parisien de l'après-libération, il y a place, une trop large place pensent certains, pour la politique. Beaucoup auraient souhaité que l'élan de la Résistance se poursuivît et débouchât sur une révolution, selon le sous-titre de l'un des journaux les plus prestigieux de la presse clandestine, *Combat*.

Une révolution qui ne soit pas d'obédience marxiste, mais qui rassemblât tous les Français autour de quelques idées forces, esquissées par les premières nationalisations sur le plan économique, par le vote des femmes sur le plan politique, et auxquelles beaucoup désireraient que s'ajoutent de nombreuses et généreuses réformes sur le plan social, afin de réduire les criantes inégalités de la société française.

La dernière phrase d'une affiche, abondamment diffusée, d'un évêque résistant est, à cet égard, des plus significatives :

« Délivrés de la dictature nazie, nous voulons délivrer la classe ouvrière de l'esclavage capitaliste. Telle est la volonté de Dieu et de l'Eglise. » Mgr Théas, évêque de Montauban. (Septembre 1944.)

Comme est significatif le slogan d'un parti issu de la Résistance, le MRP* (Mouvement républicain populaire) qui dans ses tracts se définit comme le parti de la « Révolution dans la loi ».

Comment se présente la situation politique à l'automne de 1944 ? Le préfet Flouret la décrit ainsi :

« Le trait le plus saillant est l'activité du parti communiste qui a pour lui d'être à la fois un parti puissamment organisé et dynamique et une organisation de Résistance. Ses militants sont dévoués, sérieux et, en général, disciplinés. Ils sont habitués au maniement des masses et forment des cadres éprouvés.

« Le parti communiste, pour étendre son action, utilise un grand nombre d'organisations qu'il inspire, bien que ces dernières prétendent être autonomes : Front national, Union des femmes françaises, Assistance française, Association républicaine des anciens combattants, Amis de l'URSS, Forces unies des jeunesses patriotes, Mouvement des prisonniers et déportés, Association des victimes du nazisme. Très souvent, les représentants de l'Union des syndicats dans les municipalités sont communistes.

« Cette grande masse de sympathisants et d'adhérents permet au parti communiste de réunir, avec des mots d'ordre bien choisis un public ardent et nombreux à ses manifestations (réunion au Vélodrome d'Hiver au mois de septembre, manifestation du Père-Lachaise à laquelle participaient les divers mouvements de résistance le dimanche 8 octobre), nombreuses réunions locales à Paris et en banlieue...

« Le parti socialiste a beaucoup de difficultés à se réorganiser. Il manque de discipline politique, de cadres, d'orateurs. Ses réunions ont peu d'audience. Malgré sa volonté de faire du nouveau, il reste prisonnier de ses habitudes d'avant-guerre et a du mal à sortir de formules périmées.

« Le parti radical est actuellement sans influence à Paris, il n'a pratiquement joué, en dehors de quelques individualités, aucun rôle dans la Résistance ; il se reconstitue sans troupe et ses représentants sont d'anciens militants usés dans les luttes politiques d'avant-guerre.

« Ces dernières observations s'appliquent dans l'ensemble à l'Alliance démocratique et à l'URD**.

---

* Assez méchamment, ses adversaires le nomment « Machine à ramasser les pétainistes », ce qui est, de surcroît, inexact au moins en ce qui concerne ses dirigeants.

** URD, Union républicaine de droite, parti conservateur d'avant la guerre.

« Les démocrates chrétiens* ont pour eux leur action dans la Résistance et leur dynamisme. Il est encore difficile de mesurer leur influence. Leur action n'est pas spectaculaire, ils n'ont encore fait aucune réunion[34]. »

Mais la nouvelle la plus « spectaculaire » dans le contexte politique du moment est, sans conteste, le retour à Paris le 27 novembre du chef politique communiste Maurice Thorez, absent de France depuis septembre 1939 ; par une curieuse (ou voulue) coïncidence, la veille du retour du secrétaire général du PCF dans la capitale, le général de Gaulle s'est envolé pour Moscou, afin de signer un traité d'alliance avec Staline, mais c'est de propos délibéré, qu'il a ordonné son voyage de façon à éviter de rencontrer Thorez à l'escale du Caire, ce que le chef communiste aurait souhaité, si l'on en croit le témoignage de Gérard Jouve[35].

Maurice Thorez avait été condamné le 25 novembre 1939 par le tribunal militaire d'Amiens (IIIe Région) à six ans de prison pour désertion en temps de guerre : le chef communiste avait abandonné son régiment, le 3e génie à Arras, le 4 octobre précédent. Dans des conditions inconnues et à une date imprécise, Thorez avait gagné l'URSS d'où, à partir de 1943, il parla à plusieurs reprises au micro de « Radio France », poste soviétique émettant en français. Dans les premiers mois de 1944, s'est amorcée dans les journaux communistes clandestins une campagne réclamant pour Thorez l'autorisation de se rendre à Alger où siège le CFLN, campagne renforcée après l'entrée, le 23 avril, de deux communistes, Grenier et Billoux, au sein du Comité français de la libération nationale. Le 12 mai 1944 (n° 295) le 15 mai 1944 (n° 296), *l'Humanité* clandestine enfonce le clou : « Maurice Thorez doit pouvoir aller en Algérie ». De Gaulle refuse le visa nécessaire bien qu'à plusieurs reprises le chef communiste lui ait demandé de « faciliter son retour en France », sa dernière demande adressée de Moscou par télégramme remontant au 19 octobre.

Or, par ce qu'on n'ose pas appeler une coïncidence, le 18 octobre, le journal communiste, *Ce soir,* lance une grande enquête à propos du retour du chef communiste. Le 19, l'écrivain Aragon pose la question dans un long article intitulé : « M. Maurice Thorez doit-il rentrer en France ? Mon témoignage. » Les articles vont alors se suivre... « Je demande que Thorez revienne parmi nous. Il n'a jamais cessé de servir la France, par Albert Bayet » (20 octobre). « Je ne vois rien qui puisse en équité et en droit empêcher Maurice Thorez d'exercer le mandat qui lui a été confié », par Maurice Violette

* Ils s'organisent en Mouvement républicain populaire (MRP) dès novembre 1944. Leur premier insigne : un bonnet phrygien sur une croix de Lorraine.

(25 octobre). « Que Maurice Thorez reprenne bien vite sa place parmi nous. La justice est ici conforme à l'intérêt national », déclare M. Pierre Cot * (27 octobre).

Le 31 octobre, le *Journal officiel* rend publique la décision gouvernementale d'amnistier la condamnation de Maurice Thorez, décision qui a été prise le 28 par le Conseil des ministres, en même temps que celle qui ordonne la dissolution des « milices patriotiques » : pour le coup, ce n'est pas une coïncidence, la première décision pouvant être considérée comme la contrepartie de la seconde ou, plus exactement, comme une mesure rendant la seconde réalisable sur le terrain, la visite du général de Gaulle à Moscou servant de toile de fond politique à ces deux péripéties complémentaires.

La rentrée politique de Maurice Thorez se fait en deux temps. Le 28 à 17 heures, il rencontre ses amis politiques à la mairie d'Ivry « où il est accueilli par cinq cents personnes qui chantent *l'Internationale* et *la Marseillaise* ; il y reste un quart d'heure[36]. »

Le 30, au cours d'un grand meeting au Vél d'Hiv, Thorez prend la parole devant plusieurs dizaines de milliers de personnes, réparties sous la voûte de fer du palais des sports et, dans les rues environnantes où des haut-parleurs transmettent la parole du secrétaire général. Qu'attendent-ils ces militants, ces sympathisants, chauffés à bloc par les événements des dernières semaines et, pour certains d'entre eux, des dernières années, prêts peut-être à la grande aventure de la révolution, mais, d'abord, impatients d'entendre leur chef préciser leur rôle futur dans la nation ? Quelle position va-t-il prendre, quelles consignes va-t-il donner à propos du conflit des milices patriotiques-gardes civiques ? Et à propos de cette épuration qui traîne ? Le parti va-t-il basculer dans la rébellion ouverte au GPRF, après les manifestations des jours précédents ? Est-ce la veille du grand soir ? Agent moteur de la révolution prolétarienne, le PCF va-t-il, dans la perspective traditionnelle de la lutte des classes, se lancer à la conquête du pouvoir ? Il serait hasardeux de prétendre que tous les auditeurs du Vél d'Hiv attendent une réponse, *la* réponse à ces questions, mais une bonne partie d'entre eux la souhaitent, du fond de leurs espérances révolutionnaires : sont-elles réalisables en cet instant ?

Or, pour cette première apparition devant son public depuis plus de cinq ans, pour cette première prise de contact avec ses amis et ses camarades du Parti, Maurice Thorez parle un langage « à la

* Députés radicaux-socialistes, Cot et Violette ont joué un certain rôle dans le gouvernement du Front populaire, Albert Bayet, professeur à la Sorbonne, est président de la Fédération nationale de la presse française. Il est le père d'Yves Bayet.

Carnot », disent les uns, « à la de Gaulle », assurent les autres, où il n'est question que de lever des soldats pour la guerre, de remettre en marche les usines par « un travail acharné », de « châtier les traîtres et ceux qui les couvrent », certes, mais en évitant « le ressentiment mesquin contre celui qui s'est trompé de bonne foi », de « faire confiance au peuple et aux organismes qui sont sortis de la lutte héroïque, comme les Comités de libération », mais sans dire un mot des Gardes civiques républicaines. Enfin, Thorez appelle à l'union des communistes avec les socialistes et avec les catholiques, reprenant la formule de la main tendue qui fit le succès du Front populaire en 1936. « Telles sont les tâches immédiates pour faire une France libre, forte et heureuse... »

Le chef a parlé : pas de projet révolutionnaire, pas l'ombre d'un mot d'ordre ou d'une consigne activiste pour le futur immédiat...

La position de Thorez est ainsi analysée par Pierre Villon, l'un des trois V du COMAC :

« Personne à ma connaissance dans la direction du Parti n'a alors songé à engager le mouvement ouvrier français dans une aventure révolutionnaire...

« Après son retour, Maurice Thorez met en avant une série d'arguments plus ou moins liés :

1) Dans la mesure où la Résistance dans certaines régions paraît (j'insiste sur le mot paraît) détenir le pouvoir, toutes les difficultés (notamment de ravitaillement) lui sont imputées, ce qui « dédouane » la politique des ministres chargés de l'économie et du ravitaillement.

« 2) Le danger des provocations.

« 3) La nécessité de dissiper l'atmosphère de méfiance et de crainte que les anticommunistes entretiennent pour discréditer le parti.

« 4) La guerre continue et le danger d'une paix séparée des Alliés occidentaux avec l'Allemagne ne peut être exclu. Une action aventuriste de notre part justifierait une telle rupture de l'Alliance.

« La correction « tactique » de Maurice Thorez me surprend évidemment sur le coup[37]... »

Pour un résistant « sur le tas », qui avait mis tant d'espérances à la pointe de son fusil contre les Allemands et contre les Vichyssois — la Résistance communiste a toujours eu ces *deux* objectifs — la surprise peut être grande : alors, la Résistance *des* communistes ne menait donc pas à *la* Révolution communiste ? Et y aurait-il cassure entre la direction du Parti et les résistants de la base sur la désignation du but « final » à atteindre ? Entre « l'appareil » et les militants, cette cassure a-t-elle été d'autant plus nette que le chef de cet appareil, tenu éloigné de France, n'a connu que de l'extérieur et de très loin les réalités quotidiennes de la lutte dans l'hexagone, exaltée par l'espoir révolutionnaire ?

La réflexion de Pierre Villon, sa « surprise » devant la tactique de Thorez ont été partagées par d'autres militants. Et on peut assurer que certains parmi les communistes se sont posé une question précise :

« Alors que le peuple détient les armes prises à l'ennemi et fait en grande partie confiance aux communistes en raison de leur rôle dans la Résistance, au lieu d'attendre que les monopoles reprennent leur propagande trompeuse et leur mainmise sur le pays, n'est-il pas possible, sur la lancée de la Résistance, d'instaurer une forme valable de pouvoir populaire, basée sur un programme d'union acceptable par la majorité du peuple[38] ? »

Et Charles Tillon assure que la bataille pour la libération nationale « fut bien l'expression de la volonté d'un peuple d'accéder à une société renouvelée qui effacerait la faillite d'une société vaincue et déshonorée » mais que la victoire lui « a été ravie au nom des peurs sociales du passé »[39].

Mais pour en revenir à l'attitude et aux directives de Thorez en novembre, tout devient apparemment simple, si l'on se réfère à quelques points précis.

Le 21 janvier 1944, le délégué général du CFLN à Moscou, Roger Garreau, a rencontré Maurice Thorez, accompagné d'Arthur Ramette dans la capitale moscovite ; le leader communiste lui a déclaré :

« Mon parti ne songe pas à prendre le pouvoir ni maintenant, ni lors de la libération, ni pendant la période de convalescence et de restauration du pays. » Et Garreau confesse dans un message à Alger qu'il « a eu l'impression très forte que M. Thorez a cru devoir se manifester personnellement, après avoir disparu pendant trois ans dans une ombre impénétrable, et préciser lui-même au CFLN la ligne de son parti[40]. »

Soulignons la date de cette déclaration de Thorez : la conférence de Téhéran entre Staline, Roosevelt et Churchill vient de s'achever (2 décembre 1943) et elle a été marquée par une prise de position très nette du maréchal soviétique en ce qui concerne la France. En tout état de cause, celle-ci est désormais une puissance de second ordre qui n'intéresse pas le maître de la politique soviétique : pour un peu on dirait qu'il s'en moque ou la considère comme quantité négligeable pour la seule et unique raison qu'elle ne le gêne en rien pour l'exécution de ses plans à venir, plans qu'il ne dévoilera qu'à Yalta. D'où, en bonne logique, l'inutilité de susciter, le moment venu, et d'aider, le cas échéant, une tentative de prise du pouvoir par les communistes à Paris, prise de pouvoir qu'au demeurant le cours des événements après le débarquement allié de Normandie rend bien aléatoire. Et Staline peut laisser partir Thorez pour la capitale, un Thorez bien chapitré par lui sur un point précis, le contact avec de Gaulle :

« Et surtout, Thorez, lui dit-il, faites attention à ne pas relâcher votre combat de classe. De Gaulle est un vrai politicien doublé d'un roué. Il fera tout son possible pour vous acculer dans une impasse. Méfiez-vous[41]... »

Rapporté au moment même par Thorez au communiste italien Ceretti, ce propos de Staline au chef communiste français est important : s'il s'agit de ne pas « relâcher le combat » en France, il ne s'agit pas de le pousser à l'affrontement ou au paroxysme ! Pas de 1917 à Paris, Thorez ne sera pas Lénine.

Et, imaginant le sentiment de Thorez au soir du meeting parisien du 30 novembre, son biographe écrit :

« Lorsqu'il contemple la foule parisienne qui s'écoule, Thorez sait probablement déjà qu'il ne faut pas aller vers la Révolution, ce qui ne l'empêche pas de se donner bonne conscience, une fois de plus, en estimant qu'il s'agit d'une position réaliste, puisque la guerre n'est pas finie et puisque l'armée américaine se trouve en force sur le territoire français[42]. »

Mais qui nous dira si, dans cette foule parisienne électrisée par la mise en scène retrouvée des grandes réunions d'avant-guerre, ne se trouvent pas nombre de déçus, qui attendaient un autre message du secrétaire général ?

Stalinien de stricte obédience, Thorez n'en délivrera pas ; il poursuit très loin dans le chemin qui lui a été tracé. Ce chemin, Molotov le lui a montré dès 1943 : « il ne doit pas exister en France de danger communiste pour les Américains[43] ». En cela, Molotov exécute les ordres suprêmes de Staline qui « ne voulait en rien déplaire ni aux Alliés ni à de Gaulle, Thorez restant, entre les mains du Maréchal, un élément monnayable avec Paris[44] ». Les directives de Staline expliquent l'attitude et les instructions que Thorez va donner aux communistes français dès son retour dans l'hexagone : en ce qui concerne la dissolution des milices patriotiques, il insistera devant le Comité central du PCF (21-23 janvier 1945), en déclarant que « les gardes civiques et, d'une façon générale, tous les groupes armés irréguliers ne doivent pas être maintenus plus longtemps. » C'est le crépuscule des gardes civiques : quant à la remise des armes qu'ils possèdent, elle ne s'opérera qu'à contrecœur, tardivement et partiellement. Thorez adopte la même attitude vis-à-vis des Comités locaux de la libération : leur tâche n'est pas d'administrer « mais d'aider à administrer » (janvier 1945) et il faut, en leur sein,

« combattre les manifestations gauchistes de nature à fausser l'orientation des assemblées patriotiques » (mars 1945).

Voilà pour le sommet du Parti. Et la base ? Peut-on concevoir que « la cassure », dans les idées et les sentiments entre l'une et l'autre évoquée plus haut, se soit manifestée dans les faits *pendant* et *après* la libération de Paris ? C'est le point crucial de la question. Examinons-le en détails.

Pendant l'insurrection, les images révolutionnaires sont réapparues dans le paysage parisien et nombreuses sont les photographies (devant la caserne Clignancourt, à l'Hôtel de Ville, etc.) qui montrent des groupes FFI saluer poings dressés vers le ciel. Ce salut peut ne signifier que le désir des combattants de marquer leur appartenance politique, ce qui est tout à fait normal ; ou faut-il voir dans ce geste spontané des sans-grade de la Résistance la manifestation de leur intention d'aller plus loin dans l'action, de lui donner un tour révolutionnaire plus accentué ? C'est possible : et on a vu, dans l'évocation de quelques scènes de l'épuration sauvage qu'établissent des documents irréfutables que parfois ont été employés des procédés révolutionnaires, au sens moderne du terme.

A propos d'épuration, précisément, le secrétaire général communiste à la Justice, Marcel Willard, a établi lors de son court passage place Vendôme des notes précises pour le fonctionnement de celle-ci. Détachons d'elles trois passages caractéristiques.

En tête des personnages qui doivent passer en justice, Marcel Willard inscrit « les dirigeants des trusts, organisateurs et trafiquants de la défaite (propriétaires, administrateurs, gérants, directeurs d'entreprises) ayant volontairement travaillé pour l'ennemi et cherché leur enrichissement à son service ».

En outre, « dans chaque village ou hameau, dans chaque quartier urbain, dans chaque entreprise, la vigilance doit être organisée par l'initiative des comités locaux sous le contrôle des comités départementaux de la Libération. » Enfin doivent être constitués des « Tribunaux de sanctions », tribunaux « siégeant au moins dans chaque ressort de Cour d'appel, si possible dans chaque département, constitués par les éléments de résistance, les magistrats n'ayant le rôle que de faire l'instruction, présider les débats et diriger le ministère public[45] ». C'est l'amorce d'une justice de classe avec la chasse aux bourgeois, rappelant celle aux Koulaks, les comités de vigilance-délation et les tribunaux orientés, sous le couvert d'une apparence de justice traditionnelle : les uns et les autres ont épisodiquement existé à Paris et en province.

Sporadiques mais réels, faits et intentions ne sont pas niés par les communistes, mais ils sont minimisés :

« Il est vrai, concède Jean Chaintron *, qu'il y eut en Limousin comme ailleurs, quelques éléments qui, sous couvert de communisme ou de Résistance, eurent des comportements d'ultras, notamment en ce qui concerne l'épuration. Il s'agit là de faits épisodiques et marginaux accomplis par des individus ou de petits groupes incontrôlables, parfois d'honnêtes révolutionnaires impatients, le plus souvent des aventuriers sinon des provocateurs [46]. »

Ce comportement d'ultras n'était donc le fait que d'une minorité très mélangée : il n'y avait pas de plan concerté *à la base* pour s'emparer du pouvoir, telle est la thèse des chefs du Parti :

« Nous attendons toujours, écrit Charles Tillon, la publication d'un seul document historique pour un dossier digne du jugement de la nation sur quelque complot que ce soit où auraient trempé les FTP, accusés d'être, dans cette perspective, les troupes de choc des communistes [47]. »

On pourrait certes répondre à Charles Tillon — si l'on admet, comme le général de Gaulle, non pas la thèse du complot en vue de la prise du pouvoir, mais celle de l'intention de la prise du pouvoir — qu'on peut plutôt interpréter l'absence de documents comme l'indice *a contrario* de l'échec d'une tentative communiste, qui reste, certes, hypothétique : en cas d'échec, tout conjuré détruit ses plans **.

Mais un curieux propos a été tenu par le même Charles Tillon à Raymond Massiet-Dufresne, propos que ce dernier rapporte en ces termes :

« Y avait-il un plan communiste de prise du pouvoir ? J'en ai longtemps douté jusqu'à que j'aie entendu l'ancien ministre de l'Air Tillon déclarer à un général de nos amis pendant un dîner officiel : « La trêve nous a cassé les reins et a fait avorter notre projet [48]. »

De ce propos de table, purement indicatif, on ne peut pas déduire grand-chose et, au demeurant, le « projet » n'étant pas précisé, rien ne nous autorise à envisager qu'il s'agissait effectivement du « projet » de s'emparer du pouvoir en août 1944. Mais des propos semblables ont été tenus par d'autres, dont les communistes du groupe UNIR qui rappellent l'état d'esprit de beaucoup de leurs camarades en 1944 :

« Sans doute comprendra-t-on mieux alors, sans la tourner en

* Préfet communiste de Limoges à la libération.

** De ce mode de raisonnement rapprochons une phrase de Villon : « L'idée d'une prise du pouvoir par l'insurrection ne nous a même pas effleurés, parce que c'eût été une folie vouée à l'échec. » Prononcée trente ans après les événements devant un colloque international (Paris 28-31 octobre 1974), la phrase a plutôt l'apparence d'une excuse *a posteriori* destinée davantage à des militants qu'à des contradicteurs ou à un auditoire à convaincre.

dérision, cette formule populaire si souvent émise par de bons communistes et de vaillants combattants de la Résistance : à la Libération, on a manqué le coche[49] ! »

Et *après* la libération de la capitale, les communistes auraient-ils tenté, par des voies détournées, de prendre le pouvoir ? Nous ne pouvons apporter, là encore, que des élements de réponse à la question.

Pierre Villon est catégorique : il y a eu des tentatives, mais elles ne furent pas inspirées par les communistes.

« Dans les mois qui ont suivi la libération, les tentatives n'ont pas manqué pour nous entraîner dans des aventures et même des complots... assure-t-il. Ceux qui parlaient à Rennes ou en Avignon de leur déception, voire de marcher sur Paris, ce n'étaient pour la plupart pas des communistes, mais des hommes éveillés à la politique par la Résistance et sans expérience politique. C'est nous communistes qui les avons incités à abandonner leurs projets[50]... »

Soit ! Il est pourtant établi que, localement, des militants communistes ont refusé de rendre leurs armes, malgré l'injonction du GPRF. Et c'est Pierre Villon qui l'affirme :

« En 1946, je crois, délégué à la conférence fédérale (du Parti communiste) de Haute-Savoie, j'évoque, devant la commission politique, l'aventurisme de ceux qui, malgré les consignes, ont caché des armes. Je vois, je sens alors les yeux se baisser, les oreilles se fermer ; attitude qui veut dire : " Cause toujours[51] ! " »

Sans aller aussi loin dans le temps, la consigne donnée par Thorez en janvier 1945 aux Milices patriotiques de rendre leurs armes n'est pas observée, si l'on en croit Philippe Robrieux :

« A tous les échelons du parti, principalement en bas, on accepte du bout des lèvres, on applique partiellement, on rend les armes ou, plus exactement, on rend ce qui est vieux et démodé et l'on garde soigneusement ce qu'il y a de meilleur : dans les recoins, dans les jardins, chez les camarades de confiance, on dissimule la mitraillette soigneusement graissée et préparée à un long séjour sous la terre... dans l'attente de jours meilleurs[52]... »

Georges Cogniot, membre du Comité central du PCF, qui est allé porter la bonne parole en faveur du désarmement des milices à ses camarades réunis à Vesoul leur fait certes adopter à l'unanimité une résolution approuvant le rapport de Maurice Thorez sur le dit désarmement. Mais, à l'issue de la conférence, une scène révélatrice va se jouer entre Cogniot et un de ses camarades :

« Comme je prenais congé, raconte-t-il, d'un vieux militant de mes amis qui avait joué un grand rôle dans la Résistance, celui-ci me dit, tirant un carnet de sa poche : " Jeunot, tu as bien parlé, mais je sais ce que j'ai à faire et, tu vois, il y a ici tous mes groupes bien répertoriés [53]... " »

Pourquoi garder des armes au début de l'hiver 44-45 et pourquoi maintenir l'ordre de bataille de ses troupes de la clandestinité ? Si ce n'est pas une preuve de *l'intention,* alors où est-elle ailleurs ?

Mais il n'y a pas que les armes et la menace éventuelle que leur possession représente ; il y a aussi, et davantage, les manœuvres politiques contre le GPRF par comités de libération et CNR interposés, ces comités de libération où les communistes et leurs alliés, « objectifs » ou « sentimentaux », dominent et qu'à Paris préside un communiste.

Le 17 novembre, le général de Gaulle reçoit une délégation du parti socialiste SFIO (Daniel Mayer, Vincent Auriol, Jules Moch, André Philip et Edouard Depreux), quelques jours après le début des travaux à l'Assemblée consultative ; c'est le classique « tour d'horizon général », cher aux parlementaires, au cours duquel Depreux a pris des notes, au fil desquelles on lit :

« Jules Moch : Vous éprouvez une grande difficulté à restaurer l'autorité de l'Etat. Je suis frappé par la persistance des organisations de Résistance depuis la libération et par le parallélisme avec la situation de la Russie en 1917 (Douma * et Soviets). On se demande si certains n'obéissent pas à un mot d'ordre systématique pour saper l'autorité gouvernementale.

« De Gaulle : Ne vous le demandez pas. Ils y obéissent sûrement [54]... »

Ce détail indique que les socialistes comme de Gaulle aperçoivent clairement la raison des agissements des communistes : si l'on « sape » un pouvoir, c'est pour tenter de s'installer à sa place, même par les voies légales et si la comparaison avec la situation russe en 1917 n'est pas exacte (deux situations historiques sont-elles comparables ?), du moins marque-t-elle très exactement les appréciations du président du GPRF et des socialistes devant l'attitude des communistes à l'automne de 1944. Leur travail de « sape » risque-t-il de provoquer l'effondrement d'un GPRF qui compte deux ministres communistes en son sein, tandis qu'à l'extérieur du gouvernement, dans le pays, les communistes s'opposent à ce même gouvernement ou le critiquent de façon systématique ? Jusqu'où ce jeu risque-t-il d'aller ? Sur quel combat risque de déboucher cette tactique du PCF ?

A ce point de nos interrogations, il est temps d'envisager la

* Assemblée « représentative », la Douma d'Empire réunie en 1912, prit contact avec le Soviet des ouvriers et soldats en 1917, réclama l'abdication de Nicolas II mais fut vite annihilée par le Soviet.

question brutale : le PC a-t-il voulu s'emparer du pouvoir au moment de la libération et après elle ? Et si oui, sa tentative a-t-elle échoué ? Et a-t-elle échoué parce qu'il ne l'a pas poussée assez loin ?

Tous les faits évoqués, en même temps que les impressions, les affirmations et les sous-entendus recueillis permettent de déboucher sur une hypothèse globale répondant partiellement à la question finale.

D'une part, *les apparences* étaient telles pendant l'été et l'automne 1944, que le général de Gaulle a pu croire que les communistes *souhaitaient* prendre le pouvoir, en procédant en plusieurs temps, le premier étant constitué par leur omniprésence dans toutes les instances du pays par le truchement des comités et milices : cette première étape précédait les autres.

D'autre part, des communistes de la base ont pu penser, comme Soustelle en 1958, qu' « ils n'étaient pas arrivés sur le bord du Rubicon, pour y pêcher à la ligne » ; mais à la différence de 1958 où peu de Français se seraient opposés au franchissement de celui-ci par « les comploteurs du 13 mai », en août 1944, le général de Gaulle et probablement les Américains, abandonnant en cas de nécessité absolue leurs préventions contre le président du GPRF, eussent interdit aux communistes de prendre le pouvoir par la force.

Cela précisé, doctrinalement et ponctuellement, les hiérarques du Parti et ses chefs militaires aguerris dans la Résistance, ont répété qu'ils n'étaient pas favorables à une tentative de prise du pouvoir, même si certains éléments de leur base leur avaient demandé de la déclencher :

« Pour prendre le pouvoir, dit un jour le colonel Rol, il est nécessaire que la situation soit révolutionnaire : or, elle ne l'était pas en 1944. Il faut attendre que le fruit soit mûr pour le cueillir, il ne faut pas tenter de le prendre sur l'arbre encore vert : la situation révolutionnaire, c'est la situation mûre[55]... »

D'où ce « refus de l'aventure » chez les communistes en 1944, qu'on appelle « renoncement au moins provisoire à la révolution sociale en langage courant » et sur lequel ont insisté les historiens marxistes qui ont étudié cette époque*.

Et pourtant, malgré la force apparente de son raisonnement d'une stricte orthodoxie marxiste, on pourrait remarquer que « le fruit mûr » du colonel Rol risque de faire immanquablement penser aux

---

* Cf. en particulier G. Willard, V. Joannes, F. Hinker, J. Elleinstein *De la guerre à la Libération. La France de 1939 à 1945.* Editions sociales, Paris 1972. Charles Tillon affirme avec force : « S'il avait existé en 1944 une direction du PC assez folle pour vouloir tenter d'accaparer le pouvoir à la Libération, les forces des Alliés, tout le monde le savait, ne l'auraient pas permis. Mais rappelons que Staline s'y était opposé aussi. Et Duclos était son représentant » (*in : On chantait rouge, op. cit.*, p. 415).

raisins trop « verts » du bon La Fontaine. Mais ce qui est du domaine de la fable n'est pas forcément de celui de l'histoire...

Enfin, et c'est peut-être l'élément qui permet d'apprécier exactement la situation, les communistes ne disposaient pas, à Paris et dans la région parisienne, de troupes de choc suffisamment nombreuses pour s'emparer des rênes du pouvoir : les appels répétés des communistes à la grève générale n'ont été que partiellement suivis, les privant de la masse de manœuvre indispensable à une action de force. Roger Sémat, l'un des responsables communistes de l'insurrection en banlieue nord écrivait le 8 septembre 1944 dans *la Vie Ouvrière,* organe de la CGT :

« Pour la grève générale, nous avons été gênés par le fait qu'un grand nombre d'usines étaient en vacances... Et aussi par les manœuvres patronales qui, devant notre mot d'ordre de grève générale par occupation des usines, ont congédié le personnel et fermé les usines... »

L'explication de l'inefficacité *relative* de la grève générale, sur le plan des effectifs, s'explique aussi par le fait que le STO a partiellement vidé de sa main-d'œuvre la région parisienne. Et Philippe Courtois conclut ainsi son étude détaillée sur cet aspect du problème :

« Il est clair qu'en l'absence d'un regroupement automatique des forces ouvrières sur les lieux de travail, la mobilisation de la classe ouvrière a été difficile et a souvent abouti à un échec... Les faits rapportés par Sémat nous sont confirmés par des témoins pour qui la grève générale a surtout consisté à rentrer chez soi selon les directives des militants vers le 10 août et à s'occuper activement de son ravitaillement jusqu'à ce que la radio annonce vers le 27 ou 28 août que chacun devait retourner à son travail... Ces facteurs contribuent à expliquer le relatif échec de la grève générale, du moins de sa suite logique dans l'esprit des syndicalistes communistes : la grève générale insurrectionnelle[56]. »

Privés de gros bataillons, que pouvaient dès lors faire les communistes pendant l'été 1944 ?

Et en admettant qu'ils eussent pu les constituer, où auraient-ils pris l'armement indispensable :

« Les travailleurs ont apprécié à sa juste valeur le rapport des forces qui s'établirait entre la mobilisation de milliers d'entre eux, non armés, et ne serait-ce que quelques dizaines de SS armés jusqu'aux dents et prêts à tout dans la débâcle. Ils ont préféré attendre l'arrivée des armées alliées pour manifester leur soutien patriotique et leur solidarité de classe[57]. »

Cet éclairage cru sur l'un des aspects de la question posée initialement ne nous dispense pas de supposer que les choses se seraient peut-être passées différemment si, en août 1944, les Parisiens avaient attendu l'armée soviétique à la place des armées alliées.

Finalement, l'acquis le plus important du Parti à la libération de Paris se situe dans une perspective différente où la conduite au feu des FTP et, d'une manière plus globale, l'action des communistes dans la Résistance ont permis au PCF de sortir du ghetto où l'avaient enfermé les représentants de la nation à l'automne de 1939 et de retrouver une audience décuplée par rapport au premier automne de la guerre.

Dès ce moment, les communistes, sans « risquer le coup » de la prise du pouvoir où, effectivement, ils pouvaient perdre tous les avantages durement acquis pendant quatre ans et se voir déposséder d'un prestige qu'ils n'avaient jamais eu auprès de leurs compatriotes, ont repris patiemment, obstinément, par l'utilisation de la « stratégie de la tension » pratiquée d'août à octobre 1944, puis par celle de l'infiltration systématique à partir d'octobre, l'investissement progressif de l'appareil de l'Etat, protection et ciment de la société « bourgeoise ». De Maurice Thorez amnistié à Maurice Thorez ministre d'Etat du général de Gaulle, une étape est franchie. Dans l'esprit du chef communiste, cette entrée dans le GPRF n'est qu'un prélude : elle peut et doit pouvoir déboucher sur la communisation de la France, comme cela se fera en Tchécoslovaquie par des moyens semblables, après un peu moins de trois ans de coexistence hypocritement pacifique entre ministres communistes et ministres bourgeois censés gouverner « ensemble » à Prague *.

De la grande peur des Ardennes au réveillon de la Saint-Sylvestre

Automne 1944, la guerre se poursuit. Le GPRF a décidé l'incorporation de 100 000 jeunes gens dont l'instruction sera accélérée, afin de marquer la reprise de l'effort militaire français, un effort proportionné aux capacités de la Nation. Les alliés refusent cependant les moyens d'armement de huit divisions françaises demandées par le général de Gaulle : ils n'en concèdent que pour deux divisions.

Le 1er novembre, une violente explosion secoue Vitry : un train de munitions (obus de DCA, bombes d'avion) explose — onze morts, trente blessés, des dégâts considérables à Vitry et dans les banlieues

* A ce propos, Charles Tillon révèle : « Staline exigeait alors des PC qu'ils appliquent, à l'égard du parti socialiste, une tactique de lutte de classes qui permette, par l'unité dans l'action, d'aboutir au parti unique comme moyen d'en finir avec la social-démocratie. A cet effet, au début de 1945, des milliers de communistes reçurent la consigne d'adhérer aux sections socialistes » (*in : On chantait rouge, op. cit.*, p. 429).

environnantes*. Œuvre de la 5e colonne, assurent les uns. Malveillance, disent les autres. Sabotage clament certains. Au vrai, il s'agit d'un accident dû à la négligence, mais, d'emblée, les gazetiers évoquent l'hypothèse la plus propre à stimuler l'imagination des lecteurs et à créer, de toutes pièces, une psychose d'espionnage.

D'autre part, la population est tenue en haleine par la nouvelle, connue le 3 novembre, de l'arrestation du Dr Petiot, « le Landru de la Deuxième Guerre mondiale ». S'il est difficile, sinon impossible, de se faire de nos jours une idée de l'impact extraordinaire qu'eut cette affaire criminelle hors série dans l'opinion il y a quarante ans, la façon dont le médecin tueur fut arrêté est tellement rocambolesque qu'elle mérite d'être rapidement contée.

Les 19 et 20 septembre 1944 sont publiés dans le journal *Résistance,* sous la signature Jacques Yonnet, deux articles dénonçant le docteur en fuite comme « un soldat du Reich » qui avait voulu s'engager dans le PPF : ainsi, le Landru 44 n'était qu'un collabo de basse espèce. En réalité, Yonnet est un pseudonyme : l'auteur du texte est le lieutenant Ybarne, de la Sécurité militaire, et son contenu, reposant sur les déclarations d'un certain Charles Rolland, est totalement inventé[58]. Le journal a bien voulu se prêter à cette manœuvre, peu conforme à la déontologie, afin de piéger le personnage : tel que l'enquête l'a fait apparaître à la police, Petiot, aussi « m'as-tu vu » que rusé, certes, mais plus hâbleur que roublard, va peut-être se manifester. C'est une chance à courir pour inciter le tueur à se démasquer, par narcissisme. Psychologiquement, c'est bien vu : Petiot, le joueur, va relever le défi : il adresse une lettre au journal en le priant de la publier, ce qu'il fait dans son numéro du 18 octobre.

Le titre d'abord : « Petiot qui court toujours nous écrit. Celui qui est toujours le monstrueux tueur apporte ainsi à la justice la preuve qu'il n'est pas à l'étranger et à Paris ou dans la région parisienne. »

La lettre de Petiot commence très protocolairement : conformément à la loi, il demande à user du droit de réponse à propos d'un article qui l'a, en quelque sorte, diffamé. Car le docteur est résistant, bien entendu :

« Je fais appel en qualité de membre de la Résistance depuis trois ans, écrit-il, à la loyauté d'un journal qui porte ce beau titre. »

Pour paraphraser une formule célèbre, le Dr Petiot s'affirme plus résistant que *Résistance* lui-même. Et le locataire de l'hôtel particu-

* Le 8 septembre, un V2 s'est abattu dans un terrain vague à Charentonneau : il avait été tiré par les Allemands à 320 kilomètres de Paris, depuis Saint-Vith, dans l'Ardenne belge. D'autres tombèrent autour de Paris, jusqu'au 3 octobre, jour où un ordre de Jodl, bras droit de Keitel au commandement suprême de la Wehrmacht, stipula que « pour des raisons politiques, tout tir contre Paris par V2 sera suspendu ».

lier de la rue Lesueur étale, à la troisième personne, ses états de service dans le combat contre les Allemands :

« Le Dr Petiot, membre de la Résistance, sous les pseudonymes « n° 46 » et surtout « Docteur Eugène » du petit groupe très actif « Fly Tox » travaillant en collaboration avec son client et ami « Ménager », chef du groupe « Moteur » (action directe contre l'agence Todt) contre l'armée allemande et ses aides, renseignements sur l'industrie allemande, inventeur d'armes et de procédés de guerre, qui furent communiqués aux Alliés et auraient pu abréger la guerre d'un an ou deux, était depuis longtemps recherché par la Gestapo... »

Quant au charnier de la rue Lesueur, c'est très simple : l'affaire a été fabriquée de toutes pièces par la Gestapo. Dans quel but ? Comprenne qui pourra la prose du médecin :

« Il fallait fabriquer un nouveau Katyn et cette fabrication portait nettement la marque allemande, poursuit-il. La rue Lauriston était à cinq cents mètres et l'avenue Foch, avec leurs cadavres à cent mètres, la maison étant inoccupée, le propriétaire en prison, ils en avaient les clés : c'était enfantin... »

Le bon sens populaire a compris tout de suite que cette affaire granguignolesque lancée contre une victime des Allemands, par toute la police nazifiée, la presse nazie, la radio et le cinéma nazis sentait le chiqué...

« Ayant tout perdu, sauf la vie, le signataire de ces lignes fait tous ses efforts pour en faire le sacrifice sous un faux nom espérant à peine qu'ensuite les langues et les plumes déliées d'entraves feront connaître la vérité si facile à deviner. »

Détail plus pittoresque encore que révèle *Résistance* du 20 octobre :

« Petiot avait cru bon de joindre à sa lettre un paquet où nous trouvâmes, cisaillées, tordues, des plaques matricules d'Allemands avec des lacets par lesquelles elles étaient attachées au cou. Il y avait aussi un petit porte-monnaie contenant une photo de soldat feldgrau. Et puis ? Petiot a-t-il voulu dire qu'il avait tué des Allemands ? »

Mais cette lettre manuscrite, accompagnant le paquet à *Résistance*, est-elle bien de la main du Dr Petiot ? Oui, répond nettement l'expert en graphologie Edouard de Rougemont :

« L'hypothèse d'une imitation ne peut être envisagée... J'estime pouvoir conclure que la lettre qui vous a été adressée provient bien du Dr Petiot... »

Treize jours après la publication de sa lettre, Petiot est arrêté à l'issue de très courtes recherches, faciles à mener à raison du grand nombre d'indices que révèlent sa lettre et l'enveloppe qui la contenait : le médecin se cachait sous l'identité du médecin-capitaine Valéry, officier adjoint au commandant-chef du 2e bureau du bataillon de dépôt du 1er régiment de marche et commissaire auxiliaire de la justice militaire * à la caserne de Reuilly ! Le piège a bien fonctionné : par bravade, Petiot a mordu à l'appât. Ses secrétaires l'ont vu partir de son bureau de la caserne avec regret :

« C'était un homme extrêmement doux, disent-elles, et menant les interrogatoires avec beaucoup de justice[59]. »

Et dès son premier interrogatoire, Petiot déclare :

« Oui ! J'ai supprimé 62 personnes, mais c'étaient des boches et des traîtres[60]... »

Arrêtons là l'évocation du fait divers numéro un de l'année 1944, en précisant néanmoins que, dans l'histoire du crime, Petiot constitue, en France du moins, le seul cas d'un assassin faisant connaître, par avance, à la presse son système de défense ** !

A l'opposé de Petiot, mais tout aussi étonnant, un autre personnage va sortir de l'ombre à la fin de 1944 ; contrastant avec la hâblerie, la passion du jeu, les vantardises, la mégalomanie, les mensonges du médecin-assassin, apparaît l'onction d'un Bessarabien de trente-neuf ans, Joseph Joinovici : toute ruse, toute discrétion, tout effacement, toute naïveté, toute gentillesse, tout sourire, ruisselant du désir de rendre service, « Monsieur Joseph » ou « Joino », qui s'est enrichi en fournissant aux Allemands des métaux non ferreux est l'une des plus pittoresques crapules révélées par l'occupation. Homme d'affaires jusqu'au bout des ongles mais illettré (il sait à peine signer son nom), jonglant avec les millions mais menant l'existence honorable d'un bon père de famille, Joino ne pense qu'au trafic, ne vit que pour celui-ci : tout lui est bon, métaux, peaux et cuirs, textiles, devises, il travaille à fond pour la machine de guerre allemande. Et peut-être aussi pour le SD car Joino a été un familier de Lafon, dont, selon Bonny, il fut l'un des bailleurs de fonds :

« Lafon, a déclaré Bonny, partageait couramment le bénéfice des entreprises de marché noir de Joinovici... C'est Joinovici qui a financé, à concurrence de 2 millions de francs *** l'achat par Lafon

---

* A la Libération, outre les organismes politiques issus de la Résistance, ont foisonné des services de « renseignements » ou « d'enquête judiciaire » fonctionnant en ordre dispersé : « A Paris, raconte le général Navarre, le bureau de Sécurité militaire 407 avait à compter avec une foule d'organismes « épuratifs » plus ou moins politisés, qui se qualifiaient de « Deuxièmes bureaux », de « SR », de « bureaux de sécurité militaire », de « comités de Libération », de « tribunaux militaires », etc., agissant illégalement, sans méthode, sans documentation valable, sans liaison entre eux, et souvent en conflit avec les uns et les autres... » (*in Le Service de renseignement* 1871-1944. Plon, Paris 1978, p. 316).

** Il s'y tiendra pendant toute la durée de son procès devant les assises de la Seine au printemps de 1946, avant d'être guillotiné le 25 mai.

*** 120000 francs 1984.

d'une ferme à Bazoches-sur-Betz (Seine-et-Oise) pour une somme de 3 200 000 francs, ferme qu'il mit au nom de sa maîtresse, Mme Douflos[61]. »

Par Lafon, Joino a obtenu l'exemption du port de l'étoile juive qu'il paie 5 millions de francs (300 000 francs 1984), un second versement d'une somme équivalente aux Allemands lui assurant une tranquillité totale pendant la durée de leur présence à Paris.

Mais ce roi des collabos économiques joue double jeu : il renseigne aussi la Résistance, qu'il aide de différentes façons. Ainsi, la Libération achevée, il a indiqué à l'inspecteur Morin, de la police judiciaire, l'endroit où se cachent Bonny et Lafon, cette ferme de Bazoches dont il avait financé, en partie, l'achat pour son bon ami « Monsieur Henri » !

Pourquoi Morin ? Parce que ce fonctionnaire appartient à l'organisation « Honneur de la Police » dont Joino est membre... et membre très actif, si l'on en croit l'un des responsables d' « Honneur de la Police », le commissaire A. Fournet ; il a rédigé pour le trafiquant bessarabien cette véritable citation à l'ordre de la Résistance :

« Aides apportées par Joinovici à l'organisation
« Honneur de la Police »

« Fournissait des voitures à chaque besoin, il conduisait et protégeait le transport sous le couvert de ses connaissances à la police allemande.

« Prêta un appartement pour y établir un bureau.

« Effectua tous les transports que Piednoir lui demandait en vue de trouver des armes et rapporta tout l'armement qui fut employé dans la défense de la Préfecture de Police contre les Allemands des endroits suivants :

« Nangis, La Brosse (Seine-et-Marne), Aillant-sur-Tholon, Sommecaize (Yonne), 101 quai de Seine à Neuilly, dans les dépôts de Montrouge. Transporta ces armes à la Préfecture de Police le jour de l'insurrection.

« Fournissait faux papiers allemands et *sondermissions* pour transports d'armes.

« Fournissait cartes de service allemandes pour le directeur du cabinet.

« Fit tirer des photos de De Gaulle au bénéfice de l'H.P.

Le responsable
signé : A Fournet. »

La dernière ligne de ce document[62], qui date de l'automne 1944, est ainsi apostillée, avec un grand point d'interrogation au crayon rouge dans la marge, par le colonel Gerar-Dubot, chef du bureau de Sécurité militaire 407 de l'état-major du gouvernement militaire de Paris, qui le transmet à Georges Maurice, directeur général de la police municipale :

« Transmis à M. G. Maurice qui croyait certainement... tout autre chose ! »

Et le colonel Gerar-Dubot accompagne son envoi de la note Fournet à Georges Maurice de la lettre suivante, datée du 15 octobre :

« Mon cher Ami,

« Je découvre dans un dossier qui m'est soumis une pièce qui retiendra sans doute particulièrement votre attention, du fait de son dernier paragraphe.

« J'avais gardé l'illusion que le tirage des photos du général de Gaulle avait été effectué par des moyens de fortune, sur la demande de celui qui venait d'être nommé directeur de la PM (Georges Maurice), le document ci-annexé me démontre que " le responsable " était mieux renseigné que moi. Par pure curiosité, dites-moi à titre strictement amical, si c'est lui ou moi qui ai eu la berlue. Bien cordialement vôtre. Gerar-Dubot[63]. »

En réalité, Gerar-Dubot n'a pas la berlue : c'est tout simplement Joino qui, en se vantant* d'avoir fait tirer celui du général à la Libération s'est payé le portrait du chef du BSM 407 ! Manque de chance pour le trafiquant de métaux non ferreux, il en a trop fait et Gerar-Dubot l'a, sans peine, convaincu d'imposture, au moins en ce qui concerne le dernier point !

Sous le coup d'un mandat d'arrêt, malgré ses états de service dans la Résistance, Joino a été appréhendé le 12 septembre par le 2e bureau militaire, boulevard Lannes : deux mois après, jour pour jour, il est mis en liberté provisoire ! Un homme qui sera ministre de l'Intérieur, Edouard Depreux, s'avoue « stupéfait par l'activité du chiffonnier plusieurs fois milliardaire Joinovici qui constituait un Etat dans l'Etat[64] ! » Il réussira à le faire juger... bien plus tard**.

Mais à l'automne 44, cette affaire est encore dans les limbes, connue de quelques initiés qui n'osent l'évoquer : elle touche à trop d'affaires imbriquées les unes dans les autres, elle compromet trop de personnages importants pour apparaître au grand jour de la libération des consciences.

---

* Georges Maurice répond aussitôt à Gérar-Dubot que ce n'est pas Joino, contrairement à ses vantardises, qui a assuré le tirage de la photo du général de Gaulle en 1944, mais Gérar-Dubot lui-même. (Archives Georges Maurice).

** En juillet 1949, Joinovici sera condamné à cinq ans de prison et condamné à 1 100 *millions* d'amende. Il mourra dans la gêne en 1968.

Soudain, le 19 décembre éclate, comme un coup de tonnerre dans le ciel grisâtre de l'avant-dernier jour d'automne, une stupéfiante nouvelle : les Allemands ont lancé une puissante offensive à travers les Ardennes ! Ces Allemands qu'on croyait en retraite, ces Allemands auxquels on ne pensait déjà (presque) plus et qu'on croyait très loin, acculés à leurs frontières, ces Allemands se révèlent brusquement à nouveau menaçants, quand von Rundstedt lance ses Panzers à l'assaut des lignes alliées, afin de rompre leur dispositif, dans une audacieuse tentative de percée qui ressuscite la guerre de mouvement sur le même terrain qu'en mai 1940. Relevons quelques titres des journaux parisiens :

20 décembre : « Au troisième jour de l'offensive allemande, situation mouvante... Les blindés du Reich signalés à huit kilomètres au sud-ouest de Malmédy... Le mauvais temps empêche les Alliés de bénéficier de leur suprématie aérienne. »

22 décembre : « Les blindés allemands sont signalés à l'ouest de Malmédy et au sud de Liège. Les intentions de l'ennemi sont d'atteindre la Meuse dans le plus bref délai mais aux extrémités de la brèche de quatre-vingts kilomètres l'offensive de von Rundstedt est contenue et Stavelot et Rocherath ont été repris. »

23 décembre : « Le premier choc de l'offensive allemande est amorti. Poussées ennemies au nord du Luxembourg et au sud de Liège... »

Mauvais signe : « L'ennemi joue son va-tout, assure un ordre du jour d'Eisenhower aux troupes alliées... Il échouera complètement. »

Son « va-tout », « au bout de son rouleau », les Parisiens se rappellent avoir lu de semblables phrases lors de l'offensive allemande de juin 1940... qui s'est terminée comme on sait ! Autre mauvais signe, des noms synonymes de catastrophes militaires françaises réapparaissent dans les journaux, celui de Sedan en particulier.

24-25 décembre : « La plus grande pénétration allemande se situe à travers le Luxembourg. Une colonne a dépassé Bastogne et ses deux pointes extrêmes semblent viser l'une Namur, l'autre Sedan, dont elles seraient respectivement à 65 et 55 kilomètres. Bataille acharnée autour de Saint-Vith. »

Ce sursaut offensif de la Wehrmacht provoque à Paris un début de sauve-qui-peut :

« Des paniquards, une fois de plus, quittent Paris, raconte Galtier-Boissière. Blanchard me révèle que Pierre Bénard * porte sur lui une pilule de cyanure pour ne pas tomber vivant aux mains des Allemands[65]... »

* Claude Blanchard et Pierre Bénard sont deux journalistes, le second rédacteur en chef de l'hebdomadaire satirique *le Canard enchaîné*.

La plupart des combattants, les clandestins qui se sont révélés à visage découvert, ne sont pas atteints par cette grande peur : ils ont pris suffisamment de risques pendant quatre ans pour ne pas être affolés à l'idée de reprendre éventuellement le combat contre l'ennemi, s'il se rapprochait de la capitale.

En revanche, certains expatriés volontaires de 1940 et d'après, revenus à Paris à l'automne de 1944 et certains autres qui sont sortis en fanfare d'une précautionneuse retraite où, pendant quatre ans, ils n'avaient pris aucun risque personnel dans la lutte contre les Allemands, pensent à disparaître une seconde fois : et le consulat des Etats-Unis est assailli de demandes de visas et de passeports pour les States...

Mais le plus étonnant spectacle de cette panique nous est offert par certains collabos en prison ! A Fresnes, Robert Brasillach, ancien rédacteur en chef de *Je suis partout* constate que si « l'offensive von Rundstedt cause dans le public un affolement certain, hors de proportion avec les nouvelles qu'on en donne », chez les prisonniers politiques menacés par l'article 75, c'est une vague d'angoisse collective :

« Les bobards les plus énormes circulent, écrit-il, et les collaborateurs repentis font pâle figure et se demandent s'ils ne se sont pas montrés trop anti-allemands dans leurs propos aux juges... Frousse intense chez ceux qui ont expliqué à tout le monde qu'en réalité, ils étaient de la Résistance, etc. A Fresnes, ceux qui avaient juré avoir toujours fait partie de la Résistance, renié l'Allemagne et le maréchal Pétain, pâlissaient à l'idée qu'on pourrait leur demander des comptes différents[66]. »

Pendant les quelques jours où le combat reste incertain dans les Ardennes, des collabos demandent même à leur juge d'instruction de tenir pour nulles les déclarations qu'ils ont faites antérieurement sur leur appartenance « de fond » à la Résistance et l'aide qu'ils lui ont apportée : à ses codétenus de Fresnes, Robert Brasillach prend un malin plaisir à « retourner le fer dans la plaie » à l'évocation de « l'idée de " les " voir revenir[67]... »

Et puis progressivement, les nouvelles du front sont plus favorables aux Alliés, les journaux plus optimistes :

28 décembre : « Les deux poussées allemandes vers Dinant sont actuellement stoppées. Le front semble stabilisé dans la plupart des secteurs des Ardennes et la résistance alliée est efficace sur tout le front de la poche ennemie. »

29 décembre : « Les Américains attaquent sur un front de 56 kilomètres de Bastogne à Echbernach. »

30 décembre : « Les Allemands se replient. Leur mouvement de recul est surtout accentué au sud-est de Bastogne. »

A cette date, pour la Wehrmacht, « la situation a dégénéré en catastrophe au bout du saillant allemand[68] » et dans les premiers jours de janvier 45, la menace allemande est définitivement écartée dans le nord-est de la France et en Belgique.

Le train-train quotidien peut alors reprendre son cours. Pour être tout à fait exact, l'offensive-surprise de Rundstedt n'en avait pas profondément modifié la physionomie : même au plus fort de la menace allemande, la vie « extérieure » dans la capitale libérée a présenté la même image que pendant les derniers moments de l'occupation, toutes les activités ludiques et intellectuelles continuent, au ralenti certes, mais leur persistance reste un signe évident de la volonté de distraction de la population dans une recherche bien compréhensible de l'oubli des vicissitudes du moment. Comme à toutes les époques de son histoire serait-on tenté d'ajouter.

Mais, cette population serait-elle menacée de disparition ? Oui, assure un distingué spécialiste de la démographie, qui assure dans *Résistance* du 17 septembre :

« La France compte aujourd'hui 42 millions d'habitants. En 1985, elle n'en aura plus que 29 millions... »

L'avenir n'a pas confirmé cette vue pessimiste, dont d'ailleurs les Parisiens se soucient assez peu. Ils ont fait, avec les Américains, l'apprentissage d'une curieuse boisson, le café en poudre, opium des intellectuels. Ces intellectuels se jettent sur les nouveautés de 1944, l'*Aurélien* d'Aragon, le *Rendez-vous allemand* de Paul Eluard, le *Loin de Rueil* de Raymond Queneau et la *Notre-Dame des fleurs* de Jean Genet, à l'avant-garde de la nouveauté littéraire. Elsa Triolet obtient le prix Goncourt pour *Le premier accroc coûte deux cents francs*, tandis que l'Académie française accueille en son sein, le 18 octobre, Pasteur Vallery-Radot, le prince de Broglie et André Siegfried. A Paris sont publiés douze quotidiens du matin, un du midi, quatre du soir et vingt et un hebdomadaires, répondant à une frénésie de lecture qui succède à la bien naturelle bouderie des journaux collabos par les Français pendant quatre ans.

La bande dessinée commence à se tailler une place de choix dans la production des éditeurs : Hergé continue ses Tintins sur fond d'exotisme (*le Secret de la Licorne*) et Calvo lance *La bête est morte*, premier tome de sa *Guerre mondiale chez les animaux*, réutilisation d'un procédé des dessinateurs des XVIIIe et XIXe siècles travestissant les grands de ce monde en animaux sauvages, loups, chacals, etc. Une utilisation de la BD un peu délaissée de nos jours*.

Et c'est encore la guerre qui inspire les deux premières expositions parisiennes, la première sur le thème « Libération de Paris » du

* Reprise il y a quelques années à la télévision.

11 novembre au 31 décembre au musée Carnavalet où s'étale, en photos, la vision satisfaite d'une autolibération de la capitale, la seconde, à partir du 28 décembre, rue Scribe, consacrée à « l'atelier des faux et des imprimeries clandestines », dont la plupart des documents proviennent du journal résistant *Défense de la France.*

D'autres expositions plus « artistiques » déclenchent quelques remous.

Le 8 octobre, au palais de Tokyo, celle de toiles de Picasso dans le cadre du Salon d'automne provoque des incidents : certains visiteurs qui n'apprécient pas les œuvres du peintre, décrochent les tableaux du mur. Ils sont récupérés par les gardiens de Police-Secours qui interviennent rapidement : le public « évacué », le palais est fermé à 17 heures[69].

Le 21, cent cinquante étudiants se rendent chez Picasso, 23 rue de la Boétie : ils cassent quelques menus objets dans l'appartement puis, aux cris de « Décrochez Picasso ! », se dirigent vers l'atelier du peintre, 7 quai des Grands-Augustins « dans l'intention évidente de détruire les toiles du peintre ». Des gardiens de la paix le protégeront[70].

Les étudiants ont déjà fait parler d'eux, lors du premier monome organisé au quartier Latin, le 18 octobre. Un monome — comme c'est vieux tout cela ! — est un chahut inorganisé qui se termine souvent par un défilé chantant sur le Boul'Mich aux cris de « les cocus aux balcons ! », dans un désordre total répondant à la définition du mot, « quantité algébrique entre les parties de laquelle il n'y a pas de signe d'addition ou de soustraction interposé... »

Derniers « actes gratuits », au sens que Gide donnait à cette expression, de la jeunesse des Ecoles, qui trouve dans leur déroulement et leurs excès la satisfaction de son désir de « changer d'air », les monomes se succèdent pendant l'automne, certains entraînant l'intervention de la police quand les étudiants entrent dans un café pour y vider *tous* les verres des consommateurs ou prétendent porter en triomphe jusqu'à l'Elysée, où il s'intronisera lui-même président de la République, un inoffensif fantoche, Ferdinand Lop, leur souffre-douleur et leur Ubu !

La rue voit certes des spectacles plus « nobles » : le 11 novembre, Churchill vient à Paris.

Le 10 novembre, le préfet de police lance un appel général afin que « tous les services mettent leur pendule à l'heure exacte en prévision d'aujourd'hui et de demain » : il ne faut rien négliger en effet pour rendre la visite du Premier anglais agréable, visite qui drainera sur les Champs-Elysées le lendemain moins de curieux que le 26 août, certes, mais qui provoquera un enthousiasme au moins égal à celui observé ce jour-là. Dans l'après-midi, après le départ de Churchill et du général de Gaulle qui l'accompagne, des défilés « civils » se poursuivent. Le commissaire Schira, chef du 3e secteur, adresse à 17 h 25 ce télégramme à Georges Maurice :

« Le défilé continue accompagné de musiques jouant des airs militaires. La garde civique républicaine ayant titre « Usine Voisin » passe en chantant *l'Internationale*. C'est la première fois que ce chant est entendu aux Champs-Elysées cet après-midi[71]. » A 18 heures, le défilé populaire (300 000 personnes) est terminé.

Cette manifestation de l'Entente cordiale a été précédée le 30 septembre au Parc des Princes d'un match de foot Grande-Bretagne-France libérée : dans l'équipe française, les vedettes sont Da Rui, Jordan, Prouff, Aston, Vaast, des joueurs auxquels s'attache une popularité au moins égale à celle d'un Platini ou d'un Giresse en 1984 !

Théâtres et cinémas ont repris leurs séances. Certaines pièces de théâtre inspirées par l'actualité sont fort mal accueillies : le 30 novembre, au cours de la représentation en soirée de la pièce *la Libération de Paris* au théâtre de la Porte Saint-Martin, des sifflets et des cris interrompent le cours du troisième acte ; cent spectateurs du balcon sont évacués, la représentation continue.

Une chanson-marche, pleine de bonnes intentions, *Paris est libre*, extraite d'une pièce portant le même titre et due à Pierre Pivo, fait au contraire un tube ; Yves Montand crée *Rendez-vous avec la Liberté*, Jane Chacun *les Fifis de Paris* et José Luccioni, de l'Opéra, chante *Libération*, paroles de Georges Grès et musique de B. Inchauspé, « écrite, composée et créée à Paris en septembre 1943 sous l'occupation allemande ».

Ces inévitables ritournelles patriotiques ne détournent pas le public de ses rengaines favorites, les espagnoles (*la Guitare à Chiquita* ou *Chic à Chiquito* de Francis Lopez) ou les américaines (*Dans les plaines du Far West*, créée en 1941, ressuscitée pour la circonstance, et *Battling Joe*, chantée par Yves Montand). Un seul film français *Coup de tête* de Roger Le Hénaff, est distribué en septembre, un navet, disent les cinéphiles qui se pâment devant les grandes productions américaines, fraîchement sorties ou relancées dans les salles (*les Hauts de Hurlevent, les Révoltés du Bounty, Furie*) et les premiers films de guerre soviétiques (*Deux Camarades, Camarade P.*) Coup au cœur des midinettes, Gabin va épouser Marlène. Timide, Dietrich susurre à un reporter : « C'est encore trop tôt pour en parler... »

Et l'année s'achemine vers sa fin. Retenons deux épisodes, les derniers de ce récit, deux épisodes presque caricaturaux de ces temps ô combien troublés.

Le 30 décembre, Maurice Chevalier doit se produire au *Casino de*

Paris au cours d'un gala dans l'après-midi. Mais n'est-il pas un « collabo », puisqu'il a chanté pendant l'occupation ? Le régisseur du *Casino,* Arsène, prévient le commissariat du IXe qu'il a reçu une note d'un organisme de Résistance (sans autre précision) l'avertissant que son gala sera perturbé (on projettera des explosifs !) si Chevalier paraît sur la scène. La police se contente d'envoyer au *Casino de Paris* l'effectif de protection habituel, six hommes en tenue et deux « en bourgeois ». Tout se passe sans incident et, par télétype n° 67, Georges Maurice apprend que le spectacle s'est terminé à 17 h 30, après que « l'artiste Maurice Chevalier eut été très applaudi du public qui l'a rappelé sur scène à plusieurs reprises[72]. »

Et les Parisiens ont réveillonné quand même dans la nuit de la Saint-Sylvestre pendant laquelle on a dansé et bu. Dans un bal, 29 boulevard Diderot, les réveillonneurs ont eu, en prime-cadeau de nouvel an, le spectacle improvisé de l'arrestation de neuf Allemands portant une tenue militaire française ! Le télétype n° 9 adressé à la Préfecture de Police précise :

« Ces hommes étaient munis de papiers FFI et d'une carte du Comité de libération des Allemands de l'Ouest. Certains ont reconnu avoir appartenu à la Wehrmacht. La Military Police de la caserne Mortier est venue les chercher à 5 heures[73]. »

Si l'année 1945 commence, boulevard Diderot, par une scène de vaudeville, elle ne fait pas oublier le reste : Paris et la France ont encore cent trente-neuf jours de guerre à vivre, avant que l'Europe retrouve enfin la paix perdue le 2 septembre 1939, paix incertaine, que, dans les années suivantes, feront vaciller d'autres drames, qui donneront à la planète l'inquiétant visage d'un monde vivant dans un état de guerre endémique. Mais ceci est une autre histoire.

NOTES

Avant le dernier hiver de la guerre

1. Tous les dialogues entre accusés, présidents, commissaires du gouvernement et plaidoiries d'avocats sont extraits des comptes rendus sténographiques des débats, déposés aux Archives de France sous les cotes 334 AP 8, 334 AP 9, et 334 AP 10.

2. Roger Stéphane, *Fin d'une jeunesse.* La Table Ronde, Paris 1954, p. 18.

3. Charles de Gaulle, *Discours et messages.* Plon, 1970, T. II p. 455.

4. Jacques Batigne, *Cours de justice : une juridiction régulière et modératrice.* Les années 40. Tallandier, Paris 1973, p. 2728.

5. Cité par Jacques Isorni in *Pleins pouvoirs aux cours de justice.* Les années 40. Tallandier, édit. Paris 1972, p. 2357.

6. *In Résistance* du 2 septembre 1944.

7. Main courante de la Préfecture de Police.

8. *In Résistance* des 19-20 novembre 1944.

9. Paul Durand, *La SNCF durant la guerre,* PUF. Paris 1968, p. 630 et suiv.

10. Rapport Flouret, *op. cit.*

11. *Les Epurations administratives aux XIXe et XXe siècles.* Ecole pratique des Hautes Etudes, Hautes études médiévales et modernes. Ouvrage collectif Droz, Genève 1977.

12. R. Charvin, *Justice et politique.* Librairie générale de droit et de jurisprudence, Paris 1968, p. 472.

13. « La vérité sur l'épuration de la police. » Amicale des anciens fonctionnaires de la police française, 2 rue Vide-Gousset, Paris, s.d. Imprimerie Saint-Denis imprim. 16 pages.

14. *Ibid.*

15. Robert Aron, *Histoire de l'épuration, op. cit.* T. II, p. 111.

16. Rapport Flouret, *op. cit.*

17. Charles de Gaulle, *Discours et messages, op. cit.* p. 454.

18. Coll. Gérard Silvain.

19. Charles de Gaulle, *Mémoires de guerre, op. cit.* p. 41.

20. *Ibid.* p. 95.

21. Déclaration du colonel Rol recueillie par l'auteur le 20 août 1974.

22. Rapport Flouret, *op. cit.*

23. *Ibid.*

24. *Ibid.*

25. *Le Mouvement syndical dans la Résistance,* ouvrage collectif. La Courtille édit. 1975, p. 222.

26. *La Vérité sur la libération de Paris, op. cit.* p. 100.

27. Edgar Pisani, *Le Général indivis.* Albin Michel, Paris 1974, p. 18.

28. Déclaration du colonel Rol-Tanguy aux « Dossiers de l'écran » (2e chaîne de télévision) le 21 août 1979. Mais, cinq ans après, lors d'une émission diffusée par Antenne 2 le lundi 20 août 1984, le colonel Rol-Tanguy déclarera : « Le Luxembourg était miné avec des centaines de tonnes d'explosifs : il risquait de sauter. » Ces variations, à plusieurs années de distance, d'un témoignage sont courantes... et pas seulement devant les écrans de télévision.

29. *Télé 7 Jours,* n° 751. 14 septembre 1974.

30. Dr François Bayle, *Croix gammée contre caducée.* Centre de l'Imprimerie nationale à Neustadt (Palatinat) 1950, p. 941 et 975 et suiv.

31. *La Vérité sur la libération de Paris, op. cit.,* p. 103.

32. Albert Mahuzier, *Caméra sous la botte.* Presses de la Cité, Paris 1963, p. 224.

33. *In l'Humanité* du 2 octobre 1962.

34. Rapport Flouret, *op. cit.*

35. Géraud Jouve, Maurice Thorez. *La Grâce et le Retour.* Les années 40, n° 180. Tallandier, Paris 1972.

36. Main courante de la Préfecture de Police.

37. Pierre Villon, *Résistant de la première heure.* Messidor, Editions sociales, Paris 1983 p. 125-126.

38. *Histoire du parti communiste français.* T. II, p. 223. Editée à Paris par le groupe UNIR de 1960 à 1964, cette histoire en 3 volumes a été « rédigée collectivement par un groupe de militants communistes responsables, de l'opposition interne ». Par opposition au « Manuel d'histoire » édité par le PCF dans la stricte orthodoxie stalinienne, cette Histoire apporte un éclairage original sur la période.

39. Charles Tillon. *On chantait rouge.* Robert Laffont, Paris, 1977, p. 402.

40. Jean-Baptiste Duroselle, *op. cit.* p. 521.

41. Giulio Ceretti, *A l'ombre des deux T. Quarante ans avec P. Togliatti et M. Thorez.* Julliard, Paris 1973, p. 385.

42. Philippe Robrieux, *Thorez vie secrète et vie publique,* Fayard, Paris 1975, p. 287.

43. Charles Tillon, *op. cit.* p. 409.

44. *Ibid.* p. 405.

45. *In* Robert Aron, *Histoire de l'épuration, op. cit.* T. I, p. 642-643.

46. Jean Chaintron, *in La Libération de la France, op. cit.* p. 539.

47. Charles Tillon, *op. cit.* p. 353.

48. Raymond Massiet, *Le Carnaval des libérés, op. cit.* p. 88.

49. *Histoire du parti communiste français* (UNIR), *op. cit.* p. 271.

50. Pierre Villon, *in La Libération de la France, op. cit.* p. 108.

51. Pierre Villon, *Résistant de la première heure, op. cit.* p. 108.

52. Philippe Robrieux, *Histoire intérieure du parti communiste.* Fayard 1981. Tome II, p. 84.

53. Georges Cogniot, *Parti pris.* Editions sociales, 1976. T. II, p. 24.

54. Edouard Depreux, *Souvenirs d'un militant.* Fayard, Paris 1972, p. 207.

55. Colonel Rol. Conversation avec l'auteur, 20 août 1974.

56. Stéphane Courtois, *Le PCF dans la guerre.* Ramsay, Paris 1980, p. 454.

57. *Ibid.* p. 455.

58. Marcel Jullian, *Le Mystère Petiot.* Edition n° 1, Paris 1980, p. 120.

59. Interview de Mmes Boussières et Cécile Dylma *in Résistance* du 3 novembre 1944.

60. *In Résistance* du 4 novembre 1944.

61. Cour de justice de la Seine. Affaire Bonny-Lafon. Exposé des faits. Archives nationales 334 AP 9.

62. Archives Georges Maurice.

63. NG/127/GD/SC/3. Archives Georges Maurice.

64. Edouard Depreux, *op. cit.* p. 273.

65. Jean Galtier-Boissière, *op. cit.* p. 151.

66. Extraits du *Journal d'un homme occupé,* de lettres à Maurice Bardèche des 21 et 26 décembre 1944. Robert Brasillach, *Ecrit à Fresnes.* Plon, Paris 1967, p. 102, p. 242 et suiv.

67. *Ibid.* p. 242.

68. Jacques Nobécourt, *Le Dernier Coup de dés d'Hitler.* Robert Laffont. Paris 1962 p. 358.

69. Main courante de la Préfecture de Police.

70. *Ibid.*

71. *Ibid.*

72. *Ibid.*

73. *Ibid.*

REMERCIEMENTS

Qu'il me soit permis de remercier très sincèrement ceux et celles qui m'ont autorisé à utiliser les documents et souvenirs en leur garde, en particulier le général von Boineburg-Lengsfeld, les fils d'Amédée Bussière, M. Coustard de Nerbonne, M. Henri Culmann, Mme Pierre Fricou, fille de Georges Maurice, le colonel Roger Casser (†), mon confrère et ami Gus, M. E. Hennequin, le lieutenant-colonel Kurt von Kraewel, M. G. Massonneau, le professeur Paul Milliez, Me Fernand Mouquin, Mme R. Pelletier, mon confrère et ami Gérard Silvain, M. G. Valette, Mme Robert Wallraf.

Ma gratitude s'adresse également à M. Jean Favier, directeur général des Archives de France où, par dérogation, j'ai pu consulter certains dossiers conservés par ses soins et à Mme de Tourtier-Bonazzi, conservateur en chef de la section contemporaine auprès de qui j'ai trouvé le meilleur accueil, ainsi qu'à M. Guy Fougier, préfet de police, grâce à qui j'ai pu prendre connaissance de certaines archives du cabinet du préfet.

TABLE DES MATIÈRES

Achevé d'imprimer le 29 octobre 1984
sur presse CAMERON,
dans les ateliers de la S.E.P.C.
à Saint-Amand-Montrond (Cher),
pour Plon
éditeur à Paris

N° d'Édition : 11232. N° d'Impression : 1944-1433.
Dépôt légal : novembre 1984.

Imprimé en France